컴퓨터 포렌식 수사 기법

컴퓨터 포렌식 수사 기법

디지털 포렌식 전문가의
강력한 수사 기법 및 사례 연구

대런 헤이즈 지음 | 한현희·차정도·고대영·양해용 옮김

에이콘

이 책을 사랑하는 아내인 날리니(Nalini)와 우리의 아이들인 니콜라이(Nicolai),

아인(Aine), 피오나(Fiona), 셰이(Shay)에게 바친다

지은이 소개

대런 헤이즈^{Darren R. Hayes}

디지털 포렌식과 컴퓨터 보안 분야를 선도하는 전문가다. 페이스^{Pace} 대학의 조교수이자 사이버 보안 책임자며, 포렌식 대학의 10대 컴퓨터 포렌식 교수 중 한 명으로 지명됐다.

고급 기술 범죄 수사 협회^{HTCIA} 북동지부의 위원회에서 활동하고 있으며, 전임 회장이었다. 페이스 대학교에 HTCIA 학생지부를 만들기도 했다.

페이스 대학교에서 정보 기술 과학 학부의 컴퓨터 포렌식 트랙을 개발했다. 컴퓨터 포렌식 연구소를 만들어 학생들로 구성된 팀과 함께 작업하는 것에 대부분의 시간을 헌신했으며, 최근에는 모바일 포렌식 분야까지 다루고 있다. 연구 및 과학 학문을 촉진하기 위한 일환으로 뉴욕 경찰 및 다른 법 집행 기관과의 관계 구축에 힘써왔으며, 뉴욕 지방 검사 사무소 및 웨스트체스터 지방 검사 사무소의 사이버 범죄 부서에서 인턴십 프로그램을 성공적으로 구축했다.

박사 학위를 받은 학자일 뿐 아니라 실무자이기도 하다. 민간 조사 및 범죄 수사 관련 전문 수사관으로서 많은 법률회사의 요청을 받아왔으며, 뉴욕 소재 6~8개의 공립고등학교에서 컴퓨터 포렌식 커리큘럼을 개발하고 있다. 국제 컴퓨터 포렌식 프로젝트에 공조하며, 4년 동안 더블린 아일랜드 국립대학교^{University College Dublin}의 컴퓨터 포렌식 및 범죄 수사 이학 석사에 대한 외부 심사관으로 활동했다.

「블룸버그^{Bloomberg} TV」와 「폭스^{Fox} 5 뉴스」에 출연했으며, 「연합뉴스^{Associated Press}」, 「CNN」, 「컴플라이언스 위크^{Compliance Week}」, 「이커머스 타임즈^{E-Commerse Times}」, 「영국 가디언^{The Guardian UK}」, 「일간 투자자 비즈니스^{Investor's Business Daily}」, 「마켓워치^{MarketWatch}」,

「뉴스위크^{NewsWeek}」, 「네트워크 월드^{Network World}」, 「실리콘 밸리 비즈니스 저널^{Siliciion Valley Business Journal}」, 「USA 투데이^{USA Today}」, 「워싱턴 포스트^{Washington Post}」, 「와이어드 뉴스^{Wired News}」에 그의 말이 인용됐다. 그의 논평들은 미국 은행가 뱅크씽크^{BankThink} 및 힐의 의회 블로그^{Hill's Congress Blog}에 실렸다. 아울러 컴퓨터 포렌식에 대한 다수의 상호 심사 논문을 작성했으며, 대부분 전기전자기술자협회^{IEEE}에서 출판됐다. 2007년부터는 피어슨 프렌티스 홀^{Pearson Prentice Hall}의 저자이자 검수자로 활동해왔다.

데니스 드라고스^{Dennis Dragos}

디드라고스 정보 보안 및 수사^{DDIS} 회사의 회장이다. 뉴욕 경찰서에 20년간 몸담았으며, 그중 11년 동안은 뉴욕 경찰 사이버 범죄 수사대 특별수사본부 형사지구에서 2급 형사로 활동했다. 현재 뉴욕 퀸즈의 세인트존 대학교에서 사이버 보안 시스템 프로그램 조교수로 재직 중이다.

손 메르딩거^{Shawn Merdinger}

조지아 발도스타 주립대학교의 CISO다. 플로리다 대학 건강과학센터의 3Com/티핑포인트^{TippingPoint}, 시스코 시스템즈^{Cisco Systems}에서 근무했으며 개인 컨설턴트로도 활동했다. 최근에는 의료 기기 보안 연구에 집중하고 있으며, 링크드인^{LinkedIn}의 메드섹^{MedSec} 그룹의 창설자다. 데프콘^{DEFCON}, 에듀코즈^{Educause}, 인프라가드^{InfraGard}, Ph-뉴트럴^{Ph-Neutral}, 슈무콘^{ShmooCon}, 콘피던스^{CONfidence}, 노콘네임^{NoConName}, 오라일리^{O'Reilly}, CSI, IT 언더그라운드^{IT Underground}, 캐롤라이나콘^{CarolinaCon}, 시큐리티오퍼스^{SecurityOpus} 등의 보안 학회에서 연구 내용을 발표해왔다. 코네티컷주에서 학사 학위를 받았고, 오스틴 텍사스^{Austin Texas} 대학교에서 석사 학위를 받았다.

감사의 말

내 최고의 친구이자 끈기 있는 조력자인 아내 날리니에 대한 감사부터 하고 싶다. 책을 오랜 시간 작업한다는 것은 모든 가족들의 희생이 필요한데, 우리의 아이들인 니콜라이, 아인, 피오나, 셰이는 훌륭하게 지내줬다. 나의 부모님인 아넷Annette과 테드Ted는 내 삶 전체의 멘토며, 항상 그분들께 빚을 지고 있다.

페이스 대학교의 컴퓨터 과학 및 정보 시스템 대학 전임 학장이자 항상 나를 믿어주고 지원해주셨던 수잔 메리트Susan Merrit 박사님과 콘스턴스 냅Constance Knapp 박사님께 감사하고 싶다. 현재 학장이신 아마르 굽타Amar Gupta 박사님도 컴퓨터 포렌식과 보안을 향한 나의 열정을 항상 지지해주신다. 영광스럽게 호명하고 싶은 페이스 대학교 동료들로는 조너선 힐Jonathan Hill 학장님을 비롯해 캐서린 드위어Catherine Dwyer 박사, 낸시 헤일Nancy Hale 박사, 존 몰루조John Molluzzo 박사, 베니스 울Benice Houle 학장, 수잔 맥샴Susan Maxam 박사, 리처드 클라인Richard Kline 박사, 안드레아 코토라누Andreea Cotoranu 교수, 리치우 첸Li-Chiou Chen 박사, 리신 타오Lixin Tao 박사, 프레드 그로스맨Fred Grossman 박사, 수잔 다우니Susan Downey 여사, 버니스 트레이시Bernice Tracey 여사, 프랑 오가라Fran O'Gara 여사, 나라얀 머시Narayan Murthy 박사, 제임스 개버티James Gabberty 박사, 로버트 벤제스Robert Benjes 교수, 스테파니 엘슨Stephanie Elson 여사, 킴벌리 브래자이티스Kimberly Brazaitis 여사 등이 있다.

페이스 대학교의 학생들은 내게 그들이 깨닫는 것보다 더욱 많은 영감을 주며, 컴퓨터 포렌식 연구소에서 많은 시간을 투자해 일하고 있다. 모든 어려운 작업을 맡아 헌신해준 로먼 페레즈Roman Perez 씨, 르네 폴락Renee Pollack 양, 마리오 카밀라Mario Camilla 씨, 제임스 오시포프James Ossipov 씨, 샤리크 쿼레시Shariq Qureshi 씨, 아이린 멀홀

Eileen Mulhall 양, 매튜 차오[Matthew Chao] 씨, 야쿱 레드지니아크[Jakub Redziniak] 씨, 피토레 발리데마이[Fitore Balidemaj] 양을 포함한 학생들을 존중한다.

뉴욕 경찰서 사이버 범죄 수사대의 좋은 친구들에게 감사하고 싶다. 나는 뉴욕 경찰서와 수년간 돈독한 관계를 유지해왔으며, 그들과 함께 많은 자격증 수업에 참석해왔다. 친구이자 동료들로는 데니스 드라고스[Dennis Dragos] 형사, 리처드 맥나마라[Richard Macnamara] 형사, 로버트 디바티스타[Robert DiBattista] 형사, 조지 오티즈[Jorge Ortiz] 형사, 조셉 가르시아[Joseph Garcia] 형사, 데니스 레인[Dennis Lane] 중위, 펠릭스 리베라[Felix Rivera] 중위, 오웬 소바[Owen Soba] 형사, 왈도 곤잘레즈[Waldo Gonzalez] 형사, 존 크로사스[John Crosas] 형사, 그리고 기타 훌륭한 형사들이 있다. 또한 존 오테로[John Otero] 전직 중위, 도밍고 곤잘레즈[Domingo Gonzalez] 전직 형사, 그리고 얄킨 데미르카야[Yalkin Demirkaya] 전직 형사와의 작업에서 값을 매길 수 없을 만큼 귀중한 실전 경험을 얻었다.

훌륭한 친구이자 동료였던 법 집행 및 정부 기관들도 언급하고 싶다. 뉴욕주 경찰, 연방수사지구, 미 국토 안전부 비밀수사국, 중앙정보부, 독일연방경찰청, 영국 법 집행부, 유럽 경찰(유로폴)에게 감사한다.

뉴욕시 지방 검사 사무소의 데이빗 수크만[David Szuchman] 씨, 리처드 브릿슨[Richard Brittson] 씨, 스티븐 모란[Steven Moran] 씨에게 감사한다. 웨스트체스터시 지방 검사 사무소의 고급 기술 범죄 지부장인 마이클 델로헤리[Michael Delohery] 씨와 그 동료들에게도 감사한다.

맥 포렌식 분야의 전문가이자 나의 좋은 친구인 라이언 쿠바시아크[Ryan Kubasiak] 씨에게 특별히 감사한다. HTCIA 북동지부를 같이 설립한 브리스톨 글로벌[Bristol Global]의 토머스 라이언[Thomas Ryan] 씨와 메네스 시타렐라[Meneth Citarella] 씨에게도 감사한다. 뉴저지 시립 대학의 전문 연구 동료인 존 콜린스[John Collins] 박사(의장)와 빌 수 후[Bill Soo Hoo] 씨에게 마찬가지로 감사한다. 씨티[Citi]에서 근무하는 버나뎃 글리슨[Bernadette Gleason] 양과 도라 고메즈[Dora Gomez], 알렉스 알피네[Alex Allphine]도 굉장한 조력자였다. 나를 전문적으로 지원해주고 안내해준 좋은 친구인 프란시스 슈뢰더[Francis X. Schroeder]에게도 감사한다.

미국 공인회계사 협회의 워너 존스톤Warner Johnston 씨와 루스 패솔트Ruth Fasoldt 여사에게 진심으로 감사한다. 페이스 대학교에서의 작업 지원은 놀라웠다. 내 모교인 더블린 아일랜드 국립대학교의 친구들에게도 감사한다. 파벨 갈디스헤브Pavel Galdyshev 박사와 퍼거스 툴란Fergus Toolan 박사는 훌륭한 조력자였으며, 컴퓨터 포렌식 및 범죄 수사 이학 석사와 관련해 외부 심사관 활동을 하게 돼 명예로웠다.

재판 자료 센터의 전무 이사인 데브라 레서Debra Lesser 여사는 수년 동안 내게 매우 친절했으며, 리먼Lehman 고교의 스테판 블랜드Stephan Bland 씨를 포함한 많은 근사한 선생님들과 함께 작업할 수 있도록 해줬다. 재판 자료 센터의 시민 교육 코디네이터인 캐롤린 모어웨이Carolyn Morway와 수석 보좌관인 글래디스 아빌레스Gladys Aviles 여사에게도 감사한다.

한현희(truepleh@gmail.com)

한양대학교에서 컴퓨터공학을 전공했으며, 현재 삼성SDS의 보안 컨설턴트로 활동 중이다. 샐러던트로 구성돼 화제를 불러일으켰던 제11회 KISA 해킹방어대회 본선 6위 팀인 '쩔친사원'의 팀장이었고, 현재도 정보보안연구회의 열성 회원으로서 다양한 TF를 운영하고 있다.

보안 사업 PM 및 침해 사고 대응 업무를 수행해왔으며, 이를 토대로 국내외 기업 및 정부 기관을 대상으로 워크숍 강연과 컨설팅을 진행하고 있다. 항상 방어자의 입장에서 자신만의 경험과 철학을 전하고자 깊이 노력한다.

차정도(5tyl3mov@gmail.com)

경북대학교 컴퓨터공학과 및 전자전기컴퓨터학부를 졸업하고, 현재 삼성SDS 보안 팀에서 그룹망의 네트워크 보안 업무를 담당하고 있다. 입사 후 IDC 팀에서 시스템, 네트워크 구축/운영 경험을 바탕으로 모의해킹과 IT 보안 감사 등의 다양한 업무를 수행했으며, 현재 네트워크 보안 장비 취약점 분석 솔루션을 개발 중이다. '지피지기면 백전백승知彼知己百戰百勝'을 항상 염두에 두고 보안을 연구하고 있다.

고대영(reosix@gmail.com)

창원대학교 컴퓨터공학과 출신으로 보안 동아리 CASPER를 통해 모의해킹에 관심을 갖게 됐고, 학내망 CERT 초대 회장을 지내면서 지인들과 함께 전국 대학 CERT 연합 U.U.U를 만들었다. 안랩 ASEC 대응 팀을 거쳐 현재 삼성SDS에서 그룹 보안 관제 업무를 담당하고 있다.

양해용(baikryong@gmail.com)

삼성SDS 정보보안연구회의 총무며, 정보보호 업무를 수행하고 있다. 최근 포렌식의 추세는 단순한 조사와 사건의 나열이 아니라 다양한 환경에 존재하는 대용량 로그를 분석 및 통합하고, 이를 논리적으로 나열해 의미 있는 결과를 추론해나가는 과정이라 여기지만, 현실에 적용하기는 어렵다고 생각하고 있다. 더 즐겁고, 더 재미있는 보안을 위해 오늘도 내일도 고민하고 있다. 에이콘출판사에서 출간한 『소프트웨어 보안 평가 The Art of Software Security Assessment』(2013)와 『웹 해킹을 위한 칼리 리눅스』(2014), 『실전 리눅스 악성코드 포렌식』(2015), 『보안위협 모델링 Threat Modeling』(2016)을 번역했다.

감수자 소개

삼성SDS 정보보안연구회

보안 업무를 담당하는 인력과 보안에 관심이 많은 임직원들이 모여서 해킹 기술을 배우고, 이를 토대로 방어 기법을 연구하는 과정을 통해 임직원과 연구회가 상호 발전하는 '보안 희망발전소'다.

관심 있는 사람과 실력 있는 사람을 이어주는 플랫폼의 역할을 수행하고 있으며, 알기 어려운 보안을 좀 더 재미있게 만들고자 노력하는 사람들이 이끌어가는 현장 지향형 보안을 실천한다.

『웹 해킹을 위한 칼리 리눅스』(2014), 『실전 리눅스 악성코드 포렌식』(2015), 『보안위협 모델링 Threat Modeling』(2016)을 감수했다.

'포렌식'이란 다소 생소한 외래어를 세상을 떠들썩하게 만든 이번 '비선 실세의 태블릿 PC 사건'만큼이나 쉽게 설명할 수 있는 방법이 또 있을까?

한 중년 여성이 쓰다가 버린 것으로 추정되는 태블릿 PC 안의 파일들과 그 파일들에 기록돼 있는 온갖 흔적들로 인해 나라가 발칵 뒤집혔다. 그 결과로, 이 글을 쓰고 있는 바로 이 순간에도 광화문에는 수많은 사람들이 촛불을 들고 모일 것으로 예상된다.

이 책을 번역하며 지켜봤던, 입에 담기조차 낯뜨거운 각종 범죄 사건들과 그 증거를 찾기 위한 수사 기법의 사례가 머나먼 이국 땅이 아닌 바로 이곳 대한민국에서도 일어나고 있다는 사실이 이제 태어난 지 갓 200일을 넘긴 사랑스런 딸을 키우는 아빠의 입장에서 개탄스럽고 걱정된다.

한편으로는 가슴 떨리는 부분도 있다. 예전에는 증거가 아예 없거나, 혹은 찾아낼 수 없어서 미궁에 빠지고 말았던 사건들이 조만간 어둠에서 나오는 세상이 될 것이며, 그런 사건들은 곧 역사책과 포렌식 전문 서적들에 소상히 기록될 것이다. 분명 디지털 포렌식 전문가는 새로운 세상의 혁명가로서 활약하게 되리라 믿는다.

나는 컴퓨터공학도로서 대기업에 입사한 후 기업 보안 업무를 수행하며 포렌식에 흥미를 갖고 깊이 빠져들게 됐다. 하지만 샐러던트를 표방하던 내게 항상 큰 장벽은 포렌식을 경험해볼 수 있는 환경 자체가 극히 제한적이며, 관련된 문서나 사고 이미지 또한 수배하기 어렵다는 것이었다. 이러한 어려움은 이 책을 구입하는 수많은 독자들에게도 마찬가지로 닥친 상황일 것이라 감히 짐작해본다.

물론 최근 포렌식이 각광을 받으며 여러 전문 서적들과 관련 블로그들이 쏟아지고 있지만, 이 책에서 소개하는 만큼의 풍부한 사례와 무료 도구를 제공하는 곳은 많지 않다. 이 책은 기술에서부터 관리, 그리고 법률에 이르기까지 모든 영역을 'MECE하게' 다룬다. 이론과 실습을 오가며 책을 읽는 사이, 독자들은 분명 포렌식에 대한 시야와 이해의 폭이 급속히 넓어지는 것을 느낄 수 있으리라 믿는다.

　밤 늦게까지 작업하는 나를 만삭의 몸으로 항상 응원해주고 도와줬던 사랑하는 아내 권지은, 우리 부부에게 온 천사 한채은, 또한 큰 힘이 돼주시고 사랑으로 품어주시는 양가 부모님께 깊은 감사 인사를 드린다. 포렌식에 대한 비전을 함께 나누고 서로 격려하면서 이 길을 함께 걸어온 공동 역자 분들께도 이 자리를 빌려 다시 한 번 감사를 표한다. 마지막으로, 항상 영감을 주고 자극을 주는 모든 보안 업계의 선후배들에게도 존경과 감사를 표하며, 아무쪼록 그들이 진실을 밝혀내는 데 이 책이 귀하게 쓰이길 바란다.

2016년 12월 대표 역자 한현희

차례

1장 컴퓨터 포렌식의 범위   31

9장   모바일 포렌식   441

들어가며

디지털 포렌식 분야는 상대적으로 새롭기 때문에 최근 이 주제를 다룬 더 많은 책들이 출간되고 있다. 문제는 대부분의 책들이 굉장히 기술적이지만, 수사 기법의 측면에서는 부족하다는 것이다. 전형적인 컴퓨터 포렌식 수사관이 되기 위해서는 기술과 조사 기법을 모두 갖춰야 한다. 예를 들면, 단순히 컴퓨터에서 증거를 찾는 것은 충분치 못하며, 키보드 뒤의 용의자를 지목할 수 있어야 한다. 더 나아가, 좋은 수사관은 컴퓨터라는 범위를 넘어서까지 생각할 수 있어야 한다. '모바일 포렌식'이 좋은 사례인데, 수사관은 실제 기기를 획득하지 않고도 스마트폰 사용자의 활동과 관련된 엄청난 증거를 검색할 수 있다. 이 책에서는 컴퓨터 포렌식 분야에서 도움이 되는 다양한 기법에 대해 다루며, 그 내용에는 하드웨어, 프로그래밍, 법률 관련 이해뿐만 아니라 제2외국어 능력과 수려한 글쓰기 기술의 보유도 포함된다.

이 책은 독자가 선수 지식이 있다고 가정했으며, 고등학생 및 대학생들과 전문 포렌식 수사관을 위해 작성됐다. 또한 변호사, 포렌식 회계사, 보안 전문가 등 디지털 증거를 취합하고 처리하고 법원에 제출하는 과정을 이해해야 하는 전문가들에게도 이 책을 읽는 것이 명확히 도움이 될 수 있다. 이 책은 절차와 법적으로 받아들여지는 것의 중요성을 특히 강조하는데, 이는 궁극적으로 찾아지는 증거와 관련해서도 마찬가지다.

이 책의 독자는 컴퓨터 포렌식에 대한 복합적인 이해가 다양한 업무 이력으로 이어질 수 있다는 것을 깨달아야 한다. 디지털 포렌식 수사관과 전문가는 회계 법인, 소프트웨어 회사, 은행, 법 집행 기관, 정보 기관, 컨설팅 회사에서 근무한다. 일부는 모바일 포렌식에, 몇몇은 네트워크 포렌식에, 그리고 나머지는 PC에 대해 전문가다. 맥 포렌식이나 악성코드 역공학 등에 특화된 다른 전문가들도 있다. 컴퓨터 포렌식 경험을 가진 졸업생에게 좋은 소식은 다양한 선택의 폭이 있다는 것이다. 예측 가능한 미래에, 더 다양한 포지션의 취업 시장이 펼쳐질 것이다.

이 책은 실전 활동뿐만 아니라 방대한 사례 연구와 컴퓨터 포렌식 기술의 실질적인 적용을 담은 실전 가이드다. 사례 연구는 특정한 디지털 증거가 다양한 수사에 어떻게 성공적으로 사용됐는지 보여주는 매우 효과적인 방법이다.

마지막으로, 이 책에서는 비쌀 수도 있는 전문적인 컴퓨터 포렌식 도구를 종종 언급한다. 교육 기관의 경우 이 제품들을 구매할 때 상당한 할인 혜택을 받을 수 있다는 점을 기억하자. 또한 많은 무료 및 저비용 포렌식 도구가 이 책의 내용에 포함됐으며, 그중 일부는 고가의 도구만큼 효과적일 수 있다. 단언컨대, 예산을 충분히 고려해가며 고유의 프로그램이나 연구소를 개발할 수 있다.

각 장 마지막에 있는 프로젝트를 완수하기 위해서는 데이터 파일이 필요하며, 해당 파일을 잠금 해제하기 위해서는 이 책을 등록해야 한다.

등록 절차는 다음과 같다.

1. www.pearsonITcertification.com/register로 이동해 새 계정을 생성하거나 로그인한다.
2. ISBN: 9780789741158을 입력한다.
3. 계정 페이지의 등록된 제품^{Registered Products} 영역에 있는 추가 콘텐츠 접근^{Access Bonus Content} 링크를 클릭하면, 콘텐츠들을 다운로드할 수 있는 페이지로 이동하게 된다.

독자 의견

독자는 중요한 비평가이자 해설자다. 따라서 독자의 의견을 존중하면서, 현 수준에 대한 평가와 개선 방안, 출판 관련 요구 사항, 기타 현명한 조언 등을 듣고 싶다.

독자의 의견은 항상 환영이다. 이메일이나 편지를 통해 이 책의 좋은 점과 나쁜 점을 알려주길 바라며, 이런 독자 여러분의 의견을 바탕으로 앞으로 더 좋은 책을 만들 것을 약속한다.

다만, 이 책의 주제와 관련된 기술적인 문제에 대해서는 도와줄 수 없음을 미리 밝혀둔다.

독자 의견을 보낼 때에는 이 책의 제목과 저자, 그리고 작성자의 이름과 이메일 주소를 반드시 포함시켜야 한다. 우리는 여러분의 의견을 신중히 검토하고 나서 이 책의 저자와 편집자들에게 공유할 것이다.

이메일: feedback@pearsonitcertification.com

우편: Pearson IT Certification

ATTN: Reader Feedback

800 East 96th Street

Indianapolis, IN 46240 USA

독자 서비스

웹사이트(www.pearsonitcertification.com/register)에 방문해 이 책을 등록하면, 이 책과 관련된 수정 사항, 다운로드, 오탈자를 쉽게 확인할 수 있다. 한국어판은 에이콘출판사 도서정보 페이지 http://www.acornpub.co.kr/book/computer-forensics에서 찾아볼 수 있다.

1장 | 컴퓨터 포렌식의 범위

1장에서 다루는 내용

- 컴퓨터 포렌식의 정의와 중요성
- 디지털 증거의 다양한 유형과 활용 방법
- 컴퓨터 포렌식 연구원이 되기 위해 필요한 기술, 훈련, 교육
- 컴퓨터 포렌식 분야의 취업 기회
- 컴퓨터 포렌식의 역사
- 컴퓨터 포렌식 조사와 관련된 미국 기구와 국제 기구

❖ 개요

컴퓨터 포렌식은 민간 조사나 범죄 조사에서 디지털 증거를 회수하고 분석한 뒤 활용하는 것이다. 아이러니하게도 증거의 한 종류인 컴퓨터 포렌식은 컴퓨터에만 국한되는 것이 아니다. 디지털 파일을 저장할 수 있는 매체라면 컴퓨터 포렌식 연구원에게는 잠재력을 지닌 증거 종류다. 따라서 컴퓨터 포렌식은 디지털 파일의 조사를 포함한다.

컴퓨터 포렌식은 증거를 확보하고 평가하는 데 쓰이는 용인된 관습이며 법정에서 허용될 수 있으므로 이는 과학이다. 또 디지털 증거를 회수하고 분석하는 데 쓰이는 수단은 수년 동안 과학 실험의 대상이 돼왔다. 사실 포렌식이라는 단어는 '법

정으로 가져오기 위함'이라는 의미를 지닌다. 이는 조사에 쓰이는 디지털 증거가 법의학적으로 타당성 있게 회수되고 처리되며 분석될 필요가 있음을 의미한다. 법의학적 타당성은 디지털 증거를 확보하고 조사하는 과정에서 그 증거가 원본이 그대로 유지돼야 한다는 것을 의미한다. 또 증거를 접한 사람은 그 누구라도 관리 연속성을 설명하고 문서화해야 한다.

컴퓨터 포렌식은 때때로 형사 사건에서 범죄 증거로 사용되거나 유죄를 입증하는 증거로서 참조하게 된다. 하지만 디지털 증거는 무죄 증거나 피고의 무죄를 입증하기 위한 증거로 사용된다.

컴퓨터 포렌식과 관련한 근거 없는 통념(또는 이와 관련해 널리 알려진 오해)

많은 사람들이 컴퓨터 보안과 컴퓨터 포렌식이 동일하다고 생각하지만 실은 그렇지 않다. 이는 컴퓨터 포렌식에 대한 몇 가지 오해 중 하나다.

통념 1: 컴퓨터 포렌식은 컴퓨터 보안과 동일하다

컴퓨터 보안은 자료의 도난과 오용을 사전에 방지하는 것이다. 반면에 컴퓨터 포렌식은 사후에 대응하는 것인데, 범죄가 발생되면 디지털 증거는 이를 해결하는 답이 될 수 있고 범죄자를 유죄로 이끌 수 있다. 그럼에도 컴퓨터 포렌식은 특히 침해 사고 대응 영역에서 컴퓨터 보안을 보완할 수 있다.

하지만 미국국립과학아카데미는 디지털 포렌식을 사이버 보안의 대상으로 인정했다는 점에 주목해야 한다.

통념 2: 컴퓨터 포렌식은 컴퓨터를 조사하는 것이다

이후 장에서는 파일을 저장하는 장치가 어떻게 컴퓨터 포렌식 연구원에게 평가 매체가 될 수 있는지를 설명한다. 예를 들어 CD는 컴퓨터가 아니지만 중요한 디지털 증거를 저장할 수 있다.

통념 3: 컴퓨터 포렌식은 컴퓨터 범죄를 조사하는 것이다

잘 알려진 컴퓨터 포렌식에 관한 오해는 컴퓨터 포렌식이 컴퓨터 범죄나 사이버 범죄에만 쓰인다는 것이다. 이 점이 사실일 수 있지만 컴퓨터 포렌식은 살인이나 횡령, 산업 스파이 수사에서도 똑같이 중요하다. 2007년 4월 16일 조승희는 버지니아 공대 캠퍼스에서 32명을 살해했다. 매우 많은 부상자도 발생했으며 범인은 현장에서 자살했다. 컴퓨터 포렌식 연구원은 살인 사건 수사로 이어지는 사건을 재구성하기 위해 조승희의 컴퓨터를 조사했다. 조승희의 이메일 계정 blazers5505@hotmail.com과 사용자 이름 blzers5505의 이베이 사용자 활동을 조사한 연구원들은 조승희가 누구와 대화했는지, 무엇을 검색했는지, 온라인에서 무엇을 구매했는지 알아낼 수 있었다. 또 그들은 조승희의 휴대폰도 조사했다. 컴퓨터 포렌식 연구원들이 신속하게 대응한 이유 중 하나는 조승희가 이러한 비도덕적 행동을 하는 과정에서 공범이 있는지를 재빨리 확인하기 위한 것이었다.

2001년 연방 기구가 엔론Enron 사무실을 조사할 당시 직원들이 다수의 문서를 파쇄했다는 사실이 밝혀졌다. 연구원들은 하드디스크 드라이브에서 증거를 회수해야 했으며, 복구된 많은 양의 디지털 자료는 의회 도서관 규모의 열 배에 달하는 분량이었다.

통념 4: 컴퓨터 포렌식은 삭제된 파일을 복구하는 데 사용된다

컴퓨터 포렌식의 주목적은 법원에서 허용될 수 있는 과학방법론을 활용해 컴퓨터 포렌식 하드웨어와 소프트웨어에서 파일을 회수하고 분석하는 것이다. 컴퓨터 포렌식은 삭제된 파일을 복구하는 기능을 넘어선다. 쉽게 접할 수 없는 수많은 파일이 컴퓨터 포렌식 도구를 이용해 회수될 수 있다. 또 컴퓨터 포렌식 분석 도구에는 아주 효과적인 검색 및 필터링 기능이 있다. 액세스데이터AccessData의 FTK와 PRTKPassword Recovery Toolkit는 이러한 기능을 제공해준다.

로카르드의 교환 법칙

리옹 대학교의 포렌식 과학자인 에드몬드 로카르드(Edmond Locard) 박사는 증거 전송 (Transfer of Evidence)이라고 알려진 이론을 개발했다. 이 이론의 전제는 범죄자가 자신의 환경에 접속했을 때 증거의 교차 전송이 일어난다는 것이다.

"어디를 가든, 무엇을 만지든, 심지어 무의식적으로 무엇을 남기든 이는 해당 범죄자에 대한 무언의 증거가 된다. 범죄자의 지문이나 발자국뿐 아니라 머리, 옷 섬유, 그가 깬 유리, 그가 남긴 자국, 그가 긁은 페인트, 보관하거나 모으는 피 또는 정액 등이 모두 포함된다. 이 모든 것은 범죄자에 대한 무언의 증거다. 이는 잊히지 않는 증거며 순간의 흥분과 혼동되지 않는 다. 그것을 찾고 공부하고 이해하는 과정에서 발생하는 사람의 실수만이 그 증거의 가치를 훼손할 수 있다.

증거 전송 이론은 연구원이 범죄자가 접촉하는 모든 환경을 인지해야 하는 컴퓨터 포렌식 에 적용될 수 있다. 다시 말하자면, 연구원들은 아파트에서 발견한 노트북에도 주의를 기 울여야 할 뿐만 아니라 라우터 연결 상태와 외장 하드디스크 드라이브를 포함한 노트북과 의 연결 상태도 중요하게 생각해야 한다는 의미다. 집에서 발견한 플래시 메모리나 CD 역 시 중요한 증거를 포함하고 있을 수 있다. 로그인 이름과 비밀번호는 아파트 내의 종이 한 장에 쓰여 있을 수 있고 이는 용의자의 시스템, 파일, 이메일 등의 인터넷 서비스에 접속하 는 데 중요할 수 있다. TV 프로그램을 녹화하는 데 사용되는 티보박스(TiVo box)는 중요한 증거를 저장할 수 있는 저장 매체다. 가이던스 소프트웨어(Guidance Software)의 엔케이스 (EnCase) 소프트웨어 최신 버전은 티보박스에 저장된 파일을 분석하고 이미지를 생성하는 데 도움을 준다. 엔케이스는 비트스트림 이미지 생성 도구(bit-stream imaging tool)다. 비 트스트림 이미지 생성 도구는 삭제된 파일을 포함하는 원본 미디어의 비트 포 비트(bit-for-bit) 복사본을 만들어낸다.

조사원은 증거가 되는 파일을 처음 확보했을 때와 동일하게 원본 상태로 유지해야 한다. 2 장에서는 컴퓨터 포렌식 연구원들이 증거를 원본 그대로 유지하기 위해 프로세스와 하드웨 어, 소프트웨어를 어떻게 사용하는지 설명하겠다.

✦ 복구된 컴퓨터 포렌식 증거의 유형

실질적으로 시스템 파일부터 스프레드시트와 같은 사용자가 생성한 파일에 이르기까지 거의 모든 유형의 파일을 컴퓨터 포렌식을 사용해 복구할 수 있다. 다음은 범죄 수사에서 복구해 사용되는 가장 중요한 파일들의 리스트다. 물론 언급된 대부분의 파일들은 사용자의 삭제 시도와 관계없이 종종 복구될 수 있다.

이메일

이메일Email은 틀림없이 가장 중요한 디지털 증거 유형이다. 그것은 다음과 같은 몇 가지 이유에서 매우 중요하다.

- 제어, 소유권, 목적
- 사건의 연쇄
- 확산
- 내구성(증거 조작)
- 허용성
- 접근성

제어, 소유권, 목적

컴퓨터 포렌식에서는 제어, 소유권, 목적을 규명하는 것이 유죄 증거를 만드는 데 결정적이다. 때때로 이메일은 가장 사적인 도구다. 이메일은 용의자와 희생자의 의도를 보여줄 수 있다. 로버트 글래스Rovert Glass에 의해 살해된 샤론 로파트카Sharon Lopatka 사건에서 이메일은 살인 사건의 결정적인 증거였다. 로파카를 고문하고 교살한 노스캐롤라이나에서의 만남에 앞서 글래스와 로파트카는 수많은 이메일을 주고받았다. 이메일 증거는 글래스와 로파트카가 고문과 살인에 동의했다는 충격적인 주장을 뒷받침했다.

아동 포르노 소유 사건에서, 피고는 통상적으로 자신의 컴퓨터에 사진이 저장된 것을 인식하지 못했다고 주장한다. 검찰은 피고가 아동 포르노 사진의 존재를 알고 있었으며, 그 사진이 미성년자의 것임을 입증해내야 한다. 이때 이메일은 해당 영상이 이 용의자를 통해 소아성애자들에게 공유됐음을 증명해내는 증거 자료가 될 수 있다. 궁극적으로, 이는 아동 성범죄를 저지르고 불법 영상을 배포하기 위해 컴퓨터를 사용하는 아동 포르노물에 대한 기소 및 용의자의 유죄 입증에 도움이 된다. MD5 해시^{hash}로 알려진 이 프로세스는 두 컴퓨터에 담긴 영상이 동일한지 검증하는 데 사용될 수 있다.

사건의 연쇄

범죄가 행해진 사건을 재구성하는 것은 주장을 제시하는 중요한 측면이다. 종종 어떤 이메일 파일은 여러 일수 동안 이뤄진 대화의 연쇄를 구성할 수 있으며 시간, 날짜, 보낸 사람, 받는 사람 등의 정보를 포함한다. 이는 일련의 사건을 증명하는 데 도움이 된다.

확산

이메일은 많은 의사소통을 하는 데 사용되기 때문에 매우 중요한 도구다. 따라서 개인과 비즈니스 차원의 의사소통은 사회에서 보편화돼 있다. 엔론 수사에서는 수만 개의 이메일을 획득하고 조사했다. 일부 사건에서, 컴퓨터 포렌식 부서가 있는 회계 법인에는 매일 이메일 증거 작업만 하는 분석가 그룹을 보유한 별도의 연구소가 있을 것이다.

내구성: 증거 조작

내구성은 은폐, 파괴, 변경, 증거 위조 등으로 정의된다. 그것은 많은 주에서 중죄 판결을 받는 심각한 범죄다. 마텔^{Mattel} 대 MGA 엔터테인먼트 사$^{MGA\ Entertainment,\ Inc.}$의 사건에서, 미국 지방 법원 스티븐 라슨 판사는 2004년 마텔의 전 직원인 카터 브라이언트가 증거 제거기$^{Evidence\ Eliminator}$라는 프로그램을 사용해 증거를 조작한 컴퓨터를 변호사에게 제출했다는 내용을 마텔 사가 배심원단에게 증언하라는 결정을 내린 바 있다.

이메일은 피고가 자신의 컴퓨터에 있는 이메일을 훼손하려고 시도할지라도 다른 경로를 통해 여전히 접속할 수 있기 때문에 조사자에게 매우 가치가 있다. 예를 들어 이메일 파일은 잠재적으로는 용의자 컴퓨터나 수신자 컴퓨터에서 찾을 수 있다. 이메일 제공 업체는 이메일 서버에 저장된 이메일 파일을 인계하도록 소환장이나 수색 영장을 제시받을 수 있다. 이메일 파일은 블랙베리와 아이폰 같은 스마트폰뿐 아니라 아이팟 터치나 아이패드 같은 장치에서도 찾아낼 수 있다.

허용성

판사와 법원은 수년 동안 허용 증거로서 전자 메일을 받아들였다. 흥미롭게도, 한 사건에서 롬봄Rombom, 브 웨버만v. Weberman 등의 판사는 증거로서 이메일 출력물을 받아들였다. 원고가 피고로부터 이메일을 받았다고 증언하고 출력했다.

접근성

여타 증거 수집과는 달리, 개인의 이메일에 접근하는 과정에 반드시 수색 영장이 적용되지는 않는다. 법무부는 이메일을 개봉한 이후에는 SCA Stored Communications Act(저장된 커뮤니케이션 법)의 보호를 더 이상 받지 않는다고 주장했다. 판사가 영장 없이 검색하는 것에 대한 정부의 청원을 거부했음에도 불구하고 정부는 이메일은 클라우드에 상주하고 자유롭게 접근할 권리가 있다고 지속적으로 주장하고 있다. SCA 법에 따르면, 180일이 경과되지 않은 이메일과 같이 저장된 커뮤니케이션은 법적으로 영장을 요구하고 있다. 야후, 구글, 마이크로소프트 같은 회사들은 정부의 노력을 적극적으로 반대하는, 전자 프론티어 재단Electronic Frontier Foundation이라는 그룹을 결성했다. 그러나 일부 분석가는 법이 정부에 호의적으로 변경될 수 있다고 생각한다.

그럼에도 불구하고, 분명한 것은 직원의 이메일이 고용주의 재산이라는 것이다. 따라서 회사는 개인의 동의 없이 직원의 이메일을 검색할 수 있다. 2009년 스텐가트Stengart와 러빙 케어 에이전시Loving Care Agency, Inc. 사의 경우, 뉴저지 고등 법원 항소심에서 고용주는 직원이 이메일 접속에 회사 기술을 사용했을 때 직원의 동의 없이 직원의 이메일에 접속해 그 내용을 읽을 수 있다고 강조했다. 따라서 이메일 통신에 접속하는 것은 종종 다른 방식의 통신에 접속하는 것보다 쉽다.

이미지

현재 다양한 이미지 파일 형식이 쓰이고 있다. 가장 널리 사용되는 형식은 BMP^{Windows Bitmap}, JPEG^{Joint Photographic Experts Group}, TIFF^{Tagged Image File Format}, PNG^{Portable Network Graphics}다. 이미지는 아동 착취의 경우와 관련해 중요성이 증가하고 있다. 사진은 20년 전보다 현재 더 큰 중요성을 가지고 있다. 디지털 사진은 사진을 찍기 위해 사용된 카메라의 종류(소유권 증명), 종종 휴대폰의 위치를 확인할 수 있는 GPS(위성 위치 확인 시스템) 데이터를 포함하고 사진을 찍은 시간에 대한 상세한 정보를 제공한다. 후자는 스마트폰으로 찍은 사진에서 흔히 볼 수 있다. 일반적으로, 디지털 사진의 파일 메타데이터는 사진을 찍기 위해 사용된 카메라의 제조 업체와 모델을 식별할 수 있는 조사자에 대한 중요한 정보다. 파일 메타데이터(그림 1.1 참조)는 파일에 대한 정보며 생성일, 수정일, 마지막 접속일과 더불어 종종 파일을 생성한 사용자를 포함할 수 있다.

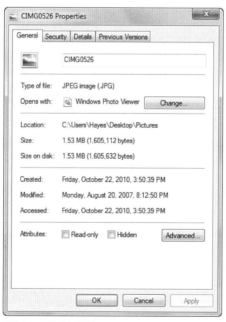

그림 1.1 파일 메타데이터

액세스데이터 사의 FTK 애플리케이션을 포함하는 대부분의 전문 컴퓨터 포렌식 이미지 생성 및 분석 소프트웨어는 파일 형식과 별도의 이미지로 필터링할 수 있는 사용자 인터페이스를 포함하고 있다. 이러한 이미지 파일에는 함께 그룹화되거나 소프트웨어에 의해 다른 파일로부터 분할된 이미지 파일이 포함된다. 예를 들어 이 메일이나 마이크로소프트 워드 문서에 이미지가 포함된다면 애플리케이션은 발견된 다른 이미지 파일과 함께 그룹을 제거한다.

예를 들어 이메일이나 마이크로소프트 워드 문서에 이미지가 저장됐다면, 그 응용프로그램은 이미지 외의 다른 요소들을 배제하고 다른 곳에서 찾은 이미지들과 함께 추출한다.

X-Ways Forensics 분석 소프트웨어를 비롯한 포렌식 툴을 쓰면, 수사관은 피부 톤 비율을 가진 모든 이미지를 추출해낼 수 있다. 대부분의 경우 해당 기능을 수행하고 나면, 사람이 포함된 이미지들만 결과로 추출된다. 사진은 수년간 법정에서 사용돼왔지만, 오늘날의 디지털 사진에서는 전통적인 필름을 이용해 촬영한 사진보다 더 많은 정보를 얻을 수 있다.

영상

영상 증거물은 컴퓨터, 디지털카메라, 휴대폰을 비롯해 다양한 종류의 기기 장치에서 발견할 수 있다. 오늘날의 감시 카메라 영상이 대부분 컴퓨터에 저장돼 관리됨에 따라, 영상 분석의 역할도 자연스럽게 컴퓨터 포렌식 분야로 옮겨졌다. 대개 감시 카메라 영상은 은행과 편의점에서 발생하는 절도 범죄와 관련이 깊지만 이외에도 범죄 활동의 훨씬 더 광범위한 영역에서 쓰이고 있다.

현금자동입출금기ATM에 스키머skimmer를 설치해 카드 정보를 읽어내는 수법은 전 세계적으로 수백만 달러의 절도를 야기했다. 스키머(그림 1.2 참조)는 ATM카드, 신용카드, 직불카드의 마그네틱에 저장된 정보를 읽는 장치다. 이때 감시 카메라 영상은 이런 범죄자들의 절도 사건에서 결정적 단서를 제시할 수 있다.

그림 1.2 스키밍 장치

폐쇄 회로 텔레비전[CCTV]은 특정 공간에서의 영상 기록을 위해 사용된다. 영국의 도시에는 대략 50만 대 정도의 CCTV 카메라가 설치돼 있다. 이 카메라들은 소지품을 털린 여행객들을 도와줄 용도로 사용되거나, 2006년 발생한 전 러시아 비밀 요원 알렉산더 리트벤코[Alexander Litvenko]의 사망 사건과 같은 세간의 이목을 끄는 범죄를 방지하기 위해 사용돼왔다.

컴퓨터 포렌식 수사관들은 영상 분석의 품질을 높이기 위한 툴을 비롯해 선택 가능한 다양한 포렌식 툴을 사용하고 있다. 또 어떤 툴은 영상 내의 미리 선언된 지점에서 원하는 스틸 사진을 생성할 수 있는 기능을 제공한다. 이런 스틸 사진은 수사관의 보고서에 첨부될 수 있다는 점에서 매우 가치 있는 자료다. 더욱 중요한 것은 이와 같은 포렌식 툴은 수사관들이 영상의 처음부터 끝까지 전체를 검토하지 않는다 하더라도, 영상의 어떤 지점에서 중요한 범죄 흔적이 존재하는지 식별할 수 있게 해주는 효율적인 방법을 제공한다는 점이다. 게다가 수사관이 꺼림칙한 영상을 검토해야 할 경우라도 군이 달갑지 않은 영상 전체를 볼 필요가 없다.

궁극적으로, 영상 증거물은 배심원이 법정에서 유죄 판결을 내릴 수 있게 하는 가장 설득력 있는 증거 유형이다.

방문한 웹사이트와 인터넷 검색 기록

사법 처리에서 증거물의 원상태를 보존하기 위해 컴퓨터 발견 즉시 전원 플러그를 뽑아야 할지, 아니면 발견 당시의 전원이 켜진 상태로 둬야 할지에 대한 논쟁은 끊이지 않는다. 대부분의 수사관들은 암호화가 발전했고 컴퓨터 플러그를 뽑을 경우 증거물의 원상태가 유지되기 어렵다는 점을 들어 라이브 시스템은 켜진 상태에서 포렌식 분석을 해야 한다는 점에 동의했다. 암호화는 알고리즘이라 불리는 수학 공식을 이용해 평문을 혼합한 후 읽기 어려운 형식으로 변환하는 과정이다. 인터넷 검색 및 웹사이트 방문 이력에 관련된 증거 파일과 데이터들은 컴퓨터가 켜진 상태에서 분석하기가 더 용이하다. 그 이유는 사용자들의 인터넷 접속을 비롯한 현재의 컴퓨터 사용 이력 대부분이 임의 접근 기억 장치(램)에 저장돼 있기 때문이다. 램은 컴퓨터가 꺼지면 내부 정보도 함께 사라지기 때문에 단기 메모리 또는 휘발성 메모리라고 불린다. 웹사이트를 방문할 때 클라이언트 컴퓨터가 웹 서버에 요청하는 과정을 이해할 수 있어야 한다. 클라이언트 컴퓨터는 실제로 HTML 문서와 이미지 같은 웹 페이지의 리소스들을 다운로드해 컴퓨터의 메모리에 저장한다.

그림 1.3에서 보는 것과 같이 클라이언트 컴퓨터는 서버 컴퓨터로부터 리소스들을 요청하는 컴퓨터다. 웹 서버의 주목적은 HTML 문서 및 그와 관련된 리소스(이미지와 같은)들을 클라이언트 컴퓨터의 요청에 응답해 전달하는 것에 있다. 클라이언트와 서버의 역할을 기억하는 가장 쉬운 방법은 클라이언트를 고객의 역할로, 서버는 서비스를 제공하는 역할로 비유해 생각하는 것이다. 대부분의 전문적인 컴퓨터 포렌식 툴은 컴퓨터 전원이 켜진 상태에서 램 안에 저장된 내용을 효율적으로 이미지로 생성해 보관할 수 있게 해준다. 다양한 오픈소스 램 분석 툴도 동일한 기능을 제공해 준다.

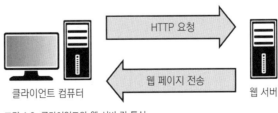

그림 1.3 클라이언트와 웹 서버 간 통신

휴대폰 포렌식

모바일 기기의 성능이 점차 확대되면서 휴대폰 포렌식 분야는 나날이 발전하고 있다. 휴대폰은 용의자가 알고 있는 사람들(연락처), 일정(스케줄러), 전화통화의 흔적(통화 이력), 사람들이 전달한 내용(문자 메시지)을 알 수 있게 해준다. 이미지 및 영상 증거물(폰 카메라), 방문한 장소GPS, 온라인 구매 이력, 웹사이트 방문 이력(인터넷 사용이 가능한 휴대폰의 경우)까지 확인할 수 있는 휴대폰도 있다.

휴대폰은 주로 용의자를 찾아내는 데 사용된다. 최근 프레드 자블린Fred Jablin에 대한 살인 사건 수사에서 수사관 코비 켈리Coby Kelley는 용의자인 파이퍼 라운트리Piper Rountree의 휴대폰 기록을 근거로 영장을 발부받을 수 있었다. 셀타워는 휴대폰 사용자가 하나의 셀 영역에서 다른 영역으로 이동할 때마다 휴대폰 위치를 파악해 기록하기 때문에 수사관은 I-64 고속도로 동쪽 방향의 노르포크 공항으로 이동하고 있는 용의자가 버지니아주의 리치몬드에 있다는 것을 파악할 수 있었다. 나중에 그 휴대폰은 메릴랜드주의 볼티모어로부터 옮겨진 것을 확인할 수 있었다. 추가 조사 이후, 용의자 라운트리가 자신의 언니 이름으로 볼티모어에서 텍사스로 가는 비행기를 예약했다는 사실을 발견했다. 파이퍼 라운트리는 본인이 텍사스주의 휴스턴을 결코 떠난 적이 없다고 일관되게 주장했으나, 휴대폰 포렌식을 통해 이 말이 거짓임이 증명됐으며 라운트리의 유죄를 입증하는 데 중요한 역할을 했다.

컴퓨터 포렌식 조사에서 휴대폰 연구에 대한 더 많은 정보는 9장, '모바일 포렌식'에서 좀 더 자세히 다룰 예정이다.

◆ 컴퓨터 포렌식 수사관이 갖춰야 할 능력

컴퓨터 포렌식은 컴퓨터 과학, 사법 제도, 법률, 수학, 집필, 포렌식 과학, 언어학 등 다양한 영역에서의 기술을 이용하는 종합적인 분야임을 이해하는 것이 중요하다.

컴퓨터 과학 지식

컴퓨터 과학의 측면에서는 운영체제[OS]와 운영체제 파일시스템에 대한 깊이 있는 지식을 쌓아나가는 것이 중요하다. 이 분야에 대한 탄탄한 기초를 통해 수사관은 파일이 어디에 저장됐는지 식별해냄으로써 형사 사건에서 검사에게 제출할 증거물을 결정할 수 있다. 운영체제에 대한 지식은 하드웨어와 소프트웨어가 서로 간에 어떻게 상호작용하는지 이해할 수 있게 해준다. 이 정보는 컴퓨터 사용자의 행동을 변화시킬 수 있다는 측면에서 매우 중요하다. 예를 들어 마이크로소프트 윈도우 비스타의 얼티미트[Ultimate]/엔터프라이즈[Enterprise] 버전에서 소개된 암호화 툴 비트락커[BitLocker]는 파일이나 폴더, 또는 드라이브 레벨에서의 암호화를 지원해준다. 그러므로 지식이 풍부한 컴퓨터 포렌식 조사자라면, 라이브 컴퓨터의 운영체제를 조사해야 할 상황이 발생했을 때 조사 대상 컴퓨터의 전원을 끔으로써 생기는 잠재적인 위험 요소를 완벽히 파악할 수 있을 것이다. 다시 말해, 비트락커 암호화 툴이 활성화돼 있는 경우 컴퓨터를 종료하는 행위는 그 암호화 툴을 작동하게 만들 것이다.

단순히 증거 파일의 위치를 추적해 추출하는 행위만으로는 충분하지 않다. 전문적인 컴퓨터 포렌식 수사관이라면 폭넓은 조사 능력을 보유해야 하며, 그런 능력은 증거물을 사고자 개개인과 연관 지을 수 있게 해준다. 심사관이 증거물을 통해 제어성, 소유권, 고의성을 입증할 수 있어야 한다. 예를 들어 수사관은 파일이 메모리에 저장된 시점에 용의자가 컴퓨터를 제어 가능했음을 입증해낼 수 있어야 한다. 가령 사용자가 컴퓨터 접속을 위해 비밀번호를 통해 로그인한 것이 제어 시나리오에 대한 예가 될 수 있다. 유죄를 증명하는 과정에서 소유권 또한 중요한 요소가 된다. 이것은 수사관이 용의자가 파일을 생성 및 수정하거나 타인에게 이메일로 전송했음을 입증함으로써 증빙될 수 있다. 마지막으로, 범죄자를 성공적으로 고소하려면 끈질긴 집념이 필수적이다. 컴퓨터 포렌식에서 피고는 자신들이 고의로 특정 웹사이트에 방문하지 않았거나, 혹은 무심코 이미지들을 다운로드하기는 했으나 결코 조회하지 않았다고 항변할 수 있다. 따라서 컴퓨터 포렌식 수사관은 고의성을 입증하기 위해, 웹사이트가 여러 번 접근됐거나 혹은 이미지가 여러 번 조회되거나 추후에 타인에게 배포됐음을 필수적으로 증빙해야 한다.

법적 전문 지식

특히 컴퓨터 포렌식과 관련해서는 법 지식이 매우 중요하다. 수사관에게는 용의자의 컴퓨터에 접근하는 것부터가 첫 번째 난관이 될 것이다. 용의자의 컴퓨터가 개인의 거주지에 위치해 있다면, 수사/압수에 관한 4차 미 수정 헌법에 대한 지식이 반드시 필요하다. 수사관은 범죄가 발생했다는 사실과 주요 증거가 특정 장소에 존재한다는 합리적인 예측을 바탕으로 판사를 설득해야 한다. 법 시행은 범죄가 발생했음에 대해 '개연성 있는 이유' 혹은 '믿어야 하는 합리적인 이유'를 보여줘야 한다.

의사소통 기술

컴퓨터 포렌식 현장에서 쓰기 기술의 중요성은 한 번도 간과된 적이 없다. 궁극적으로 수사관은 조사 과정과 결과물에 대해 필히 문서화해야 한다. 또한 보고서는 사건에 연루된 사람들 중 컴퓨터 포렌식 수사관처럼 기술적인 전문 지식을 갖지 않은 사람들도 보고서의 조사 결과를 이해할 수 있도록 작성돼야 한다. 만약 범죄 사건이 재판에 회부된다면, 컴퓨터 포렌식 수사관은 전문가 증인으로서 증언하도록 요구받을 수 있다. 그렇게 된다면, 수사관은 결과물에 대해 컴퓨터나 컴퓨터 포렌식 관련 지식이 일천한 판사와 배심원들에게 효과적으로 설명할 수 있어야 한다.

언어 능력

오늘날의 범죄는 인터넷 확산에 따라 국제적 규모로 번져나가고 있다. 국제 테러리스트에 의한 사이버 범죄와 기술 오용이 증가함에 따라 외국어에 능통한 수사관에 대한 수요가 늘어났다. 따라서 포렌식 수사관이 모국어와 외국어에 능통하다면 특정 조사에 대해 더 많이 기여할 수 있을 것이다.

지속적인 학습

유능한 컴퓨터 포렌식 수사관은 지속적으로 새로운 기술을 배워야 한다. 그러나 매우 중요하면서도 파악하기 어려운 기술들은 항상 있기 마련이다. 모든 범죄는 저마다 상이하고 증거도 각양각색이므로 추상화, 즉 틀을 벗어나 사고하는 능력이 필수적이다. 그러므로 컴퓨터 포렌식 수사관은 지속적으로 새로운 전략과 해결책을 개발해야 한다. 기술이 급속도로 변화하는 것을 고려한다면, 유연하고 지속적으로 새로운 기술을 배우는 것은 특별히 중요하다. 기술의 신속한 변화는 범죄의 속성 변화를 뜻한다. 또 다른 무형의 능력은 심리학과 연관이 있다. 범죄를 간파할 수 있게 되면 인간의 행동을 더 잘 파악할 수 있고 조사 과정에서 신속한 해결책을 찾아낼 수 있다. 이러한 이유로, 우리는 연쇄 살인마나 범죄자들을 프로파일링할 수 있는 전문가가 필요하다.

기밀성에 대한 존중

마지막으로, 정보 기밀성을 지킬 수 있는 능력이 필수적이다. 조사에 대해 꼭 알아야 할 사람만이 알아야 하고, 더 적게 알수록 더 좋다. 이것은 용의자가 조사에 대해 알아챘을 경우의 리스크를 최소화하기 위함이다. 용의자가 알아챘다면, 용의자가 달아나거나 혹은 조사와 관련된 증거를 훼손, 은폐, 변조, 소멸시킬 위험이 발생한다. 언론에 유출되는 것도 우려스러운 일인데, 강력한 사건의 경우 배심원들이 매수될 수 있다.

❖ 컴퓨터 포렌식의 중요성

우리의 삶이 기술적으로 종속됨에 따라, 컴퓨터 포렌식의 중요성은 강화돼왔다. 우리의 삶에 대한 정보는 우리의 컴퓨터와 휴대폰, 그리고 특히 소셜 네트워크 웹사이트와 같은 인터넷에 저장되고 있다. 예를 들어 페이스북의 경우, 5억 명이 넘는 이용자들을 보유하고 있으며 사진, 사용자 패스워드 단서, 용의자의 인맥 관계나 성취물에 대한 많은 정보를 수사관들에게 제공한다.

　　범죄 수사관들은 전형적으로 범죄의 사건들을 재구성하도록 요구받는다. 기술이 이러한 재구성 단계를 촉진시켜왔다. 용의자는 신용카드와 연결된 MTA 지하철카드를 통해 뉴욕시 지하철 안에서나 E-Z Pass 톨게이트 결제 등으로 추적될 수 있다. 2014년 초반에 퀸즈 카운티Queens County(NY) 검찰은 택시 운전사 로돌포 산체스Rodolfo Sanchez를 중절도(서비스 절도) 혐의로 체포했는데, 이는 E-Z Pass 서비스에 대한 절도로 간주됐으며, 기록상 그는 다리 및 터널 MTA 통행료를 다량으로 회피해온 것으로 드러났다. 또한 용의자는 휴대폰 사용 기록을 통해 추적이 가능했다.

직업 기회

노동통계청은 컴퓨터 포렌식과 보안의 중요성을 인식해왔다. 2018년에는 2008년에 비해 22%가량 직업 기회가 늘어날 것으로 예측했다. 신원 절도, 스팸 광고, 유해 메일 발송, 저작권이 있는 매체의 불법 다운로드 등 인터넷상의 범죄 행위 증가는 곧 직업 기회의 증가로 이어질 것이다. 통계청에 따르면, 동시기에 대략 80만 개의 컴퓨터/수리과학 직업이 생길 것이라고 한다.

컴퓨터 포렌식 연구는 국제적/국가적/시/군/구/지역 수준의 사법 처리에서 직업 기회가 존재한다. 하지만 컴퓨터 포렌식 연구가에게는 개인 소유의 영역 또한 열린 직업 기회가 될 수 있다. 대부분의 회계 법인은 컴퓨터 포렌식 연구소가 있고, 주요 회계 법인의 경우 국제적으로 여러 연구소를 보유하고 있다. 기업들은 종종 내부 조사에서 회계 법인의 컴퓨터 포렌식 부서로부터 어렵게 서비스를 제공받고 한다. 많은 업무는 이디스커버리eDiscovery, 즉 디지털로 저장된 데이터의 복구로부터 비롯된다. 특히 다른 기업과의 소송이나 증권거래위원회로부터의 정보 요청에 대응하기 위해 복구 작업이 필요하다. 이디스커버리 서비스는 통상적으로 민사 소송과도 연관이 있다.

전문적인 컴퓨터 포렌식 수사관은 사설 조사 업체에서 직업 기회를 가질 수 있다. 이 회사들은 소송에 연루된 사람들을 통해 운영된다. 또한 합의 분쟁이나 부정 소송이 있는 이혼 절차를 진행 중인 사람들을 통해 운영된다. 특히 양육권 분쟁이 발생하게 된다면 확실하다. 휴대폰 포렌식은 부정을 밝히기 위해 배우자의 전화를 조사하는 사람들 덕분에 성장해왔다고 볼 수 있다.

컴퓨터 포렌식의 중요성이 성장함에 따라, 그리고 새로운 기술들이 생겨남에 따라 새로운 소프트웨어와 하드웨어 솔루션에 대한 필요성이 꾸준히 증가한다. 액세스데이터^AccessData, 가이던스 소프트웨어^Guidance Software, 블랙백^BlackBag, 파라벤^Paraben 같은 소프트웨어 및 하드웨어 회사들은 컴퓨터공학과 조사 능력 모두에서 숙련된 사람을 필요로 하고 고용한다. 세계적인 대형 법률회사들 또한 컴퓨터 포렌식 수사관을 고용하거나 컴퓨터 포렌식 컨설턴트의 서비스 계약을 체결해왔다. 아울러 컴퓨터 포렌식 수사관들은 많은 사건에서 전문가 자격으로 소환돼 법정 진술을 위해 재판에 서기도 한다.

전 세계의 금융 시스템은 고객 계좌 정보를 저장하는 디지털 스토리지와 전자통신에 크게 의존한다. 만연하는 신용카드 사기, 텔레뱅킹 사기를 비롯한 금융 사기로 인해 금융 기관은 범죄를 입증하고 탐지하기 위해 컴퓨터 포렌식 분야에서 신속하게 투자와 개발을 추진해왔다. 이러한 역량 행사 덕분에 금융 기관은 범죄 행위에 대한 이해도가 높아지고 컴퓨터 보안을 개선하기 위한 전략 및 전술로 무장하게 됐다.

컴퓨터 포렌식 수사관들의 서비스를 훈련시키거나 관여하는 조직으로는 육해공군을 포괄하는 미 국방부^DoD를 들 수 있다. 국세청^IRS도 컴퓨터 포렌식에 관련된 가장 오래된 정부 기관 중 하나다. 연방수사국^FBI, 국토안보부^DHS, 이민세관단속국^ICE, 마약단속국^DEA, 미국 비밀검찰국 등과 같은 연방 기관들에도 컴퓨터 포렌식 연구소가 있다. 연방수사국^FBI의 경우, 컴퓨터 포렌식으로 확인된 정보가 알카에다 테러요원의 통신인지 혹은 자금 세탁과 관련된 화이트칼라 범죄인지 확인하기 위해 중요할 것이다. 비밀검찰국 또한 위조지폐 조사를 비롯해 수사 전반에서 컴퓨터 포렌식 기술의 활용도가 높아지고 있다.

2001년 10월 부시 대통령은 미국 애국법(H.R. 3162)을 제정했다. 그 목표 중 하나는 전국적인 사이버 범죄기동대 연합을 구축하기 위함이었다. 그 연합은 연방/국가/지방 사법 기구, 그리고 검사와 학계, 사설 산업을 포함한다. 이 기동대는 미국의 주요 사회 기반 시설을 보호할 임무가 있다. 더 나아가 컴퓨터 포렌식 수사관 전문가는 전력망이나 금융 시스템을 포함한 기반 시설에 대한 공격을 반드시 조사해야 한다.

개인정보의 디지털화에 따라 다양한 경제 분야에서 포렌식 수사관의 직업 기회는 명확하게 존재한다. 개인정보 도난 및 주요 기반 시설에 대한 공격이 증가할 수밖에 없음에 따라 컴퓨터 포렌식 분야 전문가의 수요도 꾸준히 성장할 것이다. 훈련 범위가 넓어짐에 따라 특수 전문 분야도 발생했다. 몇몇 수사관은 디지털 기기에 대한 취득과 그 안에 저장된 파일들에 대한 이미지 생성을 훈련받았다. 이 이미지들은 연구소의 다른 구역에 전송되는데, 거기에서는 조사에 관련된 파일을 검색한다. 추후에 다른 팀에서는 보고서를 작성하고 안전한 웹사이트에 증거를 게시하는 일을 할 수 있다. 마지막 단계를 '증거 개시 절차Discovery'라 부르는데, 피고와 원고 측 변호사가 증거를 조회할 수 있다.

디바이스의 종류에 따라서도, 컴퓨터 포렌식 특화 분야가 빈번하게 발생한다. 모바일 포렌식 수사관은 휴대폰 증거에 집중하고, 맥Mac 포렌식 수사관은 애플Apple 컴퓨터나 아이패드iPad, 아이팟iPod 같은 디바이스에 집중한다.

❖ 컴퓨터 포렌식의 역사

컴퓨터 관련 범죄는 오랜 기간 동안 존재했지만, 1980년대 PC의 출현과 함께 급속히 증가하기 시작했다. PC 개발의 선두 주자는 IBM으로, 1981년 5150 PC를 출시했다. 1980년대에 IBM은 아타리Atari, 코모도르Commodore, 탠디Tandy, 애플 등의 PC 제작사와 경쟁했다. 애플은 1980년대 PC 시장에서 큰 성과를 거뒀는데, 1984년에 흑백 디스플레이를 내장한 매킨토시 128K를 출시했다. 같은 해에 애플은 매킨토시 512K를 출시했는데, 이 PC는 마이크로소프트 엑셀을 포함한 생산성 소프트웨어를 지원했다. 1987년에 출시된 매킨토시 SE는 가장 인기 있는 PC 중의 하나가 됐다.

1980년대: PC의 출현

이 시기에는 최초의 전자 게시판이 생겨나 흥미롭게도 해커들 간의 소통이 가능해졌으며, 미국의 '파멸의 군단'과 같은 해커 조직이 생겨나게 됐다. 1983년 영화

《위험한 게임》에서는 PC를 통해 정부 컴퓨터에 침입하는 모습을 대중들에게 소개했다. 1984년 에릭 콜리$^{Eric\ Corley}$와 엠마뉴엘 골드스테인$^{Emmanuel\ Goldstein}$이 발간한 「2600: 해커 계간지」를 통해 해킹 아이디어의 교류가 가능해졌다. 1989년 초기 해커 중의 한 명인 케빈 미트닉은 MCI 사의 장거리 전화 시스템 관련 접속 코드와 DES$^{Digital\ Equipment\ Security}$로부터 소프트웨어(펌웨어)를 훔친 혐의로 유죄를 선고받았다. 굵직한 시스템 침해 사건들이 수없이 발생하자 국회는 '컴퓨터 사기와 남용에 관한 법'을 통과시켰고, 이 법은 수차례 개정돼왔다.

연방 수사국

1984년 연방 수사국^{FBI}은 오늘날 컴퓨터 분석/대응 팀^{CART}으로 알려진 자기 매체 프로그램$^{Magnetic\ Media\ Program}$을 설립했다. 자기 매체 프로그램은 컴퓨터 포렌식 수사에 대한 역할을 담당했다. 국세청^{IRS}의 범죄 수사 팀 소속인 특별 수사관 마이클 앤더슨$^{Michael\ Anderson}$은 종종 컴퓨터 포렌식의 아버지로 언급되곤 한다.

미국 실종/피학대 아동센터

지방 자치주 사법 기관의 컴퓨터 포렌식 수사관은 주로 아동 포르노그래피의 소유와 배포를 비롯해 위험에 처한 아동 사건을 조사하는 데 대부분의 시간을 할애한다. 1984년 미국 의회는 국립 실종/피학대 아동센터^{NCMEC}를 설립했다. NCMEC는 미아 찾기와 성적 학대를 비롯한 아동 착취 반대 운동을 추진하는 기관이며, 위험에 빠진 피해 아동을 비롯해 실종 아동과 관련된 범죄를 기록해 보관하는 중앙 저장소로의 역할도 수행하고 있다.

1990년대: 인터넷의 영향

1990년대의 넷스케이프 같은 웹 브라우저의 발전으로 인터넷 접속은 더욱 쉬워졌다. 사용하기 쉬우면서도 보기 좋게 디자인된 인터페이스로 대체되면서, 인터넷 사용자들은 더 이상 커맨드라인을 이용해 인터넷 자원에 접근할 필요가 없어졌다. 웹 브라우저는 수많은 컴퓨터를 인터넷의 영역으로 편입시키는 데 기여했다. PC와 맥처럼 상호 간 통신이 불가능했던 컴퓨터 역시 지금은 하이퍼텍스트 전송 프로토콜 HTTP과 같은 공통 인터넷 프로토콜을 사용하면서 상대적으로 통신이 손쉬워졌다는 것도 주목할 만한 사실이다. 최초의 이메일도 이 시기에 개발됐는데, 현재와는 달리 기관 내부의 통신 수단으로 사용됐다. 다국적 기업은 이메일 통신망을 구축함으로써 전화 통신 비용을 현저히 줄일 수 있었다. 새로운 통신 기술을 이용한다는 것은 이전에 존재하지 않던 새로운 디지털 증거의 출현을 의미하는 것이었다. 1993년에는 최초의 국제 컴퓨터 증거 콘퍼런스International Conference on Computer Evidence가 개최됐다.

미국 국방부

1998년에는 국방개혁계획지침 27항에 의거해 미국 국방부DoD가 방첩, 범죄, 사기 등의 컴퓨터 증거 조사 역할을 하는 합동 국방 컴퓨터 포렌식 수사 연구소를 설립할 것을 미 공군에 지시했다. 동시에, 국방 컴퓨터 수사 트레이닝 프로그램DCITP으로 알려진 컴퓨터 포렌식 연수 프로그램이 만들어졌다. 이후 이 연수 프로그램은 미국교육협회가 공인하는 교육 기관으로 발전했다. 국방 사이버 범죄 센터DC3는 교육 기관과 연구소로 구성돼 있었고, 2002년에는 국방 사이버 범죄 기관DCCI에 흡수됐다. DC3는 미국 오클라호마 주립대학교의 통신 네트워크 보안 센터CTANS와 협력해 국가 디지털 포렌식 정보 저장소NRDFI를 개발 및 운영했으며 다양한 포렌식 툴을 개발하기도 했다.

미 국세청

미 국세청은 미국 시민전쟁 당시 링컨 대통령이 국세위원 직책을 창립한 것에서 시작됐다. 오늘날 국세청은 재무성의 한 부서로 속해 있다. 컴퓨터의 사용이 수년간 증가해왔으므로 국세 조사에서 컴퓨터 포렌식을 사용해야 할 필요성도 증가해왔다. 미 국세청 사이버 범죄 조사부는 아이룩ILook으로 알려진 컴퓨터 포렌식 도구를 개발토록 엘리엇 스펜서^{Elliott Spencer}를 후원해왔다. 미 국세청 범죄 조사부^{IRS-CID}는 2000년부터 금융 조사를 용이하게 하기 위해 아이룩을 사용해왔다. 아이룩 제품군은 전통적으로 지역 및 국가의 사법 요원들에게 무료로 제공돼왔다.

미 국토안전부 비밀수사국

우리는 종종 미 국토안전부 비밀수사국^{USSS}이 오로지 최고사령관, 즉 미국 대통령을 보호하는 역할만 수행한다고 생각한다. 하지만 USSS는 컴퓨터 포렌식 분야에서 비교적 오랜 그리고 성공적인 역사를 갖고 있다. USSS가 화폐 위조나 자금 세탁 등의 범죄를 조사하는 현장 요원들을 미 전역에 배치하고 있기 때문이다. 1994년 범죄 법안에서 의회는 USSS에게 실종/착취 아동과 관련된 범죄 조사에 포렌식 및 기술적 지식을 사용하도록 위임했다. 따라서 비밀수사국은 NCMEC(미아 찾기 기관)와 밀접하게 일한다. 1996년 USSS는 사이버 범죄 수사에 협력하는 뉴욕 사이버 범죄 기동대^{ECTF}를 설립했다.

ECTF는 성공적이었고, 2001년 미 애국법은 USSS가 ECTF를 확장하고 전국적으로 설립하도록 위임했다. 이듬해, 2001년 9월 11일 이전 사건들에 대한 사법 기관들의 협력이 부족했다는 점을 개선하고자 국토안보부^{DHS}가 창설됐다. 주요 의무는 미국을 테러 공격에서 방어하고 국가 재난으로부터 효과적으로 대응하는 것이었다. 그 후 비밀수사국은 국토안보부 소속 기관이 됐다. 2003년 4월 아동신분보호법('앰버경보법'으로도 알려졌다.)은 USSS에 아동 학대에 관한 조사를 관리할 전권을 줬고, 그에 대한 더 많은 자금과 자원을 제공했다. 2007년 국가 컴퓨터 포렌식 학회^{NCFI}를 알라바마주 후버시의 알라바마 지방 검사협회와 USSS 및 DHS 간의 협력으로 설립했다. NCFI는 경찰관, 검찰, 그리고 판사들에게 컴퓨터 포렌식 훈련을 제공한다. NCFI 시설은 최첨단 교실, 컴퓨터 포렌식 연구실, 그리고 모의법정으로 구성된다. 사실 USSS는 전형적으로 아동 착취 사건에 대해서는 적게 관여하며, 금융 범죄에 더 초점을 맞춘다. 아동 학대 사건에는 FBI, 국토안보부 이민관세청^{DHS-ICE}, 그리고 우체국 조사국이 더 관여한다.

2001년 9월 11일의 사건들 이후에는 특히 유럽 경찰과의 협조 같은 국제 협력의 필요성이 더욱 중요시돼왔다. 따라서 2009년 USSS는 이탈리아 로마에 첫 유럽 사이버 범죄 기동대를 설립했다. 이듬해, USSS는 영국 사이버 범죄 기동대를 설립했다.

국제 협력

일반적으로 범죄 규모가 클수록 지리적인 규모도 넓기 때문에 조사 기관 간의 국제 협력이 매우 중요하다. 범죄자는 국지적인 의사소통과 국제적인 의사소통을 모두 원활하게 하도록 인터넷을 사용한다. 1995년 '컴퓨터 증거에 대한 국제기구IOCE'가 설립돼 국제적인 사법 처리를 위한 정보 교류를 가능하게 했다. 1998년 G8 선진국은 디지털 증거의 처리 기준을 수립하는 IICE를 설립했다.

국제형사경찰 기구

범죄 조사에 디지털 증거를 활용하는 데 국제형사경찰 기구(인터폴)는 국제적 협력을 위한 중심적 역할을 수행해왔다. 인터폴은 세계에서 가장 큰 국제적인 경찰 기구며 188개 회원국을 보유하고 있다. 1989년 인터폴 사무국은 프랑스 리옹으로 이전했으며, 2004년 유엔에 인터폴 연락사무소가 설립되고 2008년에 EU 브뤼셀에 특별 지점이 설립됐다.

인터폴의 사고 대응 팀은 수많은 심각한 국제 조사에 컴퓨터 포렌식 전문가를 공급했다. 2008년 보고서에 따르면, 컴퓨터 포렌식 수사관은 콜롬비아 당국의 요청에 따른 호주와 싱가포르에서의 수사 과정에서 여덟 개의 노트북, 두 개의 외장 하드디스크, 세 개의 USB에 담겨 있는 609GB의 데이터를 조사했다. 이 물건들은 FARC라는 테러 조직의 것이었는데, 이 반정부 테러 조직은 주로 코카인과 같은 불법 마약 밀매를 통해 자금을 마련하는 조직이었다. 콜롬비아 수사관들은 인터폴에 확보한 노트북을 조사해달라고 연락했는데, 이는 공정한 수사관들이 디지털 증거를 보게 함으로써, 포렌식학적으로 디지털 증거가 깔끔하게 확보됐음을 확증하기 위함이었다.

2008년 세인트 피터스버그에 위치한 ICPO 인터폴 총회는 인터폴 컴퓨터 포렌식 분석 조직의 신설을 승인했다. 이 조직은 컴퓨터 포렌식 조사에 교육 및 지원을 제공하고 전자 증거의 수색, 압수, 조사를 위해 국제 표준의 개발을 담당하고 있다.

인터폴은 아동 대상 범죄에 대항해 수년 동안 싸워왔다. 국립실종아동찾기센터 NCMEC와 유사하게 2001년부터 인터폴은 학대 아동에 대한 데이터베이스(인터폴 아동 학대 이미지 데이터베이스ICAID)를 운영해왔다. 연이어 2009년에 ICAID는 아동 성적 학대 이미지 데이터베이스ICSE DB로 바뀌었다. 이 데이터베이스는 사법 처리를 위해 실시간으로 접근 가능하다. 이 효과적인 데이터베이스는 장소와 피해자를 이미지로 비교하는 소프트웨어를 포함하고 있다. 인터폴은 또한 CIRCAMP 및 가상 글로벌 TFVirtual Global Taskforce와 같은 국제적인 아동 학대 방지 기관과 협력한다. CIRCAMP는 유럽에서의 사법 연계 기관이며, 인터넷을 통해 아동 포르노나 아동 학대를 감시한다. 가상 글로벌 TF 또한 동일한 목적과 임무를 갖고 있으나, 전 세계 적으로 온라인 아동 학대에 대항하는 연계 기관이다.

인터폴은 소아성애자를 체포하기 위한 국제 협력을 조율하는 데 성공적이었다. 2006년 노르웨이에서 경찰들은 인터넷을 사용하는 소아성애 범죄자들을 습격했고, 수사관들은 어린 소년에 대한 800개 이상의 끔찍한 이미지를 저장한 노트북을 발견했다. 100여 개에 가까운 이미지들이, 어린 소년들이 학대받는 것을 지켜보는 중년의 백인 남성들을 묘사하고 있었다. 당국은 범죄자들을 추적/적발하기 위해 인터폴에 도움을 요청했다. 인터폴은 대대적으로 범인 수사를 진행했고, 미디어를 통해 대중의 도움을 요청했다. 48시간 만에 인터폴과 이민세관국ICE은 뉴저지에 사는 60살의 웨인 넬슨 콜리스Wayne Nelson Corliss를 체포했다.

지역 포렌식 연구소

1999년 미국 캘리포니아 샌디에이고에 최초의 지역 포렌식 연구소RCFL가 설립됐다. 2000년에는 미국 텍사스 댈러스에 두 번째 연구소가 설립됐다. 지역 포렌식 연구소는 FBI에서 지원을 받으며 사법 처리를 위한 컴퓨터 포렌식 도구의 사용법을 훈련받을 수 있다. 또한 이 연구소들은 다른 기관 요원들과의 연합 범죄 수사를 진행할 때 사용된다. 보통 소규모의 사법 기관은 효과적인 컴퓨터 포렌식 연구소를 갖출 예산이나 자원이 없다. 지역 포렌식 연구소는 소규모 경찰서로 하여금 한두 명의 경찰관에게 조사를 위한 훈련 및 업무를 수행할 수 있도록 한다. 테러, 아동 포르노, 지식 재산권의 침해 혹은 절도, 인터넷 범죄, 부동산 및 금융 사기들이 주로 조사받는다. 오늘날 지역 포렌식 연구소는 미국에 14개, 유럽에 두 개가 존재한다.

퓨전센터

2003년 설립된 퓨전센터는 테러 공격에 대비해 국가/지역 수준에서의 정보들을 수집하는 중앙저장소로 국토안전부와 사법부가 공동으로 출범시켰다. 미국에는 70 개가 넘는 퓨전센터가 존재하며 위치는 극비 사항이다(하지만 퍼블릭 인텔리전스라고 부르는 단체에서 대부분 센터의 물리적 위치를 공개해버렸다). 건물들은 아무런 표시나 지리학적 주소가 없으며 사서함 번호만 있다. 예를 들어 뉴저지, 서트렌톤에 위치한 퓨전센터는 도로명 주소 대신에 사서함 번호(7068번)만을 가지고 있다.

9.11 사건 이후 수많은 보고서들이 테러 공격 대비에 대한 주요 장애물로서 NSA, CIA, FBI와 같은 정부 기관 사이의 정보 교류 부재를 지적했다. 예를 들면, 2001년 9월 11일 펜실베니아에 추락한 유나이티드 항공 93호기를 납치했던 지아드 자라^Ziad Jarrah는 9월 9일 지역 경찰에 과속 운전으로 단속당했었다. 경찰은 자라가 FBI에 의해 추적되고 있는 것을 몰랐으며 자라를 구금하지 않았다.

지역 사법 기관은 정보를 수집해 퓨전센터에 제공한다. 수집 정보에는 CCTV 녹화 내역, 차량 번호, 그리고 의심 활동(정부 기관에 대한 촬영, 지도 작성, 수상한 집회) 보고서 등이 있다.

퓨전센터는 미국인에 대한 대부분의 정보를 저장하고 있는 것으로 추정되는데, 여기에는 비공개 전화번호, 운전면허 정보, 보험 정보가 포함된다. 퓨전센터는 또한 엔터섹트^Entersect와 같이 잘 알려지지 않은 데이터 마이닝 회사로부터 정보를 수집한다. 엔터섹트는 고용 상태 및 범죄 기록, 소송/파산 기록, 고용 평판과 같은 인사 정보를 제공한다. 또한 사법 기관을 상대로 엔터섹트 폴리스 온라인^{Entersect Police Online}이라는 서비스를 제공하는데, 홈페이지(entersect.net)에 따르면 미국 인구의 98%에 대한 120억 개의 온라인 기록을 제공할 수 있다고 한다. 퓨전센터는 렉시스-넥시스^{Lexis-Nexis}와 같은 다른 상업 데이터베이스 회사도 활용한다.

수집된 개인정보의 양과 그 비밀성으로 인해 퓨전센터는 논란에 싸여 있다. 미국 시민 자유연맹^{ACLU}과 같은 시민 단체에서는 퓨전센터의 과한 개인정보 수집과 관리 감독의 부족에 대해 항의해왔다. 퓨전센터는 사법 기관이자 사기업이다. 일부는 지역 사법 기관이 의심 활동을 감시하는 역할에 대해 의문을 제기해왔다. 예를 들어 2008년 뉴욕 펜역 승강장에서 열차의 사진을 촬영한 듀안 커직^{Duane Kerzic}이 철도공사 경찰에게 체포된 후 수갑에 묶인 채로 단체 감옥에 수감됐지만, 진실을 알고 보니 커직은 철도공사가 해마다 개최하는 사진경진대회에 도전하고자 한 것이었다.

퓨전센터의 역할이 테러에 대한 대응일지라도 향후 컴퓨터 포렌식 조사에서 주도적 역할을 수행하게 될 수 있다. 퓨전센터는 디지털 정보의 수집/저장에서 뚜렷한 증거를 제공한다.

✦ 훈련과 교육

컴퓨터 포렌식 수사관이 되기 위한 길은 매우 다양하다. 간접적인 방법은 사법 기관을 통한 것이다. 많은 전문가들이 경찰관으로 경력을 시작해 성공적인 수사관이 된다. 컴퓨터에 대한 소질이나 소속 부서의 디지털 증거에 대한 연구 필요성이 숙련된 컴퓨터 포렌식 수사관이 될 기회를 제공한 것이다. 컴퓨터 포렌식에 대한 정형화된 교육은 상대적으로 개척이 필요하다.

사법 요원 훈련

앞서 언급한 바와 같이 지역 포렌식 연구소^{RCFL}는 사법 요원들이 자원을 공유하고, 범죄 조사를 협력하고, 또한 컴퓨터 포렌식 수사관으로서의 기술을 향상시키는 곳이다. RCFL에서는 RCFL 및 FBI CART 수사관들에게 정규 훈련 과정을 제공한다. 훈련에서는 운영체제 및 연관 파일시스템, 그리고 증거 획득 및 처리를 다룬다.

카네기멜론의 침해 사고 대응 팀CERT에서는 사법 요원을 위해 다양한 컴퓨터 포렌식 도구를 특별 제작했다. 침해 사고 대응 팀의 가상 훈련 환경VTE을 통해 이 도구들에 대한 학습을 진행할 수 있다.

미국 조지아주 글린코시에 위치하고 있는 연방사법연수원FLETC은 80개가 넘는 연방 기관을 위한 연합 사법 요원 교육 기관이다. 이 기관에서 제공되는 훈련 중 하나는 확보된 컴퓨터의 증거 복구 전문가 과정SCERS이다. FLETC는 맥 포렌식이나 네트워크 포렌식과 같은 주제의 훈련도 제공한다.

국립 화이트칼라 범죄 센터NW3C, National White Collar Crime Cente는 검찰 및 사법 요원에게 훈련을 제공하고 범죄 사건에 대한 조사를 지원한다. NW3C에서는 휴대폰 포렌식, 온라인 조사, 운영체제, 파일시스템, 디지털 증거의 획득 및 처리 같은 다양한 컴퓨터 포렌식 관련 주제로 강좌를 개설한다. 현장 검사를 위한 안전한 기술STOP은 매우 잘 알려진 과정이다. 이 과정은 보호 관찰 및 가석방 담당 직원들이나 형사, 혹은 가정 방문 및 불시 검문을 통해 컴퓨터를 빠르고 포렌식 측면에서 안전하게 조사해야 하는 직원들을 대상으로 한다. 예를 들어 가석방 담당 직원은 성범죄 전과자의 PC에 담겨 있는 사진들을 조사해봐야 할 수도 있다.

인터폴은 사법 처리를 위해 컴퓨터 포렌식 조사를 국제적으로 지원해왔다. 2009년 4월 칼리지 더블린 대학교UCD와 인터폴은 인터넷 범죄 조사 훈련 협력 과정을 발족했다. 뿐만 아니라 컴퓨터 포렌식 수사관의 기술을 향상시키기 위해 컴퓨터 포렌식 현장과의 학술 교류를 활성화했다. UCD는 전 세계 사법 요원을 위해 컴퓨터 포렌식 및 사이버 범죄 조사와 관련해 명망 있는 이학 석사 과정을 운영한다.

고급 기술 범죄 조사 연합HTCIA은 사법 처리 및 기소를 위해 컴퓨터 포렌식 전문가들 간의 정보 교류를 활성화시키기 위해 설립됐다. 일반적인 훈련 기관은 아니며 보안 전문가 및 컴퓨터 포렌식 연구가, 혹은 교육 강사들만 가입할 수 있다. 범죄자 변호와 관련된 전문가는 가입이 금지된다. HTCIA는 미국 전역에 지사를 보유하고 있으며 월 정기 모임에 민간 및 공공 기관으로부터 연사를 초빙한다. HTCIA는 최신 컴퓨터 포렌식 도구와 조사 기법에 대한 훈련도 제공한다.

컴퓨터 기술 수사관 네트워크CTIN에서도 컴퓨터 포렌식에 대한 생각과 현실을 공유한다. CTIN은 사법 요원, 기업 보안 전문가, 교육 기관 회원들에게 열려 있다. 마지막으로 인프라가드InfraGard는 FBI의 공공-민관 기관으로, 테러 및 기밀 그리고 보안에 관련된 문제를 상호 교환한다. 인프라가드는 전역에 지사를 보유하고 있으며, FBI에서 배경 조사를 통과하는 모든 미국 시민들에게 열려 있다.

고등학교

미국의 많은 고등학교에서 법과 기술을 배우는 학생을 위해 컴퓨터 포렌식 교육 과정을 도입했다. 예를 들어 1997년 뉴욕시 교육청은 페이스 대학교와의 협력으로 고등학생을 위한 최초의 컴퓨터 포렌식 교육 과정을 개발했다. 컴퓨터 포렌식 교육 과정은 디지털 증거를 포함해 조사에 대한 다양한 것을 고등학생들에게 가르칠 수 있는 경이로운 방법이다.

대학교

최근 많은 대학에서 학부생 및 대학원생을 위해 컴퓨터 포렌식 프로그램을 개설했다. 학위 프로그램을 개설하는 가장 오래된 명망 있는 교육 기관은 세 곳으로, 챔플레인 대학교, 퍼듀 대학교, 그리고 카네기멜론 대학교다. 컴퓨터 포렌식 분야에서, 카네기멜론과 퍼듀 대학교는 지역 사법 기관과 협력한다. 블룸스버그 대학교에서도 유명한 컴퓨터 포렌식 학위 프로그램을 운영한다. 사법 기관에 밀접하게 협력하는 페이스 대학교 등의 교육 기관에서도 컴퓨터 포렌식 과정을 운영한다.

전문 자격증

컴퓨터 포렌식, 정보 시스템, 정보 기술에 대한 학위 취득은 컴퓨터 포렌식에서 든든한 기초가 된다. 학위와 자격증이 결합된다면, 직종 경쟁력이 향상되며 구직 시 잠재적 고용자에게 홍보 효과가 있다. 이는 많은 자격증 과정이 산업 전문가에 의해 진행되며 전문 도구에 대한 훈련이 병행되기 때문이다.

다음에 나오는 컴퓨터 자격증 목록은 컴퓨터 포렌식 수사관으로서 인정받을 수 있는 자격들이다. 물론 이에 언급되지 않은 자격도 있을 수 있다.

일반 대중을 위한 전문 자격증

국제컴퓨터수사전문가협회IACIS는 컴퓨터 포렌식 분야에서 사법 요원을 교육하기 위한 비영리 조직이다. 가장 많이 알려진 산업자격증에는 IACIS에서 발급하는 공인 컴퓨터 포렌식수사관CFCE 자격이 있다.

국제 컴퓨터 포렌식 수사관 사회ISFCE를 창립한 존 멜론John Mellon은 IACIS의 활동 멤버였다. 그는 2003년 공인컴퓨터수사관CCE 자격을 개발했다. ISFCE는 네 개의 응시 센터를 보유하고 있으며, 최고의 포렌식 연구소 인가 기관인 미국범죄연구실무자협의회ASCLD/과학수사기관인가위원회LAB를 위한 능력시험을 주관한다. ASCLD 는 범죄 연구 실무자와 과학수사 관리자들의 비영리 전문가 협회로, 컴퓨터 포렌식을 포함한 포렌식 수사의 발전을 추구한다. 미국 국토안전부 비밀수사국과 그 외 다양한 컴퓨터 포렌식 사법 연구소들이 ASCLD/LAB에 의해 인증받았으며, 이를 통해 이 자격의 명망을 확인할 수 있다.

벤더로부터 중립적인 다른 자격증들도 대중들에게 많이 공개됐다. 공인 컴퓨터 포렌식 수사관CCFE 자격증은 정보보증자격심사위원회IACRB에서 발급한다. CCFE를 취득하기 위해 지원자는 다음 영역들에 숙달됐음을 성공적으로 증명해야 한다.

- 법, 윤리, 법적 이슈
- 조사 절차
- 컴퓨터 포렌식 도구
- 하드디스크 증거 복원 및 보호
- 디지털 증거 복원 및 보호
- 파일시스템 포렌식
- 증거 분석 및 연계

- 윈도우 시스템에서의 증거 복원
- 네트워크 및 휘발성 메모리 포렌식
- 보고서 작성

미국 국제 포렌식 수사관 대학^{ACFEI}에서 부여하는 공인 포렌식 컨설턴트^{CFC} 자격증은 미국 내 컴퓨터 포렌식에 대한 법률적 관점에 집중한다. 이 프로그램에서는 다음 영역들에 대한 교육을 진행한다.

- 소송 절차
- 증거에 대한 연방 법률
- 조사 절차
- 필기법
- 현장 조사
- 보고서
- 의뢰 편지
- 증인의 종류
- 증인 전문 보고서
- 증언 녹취록 준비
- 효과적인 증언 녹취록
- 재판 준비
- 재판에서의 증언
- 재판 준비물
- 포렌식 컨설팅 사업

또한 ACFEI에서는 공인 포렌식 회계사^{Cr.FA} 자격에 대한 훈련과 평가를 제공한다. 포렌식 회계사는 금융 수사에서 회계 지식을 갖고 있는 사람을 뜻한다.

1989년 창립된 SANS(시스템 관리자, 감사, 네트워크, 보안) 협회에서는 공공-민간 양 영역의 보안 전문가들에 대한 훈련을 제공해왔다. 컴퓨터 포렌식에 대한 훈련도 제공하며, '컴퓨터 포렌식 조사 및 사고 대응' 과정을 운영한다. 이 과정에서는 GIAC 공인 포렌식 분석가GCFA 자격을 취득하기 위한 훈련도 제공한다. 1999년 창립된 국제정보보증자격GIAC에서는 보안 전문가에 대한 실력 검증을 제공한다.

보안 전문가를 위한 전문 자격증

비록 컴퓨터 보안과 컴퓨터 포렌식은 다른 훈련법을 가지지만, 서로 상호 보완적이다. 따라서 많은 컴퓨터 포렌식 전문 수사관은 컴퓨터 보안 자격증을 보유하고 있다. 보안 전문가와 컴퓨터 포렌식 전문가 둘 다 보안 침해 사고 대응에 투입될 수 있다. 보안 전문가는 발생한 보안 침해의 종류와 공격의 범위에 대한 정보를 제공할 수 있으며, 이를 통해 컴퓨터 포렌식 수사관은 공격자에 의해 남겨진 증거들에 대한 자취를 파악할 수 있다.

공인 보안 사고 대응가CSIH 프로그램은 컴퓨터 포렌식 수사관에게 훌륭한 과정이다. 이 자격 프로그램은 카네기멜론 대학 소프트웨어공학협회SEI의 CERT(보안 사고 대응 팀)에 의해 제공된다. SEI는 국방부가 후원하는 연방 연구 개발 센터다. CERT는 기술 지원 인력과 네트워크 관리자에 대한 훈련을 제공한다. 훈련에는 네트워크 상에 존재하거나 잠재하는 위협을 파악하는 것이 포함된다. 또한 CERT에서는 보안 침해에 대한 대응 방법을 보안 전문가에게 훈련시킨다. CERT는 상업용 컴퓨터 포렌식 조사 도구로는 해결할 수 없는 부분에 대한 연구 프로젝트를 진행하는 명성 있는 포렌식 팀을 보유하고 있으며, 이 팀은 사법 요원과 밀접하게 작업한다.

국제 공인 정보 시스템 보안 전문가CISSP 자격은 특히 민간의 영역에 속한 컴퓨터 포렌식 전문가들에게 대중적이다. 이 자격은 국제정보시스템보안자격협회ISC2에서 발급한다. 정보 보증 기술 및 관리 영역에서 이 자격은 국방부로부터 공식적인 인정을 받았다. 매우 잘 알려져 있으며, 중요한 이 자격증은 공통지식체계CBK에 대한 검증 시험을 성공적으로 통과해야만 부여받을 수 있다. CBK는 보안에 대한 다음 영역을 다룬다.

- 접근 제어

- 응용프로그램 개발 보안
- 사업 연속성 및 재해 복구 계획
- 암호학
- 정보 보안 거버넌스와 위험 관리
- 관련 법률, 제약, 수사, 그리고 컴플라이언스
- 운영 보안
- 물리 보안
- 보안 아키텍처와 디자인
- 통신과 네트워크 보안

CISSP 시험을 통과하기 위해서는 1,000점 만점인 250개의 다중 선택지 문제에 대해 700점 이상을 획득해야 된다. CISSP 지원자는 열 개 영역 중에서 두 개 이상의 영역에 대해 5년 이상의 경력이 있음을 증명해야 하며, 범죄 경력 조사를 통과하고 CISSP 윤리 강령을 준수해야 한다. 자격을 부여받으면, CISSP는 그 자격을 유지하기 위해 자격유지점수^{CPE}를 획득해야 한다.

컴퓨터 포렌식 수사관에게 잘 알려진 또 다른 보안 자격은 공인 정보 보안 관리자^{CISM}다. CISSP 자격과 유사하게 CISM 자격은 보안 전문가를 위한 것이지만, CISM은 다음과 같은 분야의 경력이 있는 정보 보안 관리자를 위한 것이라는 점에서 다르다.

- 정보 보안 거버넌스
- 정보 위험 관리
- 정보 보안 프로그램 개발
- 정보 보안 프로그램 관리
- 사고 대응 및 관리

CISSP 자격과 마찬가지로, CISM 자격 보유자는 지속적으로 전문 교육을 받아야 하는데, 이는 정보 보안 관리 분야에서 항상 최신 지식을 갖고 있도록 하기 위함이다.

컴퓨터 포렌식 소프트웨어 회사에서 제공하는 전문 자격증

많은 컴퓨터 포렌식 소프트웨어 벤더에서 자격 인증 과정을 제공한다. 가장 유명한 컴퓨터 포렌식 이미지 생성 소프트웨어 벤더 세 곳은 바로 액세스데이터, 가이던스 소프트웨어, 그리고 X-Ways Forensics다.

- 액세스데이터에서는 액세스데이터 부트캠프^{AccessData Bootcamp}를 통한 윈도우 포렌식, 맥 포렌식, 인터넷 포렌식, 모바일 포렌식 과정을 제공한다. 액세스데이터 공인 수사관^{ACE} 자격이 가장 잘 알려져 있다. FTK Imager, 레지스트리 뷰어^{Registry Viewer}, PRTK 도구에 대한 경쟁력 있는 사용을 평가한다.

- 가이던스 소프트웨어에서도 컴퓨터 포렌식 수사관에 대한 훈련과 검증을 제공한다. 엔케이스에 대한 탁월한 활용을 보여줄 경우, 엔케이스 공인 수사관^{EnCE} 자격을 부여받는다.

- X-Ways Forensics는 X-Ways Forensics 비트스트림 이미지 생성 도구와 WinHex 제품에 대한 정기적인 훈련 및 시험을 제공한다. 전통적으로 X-Ways 강의는 총 5일 동안 진행되며, 2일은 파일시스템에 대해, 그리고 나머지는 포렌식 도구에 집중해 진행된다.

ACE와 EnCE 자격 및 X-Ways Forensics 훈련은 공공 및 민간 영역 전문가 모두에게 열려 있다.

❖ 요약

컴퓨터 포렌식은 범죄를 해결하기 위해 디지털 데이터를 사용하는 것이다. 이 방법은 과학적이며 다른 모든 포렌식 영역과 마찬가지로 법에 대한 밀접한 이해가 중요하다. 컴퓨터 포렌식은 다양한 종류의 범죄 조사에 사용될 수 있으며, 또한 민사 소송 및 네트워크 침해에 대응하기 위해서도 사용된다. 컴퓨터 포렌식 수사관은 용의자의 장치를 비트 단위로 복사하는 비트스트림 이미지 도구를 포함해, 다양한 종류의 하드웨어 및 소프트웨어를 통해 파일을 추출하고 분석한다. 증거는 항상 충분하게 발견되지 않으며, 용의자에 의해 제어/소유/촉발됐음을 증빙하는 것이 중요하다. 디지털 증거에는 이메일, 사진, 영상, 방문 웹사이트, 그리고 인터넷 검색 기록 등이 있다.

능력 있는 컴퓨터 포렌식 수사관은 컴퓨터 과학, 형사행정학, 법, 수학, 기록, 포렌식 과학, 언어학 등 다양한 영역에 걸쳐 기술을 보유해야 한다. 사법 요원에게는 주된 방법인 직업 훈련이나 대학교의 학위 프로그램, 자격 과정 등의 다양한 경로를 통해 기술을 쌓을 수 있다. 컴퓨터 포렌식에 대한 경력을 쌓고 싶다면, 공공-민간의 모든 영역에서 많은 기회를 얻을 수 있다.

1980년대 PC의 발전은 가정에서의 컴퓨터 사용과 함께 컴퓨터 범죄의 증가를 가져왔다. 결과적으로, 정부 기관에서 컴퓨터 포렌식에 대한 투자를 시작해 FBI의 컴퓨터 분석 및 대응 팀^{CART}이 설립됐다. 1990년 출시된 웹 브라우저를 통해 PC 사용자들이 대량으로 인터넷에 진출했으며, 이에 따라 인터넷을 통해 용의자에 대한 가치 있는 정보와 범죄 증거를 추적하는 일이 가능해졌다. 현재 국토안전부^{DHS}의 많은 정부 기관이 컴퓨터 포렌식을 사용한다. 인터넷은 국제적인 범죄 네트워크를 촉발했으며, 인터폴에서는 컴퓨터 포렌식을 대폭 강화했다. 국토안전부와 다른 나라들 간의 국제 협력은 그 필요성이 현재도 존재하며, 특히 컴퓨터 포렌식 분야에서는 앞으로도 증가할 것이다.

표 1.1에서는 컴퓨터 포렌식에 대한 간략한 역사를 정리했다.

표 1.1 컴퓨터 포렌식에 대한 간략한 역사

연도	사건
1981	IBM에서 5150 PC를 출시
1984	FBI에서 추후 CART로 알려진 자기 매체 프로그램을 설립
1984	실종/피학대 아동센터(NCMEC) 설립
1985	CA 내에 HTCIA 설립
1986	USSS에서 사이버 범죄 기동대(ECTF) 설립
1986	국회에서 컴퓨터 오남용법 통과
1993	컴퓨터 증거에 대한 최초의 국제 콘퍼런스 개최

(이어짐)

연도	사건
1994	국회에서 범죄 법안 통과 및 USSS에서 아동 대상 범죄 대응
1994	최초의 그래픽 웹 브라우저인 모자이크 넷스케이프(Mosaic Netscape)가 배포됨
1995	컴퓨터 증거에 대한 국제기구(IOCE) 결성
1996	USSS에서 뉴욕 사이버 범죄 기동대 설립(ECTF)
1999	샌디에고에 최초의 지역 포렌식 연구소(RCFL) 설립
2000	미 국세청 범죄 조사부(IRS-CID)에서 아이룩(ILook)을 사용하기 시작
2001	미 애국법과 USSS에서 ECTF를 전국적으로 설립하도록 지시
2001	인터폴에서 학대 아동에 대한 데이터베이스(ICAID) 개발
2002	국토안전부(DHS) 설립
2003	아동 학대에 맞서기 위한 아동신분보호법 국회 통과
2003	퓨전센터 설립
2007	국가컴퓨터포렌식학회(NCFI) 설립
2008	인터폴 컴퓨터 포렌식 분석 조직 설립 인가
2009	이탈리아에 최초의 유럽 ECTF 설립
2010	영국에 두 번째 유럽 ECTF 설립

❖ 주요 용어

고급 기술 범죄 조사 연합HTCIA: 사법 처리 및 기소를 위해 컴퓨터 포렌식 전문가들 간의 정보 교류를 활성화시키기 위해 설립된 기관

관리 연속성: 증거의 획득부터 조사, 법원 제출까지의 과정에서 증거에 접촉한 각 사람에 대한 문서화

국립 실종/피학대 아동센터NCMEC: 미아 찾기와 성적 학대를 비롯한 아동 착취 반대 운동을 추진하는 기관

국립 화이트칼라 범죄 센터NW3C, National White Collar Crime Center: 검찰 및 사법 요원에게 훈련을 제공하고 범죄 사건에 대한 조사를 지원하는 기관

무죄 증거: 피고의 무죄를 증명하기 위해 사용되는 증거

비트락커: 마이크로소프트 윈도우 비스타의 얼티미트^{Ultimate}/엔터프라이즈^{Enterprise} 버전에서 소개된 암호화 툴이며 파일이나 폴더, 또는 드라이브 레벨에서의 암호화를 지원해준다.

비트스트림 이미지 생성 도구: 삭제된 파일을 포함해 원본 미디어에 대한 비트 단위의 복사본을 생성하는 도구

사이버 범죄 기동대^{ECTF}: 사이버 범죄에 대한 협력 조사를 위한 국가 기관

스키머: ATM카드, 신용카드나 직불카드의 마그네틱에 저장된 정보를 읽는 장치

알고리즘: 문제를 풀기 위한 단계들의 집합

암호화: 평문 문자열을 수학적 공식을 사용해 가독 불가능한 형식으로 변환하는 절차

연방사법연수원^{FLETC}: 80개 연방 기관의 사법 요원을 훈련하기 위한 국가 기관

웹 서버: 클라이언트 컴퓨터의 요청에 따라 HTML 문서와 관련 자원들을 제공하는 곳

유죄 증거: 범죄자에게 유죄를 선고하기 위해 사용되는 유죄 추정 증거

이디스커버리: 디지털로 저장된 데이터에 대한 복구

인터폴: 188개 회원국을 보유하고 있는 세계에서 가장 큰 국제 경찰 기구

인프라가드: 테러 및 기밀 그리고 보안에 관련된 문제를 상호 교환하는 FBI의 공공-민간 기관

임의 접근 기억 장치(램): 컴퓨터 전원이 차단되면 대부분의 내용물이 증발되기 때문에 휘발성 메모리 혹은 단기 메모리라고 불리며, 인터넷 사용을 포함한 사용자의 현재 활동 및 프로세스를 저장하는 곳

증거 무단 변조: 증거를 은폐하거나 파괴하거나 위조하는 것

증거 훼손: 조사와 관련된 증거를 숨기거나 변조하거나 파괴하는 행위

지역 포렌식 연구소^{RCFL}: FBI로부터 지원받으며 사법 처리를 위한 컴퓨터 포렌식 도구의 사용법을 훈련받을 수 있고, 또한 다른 기관의 요원들과 연합 범죄 수사를 진행할 때 사용되는 연구소

컴퓨터 기술 수사관 네트워크^{CTIN}: 컴퓨터 포렌식에 대한 생각과 현실을 공유하기 위해 설립된 기관

컴퓨터 보안: 컴퓨터 및 관련 자원에 대한 비인가 접근을 방지하는 것

컴퓨터 분석/대응 팀^{CART}: 숙련된 컴퓨터 포렌식 검증을 필요로 하는 조사에서 지원을 수행하는 FBI 조직

컴퓨터 포렌식: 민간/범죄 수사에서 증거의 회수/분석/사용

클라이언트 컴퓨터: 서버 컴퓨터에 자원을 요청하는 컴퓨터

파일 메타데이터: 파일에 대한 생성/수정/최근접근일자/생성자 등의 정보

폐쇄 회로 텔레비전^{CCTV}: 특정 공간에 전송되는 영상 방식

포렌식 회계사: 금융 수사에서 회계 지식을 갖고 있는 인력

포렌식학: 사건을 재판에 걸도록 하는 것

GPS^{위성항법장치}: 위성을 통해 파악된 지리학적 위치를 전달받는 장치

평가

◆ 강의 토론

1. 컴퓨터 포렌식 수사관이 된 계기
2. 컴퓨터 포렌식의 정의와 수사를 위한 활용 방법

◆ 객관식 문제

1. 다음 중 컴퓨터 포렌식에 대해 가장 잘 설명하고 있는 것은?

　　A. 컴퓨터 범죄를 해결하기 위해 증거를 사용하는 것

　　B. 범죄를 해결하기 위해 디지털 증거를 사용하는 것

　　C. 컴퓨터에서 삭제된 파일을 찾기 위해서만 사용되는 것

　　D. 데스크톱 및 노트북을 조사하기 위해서만 사용되는 것

2. 다음 중 무엇을 기록하기 위해 관리 연속성 양식이 사용되는가?

    A. 용의자를 체포하고 수감한 사법 요원들

    B. 조사에 사용된 편지나 이메일의 이력

    C. 사건 증거에 접촉한 모든 사람

    D. 위에 언급된 것들 중에는 답이 없음

3. 다음 중 컴퓨터 포렌식 수사관에게 증거 가치가 있는 것은?

    A. 콤팩트 디스크

    B. 엑스박스^{Xbox}

    C. 디지털카메라

    D. 위에 언급된 모든 것들

4. 다음 중 비트스트림 이미지 생성 도구에 대해 가장 잘 설명하고 있는 것은?

    A. 원본 미디어에 대한 비트 단위의 복사본을 생성한다.

    B. 삭제된 파일을 수사관에게 제공한다.

    C. A, B 모두 틀렸다.

    D. A, B 둘 다 맞다.

5. 다음 중 이메일 증거의 이점은?

    A. 이메일 증거는 다양한 곳에 존재한다.

    B. 다른 종류의 증거들보다 종종 쉽게 발견된다.

    C. 많은 사건에서 증거로 인정됐다.

    D. 위에 언급된 것들 모두가 답이다.

6. 사진 이미지에 대한 설명 중 사실이 아닌 것은?

    A. 용의자가 있었던 곳에 대한 증거를 포함할 수 있다.

    B. FTK와 같은 비트스트림 이미지 도구를 통해서는 쉽게 찾을 수 없다.

    C. 디지털카메라 제품 모델 및 생산 정보를 제공할 수 있다.

    D. 오늘날의 디지털 이미지에는 한 가지 형식만이 사용된다.

7. 다음 중 수사 관련 증거에 대한 은폐, 변조, 혹은 파괴를 설명하는 것은?

    A. 증거 훼손

    B. 증거 조작

    C. 유죄 증거

    D. 무죄 증거

8. 컴퓨터 분석/대응 팀^{CART}은 어떤 정부 기관에 소속된 조직인가?

    A. USSS

    B. FBI

    C. CIA

    D. ICE

9. 다음 중 국토안전부를 설립하고 미 국토안전부 비밀수사국^{USSS}에서 국가적인 사이버 범죄 기동대^{ECTF}를 만들도록 한 법안은?

    A. 건강보험 양도 및 책임에 관한 법

    B. 아동 온라인 프라이버시 보호법

    C. 아동 신분 보호법

    D. 미국 애국 법

10. 다음 중 지역 포렌식 연구소^{RCFL}에 대한 설명으로 틀린 것은?

    A. 범죄자를 변호하는 변호사도 사용할 수 있다.

    B. FBI에 의해 후원을 받아왔다.

    C. 조사를 위해서만 사용되는 곳이 아니라 컴퓨터 포렌식 훈련도 제공한다.

    D. 미국과 유럽 모두에 존재한다.

❖ 빈칸 채우기

1. _____는 문제를 풀기 위한 단계의 집합이다.

2. 컴퓨터 _____은 범죄 조사에서 디지털 증거의 사용이다.

3. 컴퓨터 _____은 컴퓨터와 관련 자원에 대한 비인가 접근을 방어하는 것이다.

4. 피고는 _____ 증거를 통해 그의 무죄를 증명할 수 있다.

5. 평문 문자열을 수학 공식을 사용해 가독 불가한 형태로 바꾸는 절차를 _____라고 한다.

6. _____은 세계에서 가장 큰 경찰 기구다.

7. 단기의 휘발성 메모리로 컴퓨터의 전원이 차단될 경우 내용물이 증발하는 것은 _____ 액세스 메모리다.

8. _____는 ATM카드, 신용카드나 직불카드의 마그네틱에 저장된 정보를 읽는 장치다.

9. _____ 서버는 클라이언트 컴퓨터의 요청에 따라 HTML 문서와 관련 자원들을 제공한다.

10. _____는 테러 및 기밀 그리고 보안에 관련된 문제를 상호 교환하는 FBI의 공공-민간 기관이다.

❖ 프로젝트

범죄 조사

지역 사법 기관의 컴퓨터 포렌식 수사관으로서 범죄 조사를 맡게 됐다고 가정해본다. 용의자인 마이클 머피Michael Murphy는 컴퓨터 소프트웨어 회사에서 제품 개발 감독관으로 근무했다. 그는 다량으로 값비싼 국제 전화를 이용한 것에 대해 의심을 받았다. 그의 통화 기록을 조사해본 결과, 그는 미국에 지사를 두고 있는 중국의 소프트웨어 개발 경쟁사와 통화해온 것으로 나타났다. 대면 조사 시, 그는 변호사와 상담할 것이라고 말한 후에 아무 언급을 하지 않았다. 다음 날 그는 출근하지 않았으며, 그다음 날에는 정부 당국으로부터 연락이 왔다. 머피가 경쟁사와의 연락에 대해 추궁받고 나서 이틀 후 베이징으로 향하는 편도 비행기에 탑승하려다 붙잡혔다는 소식이었다. 미국교통안전청^{TSA} 직원들은 공항에서 여러 개의 CD와 세 개의 SATA 하드디스크 드라이브, 그리고 다섯 개의 USB 드라이브가 담긴 가방을 발견했다.

이 사건에 대해 조사하기 위해 필요한 디지털 증거의 종류를 기술해보자.

컴퓨터 포렌식 수사관에 대한 고용 예측 연구

다가올 미래에 왜 컴퓨터 포렌식 수사관에 대한 수요가 있을지 기술해보자. 답변에는 특정 범죄의 증가에 대한 통계를 포함시켜본다.

연방 기관 조사

컴퓨터 포렌식과 관련된 모든 연방 기관에 대한 체계적인 도표를 만들어본다. 국토안전부를 최상단에 두고 시작해서 적합한 위치에 각 기관과 관련 컴퓨터 포렌식 조직을 위치시킨다.

2장 | 윈도우 운영체제와 파일시스템

2장에서 다루는 내용

- 운영체제의 정의
- 2진수, 10진수, 16진수와 상호 변환
- 하드디스크의 물리적 구성 및 파일 저장/검색 기법
- 부팅 절차
- 윈도우 파일시스템
- 윈도우 운영체제별 특징과 수사관에게 주는 시사점

❖ 개요

운영체제에 대한 견고한 기본 지식은 유능한 컴퓨터 포렌식 수사관이 되기 위한 필수 요소다. 컴퓨터 포렌식 수사관이 주로 다루는 증거물은 파일이며 이러한 파일들의 구성 방식, 데이터, 위치는 용의자의 컴퓨터 또는 디지털 기기에 존재하는 운영체제와 파일시스템의 종류에 따라 매우 다양하다. 따라서 운영체제와 파일시스템은 소프트웨어와 하드웨어 양쪽 모두의 관점에서 디지털 증거를 취득하고 분석하기 위한 큰 방향을 결정하게 된다. 여기서 파일시스템이란 파일들과 각각의 디렉터리들 간의 계층 구조를 뜻한다.

이번 장은 물리적인 저장과 논리적인 저장에 대한 주요 개념을 그리는 것으로 시작하는데, 이는 우리가 PC에서 파일탐색기를 통해 파일을 보는 것과 실제로 파일이 하드디스크에 물리적으로 저장돼 있는 상태가 어떻게 다른지 이해하는 데 중요하다. 이번 장에서 배우겠지만, 컴퓨터의 파일이란 단지 금속판에 물리적으로 영향을 준 것에 불과하며, 컴퓨터 과학자들은 2진법, 16진법, 혹은 10진법과 같이 다양한 방식으로 데이터를 표시한다. 이번 장에서는 다양한 진법 체계를 상세히 설명하고 어떻게 상호 변환하는지 보여줄 것이다. 대부분의 컴퓨터 포렌식 분석 도구가 파일에 대해 있는 그대로의 형태뿐만 아니라, 추가적인 정보(파일 헤더, 메타데이터 등 유용한 정보)를 16진법의 형태로 표현해주기 때문에 진법 체계에 익숙해지는 것이 중요하다.

운영체제는 종류와 버전에 따라 각각 특징이 다르기 때문에 운영체제에 대한 이해도 중요한데, 운영체제의 특징을 파악하는 것은 수사관이 주요 증거들의 위치를 파악하고 수집 도구를 활용하는 데 도움을 준다. 대부분의 컴퓨터 포렌식 이미지 생성 도구들은 수사관이 다양한 운영체제 파일에 접근할 수 있도록 해주며, 수사관은 그 파일들에 대해 능숙하게 설명할 수 있어야 한다.

하드디스크에서 추출한 증거물을 분석하는 과정에서 컴퓨터 포렌식 소프트웨어는 컴퓨터가 켜진 이후의 부팅 과정과 관련된 파일들을 표시해준다. 따라서 수사관들은 이러한 파일들에 능숙해야 한다. 사실 수사관은 모든 컴퓨터 기기의 시스템 파일과 사용자 파일에 능숙해야 하며, 해당 파일들의 변화를 설명할 수 있어야 한다. 만약 피고 측 변호사가 용의자(피고)가 컴퓨터를 최종적으로 사용한 시점으로부터 파일이 변경됐다고 주장한다면 수사관은 그 변화를 해명해야 한다.

이어서 이번 장에서는 윈도우 운영체제에서 지원하는 모든 파일시스템에 대한 개요를 익힐 것이다. 파일시스템의 종류는 수사관이 증거를 확보하는 과정뿐만 아니라 증거의 가치에도 영향을 주기 때문에 중요하다. 예를 들면 FAT12 파일들은 암호화돼 있지 않지만, NTFS 파일들은 강력한 암호화 기능을 가지고 있으며 해독이 불가능할 수 있다. 또한 FAT12 파일들은 NTFS 파일들에 비해 중요하지 않은 메타데이터를 많이 가지고 있으며, 파일 백업은 NTFS에 비해 덜 발생한다. 따라서 각 파일시스템의 특성을 아는 것은 수사관에게 중요하다.

이 책을 관통하는 주제는 키보드 뒤에 있는 용의자를 찾고 범죄로 이어진 사건들을 재구성하는 것이다. 윈도우 파일 레지스트리는 시스템의 모든 변화를 기록하며, 사용자의 무선 연결 및 인터넷 활동에 대한 풍부한 정보를 제공한다. 그러므로 우리는 용의자나 피해자의 정보를 알아내기 위해 윈도우 파일 레지스트리를 파헤쳐야 한다.

그다음에는 마이크로소프트가 제공하는 파일시스템에 대해 논의한다. 파일시스템은 메모리상에 파일이 저장되고 조회되는 방법을 결정하며, 파일 크기의 한계를 정의한다. 파일시스템별로 파일이 증거로서 지니는 가치가 다른데, 여기에는 다양한 이유가 있다. 예를 들면, NTFS를 사용하는 윈도우 컴퓨터에서 파일을 삭제하는 것과 매킨토시 컴퓨터에서 파일을 삭제하는 것은 처리 과정이 다르기 때문에 파일의 지속성이 다를 수 있다. 메타데이터나 파일 속성은 종종 범죄에 대한 결정적인 증거로 이어질 수 있으나 이러한 증거들의 특성은 파일시스템마다 다르다. 암호화 또한 변수인데, 제조사가 자신들의 파일시스템에 대한 보안성을 지속적으로 강화하는 것이 포렌식 수사관들에게는 점점 어려운 요인이 될 수 있다.

또한 파일시스템은 저장 공간의 할당을 주관한다. 할당된 저장 공간은 파일 또는 파일들이 저장되는 볼륨 영역이다. PC에서 파일이 삭제되면, 디스크 볼륨에서 물리적으로 삭제되는 것이 아니라 할당 가능한 공간이 되는 것이다. 파일은 계속 볼륨상에 물리적으로 저장돼 있지만, 이 공간에 대한 덮어 쓰기는 가능하다. 이 공간을 미할당 저장 공간이라고 부른다. 사용자들은 파일을 완전히 삭제하기 위해 특정 도구들을 기대하겠지만, 포렌식 수사관들에게는 보안 삭제 도구들이 사용됐는지 여부를 점검할 수 있는 방법이 있다. 주로 미할당 공간은 디스크 볼륨에 프라이머리 파티션을 생성하기 위해 사용된다. 파티션은 디스크의 논리적인 저장 단위다. 우리는 컴퓨터 포렌식 과정에서 파일의 저장이나 검색과 관련해 물리적인 개념과 논리적인 개념의 차이에 대해 종종 듣게 된다. 따라서 수사관은 이러한 차이점을 이해하고 비전문가들에게 설명할 수 있어야 한다.

✤ 물리적 그리고 논리적 저장

파일시스템의 물리적인 저장과 논리적인 저장에 대한 이해는 중요한데, 이는 컴퓨터에 저장된 데이터에 대해 컴퓨터 포렌식 이미지 생성 소프트웨어가 굉장히 다른 시점을 제공하기 때문이다. 포렌식 이미지 생성 소프트웨어는 비트스트림 이미지 생성 소프트웨어로도 알려져 있는데, 컴퓨터 하드디스크에 저장된 모든 비트를 잡아내기 때문이다. 마이크로소프트 윈도우 파일탐색기와는 다르게, 포렌식 이미지 생성 소프트웨어는 운영체제 및 컴퓨터 메모리에 저장된 모든 파일을 표시해준다.

물리적인 것과 논리적인 것의 차이는 운영체제가 참조하는 섹터의 위치와 저장 매체의 디스크상 섹터 위치를 비교함으로써 설명할 수 있다. 물리적 저장은 이번 장에서 더 상세하게 논한다.

파일 저장

수사관은 컴퓨터의 파일이 어떻게 저장되는지를 이해해야 한다. 이를 이해한다면, 사용자가 파일의 물리적 저장 위치를 결정할 수 없으며, 따라서 하드디스크 안에 있는 증거 파일의 삭제 또한 제어할 수 없다는 것을 알 수 있다. 파일 저장 및 기록은 운영체제에 의해 대부분 제어된다.

바이트byte는 8비트로 구성되며, 가장 작은 메모리 주소 단위다. 자성 하드디스크는 섹터당 512바이트며, 광학 하드디스크는 2048바이트다. 최근에는 4096바이트 섹터를 지원하는 제품도 있다. 통상적으로 하드디스크에는 불량 섹터가 있으며, 이는 컴퓨터 포렌식 소프트웨어로 규명할 수 있다. 불량 섹터는 디스크 내에서 데이터를 더 이상 저장할 수 없는 공간을 뜻한다. 불량 섹터는 바이러스, 오염된 부트 레코드, 물리적 손상, 그리고 여러 가지 디스크 에러로 인해 발생할 수 있다. 클러스터cluster는 논리적 저장 단위로, 하드디스크상의 인접한 섹터들로 구성된다. 디스크 볼륨에서 파티션이 설정되면, 클러스터를 구성하는 섹터의 개수가 정해진다. 하나의 클러스터는 한 개의 섹터(512K)부터 128개의 섹터(65,536K)로 구성될 수 있다. 트랙track은 디스크 면에 있는 얇은 동심원 모양의 선으로, 데이터가 저장되는 섹터

들로 구성된다. 수사관은 컴퓨터 포렌식 툴을 통해 운영체제 섹터를 비롯해 디스크
이미지에 존재하는 특정 섹터에 쉽게 접근할 수 있다. 그림 2.1은 하드디스크의 물
리적 구성을 보여준다.

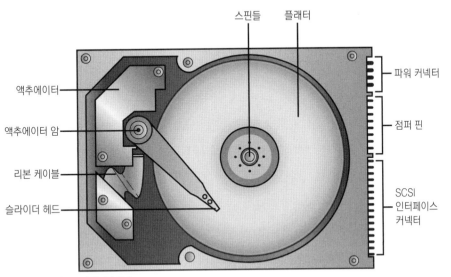

그림 2.1 하드디스크의 물리적 구성

　대부분의 파일이 512바이트 블록으로 구성되기 때문에 800바이트 파일은 자성
디스크상 두 개의 512바이트 섹터를 사용하는 점을 이해하는 것이 중요하다. 파일
슬랙은 파일의 마지막 섹터에 존재하는 잔여 바이트를 나타낸다. 파일 슬랙에 데이
터가 숨겨져 있을 수 있기 때문에 이를 반드시 이해해야 한다. 예를 들은 800바이
트 파일의 경우, 파일의 물리적 크기는 1024바이트(두 개 섹터)지만 논리적 크기는
800바이트(혹은 800K)다. 윈도우 파일탐색기는 논리적 크기를 표시해준다. 물리적
파일 크기는 파일이 사용 중인 실질적인 디스크 공간을 뜻한다. 논리적 파일 크기
는 파일에 저장된 데이터의 양을 뜻한다. 표 2.1은 800바이트 파일에 대한 도표다.
슬랙에 대해 좀 더 상세히 다뤄보면, 램 슬랙은 논리적인 파일이나 섹터의 끝부분
에 위치한 슬랙이며 파일 슬랙은 클러스터의 끝부분에 위치한 슬랙이다.

표 2.1 800바이트 파일의 물리적 구성

섹터 1	섹터 2	
파일 데이터	파일 데이터	파일 슬랙
512바이트	288바이트	224바이트

컴퓨터 포렌식 수사관은 일반적으로 대부분의 시간을 하드디스크 드라이브를 검사하는 데 소비한다. 플래터platter는 알루미늄, 세라믹, 혹은 유리로 만들어진 원형 디스크로, 자성을 이용해 데이터를 저장한다. 하드디스크 드라이브는 한 개 이상의 플래터를 보유하며, 데이터는 보통 이 딱딱한 디스크의 양면에 저장된다. 디스크의 중심에 위치한 스핀들spindle은 모터를 통해 플래터를 회전시킨다. 액추에이터 암actuator arm은 회전하는 플래터 위로 포물선을 그리며 스치는데, 읽기/쓰기 헤더를 통해 디스크의 자성 상태를 변경함으로써 기록을 수행한다. 보통 플래터의 양면에 데이터가 저장되기 때문에 일반적으로 플래터 하나당 두 개의 읽기/쓰기 헤더가 있다. 액추에이터 암 및 읽기/쓰기 헤더와 플래터의 간격은 나노미터에 불과해서 작은 충격도 헤더 손상을 유발할 수 있으므로 하드디스크 드라이브는 매우 조심스럽게 다뤄야 한다. 또한 수사관은 하드디스크 드라이브가 자성을 지닌 물체를 가까이 하지 않도록 주의해야 한다. 예를 들면 휴대폰의 배터리도 자성을 가지고 있다. 가끔 호텔 투숙객들이 숙소 열쇠를 호주머니 속에 휴대폰과 함께 넣어둠으로써 열쇠를 망가뜨리고는 하는데, 이것은 휴대폰의 자성이 열쇠의 데이터를 손상시켰기 때문이다. 그림 2.2는 하드디스크 드라이브의 구성을 나타낸다.

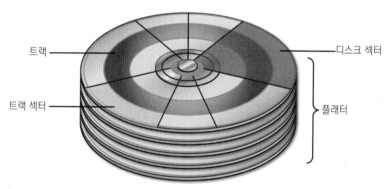

그림 2.2 하드디스크 드라이브의 구성

실린더^{cylinder}는 디스크상의 각 플래터에서 수직적으로 동일한 트랙 번호를 뜻한다. 디스크 기하 구조$^{Disk\ geometry}$는 플래터, 트랙, 섹터로 이뤄진 하드디스크 구성을 뜻한다. 하드디스크의 용량은 다음과 같은 공식을 통해 산출된다.

실린더의 개수 × 헤드의 개수 × 섹터의 개수 × 섹터당 바이트의 개수

따라서 16,383개 실린더, 16개 헤드, 63개 섹터(섹터당 512바이트)를 가진 하드디스크의 경우,

= 16,383 × 16 × 63 × 512

= 8,455,200,768바이트, 혹은 8GB

1GB는 10^9이며, 표 2.2에서 바이트 변환들을 설명한다.

표 2.2 바이트 변환 표

이름	표현	값
킬로바이트(Kilobyte)	KB	10^3
메가바이트(Megabyte)	MB	10^6
기가바이트(Gigabyte)	GB	10^9
테라바이트(Terabyte)	TB	10^{12}
페타바이트(Petabyte)	PB	10^{15}
엑사바이트(Exabyte)	EB	10^{18}

❖ 파일 변환과 진수

포렌식 소프트웨어는 시스템 데이터와 사용자 데이터를 다양한 형태로 표시하기 때문에 컴퓨터 포렌식 수사관으로서 우리들은 다양한 형태로부터 변환할 수 있어야 한다. 컴퓨터상의 일부 파일이나 데이터는 이진법과 같은 형식으로 돼 있기 때문에, 정보를 해석하기 위해서는 데이터 변환을 선행해야 한다.

2진수의 10진수 변환

2진수(바이너리^{binary})는 컴퓨터가 이해하는 언어다. 비트^{Bit}는 양을 뜻하는 1과 음을 뜻하는 0, 이 두 값만을 가질 수 있다. 공학용 계산기를 통해 2진수를 쉽게 10진수로 변환할 수 있으나 표 2.3을 사용해 2진수 1011 1111을 변환할 수도 있다.

표 2.3 2진수의 10진수 변환

이진법	1	0	1	1	1	1	1	1
2의 누승	2^7	2^6	2^5	2^4	2^3	2^2	2^1	2^0
합	128	64	32	16	8	4	2	1

$$= (1 \times 128) + (0 \times 64) + (1 \times 32) + (1 \times 16) + (1 \times 8) + (1 \times 4) + (1 \times 2) + (1 \times 1)$$
$$= 128 + 0 + 32 + 16 + 8 + 4 + 2 + 1$$
$$= 191$$

16진수

16진수는 FTK나 X-Ways와 같은 포렌식 소프트웨어 도구에서 찾아볼 수 있는 또 다른 진법 체계다. 수사관은 때때로 컴퓨터상에서 2진수 파일을 찾아 헥스 에디터(16진수 편집기^{hexeditor})를 통해 내용을 조회하거나 혹은 아스키^{ASCII} 형식으로 변환해야 한다. 일부 설정 파일의 경우 2진수 형태로 구성돼 있다. 앞에서 다뤘듯이, 2진수 형태는 0과 1로 표기되고, 10진수 형태는 0~9로 표기된다. 16진수는 0~9 그리고 A~F의 총 16개 기호로 표기되는 진법이다. 헥스 에디터는 파일 안의 모든 내용을 조회할 수 있도록 한다. WinHex와 같은 도구는 16진수 값의 편집을 지원하는데, 이를 통해 읽혀지지 않는 파일을 읽혀지도록 만들 수도 있다. 표 2.4는 2진수의 10진수/16진수 변환을 보여준다.

표 2.4 16진수 변환표

2진수	10진수	16진수
0000	01	1
0001	02	2
0010	03	3
0011	04	4
0100	05	5
0101	06	6
0110	07	7
0111	08	8
1000	09	9
1001	10	A
1010	11	B
1011	12	C
1100	13	D
1101	14	E
1110	15	F
1111	16	G

16진수의 10진수 변환

니블nibble은 16진수에서 하나의 숫자를 뜻하며 4비트를 뜻한다. 7DA2는 2바이트(4비트×4비트 = 16비트, 또는 2바이트)로 구성된다. 16진수를 다른 진수와 구분하기 위해 16진수 앞에는 0x가 표시된다. 표 2.5에서 0x7DA2를 10진수로 변환하는 과정을 볼 수 있다.

표 2.5 7DA2의 변환

16진수	7	D	A	2
변환	7	13	10	2
16의 누승	16^3	16^2	16^1	16^0
합	4,096	256	16	1

$$= (7 \times 4{,}096) + (13 \times 256) + (10 \times 16) + (2 \times 1)$$

$$= 28{,}672 + 3{,}328 + 160 + 2$$

$$= 32{,}162$$

16진수의 아스키 변환

16진수를 아스키(미국의 정보 교환용 표준 코드)로 변환하는 것은 10진수로 변환하는 것보다 더 중요하며 표 2.6을 통해 설명한다.

표 2.6 16진수의 아스키 변환표

아스키	16진수	기호	아스키	16진수	기호	아스키	16진수	기호
0	00	NUL	43	2B	+	86	56	V
1	01	SOH	44	2C	,	87	57	W
2	02	STX	45	2D	–	88	58	X
3	03	ETX	46	2E	.	89	59	Y
4	04	EOT	47	2F	/	90	5A	Z
5	05	ENQ	48	30	0	91	5B	[
6	06	ACK	49	31	1	92	5C	\
7	07	BEL	50	32	2	93	5D	]
8	08	BS	51	33	3	94	5E	^
9	09	TAB	52	34	4	95	5F	_
10	0A	LF	53	35	5	96	60	`
11	0B	VT	54	36	6	97	61	a
12	0C	FF	55	37	7	98	62	b
13	0D	CR	56	38	8	99	63	c

(이어짐)

아스키	16진수	기호	아스키	16진수	기호	아스키	16진수	기호
14	0E	SO	57	39	9	100	64	d
15	0F	SI	58	3A	:	101	65	e
16	10	DLE	59	3B	;	102	66	f
17	11	DC1	60	3C	〈	103	67	g
18	12	DC2	61	3D	=	104	68	h
19	13	DC3	62	3E	〉	105	69	i
20	14	DC4	63	3F	?	106	6A	j
21	15	NAK	64	40	@	107	6B	k
22	16	SYN	65	41	A	108	6C	l
23	17	ETB	66	42	B	109	6D	m
24	18	CAN	67	43	C	110	6E	n
25	19	EM	68	44	D	111	6F	o
26	1A	SUB	69	45	E	112	70	p
27	1B	ESC	70	46	F	113	71	q
28	1C	FS	71	47	G	114	72	r
29	1D	GS	72	48	H	115	73	s
30	1E	RS	73	49	I	116	74	t
31	1F	US	74	4A	J	117	75	u
32	20	(space)	75	4B	K	118	76	v
33	21	!	76	4C	L	119	77	w
34	22	"	77	4D	M	120	78	x
35	23	#	78	4E	N	121	79	y
36	24	$	79	4F	O	122	7A	z
37	25	%	80	50	P	123	7B	{
38	26	&	81	51	Q	124	7C		
39	27	'	82	52	R	125	7D	}
40	28	(	83	53	S	126	7E	~
41	29	)	84	54	T	127	7F	
42	2A	*	85	55	U			

표 2.6의 일부 기호들은 직관적이지 않다. 가령 16진수 10에 해당되는 기호 (DLE)는 전송 제어 확장 문자Data Link Escape다. 전송 제어 확장 문자는 통신 제어 문자로, 이후에 오는 문자가 데이터가 아니라 제어 코드임을 명시해주는 것이다. 제어 문자는 작성하거나 인쇄가 불가능한 문자로, 컴퓨터의 동작을 시작하거나 수정하거나 종료시킨다. 표 2.6의 처음 32개 코드는 제어 문자다. 가령 16진수 06에 해당되는 기호(ACK)의 경우 수신 성공을 알리는 통신 제어 문자다.

온라인에는 수많은 16진수 변환기가 있으며, 표 2.7은 Hi there! 문장을 변환하는 것을 보여준다.

표 2.7 Hi there!의 16진수 변환

아스키	H	i		t	h	e	r	e	!
16진수	48	69	20	74	68	65	72	65	21

실전 연습

헥스 에디터를 다운로드해 사용하기

다양한 종류의 헥스 에디터가 존재하는데, 대부분의 컴퓨터 포렌식 도구는 헥스 에디터를 하나씩 포함하고 있다. 헥스 워크샵(Hex Workshop)은 브레이크포인트 소프트웨어(BreakPoint Software)에서 만들어 배포한 헥스 에디터다. 이 에디터는 www.hexworkshop.com에서 무료로 다운로드할 수 있다. 소프트웨어를 다운로드한 후 다음 단계를 진행해본다.

1. 헥스 워크샵(Hex Workshop) 프로그램을 실행한다.

2. File ▶ Open을 클릭한다.

3. 학습용 데이터 파일(Introduction to Operating System.doc)을 찾아 편집기 화면에 연다.

4. 아스키 글자가 보일 때까지 스크롤을 아래로 내린다.

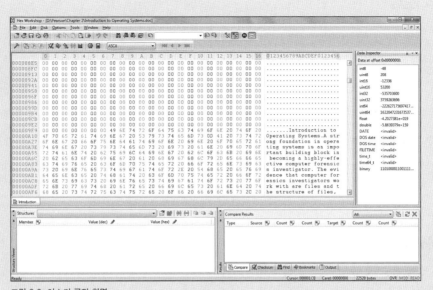

그림 2.3 아스키 글자 화면

5. 그림 2.4와 같이 파일 형태 및 버전이 보이도록 맨 아래로 스크롤한다. 00은 파일 슬랙
을 뜻한다.

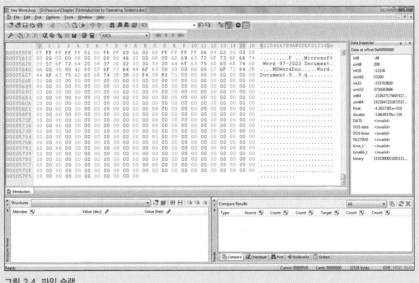

그림 2.4 파일 슬랙

6. 프로그램을 종료한다.

유니코드

수사관들은 자주 유니코드라는 단어를 마주치게 되는데, 유니코드가 의미하는 바를 이해해야 한다. 유니코드는 국제적인 코드 규약으로 전 세계의 다양한 언어와 문자를 지원한다. 예를 들어 러시아 언어에서 사용되는 키릴 문자나 아랍어 문자를 지원하는데, 이처럼 지역별로 문자를 지원하는 것은 오늘날 컴퓨터가 더 넓은 영향력을 지니게 됨을 의미한다. 유니코드에서는 각각의 문자, 기호, 숫자들이 고유의 번호로 표현되며, 유니코드는 운영체제나 특정 프로그래밍 언어 내부에서 발견될 수 있다.

❖ 운영체제

운영체제는 컴퓨터의 하드웨어와 시스템 리소스를 제어하고 관리하기 위한 프로그램들의 집합체다. 포렌식 소프트웨어 도구들은 피해자나 용의자의 컴퓨터로부터 다양한 운영체제 파일들을 추출해 나열하며, 수사관은 이 파일들을 알아볼 수 있어야 한다. 사용자와 컴퓨터 간의 상호 행위는 운영체제 조사를 통해 밝혀낼 수 있다. 사용자가 컴퓨터를 부팅하거나 CD를 삽입하게 되면 운영체제는 이러한 이벤트들을 기록한다.

부팅 절차

커널은 운영체제의 핵심으로, 메모리/디스크 관리와 같이 애플리케이션과 하드웨어 장치 간의 통신을 관장한다. 전원이 켜지면, 컴퓨터는 롬에 저장된 코드(바이오스)를 수행한다. 바이오스^{BIOS, Basic Input/Output System}는 하드디스크 드라이브, CD롬 드라이브, 키보드, 마우스, 비디오 카드 등과 같은 시스템 장치를 인식하고 초기화함으로써 운영체제를 시작한다. 부트스트래핑^{Bootstrapping}은 운영체제의 다른 부분들을 활성화시키기 위해 부팅 절차 중에 작은 코드들을 실행하는 것을 뜻한다. 부트스트랩 절차는 롬 칩에 포함돼 있다. 읽기 전용 메모리(롬^{ROM, Read-only memory})는 무휘발성의 저장 공간으로, 일반적으로 수정되지 않으며 부팅 절차에 사용된다.

많은 조사 과정에서 수사관은 용의자의 하드디스크 드라이브를 제거해 복사하거나 이미지화한다. 또한 시스템과 사양에 대해 문서화하는 것은 수사관에게 중요하다. 따라서 수사관은 하드디스크 드라이브가 제거된 채로 컴퓨터를 부팅하며, 이는 하드디스크 드라이브의 변경을 막기 위함이다.

사용자가 바이오스를 비밀번호로 보호했을 경우, 수사관이 어려움에 빠질 수 있다는 것을 기억해야 한다. 하지만 인터넷에는 바이오스 비밀번호에 대한 몇몇 해결책이 있다.

실전 연습

바이오스 살펴보기

1. 전원 버튼을 눌러 컴퓨터를 시작한다.

   실제 조사 시에는 하드디스크 드라이브가 분리돼 제거된 상태일 것이다.

2. 키보드의 F2 키를 몇 차례 눌러 바이오스가 로딩되지 않도록 한다.

   일부 컴퓨터의 경우 F4가 바이오스가 로딩되지 않도록 하는 기능 키며, 다른 키가 있을 수 있다.

3. 화살표 키를 사용해 바이오스로 스크롤을 내린다. 그림 2.5와 화면을 비교해본다.

   입출력 기기들이 어떠한 순서로 초기화되는지 화면에 리스트로 나타날 것이다.

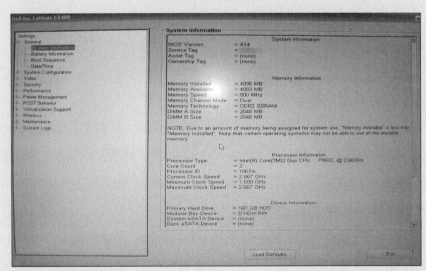

그림 2.5 바이오스 살펴보기

마스터 부트 레코드

하드디스크의 첫 번째 섹터(섹터 0)는 마스터 부트 레코드[MBR]라고 알려져 있다. 마스터 부트 레코드는 부팅 과정에서 사용되며, 디스크의 파티션 수량 및 위치 등의 정보를 포함하고 있다. 플로피디스크는 첫 번째 섹터가 부트 섹터이므로 MBR이 없다. 컴퓨터 전원이 켜지고 바이오스가 부팅 절차를 활성화하면, 바이오스는 항상 섹터 0을 통해 운영체제를 올리기 위한 지침을 찾아본다. MBR은 마스터 파티션 테이블, 마스터 부트 레코드, 그리고 디스크 서명으로 구성돼 있다. 마스터 파티션 테이블은 하드디스크 파티션에 대한 설명을 담고 있다. 이 테이블에는 네 개의 설명을 위한 공간만이 존재하며, 이에 따라 하드디스크 드라이브에는 네 개의 물리적인 파티션만이 존재할 수 있다. 만약 사용자가 추가적인 파티션을 생성하고 싶다면, 그것은 물리적인 주 파티션과 연결돼 있는 논리적인 파티션이어야만 한다. 바이오스는 마스터 부트 레코드를 통해 부팅 절차를 시작한다. 디스크 서명은 운영체제가 디스크를 식별할 수 있도록 해준다. 섹터 마커의 끝[End of Sector Marker]은 MBR의 끝에서 발견되는 2바이트의 구조체다.

윈도우 파일시스템

윈도우는 그래픽 유저 인터페이스[GUI]를 갖춘 운영체제로, 마이크로소프트가 개발했다. 이 GUI 운영체제는 1984년 출시돼 큰 성공을 거둔 매킨토시 GUI에 대응하기 위해 1985년 출시됐다. 애플의 맥 OS X가 시장 점유율을 높여가고 있지만, 윈도우는 여전히 전 세계적으로 독보적인 운영체제다.

놀랍게도 마이크로소프트 윈도우는 다섯 개의 파일시스템(NTFS, FAT64, FAT32, FAT16, FAT12)만을 지원한다. FAT(파일 할당 테이블)는 마이크로소프트에서 개발된 파일시스템으로, 테이블을 통해 파일의 저장 위치, 가용/불가용 저장 공간과 같은 정보를 저장한다. 이후 FAT는 NTFS(신기술 파일시스템)로 대체됐다. NTFS는 마이크로소프트에서 개발돼 윈도우-NT와 함께 출시됐다. NTFS는 윈도우-2000과 함께 나타난 윈도우의 중요한 파일시스템이었으며, 윈도우-2000 및 이후의 운영체제들도 여전히 FAT를 지원한다.

FAT12

플로피디스크에서 발견되는 FAT12 파일시스템은 FAT의 첫 버전으로, 1980년에 출시됐다. 처음에는 5.25인치 플로피디스크를 지원하기 위해 개발됐으나, 이후 작은 1.44MB 플로피디스크에도 사용됐다. 오늘날 대부분의 PC 운영체제들은 아직도 FAT12를 지원한다.

FAT16

FAT16은 16비트 MS-DOS를 위한 16비트 파일시스템으로, 1987년에 출시됐다. FAT16에서의 파일명은 여덟 개 글자로, 파일 확장자는 세 개 글자로 제한돼 있다. 이 파일시스템은 디스크 파티션을 2GB까지만 지원한다.

FAT32

FAT32는 더 작은 클러스터를 사용하는 32비트 버전의 FAT로, 공간 사용에서 더 높은 효율을 보여준다. 운영체제가 클러스터의 크기를 결정하는 이 파일시스템은 윈도우95를 통해 출시됐으며 최대 4GB의 파일 크기를 지원한다.

FAT64

FAT64는 exFAT(확장 파일 할당 테이블)이라고도 불리며, 마이크로소프트가 개발했다. 이 파일시스템은 윈도우 비스타 서비스팩1, 윈도우 임베디드 CE 6.0, 윈도우7 운영체제와 함께 출시됐다. 흥미롭게도 맥 OS X 10.7.5(스노우 레오파드^{Snow Leopard})도 exFAT 파티션을 인식할 수 있기에, 이 파일시스템은 실제로 윈도우를 사용 중인 PC에서 맥으로 파일을 전송할 때 사용된다. 하지만 NTFS처럼 보안이나 저널링 기술들은 적용돼 있지 않다.

FATX

FATX는 마이크로소프트 엑스박스 비디오게임 기기의 하드디스크 드라이브 및 관련 메모리 카드의 사용을 위해 개발된 파일시스템이다. 컴퓨터 포렌식 수사관들이 비디오 게임 기기에서 유죄로 간주되는 증거물을 찾았기 때문에 FATX 파일시스템을 언급할 필요가 있다.

NTFS

NTFS는 윈도우 운영체제에 사용하기 위해 마이크로소프트가 개발한 최신의 파일시스템이다. FAT와는 달리, 고급 파일 암호화 및 압축을 지원한다. 파일 압축은 사용자가 파일의 비트 수를 줄일 수 있도록 해서 파일 전송이 빨라지도록 한다. 이 파일시스템은 파일명과 폴더명에 16비트 유니코드 문자열을 허용함으로써 국제적으로 많은 인기를 얻었다. 또한 파일명과 폴더명에 공백 및 특수 기호(/\:〈〉|"? 제외)를 허용한다. NTFS는 접근 제어 목록^{ACL}을 도입함으로써 파일시스템에 보안성을 부여했다. 접근 제어 목록은 파일에 대한 접근 목록으로, 사용자와 프로그램에 대한 접근 허용을 포함하고 있다. 포렌식 수사관은 특정한 파일에 대해 누가 접근 가능한지 알아야 한다. 또한 NTFS 파일은 암호화돼 있을 가능성이 있으므로, 수사관에게 어려움을 줄 수 있다. NTFS는 최대 16EB(16×1024^6바이트)의 매우 큰 파일 크기를 지원한다.

앞서 출시된 FAT32와는 다르게, NTFS는 저널링을 사용한다. 저널링은 파일시스템 기록의 형태로, 파일에 대한 변화를 저널에 기록하는 것이다. 저널은 변화 기록을 통해 시스템 오류나 정전 발생 시 빠르고 효과적인 파일 복구를 수행한다. $LogFile이라는 파일명을 가진 NTFS 로그는 이러한 변화들을 기록한다.

또한 NTFS는 파일시스템에 대체 데이터 스트림^{ADS}을 도입했다. 대체 데이터 스트림은 파일 속성 세트다. NTFS는 파일에 다수의 데이터 스트림을 허용하며, 이는 마스터 파일 테이블을 통해서만 조회가 가능하다. 예를 들어 인터넷 파일탐색기는 음악 파일에 대한 파일시스템에서의 논리 경로를 표시하지만, 미디어 제공자는 추가적인 데이터 스트림을 통해 앨범 정보를 업데이트하거나 혹은 다운로드돼 있는 음악 파일 중 같은 가수가 부른 음악 파일들과 연계할 수 있다. 해커들은 ADS를 통해 루트킷이 포함된 바이러스 같은 데이터를 숨길 수 있다. 따라서 수사관들이 ADS에 대해 아는 것은 중요하다.

표 2.8은 윈도우 파일시스템들에 대한 특징을 요약한다.

표 2.8 윈도우 파일시스템 비교표

파일 시스템	출시	최대 파일 크기	최대 파일명	최대 볼륨 크기	ACL	ADS	암호화	저널링
FAT12	1980	4GB	255B	32MB	X	X	X	X
FAT16	1987	4GB	255B	2GB	X	X	X	X
FAT32	1996	4GB	255B	2TB/8TB/16TB	X	X	X	X
FAT64	2006	64ZB	255B	64ZB	O	X	X	X
NTFS	1993	16EB	255B	256TB	O	O	O	O

마스터 파일 테이블

NTFS에서 마스터 파일 테이블MFT은 모든 파일 및 폴더에 대한 파일명, 생성일, 위치, 크기, 접근 권한과 같이 NTFS 파일 및 폴더에 대한 메타데이터를 보유한다. 압축 및 암호화 정보도 MFT에 포함된다. 또한 파일이 삭제될 때, MFT는 이를 인지하고 재할당 가능한 공간을 표시한다.

표 2.9는 NTFS 시스템 파일의 이름, 기능, 위치를 표시한다.

표 2.9 NTFS 시스템 파일

위치	파일명	기능
0	$MFT	볼륨상에 각 파일 및 폴더에 대한 하나씩의 파일 기록을 보유
1	$MFTMirr	MFT의 최초 네 개 엔트리에 대한 사본
2	$LogFile	메타데이터의 변화를 추적하며 시스템 복구에 사용
3	$Volume	파일시스템 버전 및 볼륨 레이블과 같이 볼륨에 대한 정보를 보유
4	$AttrDef	파일 속성 및 수치적 식별자를 기록
5	$	루트 디렉터리
6	$Bitmap	클러스터 사용 및 할당 가능 현황
7	$Boot	부트스트래핑 코드를 보유
8	$BadClus	오류로 인해 사용 불가능한 클러스터를 열거
9	$Secure	ACL 데이터베이스
10	$UpCase	대문자 유니코드를 소문자로 변환
11	$Extend	$Quota, $Reparse와 같은 선택적 확장
12…3	$MFT	확장 엔트리

실전 연습

FTK Imager 사용

FTK Imager는 무료로 사용 가능한 컴퓨터 포렌식 비트스트림 이미지 생성 전문 도구다.

1. 마이크로소프트 윈도우를 사용하는 PC를 확보한다.

2. 배포 CD에서 FTK Imager를 시작한다.

3. File을 클릭하고 나타나는 메뉴에서 Add Evidence Item을 선택한다.

4. Select Source 대화창에서 Physical Drive가 선택된 것을 확인하고 Next를 클릭한다.
   아래 방향 화살표를 클릭하면 이미지를 생성할 수 있는 다른 물리 드라이브를 보여준다.

5. \\. \PHYSICALDRIVE0…을 선택하고 Finish를 클릭한다. 그림 2.6과 화면을 비교한다.
   Evidence Tree에 \\. \PHYSICALDRIVE0가 포함된 것을 확인한다.

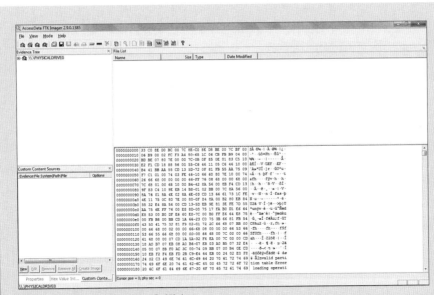

그림 2.6 Evidence Tree에 드라이브 추가하기

6. \\.\PHYSICALDRIVE0 확장 버튼 ⊞을 클릭한다(그림 2.7 참조).

   시스템의 파티션 숫자에 따라 화면이 약간 다를 수 있다.

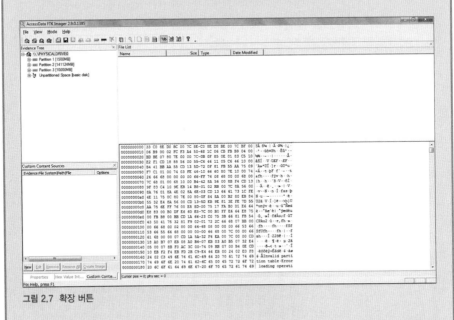

그림 2.7 확장 버튼

7. Partition 1을 클릭하고 그림 2.8과 화면을 비교한다. 파일시스템의 이름(NTFS)이 헥스 에디터에 표시됨을 확인한다.

8. 마우스를 사용해 헥스 에디터의 첫 줄에 있는 4E 54 46 53 값을 하이라이트하고, 그림 2.9와 화면을 비교해본다. NTFS가 오른쪽에 하이라이트돼 있는 것을 확인한다.

9. 표 2.6을 통해 4F 54 46 53이 NTFS로 번역됨을 검증한다.

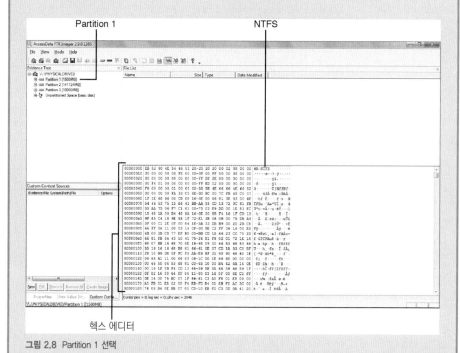

그림 2.8 Partition 1 선택

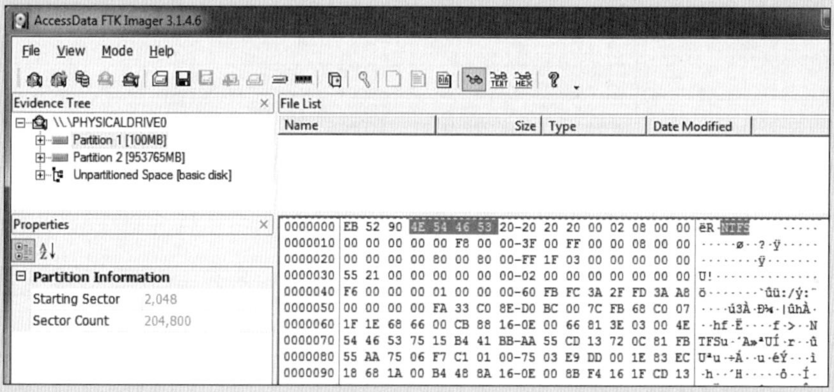

그림 2.9 NTFS 하이라이트

10. Partition 1 확장 버튼 ⊞을 클릭하고 [root] 디렉터리를 클릭한다.

11. File List에서 아래로 스크롤해서 모든 파일들을 확인한다. $MFT를 클릭하고, 그림 2.10
과 화면을 비교한다. 헥스 에디터에서 $MFT의 첫 번째 엔트리를 FILE0으로 표시하는
것을 확인한다.

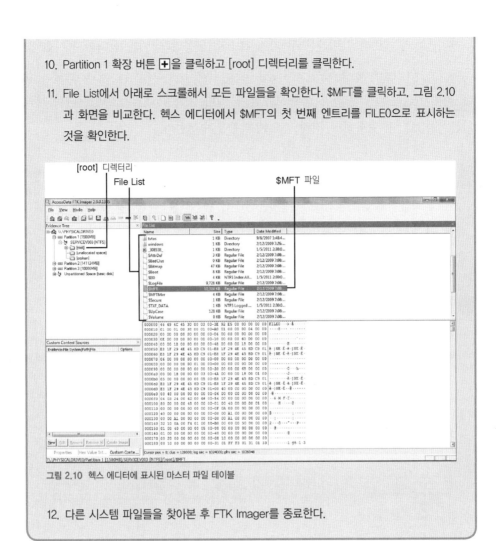

그림 2.10 헥스 에디터에 표시된 마스터 파일 테이블

12. 다른 시스템 파일들을 찾아본 후 FTK Imager를 종료한다.

❖ 윈도우 레지스트리

윈도우 레지스트리는 시스템 구성 정보를 저장하는 계층적 데이터베이스다. 이는
운영체제의 하드웨어와 소프트웨어를 제어하기 위한 파일들을 관리하며, 시스템
내부의 사용자들에 대한 기록들을 보관한다. 증거의 측면에서 윈도우 레지스트리
는 인터넷 검색 기록, 방문한 사이트, 비밀번호, 사용자 활동과 같은 많은 정보를 제
공한다.

레지스트리는 키와 값이라는 두 가지 요소로 구성된다. 키는 폴더와 유사한 것으로 폴더 아이콘을 통해 쉽게 구별된다. 많은 키들이 하위 키(혹은 폴더)를 갖고 있다. 하위 키들은 다수의 하위 키를 보유할 수 있다. 윈도우 레지스트리는 다섯 개의 기본 하이브hive를 보유하며, 각각 중요한 역할을 수행한다.

주의

윈도우 파일 레지스트리는 절대로 변경하면 안 된다. 변경은 심각한 문제를 일으키며, 운영체제를 재설치해야 할 수도 있다.

실전 연습

윈도우 파일 레지스트리 탐색

이번에는 윈도우XP, 윈도우 비스타, 윈도우7을 구동하는 컴퓨터를 확보해야 한다.

1. Start(시작)를 누르고 regedit를 입력한다. 만약 사용자 계정 제어 대화창이 나타나면, Yes를 클릭한다. 그림 2.11과 화면을 비교한다.
   레지스트리 편집기 대화창이 나타난다.

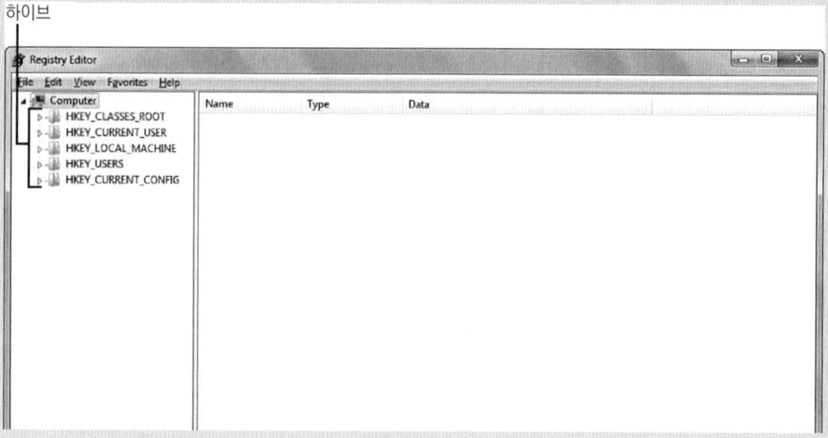

그림 2.11 레지스트리 편집기

2. File(파일)을 클릭하고, Exit(끝내기)를 클릭한다.

다음은 다섯 개의 주요 하이브 레지스트리에 대한 상세한 설명이다.

- HKEY_CLASSES_ROOT (HKCR): 파일 확장자(예: .exe)에 대한 정보를 갖고 있다. COM 오브젝트, 비주얼 베이직 프로그램, 그리고 기타 자동화를 포함하고 있다. COM(컴포넌트 객체 모델)은 프로그래머가 아닌 일반인이 윈도우 운영체제를 관리할 수 있는 스크립트를 작성할 수 있도록 해준다.
- HKEY_CURRENT_USER (HKCU): 현재 시스템에 로그인한 사용자 프로필을 갖고 있다. 이 프로필은 사용자가 로그인할 때마다 바뀐다. 사용자 프로필에는 데스크톱 세팅, 네트워크 연결, 프린터, 사용자 그룹이 포함된다. 이 하이브는 매우 적은 정보를 갖고 있지만 HKEY_USERS를 참조하도록 한다.
- HKEY_LOCAL_MACHINE (HKLM): 컴퓨터 하드웨어 및 운영체제 정보를 포함해 시스템 설정 정보를 갖고 있다.
- HKEY_USERS (HKU): 시스템에 등록된 모든 사용자에 대한 정보를 갖고 있다. 최소한 세 개의 키를 보유하고 있다. 첫째는 .DEFAULT로, 아무도 로그인하지 않았을 때의 프로필을 갖고 있다. 그리고 현재 로컬 사용자에 대한 SID를 포함하고 있는 키가 있으며, S-1-5-18과 같이 보여진다. 또한 가령 HKEY_USERS \S-1-5-21-3794263289-4294853377-1685327589- 1003_Classes와 같이, 현재 사용자 정보 뒤에 _Classes가 위치한 키가 있다.
- HKEY_CURRENT_CONFIG (HKCC): 시작 프로세스에서 필수적인 시스템 하드웨어와 관련된 정보를 보유한다. 화면 설정, 화면 해상도, 폰트 정보뿐만 아니라 플러그 앤 플레이 바이오스에 대한 정보도 있다.

레지스트리는 수사관에게 중요한 정보를 제공해주며, 사용자 프로필 정보는 특정 용의자를 기기와 연관 지을 때 매우 중요하다.

레지스트리 데이터 형태

레지스트리는 매우 다양한 데이터 형태를 사용한다. 그림 2.12는 두 개의 데이터 형태를 보여준다. REG_SZ는 고정 길이의 문자열이다. REG_DWORD는 32비트(4바이트) 정수로 표현되는 데이터다.

FTK 레지스트리 뷰어

윈도우 운영체제의 주요 키 다섯 개는 각 버전별로 상당히 유사하지만, 위치는 다르다. 많은 포렌식 도구가 레지스트리를 찾아서 추출하고 내용을 볼 수 있도록 한다. 액세스데이터의 FTK는 레지스트리 뷰어라고 불리는 도구를 포함하고 있으며, 이 도구는 사용자 이름 및 비밀번호, 인터넷 검색 기록, 인터넷 양식 정보와 같이 레지스트리 속에 암호화돼 있는 보호 저장 공간에도 접근할 수 있게 해준다.

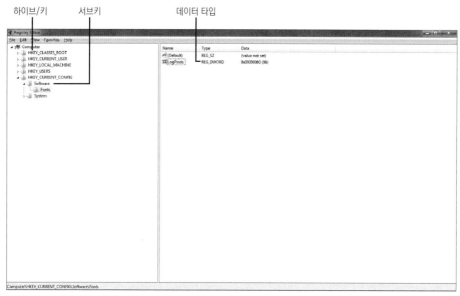

그림 2.12 두 개의 데이터 형태

❖ 마이크로소프트 윈도우의 특징

수집 가능한 증거의 본질은 운영체제마다 다르지 않으나 운영체제의 버전에 따라 다를 수는 있다. 수사관들은 이런 변화에 대해 알아야 하고, 어떻게 조사에 영향을 주는지도 알아야 한다. 마이크로소프트는 윈도우 비스타를 출시했을 때 모든 것이 바뀌었다고 소개했다.

윈도우 비스타

마이크로소프트는 2006년 11월 윈도우 비스타를 선보였다. 하드웨어 요구 사항을 놓고 봤을 때 비스타는 다른 윈도우 버전보다 대중적이지 않았다. 또한 램을 많이 사용하는 이 운영체제는 기존에 출시된 윈도우XP보다도 명령 반응 속도가 느렸다.

마이크로소프트 비스타는 기존 운영체제들보다 보안 및 파일시스템 측면에서 굉장히 발전했으나, 마이크로소프트가 이룩한 보안상의 기술적 발전은 법 집행관이나 컴퓨터 포렌식 수사관에게 또 다른 어려움을 초래했다. 지금부터 이 운영체제의 주요 특징과 포렌식 수사관에게 주는 시사점에 대해 살펴본다.

비스타는 32비트 버전 및 64비트 버전의 운영체제를 지원한다. 32비트 버전은 램을 4GB까지 지원 가능하며, 64비트 버전은 최대 128GB까지 지원한다.

컴퓨터 포렌식 전문 소프트웨어를 사용해본다면, 비스타에서는 NTFS 파티션이 섹터 2048에서 시작하는 것을 볼 수 있다. 기존에는 NTFS 파티션이 섹터 63에서 시작했다.

비스타의 조각모음

조각모음은 파일시스템에서 조각을 없애는 작업으로, 이는 파일 모음(512K 블록)을 최대한 가깝게 모아줌으로써 디스크에 빈 공간을 늘려준다. 파일 조각들은 하드디스크 드라이브상에 항상 연속적으로 저장돼 있지 않으며, 때로는 흩어져 있다. 조각모음을 통해 파일시스템의 읽기/쓰기 성능을 향상시킬 수 있다.

비스타의 조각모음 프로그램은 기존 윈도우 버전들과 다르다. 가장 중요한 것은 비스타의 조각모음은 자동으로 주 1회 실행되도록 설정돼 있었다는 점이다. 예전 버전에서는 조각모음이 알려지지 않은 채 주기적으로 실행되기도 했다. 필요하다면 비스타에서도 조각모음을 수동으로 실행할 수 있다. 어느 쪽이든, 조각모음은 백그라운드에서 낮은 순위로 화면상에 나타나지 않고 실행된다. 관리자 커맨드 창에서도 조각모음을 실행할 수 있다.

조각모음이 왜 중요하게 언급돼야 할까? 그것은 자동 조각모음의 출현으로 인해 컴퓨터 포렌식 수사관이 활용 가능한 증거 데이터가 현저히 줄어들었기 때문이다.

디스크 조각모음 사용하기

1. 윈도우 비스타/7/8을 사용하는 PC를 확보한다.

2. Start(시작)를 누르고, 검색창에서 defrag를 입력한다.

3. 표시된 프로그램들 중에서 Disk Defragmenter(디스크 조각모음)를 클릭하고, 그림 2.13
   과 화면을 비교한다.
   디스크 조각모음 대화창에 컴퓨터의 드라이브 목록이 표시된다. 기본적으로 디스크 조
   각모음 일정이 이미 설정돼 있음을 확인한다.

4. Close를 클릭한다.

조각모음 일정

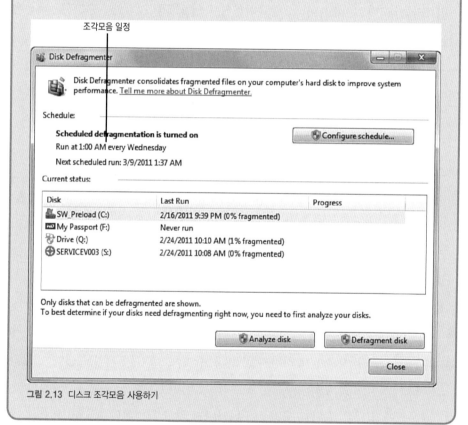

그림 2.13 디스크 조각모음 사용하기

비스타의 이벤트 뷰어

범죄 현장에서 일하는 수사관은 범죄가 일어나기까지의 이벤트를 재구성할 필요가 있다. 나아가 수사관은 가해자와 피해자 간에 일어난 특정한 행위를 증명해야 한다. 컴퓨터 포렌식 수사관도 마찬가지다. 수사관이 이벤트를 재구성하는 방법 중 하나는 이벤트 로그를 검증하는 것이다. 이벤트는 컴퓨터상에서 응용프로그램과 다른 프로그램 또는 사용자 간의 의사소통을 의미한다. 이벤트 뷰어는 이벤트 로그를 조회하기 위해 사용되는 윈도우 응용프로그램이다. 이벤트는 사용자의 성공적인 인증 및 시스템 로그인, 조각모음, 인스턴트 메시징 채팅 세션, 프로그램 다운로드 등의 발생을 포함한다. 어떤 사건에서는 용의자가 소환장을 받은 이후에 증거 변조를 목적으로 인터넷 사용 기록이나 파일 레지스트리에 대한 삭제 프로그램을 설치한 사실을 검사가 이벤트 로그를 통해 밝혀내기도 했다.

비스타의 이벤트 뷰어는 기존 버전들과 명확한 차이가 있다. 무엇보다 GUI가 다른데, 이벤트 목록창 아래의 패널을 통해 선택된 이벤트에 대한 미리보기를 제공한다. 오늘날 이벤트 로그는 .evtx 확장자를 가지며, XML 형식으로 돼 있다. XML(확장형 마크업 언어Extensible Markup Language)은 표준화된 언어로, 인터넷에서도 호환돼 사용 가능하다. 윈도우 비스타 이벤트 뷰어를 통해 C:\Windows\System32\winevt\Logs\에 위치한 이벤트 로그들을 조회할 수 있다. 윈도우 기기에 있는 시작 버튼을 클릭하면, 단순히 eventvwr라고 입력함으로써 이 응용프로그램을 실행할 수 있다. 비스타 이벤트 로그가 XML 형식이기 때문에 수사관은 XML 문서 검색에 사용되는 강력한 질의 언어인 XPath(XML 경로 언어)를 통해 이벤트 로그 검색을 간편하게 할 수 있다. 이벤트 로그 명령창 혹은 이벤트 뷰어의 사용자 화면을 통해 XPath 질의문을 실행할 수 있다.

이벤트 뷰어 사용하기

1. 윈도우 비스타나 윈도우7을 사용하는 PC를 확보한다.

2. Start(시작)를 누르고, 검색창에 event를 입력한다.

3. 표시된 프로그램 중에 Event Viewer(이벤트 뷰어)를 클릭한다. 필요시 이벤트 뷰어 대화창을 최대화하고, 그림 2.14와 화면을 비교한다.
   이벤트 뷰어 화면의 중앙에 위치한 Overview 및 Summary 창을 확인한다.

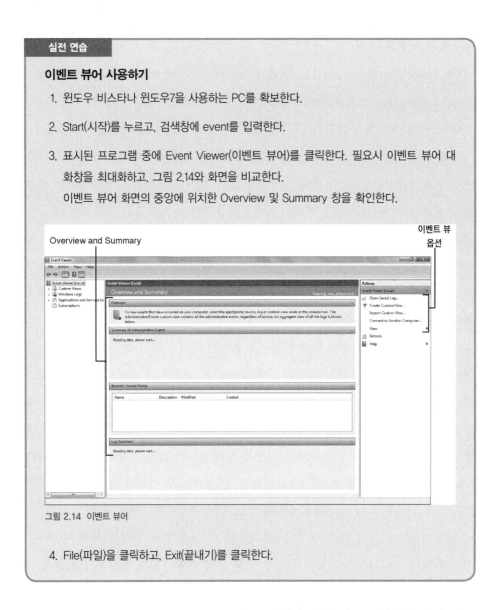

그림 2.14 이벤트 뷰어

4. File(파일)을 클릭하고, Exit(끝내기)를 클릭한다.

기존 윈도우 버전에서는 이벤트 로그가 증가함에 따라 이를 해결하기 위한 이슈들이 존재했다. 비스타에서는 더 많은 메모리가 사용 가능한 덕분에 각각의 이벤트 로그들과 연관된 속성들에 대해 더 커다란 배열을 구성할 수 있게 됐다. 비스타 이전에는 이벤트 ID와 카테고리라는 두 가지 속성만 사용할 수 있었다. 현재의 비스타는 이벤트 시간, 프로세스 ID, 스레드 ID, 컴퓨터 이름, 사용자의 보안 ID(SID) 속성뿐만 아니라 이벤트 ID, 레벨, 태스크, 명령 코드, 키워드 속성도 제공한다. 1장, '컴퓨터 포렌식의 범위'에서 언급했던 것처럼, 컴퓨터상에서의 행위를 사용자와 연관 짓는 것이 특히 중요한데, 만약 복수의 사용자가 각기 다른 로그인 계정과 패스워드를 통해 시스템을 사용한다면 SID를 확인하는 것이 제일 확실하다.

이벤트 로깅은 윈도우NT부터 있어왔다. 그러나 이벤트 로그의 구조는 윈도우 비스타에서 현격한 변화를 겪었다. 파일 구조체뿐만 아니라 실질적인 이벤트 로깅 또한 바뀌었다. 예를 들어 윈도우XP를 사용하는 기기의 경우에는 시스템 시간이 변경될 경우 이를 기록하지 않는다. 하지만 윈도우 비스타를 사용하는 PC의 경우에는 이벤트 뷰어가 이를 기록한다. 따라서 윈도우 운영체제가 버전별로 큰 변화들이 있음을 이해하는 것이 중요하다. 이벤트 로깅은 클라이언트 측면뿐만 아니라 서버 측면에서도 중요한 증거를 제공해줄 수 있으므로 가치가 있다.

비스타의 윈도우 검색 엔진(색인)

윈도우 비스타에서는 검색 엔진 및 색인 기능이 변경됐다. 윈도우에는 10년이 넘도록 색인이 존재해왔는데 비스타에서는 색인이 기본으로 탑재됐으며, 이는 이전 버전과는 다른 점이다. 이제는 수많은 파일 형식에 대한 검색이 가능하고 메타데이터, 파일 내 문자열, 파일 속의 파일(예를 들면 이메일 첨부)을 통해 파일을 찾을 수 있다. 사용자의 검색 기록은 저장될 수 있으며, 이후에 수사관에게 유용할 수 있다.

비스타의 다른 특징들과는 달리, 색인에 대한 새로운 기본 설정은 용의자의 제어, 행위, 소유권을 알아내려는 수사관에게 도움이 된다.

비스타의 레디부스트와 물리적 메모리

레디부스트^{ReadyBoost}는 비스타에서 최초로 공개된 도구로, 사용자가 USB 드라이브를 통해 시스템 가상 메모리를 확장할 수 있도록 한다. 레디부스트의 목적은 컴퓨터와 프로세스가 더 빨리 동작하도록 하는 것이다. USB 드라이브를 컴퓨터에 삽입하면, 그림 2.15와 같이 레디부스트 실행 옵션이 나타난다.

그림 2.15 자동 실행 대화창

레디부스트가 활성화되면 USB 장치에 저장된 모든 데이터가 AES-128로 암호화된다. 고급 암호화 표준AES, Advanced Encryption Standart은 미 정부에서 사용하는 암호화 표준이다.

최근에 USB 메모리가 널리 사용되면서 시스템 휘발성 메모리의 확장용으로도 사용될 뿐만 아니라 USB 드라이브에 대한 파일 흔적이 비스타에서 변화됐기 때문에 레디부스트는 수사관이 알아야 할 중요한 기능이다.

파일 메타데이터

파일 메타데이터는 디지털 증거의 중요한 요소다. 비스타에서는 파일을 조회할 때 최근 접근 일자가 갱신되지 않는데, 이는 윈도우의 기존 버전과 다른 부분이다. 이전에 언급한 것처럼, 수사관에게 일자는 매우 중요한 정보 출처다. 예를 들어 아동 학대 혐의를 받고 있는 용의자의 컴퓨터에서 단순히 금지된 이미지를 찾는 것만으로는 충분하지가 않다. 기소자는 혐의를 입증하기 위해 파일 접근 시간과 관련된 정확한 정보를 제시해야 한다.

볼륨 섀도우 복사 서비스

볼륨 섀도우 복사 서비스Volume Shadow Copy Service는 마이크로소프트가 윈도우XP와 윈도우 서버 2003을 위해 개발한 볼륨을 백업하기 위한 기반 구조다. 두 가지의 섀도우 복사가 가능한데, (1) 볼륨에 대한 완전한 복사 및 복제 (2) 볼륨의 변화분에 대한 복사다. 읽기/쓰기 기능을 가진 원본 볼륨과 읽기 기능만을 가진 섀도우 복사본, 이렇게 두 데이터 이미지가 생성된다. 블록 단위의 변화는 시스템 볼륨 정보System Volume Information 폴더에 저장된다.

Hyberfil.sys

Hiberfil.sys 파일은 컴퓨터가 동면hibernate 상태에 들어갈 때 램에 저장돼 있던 내용을 하드디스크 드라이브에 복사해둔 것이다. Hyberfil.sys 파일이 램의 내용에 대한 복사 이미지이므로 이 파일의 크기는 일반적으로 컴퓨터 램의 크기와 동일하다. 컴퓨터가 재시작되면 Hiberfil.sys의 내용이 램에 복구된다.

램에는 인터넷 검색 기록, 웹사이트 방문 기록 등 가치 있는 증거들이 포함됐을 수 있으므로 포렌식 수사관에게 매우 중요하다는 것을 기억해야 한다. 이 파일은 운영체제가 설치된 드라이브의 루트 디렉터리에서 발견할 수 있다.

비스타 요약

디지털 증거의 사용을 포함해, 윈도우 비스타는 포렌식 수사관에게 더 어렵게 느껴질 수 있다. 비스타의 암호화된 파일시스템EFS, 신뢰 플랫폼 모듈TPM을 통한 비트락커BitLocker 드라이브 암호화, 윈도우 메일의 전자메일 암호화와 같이 향상된 암호화로 인해 문제가 발생한다. 마이크로소프트가 파일 복구 및 조각모음 같은 운영체제와 관련된 여러 가지 귀찮은 작업들로부터 사용자들이 벗어날 수 있게 노력했던 것은 분명하다. 한편으로는 섀도우 복사와 파일 복구 기능은 수사관에게 도움이 되지만, 다른 한편으로 자동 조각모음의 도입은 데이터 복구에 대한 새로운 문제를 제기한다.

윈도우7

윈도우7은 2009년 7월 출시됐다. 32비트 버전은 최소 1GB 램을 요구하며, 64비트는 최소 2GB 램을 요구한다. 대부분의 32비트 버전은 물리적 메모리(램)를 4GB까지로 제한한다.

윈도우7에서는 윈도우 비스타만큼은 변화하지 않았다. 그럼에도 불구하고, 마이크로소프트는 이동식 메모리와 터치스크린 컴퓨팅에 대한 수요 증가, 생체 인식, 파일 백업의 발전을 통해 나타난 기술 환경 변화를 수용하고 있다. 윈도우7의 가장 큰 변화는 네트워크 파일 백업, 비트락커 투 고^{BitLocker To Go}를 통한 USB 장치 암호화, 그리고 터치스크린 컴퓨팅임에 틀림없다. 운영체제 레지스트리 파일의 위치가 변경됐으므로 컴퓨터 포렌식 수사관들이 이를 알아야 할 가치가 있다.

생체 인식

범죄 용의자와 유죄 증거를 연관 짓는 것은 컴퓨터 포렌식에서 어려운 과제다. 수사관은 파일이 생성되거나 접근되거나 수정되거나 삭제됐을 때 용의자가 컴퓨터를 조작하고 있었음을 증명할 수 있어야 한다. 생체 인식을 통한 시스템 접근을 사용하는 것은 기소자가 용의자가 남긴 디지털 흔적들 및 연속적인 사건들과 용의자를 연결 지을 수 있는 방법 중 하나다. 윈도우7의 생체 인식은 윈도우 생체 인식 체계^{WBF, Windows Biometric Framework}가 도입되며 달라졌다. 기존 윈도우 운영체제 버전에서는 지문 인식 기기와의 연계를 위해 제품 공급사가 소프트웨어 개발 도구^{SDK} 및 응용 프로그램, 그리고 드라이버를 제공해야 했다. 기존 버전인 마이크로소프트 비스타에 없던 기능인 WBF를 통해 윈도우7에서는 지문 인식 기기를 자체적으로 지원한다.

백업 및 복원 센터

Helix, FTK, 엔케이스, X-Ways 등의 비트스트림 이미지 생성 도구가 삭제된 파일을 복원할 수 있다는 사실은 잘 알려져 있다. 만약 파일이 복구되지 않거나 부분 복구만 가능하다면, 컴퓨터 포렌식 수사관은 파일에 대한 백업 복사본을 찾아봐야 한다. 따라서 윈도우7의 파일 백업과 복원에 대한 변화를 반드시 이해해야 한다. 특히 운영체제가 공유된 네트워크 공간이나 외장 드라이브에 백업하는 것을 지원한다는 점이 무엇보다 중요하다.

그림 2.16의 윈도우 백업 및 복원 센터는 시작 메뉴의 검색창이나 제어판을 통해 접근할 수 있다. 백업 및 복원 센터는 백업할 드라이브, 가용 메모리, 윈도우 백업에서 사용할 공간, 백업 진행 상태를 보여준다. 백업 및 복구의 메인 창에서 공간 관리^{Manage Space}를 선택하면 공간 활용 구조를 확인할 수 있다. 윈도우7 백업에서는 삭제된 기존 시스템 이미지 파일에 접근할 수 있도록 하고, 각 백업 구성 요소들이 사용하는 공간을 명확하게 보여준다. 이 도구는 첫 백업 이후에는 파일에서 변화된 비트들만을 복사한다. 또한 이 도구는 백업을 위한 공간에 대해 종합적으로 확인할 수 있도록 한다.

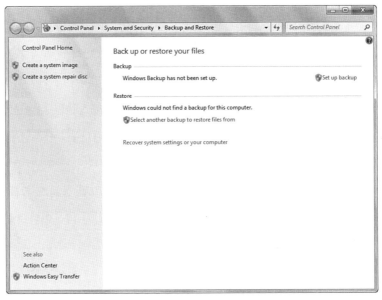

그림 2.16 백업 및 복원 센터

윈도우 비스타에서는 윈도우NT의 테이프 기반 백업 마법사 도구를 외장 하드디스크에 최적화된 새로운 백업 시스템으로 대체했다. 심지어 새로운 백업 시스템의 일부 에디션에서는 재해 복구 기능까지 포함돼 있었다. 하지만 비스타의 백업 및 복원 센터에는 몇 가지 기능이 없었는데, 가령 시스템 부팅을 위한 복구 환경 디스크를 제작할 수 없었을 뿐만 아니라, 홈 프리미엄 사용자들이 이미지 백업을 하기 위해서는 제3자의 프로그램을 구매해야만 했다. 윈도우7은 윈도우 비스타에서의 백업 기능을 기반으로 앞서 언급한 단점들을 해결했다.

윈도우7 백업 및 복원 센터에 대한 마이크로소프트의 목표는 제3자의 솔루션 없이도 외장 하드디스크, DVD, 네트워크 공유를 통한 이미지 및 파일 백업을 사용자에게 제공하는 것이었다. 윈도우 비스타와는 달리, 윈도우7에서는 한 번의 백업으로 파일과 이미지 백업을 모두 수행할 수 있다. 윈도우7의 모든 에디션은 파일 및 이미지 백업을 지원한다. 윈도우XP와는 달리, 윈도우7에서는 운영체제 재설치가 필요 없는 재해 복구를 제공한다.

윈도우7 백업은 기존 윈도우XP, 윈도우 비스타, 윈도우7의 기본 파일시스템인 NTFS의 고급 기능을 사용하도록 설계됐다. NTFS로 포맷된 드라이브를 백업하게 되면, 시스템 이미지와 각각 파일들의 변화를 기록하는 백업 작업을 생성할 수 있다. 윈도우7 백업은 NTFS로 포맷된 드라이브만 사용할 수 있다. 윈도우7은 윈도우 2000 및 윈도우XP의 백업 도구인 NT 백업에서 사용되던 이동식 기억 장치 서비스RSS, Removerble Storage Service를 제공하지 않는다. 하지만 백업이 테이프나 이동식 기억 장치에 저장된 것이 아니라면, 사용자는 NT 백업 파일을 윈도우7 시스템에 복사한 후 NT 백업을 구동해 윈도우7에 직접 파일을 복원할 수 있다

포렌식 수사관은 파일의 백업 원리를 알아야 하는데, 연결된 장치가 중요한 증거를 보유하거나 백업 서버의 접근 권한을 가지고 있을 수 있기 때문이다. 이를 위해 법원 영장이 필수적일 수도 있다.

복원 지점

복원 지점은 수년 동안 윈도우 운영체제에서 제공해온 기능으로, 윈도우7에서 약간의 변화가 생겼다. 윈도우 비스타와 달리, 윈도우7에서는 시스템 복원에 대해 몇

가지 설정 옵션을 제공한다. 예를 들면 그림 2.17과 같이 사용자는 레지스트리에 대한 백업을 제외할 수 있는데, 이는 복원 지점 설정에 소요되는 디스크 공간을 줄여준다. 레지스트리에는 주로 중요한 증거 데이터가 담겨 있으므로 포렌식 수사관은 이를 염두에 둬야 한다. 사용자는 모든 복원 지점을 삭제[Delete] 버튼을 눌러서 지울 수 있는데, 이 경우 포렌식 수사관이 활용할 수 있는 데이터가 줄어들게 된다.

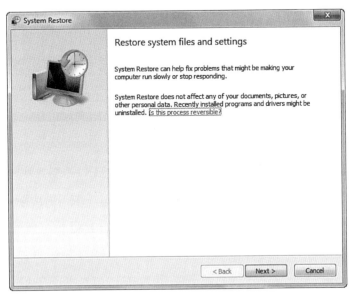

그림 2.17 시스템 복원

네트워크 백업

컴퓨터 포렌식 수사관은 외장 장치의 백업뿐만 아니라, 네트워크상에 백업하는 시스템 기능에 대해서도 알아야 한다. 윈도우7 스타터[Starter], 홈 베이직[Home Basic], 그리고 홈 프리미엄[Home Premium] 에디션에서는 로컬 드라이브에만 백업이 가능했으나, 윈도우7 프로페셔널[Professional], 얼티메이트[Ultimate], 엔터프라이즈[Enterprise] 에디션에서는 네트워크 공간에도 백업할 수 있다. 따라서 수사관은 시스템에 대한 이미지 생성과 분석이 외장 장치나 네트워크를 포함할 수 있음을 고려해야 한다. 이는 수사관의 수색 영장 범위에 영향을 미칠 것이다.

비트락커 투 고

비트락커^{BitLocker}는 윈도우 비스타에서 공개된 도구로, 파일이나 폴더 혹은 심지어 하드디스크 드라이브 전체를 암호화할 수 있다. 비트락커 투 고^{BitLocker To Go}는 윈도우7에서 선보인 좀 더 향상된 도구다. 기존 버전과 다른 부분은 이동식 USB 저장 장치를 암호화할 수 있다는 것이다. USB 장치에 AES로 암호화돼 저장된 파일들은 기존 윈도우 버전인 XP와 비스타에서 복호화할 수 있었다. 파일이 다른 드라이브에 복사될 때, XP와 비스타는 읽기 전용 접근을 제공한다. 수사관은 비트락커 투 고 리더^{BitLocker To Go Reader}(bitlockertogo.exe) 응용프로그램을 통해 윈도우XP나 비스타에서 USB 드라이브에 저장된 파일들을 볼 수 있다. 단순히 USB 장치를 제거하는 것 만으로도 암호화를 가동할 수 있다는 사실을 알아야 하는데, 이는 컴퓨터 포렌식 수사관으로 하여금 범죄 용의자가 비트락커 투 고를 통해 단지 하드디스크 드라이브를 암호화하기 위해 사용한 것이 아니라, 이동식 메모리를 암호화하기 위해 사용했을 수도 있다는 것을 암시해주기 때문이다. 사용자가 드라이브를 암호화하기 위해서는 강력한 암호 혹은 스마트카드를 사용해야 한다. 윈도우7에서는 복구 키를 파일에 저장하거나 출력할 수 있는 옵션을 제공한다는 것을 알 필요가 있다.

COFEE^{Computer Online Forensic Evidence Extractor}는 마이크로소프트에서 특별히 법 집행관을 위해 개발된 도구로, 비트락커를 구동하는 시스템에서 작업을 용이하게 해준다. 마이크로소프트에 따르면, 이 도구는 현장 요원에게 완벽한 사용자 맞춤형 도구로 라이브 컴퓨터 시스템에서 150개 이상의 명령을 실행할 수 있다. 또한 추후 전문가에 의해 분석되거나, 혹은 추가 조사 및 기소 과정 동안 증거로서 도움받을 수 있는 간략한 형태의 보고서를 제공한다. 윈도우7을 위한 COFEE도 개발됐으며, 비트락커 투 고를 사용 중인 시스템을 조사하는 법 집행관에 의해 사용된다. 이 도구의 주요 단점은 시스템이 무조건 라이브 상태여야 하며 용의자가 컴퓨터를 종료시켰다면 작동하지 않는다는 것이다.

USB 장치에 대한 소유권 확보

USB 플래시 메모리 장치에 대한 소유권을 확보하는 것은 컴퓨터 포렌식 수사관에게 중요하다. 윈도우7을 구동하는 시스템에서는 이 장치들이 연결될 시점에 타임스탬프와 기타 메타데이터가 남게 된다. 메타데이터에는 USB 장치에 태초부터 할당된 고유 시리얼 번호나 ID 코드가 포함된다. 장치가 마지막에 컴퓨터에 연결된 기록 또한 메타데이터에 기록된다. 하지만 모든 장치들이 표식을 남기는 것은 아니다. 표식을 남기는 경우, 법 집행관은 용의자의 컴퓨터와 이 장치들의 사용을 연관 지을 수 있다. USB 장치에 대한 정보는 HKEY_LOCAL_MACHINE\System\CurrentControllerSet\Enum\USB 레지스트리에 저장된다. 그림 2.18은 이 레지스트리(하이브)의 내용을 보여준다.

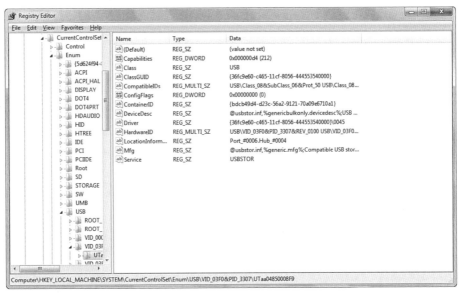

그림 2.18 USB 드라이브 정보

니르소프트^NirSoft(www.nirsoft.net)에서 제작한 프리웨어 유틸리티인 USBDeview를 이용하면 레지스트리의 내용을 파싱할 수 있다. 일반적으로 수사관은 고유 ID인 VendorID를 통해 장치 제작사를 확인할 수 있으며, 함께 표시되는 시리얼 번호인 ProductID를 통해 장치 모델 및 생산 정보를 알 수 있다. 또한 이 도구는 컴퓨터에 연결됐던 가장 최근 시점에 대한 정보를 제공해준다. 그림 2.19와 같이 USBDeview 응용프로그램을 통해 컴퓨터에 연결됐던 다양한 USB 장치의 종류를 볼 수 있다.

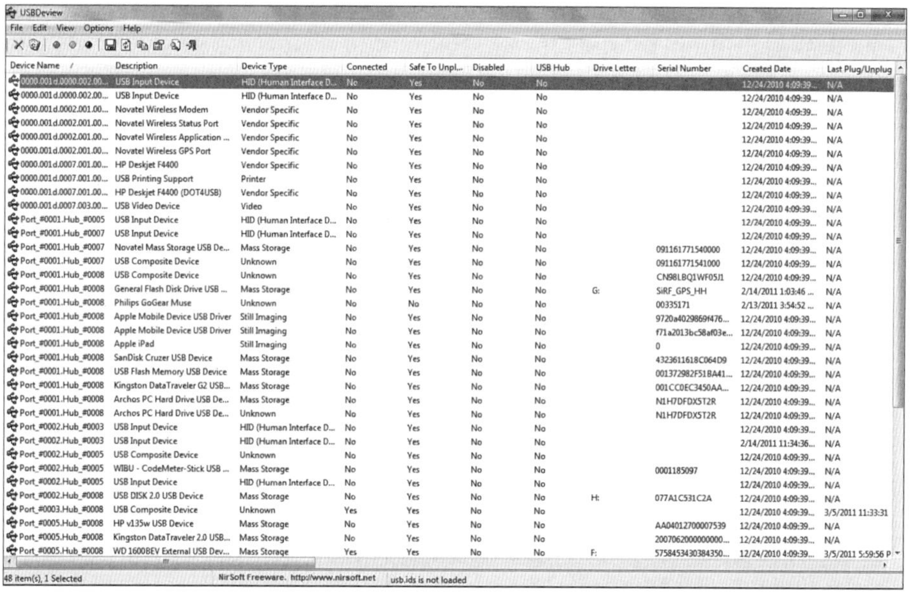

그림 2.19 USBDeview

윈도우7의 터치스크린 컴퓨팅

터치스크린 컴퓨팅에 대한 강한 수요가 존재하므로 터치스크린 장치에 대한 공급은 꾸준히 증가할 것이다. 스마트폰부터 애플 아이팟 터치까지 터치스크린은 매우 많이 보급됐다. 흥미롭게도 2007년 4월 마이크로소프트의 CEO인 스티브 발머는 아이폰이 절대로 시장 점유율을 키우지 못할 것이라고 말했다. 하지만 그는 2009년 터치가 '진리'라고 말하며 마음을 바꿨다. 그리고 마이크로소프트가 윈도우7에 터치스크린 기술을 내장해 출시함으로써 이 믿음을 이어나가게 됐다. 이전에 PC 시장에서의 터치스크린 운영체제는 태블릿 PC에서만 사용됐다. 윈도우7 운영체제는 기본적으로 터치스크린 컴퓨팅을 지원하며, 사용자가 터치스크린을 통해 응용

프로그램 창의 크기를 변경하고 이동시킬 수 있도록 했다. 이제 사용자는 스크린 키보드를 통해 인터넷 검색어나 URL을 입력할 수 있고, 심지어 글자를 그려서 입력할 수도 있다. 범죄 수사관들에게 인터넷 통신에 대한 증거가 매우 중요한 것은 두말할 필요도 없으나, 윈도우7에서의 터치스크린 기능은 포렌식 수사관이나 검사에게 주요한 시사점을 던져준다.

이제 수사관들은 증거 획득을 위해 전통적으로 키보드 입력에 의존하던 키 스트로크 로거를 사용할 수 없을 것이다. 컴퓨터 포렌식 도구는 여전히 사이트 방문 기록을 추적할 수 있겠지만, 종종 키 스트로크 로거를 통해 획득할 수 있었던 로그인 계정과 비밀번호 정보를 알아낼 수 있을지는 미지수다. FBI는 유명 해커인 알렉세이 이바노프^{Alexey Ivanov}와 바실리 고르시코프^{Vasili Gorshkov}를 키 스트로크 로거를 통해 취득한 증거로 체포할 수 있었다. 사용자가 손가락이나 펜을 통해 입력할 수 있으므로 필기 분석이나 컴퓨터 화면에서의 지문 체득을 통해 컴퓨터 시스템의 소유자에 대한 증거를 찾을 수 있다.

스티커 메모

그림 2.20에서 보여주는 스티커 메모는 윈도우7의 기능으로 홈 프리미엄^{Home Premium}, 프로페셔널^{Professional}, 얼티메이트^{Ultimate} 에디션에서 제공하는 응용프로그램이다.

그림 2.20 스티커 메모

스티커 메모는 비스타에서도 이용 가능했으나 현재는 글꼴 변경, 크기 변경, 메모 접어두기 등의 더 향상된 기능을 제공한다. 또한 터치스크린이나 펜 입력도 지원한다. 스티커 메모에는 사건에 대한 주요 증거가 포함돼 있을 수 있지만, 더 중요한 점은 수사관으로 하여금 용의자를 컴퓨터 앞에 대면시키고 소유권과 제어에 대해 증명할 수 있다는 점이다. 만약 용의자가 펜을 통해 스티커 메모를 썼다면 더욱 그러하며, 컴퓨터 포렌식 전문가는 필적 감정가에게 검증 지원을 요청할수 있다. 스티커 메모 파일들은 .snt 파일 확장자를 가지며, 기본적으로 C:\Users\YourName\AppData\Roaming\Microsoft\Sticky Notes 경로에 저장된다.

마이크로소프트 워드에서 .snt 파일들을 조회할 수 있으며, 포렌식 수사를 위해서는 구조화된 저장소 추출기Structured Storage Extractor라는 상업용 도구를 이용할 수있다.

윈도우7에서의 레지스트리 분석

앞에서 언급한 바와 같이 윈도우 레지스트리는 운영체제의 핵심으로, 포렌식 수사관에게 방대한 증거를 제공할 수 있다. 전체 시스템에 대한 설정과 옵션을 저장하고 있으므로 많은 정보를 제공할 수 있다.

표준 레지스트리 편집기(regedit.exe)를 통해 레지스트리를 조회하면 단일 데이터베이스로 표현되지만, 사실은 고집적 파일 모음이다. 다음은 윈도우7에서 발견되는 레지스트리 하이브와 파일 경로다.

HKLM\System
파일 경로: C:\Windows\System32\config\SYSTEM
HKLM\SAM
파일 경로: C:\Windows\System32\config\SAM
HKLM\Security
파일 경로: C:\Windows\System32\config\SECURITY
HKLM\Software
파일 경로: C:\Windows\System32\config\SOFTWARE
HKU\User SID
파일 경로: C:\Users\〈username〉\NTUSER.DAT
HKU\Default

파일 경로: C:\Windows\System32\config\DEFAULT

HKLM\Components*

파일 경로: C:\Windows\System32\config\COMPONENTS

Usrclass.dat*

파일 경로: C:\Users\〈username〉\AppData\Local\Microsoft\Windows\usrclass.dat

윈도우 비스타와 마찬가지로, 윈도우7에서는 최근 접근 시간을 NTFS 볼륨에 자동으로 기록하지 않는다. 마이크로소프트에서는 성능 부하를 줄이기 위해 자동 기록을 기본적으로 해제했으며, 이는 수사관에게 매우 중요한 증거 요소가 상실됐음을 뜻한다. 이에 대한 설정 값은 다음 경로에서 확인할 수 있다.

HKEY_LOCAL_MACHINE\SYSTEM\CurrentControlSet\Control\FileSystem〉NtfsDisableLastAccesUpdate

윈도우7의 레지스트리 경로 및 관련 파일

컴퓨터 포렌식 수사에서 운영체제 안의 이벤트 순서를 통해 타임라인을 구성하는 것은 중요하다. 레지스트리 키들은 시스템 시간 및 이벤트와 관련된 정보를 저장하고 있다.

수사관은 레지스트리를 통해 시스템 시간뿐만 아니라 특정 키에 대한 최근 쓰기 시간도 알 수 있다. 각각의 값들에 대한 타임스탬프가 기록되는 것은 아니지만, 키들이 변경됐음을 아는 것은 여전히 유용하며, 이는 해당 레지스트리 키가 하나의 값을 가지고 있을 때 더욱 그러하다. 또한 레지스트리 키에 대한 타임스탬프는 동일한 시스템에 있는 다른 키의 타임스탬프와 비교 가능하다.

윈도우7에서의 이벤트 뷰어

윈도우7을 구동 중인 컴퓨터가 갑작스럽게 강제 종료되면 이벤트가 자동으로 생성된다. 생성된 이벤트는 이후 에러 범주로 분류된다. 이벤트 로그의 메타데이터를 살펴보면, 시스템이 셧다운된 시간을 알 수 있다. 시스템이 재시작되면 새로운 이벤트 ID를 가진 부가 이벤트 로그가 생성되며, 전원 부족으로 인해 시스템이 갑작스럽게 강제 종료된 것으로 기록된다. 이 이벤트는 유일무이한 전원 버튼 타임스탬프Power button Time Stamp를 생성한다.

시스템 일자와 시간이 변경되면, 보안 상태 변경Security State Change이라고 정의된 이벤트 ID를 가진 임시 로그가 생성된다. 아울러 변경 이전과 이후의 시스템 일자 및 시간이 저장된다. 이 메타데이터는 XML 형식으로 저장되며, 이벤트 뷰어 GUI에서 XML 형식이나 사용자에게 친숙한 텍스트 형식으로 볼 수 있다.

시스템 시간 변화가 어떻게 기록되는지 이해하는 것은 중요한데, 수사관의 이벤트 재구성 기법에 대해 변호사가 질의할 수 있기 때문이다. 이벤트는 운영체제별로 각각 다르며, 파일 메타데이터도 마찬가지다.

웹 브라우저

윈도우-7의 미국 발매 버전에는 인터넷 익스플로러 8이 번들로 제공된다. 이 브라우저는 HTML 페이지를 웹에 표현하는 새로운 기법을 도입했다. 인터넷 익스플로러 8의 이런 변화를 파악하는 것이 중요한데, 이 변화가 포렌식 수사관에게 어려움을 줄 수 있기 때문이다.

그림 2.21과 같이 윈도우 익스플로러 8의 기능인 인프라이빗 브라우징InPrivate Browsing은 사생활 및 데이터를 보호하는데, 이는 브라우징 기록, 임시 인터넷 파일, 양식 데이터, 쿠키, 사용자 계정/비밀번호가 브라우저상에 저장되거나 잔류하는 것을 방지함으로써 사용자 검색 기록이나 브라우징 기록에 대한 증거가 가상적으로 남지 않도록 하는 것이다. 인프라이빗 브라우징을 사용하는 동안 하드디스크에 저장되는 파일이나 즐겨찾기에 추가되는 웹사이트 목록은 보존된다. 라이브 시스템에서 인터넷 포렌식 증거 회수는 대부분 성공적으로 이뤄지는데, 이는 휘발성 메모리인 램에 종종 인터넷 파일이나 검색 정보가 남아있기 때문이다.

그림 2.21 인터넷 익스플로러의 인프라이빗 브라우징

용의자의 온라인 활동에 관한 증거는 잠재적으로 손실될 가능성이 있으므로, 인프라이빗 브라우징은 포렌식 수사관에게 영향을 준다. 특히 온라인 사기나 아동 포르노 사건에서 인터넷 활동은 매우 중요하다. 인터넷 익스플로러 8의 새로운 '보안' 메뉴에서 '새로운 탭 페이지에서 인프라이빗 브라우징을 시작하기'를 선택함으로써 인프라이빗 브라우징을 시작할 수 있다. 인프라이빗 브라우징이 시작되면, 새로운 인터넷 익스플로러 8 창이 열리며, 주소창 왼쪽에 InPrivate 지시자가 표시된다. 브라우저 안에서의 행동은 오로지 InPrivate에만 영향을 준다. 평상시의 브라우저 창 안에서의 활동은 기록되겠지만, InPrivate 창 안에서의 활동은 기록되지 않는다. 다른 경쟁 브라우저인 파이어폭스나 크롬에서도 유사한 사생활 보호 기능을 제공한다.

인터넷 활동에 대한 조사 시, 다중 사용자에 대한 확인도 필수적일 뿐만 아니라 토르Tor를 포함한 다중 웹 브라우저에 대한 사용도 확인해야 한다. 케이시 앤서니 Casey Anthony 사건 수사에서 이보다 더 명백한 것은 없었다. 수사관은 인터넷 익스플로러를 통해 17개의 수상한 검색 기록을 밝혀냈으나, 파이어폭스를 통한 1,200개 이상의 구글 검색 기록('아주 쉬운 질식사'에 대한 검색도 포함)을 복구할 수는 없었다. 피고 측 변호사는 파이어폭스 브라우저 증거들에 대해 알고 있었으며, 재판 기간 중에 그 증거들이 끝내 제출되지 않은 점에 대해 놀랐다.

파일 그룹핑

윈도우7에서는 더 향상된 '라이브러리' 기능을 제공하는데, 이는 사용자가 여러 PC 및 네트워크상에서 물리적으로 무작위로 분산돼 있는 파일들을 하나의 논리적인 장소에서 모두 볼 수 있도록 해준다. 그림 2.22는 사진 라이브러리^{Pictures Library}를 보여준다.

라이브러리에 추가된 폴더는 빠른 검색을 위한 인덱스를 갖고 있으며, 수사관들은 FTK를 통해 인덱스에 매핑된 모든 파일을 찾을 수 있다. 비록 포렌식 수사 기법으로 인정되지는 않지만, 보호 관찰 중인 성범죄자를 가정 방문하는 가석방 담당 직원은 이 기능을 통해 신속하게 사진 파일들을 볼 수 있다.

폴더가 라이브러리에 추가되기 위해서는 인덱싱이 선행돼야 한다. 인덱스화된 장소들을 수사해 사용자 지정 위치를 찾을 수 있는데, 다음의 레지스트리 키에 저장된다.

HKLM\Software\Microsoft\Windows Search\CrawlScopeManager\Windows \SystemIndex\WorkingSetRules

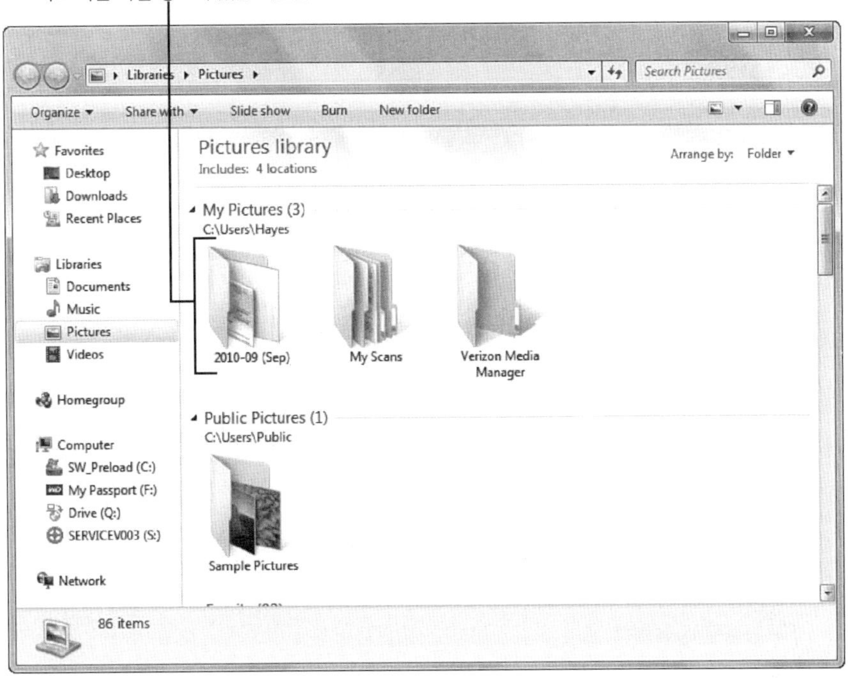

서로 다른 파일 경로에 있는 사진들

그림 2.22 사진 라이브러리

윈도우 통합 검색

윈도우 검색 4.0은 윈도우 비스타 업데이트에서 공개됐으며, 라이브러리 기능을 통해 활용성이 높아졌다. 파일 내에 숨겨진 다양한 메타데이터 기준에 따라 라이브러리들에 접근 가능한데, 마이크로소프트가 공개한 윈도우 통합 검색은 데이터베이스나 웹 콘텐츠 등의 OpenSearch 기술을 지원하는 외부 데이터 소스에 대한 질의를 허용한다. 유튜브YouTube나 피카사Picasa 등의 수많은 대중적인 웹사이트 및 서비스에 대한 검색 연결Search Connector 파일이 존재한다. XML 파일의 가장 중요한 필드는 <domain> 태그인데, 용의자의 웹 검색을 표시해주기 때문이다. 컴퓨터 포렌식 수사관은 용의자가 웹 브라우저 없이도 통합 검색을 통해 인터넷에서 정보를 획득할 수 있다는 점을 알아야 한다. 컴퓨터 포렌식 수사관은 윈도우7에 새로 생긴 *.osdx 검색 연결 파일을 이용해 웹 검색에 대해 조사해야 한다. 용의자가 웹 콘텐츠에 접근하려고 시도한 의도가 그곳에 틀림없이 남아있을 것이다. 다음은 검색 연결 파일에 의해 생성된 XML 파일의 예다.

```xml
<?xml version="1.0" encoding="UTF-8"?>
<searchConnectorDescription xmlns="http://schemas.microsoft.com/
windows/2009/
searchConnector">
  <description>Search deviations on DeviantArt.com</description>
  <isSearchOnlyItem>true</isSearchOnlyItem>
  <domain>http://backend.deviantart.com</domain>
<supportsAdvancedQuerySyntax>false</supportsAdvancedQuerySyntax>
  <templateInfo>
    <folderType>{8FAF9629-1980-46FF-8023-9DCEAB9C3EE3}</folderType>
  </templateInfo>
  <locationProvider clsid="{48E277F6-4E74-4cd6-BA6F-FA4F42898223}">
    <propertyBag>
      <property name="LinkIsFilePath" type="boolean"><![CDATA[tr
ue]]></property>
      <property name="OpenSearchShortName"><![CDATA[DeviantArt]]></
property>
      <property name="OpenSearchQueryTemplate"><![CDATA[http://backend.
deviantart.
com/rss.xml?q=boost%3Apopular+{searchTerms}&offset={startIndex}]]></
property>
      <property name="MaximumResultCount"
type="uint32"><![CDATA[100]]></property>
    </propertyBag>
  </locationProvider>
</searchConnectorDescription>
```

윈도우8.1

윈도우8과 윈도우8.1에서 가장 눈에 띄는 점은 사용자 인터페이스의 변화다. 기본적으로 사용자는 시작 화면을 마주하게 되며, 시작 화면에는 그림 2.23과 같이 응용프로그램을 나타내는 타일들이 나열돼 있다.

그림 2.23 윈도우8 시작 화면

　　이것은 컴퓨터가 초기화를 위한 부팅 과정을 거친 후 사용자의 바탕화면이 기본
시작 장소로 나타나는 것으로부터 벗어났다. 바탕화면에 빠르게 접근하기 위해서
는 시작 화면에서 바탕화면 타일을 클릭하면 된다. 그림 2.24와 같이 화면의 좌측
하단에서 윈도우 시작 버튼이 사라졌다.

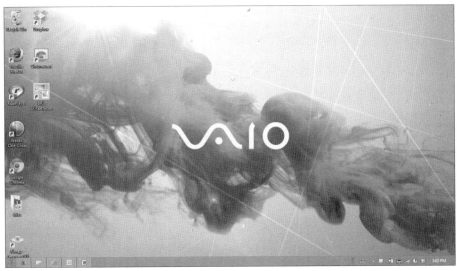
그림 2.24 윈도우8 바탕화면

응용프로그램에 접근하거나 컴퓨터 설정을 변경하기 위해서는 시작 화면을 사용해야 한다. PC에서 윈도우 인터페이스는 윈도우8을 구동 중인 태블릿이나 엑스박스 원Xbox One과 같이 동일한 운영체제를 구동 중인 스마트폰과 유사하다. 이 장비들은 윈도우 생태계를 만들며, 윈도우 라이브 계정을 통해 다양한 장비들 간의 사용자 경험을 매끄럽게 연동시킬 수 있다. 이것은 애플이 이미 성공적으로 창조했던 것과 비슷한 전략이다.

새로운 응용프로그램

윈도우8은 몇 개의 새로운 기본 응용프로그램을 갖췄다. 메일Mail은 사용자가 하나의 응용프로그램에 모든 이메일 계정을 결합할 수 있도록 한다. 비디오Videos는 사용자가 PC에서 영화를 검색/관람하거나 TV에서 재생할 수 있도록 한다. 사람들People은 지인들과 이메일, 트위터, 페이스북 등을 통해 연락하도록 한다. 그 외에도 윈도우8에는 지도Maps, 게임Games, 음식+음료Food+Drink, 날씨Weather, 스포츠Sports, 건강+피트니스Health+Fitness, 여행Travle, 그리고 뉴스News 응용프로그램이 있다. 윈도우8에서의 많은 변화는 터치스크린 지원을 염두에 두고 이뤄졌다.

증거 수집

인터페이스는 다소 변경됐지만 휴지통에는 큰 변화가 없다. 삭제된 파일은 $Recyble.Bin 폴더에서 발견할 수 있다. 수사관이 연결된 USB 장치에 대한 정보를 찾고자 할 때에도 변경된 부분은 그리 많지 않다. 그림 2.25와 같이 레지스트리 편집기를 통해 HKEY_CURRENT_CONFIG\System\CurrentControlSet\Enum\USB에서 정보를 볼 수 있다.

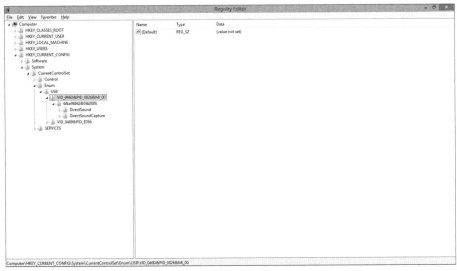

그림 2.25 레지스트리 편집기에 표시된 USB 접속 기록

물론 USBDeview나 엔케이스와 같은 포렌식 소프트웨어에서도 이 정보를 볼 수 있다.

윈도우8.1의 보안

주요 변화는 그림 암호다. 이 기능은 사용자가 그림을 선택해 컴퓨터를 잠글 수 있도록 한다. 컴퓨터 잠금은 화면상의 연속된 제스처를 통해 열리게 된다. 예를 들어 사용자는 사진의 특정한 위치에 두 개의 원을 그리도록 설정할 수 있다.

❖요약

운영체제는 컴퓨터 하드웨어를 비롯한 컴퓨터 자원을 관리하는 책임이 있다. 따라서 운영체제의 작동 원리를 이해하는 것이 중요한데, 운영체제의 변화를 통해 사용자와 컴퓨터 간의 교류를 파악할 수 있기 때문이다. 또한 컴퓨터 포렌식 수사관은 다양한 컴퓨터 파일시스템이나 저장 기기들과 대면할 것이다. 파일시스템들은 파일 크기, 메타데이터, 암호화 그리고 권한 관리 측면에서 각각 다를 것이다. 증거의 종류, 중요도, 접근성, 위치는 용의자의 컴퓨터에 구동 중인 운영체제 및 파일시스템에 따라 달라질 것이다. 전문적인 컴퓨터 포렌식 도구는 일반적으로 파일을 16진수 형식으로 표시해주므로 수사관은 16진수 코드를 읽을 줄 알아야 한다. 또한 이 도구들은 하드디스크 드라이브상에 저장된 파일들을 물리적으로 보여주기 때문에, 하드디스크 드라이브의 물리적 구성을 알아두는 것이 좋다. 윈도우 레지스트리는 포렌식 수사관에게 증거가 가득 찬 보물 창고와 같다. 응용프로그램 설치나 시스템 로그인과 같은 사용자의 많은 활동들을 레지스트리 조사를 통해 알아낼 수 있다. 특히 다수의 사용자가 하나의 컴퓨터를 사용해 각각의 사용자별로 활동을 구별해야 할 경우 레지스트리는 특히 중요하다.

마이크로소프트 윈도우 비스타는 기존 운영체제보다 더 다양한 변화를 가져왔다. 시스템 이벤트가 XML 파일 형식으로 저장되고, 또한 XPath를 통해 다량의 질의를 수행할 수 있었다. 때때로 수사관은 증거에 대한 파일 백업에 의존해야 하는데, 윈도우 비스타의 볼륨 섀도우 복사Volume Shadow Copy를 통해 파일 백업이 크게 변화됐다. 비스타 시스템에 대한 수사에서 가장 큰 도전 과제는 파일/폴더/드라이브를 암호화하는 도구인 비트락커다. 더군다나 윈도우7에서는 USB 장치마저 암호화하게 됐다. 윈도우7에서는 별다른 드라이버를 다운로드하지 않아도 기본적으로 생체 인식과 터치스크린 모니터를 지원하므로 포렌식 수사에 큰 영향을 미친다. 윈도우7에서는 사용자가 네트워크를 통해 시스템 및 파일을 백업할 수 있으며, 이는 향후 수사관들이 해결해야 할 클라우드 컴퓨팅 이슈에 대해 시사한다.

❖주요 용어

고급 암호화 표준AES: 미국 정부에서 사용하는 암호화 표준이다.

논리적 파일 크기: 파일에 저장된 데이터의 양

니블nibble: 16진수에서 하나의 숫자를 뜻하며 4비트를 뜻함

대체 데이터 스트림ADS: 파일의 속성 세트

디스크 기하 구조 Disk geometry: 플래터, 트랙, 섹터로 이뤄진 하드디스크 구성을 뜻한다.

디스크 서명: 운영체제가 디스크를 식별할 수 있게 한다.

레디부스트ReadyBoost: 윈도우 비스타에서 최초로 공개된 도구로서 사용자가 USB 드라이브를 통해 시스템 가상 메모리를 확장할 수 있도록 함

마스터 부트 레코드MBR: 부팅 절차에서 사용되며, 디스크 파티션의 수량 및 위치 등의 정보를 담고 있음

마스터 부트 코드: 부팅 절차를 시작하기 위해 바이오스에서 사용하는 코드

마스터 파일 테이블MFT: 모든 파일 및 폴더에 대한 이름, 생성일, 위치, 크기, 접근 권한과 같이 NTFS 파일 및 폴더에 대한 메타데이터를 보유

마스터 파티션 테이블: 하드디스크 파티션에 대한 설명을 담고 있음

물리적 파일 크기: 파일이 사용 중인 실질적인 디스크 공간

미할당 저장 공간: 파일 저장이 가능한 공간

바이오스BIOS: 하드디스크 드라이브, CD롬 드라이브, 키보드, 마우스, 비디오 카드 등의 시스템 장치를 인식하고 초기화함으로써 운영체제를 시작한다.

바이트byte: 8비트로 구성되며 가장 작은 메모리 주소 단위다.

볼륨 섀도우 복사 서비스 Volume Shadow Copy Service: 마이크로소프트가 윈도우XP와 윈도우 서버 2003을 위해 개발한 볼륨을 백업하기 위한 기반 구조

부트스트래핑Bootstrapping: 운영체제의 다른 부분들을 활성화하기 위해 부팅 절차 중에 작은 코드들을 실행하는 것을 뜻한다. 부트스트랩 절차는 롬 칩에 포함돼 있다.

불량 섹터: 디스크 내에서 데이터를 더 이상 저장할 수 없는 공간

비트Bit: 양을 뜻하는 1과 음을 뜻하는 0, 이 두 값만을 가질 수 있다.

섹터sector: 자성 하드디스크는 512바이트, 광학 하드디스크는 2048바이트

섹터 마커의 끝 End of Sector Marker: MBR의 끝에서 발견되는 2바이트의 구조체다.

스핀들spindle: 디스크의 중심에 위치하며, 모터를 통해 플래터를 회전시킴

실린더cylinder: 디스크상의 각 플래터에서 수직적으로 동일한 트랙 번호

액추에이터 암actuator arm: 읽기/쓰기 헤더를 통해 디스크의 자성 상태를 변경함으로써 기록을 수행한다.

운영체제: 컴퓨터의 하드웨어 및 시스템 자원을 관리하기 위한 프로그램의 집합체

윈도우 레지스트리: 시스템 구성 정보를 저장하는 계층적 데이터베이스

윈도우: 마이크로소프트가 개발한 그래픽 사용자 인터페이스를 제공하는 운영체제 제품군

유니코드: 국제적인 코드 규약으로 전 세계의 다양한 언어 및 문자를 지원

이벤트 뷰어: 이벤트 로그를 조회하기 위해 사용되는 윈도우 응용프로그램

이벤트: 컴퓨터상에서 응용프로그램과 다른 프로그램 및 사용자 간의 의사소통

읽기 전용 메모리ROM, Read-only memory: 무휘발성의 저장 공간으로, 일반적으로 수정되지 않으며 부팅 절차에 사용

저널: 시스템 오류나 정전 발생 시에 빠르고 효과적인 파일 복구를 수행하기 위한 변화 기록

저널링: 파일시스템 기록의 형태로, 파일에 대한 변화를 저널에 기록하는 것

전송 제어 확장 문자 Data Link Escape: 통신 제어 문자로, 이후에 오는 문자가 데이터가 아니라 제어 코드임을 명시해준다.

접근 제어 목록: 파일에 대한 권한 리스트로, 사용자와 프로그램이 파일에 접근하기 위한 상세 정보를 담고 있다.

제어 문자: 작성/출력이 불가한 문자로, 컴퓨터의 동작을 시작/수정/종료한다.

조각모음: 파일시스템에서의 조각을 없애는 절차로, 이는 파일 모음(512K 블록)을 모아주고 디스크에 빈 공간을 늘리기 위함이다.

커널: 운영체제의 핵심으로, 메모리/디스크 관리와 같이 애플리케이션과 하드웨어 장치 간의 통신을 관장

클러스터cluster: 논리적 저장 단위로, 하드디스크상의 인접한 섹터들도 구성된다.

트랙track: 디스크면에 있는 얇은 동심원 모양의 선으로, 데이터가 저장되는 섹터로 구성

파일 슬랙file slack: 파일의 마지막 섹터에 존재하는 잔여 바이트를 나타낸다.

파일 압축: 파일의 비트 수를 줄일 수 있도록 함으로써 파일 전송이 빨라지도록 한다.

파일시스템: 파일 및 연관 디렉터리의 계층 구조

파티션: 디스크의 논리적인 저장 단위

할당 저장 공간: 파일들이 저장되는 볼륨 공간

헥스 에디터(16진수 편집기): 파일 안의 모든 내용을 조회할 수 있도록 한다.

16진수: 0~9 그리고 A~F의 총 16개 기호로 표기되는 진법

2진수(바이너리^{binary}**)**: 컴퓨터가 이해하는 언어

COFEE^{Computer Online Forensic Evidence Extractor}: 마이크로소프트가 특별히 사법 요원을 위해 개발한 도구로, 비트락커를 구동하는 시스템에서의 작업을 용이하게 해준다.

COM(컴포넌트 객체 모델): 프로그래머가 아닌 일반인이 윈도우 운영체제를 관리할 수 있는 스크립트를 작성할 수 있게 해준다

FAT(파일 할당 테이블): 마이크로소프트가 개발한 파일시스템으로, 테이블을 통해 파일의 저장 위치, 가용/불가용 저장 공간 등의 정보를 저장한다.

FAT12: FAT의 첫 버전으로, 1980년에 출시됐다. 플로피디스크에서 사용된다.

FAT16: 16비트 MS-DOS를 위한 16비트 파일시스템으로, 1987년에 출시됐다.

FAT32: 더 작은 클러스터를 사용하는 32비트 버전의 FAT로, 공간 사용에서 높은 효율성을 보여준다.

FAT64: exFAT(확장 파일 할당 테이블)라고도 불리며, 마이크로소프트에서 개발했다.

FATX: 마이크로소프트 엑스박스 비디오 게임 기기의 하드디스크 드라이브 및 관련 메모리 카드의 사용을 위해 개발된 파일시스템

FTK Imager: 무료로 사용 가능한 컴퓨터 포렌식 비트스트림 이미지 생성 전문 도구

NTFS: 마이크로소프트에서 개발해 윈도우NT와 함께 출시한 신기술 파일시스템

XML(확장형 마크업 언어^{Extensible Markup Language}**)**: 표준화된 언어로, 인터넷에서도 호환해 사용 가능

XPath(XML 경로 언어): XML 문서 검색에 사용되는 강력한 질의 언어

❖ 강의 토론

1. 16진수를 배우는 것은 왜 중요한가?

2. 운영체제 종류가 포렌식 수사 작업에 미치는 영향은 무엇인가?

❖ 객관식 문제

1. 다음 중 이진수에서 발견되는 값들은?

    A. 0 또는 1

    B. 0-9 그리고 A-F

    C. 0-9

    D. A-F

2. 다음 중 16진수에서 발견되는 값들은?

    A. 0 또는 1

    B. 0-9 그리고 A-F

    C. 0-9

    D. A-F

3. 니블은 몇비트인가?

    A. 2

    B. 4

    C. 8

    D. 16

4. 다음 중 하드디스크의 액추에이터 암에 대해 가장 잘 설명한 것은?

    A. 디스크 내에서 데이터를 더 이상 저장할 수 없는 공간

B. 알루미늄, 세라믹, 혹은 유리로 만들어진 원형 디스크로, 자성을 이용해 데이터를 저장

C. 디스크의 중심에 위치하며, 모터를 통해 플래터를 회전시킴

D. 읽기/쓰기 헤더를 통해 디스크의 자성 상태를 변경함으로써 기록을 수행

5. 다음 중 무휘발성의 저장 공간으로, 일반적으로 수정되지 않으며 부팅 절차에 사용되는 것은?

    A. 램

    B. 플래시 메모리

    C. 파티션

    D. 읽기 전용 기억 장치(롬)

6. 다음 중 자성을 이용해 데이터를 저장하는 원형 디스크는?

    A. 실린더

    B. 액추에이터 암

    C. 스핀들

    D. 플래터

7. 다음 중 엑스박스에 사용하기 위해 개발된 파일시스템은?

    A. FAT12

    B. FAT16

    C. FAT32

    D. FATX

8. 다음 중 파일 관련 권한을 저장하고 있는 것은?

    A. 저널

    B. 대체 데이터 스트림

    C. 접근 제어 목록

    D. 바이오스

9. 다음 중 MFT에 저장된 정보를 가장 잘 설명하는 것은?

   A. 파일과 폴더 메타데이터

   B. 파일 압축 및 암호화

   C. 파일 권한

   D. 위의 모든 것

10. 다음 중 사용자가 USB 드라이브를 통해 시스템 가상 메모리를 확장할 수 있도록 한 윈도우 기능은?

    A. 비트락커^{BitLocker}

    B. 볼륨 섀도우 복사^{Volume Shadow Copy}

    C. 레디부스트^{ReadyBoost}

    D. 백업과 복원^{Backup and Restore}

✥ 빈칸 채우기

1. _____는 1 또는 0의 두 개 중 하나의 값만 가진다.

2. _____는 0~9 그리고 A~F의 총 16개 기호로 표기되는 진법이다.

3. _____는 8비트로 구성되며, 가장 작은 메모리 주소 단위다.

4. 마스터 부트 _____는 부팅 절차를 위해 바이오스에서 사용된다.

5. _____ _____는 플래터, 트랙 및 섹터와 같은 하드디스크 구조를 뜻한다.

6. _____ 파일시스템은 1980년에 최초로 출시된 FAT 파일시스템으로, 플로피디스크에서 사용된다.

7. _____은 변화 기록을 통해 시스템 오류나 정전 발생 시에 빠르고 효과적인 파일 복구를 수행한다.

8. _____ _____는 시스템 구성 정보를 저장하는 계층적 데이터베이스로, 키와 값으로 구성된다.

9. _____는 파일시스템에서의 조각을 없애는 절차로, 이는 파일 모음(512K 블록)을 모아주고 디스크에 빈 공간을 늘리기 위함이다.

10. _____ _____는 이벤트 로그를 보기 위한 윈도우 응용프로그램이다.

◆ 프로젝트

레지스트리를 살펴보기 위한 지침서 작성

윈도우 운영체제를 선택한 후 해당 시스템의 레지스트리를 살펴보기 위한 수사관 지침서를 작성한다. 수사관이 집중해야 할 가장 중요한 키에 표시해둔다.

부팅 프로세스 설명하기

시스템을 시작하기 위해 PC의 전원 버튼을 눌렀을 때 발생하는 절차를 상세 기술한다.

이벤트 뷰어 사용하기

윈도우XP 이상의 운영체제를 구동 중인 컴퓨터를 확보하고, 해당 컴퓨터의 이벤트 뷰어를 통해 발생한 이벤트를 수사관 노트에 문서화한다.

파일 저장 설명하기

1500바이트 크기의 워드 문서가 저장될 때 발생하는 절차를 설명한다. 컴퓨터가 물리적으로 저장하는 방법과 파일이 새로 생성될 때 운영체제가 작동하는 방법을 포함한다.

USB 증거 제출하기

윈도우 비스타나 윈도우7을 구동 중인 컴퓨터에 USBDeview 무료 프로그램을 다운로드한다. 응용프로그램을 실행해 컴퓨터에 장착된 USB 기기의 종류를 찾아낸다. 강사가 지시한 대로 보고서를 작성해 제출한다.

3장 | 컴퓨터 하드웨어 처리

3장에서 다루는 내용

■ 각양각색의 컴퓨터 하드웨어 종류를 인지하는 능력의 중요성

■ 조사관이 접할 수 있는 다양한 디스크 드라이브 인터페이스

■ 여러 스토리지 장치에서 포렌식 증거 데이터를 추출할 때 사용되는 디바이스의 종류

■ 주로 사용되는 스토리지 미디어의 종류와 미디어에서 추출된 증거의 처리 및 분석 방법

■ 실제 포렌식 분석에서 스토리지 미디어의 사용

❖개요

컴퓨터 포렌식 조사관이 되길 희망한다면 어떤 이유에서든 컴퓨터 하드웨어에 대한 깊은 이해력이 요구된다. 첫 번째 이유로, 특정 시스템과 하드웨어는 운영체제, 파일시스템, 응용프로그램의 환경에 따라 지원되는 소프트웨어가 다른 점을 꼽을 수 있다. 예를 들어 인텔 기반 맥이 맥 OS X 및 HFS+ 파일시스템을 지원한다고 해도, 동일 사양의 PC에 부트 캠프가 설치돼 있다면 윈도우 운영제체와 NTFS 파일시스템을 지원할 수 있다. 부트 캠프는 맥 OS X 10.6(스노우 레오파드)에 설치된 유틸리티로, 사용자가 인텔 기반 맥에 윈도우 운영체제를 구동할 수 있게 해준다.

시스템이 라우터나 외장 하드디스크 드라이브 같은 외부 장치와 연결되는 원리를 이해하려면 컴퓨터 하드웨어의 다양한 분야에 걸쳐 지식을 쌓는 것도 매우 중요하다. 라우터와 같이 외부에 연결된 장치는 대부분 디지털 증거를 포함하고 있을 것이며, 영장 발부 시 압수 대상이 될 것이다. 조사관이 수사실로 복귀한 후에는 컴퓨터와 주변 장치들을 이용해 사건을 재현할 수 있는 능력 또한 요구될지도 모른다.

컴퓨터 하드웨어, 운영체제, 응용프로그램의 타입에 따라 시스템으로부터 증거를 획득하기 위해 필요한 컴퓨터 포렌식 툴의 종류가 결정되기도 한다. 예를 들어 가이던스 소프트웨어의 엔케이스는 윈도우 컴퓨터 이미지 생성에 사용되는 데 반해, 맥 마샬 포렌식^{Mac Marshall Forensic} 소프트웨어는 맥 OS X를 구동하는 맥북 프로의 이미지를 생성(이번 장의 뒷부분에서 다룰 내용)하는 데 사용될 수 있다. 운영체제의 버전은 조사관이 사용할 포렌식 소프트웨어의 종류 선정에 영향을 미칠 수 있으므로, 특정 컴퓨터에 윈도우가 설치돼 있다는 사실 자체로만 분석을 수행하기에는 부족한 감이 없지 않다. 또한 조사 목적에 따라 수집 대상 증거물의 유형도 달라지며, 조사관이 상황에 가장 적합한 포렌식 툴을 선택하는 기준도 달라질 수 있기 때문이다. 성범죄 혐의자들을 상대로 한 소송 사건을 예로 들면, 컴퓨터 포렌식 조사관은 이미지 파일에서 피부 톤을 효과적으로 필터링 가능한 X-Ways Forensics 툴을 사용할 것이다. 그렇지만 현실적으로 많은 지방 경찰국에서는 포렌식 툴을 완전히 갖출 만큼의 예산을 확보하고 있지 않아 상황에 맞게 사용할 툴을 선택할 여지가 없는 형편이다. 더욱이 포렌식 툴을 보유하고 있다 할지라도, 툴 사용자 교육 예산 확보에 어려움이 있으므로 효과적인 사용에는 한계가 따른다.

사전에 조사를 계획하는 것은 매우 중요하다. 그 계획은 포렌식에 필요한 적절한 장비를 구입하기 위해 하드디스크 드라이브와 기타 장치들 같은 다양한 컴퓨터 하드웨어에 대한 이해 과정까지도 수반한다. 이 장을 공부하면서 알게 되겠지만, 여러 종류의 케이블과 관련 포렌식 하드웨어는 필요시 지역 상점을 통해서는 쉽게 이용할 수 없을 뿐만 아니라, 대부분의 경우 전문화돼 있으므로 극히 일부 공급자로부터만 구입할 수 있다.

마지막으로, 포렌식 수사 영역에서 컴퓨터 하드웨어 핸들링은 법적인 효력을 지니게 된다. 증거는 지역 관할 법에서 규정한 표준 작업 절차에 맞는 압수와 취급 규정을 따라야 한다. 궁극적으로 증거 획득 과정은 증거 그 자체만큼의 중요한 의미를 갖게 된다.

◈ 하드디스크 드라이브

2장, '윈도우 운영체제와 파일시스템'에서는 컴퓨터 하드디스크 드라이브의 구성요소와 파일이 물리적으로 저장 및 검색되는 과정을 언급한 바 있다. 이번 장에서는 컴퓨터 포렌식 조사 과정에서 접하게 되는 다양한 하드디스크 드라이브 인터페이스의 종류에 대해 논의해본다.

SCSI

SCSI$^{Small\ Computer\ System\ Interface}$는 장치 간의 물리적인 연결과 데이터 전송, 두 가지 모두의 의미를 지닌 프로토콜이다. SCSI를 채택하고 있는 장치는 하드디스크, 테이프 드라이브, 스캐너, CD 드라이브 등으로, 명령어 프로토콜을 참조해 데이터를 처리한다는 것을 알고 있어야 한다. 래리 바우처$^{Larry\ Boucher}$는 슈가트 어소시에이츠에서 시작된 SCSI의 개발과 발전에 공헌한 사람으로 명성이 나 있다. SCSI는 벤더에 구애받지 않는 중립적인 프로토콜 기반으로 개발돼, 특정 장치가 일반 PC뿐만 아니라 애플 매킨토시에서도 인식되며 유닉스 시스템에도 연결 가능하다. SCSI 사용의 이점은 다양한 시스템과의 호환성에만 국한되지 않고, 높은 데이터 전송률도 가능하게 한다. SCSI가 가진 또 하나의 엄청난 이점 중 하나는 단일 SCSI 포트에 여러 개의 장치들을 연결할 수 있다는 점이다.

SCSI를 포함한 포렌식 조사

조사관의 관점에서는 오늘날까지도 SCSI 커넥터(그림 3.1 참조)를 사용하는 컴퓨터가 존재한다는 것을 인지할 필요가 있다. 그러므로 SCSI 커넥터를 사용하는 장치를 작동시키기 위해 포렌식 랩에 오래된 구 시스템이 필요할 수도 있으며, 정상 작동을 위해 설치가 필요한 관련 드라이버도 염두에 둬야 한다. SCSI 하드디스크 인터페이스는 현재 거의 사용되지 않고 있으나, SCSI 하드디스크 이미지 생성이 가능한 포렌식 장비는 여전히 판매되고 있다. 예를 들어 RoadMASSter 3 Mobile Computer Forensics Data Acquisition and Analysis Lab은 SCSI 인티페이스를 지원하는 포렌식 장비다.

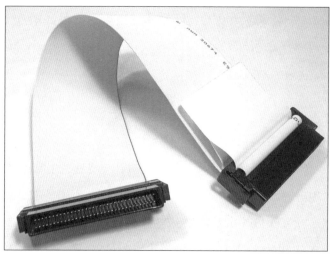

그림 3.1 SCSI 커넥터

통합 드라이브 전자

통합 드라이브 전자IDE, Integrated Drive Electronics는 디스크 드라이브, 테이프 드라이브, 광학 드라이브와 같이 IBM PC 표준에 기반한 드라이브 인터페이스, 커넥터, 컨트롤러의 역할을 담당하고 있다. 디스크(또는 디스크 드라이브) 컨트롤러는 드라이브 자체에 내장돼 있으며, 디스크 컨트롤러는 컴퓨터의 CPU와 하드디스크(또는 다른 디스크 드라이브) 간의 통신을 담당하고 있다(그림 3.2 참조).

그림 3.2 하드디스크의 IDE 인터페이스

IDE 인터페이스는 웨스턴 디지털 사에서 개발했으며 IDE 드라이브는 1986년 컴팩^{Compaq} 컴퓨터에 최초로 장착됐다. 최초의 IDE 버전은 ATA/ATAPI^{Advanced Technology Attachment with Packet Interface}라고 언급되기도 한다. IDE와 EIDE는 각각 병렬 ATA 또는 PATA라고 불린다.

이후 웨스턴 디지털은 1994년에 확장 IDE^{EIDE}를 발표했다. IDE와 EIDE 커넥터는 80핀 규격도 있으나 보통 40핀 규격이며, 케이블 너비는 일반적으로 3.5인치 길이 규격을 사용한다(그림 3.3 참조).

그림 3.3 IDE 40핀 규격 커넥터

SATA

SATA는 하드디스크 드라이브와 같은 장치를 호스트 버스 어댑터^{HBA}에 연결하기 위한 인터페이스다. SATA는 PATA에 비해 더 높은 데이터 전송률을 제공한다. SATA는 2003년 시장에 출시되면서 EIDE 장치를 대부분 대체하게 됐다. SATA 드라이브는 조사관이 포렌식 업무 과정에서 가장 많이 경험하게 될 하드디스크 드라이브 인터페이스로, 데스크톱이나 노트북, 아이맥^{iMac}, 맥북 등 컴퓨터의 종류에 상관없이 일반적으로 가장 많이 쓰이고 있다. 그림 3.4는 데스크톱, 서버, 노트북에 쓰이는 SATA 데이터 케이블을 보여주고 있다.

그림 3.4 SATA 데이터 케이블

SATA 전원 케이블은 15핀 규격으로 넓으며, 빨간색과 검정색 선으로 구분돼 있다(그림 3.5 참조).

그림 3.5 SATA 전원 케이블

일부 조사에서 조사관은 eSATA가 연결된 환경을 접하게 될지도 모르므로, 컴퓨터 포렌식 조사관은 eSATA 커넥터 또한 필수로 구비하고 있어야 한다. eSATA는 외장 드라이브 사용을 위해 SATA에서 파생된 외장 인터페이스다(그림 3.6 참조).

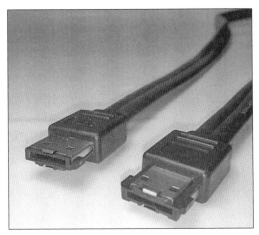

그림 3.6 eSATA 커넥터

SATA 디스크 드라이브는 다양한 크기로 출시된다. 1.8인치 하드디스크 드라이브(그림 3.7 참조)는 마더보드에 ZIF 커넥터로 연결한다. 1.8인치 하드디스크 드라이브는 매우 작은 크기로 델 D420과 델 430 노트북에 장착돼 사용되고 있다. 도시바는 델 전용으로 사용할 1.8인치 하드디스크 드라이브를 생산하고 있다. 1.8인치 드라이브의 ZIF 케이블(그림 3.8 참조)과 어댑터는 매우 특수해 조사관이 구하기 어려운 것이 현실이다.

그림 3.7 1.8인치 도시바 하드디스크 드라이브

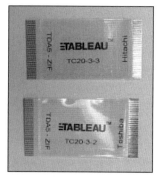

그림 3.8 ZIF 케이블

PATA 및 SATA 하드디스크의 복제

컴퓨터 포렌식 조사관이 하드디스크 드라이브의 비트 단위 복사를 할 때는 다음과 같이 두 가지 방법을 주로 사용한다.

- 디스크 복제는 하드디스크 드라이브의 완전한 하나의 복사본으로서 원본과 동일하게 부팅 가능하기 때문에 백업용으로 사용할 수 있다.
- 디스크 이미지는 하드디스크 드라이브를 비트 단위로 매핑해 복사한 후 생성된 파일 또는 파일 그룹이지만, 컴퓨터 부팅이나 그 외 다른 운영 목적으로는 사용할 수 없다.

이미지 파일은 압축된 형태로 생성할 수도 있으므로 압축되지 않은 형태로 생성하는 디스크 복제와는 조금 다를 수 있다. 복제할 때는 원본 드라이브와 용량이 같거나 큰 복제 대상 하드디스크 드라이브에 비트 단위로 데이터가 전송된다. 다른 차이점은 엔케이스, X-Ways, FTK와 같은 특성화된 소프트웨어로서 이미지 생성 파일에 포함된 콘텐츠를 확인하기 위해 필요하다는 것이다. 일반적으로, 이미지 분석용 소프트웨어는 읽기 전용으로 파일을 추가할 수 없으나 X-Ways Forensics 사에서 개발된 WinHex와 같은 일부 툴은 이미지 파일에 포함된 파일의 편집을 허용하기도 한다.

장치 클론(복제)

하드디스크 드라이브 복제는 이미지를 생성하는 과정보다 소요 시간이 짧다. 두 방법은 소요 시간 측면에서 차이가 크기 때문에 컴퓨터 포렌식 조사관이 첩보 활동을 하거나 하드디스크 드라이브의 복사본이 필요하지만 컴퓨터를 두고 가야 할 경우에는 드라이브 복제가 더 효율적이다. 평균적으로 SATA 드라이브 한 개를 완전히 복제하는 데 소요되는 시간은 1시간이 채 되지 않는다. 물론 원본 하드디스크 드라이브의 용량과 복제할 때 사용하는 장비에 따라 소요되는 시간은 조금씩 달라진다.

포렌식 조사에서 사용되는 복제 장비 중 하나는 디스크 자키 프로 포렌식 에디션Disk Jockey PRO Forensic Edition이다(그림 3.9 참조). 이 장비는 원본 드라이브에 쓰기 방지 기능이 적용돼 있고, 사용자가 SATA 또는 IDE 하드디스크 드라이브에서 다른 SATA/IDE 하드디스크 드라이브로 복사할 수 있는 기능을 제공해준다.

복제본으로 사용될 모든 디스크 드라이브는 완전 삭제 후 포렌식에 임해야 한다. 디스크 자키 프로는 미 국방부에서 규정한 '안전한 7단계 데이터 완전 삭제' 기능이 내장돼 있다. 디스크를 법정에서 증거 자료로 활용할 때 변호사를 중심으로 원본 보관용 복제본 디스크의 해시 값이 원본 또는 분석 복제본 디스크와 동일한지 검증하는 절차가 있으므로, 한 번도 사용하지 않은 디스크라 할지라도 완전히 제거하는 작업을 거친 후 디스크 복제를 해야 한다. 인텔리전트 컴퓨터 솔루션즈Intelligent Computer Solutions에서 출시한 WipeMASSter Hard Disk Sanitizer와 같은 장비는 하드디스크 드라이브 데이터를 안전하게 제거하기 위한 용도로만 사용된다.

포렌식 조사에 착수하기 전에 혐의자의 기기 특성(제조사와 모델)에 대해 사전 조사하는 것은 조사관이 분석해야 할 컴퓨터의 영역 선정과 하드디스크 드라이브 제거 방법 등에 대해서도 미리 파악할 수 있게 해준다. 사전 조사는 어찌 보면 상식선에서 선행해야 하는 부분이지만, 디스크 복제를 위해 하드디스크 드라이브를 떼어내는 방식이 같은 제조사의 제품 간에도 다를 수 있으므로 사전 지식은 매우 중요하다(델 Inspiron 6400 노트북 vs. Latitude D430 노트북). 디스크 복제 장비도 하드디스크 드라이브에 따라 현저하게 달라진다. 델 Inspiron 6400은 상대적으로 디스크를 제거하기 용이하며 SATA 데이터 케이블과 SATA 파워 케이블을 연결하기만 하면 된다. 델 Latitude D430(또는 D420) 모델은 디스크를 제거하기 전에 반드시 배터리를 제거해야 한다. 그리고 하드디스크 드라이브에서 얇은 케이블을 떼어내고 드라이브를 감싸고 있는 고무 케이스도 벗겨내야 한다. 그림 3.10과 같이 1.8인치 SATA 하드디스크 드라이브를 디스크 자키 프로에 연결하기 위해서는 특수 ZIF 케이블, ZIF 어댑터, IDE 인터페이스 케이블이 필요하다. 가능하면, 조사 대상 컴퓨터의 운영체제도 미리 확인해보는 것이 좋다.

그림 3.9 디스크 자키 프로 포렌식 에디션

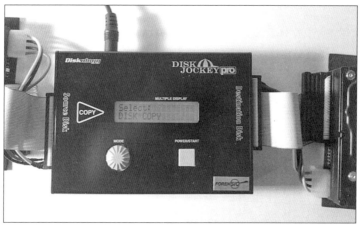

그림 3.10 디스크 자키 프로 포렌식 에디션을 이용한 하드디스크 드라이브 복제

인터넷 검색창에 'removing the hard drive dell 430'을 입력하면, 사진으로 쉽게 이해할 수 있도록 구성된 온라인 도움말 문서를 찾을 수 있다. 실제로 델은 자사 컴퓨터 모델의 하드디스크 드라이브 장치 제거에 대해 상세히 설명하려는 목적에서 해당 웹 페이지를 운영하고 있다. 그 외 컴퓨터 제품들의 경우도 역시 제조 업체에서 관련 문서들을 제공하고 있다. 애플에서 최근 출시된 대부분의 아이맥 제품들의 경우 하드디스크 드라이브에 대한 제거 작업을 하려면 특수한 툴이 필요할 만큼의 복잡한 과정이 요구되며, 애플에서도 그 상세한 방법을 제공하고 있다. 유튜브에서도 조사관이 필요로 하는 다양한 영상들을 찾아볼 수 있을 것이다.

디스크 자키는 단순 디스크 복사뿐 아니라 HPA까지 함께 복사하는 기능도 갖췄다. 조사관은 디스크를 복제할 때 특별한 이유가 없으면 HPA까지 포함하는 기능을 사용해야 한다. 호스트 보호 구역HPA은 하드디스크의 한 영역으로, 부팅과 복구를 위한 BIOS 관련 코드를 주로 포함하고 있다. 제조사는 고객에게 디스크 복구를 지원하고 복원 CD를 대체할 목적으로 HPA를 사용하고 있다. 범죄자는 조사관의 입장에서 혐의를 입증할 만한 중요한 증거를 주로 HPA에 숨긴다고 알려져 있으므로 반드시 이 영역을 복제해야 한다. 가끔 디스크 자키 프로가 HPA를 인식하지 못하고 복제가 불가능할 때도 있다. 디스크 자키 프로의 LCD 화면에 에러 메시지가 발생하면, 조사관은 HPA를 복제하는 기능 대신 단순 디스크 복제 기능을 사용할 수밖에 없다.

실전 연습

디스크 자키 프로 사용 방법(순서)

조사 전 준비 단계

1. 새 하드디스크 드라이브를 디스크 자키 오른쪽 부분의 Destination Disk에 연결한다.

2. Power/Start 버튼을 누른다(전원 켜기). 그리고 DATA ERASE DoD를 선택한 상태에서 Power/Start 버튼을 누른다(작동하기). 날짜와 시간 단위로 모든 동작 행위를 조사 노트에 기록한다.

이 과정은 2시간 정도 소요되며, 완전 삭제할 디스크 용량에 따라 조금씩 달라질 수 있다.

조사 단계

실제 조사에서는 이 단계가 진행되는 동안에 관리 연속성(Chain of Custody) 양식 작성을 포함한 여러 가지 문서 작업이 있어야 한다. 관련 양식을 보려면 6장, '수사의 문서화'를 참고한다.

3. 혐의자의 컴퓨터에서 하드디스크 드라이브를 떼어낸 뒤 컴퓨터 및 컴퓨터의 시리얼 넘버, 하드디스크 드라이브를 사진 촬영한다. 단, 하드디스크 드라이브의 시리얼 넘버가 사진 속에서 잘 보이도록 주의한다.

4. 하드디스크 드라이브를 떼어낸 상태로 혐의자의 컴퓨터를 켜고 BIOS에 진입하기 위해 F2나 F4 기능 키를 누른다(일부 컴퓨터의 경우 다른 기능 키나 키 조합이 필요할 수도 있다). 그러고 나서 컴퓨터 작업 시트에 BIOS 정보를 기입한다. 기록이 필요한 가장 중요한 정보는 컴퓨터 시스템의 시간이다. 실제 시간도 함께 기록한다(가장 정확하게 현재 시간을 표시해주는 휴대폰 시계를 이용).
컴퓨터 작업 시트 양식은 6장에서 확인할 수 있다.

5. 디스크 자키 왼쪽 편의 Source Disk라고 적힌 연결 부위에 혐의자의 하드디스크 드라이브를 꽂는다.

6. 완전 삭제가 완료된 새로운 하드디스크 드라이브(수확 드라이브)를 Destination Disk가 새겨진 오른쪽 부분에 연결하고 해당 디스크 사진을 찍는다. 작업 상황을 그림 3.11과 비교해본다.

그림 3.11 디스크 자키 프로에 연결된 하드디스크 드라이브의 모습

7. Power/Start 버튼을 누른다. 디스플레이 화면에 DISK COPY(HPA)라는 문구가 나올 때까지 Mode 버튼을 시계 방향으로 돌려주고 다시 Power/Start 버튼을 누른다. 그림 3.12와 비교해본다. 날짜 및 시간을 포함해서 현재 작업 내용을 조사관 작업 일지에 기록한다.

만약 에러 메시지가 발생했을 경우 6단계로 돌아간다. 단, 돌아갔을 경우에는 처음 선택한 DISK COPY(HPA)가 아닌 DISK COPY를 선택해야 한다.

그림 3.12 디스크 복사가 시작된 모습

8. 복제 과정이 완료되면 디스크 자키 프로는 자동으로 종료된다. 마찬가지로 조사관 작업 일지에 복제 작업이 완료된 날짜와 시간을 기록한다.

9. 포렌식 쓰기 방지 장치에 수확 드라이브를 연결한 뒤 노트북의 USB 포트에 연결해서 혐의자 하드디스크 드라이브의 정상 복제가 완료됐는지 검토해본다.

대체 가능한 복제 장치

ImageMASSter Solo IV Forensic은 디스크 자키 프로에 비해 훨씬 비싸지만 두 개 디스크의 동시 복제가 가능한 장비며, 복제 파일 형식을 리눅스 DD 파일이나 E01 이미지 파일 중에서 선택할 수도 있다.

SSD

SSD(그림 3.13 참조)는 컴퓨터에서 주로 사용하는 비휘발성 저장 장치다. 하드디스크 드라이브와 달리, SSD에 있는 파일은 하드디스크 드라이브의 금속 플래터가 아니라 트랜지스터에 고정적으로 배치된 메모리 칩에 저장돼 있다. 다시 말하면, SSD는 읽기/쓰기 헤드나 회전하는 디스크와 같이 움직이는 모듈이 내장돼 있지 않다. 대부분의 SSD는 플래시 메모리 낸드 장치다. SSD가 나날이 저장 장치 영역에서 중요해지고 있는 만큼 SSD에 대해 알아둘 필요가 있다. SSD는 현재 크롬북이나 맥북에어 등 다양한 PC에 장착돼 사용되고 있다.

그림 3.13 SSD

싱글 레벨 셀SLC 낸드 플래시는 SSD 안에 있는 셀당 1비트 단위로 저장하는 반면, 멀티 레벨 셀MLC 낸드 플래시는 각 셀당 두 개 혹은 그 이상의 비트 단위를 가진다. MLC는 고밀도이긴 하지만, 일반적으로 SLC보다 더 높은 전압이 필요하다.

하드디스크 드라이브 제조사는 극소수에 불과하지만 SSD 제조 업체는 대략 60개 이상이다. 게다가 제조사에서 요구하는 SSD 제조 방식에 따라 컨트롤러를 생산하는 업체도 매우 다양하다. 이러한 이유로 컴퓨터 포렌식 조사관에게는 매우 곤란한 상황이 발생하기 마련이다. 다시 말해 동일한 제조사의 SSD라 하더라도 펌웨어가 상이한 컨트롤러가 장착될 수 있다. 컨트롤러에 설치된 펌웨어에 따라 SSD의 가비지 컬렉션Garbage collection, 캐싱, 웨어 레벨링, 암호화, 압축, 배드 섹터(블록) 탐지 등의 성능에 영향을 미친다.

SSD 컨트롤러 제조사들을 나열해보면 다음과 같다.

- 마벨^{Marvell}
- 하이퍼스톤^{Hyperstone}
- 샌드포스^{SandForce}
- 인디링스^{Indilinx}
- 파이슨^{Phison}
- STEC
- 퓨전아이오^{Fusion-io}
- 인텔
- 삼성

전원 효율성, 파일 읽기 및 쓰기 속도, 열이나 진동 같은 환경적인 요소에 버틸 수 있는 성능 측면에서 SSD는 하드디스크 드라이브를 대체하기에 충분한 장점을 지니고 있다. 그럼에도 불구하고, SSD는 웨어 레벨링의 측면에서는 약점을 지닌다. 웨어 레벨링은 블록당 쓰기 횟수가 제한된 저장 매체에 쓰기 블록 균등 분배를 통해 SSD 데이터의 손실 및 고장을 보완하기 위한 과정이다.

SSD는 파일 저장 방식에서 하드디스크 드라이브와는 매우 다른 모습을 보이고 있으며, 하드디스크 드라이브가 기존에 사용해왔던 512바이트 단위 섹터를 사용하지 않는다.

컴퓨터 포렌식의 관점에서 보면, SSD에서 삭제된 파일의 복구는 SSD에서 수행되는 가비지 컬렉션 프로세스로 인해 매우 어려운 과정이다. 가비지 컬렉션은 저장 공간을 확보하기 위해 사용되지 않는 파일을 삭제하는 메모리 관리 프로세스다. SSD의 가비지 컬렉션 과정은 예측 불가능할 뿐만 아니라 임의로 컨트롤할 수도 없다. SSD에 저장된 파일의 변경은 컴퓨터 포렌식 조사관의 특별한 노력과 무관하게 경고 메시지가 없는 상태에서 발생한다. SSD의 가비지 컬렉션과 기타 자동 수행 기능은 하드디스크 드라이브에 해시가 포렌식 관점으로 한 번 생성된 후 동일한 드라이브에서 재생성될 경우 하드디스크 드라이브 동작 방식과는 달리 두 개의 해시가 일치하지 않을 것임을 의미한다.

하드디스크 드라이브와는 달리 SSD는 데이터를 쓰려는 블록의 데이터가 지워져야 쓰기가 가능하므로, 쓰기 작업은 오랜 시간에 걸쳐 넓은 블록 영역에서 일어난다. 하드디스크 드라이브와 또 다른 차이점은 운영체제가 파일의 물리적인 위치를 기록하고 있지 않다는 점이다. 파일 변환 계층FTL은 이것을 보완하기 위해 생겨난 개념이며 논리적인 블록 주소를 물리적인 블록 주소로 매핑시키는 역할을 한다. 트림은 운영체제가 더 이상 사용되지 않는 블록의 위치를 SSD에게 알려주는 기능으로 고성능 쓰기를 실현할 수 있게 해준다. 트림은 휴지통이 비워진 후 즉시 실행된다.

램

램RAM, Random Access Memory(그림 3.14 참조)은 컴퓨터에서 현재 실행되고 있는 프로세스 적재를 위해 필요한 휘발성 메모리다. 램의 휘발성 때문에 컴퓨터 전원이 꺼지게 되면 램에 적재된 내용은 모두 사라진다. 그러나 시스템 전원이 켜지면, 램은 포렌식 조사관에게 인터넷 검색 내역, 웹사이트 방문 이력, 패스워드 등 수사에 필요한 매우 중요한 정보를 제공할 잠재력을 지닌다.

그림 3.14 램 칩

복수 배열 독립 디스크

복수 배열 독립 디스크^{RAID, Redundant Array of Independent Disks}는 흔히 RAID라고 불린다. RAID는 두 개 혹은 그 이상의 디스크가 서로 간에 결합돼 다중화를 통해 성능과 신뢰성을 높인다(그림 3.15 참조). RAID가 구축된 시스템의 경우, 신뢰성은 장애 감내 여부로 측정될 것이다. 예컨대, 하드디스크 드라이브와 같은 시스템 한 부분에 장애가 발생할 때 시스템이 중단되지 않고 운영 연속성을 보장할 수 있음을 의미한다. 이러한 신뢰성을 보장해주는 RAID는 기관이나 조직의 크리티컬한 시스템 구축에 적용될 만한 충분한 가치가 있다. 가장 최근에는 기관들이 저장 공간을 확보하기 위해 RAID를 도입했다. RAID가 다수의 하드디스크로 구성돼 있다 할지라도 하드웨어 컨트롤러 조작을 하는 운영체제의 입장에서는 RAID를 하나의 논리적인 디스크로 인식한다.

그림 3.15 RAID

컴퓨터 포렌식 관점에서는 컴퓨터에 증거의 가치를 지닌 다수의 하드디스크 드라이브가 연결될 수 있다는 점을 아는 것이 중요하다. 또한 조사관이 혼동할 수 있는 부분으로, 각 드라이브가 RAID 그룹에 추가된 순서를 비롯해 드라이브 어댑터와 드라이브 간의 연결 구성도를 기록해두는 것도 중요하다.

◆ 탈착 가능한 휴대용 메모리

최근 들어 조사관이 노트북을 압수해 하드디스크 드라이브만 분석하는 경우는 극히 드물다. 요즘에는 메모리 가격이 매우 낮아져 휴대용 스토리지 장치가 흔하게 사용되기 때문에 조사관은 이런 점도 염두에 둬야 한다. 따라서 영장 발부 및 수색 시 증거 추출이 가능한 스토리지를 고려하는 것도 중요하다. 즉 외장 장치가 컴퓨터에 연결된 방식을 이해하고, 증거 추적 방법과 해당 장치에 저장된 파일 형식을 숙지하고 있어야 한다. 하지만 무선 기능을 가진 탈착 가능한 메모리가 점점 소형화되고 다양해진다는 점을 고려하면 말처럼 쉬운 일은 아니다. 이번 장에서는 휴대용 메모리를 처리하는 유용한 방법을 다뤄보려 한다.

파이어와이어

파이어와이어^{FireWire}는 IEEE 1394의 애플 버전으로, 고속 데이터 전송을 위한 시리얼 버스 인터페이스 표준이다. 파이어와이어(그림 3.16 참조)의 데이터 전송률은 400Mbps로 USB의 속도보다 더 빠르다. 파이어와이어 400(1394-1995)은 기기 간에 전이중^{full duplex} 100, 200, 400Mbps의 속도로 데이터를 전송할 수 있으며, 케이블 길이 제한은 14.8피트(약 450cm) 정도까지 가능하다. 파이어와이어 800(1394b-2002)은 전이중 782.432Mpbs 속도로 전송이 가능하다. 파이어와이어 개발에 큰 책임을 지고 있었던 애플은 썬더볼트 인터페이스의 성장에 힘입어 파이어와이어 프로토콜 생산을 점진적으로 중지하기에 이르렀다. 11장, '맥 포렌식'에서는 애플 맥을 이용해 애플 맥으로부터 포렌식 이미지를 추출할 때 파이어와이어를 어떻게 활용하는지 논의해본다.

그림 3.16 파이어와이어 케이블

USB 플래시 드라이브

2장에서 언급한 바와 같이 장치가 컴퓨터에 연결될 때마다 해당 장치 정보는 윈도우 파일 레지스트리에 기록된다. 그림 3.17은 구체적으로 어떤 레지스트리에 USB 장치 연결 이력이 기록되고 있는지 보여준다.

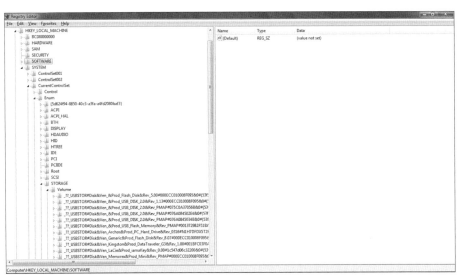

그림 3.17 레지스트리 에디터

파일 레지스트리에 입력된 정보는 컴퓨터에 어떤 장치가 연결됐는지에 대한 이력을 보여주는 데 중요하게 쓰인다. 파일 레지스트리 정보는 컴퓨터에 연결됐던 장치에 대한 과거 연결 이력을 확인하는 데 매우 중요하게 쓰이고 있다.

그러나 대부분의 USB 저장 장치는 출시될 때부터 고유의 유틸리티가 내장돼 있으므로 USB에 저장된 파일에 접근 시 정보는 항상 우리가 생각했던 결론과 일치하지 않는다. 예를 들어 아이언키Ironkey USB 장치는 256비트 AES 암호화 방식을 사용해 파일을 보호하고 있다. 이 장치는 개인과 기업의 지식 재산을 도난당하지 않도록 보호해주고 있다. 장치에 대한 시도가 수차례 실패한 경우, 해당 장치는 드라이브를 자동으로 포맷시켜버린다.

USB 플래시 드라이브는 FAT 이외에 다른 파일시스템으로의 포맷도 가능하지만, 일반적으로는 대부분의 컴퓨터에서 잘 인식하는 FAT를 사용하고 있는 추세다.

외장 하드디스크 드라이브

외장 하드디스크 드라이브는 일반적으로 두 가지 종류가 있다. 하나는 데이터 전송과 전원 공급 모두 USB를 사용하는 하드디스크 드라이브고, 다른 하나는 데이터 전송 시에는 USB 인터페이스를 사용하고 전원 공급은 어댑터를 이용하는 외장 드라이브다. 외장 드라이브의 케이스를 열어보면, 조사관은 대개 SATA 하드디스크 드라이브가 케이스에 내장돼 있는 것을 볼 수 있다. 증거 획득에 필요한 시간이 부족하거나 해당 구역의 컴퓨터에서 외장 하드디스크 드라이브를 분리할 수 없는 경우에는 외장 드라이브 케이스에서 하드디스크를 제거하는 것이 현명한 방법이 될 수 있으므로, 외장 케이스가 실제 하드디스크를 감싸고 있다는 사실을 사전에 알고 있어야 한다. 케이스에서 드라이브를 분리할 경우 복제 장치에 연결 가능한 상태가 돼 외장 드라이브의 사본을 생성할 수 있다. 만약 하드디스크 드라이브가 케이스에서 분리되지 않은 경우라면, 쓰기 방지 장치에 외장 드라이브를 직접 연결해 노트북을 통해 이미지를 생성하는 방법을 써야 한다. 그림 3.18과 같은 웨스턴 디지털 사의 외장 하드디스크 드라이브는 2.5인치 디스크를 내장하고 있다. 미니 USB 포트를 통해 전원 공급과 컴퓨터 데이터 전송 모두 USB를 이용할 수 있다.

그림 3.18 웨스턴 디지털(WD) 외장 하드디스크 드라이브

경우에 따라 복제 장비가 정상적으로 작동하지 않을 수도 있으므로 조사관은 언제나 쓰기 방지 장치(USB 쓰기 방지 포함)를 소지할 필요가 있다. 조사관이 드라이브에 대한 이미지 생성과 유효성 확인을 위해 FTK Imager Lite나 Raptor 2.0을 USB 또는 부팅 가능한 CD에 담아올 수도 있다. 250GB 드라이브에 대한 이미지 생성과 유효성 체크 시간을 비교해보면, 드라이브를 복제하는 경우 40분 정도지만 FTK Imager Lite의 경우 2시간 이상 소요될 수 있다. 하드디스크 드라이브 복제 또는 이미지 생성을 할 때 발생 가능한 전자파를 방지하려면 복제 대상 및 원본 드라이브를 정전기가 없는 고무 바닥에 놓는 것이 안전하다. 또한 하드디스크 드라이브는 항상 정전기 차폐 가방에 넣어 운반해야 한다.

요즘에는 백업 또는 컴퓨터 메모리 확장을 위해 외장 하드디스크 드라이브를 일반적으로 사용하고 있다. 그러므로 조사자는 외장 하드디스크 드라이브 내에 (윈도우) NTFS 또는 (맥) HFS+ 등과 같은 복수의 파일시스템이 존재할 수 있다는 사실도 알고 있어야 한다. 더욱 중요한 것은 외장 드라이브가 연결된 윈도우7 PC에 비트락커 투 고BitLocker To Go가 실행되고 있다면, 드라이브를 컴퓨터에서 제거하는 행위로 인해 PC가 외장 드라이브를 암호화시켜버릴 것이라는 점이다. 다시 말해, 전원이 꺼지지 않은 시스템에 연결된 USB 장치를 제거하기 전에는 항상 조심할 필요가 있다. 물론 외장 드라이브는 USB뿐만 아니라 eSATA 또는 파이어와이어 타입이 될 수도 있다. 새로 구매한 드라이브에는 드라이브 자료 백업용이나 클라우드 서비스로 백업하기 위한 소프트웨어가 설치돼 있을 것이다. 혐의자의 드라이브에 설치된 모든 소프트웨어 유틸리티를 체크해 백업 소프트웨어 여부를 기록하고 데이터 유효성 검증 유틸이 디스크 내 별도 파티션에 존재하는지 여부 또한 기록해야 한다.

멀티미디어 카드

멀티미디어 카드^{MMC, MultiMedia Cards}는 카메라와 같은 휴대용 기기에서 사용하기 위해 지멘스 AG와 샌디스크에서 개발한 스토리지 메모리다. 현재 MMC는 대부분 SD 카드로 대체됐기 때문에 이전만큼 사용되고 있지는 않은 추세다. MMC의 표준 크기는 24mm×32mm×1.4mm다. 멀티미디어 카드는 1995년 도시바에서 개발한 16~128MB 용량 스마트미디어 카드^{SmartMedia card}를 대체했다. 그림 3.19에서 보는 것과 같이 스마트미디어 카드는 SD 카드와 외관상 매우 흡사한 형태를 띠고 있다.

그림 3.19 스마트미디어 카드

SD 카드

SD(시큐어 디지털^{Secure Digital}) 카드는 카메라와 같은 휴대용 전자 기기에서 쓸 목적으로 개발된 파일 저장 장치다. SD 카드를 개발하고 표준을 수립한 곳은 마쓰시다 전기산업 주식회사(현 파나소닉), 샌디스크, 도시바 이렇게 세 개의 기업이 참여한 공동 벤처 협회다.

　SD 카드의 표준 크기는 24mm×32mm며 2.1mm 두께를 가지고 있다(그림 3.20 참조). 4GB 이상의 용량을 가진 SD 카드는 쉽게 찾을 수 있으며, 표준 크기는 일반적인 디지털카메라와 대부분의 노트북에 탑재된 SD 카드 슬롯 및 리더기에서 표준으로 채택돼 쓰이고 있다. 최근에는 SDHC[Secure Digital High Capacity] 카드가 4GB 용량으로 시장에 진입하기 시작했다. SDHC 카드는 32GB 용량까지만 사용 가능한 상태며, 가장 최근에는 SDXC[Secure Digital eXtended Capacity]라는 이름으로 64GB 용량도 나타나고 있다. SD 카드는 FAT32 파일시스템으로 포맷된다.

그림 3.20 SD 카드

　SD 카드에 사전 설치된 유틸리티를 통해 컴퓨터의 와이파이 기능을 자동으로 켤 수도 있다. 이런 종류의 유틸리티 중에 일부는 카드에 저장된 사진 파일을 모바일 기기로 자동으로 옮기거나 소셜 미디어 사이트에 업로드할 수 있을 뿐만 아니라, 클라우드 서비스에도 파일을 올릴 수 있다. 일반적으로 SD 카드에 새겨진 로고는 와이파이 기능을 켠다는 뜻을 의미하나 실제 기능상으로는 모두 그렇지 않으며, 조사관은 이런 무선 기능이 있다는 것을 인지할 필요가 있다.

　조사 대상에 SD 카드가 포함돼 있을 경우, 해당 카드의 데이터 쓰기를 방지하기 위해 카드에 쓰기 방지 스위치를 미리 켜두는 것이 좋다(ON/OFF 스위치가 있을 경우만 해당). 물론 조사관은 SD 카드와 같은 착탈식 메모리 장치를 조사하기 전에 쓰기 방지 장치를 사용하긴 할 것이다.

　미니 SD 카드의 크기는 너비 20mm, 길이 21.5mm다. 마이크로 SD 포맷은 샌디스크에서 개발됐다. 마이크로 SD 카드는 SD 어댑터를 사용하는 표준 디지털 카드 리더기에서 사용 가능하다. 마이크로 SD 카드는 주로 휴대폰에서 사용되고 있으므로 증거로서 귀한 가치를 지닌다고 할 수 있다. 또한 대부분의 휴대폰 포렌식 이미지 생성 및 복제 장치는 마이크로 SD 카드의 내용을 인식하지 못하므로 마이크로 SD 카드는 기기에서 분리 후 별도로 이미지를 생성해야 한다.

CF 카드

CF(콤팩트플래시^{CompactFlash}) 카드(그림 3.21 참조)는 디지털카메라와 같은 휴대용 기기에서 사용할 목적으로 샌디스크가 가장 처음 개발한 메모리 카드다. CF 카드는 (a) 43mm×36mm×3.3mm 규격과 (b) 43mm×36mm×5mm 규격 두 가지 타입으로 나뉜다. CF 카드는 오늘날 SD 카드만큼 널리 사용되고 있지는 않지만, 파일 저장 시스템을 효과적으로 사용하게끔 설계돼 있으며 잠재적으로 100GB 용량까지 지원 가능하다.

그림 3.21　콤팩트플래시

메모리 스틱

메모리 스틱(그림 3.22 참조)은 소니의 전매 메모리 카드로 1998년 처음 소개됐다. 대부분의 플래시 메모리 제조사와는 달리, 소니는 일반 메모리뿐만 아니라 자체 개발한 메모리 카드까지 지원되는 전자 기기들을 출시하고 있다. 소니는 내장 메모리

외에 외장 메모리 스틱을 연결해 사용 가능한 텔레비전, 노트북, 휴대폰, 디지털카메라, 비디오 캠코더, 게임기, MP3 플레이어, 이외 다양한 전자 기기들을 개발하고 있다. 오리지널 메모리 스틱은 용량 문제를 보완하기 위해 2003년 메모리 스틱 프로Memory Stick PRO로 대체됐다. PRO 시리즈는 FAT12, FAT16, FAT32 파일시스템을 사용하고 있다. 메모리 스틱 듀오는 핸드헬드 장치 크기에 맞게 개발된 더욱 작은 메모리 카드다. 그리고 메모리 용량 문제를 해결하고 고화질 미디어 화면을 지원하기 위해 또 다른 버전의 메모리 스틱이 개발됐다.

최근에는 메모리 스틱 XCExtended High Capacity 시리즈가 소니와 샌디스크에서 출시됐다. 이 메모리 카드는 2TB 메모리 용량까지 저장할 수 있다. XC 시리즈는 exFAT(FAT64) 파일시스템을 사용하며 최대 160Mbps 데이터 전송률을 가진다. XC는 모델에 따라 480Mbps 속도까지도 낼 수 있다.

그림 3.22 메모리 스틱

조사관이 가장 눈여겨봐야 할 부분은 혐의자가 소니 제품을 소유했을 경우 메모리 스틱이 해당 기기 내부에 꽂혀 있을 수도 있다는 점이다. 예를 들어 소니 텔레비전에 메모리 스틱이 연결돼 있을 수도 있다. 뿐만 아니라 해당 메모리 스틱은 컴퓨터로부터 옮겨진 파일이 저장될 가능성도 있다.

xD 픽처 카드

2002년에는 디지털카메라와 일부 음성 녹음기에서 사용할 목적으로 올림푸스와 후지필름에 의해 xD(익스트림 디지털) 픽처 카드가 개발됐다. 그러나 SD 카드가 더욱 널리 쓰이면서 올림푸스와 후지필름은 xD 카드 생산을 중단하기에 이르렀다.

플래시 메모리 데이터를 읽기 위한 하드웨어 장치

플래시 메모리 카드에 저장된 콘텐츠를 안전하게 보는 몇 가지 방법이 있다. 하나는 디지털 인텔리전스Digital Intelligence 사의 UltraBlock Forensic Card Reader and Writer 툴(그림 3.23 참조)을 사용하는 것이다. 이 장치는 USB 포트(2.0 또는 1.0)를 통해 컴퓨터로 연결해서 다음 미디어 기기 내용을 확인할 수 있다.

- 콤팩트플래시CompactFlash
- 마이크로드라이브MicroDrive
- 메모리 스틱Memory Stick
- 메모리 스틱 프로Memory Stick Pro
- 스마트 미디어 카드Start Media Card
- xD 픽처 카드xD Picture Card
- SD 카드(SD 및 SDHC)
- 멀티미디어 카드MultiMedia Card

일반적인 메모리 카드 리더기는 데이터 변형 방지를 보장하기 위해 사용하는 USB 쓰기 방지 장치와도 호환이 가능하다. 쓰기 방지 장치는 하드디스크 드라이브와 같은 장치로부터 데이터를 읽을 때 예상치 못하게 해당 장치로 데이터가 쓰여질 위험을 방지하는 하드웨어 장치다. 조사관은 우선 컴퓨터에 디지털 인텔리전스 사의 UltraBlock USB Write Blocker를 연결한 뒤, 미디어 카드 리더기를 꽂아 미디어 카드에 저장된 콘텐츠를 보거나 데이터를 획득할 수 있다.

그림 3.23 UltraBlock Forensic Card Reader and Writer

SD 카드에 저장된 데이터 읽기

쓰기 방지 장치가 별도로 없을 경우 최후의 수단으로 다른 방법을 사용할 수 있다. 우선 노트북 또는 데스크톱에 장착된 SD 카드 슬롯과 미디어 카드 리더기가 있는지 확인해본다. 그리고 다음 순서대로 따라 해본다.

1. FTK Imager 프로그램을 실행시킨다.

2. SD 카드에 쓰기 보호 스위치를 Lock으로 전환한다(그림 3.24 참조).

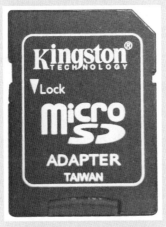

그림 3.24 잠김 상태의 SD 카드

3. SD 카드를 리더기에 꽂는다. 카드 리더기를 사용하지 않는 경우에는 컴퓨터에 장착된 SD 슬롯에 카드를 삽입한다.

4. File > Add Evidence Item 메뉴를 순차적으로 클릭한다.

5. Select Source 대화창에서 Physical Drive 옵션을 선택한 뒤 Next를 클릭한다.

6. 드롭다운 메뉴를 클릭하고 Secure Digital drive를 선택한다.

7. Finish를 클릭한다.

8. Evidence Tree에서 이름이 DCIM으로 된 폴더를 찾을 때까지 물리 드라이브를 계속 확장해나간다.

9. File > Exit를 순서대로 클릭한다.

콤팩트 디스크

광학 디스크로도 알려져 있는 콤팩트 디스크^{CD, Compact Disc}는 데이터를 디지털화해 저장하는 용도로 쓰이며, 하나 또는 그 이상의 금속막으로 형성된 폴리카보네이트 플라스틱 디스크다. CD는 보통 1.2mm의 두께, 15~20그램의 무게를 가진다. 일반적으로 알루미늄이 금속 표면으로 사용된다. 데이터는 디스크에 저장돼 레이저를 통해 읽힌다. 그리고 섭씨 500~700도의 온도에서 레이저를 이용해 디스크에 데이터를 기록한다. 레이저를 이용해 데이터를 기록하기 때문에 CD는 전자파의 영향을 받지 않는다. 데이터를 저장할 때 발생하는 높은 온도는 금속 합금을 액화시킬 수 있으며 빛 반사 상태를 변화시킬 수 있다. 랜드는 레이저에 의해 움푹 들어간 CD의 편편한 반사 표면 부분이며, 피트는 레이저의 영향을 받지 않은 CD의 반사 표면으로 랜드에 비해 광선의 도달거리가 짧다. 표면의 요철에 따라 2진수 표현이 가능하다.

CD는 오디오 파일을 저장하고 재생할 목적으로 소니와 필립스가 처음 개발했다. 이후 데이터 저장을 위해 CD롬이 개발됐다. CD-R은 데이터를 한 번만 저장할 수 있다. CD-R에 데이터를 오직 한 번만 쓸 수 있기 때문에, 포렌식에서 이러한 타입의 CD는 쓰기 방지 장치를 굳이 필요로 하지 않는다. 반면 CD-RW의 경우 디스크 쓰기를 여러 번 허용한다. 오늘날 표준 CD는 보통 700MB의 저장 용량을 가지고 있다. 1988년 ISO 9660에서 광학 디스크 및 파일시스템의 표준을 마련했다.

ISO 9660은 그 표준을 CDFS(콤팩트 디스크 파일시스템Compact Disc File System)라고 칭했으며, 그것은 윈도우와 맥 OS의 경우처럼 서로 다른 운영체제를 지원하기 위해 만들어졌다. 그러나 Joliet, UDF, HSG, HFS, HFS+와 같은 기타 파일시스템도 CD에 의해 지원이 가능하다. Joliet은 가장 최신 버전 윈도우에서 기존보다 더욱 긴 파일명을 지원하고 있다. CD에서 상이한 파일시스템을 사용 중일 수 있기 때문에 윈도우가 설치된 컴퓨터에서 사용된 CD는 HFS+ 파일시스템이 설치된 디스크에서는 사용 불가 메시지 알림이 표시될 가능성이 있다는 것도 염두에 둬야 한다. 이것은 CD에 저장된 파일에 접근하기 위해서는 특정 툴이 필요하다는 것을 의미한다. 예를 들어 IsoBuster는 CD, DVD, 블루레이 데이터 복구용 툴이다. InfinaDyne의 CD/DVD Inspector는 CD와 DVD의 포렌식 데이터 추출용 툴이다. 광학 디스크의 이미지 파일인 .iso 파일은 혐의자 컴퓨터의 하드디스크 드라이브나 다른 저장 장치에 보관돼 있을 가능성도 열어둬야 한다.

스위스 제네바의 국제 표준기구ISO는 윈도우, 매킨토시, 유닉스 컴퓨터의 CD 사용을 꾀하기 위해 이러한 표준을 수립했다. 각 프레임은 24바이트 길이로 CD롬의 가장 작은 메모리 단위다. CD롬의 한 섹터는 98프레임으로 구성돼 있다(2352바이트).

CD-RW

CD-RW는 보통 CD보다 더 적은 양의 데이터를 저장한다(700MB가 아닌 570MB 용량). 콤팩트 디스크 트랙은 한 번에 저장 가능한 가장 작은 단위인 섹터의 그룹으로 구성돼 있다. 콤팩트 디스크 세션은 동시에 기록되는 트랙의 그룹으로 이뤄져 있다. 콘텐츠 테이블TOC, Table of contents은 CD의 시작 주소 위치, 세션 번호, 트랙 정보(음악 또는 비디오의 경우)를 기록한다. TOC는 한 세션의 예며 모든 세션은 TOC를 저장하고 있다. TOC를 컴퓨터 CD롬 드라이브에서 읽을 수 없는 상태라면 그 CD는 인식할 수 없을 것이다. CD-RW에서의 전체 삭제full-erase는 디스크의 모든 데이터를 삭제한다. 빠른 삭제는 오직 트랙과 세션의 참조 정보만 삭제하게 되므로, 랜드와 피트는 변하지 않은 상태로 남아있다. 하지만 세션 정보가 모두 지워졌기 때문에 CD-RW는 해당 CD를 인식할 수 없을 것이다.

CnW는 빠른 삭제 과정을 거친 디스크 데이터를 복구할 수 있는 툴이다. 궁극적으로 빠른 삭제 행위가 취해지면 CD-RW에 저장돼 있던 데이터는 복구 가능하다. 전체 삭제가 실행됐을 경우에는 데이터 복구가 불가능하다.

사례 연구

코네티컷주 vs. 존 카민스키

2004년 존 카민스키(John Kaminski)는 14살 소녀를 성적 학대한 혐의로 뉴브리튼 코네티컷주의 경찰에 의해 심문을 받았다. 경찰은 카민스키 집에 대한 수색 영장을 발부받은 이후 그의 컴퓨터와 디지털카메라, 여러 장의 CD를 압수했다. 수사 과정에서 카민스키가 컴퓨터 하드디스크 드라이브와 압수된 CD에서 상당한 양의 증거를 삭제했음이 명백해졌다. 그는 CD-RW 디스크에서 빠른 삭제를 실행했다. 이 특별한 사례에서는 조사관이 새로운 CD를 생성해 혐의자 CD-RW로부터 증거를 추출할 수 있음을 알 수 있다. Adaptec의 CD Creator는 디스크의 초기 도입부에 새로운 세션을 생성하기 위해 굽는 과정을 시작한다. 굽는 과정은 TOC가 생성된 직후 종료된다. 새로운 세션이 만들어지면, CD-RW의 증거를 읽을 수 있게 된다. 혐의자 디스크에는 데이터 쓰기 작업 등 어떤 변화도 가해지지 않는다. 디스크의 복사본은 복원 과정에서 사용될 것이다.

앞선 사례와 기타 다양한 경우에서 수행하는 대규모의 과학적 테스트는 유효한 CD-RW 데이터를 생성하기 위해 CD를 굽는 과정에서 CD에 저장된 그 어떤 데이터 손상도 없음을 보증하기 위해 수행된다는 것을 알아야 한다. 일관된 결과를 입증하기 위해 수행하는 테스트는 피고 측 변호인에 의한 어떤 이의 제기에도 대응하기 위해 매우 중요한 부분이다.

이번 특정 사례 연구에서 경찰은 재생성된 CD-RW로부터 카민스키가 약에 취해 있는 세 명의 어린이에 대해 성적 학대와 고문을 자행하는 모습들이 담긴 여섯 개의 비디오를 추출해냈다. 이러한 증거를 대면한 카민스키는 유죄 합의를 통해 50년 형을 선고받았다.

DVD

디지털 비디오(다기능) 디스크^{DVD}는 필립스, 소니, 도시바, 타임 워너에 의해 개발된 대용량 광학 디스크다. 싱글 레이어 DVD는 일반적으로 4.7GB 용량을 갖고 있다. 다른 DVD 포맷은 17GB 이상 데이터를 저장할 수 있다. 대용량 DVD는 용량이 큰 비디오 파일을 저장하기에 이상적이다. DVD 플레이어는 DVD 디스크에서 데이터를 읽기 위해 빨간 레이저를 사용한다(650나노미터).

블루레이 디스크

블루레이 디스크^{BD}는 고용량 광학 디스크로 고화질 비디오 미디어를 저장할 수 있다. 싱글 레이어 디스크는 25GB 용량이며 듀얼 레이어는 50GB 데이터를 저장할 수 있다. 3D 블루레이 플레이어와 디스크도 사용 가능하다. 소니 플레이 스테이션 3의 경우 펌웨어 업그레이드를 통해 3D 블루레이 재생 기능도 사용할 수 있다. 이러한 저장 미디어의 이름은 데이터를 읽을 때 사용하는 블루 레이저(405nm)로부터 유래했다. 이 레이저는 DVD의 빨간색 레이저보다 더 많은 양의 데이터를 저장할 수 있게 해준다. 이러한 광학 디스크 표준은 블루레이 디스크 협회(www.blu-raydisc.com)에 의해 개발됐으며 또한 관리되고 있다.

블루레이 쓰기 장치와 기록 가능한 디스크 모두 일반적인 고객에게는 아직도 매우 비싼 제품이므로, 포렌식 관점에서 블루레이 디스크는 제한적으로 사용된다. 즉 혐의자는 비디오를 저장할 때 하드디스크 드라이브나 DVD를 주로 이용한다. 하지만 블루레이는 두 개의 기록 형식이 존재한다. BD-RE 디스크는 재기록이 가능한 반면, BD-R 디스크는 오직 한 번만 기록이 가능하다.

대부분의 회사에서는 디지털 포렌식 시스템즈^{Digital Forensics Systems}에서 생산한 CD, DVD, BD용 이미지 생성 및 분석 장치를 애용하고 있다.

플로피디스크

플로피디스크는 가벼운 성질의 직사각형 플라스틱에 싸여졌으며, 얇고 다루기 쉬운 플라스틱 컴퓨터 저장 디스크다. 파일은 자기 형태로 디스크에 저장된다. 플로피디스크는 8인치 드라이브(그림 3.25 참조), 5.25인치, 3.5인치(그림 3.26 참조) 순으로 발전해왔다. 초기에 플로피디스크는 컴퓨터의 운영체제를 담을 용도로 사용됐고, 이후 일반적인 파일 저장 목적으로 사용되기 시작했다. 3.5인치 디스크는 1987년 처음 소개됐으며 720KB에서 1.4MB 사이의 저장 용량을 가지고 있다.

IBM은 플로피디스크에 데이터를 저장하고 그 데이터를 읽을 수 있는 플로피디스크 드라이브를 개발했다.

플로피디스크는 대부분 플래시 메모리, 광학 디스크, 외장 하드디스크 드라이브로 대체됐다. 플로피디스크 분석이 필요한 조사관은 대부분 IBM PC 호환 기종 1440KB 포맷 디스크를 접하게 될 것이다. 플로피디스크는 FAT12 파일시스템으로 포맷된다. 모든 플로피디스크는 오직 하나 또는 두 개의 클러스터를 가지고 있을 것이다.

그림 3.25 8인치 플로피디스크 드라이브

그림 3.26 3.5인치 플로피디스크 드라이브

다음 리눅스 명령을 통해 플로피디스크의 포렌식 이미지를 생성할 수 있다.

```
# dd if=/dev/fd0 of=/evidence/floppy1.img bs=512
```

앞선 명령어에서 /dev/fd0는 플로피디스크 드라이브를 의미하며 bs=512는 512K 용량의 블록 크기$^{bs, block size}$를 뜻한다.

물론 디스크를 삽입하기 전에 디스크 쓰기 보호 스위치가 잠긴 상태인지 확인해야 한다. 그다음으로 플로피디스크의 비트 단위 복사를 하고 어떠한 잠재적인 전자파 간섭에도 영향받지 않도록 원본 디스크를 증거 보관함에 보관한다. 디스크에 저장된 파일을 확인하려면 다음 명령을 입력한다.

```
# ls /dev/fd0
```

BTK 살인자

1974년부터 1991년까지 BTK 살인자(묶고(Bind), 고문하고(Torture), 죽이는(Kill))는 모두 열 명에 대해 살인을 저질렀다. 경찰은 오랜 기간 BTK 살인자의 정체를 밝히는 데 어려움을 겪고 있었다. 그러던 2004년의 어느 날 편지, 소포와 함께 희생자의 물품이 한 언론사에 배달됐다. 희생자의 물건들이 보관된 시리얼 박스가 홈디포(Home Depot) 사의 오픈 트럭 안 침대에 남겨졌고, 트럭 주인은 누군가 시리얼 박스를 발견하기 전에 그 박스를 버렸다. 결국 살인자가 언론사에 소포에 대해 물었을 때는 어느 누구도 그 사실을 전혀 알지 못했다. 이에 따라 살인자는 쓰레기통에 있는 박스를 회수했다. 하지만 이것은 치명적인 실수였다. 경찰은 그 당시 감시 카메라 화면을 다시 볼 수 있었으며, 홈디포 주차장에 주차된 검정색 지프차를 세워두고 시리얼 박스를 회수하는 용의자를 인지할 수 있었기 때문이다.

이후 BTK 살인자는 경찰에게 만일 그가 플로피디스크를 전달해준다면 컴퓨터의 주인인 자신을 추적할 수 있는지 물어보며 도발했다. 경찰은 「위치토 이글(Wichita Eagle)」 신문을 통해 플로피디스크를 사용한 추적이 가능하다고 답변했다. 이후 반투명의 보라색 Memorex 디스크가 경찰에게 보내졌다. 1.44MB 플로피디스크는 가이던스 소프트웨어 엔케이스를 사용해 분석됐다. 걸프전 참전 용사였던 39살의 랜디 스톤(Randy Stone)은 플로피디스크를 분석하는 위치토 경찰의 포렌식 컴퓨터 범죄 수사대의 조사관이었다. 스톤은 디스크에서 Test A.rtf라는 이름의 파일을 하나 발견했다. 이 문서에서 추출된 메타데이터를 확인해본 결과, 만든 이가 '데니스'로 돼 있었고, '위치토의 크리스트 루터 교회'라는 글자도 추출됐다. '루터 교회 위치토 데니스'로 인터넷 검색을 해보니 '데니스 레이더, 루터 집사'라는 결과가 나왔다. 이후 경찰은 데니스 레이더를 감시하기 시작했고, 그의 집 밖에서 과거 홈디포의 감시 카메라 화면을 통해 포착된 차량과 동일한 검정색 지프차를 발견했다. 그리고 캔자스 대학교 병원에서 그의 딸이 받았던 자궁 경부암 검사 결과의 DNA와 BTK 살인자에게 희생된 사람 중 한 명으로부터 나온 손톱의 DNA가 일치했다.

증거가 부족했고 연쇄 살인자에 대해 수집한 자료는 큰 도움이 되지 못했던 탓에 BTK 살인자를 찾는 데 꽤 오랜 시간이 소요됐다. 레이더는 한 가정의 아버지였고 컵 스카우트(Cub Scout)의 리더였으며 시온 루터 교회 신자들의 의장이기도 했다. 이번 사례에서 디지털 증거는 궁극적으로 가장 중요한 역할을 했다. 레이더는 결국 2005년에 체포됐다. 2005년 6월 레이더는 유죄를 인정했고, 10건의 살인 혐의로 종신형을 선고받았다. 사형 법안이 통과된 1994년 이전에 살인을 저질렀기 때문에 그는 사형을 선고받을 수 없었다. 레이더는 현재 엘도라도 교도소에서 수감 생활을 하고 있는 중이다.

집 디스크

집^{zip} 디스크는 데이터 삭제가 가능한 저장 매체로 1990년 초에 아이오메가^{Iomega} 사가 개발했다. 집 디스크는 초창기 100MB 크기의 용량이었으나 점차 750MB 용량으로 발전했다. 집은 플로피디스크의 작은 용량을 커버하기 위해 개발됐다. 집 디스크가 로딩된 하나의 집 드라이브는 내장 또는 외장 드라이브일 수도 있다. 집 드라이브와 디스크는 대부분 CD나 더 작고 인기 있는 플래시 메모리 장치로 대체됐다.

자기 테이프

자기 테이프는 자기 코팅이 된 얇은 플라스틱 테이프로 오디오, 비디오, 데이터를 저장하기 위해 사용된다. 데이터가 자기적으로 저장되기 때문에 조사관은 모든 자성 물체로부터 자기 테이프를 가까이하지 않도록 보관할 때 유의해야 한다. 자기 테이프는 테이프의 처음부터 끝의 순서로 데이터를 읽어야 하므로 데이터가 불려지는 방식이 다르다. 이러한 이유로 자기 테이프에서 데이터를 획득하는 과정은 더 오랜 시간이 걸리기 마련이다.

　조사에서 오디오 테이프를 사용하는 기술은 그다지 중요치 않게 됐다. 비디오 카세트 레코더^{VCR}에서 사용되는 비디오 테이프도 마찬가지다.

자기 테이프

서버의 데이터 저장용으로 사용된 자기 테이프(그림 3.27 참조)의 포렌식 이미지를 생성하고 분석하는 것은 매우 어렵다. 다양한 브랜드에서 만들어진 서버 시스템으로 인해 단일 솔루션을 만들어내기가 쉽지 않으며, 물리적인 표면을 분석하는 일은 자성 현미경을 이용할 만큼 복잡한 방법이 수반돼야 한다. 이 방법은 데이터를 삭제하거나 덮어 쓴 부분을 원복시킬 때 사용할 수 있다.

그림 3.27 데이터 스토리지용 자기 테이프

일반적으로, 데이터는 자기 테이프에 블록 단위로 기록된다. 블록 레벨의 데이터는 dd 명령어를 이용해 접근 가능하다. 컴퓨터 조사에서 dd는 유닉스 명령으로, 하드디스크 드라이브나 자기 테이프와 같은 스토리지 미디어의 로^{raw} 데이터 이미지를 포렌식 수사에 적합하게 생성한다. 이미지가 하드디스크 드라이브에 복사되는 것과 같은 방법으로 dd 명령이 쓰이며, 이를 통해 검색 속도를 향상시킬 수 있다. 자기 테이프는 파일이 순차적으로 저장되거나 테이프 파티션 영역에 저장되므로 계층적인 파일시스템 구조를 갖고 있지 않다. 자기 테이프의 파티션은 사용자가 '테이프 디렉터리'에 파일을 그룹화할 수 있게 해준다. 한 섹터의 일부 영역만 파일이 사용하고 있을 경우, 섹터의 나머지 영역을 메모리 슬랙, 버퍼 슬랙, 램 슬랙이라고 부른다. 하드디스크에서도 마찬가지로, 파일 슬랙은 기존에 존재했던 파일에서 남은 데이터 영역을 가리킨다.

◆ 요약

컴퓨터 포렌식 조사관은 범죄 현장에서 마주하게 될 다양한 종류의 디지털 장치에 대해 이해하고 있어야 한다. 여러 장치가 각기 다른 방법으로 다뤄져야 할 필요가 있으므로 이러한 지식은 필수적이며, 조사관은 기술 변화에 발맞춰 서로 다른 전원

케이블과 데이터 케이블을 관리하고 업데이트해야 한다. 더욱이 각 장치에는 그 장치의 특성에 맞는 타입의 증거가 있으며, 각 장치에서 증거를 추출하기 위해 적절한 방법론이 필요하다.

하드디스크 드라이브는 조사관이 증거로 지목하는 가장 첫 번째 장치다. 하드디스크 드라이브는 여러 종류가 있으며, 대부분 드라이브 컨트롤러와 커넥션 부에 따라 구분된다. SCSI 하드디스크 드라이브와 IDE 하드디스크 드라이브가 있으며, 최근에는 SATA 하드디스크 드라이브가 더욱 많이 쓰이고 있다. 하드디스크 드라이브의 빠른 복사가 필요할 경우 이미지 생성보다 복제가 더 자주 쓰인다. SSD는 최근 들어 시장 점유율이 매우 높지만, 전통적인 하드디스크 드라이브에 비해 불안정한 특성 때문에 컴퓨터 포렌식 조사관에게는 매우 도전적인 과제로 여겨진다. 가끔, 조사관은 여러 하드디스크 드라이브로 RAID가 구성된 컴퓨터를 조사할 수도 있다.

USB 드라이브와 여러 플래시 메모리의 사용률은 가격 하락과 메모리 용량 증가에 따라 급속도로 증가하고 있다. 그러나 흥미롭게도 이 장치를 컴퓨터에 연결하는 것 자체가 윈도우 컴퓨터의 파일 레지스트리에 디지털 증거를 남김으로써 향후 조사관이 흔적을 볼 수 있게 해준다. 이러한 디지털 증거는 때때로 매킨토시와 유닉스 시스템에서도 확인 가능하다.

✦주요 용어

가비지 컬렉션: 더 많은 저장 공간을 확보하기 위해 필요하지 않은 파일을 삭제하는 메모리 관리 프로세스를 말한다.

디스크 복제: 원본과 동일하게 부팅 가능하다는 이유로 하드디스크 드라이브 백업용으로 사용되는 완전 복사의 이름이다.

디스크 이미지: 하드디스크 드라이브 간의 비트 단위 복사가 된 하나의 파일 또는 파일 그룹이지만 컴퓨터를 비롯한 기타 장치를 부팅할 수는 없다.

디스크 컨트롤러: 중앙 처리 장치^{CPU}와 하드디스크(또는 다른 디스크 드라이브) 간의 통신 인터페이스다.

디지털 다기능 디스크(DVD): 필립스, 소니, 도시바, 타임 워너에 의해 개발된 대용량 광학 디스크다.

랜드: 레이저에 의해 움푹 들어간 CD의 편편한 반사 표면 부분이다.

램(RAM, Random Access Memory): 컴퓨터에서 현재 실행되고 있는 프로세스 적재를 위해 필요한 휘발성 메모리다.

멀티미디어 카드: 카메라와 같은 휴대용 기기에서 사용할 목적으로 지멘스 AG와 샌디스크가 개발한 스토리지 메모리다.

메모리 스틱: 1998년 소개된 소니의 전매 메모리 카드다.

부트 캠프: 맥 OS X 10.6(스노우 레오파드)에 포함돼 있는 유틸리티로 사용자가 인텔 기반 맥에서 윈도우를 띄울 수 있게 해준다.

블루레이 디스크(BD): 고화질 비디오를 저장할 수 있는 고용량 광학 디스크다.

쓰기 방지 장치: 하드디스크 드라이브와 같은 장치로부터 데이터를 읽는 과정에서 해당 장치로 데이터 쓰기가 수행되는 것을 방지해주는 하드웨어 기기다.

웨어 레벨링: 쓰기 횟수가 제한된 SSD의 향후 데이터 손실을 방지하기 위해 쓰기 블록 균등 분배를 하는 과정이다.

자기 테이프: 자기 코팅이 된 얇은 플라스틱 테이프로 오디오, 비디오, 데이터를 저장하기 위해 사용된다.

장애 감내: 시스템 내에서 하드디스크 드라이브와 같은 부품에 결함이 발생할 경우에도 시스템이 운영을 지속할 수 있는 것이다.

집(zip) 디스크: 데이터 삭제가 가능한 저장 매체로 1990년 초에 아이오메가[Iomega] 사가 개발했다.

콘텐츠 테이블(TOC, Table of contents): CD의 시작 주소 위치, 세션 번호, 트랙 정보(음악 또는 비디오의 경우)를 기록한다.

콤팩트 디스크 세션: 동시에 기록되는 단위인 트랙의 그룹으로 이뤄져 있다.

콤팩트 디스크 트랙: 한 번에 저장 가능한 가장 작은 단위인 섹터의 그룹이다.

콤팩트 디스크(CD): 하나 또는 그 이상의 금속막으로 형성된 폴리카보네이트 플라스틱 디스크로 데이터를 디지털화해 저장하는 용도로 쓰인다.

콤팩트플래시(CF): 디지털카메라와 같은 휴대용 전자 기기를 사용할 목적으로 샌디스크에서 처음으로 개발한 메모리 카드다.

통합 드라이브 전자(IDE): 대체로 IBM PC 표준에 기반을 뒀으며 하드디스크 드라이브, 테이프 드라이브, 광학 드라이브 같은 장치를 위한 드라이브 인터페이스다.

트림(TRIM): 운영체제가 더 이상 사용되지 않는 블록의 위치를 SSD에게 알려주는 기능으로 고성능 쓰기를 실현할 수 있게 해준다.

파이어와이어: IEEE 1394의 애플 버전으로 고속 데이터 전송을 위한 시리얼 버스 인터페이스 표준이다.

파일 변환 계층(FTL): 논리적인 블록과 물리적인 블록 간의 주소 매핑을 말한다.

프레임: CD의 가장 작은 메모리 단위로 24바이트 용량을 가진 것을 말한다.

플로피디스크: 가벼운 성질의 직사각형 플라스틱에 싸였으며 얇고 다루기 쉬운 플라스틱 컴퓨터 저장 디스크다.

피트: 레이저의 영향을 받지 않은 CD의 반사 표면이다.

호스트 보호 구역(HPA): 하드디스크의 한 영역으로, 부팅과 복구를 위한 BIOS 관련 코드를 주로 포함하고 있다.

dd: 하드디스크 드라이브와 자기 테이프 등의 저장 매체를 포렌식 수사에 적합하게 로^{raw} 데이터 이미지로 만들 수 있는 유닉스 명령이다.

eSATA: SATA의 변형으로 외장 드라이브 용도로 사용된다.

RAID(복수 배열 독립 디스크): 두 개 혹은 그 이상의 디스크가 서로 간에 결합돼 다중화를 통해 성능과 신뢰성을 높인다.

SATA: 하드디스크 드라이브와 같은 장치를 호스트 버스 어댑터^{HBA}에 연결하기 위한 인터페이스다.

SCSI: 장치의 물리적인 연결과 데이터 전송, 두 가지 모두 가능한 결합 프로토콜이다.

SD 카드: 카메라와 같은 휴대용 전자 기기에서 쓸 목적으로 개발된 파일 저장 장치다.

SSD: 컴퓨터에서 주로 사용하는 비활성화 저장 장치다.

xD(익스트림 디지털) 픽처 카드: 디지털카메라와 일부 음성 녹음기에서 사용할 목적으로 올림푸스와 후지필름에 의해 개발됐다.

평가

❖ 강의 토론

1. 컴퓨터 포렌식 조사관이 컴퓨터를 분석 랩으로 가져오지 않고 현장에서 바로 조사를 수행해야 할 경우는 범죄 현장이 주로 어떤 환경일 때인가?

2. 착탈식 메모리 조사에서 조사관이 어려움에 봉착하는 주 이유는 무엇인가?

❖ 객관식 문제

1. 다음 중 컴퓨터 CPU와 하드디스크 간의 통신에 관여하는 것은 무엇인가?

   A. 액추에이터 암[actuator arm]

   B. 롬 칩[ROM chip]

   C. 디스크 컨트롤러

   D. 파이어와이어

2. 디스크 복제와 관련된 설명 중 사실인 것은?

   A. 부팅 가능한 디스크다.

   B. 하드디스크 드라이브 백업용으로 사용 가능하다.

   C. A, B 모두 틀림

   D. A, B 모두 맞음

3. 다음 중 SSD에 관련된 설명 중 맞는 것은?

    A. 물리적으로 움직이는 영역이 존재하지 않는다.

    B. 금속 플래터에 파일이 저장된다.

    C. 휘발성 메모리를 사용한다.

    D. A, B, C 보기 모두 사실이다.

4. 다음 중 현재 컴퓨터에서 실행되는 프로세스를 적재하는 휘발성 메모리는 무엇인가?

    A. 램

    B. 롬

    C. 하드디스크 드라이브

    D. 플래시

5. 다음 중 두 개 혹은 그 이상의 디스크를 상호 결합하고 다중화를 통해 성능과 신뢰성을 높이는 메커니즘은 무엇인가?

    A. 램

    B. SCSI

    C. IDE

    D. RAID

6. 파이어와이어는 다음 중 어떤 것에 표준을 두고 있는가?

    A. 802.11

    B. ANSI N42

    C. IEEE 1394

    D. ISO 9660

7. 다음 중 소니에서 개발한 메모리 카드는 무엇인가?

    A. SD 카드

    B. 콤팩트플래시[CF]

C. 멀티미디어 카드

D. 메모리 스틱

8. 다음 중 레이저에 의해 움푹 들어간 CD의 편편한 반사 표면 부분은 무엇인가?

    A. 랜드

    B. 피트

    C. 미러^{Mirror}

    D. 크레이터^{Crater}

9. 다음 중 고화질 비디오를 저장할 수 있는 고용량 광학 디스크는 무엇인가?

    A. CD

    B. DVD

    C. BD

    D. VCD

10. 하드디스크 드라이브나 자기 테이프와 같은 스토리지 미디어의 로^{raw} 데이터 이미지를 포렌식적인 측면으로 생성할 수 있는 유닉스 명령어는 무엇인가?

    A. aa

    B. bb

    C. cc

    D. dd

❖ 빈칸 채우기

1. 부트_____는 맥 OS X 10.6(스노우 레오파드)에 설치된 유틸리티로, 사용자가 인텔 기반 맥에 윈도우 운영체제를 구동할 수 있게 도와준다.

2. 통합 드라이브 _____는 대체로 IBM PC 표준에 기반을 뒀으며, 하드 디스크 드라이브, 테이프 드라이브, 광학 드라이브와 같은 장치를 위한 드라이 브 인터페이스, 커넥터, 컨트롤러다.

3. _____ ATA는 하드디스크 드라이브와 같은 장치를 호스트 버스 어댑터[HBA]에 연결하기 위한 인터페이스다.

4. 디스크 _____는 하드디스크 드라이브 간의 비트 단위 복사가 된 하나의 파 일 또는 파일 그룹이지만 컴퓨터를 비롯한 기타 장치를 부팅할 수는 없다.

5. 호스트 _____ 구역은 하드디스크의 한 영역으로, 부팅과 복구를 위한 BIOS 관련 코드를 주로 포함하고 있다.

6. _____ 컬렉션은 더 많은 저장 공간을 확보하기 위해 필요하지 않은 파일을 삭제하는 메모리 관리 프로세스다.

7. 장애 _____란 시스템 내에서 하드디스크 드라이브와 같은 부품에 결함이 발생할 경우에도 시스템이 운영을 지속할 수 있는 것을 뜻한다.

8. _____는 하드디스크 드라이브와 같은 장치로부터 데이터를 읽는 과정 에서 해당 장치로 데이터 쓰기가 수행되는 것을 방지해주는 하드웨어 기기다.

9. 레이저의 영향을 받지 않은 CD의 반사 표면을 _____라고 한다.

10. _____ 디스크는 가벼운 성질의 직사각형 플라스틱에 싸여졌으며 얇고 다 루기 쉬운 플라스틱 컴퓨터 저장 디스크다.

❖ 프로젝트

듀얼 부팅 시스템 구동하기

듀얼 부팅 시스템을 구동 중인 애플 맥 컴퓨터를 구하거나 맥 OS X가 실행되고 있 는 애플 맥에 부트 캠프와 마이크로소프트 윈도우를 설치한다. 맥 컴퓨터에서 한 개 이상의 운영체제를 구동할 수 있는 방법과 이런 종류의 머신에서 디지털 증거를 획득할 수 있는 방법에 대해 컴퓨터 포렌식 조사관에게 도움이 될 만한 표준 운영 절차를 만들어본다.

컴퓨터 하드웨어의 변화를 식별하기

컴퓨터 하드웨어와 메모리가 지난 5년간 어떠한 양상으로 변화를 겪어왔는지 논의해보고 흐름에 맞춰 작성한다. 또한 컴퓨터 포렌식이 기술 변화에 발맞춰 앞으로 어떤 방향으로 나아가야 할지에 대해서도 함께 논의해본다.

RAID 사용 여부 식별하기

조사관이 용의자의 컴퓨터가 RAID로 구성됐는지 여부를 어떻게 식별할 수 있는지 생각해본다. RAID는 포렌식적으로 어떻게 조사하는 것이 좋은가?

휘발성 메모리 조사하기

램RAM에서는 엄청난 양의 증거를 획득할 수 있다. 램을 이미지 생성하기 위해서는 어떤 컴퓨터 포렌식 툴을 사용해야 하는가? 조사를 진행하면서 증거의 원천으로 램을 사용하는 것은 어떤 이슈가 존재하는가?

USB 플래시 메모리에 대해 설명하라

USB 플래시 드라이브의 물리적인 구조에 대해 설명하라. 이런 종류의 스토리지 장치 타입에서는 파일이 어떻게 저장되고 구조화되는지에 대해서도 조사해본다.

❖ 참고 문헌

James Wardell and G. Stevenson Smith, "Recovering Erased Digital Evidence from CD-RW Discs in a Child Exploitation Investigation," *International Journal of Digital Forensics & Incident Response 5* (no. 1-2), 2008.

4장 | 컴퓨터 포렌식 연구소에서의 증거 획득

4장에서 다루는 내용

■ 컴퓨터 포렌식 연구소를 갖추기 위해 필요한 것들

■ 컴퓨터 포렌식 연구소의 증거 및 관리 프로세스를 위한 우수 사례

■ 컴퓨터 포렌식 연구소의 권장 구성

■ 컴퓨터 포렌식 연구소의 하드웨어 및 소프트웨어 요구 사항

■ 디지털 증거의 적절한 취득, 처리, 분석 방법

■ 금융 사기에 대한 조사 방법

■ 관심 있는 특정 정보를 찾아내기 위해 파일을 샅샅이 뒤져보는 유닉스 명령어들

❖ 개요

수사관이 증거를 취득하기 위한 절차는 증거 그 자체만큼이나 중요하다. '포렌식'이라는 단어의 뜻이 '법정에 가져오도록 함'이라는 것을 기억해야 한다. 증거는 치안 판사로부터 승인받은 수색 영장을 받았거나 수색에 대해 동의받음으로써 합법적으로 그 증거를 취득했을 때만 법정에 가져올 수 있다. 증거를 관리하는 과정에서는 관리 연속성 양식을 포함해 특정한 양식이 필요하다. 또한 포렌식은 과학이므로 증거 획득에 사용된 절차는 반복 가능하며 또한 재생 가능해야 한다.

✦ 연구소 요구 사항

포렌식 연구소를 모든 필요한 장비들과 함께 구성하는 것은 증거 획득, 처리, 분석에서 매우 중요하다. 더 나아가, 주의해야 할 중요한 관리적 고려 사항들이 있다. 주목할 만한 차이가 한 조직의 컴퓨터 포렌식 연구소들 사이에 존재할지 모르더라도, 포렌식 연구소를 위한 기본 요구 사항과 지침에는 변함없는 공통점이 있다. 장비와 장비의 사용에 대한 산업 표준과 관련해 특정한 기준이 유지된다. 컴퓨터 과학과 관련된 많은 영역들에서는 가이드받을 수 있는 것들이 거의 없다. 하지만 컴퓨터 포렌식의 경우에는 표준 실천 사례가 존재하며, 미국 범죄 연구소 소장 연합회로 알려진 독립적인 주체에 의해 배포되고 증빙된다.

미국 범죄 연구소 소장 연합회(ASCLD)

ASCLD는 포렌식 연구소를 위한 표준과 안내서를 제공하는 비영리 조직이다. 이 조직에서는 포렌식 우수 사례를 선정하는 것뿐만이 아니라 포렌식 수행자들의 모임에 혁신을 북돋는다. ASCLD는 인증 기관이 아니며, ASCLD/LAB과 혼동돼서는 안 된다. 더 많은 정보는 ascld.org 홈페이지에서 확인할 수 있다.

미국 범죄 연구소 소장 연합회/연구소 인증협회(ASCLD/LAB)

ASCLD/LAB은 원래 1981년 창립된 ASCLD의 위원회였다. 하지만 1982년부터는 범죄 연구소에 대한 인증을 수행해왔다. 1984년 ASCLD/LAB은 고유의 위원회로 구성된 별도의 비영리 단체가 됐다. 현재는 미국 외의 범죄 연구소를 포함해 연방, 주, 지역 단체의 연구소를 인증하고 있다. 범죄 연구소의 인증 절차에는 컴퓨터 포렌식 연구소도 포함돼 있다. 공정한 단체로서 ASCLD/LAB은 포렌식 연구소에 대한 특정한 기준을 유지하도록 노력하며, 여기에는 연구소 임직원이나 관리자의 행동과 실행에 대한 관리 기준이 포함돼 있었다. 다시 말해 포렌식 연구소에서 일하는 직원은 항상 법의식이 충만해야 하며, 꾸준히 과학적으로 적절하게 실행하도록 해야 한다. 더 나아가, ASCLD/LAB은 연구소 직원 및 관리자를 위한 윤리 강령을 선정한다.

포렌식 연구소 관리 실행을 위한 ASCLD/LAB 안내서

연구소 관리자는 진실성 있게 행동하며, 신뢰와 정직에 바탕을 둔 환경을 만들도록 권고받는다. 포렌식 연구소는 품질 관리를 해야 하며, 또한 연구소의 자원을 효과적으로 최대한 사용해야 한다. 이는 연구실의 사례 연구를 효과적으로 관리하기 위함이다. 연구소 관리자는 연구소에서 근무하는 사람의 안전과 건강을 유지하도록 책임져야 한다. 더 나아가, 출입 관리를 포함해 연구소의 보안 또한 관리자의 의무다. 관리자는 그가 우수한 직원을 채용하며, 직원의 자격증 취득을 포함해 꾸준한 훈련과 연구를 북돋음을 확실히 해야 한다. 다음 목록은 ASCLD/LAB에서 구상하며, 또한 http://ascld.org/files/library/labmgtguide.pdf에서 구할 수 있는 적절한 연구소 관리 방안에 대한 요약이다.

- 관리적 경쟁력
- 완벽성
- 품질
- 효율성
- 생산성
- 조직의 기대치에 대한 부합
- 건강과 안전
- 보안
- 관리 정보 시스템
- 자격증
- 훈련
- 직원 경쟁력 유지
- 직무 개발

- 환경
- 소통
- 감독
- 재정
- 이해 충돌
- 공공의 요청에 대한 대응
- 전문적인 직무
- 추천 및 참고
- 법적 준수
- 재정적 의무
- 책임
- 폭로 및 발견
- 작업 품질
- 인가
- 동료 증명서
- 동료 조직
- 연구
- 윤리

많은 법 집행 기관에서는 ASCLD/LAB 자격을 얻으려고 하지만, 대부분이 얻지 못한다. 이 자격에 대해 항상 알아야 하는 것은 아니지만, 기관들은 ASCLD/LAB에서 구상하는 많은 개념들, 산업 표준, 적절한 문서화, 연구소 직원에 대한 지속적인 훈련 및 우수 사례 유지 등을 접목하도록 노력해야 한다.

디지털 증거에 대한 과학적 연구 그룹

디지털 증거에 대한 과학적 연구 그룹(SWGDE)은 디지털 및 멀티미디어 증거를 연구하는 수사관에게 표준을 제시하고 연구 결과를 공유하는 위원회다. 이 그룹은

1998년에 결성됐으며, ASCLD/LAB과 2000년부터 협업해왔다. 이후 2003년에는 ASCLD/LAB 인증 프로그램에 디지털 증거 분야가 추가됐다.

상업성이 없는 연방, 주, 그리고 지방 법 집행관들은 정회원으로서 초대받는다. 민간 영역에 속한 이들이나 교육자들은 준회원이 될 수 있다. SWDGE는 다양한 운영체제부터 이동전화 검증까지 다양한 수사범위에 대한 컴퓨터 포렌식 연구 주제에서 방대한 자원을 가지고 있다(www.swgde.org).

❖ 사립 컴퓨터 포렌식 연구소

다양한 이유로 사립 컴퓨터 포렌식 연구소가 존재한다. 때때로 연구소는 고객 컨설팅 서비스를 통해 이익을 창출하기 위해 만들어지기도 한다. 반면에 대형 기관에서는 내부 사기 및 고객의 사기에 대해 수사하기 위해 연구소를 유지한다. 은행과 신용카드 회사는 종종 자체적인 컴퓨터 포렌식 수행 인력을 보유한다. 모든 주요 회계 법인은 고급 컴퓨터 포렌식 연구소를 두고, 주로 고객이 요청한 수사에 대해 지원할 수 있도록 한다. 대부분의 수사는 범죄 수사라기보다는 이디스커버리eDiscovery 수사다. 이디스커버리는 소송을 위해 전자 데이터를 찾아내는 것을 뜻한다. 예를 들어 만약 회사가 다른 회사에 대해 소송하면, 원고는 특정한 전자저장정보를 요청할 수 있다. 원고는 다른 집단에 항의하며 소송을 시작하는 집단을 뜻한다. 전자저장정보ESI에는 이메일, 워드 문서, 엑셀 문서, 데이터베이스, 그리고 다른 모든 종류의 디지털 저장 정보가 포함될 수 있다. 사베인스 옥슬리Sarbanes-Oxley 법에 따르면, 공개 거래 회사는 이메일을 포함해 모든 전자 정보를 최소한 5년 동안 유지해야 한다. 때때로 증권거래위원회SEC에서 공개 거래 회사에 10일 고지서를 발행할 수 있다. 이 고지서는 회사가 10일 동안 조사에 적합한 문서를 만들어내도록 지시한다. 수만 개의 하드디스크 드라이브를 가지고 있을 수 있는 다양한 회사에서, 특정한 과거 정보를 찾아내는 것은 그들의 한정된 IT 자원과 부과된 시간의 제약을 감안하면 불가능에 가까울 수 있다. 따라서 많은 회사에서는 회계사의 서비스를 통해 증권거래위원회 수사관이 요청한 정보들을 빠르게 찾아낸다.

이디스커버리는 일반적으로 회사 법률가, IT 담당자, 그리고 컴퓨터 포렌식 수사관의 전문성을 필요로 한다. IT 담당자는 컴퓨터 포렌식 수사관과 공조해 증거(서버 혹은 직원 PC)의 위치를 찾아내며, 컴퓨터 포렌식 수사관은 과학적으로 모든 증거가 취득됐으며 법정 제출이 가능한 증거임을 확신시켜준다. 법률가는 취득한 증거의 가치를 결정한다. 요약하면, 회사 IT 담당자는 컴퓨터 포렌식 수사관과 법률가 사이에서 연락 담당자처럼 활동한다.

대형 회계 법인에서는 여러 개의 다른 연구소가 모여 컴퓨터 포렌식 부서를 형성한다. 회사마다 차이는 있겠지만 주로 다음과 같은 연구소들이 있으며, 직원들은 각각의 영역에서 다른 기량을 보일 수 있다.

증거 획득 연구소

이 첫 번째 연구소는 하드디스크 드라이브, 플래시 드라이브, 기타 저장 장치로부터 읽기 전용 포렌식 이미지 파일을 추출한다. 이 연구소의 직원들은 FTK, 엔케이스, X-Ways와 같은 이미지 생성 소프트웨어에 숙련돼야 한다. 부가적으로, 액세스데이터의 패스워드 복구 툴킷^{PRTK, Password Recovery Toolkit} 같은 도구를 때로는 레인보우 테이블^{rainbow table}의 도움을 얻으며 사용해 종종 패스워드를 크랙할 수 있어야 한다. 파일, 폴더, 드라이브도 해독해야 할지도 모른다. 노트북 하드디스크 드라이브와 그에 연관된 탈착식 플래시 메모리 및 외장 드라이브는 종종 크레던트^{Credant} 같은 암호화 도구를 사용하므로, 컴퓨터 포렌식 수사관은 해독 키를 필요로 할지도 모른다. 만약 용의자가 PGP^{Pretty Good Encryption}를 사용했거나 맥의 파일볼트^{Filevault}를 사용해 전체 디스크 암호화를 수행했다면, 이에 대한 해독은 거의 불가능에 가깝다.

이메일 준비 연구소

이메일 증거는 컴퓨터에서 검색할 수 있는 증거 중 가장 중요한 유형이다. 이메일은 종종 가장 사적인 생각들과 가장 잘 죄를 밝힐 수 있을 만한 증거를 담고 진실을 밝혀낸다. 수사에서 이메일의 엄청난 중요성으로 인해 일부 컴퓨터 포렌식 부서는 이메일 전담 연구소를 보유하고 있으며, 직원들은 이메일 파일을 변환해 사건 변호사가 이를 쉽게 볼 수 있도록 한다.

재고 관리

때때로 수사는 수천 개의 하드디스크 드라이브와 저장 미디어를 포함한다. 더 나아가, 소스가 마그네틱 테이프로부터 시작해 하드디스크 드라이브, 집 디스크, USB 드라이브까지 각양각색일 수 있다. 따라서 이런 저장 장치를 적절히 관리하고 제어하는 것이 중요하다. 연구소는 종종 증거를 관리하고 저장하기 위해 헌신한다.

대형 회사의 수사는 방대한 양의 증거 데이터를 생산한다. 예를 들어 법인의 부정행위로 인한 엔론사의 파산은 수천 개의 이메일과 디지털 데이터를 조사하기 위해 수많은 컴퓨터 포렌식 수사관을 필요로 했다. 수사를 통해 31TB(10^{12}승 바이트)의 데이터가 생성됐으며, 이는 15개의 학술 도서관에 맞먹는 데이터 규모였다. 국회 도서관에 있는 것보다도 많은 문서가 이 단 한 개의 사건을 위해 생성됐다.

웹 호스팅

증거가 추출되고 분석돼 읽을 수 있는 형태로 변환되면, 회사 법률가가 그것을 활용 가능하게 된다. 변호사에게 단순히 증거를 이메일을 통해 보내는 것은 종종 불가능하다. 따라서 컴퓨터 포렌식 부서와 컨설팅 회사는 웹 호스팅 서비스를 제공함으로써 안전한 웹사이트를 통해 권한을 부여받은 사람이 증거에 접근 가능하도록 한다. 증거 개시는 민사 소송에 관련된 각 단체가 증거를 상대방에게 요청해 재판으로 가져가는 기간이다. 그러므로 웹 호스팅은 증거를 원고와 피고 변호사에게 보여주기 위한 안전하고 효과적인 길을 제공할 수 있다. 물론 증거 개시에는 컴퓨터 증거뿐만 아니라 소송에 관련되지 않은 자의 증언 녹취록과 증인 소환장이 포함될 수 있다.

컴퓨터 포렌식 부서에서 이 영역에 할당된 직원들의 기술 역량은 다른 영역의 그것과 다르다. 최소한 초기 단계에라도 웹사이트를 만들기 위한 웹사이트 디자이너가 필요하며, 정보를 구성하기 위한 웹 개발자가 필요하다. 추가적으로 데이터베이스의 설계, 개발, 관리에 적합한 기술을 갖고 있는 직원들이 필요한데, 단지 증거 검색 및 보고 기능뿐만 아니라 정보에 대한 안전한 접근을 관리하는 데이터베이스를 생성하기 위함이다. 또한 다양한 수사관을 위해 지속적으로 증거를 온라인에 올리고 유지하는 직원이 필요하다.

❖ 컴퓨터 포렌식 연구소 요구 사항

지역마다 컴퓨터 포렌식 연구소는 다양하지만, 모든 연구소가 반드시 유지해야 하는 특정한 기준이 있다. 이번 절에서는 기본 레이아웃, 장비, 그리고 합법적인 포렌식 연구소가 반드시 지켜야 하는 기준들을 상세히 기술한다.

연구소 레이아웃

연구소의 레이아웃은 연구소의 목적, 수사를 진행할 직원의 수, 그리고 가능한 리소스에 따라 결정된다. 그림 4.1은 상대적으로 작은 컴퓨터 포렌식 연구소의 구성도다.

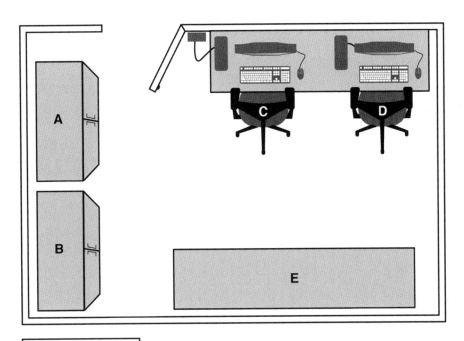

그림 4.1 소형 컴퓨터 포렌식 연구소

워크스테이션

컴퓨터 포렌식 연구소의 워크스테이션은 수사관이 증거를 읽기 전용 이미지 파일의 형태로 취득하기 위해 사용된다. 애플 매킨토시 기기의 급증으로, 이제는 매킨토시 워크스테이션이 더 보편화됐다. 모든 워크스테이션은 비밀번호로 보호돼야하며, 이상적으로는 생체 인식을 통해 접근 가능해야 한다. 모든 사건 파일은 비밀번호로 보호돼야 한다.

작업대

작업대는 수사 분석에 필요한 하드웨어 기기를 준비하기 위해 사용된다. 기기를 복제할 때, 컴퓨터의 케이스는 하드디스크 드라이브를 제거하기 위해 열려 있다. 하드디스크 드라이브가 복제되는 공간에는 철제 표면으로부터 발생하는 정전기가 용의자의 드라이브에 간섭을 주지 않도록 고무 매트가 있어야 한다. 애플 아이맥의 하드디스크 드라이브를 꺼내기 위해서는 화면 손상 없이 분해될 수 있도록 많은 공간이 확보돼야 한다. 모든 전자 증거를 다루기 위해 공간은 밝아야 하는데, 이는 증거를 안전하게 다루고 사진을 찍기 위함이다.

증거 보관함

증거 보관함은 개별적으로 잠길 수 있는 칸으로 구성돼 있는 철제함이다. 이 함들은 종종 철로 만들어졌으며, 변형 억제 통 자물쇠가 있다. 심플렉스^{Simplex} 자물쇠와 같은 최첨단 자물쇠는 기타 물리적 보안 장치와 함께 사용돼야 한다. 그림 4.2는 증거실 문을 보여주며, 그림 4.3은 증거실에 보관된 디지털 증거를 보여준다.

그림 4.2 증거 보관함

그림 4.3 디지털 증거

수납장

컴퓨터 포렌식 연구소의 설립을 기획하기 위해 적어도 두 개의 대형 수납장을 여분으로 둬야 한다. 한 개는 참고 자료를 보관하는 용도다. 참고 자료에는 서적, 전문 저널, 기사 모음 바인더, 훈련 매뉴얼이 포함돼야 한다. 또한 연구소 운영 지침서, 법률 참고 자료, 표준 수사 운영 지침서가 포함될 수 있다.

하드웨어

컴퓨터 포렌식 연구소를 설립하려면 다수의 하드웨어 장비에 대한 예산이 확보돼야 한다. 이 절에서는 구매돼야 하는 가장 중요한 항목들을 소개한다.

복제 장치

모든 컴퓨터 포렌식 연구소는 연구소나 범죄 현장에서 하드디스크 드라이브를 포렌식적으로 복제하기 위한 포렌식 디스크 복사기(복제 장치)를 구비해야 한다. 다양한 종류의 디스크 복제 장치가 존재하지만, 이들은 일반적으로 수사 준비를 위해 중요한 과정인 수확 드라이브 초기화 기능을 갖고 있다. 디스크 복제 장치를 구매하는 과정에서는 제품 조달자가 제품이 포렌식 기기임을 보장해야 한다. 높은 사양의 하드디스크 복제기는 동시에 여러 개의 복사본을 생성할 수 있는 기능을 제공한다. 만약 연구소에서 대량의 용의자 하드디스크 드라이브를 다룬다면 이는 투자할 가치가 있을 것이다. 디스크 복제 장치는 일반적으로 SATA와 IDE 하드디스크 드라이브 연결을 모두 지원한다.

쓰기 방지 장치

3장, '컴퓨터 하드웨어 처리'에서 논한 바와 같이 쓰기 방지 장치는 하드디스크 드라이브와 같은 장치에 쓰기 없이 데이터를 읽어들일 수 있도록 하는 하드웨어 장비다. 일반적으로 쓰기 방지 키트는 다양한 쓰기 방지 장치, 전원 어댑터, 그리고 eSATA 및 SATA(그림 4.5), IDE, SCSI 시리얼, USB(그림 4.6), 파이어와이어(그림 4.7) 장비에 연결하기 위한 케이블들로 구성된다. 연구소에는 SD 카드, xD 카드, 메모리 스틱 등을 위한 쓰기 방지 카드 리더기(그림 4.8)가 있어야 하며, 또한 ZIF 하드디스크 드라이브 어댑터와 케이블이 있어야 한다. ZIF 하드디스크 드라이브 어댑터는 도시바, 삼성, 히다찌에서 제조한 1.8인치 ZIF 하드디스크 드라이브를 복제하거나 이미지를 생성하기 위해 사용된다. 이 하드디스크 드라이브는 델 Latitude D420, D430 랩톱에 사용된다. ZIF 어댑터(그림 4.4)와 ZIF 케이블이 용의자의 1.8인치 ZIF 하드디스크 드라이브와 IDE 연결 사이에 꽂혀 있다면, 드라이브 복제는 종종 실패하기 때문에 랩톱의 USB 연결을 통해 드라이브에 대한 이미지를 생성해야 하므로, 당연히 쓰기 방지 장치를 같이 사용해야 한다. 수사 노트에는 드라이브 복제 및 이미지와 관련된 어떠한 실수도 모두 기록돼야 한다.

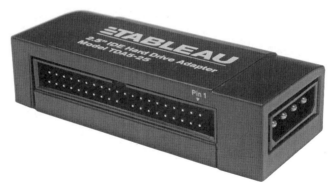

그림 4.4 1.8인치 ZIF 하드디스크 드라이브 어댑터

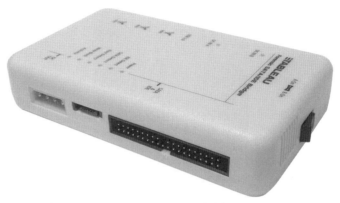

그림 4.5 울트라블록(UltraBlock) SATA/IDE 쓰기 방지 장치

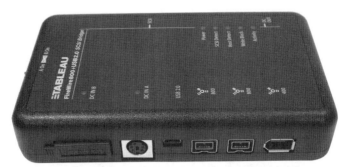

그림 4.6 울트라블록 파이어와이어 800 + USB 2.0 SCSI 브릿지(쓰기 방지 장치)

그림 4.7 울트라블록 USB 쓰기 방지 장치

그림 4.8 울트라블록 포렌식 카드 리더기

SIM 카드 리더기

범유럽 디지털 셀룰러 통일 규격GSM 네트워크를 운영하는 휴대폰은 가입자 인식 모듈SIM을 보유하고 있으며, 이에 대해서는 SIM 카드 리더기(그림 4.9 참고)를 사용해 포렌식적으로 검증한다. 9장, '모바일 포렌식'에서 이 주제에 대해 더 다룬다.

그림 4.9 SIM 카드 리더기

수확 드라이브

이 드라이브들은 용의자의 하드디스크 드라이브로부터 취득한 증거의 그릇처럼 활용된다. 컴퓨터 포렌식 연구소는 종종 연간 수천 개의 SATA 드라이브를 사용한다. 대부분의 경우 용의자의 하드디스크 드라이브에 대해 두 개의 복사본이 생성됨을 기억해야 한다. 매킨토시 컴퓨터(맥)와 PC 컴퓨터 모두 동일한 종류의 SATA 하드디스크 드라이브를 통해 하드디스크 드라이브 복제를 할 수 있으며, 이는 데스크톱인지 랩톱인지와는 무관하다. 기존에 언급한 바와 같이 수확 드라이브는 새로 구매했을 시점에 완전히 초기화돼야 한다. 당연히 다양한 용량의 하드디스크 드라이브가 구매돼야 하며, 수사관은 최신 용량의 하드디스크 드라이브를 확보하고 있음으로써 최신 기술을 따라갈 수 있도록 해야 한다. 또한 수사관은 여분의 수확 드라이브를 가지고 다녀야 하는데, 이는 복제 절차가 실패했을 경우에 수확 드라이브(혹은 목적 드라이브)를 초기화하고 재취득할 시간이 부족할 수 있기 때문이다. USB 전원 하드디스크 드라이브(그림 4.10) 또한 구비하고 다녀야 하는데, 드라이브 간의 직접적인 연결을 통한 복제가 불가능할 수도 있기 때문이다.

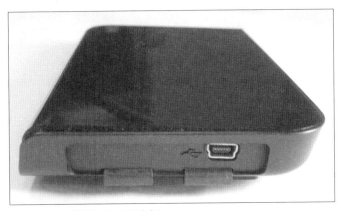

그림 4.10 USB 전원 하드디스크 드라이브

연장 세트

모든 컴퓨터 포렌식 수사관은 그림 4.11과 유사한 컴퓨터 연장 세트를 필요로 한다. 이 도구들은 주로 스크류 드라이버며 데스크톱, 랩톱, 그리고 외장 하드디스크 드라이브의 껍데기로부터 하드디스크를 제거하기 위해 사용된다. 그 외에 케이블 정리 끈을 제거하기 위한 가위나 철사, 다른 물체들을 집거나 구부리기 위한 집게가 있을 수 있다.

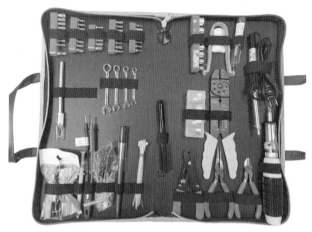

그림 4.11 컴퓨터 연장 세트

손전등

간혹 수사관은 조명이 어둡거나 부적합한 경우를 위해 좋은 손전등을 필요로 할 수 있다. 더 나아가, 용의자가 디지털 증거를 숨기려고 하는 경우도 있으므로 손전등이 꼭 필요하다.

디지털카메라

수사관의 노트는 수사를 효과적으로 문서화하는 과정에서 핵심이며, 획득한 장비에 대해 사진을 찍는 것은 수사를 적절히 문서화하는 데 매우 중요하다. 수사관은 해당 장비가 있었던 위치에 대해 사진을 찍어야 한다. 추가적으로, 장비의 구성이나 연결 방법도 조심스럽게 사진과 문서로 남겨야 한다. 수사관이 자신에게 익숙하지 않은 방식으로 다량의 장비들이 어떻게 연결돼 있었었는지 재구성해야 할 수도 있기 때문에 이는 중요하다.

컴퓨터의 사진을 찍을 때, 수사관은 컴퓨터, 드라이브 베이(CD/DVD 등), 포트(시리얼, USB 등), 컴퓨터 일련번호를 찍어야 한다. 일련번호의 양식은 컴퓨터마다 다른데, 번호 앞에 'S/N'이라고 쓰여 있을 수도 있고, 델 컴퓨터의 경우 서비스 태그라고 지칭한다. 데스크톱을 분해해 하드디스크 드라이브가 나타나면, 다수의 하드디스크 드라이브가 있는지를 꼭 확인해야 한다. 수사관은 하드디스크 드라이브들을 제거하기 전에 사진을 찍고, 각각의 하드디스크 드라이브가 위치했던 순서를 기록해야 한다. 각각의 드라이브는 하드디스크 드라이브의 일련번호로 구분돼야 한다. 각 하드디스크 드라이브에 대해 사진을 찍어야 하며, 사진에서 일련번호가 명확히 보여야 한다. 마지막으로, 디지털카메라의 여분 배터리를 챙기는 것은 언제나 중요하다.

증거 봉투

증거 봉투(그림 4.12)는 그 모양과 크기가 다양하지만, 증거의 변조를 막고 관리 연속성을 기록하기 위함이라는 동일한 목적을 가지고 있다. 이는 증거 봉투가 접착성의 밀폐 끈과 같이 변조 저항 장치를 가지고 있어, 증거에 대한 은밀한 접촉이 불가능하도록 한다는 것을 의미한다. 정전기 방지 폴리에틸렌 증거 봉투는 전자 기기를 정전기로부터 방어할 수 있도록 설계됐다. 컴퓨터 포렌식 수사관은 수사할 때 항상 이를 가지고 다녀야 한다.

그림 4.12 증거 봉투

증거 라벨

모든 드라이브 베이는 증거 라벨로 봉인돼야 하며, 컴퓨터는 테이프로 싸매어 증거가 변조되지 않았음을 확인해줄 수 있어야 한다.

소프트웨어

컴퓨터 포렌식 연구소는 다양한 종류의 소프트웨어를 구매하고 다운로드해야 한다. 연구소는 윈도우와 맥 운영체제를 구동하는 컴퓨터를 구비하고 있어야 한다. 또한 파일들을 조회하기 위해 마이크로소프트 오피스Microsoft Office와 기타 응용프로그램에 대한 라이선스도 보유해야 한다. 연구소에는 스트림 이미지 생성 도구뿐만 아니라 패스워드 크랙 소프트웨어 도구, 증거 검증을 위한 MD5 프로그램, 안티바이러스 소프트웨어, 가상 머신 소프트웨어도 있어야 한다. 다음 목록은 컴퓨터 포렌식 연구소를 위한 광범위한 소프트웨어 요구 사항을 보여주며, 9장에서는 모바일 포렌식을 위한 소프트웨어 요구 사항을 다룬다.

컴퓨터 포렌식 및 비트스트림 이미지 생성 소프트웨어

컴퓨터 포렌식 연구소를 위해서는 많은 포렌식 이미지 생성 도구들이 고려될 수 있다. 다양한 이미지 생성 도구를 조합하는 것이 이상적인데, 도구별로 파티션 인식, 복구 가능 파일 형식 및 수, 필터링, 복호화 같은 것에 고유의 장점을 갖고 있기 때문이다. 동일한 용의자 드라이브에 다른 도구들을 사용함으로써 종종 다양한 증거를 획득할 수 있으며, 수사를 위해서는 각 도구들의 차이를 사건 노트에 적어두는 것이 좋다.

여기서 논하는 많은 도구들은 30일간의 시범 사용을 제공해 어떤 도구가 가장 적합한지 결정하는 데 도움을 준다. 도구들의 가격은 서로 다르지만 법 집행 기관, 정부 기관, 교육 기관의 경우 종종 할인받을 수 있다. 도구들은 기능상에 명확한 차이가 있으며, 가이던스 소프트웨어 같은 회사는 고객을 위해 맞춤형 프로그램을 제공한다.

다음 목록은 컴퓨터 포렌식 도구를 구매하는 과정에서 참고해야 할 차이점들이다.

- 지원 파일시스템
- 패스워드 크래킹 및 복호화
- 구동을 위한 하드웨어 요구 사항
- 가격
- 고객 지원*
- 파일 필터링
- 증거 파일 백업
- GUI(사용자 인터페이스)
- 보고 기능
- 생성된 증거 파일의 보안

(*고객 지원에는 소프트웨어 설치, 하드웨어 구성, 맞춤형 부가 기능 개발, 심지어는 법정에서 증언할 전문가 증인의 지원이 포함될 수 있다.)

일부 기관에서는 사건이 궁극적으로 법정에 갈 경우 벤더로부터 전문가 증인을 지원받을 수 있도록 엔케이스나 FTK와 같은 도구를 구매한다. 소송에 받아들여지고 기록된 포렌식 도구를 수사에 사용하는 것이 단언컨대 더 좋다. 다시 말하지만, 각각의 도구에서 취득한 증거의 수준에는 종종 차이가 있으므로, 다양한 도구를 사용해 동일한 기기와 증거에 대해 취합하고 분석해야 한다.

- **Sleuth Kit과 오토스파이 포렌식 브라우저**: Sleuth Kit[TSK]은 오픈소스 컴퓨터 포렌식 도구로, 커맨드라인 도구로 구성돼 있다. 이 도구는 수사관이 파일시스템과 하드디스크 드라이브 볼륨을 검증할 수 있도록 한다. 이 도구는 NTFS, FAT, UFS 1, UFS 2, Ext2, Ext3, Ext2FS, Ext3FS, ISO 9660 파일시스템을 지원한다. 로[raw] dd 이미지도 도구를 통해 분석할 수 있다. 오토스파이[Autopsy]는 Sleuth Kit과 함께 사용되는 그래픽 사용자 인터페이스[GUI]다. 이 도구들은 윈도우나 유닉스 시스템에서 사용할 수 있다. 이 도구에 대한 더 많은 정보는 www.sleuthkit.org에 있다.

- **아이룩**: 아이룩 인베스티게이터[ILook Investigator] 도구 세트는 엘리언 스펜서[Elion Spencer]가 IRS 전자 범죄 수사 프로그램과 함께 개발했다. 이 도구에 대한 더 많은 정보는 www.ilook-fornsics.org에 있다.
- **드라이브스파이(DriveSpy)**: 이 포렌식 도구는 하드디스크 드라이브에 대한 상세 정보를 제공하며, 여기에는 DOS 및 비 DOS 파티션, 조각난 공간, 할당 및 미할당 디스크 공간 등이 포함될 수 있다. 이 도구는 어떤 위치에 파일이 추가되거나 삭제된 것에 대해 기록을 남긴다. 더 중요한 것은 이 도구가 수사관으로 하여금 디스크 간의 포렌식 복사본을 만들 수 있도록 한다는 점이다. 이 도구의 단점은 멋드러진 사용자 친화적 인터페이스 대신에 DOS 커맨드라인 인터페이스를 사용한다는 것이다.
- **X-Ways Forensics**: 이 도구는 잘 알려진 포렌식 이미지 생성 도구며, 방대한 파일시스템(FAT12, FAT16, FAT32, exFAT, TFAT, NTFS, Ext2, Ext3, Ext4, Next3, CDFS/ISO9660/Joliet, UDF)을 지원한다. 이 도구는 특히 굉장히 효과적인 파일 필터링 기능을 갖고 있는데, 이 기능은 수십만 개의 파일들을 뒤질 때 중요하다.
- **WinHex**: X-Ways Forensics와 같이 이 도구는 X-Ways Software Technology AG에서 만들었다. 쓰기 기능이 있기 때문에 포렌식 도구라고 할 수는 없다. 가끔 포렌식 도구를 통해 복구한 파일이 그 상태로의 형식으로는 조회가 불가능한 경우가 있는데, 이는 그 파일이 삭제됐거나 손상됐기 때문이다. WinHex는 16진수 편집기가 있어 사용자가 파일을 복구할 수 있도록 한다. 다시 말해 16진수 편집기를 통해 파일을 편집하면, 읽기가 불가능했던 파일을 읽을 수 있게 된다.
- **FTK**: FTK[Forensic Toolkit]은 액세스데이터가 만든 비트스트림 이미지 생성 소프트웨어다. 이 소프트웨어는 스콧 피터슨[Scott Peterson] 살인 사건과 같이 다양한 법정 심사에 문서로 기록돼왔다.

FTK Imager와 같은 무료 버전의 소프트웨어도 있다. FTK Imager는 USB 플래시 드라이브에 다운로드할 수 있으며, CD에 구울 수도 있다. 이 도구는 사용자가 저장 장치에 대한 포렌식 이미지를 생성하고, 내장된 16진수 편집기를 통해 파일시스템의 내용을 볼 수 있도록 한다. 그것 외에는 기능이 별로 없다.

FTK 풀 버전은 유료지만, 고급 보고 기능, 파일 복호화, 파일 카빙 등의 다양한 다른 기능들이 지원된다. 파일 카빙은 파일의 정체를 규명하는 과정에서 파일 확장자 및 메타데이터보다는 파일 헤더^{Header}나 푸터^{Footer}와 같은 특정한 성격을 사용하는 절차다. 예를 들어 용의자는 사진 파일의 확장자를 .jpg에서 .dll로 변경함으로써, 해당 파일을 수사관으로부터 숨기려고 시도할 수 있다. 윈도우 파일탐색기를 통해 검색을 수행할 때는 그 파일을 찾을 수 없을 뿐더러, 적절한 응용프로그램과의 연결도 손상됐기 때문에 파일을 제대로 열 수 없을 것이다. 하지만 예시로 든 것에서 파일은 여전히 사진이다. 사진의 파일 헤더는 손상되지 않았을 것이다. JPEG 파일은 일반적으로 파일 헤더에 'JFIF'로 표시되며, 16진수 편집기(그림 4.14)로는 '4A 46 49 46'과 같다. FTK와 같은 도구에서는 실제로 그 파일이 무엇인지에 대해 정의하고, 사진으로 분류할 수 있는 기능이 있다. 파일 카빙 옵션은 또한 다른 파일에 내장된 파일을 추출할 수 있다. 예를 들면 이메일에 첨부된 사진의 경우, FTK를 통해 이메일로도 조회되며, 또한 다른 사진들과 함께 사진 카테고리에 나열된다. 또한 FTK는 드라이브 인덱싱을 수행한다. 이 처리는 파일의 카테고리(이메일 등)를 생성하며, 각 파일에 있는 단어들의 목록을 생성한다. 이 단어들은 키워드 검색에 사용될 수 있으며, 심지어는 패스워드 크랙에도 사용될 수 있다. 이 인덱싱 기능은 수사관으로 하여금 각각의 파일을 열어가며 키워드 검색을 하느라 귀중한 시간을 낭비하지 않도록 한다.

FTK Imager를 통해 컴퓨터의 램을 이미징하기

1. FTK Imager 응용프로그램을 다운로드해 연다.

2. 기존에 사용하던 USB 드라이브를 찾아 컴퓨터에 꽂는다.

   메모리 크기가 작을수록 좋다. 2GB USB 썸(thumb) 드라이브의 이미지를 생성하는 것은 16GB인 경우보다 시간이 적게 든다.

3. File을 클릭하고, 표시된 메뉴에서 Add Evidence Item(그림 4.13)을 클릭한다.

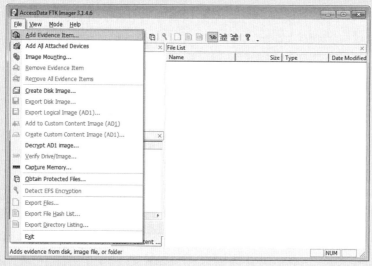

그림 4.13 Add Evidence Item 선택

4. Select Source 대화 상자가 나타나면, 그림 4.14와 같이 Physical Drive 옵션이 선택된 것을 확인하고 Next를 클릭한다.

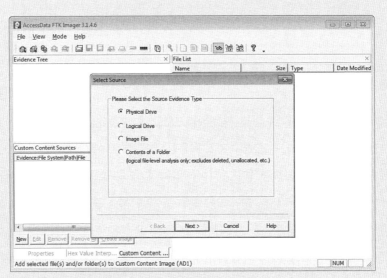

그림 4.14 Physical Drive 선택

5. 드롭다운 메뉴를 선택해 그림 4.15와 같이 USB 드라이브를 선택한다. 드라이브의 크기를 통해 알아볼 수 있을 것이다.

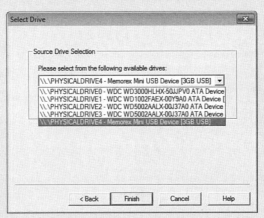

그림 4.15 USB 드라이브 선택

6. Finish를 클릭한다.

7. Evidence Tree 창에서 확장 버튼(아이콘)을 클릭하고 그림 4.16과 화면을 비교해본다.

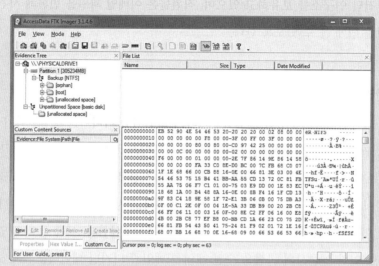

그림 4.16 FTK Imager 사용자 인터페이스

8. 추가적으로 드라이브나 폴더를 살펴보기 위해 클릭해본다. 폴더를 더블 클릭해 열어볼 수 있다.

만약 드라이브에서 파일이나 폴더를 삭제했다면, 그림 4.17과 같이 빨간색 X로 표시될 것이다.

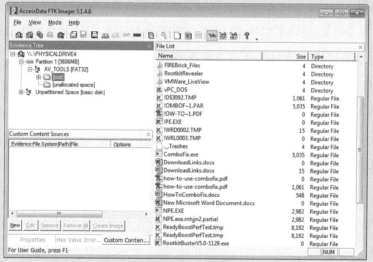

그림 4.17 삭제된 파일을 보여주는 FTK Imager 사용자 인터페이스

9. 파일을 클릭해 선택한다. Mode를 클릭하고, Hex를 클릭한다. 화면을 그림 4.18과 비교한다. 선택된 파일 형식이 .xml이라고 표기되는 것을 확인한다.

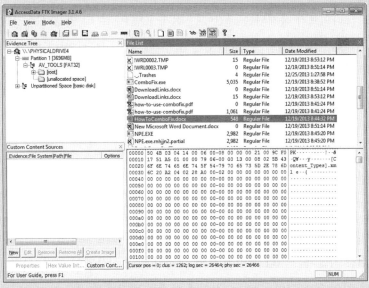

그림 4.18 FTK Imager 사용자 인터페이스

10. File을 클릭한 후 Exit를 클릭한다.

이 유료 라이선스 버전은 또한 PRTK[Password Recovery Toolkit]라는 도구를 내장하고 있으므로, 응용프로그램의 패스워드를 복구할 수 있다. 이 패스워드를 통해 사용자 패스워드로 보호받는 파일, 폴더, 드라이브에 접근할 수 있다.

최근에 FTK는 매킨토시 컴퓨터를 검증하기 위한 윈도우 기반의 도구를 제공한다. 액세스데이터는 미국 및 전 세계 교육장, 그리고 온라인에서의 훈련을 제공한다. 또한 액세스데이터 공인 시험관[ACE]이 되기 위한 자격증 테스트를 성공적으로 완수할 경우, 도구를 통한 자격을 획득할 수 있도록 기회를 제공한다.

- **엔케이스(EnCase):** 가이던스 소프트웨어에서 개발한 이 포렌식 소프트웨어는 기능성, 평판, 전문가 증인의 측면에서 FTK와 견줄 만하다. 고객들은 가이던

스 소프트웨어에 요청해 특별 부가 프로그램을 생성할 수 있다. 엔스크립트 EnScript는 가이던스 소프트웨어에서 개발한 프로그래밍 언어로, 엔케이스 사용자가 그들 고유의 맞춤형 기능을 만들 수 있도록 한다. 현재 엔케이스 사용자가 그들의 엔스크립트를 무료로 공유하는 사이트들이 많다.

가이던스 소프트웨어는 또한 고유의 속성 파일 형식이자 포렌식 디스크 이미지 파일 형식인 E01을 만들었다. 흥미롭게도 많은 경쟁자들이 그들의 소프트웨어에서 이 파일 형식을 마찬가지로 옵션으로 제공한다. 세 개의 주요 포렌식 이미지 파일 형식은 E01, dd, 혹은 RAW다. 컴퓨터 포렌식 조사관은 때때로 SMART 파일 형식을 사용하기도 한다. SMART 파일은 원래 ASRData의 전문가 증인에 의해 개발된 압축/무압축 포렌식 디스크 이미지 파일이다. 고급 포렌식 형식AFF은 오픈소스 형식으로, 심슨 가핀켈Simson Garfinkel이 개발해 오토스파이와 Sleuth Kit 포렌식 소프트웨어에서 지원한다. 이외에도 컴퓨터 포렌식 수사관이 사용할 수 있는 다양한 포렌식 이미지 형식이 있다. 가이던스 소프트웨어는 기업을 겨냥한 외부로부터의 공격이나 내부 컴퓨터에 대한 사고 대응과 같이 네트워크 기반의 수사를 가능하게 해주는 엔케이스 엔터프라이즈EnCase Enterprise 도구를 홍보하고 있다. 엔케이스 엔터프라이즈는 호스트 컴퓨터, 서버에 대한 원격 이미지 생성을 허용하며, 버전 7에서는 네트워크상의 스마트폰과 태블릿에 대해서도 가능하다. 이 도구는 또한 동시에 여러 개의 드라이브에 대한 이미지 생성을 허용한다.

- **맥 마샬(Mac Marshal)**: ATC-NY에 의해 개발된 맥 OS X 포렌식 이미지 생성 소프트웨어다. 맥 마샬 포렌식 에디션은 맥 기기로부터 증거를 취득하려고 하면서 맥 워크스테이션을 사용하는 수사관이 사용한다. 이 소프트웨어는 현재 미국 법 집행관에게는 무료다. 미국 외의 법 집행관과 사립 기관은 이 소프트웨어를 구매해야 한다.

- **블랙라이트(BlackLight)**: 블랙백 테크놀로지스BlackBag Technologies에서 만든 이 도구는 대중에 공개돼 있으며, 애플 매킨토시 컴퓨터, 아이폰, 아이패드를 이미징할 수 있다. 특히 이 도구는 맥 OS X나 맥 9 운영체제를 구동 중인 컴퓨터의 이미지를 생성할 수 있다.

9장에서는 휴대폰을 포렌식적으로 검증하기 위한 필수 하드웨어 및 소프트웨어를 다룬다.

가상 머신 소프트웨어

때때로 수사관들은 가상 머신 소프트웨어를 사용할 필요가 있는데, 용의자의 기기에 악성코드가 있을 수 있다고 생각할 때가 대표적인 경우다. 가상 머신은 단/복수의 운영체제를 대체하는 컴퓨터 구동 소프트웨어로, 사용자 컴퓨터에 어떤 변화도 일으키지 않는다. 다시 말해, 사용자가 가상 머신 세션을 파괴하면 컴퓨터의 설정은 변경되지 않은 채로 남게 된다. 만약 범죄자가 범죄 활동을 수행하기 위에 가상 머신을 사용한다면, 컴퓨터에 용의자의 행위와 관련된 증거가 적거나 없기 때문에 컴퓨터 포렌식 수사관은 어려움에 직면한다.

VMWare는 잘 알려진 가상 머신 소프트웨어로, 수사관은 이를 통해 악성코드에 대한 역공학을 할 수 있다. 수사관의 설정이 악성코드에 영향을 받지 않기 때문에, 이 소프트웨어는 악성코드를 검증하는 데 이상적이다. 악성코드의 코드 내용을 검증하는 것은 도움이 되는데, 이는 피해자의 컴퓨터들에서 발견된 악성코드가 동일한 해커에 의해 작성된 것인지 바이러스의 프로그래밍 코드를 비교함으로써 확인할 수 있기 때문이다. 추가적으로, 바이러스 코드는 명령 및 제어[C&C]에 사용된 해커 컴퓨터의 IP 주소를 포함할 수 있으므로 악성코드를 역공학하는 것은 범죄를 풀어나가는 데 굉장히 큰 도움이 된다. 하지만 많은 악성코드 프로그램은 가상 머신의 존재를 탐지하고, 그 안에서는 실행되지 않도록 할 수 있다.

안티바이러스 소프트웨어

용의자의 기기를 수사할 때, 수사관은 해당 기기에 바이러스가 없는 것을 확인해야 한다. 수사관의 컴퓨터에 안티바이러스 소프트웨어를 구동하는 것은 악성코드 위협을 감소시키는 데 도움이 될 것이다.

패스워드 크랙 소프트웨어

컴퓨터 포렌식 수사관은 종종 패스워드로 보호된 컴퓨터를 접한다. 이 경우 바탕화면, 파일, 폴더에 접근하기 위해 전체 시스템에서 패스워드를 필요로 할 수 있다. 소프트웨어 설치와 같은 특정한 작업을 허용하는 관리자 권한을 위해서는 별도의 패스워드가 필요할 수 있다. 컴퓨터는 독립적인 펌웨어 패스워드를 가질 수도 있다. 펌웨어는 휴대폰, 게임 콘솔, 하드디스크 드라이브와 같은 전자 기기를 제어하는 프로그램을 뜻한다. 다양한 형태의 비밀번호가 급증함에 따라 우수한 패스워드 크랙 소프트웨어가 필수적이다.

앞서 말한 것과 같이 액세스데이터의 유료 FTK는 PRTK^{Password Recovery Toolkit} 도구를 포함하고 있다. 많은 법 집행 기관에서는 패스워드를 크랙하기 위해 수천 개의 다른 해시 값을 갖고 있는 레인보우 테이블을 구매한다. 다른 잘 알려진 패스워드 크랙 도구로는 존더리퍼^{John the Ripper}, 가인과 아벨^{Cain and Abel}이 있다. 존더리퍼는 윈도우, 유닉스를 비롯한 많은 운영체제에서 구동되는 무료 도구다. 가인과 아벨도 마찬가지로 무료 도구며, 윈도우에서 무차별 대입 공격, 사전 대입 공격, 암호 해석 공격을 수행한다. 무차별 대입 공격은 자료를 복호화하기 위해 가능한 모든 키를 확인한다. 사전 대입 공격은 사전에 정의된 단어 목록을 사용해 자료를 복호화하거나 사용자 인증을 수행한다. 암호 해석 공격은 암호화 알고리즘과 프로토콜의 취약점을 노려 시스템을 붕괴시키거나 자료에 대한 접근을 획득한다. 패스웨어^{Passware}와 엘콤소프트^{Elcomsoft}는 대중적인 상용화 패스워드 크랙 도구를 제공하는 또 다른 회사들이다.

하지만 중요하게 알아둬야 할 점은, 때로는 패스워드 크랙 소프트웨어가 필요하지 않은 경우가 있다는 사실이다. 이는 수사관이 패스워드 시스템을 우회하는 기술을 보유하고 있거나 시스템 패스워드가 있는 파일을 찾아내기 때문이다.

사진 포렌식

수사에서 사진의 중요성은 명료한데, 사진은 굉장히 사적이며 널리 보급됐기 때문이다. 예를 들면, 페이스북에는 매달 25억 개에 달하는 사진이 업로드된다. 사진은 모든 형태의 수사에 활용될 수 있지만, 특히 아동 학대의 경우 용의자의 범죄를 입증하는 증거로서 매우 중요하다. 또한 지식 재산권이나 저작권 문제에서도 굉장히 중요하다.

사진 파일 형식

JPEG는 가장 대중적인 그림 파일 형식이며, 대부분의 시스템과 사진 관련 기기에서 지원한다. 하지만 많은 다른 그림 파일 형식이 존재한다. 웹사이트에는 JPEG, GIF, PNG 그림 형식이 사용될 수 있으며, 카메라는 JPEG와 RAW 형식을 사용한다. DNG^{Adobe Digital Negative} 형식 또한 사용되며, 마이크로소프트는 BMP 형식을 보유하고 있다. 이 모든 이미지들은 래스터 기반의 그래픽으로, 픽셀에 기반한 직사각형 그림이다.

사진 파일은 종종 압축된다. 압축에는 두 가지 형태가 있는데, (i) 손실 압축은 이미지 품질 저하와 데이터 손실을 통해 사진을 작게 만드는 것이고, (ii) 무손실 압축은 원본 데이터의 손실 없이 파일에서 불필요한 데이터를 제거하는 것이다. JPEG의 경우 손실 압축을 사용했었다.

사진 메타데이터

앞서 말한 것과 같이 EXIF 데이터(그림 4.19)는 이미지에서 발견되는 메타데이터로 사진의 촬영 일시, 촬영 카메라의 제조사 및 모델명, 이미지에 대한 내장 섬네일을 포함한다. EXIF 데이터는 위도와 경도 등 사진이 찍힌 곳에 대한 지리적 정보를 포함할 수 있다. 때로는 카메라의 일련번호도 사진에 저장될 수 있다. 물론 사용자는 개인적인 설명을 이미지에 추가할 수 있다.

Filename	Date	Time	Camera Manufacturer & Model	Width x Height	Size of image file	Exposure (1/sec)	Aperture	ISO	Was flash used?	Focal length
DSCN0029.JPG	2012:09:09	13:10:00	NIKON COOLPIX L810	3456x4608	3507668	1/320	f4.2	80	No	13
DSCN0031.JPG	2012:09:09	13:10:25	NIKON COOLPIX L810	3456x4608	3397764	1/320	f4.2	80	No	13
DSCN0035.JPG	2012:09:09	14:20:17	NIKON COOLPIX L810	3456x4608	3468599	1/400	f4.0	80	No	11
DSCN0039.JPG	2012:09:09	14:21:07	NIKON COOLPIX L810	3456x4608	4021210	1/160	f10.6	80	No	5

그림 4.19 EXIF 데이터 예시

사진 증거

FTK, 엔케이스, X-Ways와 같은 대부분의 포렌식 이미지 생성 도구는 사진 이미지를 빠르게 찾고 독립적인 카테고리로 보여줄 수 있다. 이메일과 같이 다른 파일에 내장된 사진을 카빙함으로써 더 많은 사진 이미지를 찾아낼 수도 있다. 오늘날 사진 파일은 매우 커져서 종종 하드디스크 드라이브에 분할돼 있다. 분할이 발생하면, 이미지를 재구성하기가 어려울 수 있다. 만약 분할된 곳이 덮어 써지면, 다른 파일 종류와는 달리 이를 복구하기란 거의 불가능에 가깝다.

어드로잇 포렌식

어드로잇 포렌식Adroit Forensics은 디지털 어셈블리Digital Assembly에서 제작해 배포하는 사진 포렌식 도구다. 어드로잇 사용자는 스마트카빙SmartCarving이라는 절차를 사용하는데, 수사관이 하드디스크의 불연속 섹터에 위치한 분할 파일을 사진으로 재구성할 수 있도록 한다. 이 도구는 카메라와 일자로 사진을 분류할 수 있다. 살색 톤이나 더 구체적으로는 아동 얼굴을 검색할 수 있도록 필터를 적용할 수도 있다.

에너지 요구 사항

컴퓨터 포렌식 수사관은 일반 직원들보다 그들의 작업을 완성하기 위해 더 많은 전력을 소모한다. 그 이유는 수사관이 자신의 워크스테이션을 통해 사건 파일을 만드는 동시에 워크스테이션으로 하드디스크 드라이브의 이미지를 생성하고, 또한 동시에 하드디스크 드라이브를 복제하거나 초기화할 수 있기 때문이다. 더 나아가, 몇몇의 포렌식 이미지 생성 소프트웨어는 RAID 구성의 수많은 램과 듀얼코어 프로세서에서 최적으로 구동된다. 따라서 워크스테이션 하나만으로도 일반적인 워크스테이션보다 훨씬 많은 에너지를 소비한다. 추가적으로, 대용량 하드디스크 드라이브는 종종 작업 시간으로 인해 밤새 이미지 생성을 진행하며, 이로 인해 에너지를 소비하는 시간이 다르도록 한다. 컴퓨터 포렌식 연구소를 만드는 다양한 기관에서는 에너지 활용이 다른 부서들과 매우 다르다는 것을 잘 이해하지 못하는데, 훨씬 많은 전기 소비량을 처리하기 위해 전원 박스 및 연결선을 업그레이드해줄 자격증이 있는 전기 기술자가 필요할지도 모른다. 연구소는 또한 정전 사태에도 자체 배터리를 통해 전기를 공급하는 무정전 전원 장치UPS를 필요로 한다. 컴퓨터를 위해 설계된 UPS도 있으며, 이는 정전이 발생하면 자동으로 백업시키도록 한다.

연구소 안전성

컴퓨터 포렌식 연구소에서 에너지 요구 사항의 증가는 누전 화재의 위험을 증가시켰다. 따라서 연구소의 내부와 외부에 건식 화학 소화기를 전술적으로 배치해야 한다. 연구소에는 아마도 ABC 소화기가 가장 적합할 것이다. ABC 소화기는 일인산 암모늄 가루와 황산 암모늄으로 알려진 건식 소화제를 쓰며, 이는 누전 화재에 적합하다. ABC 소화기로 불리는 이유는 등급 A 화재(표준 가연성 물질), 등급 B 화재(가연성 액체), 등급 C 화재(전기 장치)에 사용할 수 있기 때문이다.

예산

모든 기능을 갖춘 컴퓨터 범죄 연구소를 설립하는 것은 비용이 많이 든다. 다양한 지역 법 집행 기관에게는 너무 버겁다. 이것이 바로 FBI가 관리하며 지역 법 집행관에 의해 직원이 배치되는 미국 내 지역 컴퓨터 포렌식 연구소RCFL의 성장이 중요해진 이유다. 2011년 1월 700만 달러의 비용을 들여 캘리포니아, 오렌지 카운티에 RCFL이 설립됐다.

컴퓨터 포렌식 연구소를 설치하는 비용은 크다. 두말할 나위 없이, 범죄 연구소의 운영 비용도 굉장히 크다. 직원들의 봉급 외에도, 소프트웨어 라이선스를 유지하기 위한 비용도 계산해야 한다. 예산에는 연구소 직원을 위한 지속적인 교육 비용도 포함돼야 한다. 또한 컴퓨터 포렌식 수사관은 범죄 수사가 진행되는 동안에 비정상적으로 많은 하드디스크 드라이브(수확 드라이브)를 소비할 것이다. 마지막으로, 새로운 전자 기기도 지속적으로 구매돼 포렌식 소프트웨어를 통해 테스트돼야 한다. 예를 들면, 새로운 버전의 아이폰, 아이패드, 블랙베리 등의 기기를 용의자 기기가 연구소에 도착하기 전에 미리 구매해 벤치마크 테스트를 해봐야 한다. 포렌식 도구의 효용성을 파악하기 위해 벤치마크 테스트에는 각기 다른 기기에 대한 과학적인 도구 테스트가 포함돼야 함을 기억하자.

컴퓨터 포렌식 연구소에 대한 예산을 수립하는 효과적인 방법은 각각의 범죄 수사에 대한 세밀한 기록을 유지하는 것이다. 문서에 들어갈 주요 항목은 다음과 같다.

1. 범죄 카테고리 - 예시: 계정 도난, 아동 포르노, 살인
2. 수사 시간 - 예시: 범죄 현장 수사, 연구소 수사, 보고서 작성
3. 활용 자원 - 예시: 증거를 취득하기 위한 소프트웨어와 증거를 저장하기 위한 하드웨어(예: 수확 드라이브와 서버 공간)
4. 용의자 기기 - 취득하고 검증하는 기기에 대한 상세 종류. 이는 구매 및 유지 보수할 포렌식 소프트웨어와 하드웨어의 비용을 정하기 위해 필요하다.

연구소 관리

미국 범죄 연구소 소장 연합회/연구소 인증협회(ASCLD/LAB)에서는 포렌식 연구소를 관리하기 위한 최적 사례에 기반한 안내서를 제공한다. 많은 사람들이 포렌식 연구소의 궁극적인 달성 목표로서 ASCLD/LAB 인증서를 바라본다. 많은 연구소는 절대로 ASCLD/LAB 인증을 받지 못하겠지만, 여전히 많은 연구소가 ASCLD/LAB 에서 구체화한 원칙을 고수한다. 몇몇의 포렌식 연구소 관리자는 이 인증서를 획득하면, 법정에서 적절한 규약을 따르는 전문가로서 그들의 입지에 이점이 있을 것으로 믿는다. 따라서 이 안내 원칙들의 일부를 따르는 것이 중요하다.

연구소 접근

컴퓨터 포렌식 연구소로의 접근을 제한하는 것은 굉장히 중요하며, 물리적 보안 계획에 포함돼야 한다. 이상적으로, 장비와 증거가 있는 빌딩이나 방에는 연구소를

관리하는 사람이나 증거를 다루는 사람만 접근 권한을 가져야 한다. 연구소의 접근은 다음 방법을 통해 제어될 수 있다.

- 사진 신분증
- 생체 인식
- 보안 요원
- 폐쇄 회로 TV(CCTV)
- 키패드와 접근 코드

비인가 접근을 방지하기 위해서는 기타 예방책들이 적절히 수행돼야 한다. 연구소 관리자는 인사 부서의 도움으로 배경 검사를 수행할 수 있으며, 이를 통해 임직원이 범죄 경력과 같은 배경을 갖고 있어 연구소에 배치가 불가능한 것은 아닌지 확인한다. 기본적으로 연구소 관리자는 임직원을 연구소에 배치하기 전에 배경 검사를 해야 한다. 하지만 불행히도, 많은 고용주들은 그들의 연구소 직원들이 고용된 이후의 활동에 대해서는 지속적으로 모니터링하지 않는다.

자료 접근

접근에 대한 진단을 수행할 때에는 연구소 자료에 대한 접근을 검토하는 것이 중요하다. 수사 시에는 특정 워크스테이션에 대한 접근 인력과 특정 사건 관련 접근 인력에 대한 강력한 제어가 수행돼야 한다. 액세스데이터의 FTK와 같은 포렌식 소프트웨어에서는 특정 사건에 대해 비밀번호로 보호함으로써 수사 중에 있는 수사관이 특정 파일만 볼 수 있도록 허용하는 유용한 방식을 제공한다. 수사관이나 그 감독관 모두 사건에 접근해야만 하므로 파일에 대한 접근 권한은 다양하다. 추가적으로, 검사나 (필요시) 변호사도 접근을 요청할 수 있다.

자료에 대한 접근은 증거가 백업돼 있는 서버실에 대한 접근을 포함한다. 서버에 대한 다른 임직원의 접근을 제한하는 것은 필수적이다.

조직 내에서는 무선 랜^{Wi-Fi} 연결을 통해서도 자료 접근이 일어날 수 있다. 이상적으로 컴퓨터 포렌식 연구소에는 무선 접속이 불가능해야 하지만, 소프트웨어 업데이트 및 패치를 위해서는 간헐적으로 사용될 수 있다. 무선 접속과 관련해서는 인 터넷 접속뿐만 아니라 라디오 주파수와 휴대폰 주파수를 통한 접속도 제거해야 한다. 휴대폰 재머는 휴대폰 사용자가 다른 휴대폰에 연결하는 것을 방지한다. 이는 취득한 휴대폰이 할당된 네트워크에 접속하지 않도록 하기 위해 필수적이며, 기관이 권한을 갖고 있을 경우 기기의 변화를 막기 위한 좋은 실천 사례다. 연방통신위원회[FCC]는 최근 많은 기관들이 불법 신호 재머를 사용하는 것에 대해 경고했으며, 일부 컴퓨터 포렌식 연구소는 이런 기기들을 사용하는 것을 중단했다.

물리적 보안

물리적 보안의 측면에서 벽은 개방되면 안 되는데, 예를 들면 모든 벽들은 천장까지 닿아야 한다. 만약 개폐식 천장이 있다면, 연구소의 벽이 실제 천장까지 닿도록 해 인접한 방에서 접근할 수 없도록 해야 한다. 연구소에는 창문이 있으면 안 된다. 이는 잠정적인 접근 지점이 될 수 있기 때문이다.

연구소 접근 감사

컴퓨터 포렌식 연구소에 누가 접근하는지 감사하는 것은 필수적이다. 따라서 신분증을 사용해 연구소에 출입하는 사람들을 자동으로 기록하는 시스템을 사용하는 것이 좋다. 이 감사는 CCTV 관제를 통해 보완될 수 있다. 출입 지점에는 최소한 직원과 방문객이 출입할 때마다 일시와 서명을 기록할 수 있는 대장을 구비해야 한다. 샘플 출입대장은 그림 4.20과 같다.

컴퓨터 포렌식 연구소 출입대장

일시	성명	서명	기관	들어온 시간	나간 시간	승인자 서명

감독관 서명: _____

일자: _____

그림 4.20 샘플 출입대장

연구소의 위치

컴퓨터 포렌식 연구소는 지속적으로 모니터링되는 안전한 지역에 위치해야 한다. 종종 연구소는 건물 지하에 위치한다. 이 경우 공간을 건조하고 시원하게 유지해야 한다. 또한 연구소는 서버 확장을 허용해야 한다. 다시 말해, 증거 파일이 매일 저녁 연구소 서버에 저장돼야 한다. 시간이 지날수록 서버가 추가될 것이고, 이를 위해 공간이 할당돼야 한다. 가능하다면 포렌식 연구소가 대피할 수 있도록 백업 사이트가 유지돼야 한다. 이 백업은 조직의 재해 복구 계획에 포함될 수 있다. 9.11 사건 당시, 법 집행관이 수사 중에 취득해 세계무역센터에 저장해뒀던 귀중한 증거들이 파괴됐다.

❖ 기기에서의 증거 추출

수사관은 기기로부터 증거를 추출하기 위해 세 가지 주요 방법을 사용한다. 첫 번째 방법은 탈론Talon 포렌식 하드디스크 드라이브 복제기와 같은 하드웨어 장치를 사용하는 것이다. 두 번째 방법은 FTK나 엔케이스와 같은 벤더 소프트웨어를 사용하는 것이다. 마지막 방법은 명령어 인터페이스를 사용하는 것이다. 세 번째 방법은 리눅스 명령어를 통해 증거를 취득하고 검색 및 필터링하는 것을 포함한다. 탈론과 엔케이스 등의 전문적인 도구들은 비싸므로, 법정에서 인정받는 무료 도구인 dd 유틸리티에 대해 설명해본다.

dd 유틸리티의 사용

앞에서 설명한 것과 같이 dd는 유닉스 명령 유틸리티로 근원지로부터 목적지까지 데이터를 복사한다. 컴퓨터 포렌식 측면에서 dd는 포렌식 이미지 생성을 위해 허용되는 파일 형식이므로 중요하다. 이는 그 다재다능성 때문이다. 특정 데이터에 대한 이미지를 생성하는 명령을 수행할 수 있으며, 또한 사용자는 MD5 알고리즘을 통해 이미지를 검증할 수 있고, 네트워크상의 특정 컴퓨터로부터 이미지를 생성한 후 네트워크를 통해 이미지를 전송할 수 있는 다재다능함을 갖췄다.

기본적인 dd 명령어 양식은 다음과 같다.

```
dd if=<source> of=<destination> bs=<byte size>
```

위 예시에서 if는 입력 파일input file을 의미하고, of는 출력 파일output file을 의미한다. byte size는 보통 512바이트로 설정하지만, 원본 데이터를 얼마나 빨리 복사하고 싶은지와 어떤 파일시스템에서 작업하는지에 따라 다를 수 있다.

앞서 설명한 것처럼, 목적지 드라이브는 데이터를 취득하기 전에 초기화돼야 한다. dd는 다음 명령어를 통해 포렌식적으로 드라이브를 초기화할 수 있다.

```
dd if=/dev/zero of=/dev/
```

위 예시에서 dev는 기기를 뜻한다. 명령이 수행되면 드라이브는 0들로 쓰여지게 된다. 이 명령은 드라이브가 0으로만 구성돼 있음을 확인해준다.

```
dd if=/dev/sda | hexdump -C | head
```

위 예시에서 sda는 복사를 수행할 데이터 근원지인 하드디스크를 뜻한다. 복사를 수행할 다른 기기 목록은 다음과 같다.

sr0: CD롬

fd0: 플로피디스크

sdb1: USB 볼륨

다음 명령어는 근원지 파일의 복사본을 생성한다.

```
dd if=/dev/ of=/dev/ bs=512 conv=noerror
```

여기서 conv=noerror는 불량 데이터 블록을 건너뛰기 위해 사용된다.

dd 유틸리티를 사용하는 주요 이점은 네트워크를 통해 파일에 대한 이미지를 생성하는 것이다. 유닉스에서는 netcat 유틸리티를 통해 네트워크상에서 파일 복사를 수행할 수 있다. nc 명령어를 통해 netcat을 사용할 수 있다. 다음은 네트워크상에서 dd를 사용하는 것이다.

```
dd if (input file) | nc (NetCat) <Target-IP Address> <Port>
```

다음은 netcat 명령어의 예시다.

```
dd if=/dev/hda bs=512 | nc 192.166.2.1 8888
```

위 예시에서 192.166.2.1은 목표 컴퓨터의 IP 주소며 8888은 파일을 전송할 임의의 포트 번호다.

제3자의 스니핑을 방지하는 SSH를 통해 원격으로 하드디스크 드라이브에 대한 이미지 생성을 수행할 수도 있다(https://www.linode.com/docs/migrate-to-linode/disk-images/copying-a-disk-image-over-ssh/).

전역 정규표현 출력의 사용

오늘날 많은 컴퓨터 포렌식 도구는 굉장히 사용자 친화적으로 만들어져 몇몇 사람은 '버튼 누르기 포렌식'이라고 부르기도 한다. 이 도구들을 사용하는 것이 근사할 수는 있지만, 그들에 너무 의존하는 것은 수사관이 이 도구의 이면에 있는 과학을 이해하지 못한다는 것을 뜻한다. 이는 수사관이 전문가 증인으로 소환돼, 이 도구들이 어떻게 작동하는지 설명해야 하는 경우에 문제가 된다. 하지만 전역 정규표현 출력GREP 같은 개념을 이해하고 리눅스 명령어를 잘 안다면, 수사를 더 경쟁력 있게 진행할 수 있다.

대부분의 컴퓨터 포렌식 이미지 생성 도구는 고급 검색 기능을 제공하며, 그중 하나가 GREP다. GREP는 패턴 매칭을 위해 사용되는 강력한 유닉스 표현 집합이다. GREP를 사용할 때 파일의 각 줄이 버퍼에 복사되고 검색 문구(혹은 표현)와 비교되며, 만약 일치하면 화면에 결과를 출력한다. GREP는 파일에 대해 검색할 때뿐만이 아니라, 프로그램의 결과에 대한 검색을 수행하기 위해서도 사용될 수 있다. GREP는 수사관이 특화된 표현을 통해 주요 단어나 숫자에 대해 증거 파일을 검색할 수 있도록 한다.

이 강력한 검색 기능이 엔케이스와 같은 포렌식 도구에서 사용됨에도 불구하고, 매우 적은 컴퓨터 포렌식 서적에서만 GREP를 다룬다. 또한 GREP는 명령어 줄에서 다양한 검색 기능을 제공한다.

다음은 GREP에서 사용되는 명령어 목록이다.

- -c는 키워드를 출력하지 않지만, 키워드가 나타나는 횟수를 상세히 표시한다.
- -f는 키워드에 대해 특정한 파일을 검색한다.
- -i는 검색어에 대한 대소문자를 무시한다.
- -l은 일치하는 파일명을 출력한다.
- -n은 파일의 어떠한 줄이 매치되는지를 상세히 표시한다.
- -v는 키워드를 포함하지 않는 줄들을 표시한다.
- -x는 정확히 일치하는 것만 출력한다.

■ $는 특정 문자로 종료하는 열을 찾기 위해 사용된다.

다음 데이터를 포함하는 파일을 가정해본다.

```
Secluded
Sector
Sect
Sects
$ect
```

다음의 간단한 GREP 표현은 파일 test.txt에서 Sect를 포함하는 모든 단어를 각 줄에 대해 검색한다.

```
# grep "Sect" test.txt
```

화면에는 다음 결과가 출력된다.

```
Sector
Sect
Sects
```

어떤 줄에서 일치했는지 확인하려면 다음과 같이 사용한다.

```
# grep -n "Sect" test.txt
```

화면에는 다음 결과가 출력된다.

```
2:Sector
3:Sect
4:Sects
```

정확하게 일치하도록 검색하기 위해서는 다음 명령을 사용한다.

```
# grep -x "sect" test.txt
```

화면에는 다음 결과가 출력된다.

파일 안의 Sect는 sect와 정확히 일치하지 않으므로 아무것도 표시되지 않는다.

문자 r로 끝나는 키워드를 찾으려면 다음과 같은 명령을 사용한다.

```
# grep "r$" test.txt
```

화면에는 다음 결과가 출력된다.

```
Sector
```

확장 전역 정규표현 출력[EGREP]은 기본 GREP에는 없는 추가적인 연산자를 허용한다. 다음은 EGREP 표기법이다.

Union/or	|
Kleene star	*
Kleene plus	+
May or might not appear	?

?의 사용이 뜻하는 것은 이전 문자가 키워드에 있을 수 있거나 없을 수 있다는 것이다. 다음 예시를 살펴본다.

```
# grep "Sects?" test.txt
```

화면에는 다음 결과가 출력된다.

```
Sect
Sects
```

EGREP에는 |가 파이프로 알려져 있다. PC 키보드에서는 **Shift** 키를 누르고 엔터키 위에 있는 키를 누른다. 파이프 기능은 'or' 명령어로 작동한다. 파이프를 사용하는 EGREP 표현의 예시는 다음과 같다.

```
# egrep "Sect|Sects" test.txt
```

화면에는 다음 결과가 출력된다.

```
Sect
Sects
```

동일한 결과가 화면에 출력된다. 따라서 GREP와 EGREP가 종종 동일한 출력을 생성하기 위한 함축된 다중 표현을 제공한다는 것을 기억해야 한다.

마지막으로, 빠른 전역 정규표현[FGREP]이 있다. FGREP는 정규표현을 사용하지는 않지만, 문자를 문자 그대로 번역해 GREP보다 빠른 유닉스 검색 유틸리티다. 다음과 같은 FGREP 표현을 고려해본다.

```
# fgrep "$ect" test.txt
```

화면에는 다음과 같은 결과가 출력된다.

```
$ect
```

이제 수사관이 어떻게 GREP를 사용할 수 있는지에 대한 좀 더 실제적인 예시를 살펴본다. 이 예시에서 수사관은 용의자의 기기 안에 있는 워드 문서에 대해 제보를 받았다. 파일명은 bank.docx다. 수사관은 파일명이나 다음과 같은 파일 내용에 대해서는 모른다고 가정한다.

Dave,

Here's the stolen credit card details that I told you about.

Have fun!

J-Man

1. James Colgan

Card# 6011-0001-0001-0001-0001

CVV: 444

Expiration: 12/14

Telephone: (212) 555-0879

SS# 123-45-6789

2. Francis Bolger

Card# 5369000100010001 0001

CVV: 444

Expiration: 0113

Telephone: 6095551111

수사관이 얻은 정보에 따르면 용의자는 3일 전에 워드 문서(.docx)에 접근했다. 다음의 GREP 표현은 지난 3일 동안 접근한 모든 워드 문서를 찾을 수 있다.

```
# find . -name '*.docx' -atime -3
```

이 명령어의 구성은 다음과 같다.

- #는 루트 사용자임을 나타내기 위해 유닉스에서 자동으로 더해졌다.
- find는 FGREP의 검색 기능이다.
- .는 모든 파일에 대해 검색하는 것을 뜻한다.
- -name은 파일명에 대한 검색을 뜻한다.
- *는 Kleene star로, 파일 확장자 앞에 모든 것이 나타날 수 있음을 뜻한다.
- .docx는 검색하고자 하는 파일 확장자를 뜻한다.
- -atime은 일자를 뜻한다.
- -3은 3을 뜻하며, 여기서는 3일을 뜻한다.

만약 수사관이 대략적인 수정 일자를 안다면, -mtime(수정 일자)을 -atime(접근 일자) 대신에 사용할 수 있다.

다음은 수사관에게 유용한 추가적인 GREP 표현이다.

시, 주, 우편번호

`'[a-zA-Z]*, [A-Z][A-Z][0-9][0-9][0-9][0-9][0-9]'`

이메일 주소

`'[a-z0-9\.]*@[a-z0-9\.]*\.[a-z][a-z][a-z]+'`

+는 이메일 주소의 끝에 두 개 혹은 세 개의 문자가 있을 수 있음을 뜻한다.

IP 주소

`'[0-9]*\.[0-9]*\.[0-9]*\.[0-9]*'`

이 정규표현은 IPv4 주소를 위한 것이다. *는 0부터 9 사이의 숫자를 찾으며 \.은 구분점을 뜻한다.

FTK와 엔케이스 도구는 고유의 GREP 버전을 보유하고 있으므로 위의 GREP 명령을 이해하는 것은 큰 도움이 될 것이다.

금융 사기

앞의 범죄 수사에는 금융 사기가 포함됐는데, 더 구체적으로는 신용카드 절도였다. 앞서 나열된 파일들에 대해 GREP 검색을 수행하기 전에, GREP 검색을 더 효과적으로 만들기 위해 신용카드에 대한 기본 정보를 이해하는 것이 중요하다. 더군다나 서방 세계에서는 신용카드 사기가 매우 큰 문제로 떠올랐다.

현재 독특한 신용카드 및 은행 집단이 있으며 아멕스[American Express], 마스터카드[Master Card], 비자[Visa]와 같은 특정 카드는 은행에서 발급한다. 이 카드의 형태는 신용, 직불, 혹은 선불(선물) 카드일 수 있다. 디스커버[Discover]를 비롯한 다른 카드들은 은행을 통해서가 아니라 직접적으로 고객에게 발급된다. 캐피탈 원[Capital One]의 경우는 또 다른 카테고리로, 자체적인 신용카드를 발급하는 은행이다.

컴퓨터에서 신용카드번호를 검색할 때 일련번호 시스템이 어떻게 작동하는지 알면 도움이 된다. 주요 산업 식별자[MII]는 신용카드번호의 첫 숫자다. 그림 4.21은 일부 발급자 카테고리를 보여준다.

MII	카테고리	카드 발급자
3	여행, 오락, 은행/금융	아멕스, 다이너스 클럽
4	은행, 금융	비자
5	은행, 금융	마스터카드
6	판매, 은행/금융	디스커버

그림 4.21 MII 표

발급자 식별번호[IIN]는 신용카드번호의 첫 여섯 개 숫자다. 신용카드번호는 12개에서 19개의 숫자로 이뤄질 수 있다. 그림 4.22는 주요 카드 발급자와 그들의 IIN 목록을 보여준다.

발급자	IIN 범위	숫자의 개수
아멕스	34, 37	15
디스커버*	6011, 6440-6599	16
마스터카드	51-54	16
비자	4	16

* 다이너스클럽 인터내셔널(Diners Club International)은 디스커버 네트워그(Discover Network)를 운영한다.

그림 4.22 IIN 표

앞의 표들에 있는 정보와 bank.docx 파일의 데이터에 근거해 제임스 콜건[James Colgan]은 디스커버 카드를, 프란시스 볼거[Francis Bolger]는 마스터카드를 소유하고 있다는 것이 명료하다. 만약 마스터카드에 대해 검색하기를 원한다면, 신용카드가 총 16개 숫자로 이뤄져 있고 첫 두 개 숫자가 51부터 54의 범위에 속한다는 사실을 아는 것이 도움이 된다.

네 개의 숫자와 대시로 이뤄진 다섯 개의 그룹으로 구성된, 총 16개 숫자의 신용카드를 검색하기 위한 GREP 검색은 다음과 같이 쓰여질 수 있다.

```
# grep "[[:digit:]]\{4\}-[[:digit:]]\{4\}-[[:digit:]]\{4\}-
[[:digit:]\{4\}-[[:digit:]]\{4\}" bank.docx
```

　결과: 6011-0001-0001-0001-0001

하지만 bank.docx 파일에서는 볼거의 신용카드번호가 대시 없이 쓰여 있는 것을 볼 수 있다. 따라서 둘 모두를 찾기 위해서는 다음과 같은 EGREP 명령어가 사용될 수 있다.

```
# egrep "[[:digit:]]\{4\}-?[[:digit:]]\{4\}-?[[:digit:]]\{4\}-
?[[:digit:]\{4\}-?[[:digit:]]\{4\}" bank.docx
```

위 명령어에서 ?는 대시의 존재 여부를 조건에 넣어 화면에 출력해주는 것을 뜻한다.

　결과: 53690001000100010001 그리고 6011-0001-0001-0001-0001

bank.docx에 대한 다음 GREP 검색은 대시가 없는 20개 숫자열을 찾는다.

```
# grep "[[:digit:]]\{20\}" bank.docx
```

결과: 53690001000100010001

다음 GREP 명령어는 4 또는 5 또는 6으로 시작하는 신용카드번호를 찾는다. 다시 말해 비자카드, 마스터카드, 디스커버카드는 일치하지만, 아멕스는 3으로 시작하기 때문에 일치하지 않는다.

```
# egrep [[:digit:]][456]\{3\}-?[[:digit:]]\{4\}-?[[:digit:]]\{4\}-
?[[:digit:]\{4\}-?[[:digit:]]\{4\}" bank.docx
```

결과: 53690001000100010001 그리고 6011-0001-0001-0001-0001

bank.docx 파일에서 구동한 위의 표현식에서 두 개의 신용카드가 일치돼 화면에 출력됐다. GREP에서 [456]은 연속된 {4,5,6}과 동일하다.

또한 bank.docx 파일은 관심을 가질 만한 전화번호를 포함하고 있다. 다음 GREP 명령은 공백이 없는 10자리 전화번호를 검색한다.

```
# grep "^[0-9][0-9][0-9][0-9][0-9][0-9][0-9][0-9][0-9][0-9]$"
```

결과: 6095551111

워드와 마찬가지로, 마이크로소프트 오피스 문서들은 실질적으로 번들 파일이므로 GREP 명령을 수행하기 전에 다른 프로그램을 구동시켜야 한다. 또한 비록 FTK와 엔케이스의 경우 GREP 검색 절차를 수월하게 만들지라도, 전체 하드디스크 드라이브에 대한 직접적인 GREP 명령은 수행할 수 없다.

컴퓨터 포렌식 수사관으로서 리눅스를 아는 것의 중요성은 간과할 수 없다. 특히 이 책의 뒷부분에서 안드로이드Android 포렌식을 다룰 때, 리눅스를 아는 것의 중요성은 더욱 커진다. 온라인상에는 배시 셸 스크립팅(http://www.tldp.org/LDP/abs/html/)에 대한 것과 같은 방대하고 놀라운 자료들이 있다.

사기 확인

수사의 또 다른 중요한 형태는 사기를 확인하는 것이다. 수사관은 GREP 검색을 통해 ABA 번호를 찾게 될 수 있다. 미국은행협회ABA 번호는 수표에서 발견되며, 이 금융 상품이 금융 시스템에서 어떤 경로로 전달되는지를 나타낸다. ABA의 첫 두 개 숫자는 관련된 연방준비은행과 상응한다. 그림 4.23에 이 은행들의 목록이 있다.

ABA의 첫 두 개 숫자	연방준비은행
01	Boston
02	New York
03	Philadelphi
04	Cleveland
05	Richmond
06	Atlanta
07	Chicago
08	St. Louis
09	Minneapolis
10	Kansas City
11	Dallas
12	San Francisco

그림 4.23 ABA 연방준비은행 참고 명단

수사관은 Bank Routing Numbers(www.routingnumbers.com)와 같은 웹사이트를 통해, 정확한 은행과 지점을 빠르게 찾을 수 있다.

GREP와 EGREP는 어떠한 문자 및 숫자 검색에 사용될 수 있으며 IP 주소, 사회 안전번호, 이메일 주소, 그림 파일 등과 같은 중요한 정보에 대한 검색을 수행할 수 있다.

❖ 스키머

스키머는 직불, 신용, 선불카드의 마그네틱 선에서 데이터를 획득하기 위해 사용되는 전자 장비다. 이 장비들은 종종 컴퓨터 포렌식 연구소에서 사용된다. 스키머는 널리 퍼졌으며, 전 세계적으로 신분 위조자들이 사용하고 있다. 일반적으로 배터리로 동작하며, 미국에서는 불법임에도 불구하고 캐나다에서 쉽게 구매할 수 있다. 인터넷을 통해서도 구매할 수 있다. 스키머를 통한 사기를 다룬 종합 보고서를 위해 관련 문서(www.accaglobal.com/content/dam/acca/global/PDF-technical/other-PDFs/skimming-surface.pdf)를 참고할 수 있다.

범죄자는 다양한 형태의 스키머를 사용한다. 패러사이트Parasite는 판매시점정보관리POS 스키머다. 2011년 마이클 스토어Michael's Store의 수많은 판매시점정보관리 단말기에 스키머들이 설치된 것이 밝혀졌고, 결국 7,200개의 단말기가 교체됐다. 또한 범죄자는 다양한 형태의 패러사이트들을 사용한다. 한 형태는 단말기에 침투했다. 다른 가짜 단말기가 설치됐으며 사용자의 신용카드 및 직불카드로부터 정보를 취득하지만, 결제 시스템으로서는 작동하지 않는 형태였다. 일부 POS 스키머는 수작업으로 제작됐다. 마지막 형태의 스키머는 기존 POS를 변조하기 위한 자작형DIY 키트였다. 이 DIY 키트는 VeriFone, Ingenico, Xyrun, TechTrex의 POS 단말기에서 작동한다. POS 스키머에는 블루투스 보드가 설치돼 있을 수 있으며, 이는 범죄자가 사용자 POS 정보를 블루투스로 컴퓨터나 휴대폰에 다운로드할 수 있도록 해준다. 이는 범죄자가 무선을 통해 몰래 정보를 취득할 수 있는 수단이 됐으며, 전통적으로는 얇은 종이로 된 가짜 키패드를 POS의 진짜 키패드 위에 올려놓고 실제 PIN을 획득할 수 있도록 돼 있다.

ATM 스키머는 ATM카드나 신용카드의 마그네틱 선으로부터 정보를 획득하기 위해 사용된다. ATM은 이 정보를 획득하기 위한 가짜 입구(그림 4.24 및 4.25)를 갖고 있는데, 다시 말하면 가짜 카드 리더기가 진짜 위에 덮여 있다. 주로 ATM 가까이에 작은 카메라가 숨겨져 있어 PIN 번호를 획득한다. 이 카메라는 ATM에 부착된 가짜 전단지 상자에 숨겨져 있거나, 가짜 화재 감지기와 같은 다른 공간에 있다. 때로는 카메라를 사용하는 방법 대신에 가짜 PIN 패드를 부착하는 방법이 이용될 수 있다.

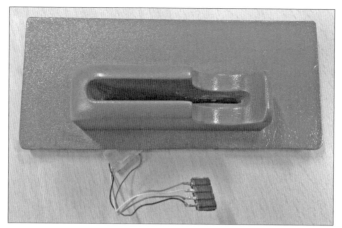

그림 4.24 가짜 ATM카드 입구

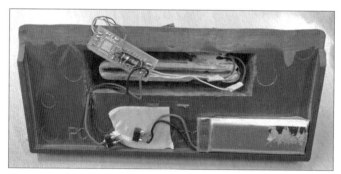

그림 4.25 스키머 장비가 부착돼 있는 ATM카드 입구의 뒷면

IBM은 1960년에 마그네틱 선을 만들었다. 정보는 자성의 철 입자들에 저장된다. 미국에서 스키머는 불법이지만, 마그네틱 스트라이프 인코더는 그렇지 않다. 마그네틱 스트라이프 인코더는 마그네틱 선이 있는 플라스틱 카드에 정보를 전송하기 위해 사용되는 장비다(그림 4.26).

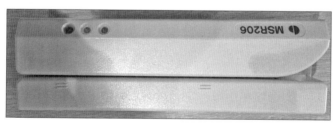

그림 4.26 마그네틱 선 리더기

합법적인 원본 카드처럼 보이는 신용카드를 제작할 수 있는 고급 기술자/프로그래머들이 있다. 컴퓨터 프로그래머는 주로 스키머를 컴퓨터에 연결함으로써 고객 카드 정보를 다운로드한다. 이 정보는 컴퓨터 포트 또는 EEPROM의 핀에 연결함으로써 획득할 수 있다. 많은 스키머가 비밀번호를 가지고 있으며, 범죄 용의자와의 협력을 통해 이를 우회해야 할 수 있다. 흥미로운 것은 이 장비들의 일부는 비밀번호가 걸려 있거나 암호화된 획득 정보를 포함할 수 있는데, 이는 법 집행관을 피하기 위해서가 아니라 범죄자들 스스로가 신용카드 정보를 가져가서 사용하지 않도록 방지하기 위해서다. 범죄 기술자가 심복을 통해 스키머 장비를 취합하고 데이터를 다운로드하면, 기술자는 백색의 공 카드를 실제 신용카드처럼 보이게 해주는 특별한 프린터를 통해 가짜 신용카드를 만들 수 있다. 이어서 마그네틱 스트라이프 인코더를 통해 사용자 정보를 카드에 더한다. 신용카드가 준비되면, 수많은 '쇼핑객'들이 나가서 사기 구매를 수행한다. 구매된 상품들은 이베이와 같은 웹사이트에서 판매될 수 있다.

미국 국토안전부 비밀수사국과 FBI는 미국 내의 스키머 수사에 굉장히 적극적이다. 이 수사는 일반적으로 피해를 입은 금융 기관의 협력이나 지역 법 집행관의 도움을 받아 진행된다. 이 스키머들을 조사하기 위해 주로 사용되는 소프트웨어는 Exeba-COMM 법 집행관 버전이며, 스키머와 탈취 정보에 대해 포렌식적으로 분석하고 해독한다. 널리 퍼진 스키머 범죄를 해결하기 위한 법이 이제 막 도입됐는데, 뉴욕주의 형법전에는 이제 스키머 장비의 위법적 요인에 대한 내용이 포함돼 있다.

❖ 요약

컴퓨터 포렌식 연구소의 설립과 운영은 증거를 발견하고 증거를 법원에서 인정할 수 있도록 처리하는 것 모두에서 매우 중요한 역할을 수행한다. 미국 범죄 연구소 소장 연합회/연구소 인증협회(ASCLD/LAB)는 독립적인 비영리 기관으로, 연구소 관리에 대한 안내서를 제공하며 또한 연구소를 인증한다. 컴퓨터 포렌식 연구소는 연구소에서 사용될 장비뿐만 아니라 현장에서 사용될 장비도 구비해야 한다. 특히 모바일 기기를 비롯한 전자 기기의 다양한 범위는 곧 지난 몇 년 동안 증거 획득을 위한 하드웨어 및 소프트웨어가 다양해졌으며 이에 대한 비용도 증가했음을 나타낸다. 컴퓨터 포렌식 연구소를 설립하고 운영하는 과정에서 연구소 예산을 수립하는 것은 중요하다. 또한 에너지 관련 요구 사항과 안전 및 보안 관련 고려 사항이 있으며, 연구소 운영에 대한 일반적 관리 방안이 수립돼야 한다.

컴퓨터 포렌식 연구소는 범죄 수사만을 위한 것이 아니다. 사적 영역에서 이 연구소는 이디스커버리를 위해 사용돼, 민사 소송과 관련된 자료를 찾기 위해 사용될 수 있다. 모든 대형 회계 법인은 전통적으로 컴퓨터 포렌식 연구소를 갖고 있으며, 고객에게 이디스커버리 서비스를 제공한다.

이미지를 바탕으로 특정 시점에 용의자가 어디에 있었는지에 대한 정보를 얻을 수 있으므로 사진 포렌식은 굉장히 중요하다. 특히 소셜 네트워킹 사이트와 같은 웹에 사진이 얼마나 많은가에서 사진의 중요성이 나타난다. 사진은 아동 포르노 사건에서 특히 중요하다. 10장, '사진 포렌식'에서 이에 대해 깊이 다룬다.

오늘날 방대한 컴퓨터 포렌식 도구가 있지만, 모든 것이 비싸지는 않다. dd는 심지어 네트워크를 통해 원격으로도 포렌식 이미지를 생성할 수 있는 유닉스 명령어 유틸리티다. 전역 정규표현 출력GREP은 유닉스 표현식 집합으로, 사회안전번호와 신용카드번호 같은 패턴이나 주요 단어를 검색하기 위해 사용된다.

마지막으로 스키머는 신용, 직불, 선불, 선물카드의 마그네틱 선으로부터 개인 및 금융 정보를 획득하기 위해 사용되는 장비다. 컴퓨터 포렌식 연구소에서 법 집행관은 종종 이 증거들을 전달받고 조사하도록 요청받는다.

❖ 주요 용어

가상 머신: 단/복수의 운영체제를 대체하는 컴퓨터 구동 소프트웨어로, 사용자 컴퓨터에 어떤 변화도 일으키지 않는다.

고급 포렌식 형식AFF: 오픈소스 형식으로, 심슨 가핀켈Simson Garfinkel이 개발해 오토스파이와 Sleuth Kit 포렌식 소프트웨어에서 지원한다.

디지털 증거에 대한 과학적 작업 그룹SWGDE: 디지털 및 멀티미디어 증거를 연구하는 수사관에게 표준을 제시하고 연구 결과를 공유하는 위원회다.

래스터 기반의 그래픽: 픽셀에 기반한 직사각형 그림이다.

마그네틱 스트라이프 인코더: 마그네틱 선이 있는 플라스틱 카드에 정보를 전송하기 위해 사용되는 장비다.

무손실 압축: 원본 데이터의 손실 없이 파일에서 불필요한 데이터를 제거하는 것이다.

무정전 전원장치UPS: 정전 사태에도 자체 배터리를 통해 전기를 공급하는 장치다.

무차별 대입 공격: 자료를 복호화하기 위해 가능한 모든 키를 확인한다.

미국은행협회ABA **번호**: 수표에서 발견되며, 이 금융 상품이 금융 시스템에서 어떤 경로로 전달되는지를 나타낸다.

발급자 식별번호IIN: 신용카드번호의 첫 여섯 개 숫자다.

빠른 전역 정규표현 출력FGREP: 정규표현을 사용하지는 않지만 문자를 문자 그대로 번역해 GREP보다 빠른 유닉스 검색 유틸리티다.

사전 대입 공격: 사전에 정의된 단어 목록을 사용해 자료를 복호화하거나 사용자 인증을 수행한다.

손실 압축: 이미지 품질 저하와 데이터 손실을 통해 사진을 작게 만드는 것이다.

암호 해석 공격: 암호화 알고리즘과 프로토콜의 취약점을 노려 시스템을 붕괴시키거나 자료에 대한 접근을 획득한다.

엔스크립트EnScript: 가이던스 소프트웨어에서 개발한 프로그래밍 언어로, 엔케이스 사용자가 그들 고유의 맞춤형 기능을 만들 수 있도록 한다.

원고: 다른 집단에 항의하며 소송을 시작하는 집단을 뜻한다.

이디스커버리: 소송을 위해 전자 데이터를 찾아내는 것을 뜻한다.

작업대: 수사 분석을 위한 하드웨어 기기를 준비하기 위해 사용된다.

전역 정규표현 출력GREP: 패턴 매칭을 위해 사용되는 강력한 유닉스 표현 집합이다.

전자저장정보^{ESI}: 이메일, 워드 문서, 엑셀 문서, 데이터베이스, 그리고 다른 모든 종류의 디지털 저장 정보가 포함될 수 있다.

정전기 방지 폴리에틸렌 증거 봉투: 전자 기기를 정전기로부터 방어할 수 있도록 설계됐다.

주요 산업 식별자^{MII}: 신용카드번호의 첫 숫자다.

증거 개시: 민사 소송에 관련된 각 단체가 증거를 상대방에게 요청해 재판으로 가져가는 기간이다.

증거 보관함: 개별적으로 잠길 수 있는 칸으로 구성돼 있는 철제함이다.

파일 카빙: 파일의 정체를 규명하는 데 파일 확장자 및 메타데이터를 이용하기보다는 파일 헤더나 푸터와 같이 특정한 성격을 사용하는 절차다.

패러사이트^{Parasite}: 판매시점정보관리 스키머다.

펌웨어: 휴대폰, 게임 콘솔, 하드디스크 드라이브와 같은 전자 기기를 제어하는 프로그램을 뜻한다.

확장 전역 정규표현 출력^{EGREP}: 기본 GREP에는 없는 추가적인 연산자를 허용한다.

휴대폰 재머: 휴대폰 사용자가 다른 휴대폰에 연결하는 것을 방지한다.

ABC 소화기: 일인산 암모늄 가루와 황산 암모늄으로 알려진 건식 소화제를 쓰며, 이에 따라 누전 화재에 적합한 소화기다.

ASCLD/LAB: 원래 1981년 창립된 ASCLD의 위원회였다.

ASCLD: 포렌식 연구소를 위한 표준과 안내서를 제공하는 비영리 조직이다.

ATM 스키머: ATM카드나 신용카드의 마그네틱 선으로부터 정보를 취득하기 위해 사용된다.

E01: 가이던스 소프트웨어가 만든 포렌식 디스크 이미지 파일 형식이다.

SMART 파일: 원래 ASRData의 전문가 증인에 의해 개발된 압축/무압축 포렌식 디스크 이미지 파일이다.

❖ 강의 토론

1. 성공적인 컴퓨터 포렌식을 기획/구축/운영하기 위한 절차를 설명한다.

2. 컴퓨터 포렌식 수사에서 GREP가 어떻게 사용되는지 설명한다.

3. 범죄 현장에 법 집행 컴퓨터 포렌식 수사관이 가져가야 하는 장비의 종류를 상세히 설명한다.

4. 전 세계적으로 스키머가 왜 커다란 문제가 됐는지를 설명한다.

❖ 객관식 문제

1. 다음 중 누전 화재에 적합한 소화기는?

    A. AFF

    B. FAC

    C. DBA

    D. ABC

2. 다음 중 은행 지점까지의 경로 정보를 표시해주는 것은?

    A. ABC

    B. AFF

    C. ABA

    D. ESI

3. 다음 중 정규표현을 사용하지는 않지만 문자를 문자 그대로 번역해 GREP보다 빠른 유닉스 검색을 제공하는 유틸리티는?

    A. FGREP

    B. GREP

C. EGREP

D. XGREP

4. 다음 중 사전에 정의된 단어 목록을 사용해 자료를 복호화하거나 사용자 인증을 수행하는 것은?

A. 사전 대입 공격

B. 무차별 대입 공격

C. EGREP

D. 암호 해석 공격

5. 다음 중 가이던스 소프트웨어가 만든 포렌식 디스크 이미지 파일 형식은?

A. AFF

B. dd

C. AD1

D. E01

6. 다음 중 ASRData의 전문가 증인에 의해 개발된 압축/무압축 포렌식 디스크 이미지 파일 형식은?

A. AFF

B. E01

C. SMART

D. RAW

7. 다음 중 전자저장정보^{ESI}에 포함될 수 있는 것은?

A. 이메일

B. 엑셀 문서

C. 데이터베이스

D. 상기 모두

8. 다음 중 포렌식 연구소를 위한 안내와 인증을 제공하는 독립적 단체는?

 A. ASCLD

 B. ASCLD/LAB

 C. ESI

 D. SWGDE

9. 다음 중 신용카드번호의 첫 여섯 개 숫자는?

 A. 발급자 식별번호

 B. 주요 산업 식별자

 C. 전자저장정보

 D. 연속적 식별번호

10. 다음 중 포렌식 파일 이미지 형식이 아닌 것은?

 A. dd

 B. E01

 C. SMART

 D. UPS

❖ 빈칸 채우기

1. _____ 포렌식 형식은 오픈소스 형식으로, 심슨 가핀켈이 개발해 오토스파이와 Sleuth Kit 포렌식 소프트웨어에서 지원한다.

2. ATM _____는 ATM카드나 신용카드의 마그네틱 선으로부터 정보를 취득하기 위해 사용된다.

3. 휴대폰 주파수 _____는 휴대폰 사용자가 다른 휴대폰에 연결하는 것을 방지한다.

4. _____는 가이던스 소프트웨어에서 개발한 프로그래밍 언어로, 엔케이스 사용자가 그들 고유의 맞춤형 기능을 만들 수 있도록 한다.

5. 파일 _____은 파일의 정체를 규명하는 데 파일 확장자 및 메타데이터를 이용하기보다는 파일 헤더나 푸터와 같은 특정한 성격을 사용하는 절차다.

6. _____ 압축은 원본 데이터의 손실 없이 파일에서 불필요한 데이터를 제거하는 것이다.

7. _____ 머신은 단/복수의 운영체제를 대체하는 컴퓨터 구동 소프트웨어로, 사용자 컴퓨터에 어떤 변화도 일으키지 않는다.

8. _____ 전원장치는 정전 사태에도 자체 배터리를 통해 전기를 공급하는 장치다.

9. _____는 판매시점정보관리 스키머다.

10. 증거 _____은 개별적으로 잠길 수 있는 칸으로 구성돼 있는 철제함이다.

❖ 프로젝트

궁극적인 연구소 설계

지방 법 집행 기관을 위한 컴퓨터 포렌식 연구소의 설계 작업에 착수했다. 새 연구소를 위해 100만 달러의 예산이 있다고 가정한다. 연구소의 레이아웃 그림을 그리고, 이 장에서 배운 내용에 기반해 연구소를 위해 구매할 항목들의 목록(소프트웨어, 하드웨어 등)을 작성해본다.

포렌식 연구소를 위한 계획 수립

컴퓨터 포렌식 분야에서 가장 좋은 실천 사례인 NIST 출판물과 ASCLD/LAB 안내서를 사용해 새로운 컴퓨터 포렌식 연구소를 위한 계획을 수립한다. 물리 보안, 감사, BMT 도구, 관리, 지속적 훈련과 같은 중요한 개념을 포함시킨다.

5장 온라인 조사

5장에서 다루는 내용

- 다양한 온라인 소스를 통해 혐의자에 대한 개인정보를 수집하는 방법
- 법 집행에서 혐의 작성을 위해 이용 가능한 데이터베이스
- 온라인 범죄의 다양한 종류와 범죄 수사를 온라인으로 수행하는 방법
- 수사 보고서를 작성할 재료가 되는 인터넷 통신, 비디오, 이미지, 기타 콘텐츠를 수집하는 방법

개요

온라인 조사를 수행하거나 개인정보를 검색하는 방법을 대학교 제자들에게 질문했을 때 학생들은 일반적으로 구글 검색을 언급했다. 그러나 단순히 구글을 이용해 정보를 검색하게 되면 초점이 불분명한 검색 결과가 나오기 마련이다. 또한 조사관이 혐의자의 특정 개인정보를 찾기 위해 구글 검색 결과에서 자료를 수집하는 데 몇 시간씩 걸릴 수 있다. 이 장에서는 개인의 타깃 정보를 찾는 방법과 은밀히 혐의자와 온라인으로 접선하는 방법, 궁극적으로 조사관의 조사 및 통신 결과를 완전히 기록할 수 있는 방법 등을 다룰 예정이다.

흔히 온라인 조사라고 하면 혐의자와 온라인을 통해 수사를 진행하는 비밀 수사

관을 떠올린다. 그러나 우리는 회사가 끊임없이 온라인 조사를 수행하고 있다는 것 또한 염두에 둬야 한다. 특히 신입사원을 채용하는 과정에서 온라인 조사가 많이 이뤄진다. 더욱이 고용주를 비방하는 글을 온라인으로 포스팅하는 등의 사건들이 다양하게 일어나고 있기 때문에 회사는 블로그나 소셜 미디어 웹사이트에서 나타나는 직원들의 활동을 상시 모니터링하고 있다. 실제로 많은 회사들은 온라인으로 고용주에 대해 언급하는 일을 제한하려는 목적으로 회사 내 인터넷 정책을 재정립하고 있다.

한 예로, 미국 구급차 수송센터American Medical Response에서 일하던 던매리 사우자 Dawnmarie Souza라는 직원이 회사 내 동료를 비방하는 글을 페이스북에 올려 고용주에 의해 해고되는 일이 있었다. 미국의 전국노동관계위원회NLRB와 사우자는 이를 인정하지 못하고 끝내 법정에 서게 됐다. NLRB와 사우자는 그녀의 집에서 휴식하며 PC로 페이스북에 글을 올렸기 때문에 헌법에 대한 권리를 침해받고 있다고 주장했다. NLRB는 회사의 인터넷 및 소셜 미디어 관련 정책이 직원들의 권리를 침해한다고 믿어왔다. 결국 회사와 사우자는 합의했고, 회사는 직원들이 회사에 대한 개인적인 의견을 온라인으로 포스팅하는 것을 금지하지 않도록 회사 블로그와 인터넷 사용 정책을 변경했다.

다른 예로, 캘리포니아의 메사 버드 고등학교에 다니는 도니 토볼스키Donny Tobolski 라는 학생이 개인 페이스북에 선생님을 무례하게 언급하는 글을 남겨 정학당하는 사건이 있었다. 그 소년은 생물 선생님에 대해 "패스트푸드를 더 이상 먹어서는 안 될 뚱땡이, 얼간이"라고 언급했다. 그러나 미국시민자유연맹ACLU은 학교가 학생의 주 및 연방 헌법 권리뿐만 아니라 교육 규정을 어기고 있다고 주장했다.

이 장에서는 범죄 수사를 위한 혐의자나 희생자의 신상 정보를 만들기 위해 일부 온라인 리소스(무료 또는 프리미엄 서비스를 제공받기 위한 유료 서비스 이용)를 활용하는 방법을 세부적으로 다룰 예정이다. 게다가 이 장에서는 일반 대중으로부터 지식을 수집하고 정보를 제공할 목적으로 국제, 연방, 주, 지방 기관에서 일반적으로 사용되는 데이터베이스에 대해서도 깊이 분석해본다.

❖ 첩보 활동

첩보 활동undercover investigation은 개인 또는 혐의자가 조사관의 진짜 신분을 알지 못하는 상황에서 정보를 수집하는 과정이다. 혐의자와의 그 어떤 커넥션이 있기 전에 조사관은 대상에 대한 사전 정찰을 수행할 것이다. 이런 사전 조사는 혐의자에 대한 신상 정보를 구축해놓는 것도 포함한다. 신상 정보에는 이 장에서 논의되는 개인정보의 다양한 종류뿐만 아니라 혐의자의 행동 양상을 기록하는 것도 포함된다. 개개인의 데이터나 습관 등의 태도, 통신 이력, 일반적인 행동 양상이 날이 갈수록 인터넷을 통해 수집되고 있으므로, 혐의자에 대한 온라인 정찰 활동은 더욱 의미를 더해가고 있다. 게다가 인터넷이 특정 범죄 활동을 부추기고 있다는 것도 사실이다. 범죄자의 입장에서는 누군가의 지갑을 훔치는 것보다 특정 개인에 대한 신용카드 정보를 온라인으로 절취하는 것이 더 쉽다. 소아성애자는 비슷한 성도착자를 찾거나 그들의 범행 계획을 면밀히 하기 위한 방법으로 온라인을 더 자주 활용하고 있다. 그러나 인터넷은 첩보 수사원에게도 이점을 제공하고 있다. 즉 온라인 채팅에서 40대 수사관이 14세 소녀로 위장하는 방법으로 상대적으로 쉽게 소아성애자를 끌어들일 수 있다. 정찰 도중에 수사관은 혐의자의 이메일 계정이나 사용자 그룹, 또는 소셜 네트워킹 웹사이트에서 정보를 획득할 수도 있다.

혐의자의 배경을 조사한 이후 혐의자 감시를 시작할 수 있다. 수사관은 혐의자의 주거지, 이동 경로, 일상생활의 패턴에 대한 모니터링을 시작하고 일반적으로 혐의자의 행동 양상을 기록할 것이다. 온라인과 비슷하게, 수사관은 채팅방과 사용자 그룹 내에서 혐의자의 활동을 주시할 것이다. 이런 조사 단계 내에서 조사관은 수사관이 혐의자의 활동을 비디오나 오디오 등을 비롯해 어떤 방식으로 기록할 것인지에 대해 계획하며, 영장 발부 요청이 필요한지 여부를 결정한다. 또한 수사관과 혐의자 상호 간에 발생할 수 있는 이벤트에 대해 예측한다.

조사의 다음 과정은 혐의자의 움직임에 대한 좀 더 형식적인 모니터링과 기록을 포함한다. 수사 과정에서 이 단계는 수색 영장이나 도청뿐 아니라, 법원이 수용할 만한 구속 영장을 발부받아 활동하는 것도 포함한다.

마지막으로, 함정 수사에 대해서도 알아보자. 이 단계의 조사는 범행을 저지르거나 계획하는 현장을 포착하기 위한 것이다. 수사관은 범죄 행위에 대한 증거를 남기기 위해 사용하는 장비를 액세서리인 것처럼 위장하거나, 아동을 대상으로 한 조사인 경우에는 조사관이 마치 어린이인양 위장해 범죄 혐의자와 이야기하기도 한다. 요즘은 혐의자를 체포하기 위한 미끼로 실제 아이(목소리)를 참여시키지 않아도 되므로 인터넷은 그런 수사 과정을 더욱 쉽게 만든다. 대부분의 경우 혐의자는 자신이 어린이를 주차장으로 유인할 수 있었다고 믿지만, 실제로 그곳은 경찰이 혐의자를 체포하기 위해 유인하는 장소다.

신분증 발급

현실적으로, 수사관이 첩보 활동을 위해 신분증을 위조하는 것은 어렵지 않다. 그럼에도 불구하고 신분증 위조를 쉽게 할 수 있는 서비스도 있다. 가짜 신상 정보 생성기는 공짜 온라인 서비스로서 사용자에게 임의 신상 정보를 생성해준다(그림 5.1 참조). 더욱이 해당 서비스는 사용자가 성별, 국적에 따른 이름 종류(미국, 중국, 라틴 아메리카 등), 국적(오스트레일리아, 이태리, 미국 등)을 선택할 수도 있다. 일단 이 세 개 항목이 등록되면, 가짜 이름과 주소, 이메일 주소, 전화번호, 신용카드번호, 주민번호, 몸무게, 키, 기타 그럴싸한 개인정보가 생성된다. 물론 때때로 조사관이 어린 여자아이로 위장해 소아성애 혐의자와 온라인 채팅을 하는 등의 특정 조사 활동에서는 이 방법을 이용해 비밀 신분증을 생성할지 여부를 결정할 수도 있다.

그림 5.1 가짜 이름 생성기 웹사이트 화면

이메일 계정 생성

첩보 활동을 하면서 조사 과정에서 사용될 만한 서비스를 이용하기 위해 임시 이메일 계정을 생성하는 작업이 필요할지도 모른다. 예를 들어 구글 계정을 새로 만드는 과정에서는 다른 계정 하나를 등록해야 승인이 가능하다. 일반 사용자가 받은 편지함이 있는 임시 이메일 계정 생성을 가능케 하는 일회용 이메일 서비스가 다수 존재한다. 브라우저가 한 번 닫히게 되면, 그 이메일 계정은 제거된다. 구글은 이메일 헤더에 존재하는 원래 IP 주소를 임의로 변경하기 때문에, 구글 계정은 첩보 활동에서 특히 유용하다.

  게릴라메일(www.gerrillamail.com)은 사용자가 임시 이메일 계정을 생성할 수 있게 해주는 서비스로, 가입 시 어떤 정보 등록도 요구하지 않는다(그림 5.2 참조). 그렇다고 당신의 임시 이메일 주소 뒤에 @guerrillamail.com이 붙지도 않는다. 게릴라메일 주소는 60분 동안만 유효하다.

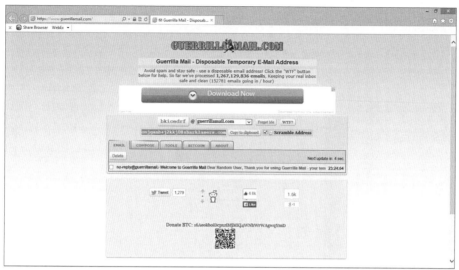

그림 5.2 게릴라메일 웹사이트

또 다른 서비스로, 메일 익스파이어^{mail expire}(www.mailexpire.com)는 3개월 동안 유효한 일회용 이메일 계정을 생성할 수 있게 해주는 서비스다(그림 5.3 참조). 그러나 게릴라메일과는 달리 메일 익스파이어는 기존의 다른 이메일 주소를 등록해야 하는 절차가 따른다.

그림 5.3 메일 익스파이어 웹사이트

그 어떤 정보 입력도 요구하지 않는 임시 이메일 서비스로 메일리네이터^{mailinator}
라는 것도 있다(그림 5.4 참조). 흥미롭게도, hipster@mailinator.com과 같이 사용
자가 고유 이름을 임의로 생성할 수도 있다.

그림 5.4 메일리네이터 웹사이트

이 모든 일회성 이메일 서비스는 스팸 메일을 받고 싶지 않은 사용자에게 유용하
다고 알려져 있다. 하지만 이런 서비스들은 수사관이 실제 본인의 개인 신원 확인
정보를 제공하지 않고도 특정 서비스를 이용할 수 있게 도와주는 이상적인 방법을
제공해주고 있다.

요약하면, 조사관은 첩보 활동을 위해 허위 프로필을 생성할 수 있다. 그리고 지
메일^{Gmail}이나 기타 다른 이메일 계정은 허위 프로필을 가지고 생성할 수 있다. 지
메일 등록 과정에서 요구되는 또 다른 이메일 계정은 메일리네이터와 같은 서비스
에서 생성된 임시 계정일 가능성이 있다. 수사관은 메일리네이터 메일로 받은 승인
메일 내의 링크를 클릭해 지메일 계정 설정 작업을 마치게 된다.

신분 숨기기

수사관은 온라인에서 신분을 숨긴 채 활동하기 위해 다양한 방법을 사용하고 있다. Bluffmycall.com은 (1) 사용자가 전화를 걸 때 발신자 ID를 변경할 수 있게 해주고, (2) 목소리를 변조하거나 (3) 통화 이력을 녹음하는 기능도 지원한다(그림 5.5 참조). SpoofCard(www.spoofcard.com)도 비슷한 서비스를 제공하면서 자주 사용되고 있다.

그림 5.5 Bluffmycall.com 웹사이트

스파이 다이얼러^{Spy Dialer}(www.spydialer.com)는 발신자의 번호를 숨긴 채 휴대폰으로 전화를 걸어 수신자의 목소리를 들을 수 있는 무료 온라인 서비스다(그림 5.6 참조). 해당 서비스는 스마트폰 앱으로도 다운로드해 활용할 수 있다.

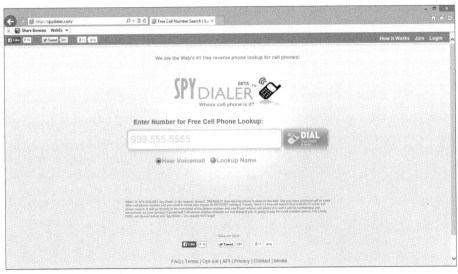

그림 5.6 SpyDialer.com 웹사이트

법 집행 과정에서 휴대폰 통신사를 바꿔가며 추적망을 피하는 범죄자를 검거하기 위해 지역번호 이동 향상 분석 플랫폼LEAP, Local Number Portability Enhanced Analytic Platform이라는 서비스를 이용할 수 있다. 해당 서비스에 대한 더 많은 정보는 http://leap.neustar.biz/에서 확인할 수 있다. FoneFinder(fonefinder.net) 서비스에서 역검색을 이용해 전화번호와 관련된 캐리어 이름을 찾는 것도 가능하다. 그리고 나서 Neustar(www.neustar.biz)를 이용해 특정 번호 사용자가 다른 통신사로 변경했는지 여부를 알아볼 수도 있다.

법 집행을 위해서는 전화 통화 도청 이력 증거를 제출해야 한다는 것을 염두에 둬야 한다. 또한 도청 기록이 증거로 제출될 수 있는지 여부가 주마다 다르게 적용된다. 즉 뉴욕에서는 도청 기록을 제출하기 위해 한 정당의 승인만 있으면 되는 반면, 캘리포니아의 경우 두 정당 모두로부터 합의가 이뤄져야 가능한 일이다. 뉴욕에서는 판사의 승인이나 허가 없이 전화 도청을 하는 행위는 중죄로 간주된다. 뉴욕을 제외한 다른 주의 경우 모든 당이 동의해야 도청 기록 제출이 가능하다.

이를 명확하게 보여주는 것은 1999년에 있었던 사건인데, 모니카 르윈스키가 클린턴 대통령과의 관계를 자백한 내용을 녹음한 린다 트립이 매릴랜드 법에 의해 도청 혐의로 기소됐다. 이러한 경우 각 도청법 혐의에 대해 최고 5년의 징역형이나 1만 달러의 벌금형에 처하도록 규정하고 있다.

　사용자의 신분(더 정확히 말하면 IP 주소)은 온라인 프락시를 사용함으로써 숨길 수 있다. 온라인 프락시를 이용하면 사용자 본인의 IP 주소를 숨긴 상태에서 다른 컴퓨터와 통신할 수 있다. 온라인 프락시 서비스는 vip72.com, Megaproxy.com(그림 5.7 참조), Anonymizer.com, The-cloak.com 등의 사이트에서 제공하고 있다. 데이빗 커넬David Kernell('루비코Rubico'라는 이름으로 활동)이 프락시 서비스를 이용해 사라 팰린Sarah Palin의 이메일 계정을 해킹했던 사례에서, 조사관은 빠른 시간 내에 원래 IP 주소를 추적해낼 수 있었다. 커넬은 팰린의 이메일을 4chan(익명으로 정보를 올려 공유하는 웹사이트로, 해킹을 통해 획득한 민감한 정보도 가끔 확인할 수 있다.)으로 포스팅한 이후 그의 이메일 주소(rubico10@yahoo.com) 또한 사용할 수 없게 됐다.

그림 5.7 Megaproxy.com 웹사이트

　이러한 여러 익명 서비스(온라인 프락시)는 범죄자가 컴퓨터 범죄 행위를 사용할 때 악용된다. 더욱이 프락시를 사용하는 많은 컴퓨터는 컴퓨터 소유자의 사용자 승인 없이 사용되고 있을 뿐만 아니라 봇넷으로 활용되기도 한다. 그러므로 이 프락시 서비스와 서버는 미국 밖에서 운영하고 있으며, 특히 러시아나 우크라이나와 같이 미국법이 거의 적용되지 않는 곳이 일반적이다. 미국 조사관은 프라이버시 보호법으로 인해 조사에 제한을 받을 수 있으므로 서버 데이터에 접근하는 데 종종 어려움을 겪기도 한다.

토르

토르Tor는 무료 오픈소스 소프트웨어며 사용자가 익명으로 인터넷 서핑을 할 수 있도록 지원하는 오픈 네트워크 서비스다. 처음에 토르는 'The Onion Router'의 머리글자를 따서 지어졌으며 미 해군 연구소에 의해 처음 개발됐다. 사용자는 토르 브라우저 번들을 쉽게 다운로드할 수 있으며, 전 세계 토르 네트워크에 구축된 다양한 호스트 컴퓨터를 프락시로 활용해 익명으로 인터넷을 이용할 수 있다. 또한 토르 사용자의 위치를 밝힐 필요 없이 웹사이트를 개설할 수 있으며, 개설된 사이트는 토르 사용자에게만 공개돼 있다. 이 사이트는 인터넷 익스플로러와 같은 일반적인 브라우저로는 검색이 불가능하므로 보통 다크웹Dark Web으로 불린다. 대부분의 다크웹은 사이버 범죄자에 의해 호스팅되고 있다.

토르는 네트워크 사용자의 신분이 불분명할 뿐만 아니라 알 수 없는 위치에 개설된 웹사이트와 익명의 사용자들을 대동한 사이버 범죄 활동을 수행하는 범죄 사이트의 소유자를 알 수 없기 때문에 조사관 입장에서는 다루기가 매우 까다롭다. 토르는 악성 소프트웨어 감염의 번식지로도 활용되고 있다. 실크 로드Silk Road는 다크웹 중 하나로, 100만 명 가까운 사용자가 가입됐으며 드레드 파이럿 로버츠Dread Pirate Roberts로도 알려진 윌리엄 울브리히트William Ulbricht에 의해 2011년 개설됐다. 그곳은 LSD, 코카인, 히로인 등 마약 암거래를 부추기고 있었고, 익명성을 확보하기 위해 비트코인을 결제 수단으로 활용하기도 했다. 2년 반이라는 시간 동안 실크 로드에서 950만 비트코인(1.3억 달러)의 물건이 거래됐으며 실크 로드의 커미션은 총 8,500만 달러에 달했다.

온라인 사용자의 신분 확인이 어렵거나 불가능하다고 할지라도 일단 범죄자의 컴퓨터를 확보하면, 법 집행 내에서 진행되는 포렌식 수사로 토르 브라우저를 이용해 활동한 사용자의 많은 증거 이력을 확보할 수 있다. 혐의자 컴퓨터가 켜져 있는 경우 일부 토르 브라우저의 활동 이력은 램^{RAM}이나 hiberfil.sys 파일에서 추출할 수도 있는데, 이 파일은 PC가 절전 모드로 전환됐을 때 램의 내용이 저장되는 곳이다. GREP 검색을 수행할 때 다음 문구가 활용될 수 있다.

```
http.{5,100}\.onion
```

만약 테일스$^{Tails, The Amnesic Incognito Live System}$를 활용해 토르를 사용한다면, 증거 추출 작업은 힘들어질 수 있다. 테일스는 사용자 익명성을 보장하기 위한 라이브 운영체제다. USB나 SD 카드, DVD를 통해 어떤 컴퓨터에서도 가상으로 사용할 수 있다.

인비저블 인터넷 프로젝트

인비저블 인터넷 프로젝트^{I2P}는 안전한 통신과 익명 웹서핑이 가능한 툴이다. 이 네트워크는 공개 키 암호화를 사용하며 토르와 같이 웹사이트는 익명 사용자에 의해 호스팅된다. 혐의자 컴퓨터에서 볼 수 있는 router.config 파일은 I2P에 접속한 사용자의 정보 일부를 포함하고 있다. 조사관은 혐의자 PC에서 .i2p 확장자로 된 파일도 찾을 수 있다.

프리넷

P2P 네트워크를 사용하는 프리넷^{Freenet}은 2000년 소개됐다. 프리넷은 데이터 저장소의 네트워크로서 네트워크에 연결된 사용자가 상대방의 컴퓨터에 암호화된 형식으로 파일을 저장할 수 있다. 사용자에게 할당된 최소 256MB 공간을 P2P 커뮤니티에 공유해야 하며, 더 많은 공간을 공유할수록 네트워크에 접근하는 속도가 빨라진다(이론상). 정보 공유와 통신을 위해 두 가지 모드가 존재한다. 'Opennet'은 한 사용자가 네트워크에 존재하는 다른 호스트에 자동으로 접속되는 방식이고, 'Darknet'은 한 사용자가 네트워크에 존재하는 신뢰된 특정 사용자 호스트를 지정해 통신하는 방식이다. 토르와 비슷하게 프리넷은 익명성과 함께 표현의 자유를 보

장하는 데 그 목적이 있으며, 학대 아동에 대한 이미지와 영상을 공유하고 싶어 하는 소아성애자에게 매력적인 곳이기도 하다.

시큐어 드롭

때때로 해커 및 범죄자가 토르와 기타 프락시 서비스를 사용하고 있지만, 우리에게도 이런 프락시 서비스를 필요로 하는 상황이 존재한다. 예를 들어 회사 내부고발자나 반정부 인사 입장을 대변하는 기자는 살인이나 폭력의 위험성으로부터 익명성을 보장받아야 할지도 모른다. 물론 내부고발자는 에드워드 스노든Edward Snowden과 브래들리 매닝Bradley Manning의 사례에서 보는 것처럼 매우 큰 논란이 많이 생길 수 있다. 시큐어 드롭SecureDrop은 오픈소스 문서 제출 시스템으로, 출판자유협회Freedom of the Press Foundation가 자금을 지원해 만들어졌으며 내부고발자가 익명으로 기자와 접촉할 수 있다.

✦ 웹사이트 증거

웹사이트에 올려진 콘텐츠는 끊임없이 변하고 있으며, 때때로 컴퓨터 포렌식 조사관이 온라인 조사에 착수하는 시점까지 의미 있는 콘텐츠의 내용이 계속 변하기도 한다.

웹사이트 아카이브(보관소)

흥미롭게도 웹사이트의 특정 시점에 대한 스냅샷을 볼 수 있는 웹사이트가 존재한다. www.archive.org에서 사용자는 웨이백머신WayBackMachine 유틸리티(그림 5.8 참조)를 활용해 확인하고자 하는 URL을 입력한 후 과거 시점의 웹사이트 스냅샷을 검색할 수 있다.

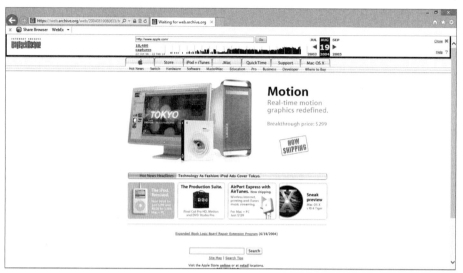

그림 5.8 웨이백머신을 이용해 확인한 www.apple.com의 과거 스냅샷 화면(2004년 8월 19일)

웹사이트 통계

조사관은 가끔 특정 웹사이트에 대한 통계 정보를 찾아볼 필요가 있다. NETCRAFT(news.netcraft.com)는 웹사이트에 대한 IP 주소, 웹사이트가 서비스했던 기간, 도메인 소유자의 메일 주소, 웹 서버의 운영체제 등 다양하고 유용한 종합 통계 정보를 제공한다(그림 5.9 참조).

그림 5.9 www.pace.edu에서 제공하는 NETCRAFT 통계 정보

파이럿 베이

파이럿 베이^{The Pirate Bay}(thepiratbay.org)는 세계에서 가장 큰 비트토렌트^{BitTorrent}를 꿈꾸는 웹사이트다. 비트토렌트는 대용량 파일의 전송을 가능케 하는 파일 공유 프로토콜이다. 이곳은 고위 정부 기관의 보안을 책임지는 부즈 앨런 앤드 해밀턴 사의 AntiSecurity에 의해 누출된 민감한 정보와 같은 기밀 정보를 공유하기로 악명 높은 사이트다. 부즈 앨런 앤드 해밀턴 사는 약 9만 명에 달하는 군인의 이메일과 패스워드가 포함된 일곱 개의 파일을 업로드했다.

알렉사

알렉사^{Alexa}(www.alexa.com)는 다양한 웹사이트에 대한 일련의 통계 정보를 제공하는 또 다른 웹사이트다(그림 5.10 참조). 흥미롭게도 이 사이트는 인터넷에서 가장 인기 있는 주제나 온라인으로 판매되는 가장 핫한 아이템, 가장 유명한 웹사이트 목록도 제공하고 있다.

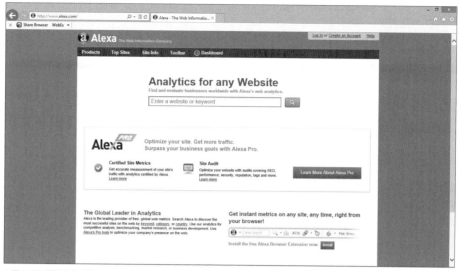

그림 5.10 알렉사 웹사이트

❖ 혐의자에 대한 배경 정보 검색

온라인을 통한 개인정보 검색은 조사관의 필요에 따라 크게 변할 수 있다. 다음에
나열된 개인정보를 알아내는 데 도움이 되는 여러 온라인 리소스가 존재한다.

- 개인정보(주소, 전화번호, 자산 정보)
- 개인 관심사와 동호회 회원 정보
- 블로그 포스팅 정보
- 소셜 네트워킹 웹사이트 내 활동 이력
- 업종 인적 네트워크
- 공공 기록
- 위치

개인정보: 우편물 수신 주소, 이메일 주소, 전화번호, 자산

많은 웹사이트는 주소나 전화번호 같은 개인에 대한 기본적인 정보를 제공하고 있다. 대부분의 웹사이트는 사이트 가입자에게 개개인의 자산 정보도 포함될 수 있는 '프리미엄' 서비스를 통해 대규모 개인정보를 팔아 이익을 내고 있다. 고용주는 다음에 나열된 웹사이트를 종종 활용하기도 하며, 수사관도 해당 웹사이트를 이용할 때가 있다. 이름 검색으로 나온 결과에는 한 사람의 오래된 과거 주소도 포함될 수 있으므로 중복된 결과가 도출될 수 있다는 점도 알고 있어야 한다.

자바 검색

이 웹사이트(www.zabasearch.com)는 휴대폰 번호를 기반으로 검색할 수 있도록 해준다(그림 5.11 참조). 지도에서 개인 위치를 확인할 수 있는 구글 어스도 무료 서비스다.

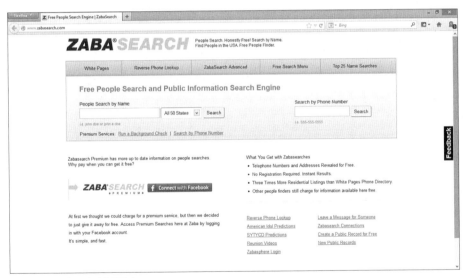

그림 5.11 자바(Zaba) 검색 웹사이트

The Ultimates

이 웹사이트(www.theultimates.com)는 개인정보를 검색해주는 인텔리우스^{Intelius}를 사용하는 서비스다(그림 5.12 참조). 그 결과는 되도록이면 사람들 간의 관계를 보여준다. 조사관이 추가 정보 검색을 위해 돈을 지불하지 않을 경우 웹사이트에서 제공하는 결과는 제한적이다.

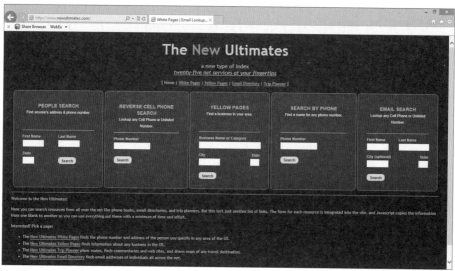

그림 5.12 The Ultimates 웹사이트

서치 버그

서치 버그$^{Search\ Bug}$(www.searchbug.com)는 휴대폰 문자 메시지를 무료로 발송할 수 있는 무료 웹 서비스다(그림 5.13 참조).

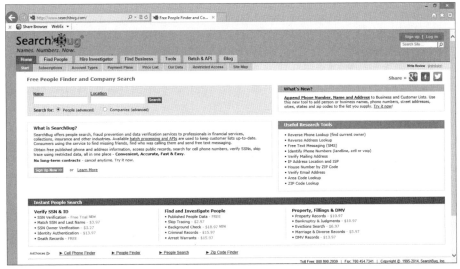

그림 5.13 서치 버그 웹사이트

SkipEase

이 웹사이트(www.skipease.com)는 한 사람의 이름과 우편번호를 입력해서 검색하는 기능을 제공한다. 검색 결과는 스폰서 웹사이트에서 제공하는 추가 정보와 함께 보여진다(그림 5.14 참조).

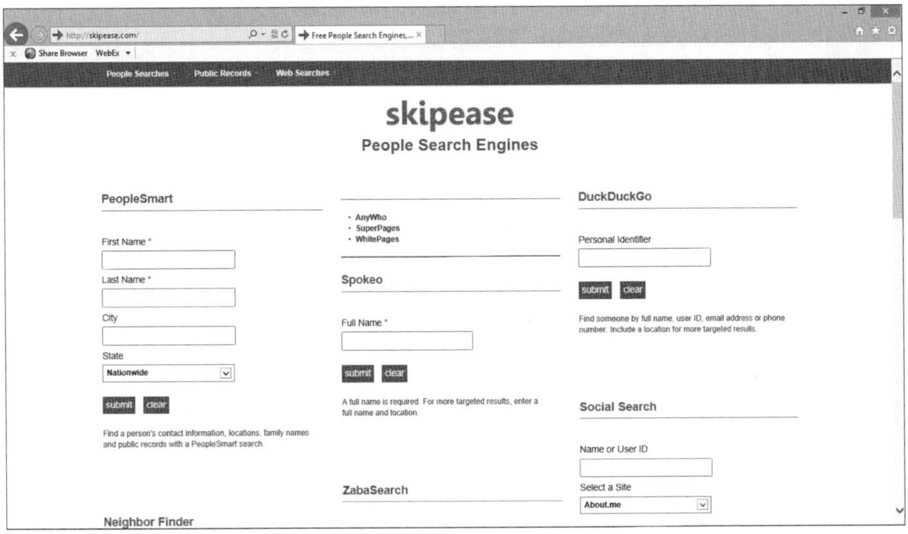

그림 5.14 SkipEase 웹사이트

Spokeo

흥미롭게도 이 웹사이트(www.spokeo.com)는 사이트의 검색 엔진으로부터 제공되는 개인 검색 결과를 삭제해준다(그림 5.15 참조). 보통 개개인에 대한 정보는 검색 엔진에서 이름 검색을 통해 확인할 수 있다. 게다가 소셜 네트워크 서비스 가입 여부는 쉽게 알아낼 수 있다(추가 비용을 지불해야 할 수도 있다).

pipl

pipl 웹사이트(www.pipl.com)는 자바 검색$^{Zaba Search}$이나 White Pages(그림 5.16 참조)와 같은 웹사이트에서 제공하는 개인정보를 비롯해 색다른 개인정보도 제공하고 있다.

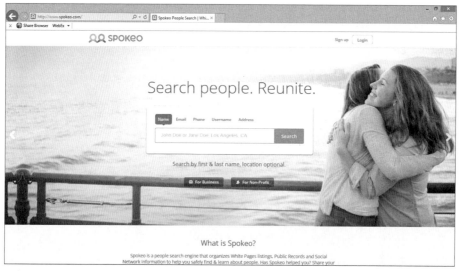

그림 5.15 Spokeo 웹사이트

그림 5.16 pipl 웹사이트

peoplefinders, US SEARCH, 인텔리우스를 비롯해 다양한 개인정보 제공 사이트들이 온라인으로 운영되고 있다. 하지만 이러한 웹사이트는 결제가 필요한 프리미엄 서비스를 이용하지 않을 경우 매우 제한적인 정보를 제공한다.

개인의 관심사나 사용자 그룹(동호회) 회원 정보

2009년 6월 스위스 경찰은 2,000여 개의 IP 주소를 포함해 78개 국가에 걸쳐 구성된 인터넷 아동 포르노 네트워크를 추적해냈다고 밝혔다. 스위스 경찰은 이른바 힙합 음악 웹사이트로 위장해 아동 학대 영상을 퍼뜨리는 웹사이트가 있다는 제보를 국제경찰로부터 접수했다. 그 수사 결과로 많은 용의자들이 체포돼 유죄 판결을 받은 바 있다. 인터넷은 어린 아동이 출연하는 불법 영상물과 이미지를 포함한 금지물을 끊임없이 확산시키고 있다. 어린이의 사진이나 범죄자가 성추행이라는 목적을 달성하기 위해 어린아이를 다루는 방법을 공유하는 동호회에서도 소아성애자를 찾아볼 수 있다. 더 중요한 것은 동호회를 한 번 찾아낼 경우, 그곳은 비슷한 생각을 가진 성도착자들로 구성된 악명 높은 네트워크이므로 법 집행을 통해 소아성애자의 네트워크를 폐쇄시킬 수 있다는 점이다. 대부분의 소아성애자 네트워크는 그들이 숨어서 하는 비인간적인 행동을 마치 정당한 서비스인 것처럼 위장한다. 한 예로, 지방 법 집행 기구와 FBI는 학대 아동들을 돕기 위한 사이트라고 주장하면서 실제로는 미성년자를 유인해내는 데 사용되는 웹사이트를 발견했다.

알카에다[Al-Qaeda]는 증오감에 대한 메시지를 표현하고 새로운 멤버를 모집하기 위해 효과적으로 인터넷을 사용해왔으며, 이러한 관행은 특히 사용자 집단에서 두드러지게 나타난다. 법 집행 과정에서는 모니터링 대상의 신원을 확인하고 전반적으로 사회에 급작스런 해를 끼칠 위험이 있는지 알아보기 위해 이 사용자 그룹에 빈번하게 방문한다. 2011년에는 1만여 명의 지하디스트[jihadist] 집단이 그룹 토론 플랫폼 솔루션인 vBulletin을 사용하고 있다는 주장이 제기됐다.

사용자 그룹은 일반적으로 개인의 행동과 활동에 대해 신원을 확인할 수 있는 중요한 개인 데이터 소스다. 조사관의 업무 효율을 증대시킬 수 있는 아주 훌륭한 툴이 몇 개 있다. 다음은 잘 알려진 웹사이트 중 일부를 나열한 것이다.

아이스 로켓

아이스 로켓[Ice Rocket](www.icerocket.com)은 주로 소셜 네트워크 서비스로부터 정보를 모으는 작업을 위해 검색 엔진을 제공한다(그림 5.17 참조). 좀 더 구체적으로 말해 아이스로켓은 다음에 나열된 웹사이트에서 개인 가입 여부를 확인함으로써 개인정보를 검색할 수 있는 웹사이트다.

- 블로그
- 트위터
- 페이스북

해당 웹사이트는 이미지나 특정 개인에 대한 영상물도 검색할 수 있다.

그림 5.17 아이스 로켓 웹사이트

My Family(www.myfamily.com)는 또 다른 소셜 네트워크 서비스로, 작은 비용을 지불해서 가족 멤버들을 연결시켜주는 웹사이트다.

HootSuite

이 소셜 미디어 관리 사이트는 다양한 소셜 네트워크 서비스를 수집해 분석하는 통합 시스템으로 조사관에게 유용한 툴로 쓰이고 있다.

읽어버린 자산 검색

인터넷은 절도범이 범죄를 통해 이익을 꾀할 수 있도록 해줬지만, 도난품을 더 쉽게 찾도록 도와주는 것 역시 인터넷이다. SearchTempest(www.searchtempest. com)는 이베이나 아마존을 비롯한 다양한 웹사이트로부터 분류된 품목 목록을 검색할 수 있게 도와준다. 물론 조사관은 이베이와 크레이그리스트(미국 온라인 벼룩시장)를 통해 직접 확인해야 한다. 도난품을 찾기 위해 이러한 웹사이트를 조사하는 작업은 쉽지 않지만 특유의 물품을 찾을 때는 효과적일 수 있다.

LeadsOnline(leadsonline.com)은 법 집행 및 이베이를 비롯한 통신재판매업자를 위한 서비스로, 도난품에 대한 검색 데이터베이스를 제공한다.

때때로 조사관은 혐의자와 관련된 전화번호, 이메일 주소에 대해 진행 중인 감시를 준비하고 싶을 것이다. 몬스터 크롤러^{Monster Crawler}(www.monstercrawler.com), Search.com, 구글 알리미(www.google.com/alert)는 여러 검색 엔진을 활용한 재검색 방법을 사용하는 아주 훌륭한 툴이며, 조사관에게 혐의자의 온라인 활동에 대한 알림 메시지를 전달해준다. 이베이와 백페이지^{Backpage}의 RSS 피드 기능을 사용해 특정 전화번호로의 알림 기능도 이용 가능하다. 이것은 마약상의 거래를 신원 확인을 통해 찾을 경우에 특별히 중요하게 쓰이고 있다. 조사관은 마약 복용자와 밀매자를 찾을 때 420YNOT, PIFF, MJ와 같은 키워드를 사용할 수도 있다. 조사관이 범죄 조직의 활동을 수색할 때는 blood, crip, cokeboys와 같은 키워드를 통해 도움을 받을 수 있다.

인스턴스 메신저

최근 들어 인스턴스 메신저^{IM}는 단순한 텍스트 메시지를 주고받는 방식에서 비디오, VoIP, 화상통신을 비롯한 더욱 진보된 방식으로 변화해왔다. 즉 대부분의 컴퓨터가 통합 웹캠을 기본으로 탑재해 출시되고 있으며, 컴퓨터와 광통신 데이터 전송률이 극적으로 높아져 비디오 전송에 대한 부담이 감소해 IM이 더욱 활성화된 계기가 됐다. 그러므로 스카이프^{Skype}, 페이스타임^{FaceTime}, 구글 토크^{GoogleTalk}와 같은 프로그램은 많은 이용자들을 확보해가고 있으며, 마이크로소프트가 스카이프를 인수한 사례는 그 중요성을 잘 말해주고 있다.

인터넷 릴레이 챗^{IRC, Internet Relay Chat}은 온라인상으로 여러 사람들과 텍스트를 통해 대화할 수 있는 인스턴스 메시징과 비슷한 통신 툴이다. IRC를 통해 1:1 통신을 하거나 채팅방을 개설해 여러 사람들이 함께 대화할 수도 있다. IRC는 또한 파일 공유도 할 수 있다. 앞서 언급한 대로, IRC 프로토콜은 다른 컴퓨터에 명령을 내려 좀비 컴퓨터로 만들어버리는 등 악의적으로 사용될 수 있다. 악성코드를 IRC 사용자에게 보낼 때는 6667 포트가 주로 사용된다.

Search IRC(그림 5.18 참조)는 웹사이트로 채팅 그룹을 위한 검색 엔진을 제공하고 있다. 해당 웹사이트는 6,000개 이상의 IRC 네트워크를 검색해 표시해주며, 사용자는 이 네트워크를 통해 카테고리 기반으로 검색할 수 있다.

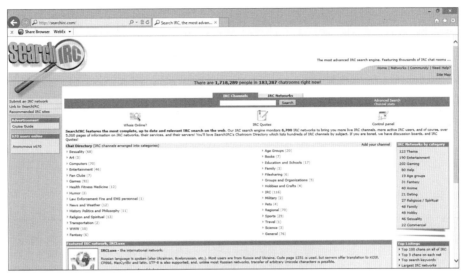

그림 5.18 Search IRC 웹사이트

IRC는 많은 범죄자, 공모자, 잠재 고객들 간의 통신 수단으로 활용되고 있으므로 법률 집행에서 매우 중요하게 다루는 부분이다. 테러범, 소아성애자, 신용카드 절도범, 악플러들은 채팅방을 자주 사용한다. 컴퓨터 포렌식 관점으로 보면, IRC를 사용했던 컴퓨터보다 IRC 서버에서 오히려 중요한 정보 원천을 더 많이 획득할 수 있다. 그러나 대부분의 회사에서는 직원들의 채팅 로그를 기껏해야 7일 정도밖에 보관해두지 않으므로 조사관은 증거 획득 활동을 재빨리 수행해야 한다.

인스턴스 메시지 증거의 중요성은 라이언 할리건[Ryan Halligan]의 사이버 폭력 사례에서 볼 수 있다. 2007년 10월 7일 이 중학생은 온라인에서 괴롭힘을 당한 후 자살을 선택했다. 할리건과 그의 친구들은 AIM(AOL 인스턴트 메신저)에서 대화를 나누고 있었다. 할리건이 DeadAIM을 설치했었기 때문에 그의 대화 내용이 무심코 기록돼 저장되고 말았다. DeadAIM은 제이데니스^{JDennis}가 개발한 무료 프로그램으로, 광고를 비활성화하고 여러 탭을 사용한 검색을 할 수 있게 해준다. 할리건의 아버지는 아들의 컴퓨터에서 DeadAIM을 통해 생성된 폴더를 발견했다. 저장된 폴더에는 애슐리^{Ashley}라는 한 소녀가 라이언을 좋아하는 것처럼 행동했지만, 나중에는 라이언을 놀림의 대상으로 만들었던 AIM의 대화 기록이 들어있었다. 그녀는 라이언의 프라이버시 정보를 입수한 후 친구들 앞에서 공개해 조롱할 목적으로 라이언을 좋아하는 척 행동했다.

조사관이 채팅 대화 내용 로그를 분석할 때는 은어와 약어(두문자)를 해석할 수 있어야 한다. 표 5.1은 IM과 휴대폰 문자 메시지에서 주로 사용되는 일부 약어를 정리해놓은 것이다. 물론 책에서 다루기에 부적절한 약어는 생략했지만 온라인에서 손쉽게 확인해볼 수 있다.

표 5.1 공통적인 IM 속어

채팅 약어(속어)	의미
BF	Best friend/boyfriend(가장 친한 친구/남자 친구)
FF	Best friends forever(가장 친한 친구로 남자)
BG	Be good(잘 있어.)
CUL8R	See you later(나중에 봐.)
Def	Definitely(분명히)
GF	Girlfriends(여자 친구들)
GGN	Gotta go now(지금 가야겠어.)
huh	What?(뭐라고?)
K	OK
KPC	Keeping parents clueless(부모님 모르게 하자.)
LOL	Laughing out loud(큰 소리로 웃고 있다는 것을 나타냄)
MOS	Mon over shoulder(엄마가 뒤에서 감시 중)
NP	No problem(그럼요. 문제없어요.)
OMG	Oh my God(맙소사)

(이어짐)

채팅 약어(속어)	의미
Peeps	People(사람들)
PIR	Parent in room(부모님이 방에 있음)
PLZ	Please(제발)
POMS	Parent over my shoulder(부모님이 뒤에서 감시 중)
pron	Pornography(포르노)
PRW	Parents are watching(부모님이 보고 있다.)
pw	Password(패스워드)
R	ARE
R U there?	Are you there(자리에 있어요? 메신저 보고 있어요?)
RBTL	Read between the lines(속 뜻을 읽어라. 행간을 알아채라.)
RN	Right now(지금 당장)
S2U	Same to you(너와 같은 거, 너랑 같아.)
sec	Wait a second(잠시만 기다려요.)
shhh	Quiet(조용해.)
srsly	Seriously(진지하게, 진심으로)
sup	What is up?(어떻게 지내고 있어?)
SWF	Single white female(백인 독신녀)
TOM	Tomorrow(내일)
TOY	Thinking of you(네 생각 중)
TTFN	Ta for now(그럼 잘 가.)
W8	Wait(기다려.)
WD	Well done!(잘했어! 훌륭했어!)
XLNT	Excellent(훌륭해.)
XOXO	Hugs and kisses(포옹과 키스)
XTC	Ecstasy(황홀함, 희열을 느낌)

> **참고**
>
> Urban Dictionary(www.urbandictionary.com)는 젊은 사람들이 소셜 미디어에서 의사소통 수단으로 주로 사용하는 은어와 약어를 참고할 수 있도록 매우 풍부한 자료가 수록돼 있는 웹사이트다.

인스턴트 메시지 증거

FTK와 같은 포렌식 툴을 사용해 혐의자 컴퓨터에 저장된 인스턴트 메신저 대화 이력을 검색할 수 있다. 인스턴트 메시징 프로그램마다 컴퓨터에 저장되는 사용자 로그 위치가 서로 다르다(레지스트리, AppData 폴더, Program Files, Documents and Settings 등 모든 부분에서 적용된다).

인스턴트 메신저에서 사용하는 주요 프로토콜은 IRC, ICQ, XMPP다. 해커는 인터넷 릴레이 챗IRC, Internet Relay Chat이 암호화되지 않은 상태로 통신한다는 점을 악용해 IRC를 공격 대상으로 삼아왔다. 현재 AOL은 OSCAR(실시간 통신용 오픈 시스템 Open System for CommunicAtion in Realtime)를 사용하고 있지만 전통적으로는 IRC를 사용했다. ICQ는 미라빌리스Mirabilis에 의해 처음으로 개발됐지만, 이후 AOL에 의해 인수됐고 2010년에는 메일루 그룹Mail.ru Group으로 소유권이 넘어갔다. 자버Jabber로 알려진 확장 가능한 메시징 및 프레즌스 프로토콜XMPP, Extensible Messaging and Presence Protocol은 오픈 소스 커뮤니티에서 개발된 XML을 기반으로 하는 인스턴트 메시징 프로토콜이다.

일부 인스턴트 메신저 프로토콜은 상호 정보 교환이 가능하다. 예를 들어 윈도우 라이브 메신저Windows Live Messenger는 야후 메신저, 페이스북 챗과 상호 간의 메시지 교환이 가능하다. 아이챗iChat은 애플에서 개발한 인스턴트 메시징 프로토콜이다. 아이챗은 AIM과 호환 가능하며 윈도우 라이브 메신저, 구글 토크, 야후 메신저와의 통합도 지원한다.

AOL 인스턴트 메신저

인스턴트 메시징 프로그램이 다양하게 널려 있다는 사실과 함께 컴퓨터 포렌식 조사관을 힘들게 하는 요소 중 하나는 파일 포맷의 종류도 너무 많다는 사실이다. 일반적인 프로그램의 메시지는 평문으로 저장되는 반면, AOL 인스턴트 메신저AIM 메시지는 HTML 포맷으로 저장된다. 기본적으로 AIM 메시지는 자동으로 저장되지 않는다. 메시지 파일은 .aim 파일 확장자를 사용한다. AIM은 북미에서 사용하는 인스턴트 메시지 프로그램 중 가장 높은 시장 점유율을 차지하고 있다.

스카이프

이와 반대로, 스카이프 텍스트 메시지는 기본으로 자동 저장된다. 그러나 유감스럽게도 스카이프 파일은 가독성이 떨어진다. 스카이프 파일은 .dbb 파일 확장자를 갖고 있다. SkypeLogView는 스카이프 로그 파일을 확인할 수 있는 무료 프로그램이다. 이 로그 파일은 채팅 메시지와 발신, 수신 전화 통화 이력, 파일 전송 내역 등을 저장하고 있다. 스카이프 레코더와 같은 스카이프 프로그램은 음성 통화 이력을 자동으로 녹음할 수도 있다. 비밀 수사관은 스카이프로 혐의자와 통신할 필요가 있으므로 이런 녹음 기능은 매우 유용하게 사용된다. 윈도우 컴퓨터에서 스카이프 로그 파일의 위치는 운영체제 버전에 따라 달라지지만, 주로 다음 경로를 우선 검색해보면 좋다.

C:\Documents and Settings\[Username]\AppData\Roaming\Skype\[Skype Username].

야후 메신저

야후 메신저는 단순히 암호화된 형식으로 메시지를 저장한다. 그러나 메시지를 인코딩할 때 사용자 이름을 입력 값으로 한 XOR 알고리즘을 사용하므로 해석하기가 그렇게 어려운 편은 아니다. XOR은 가장 기본적인 암호화 알고리즘으로 기타 컴퓨팅 처리 프로세스에서 종종 볼 수 있다. 다음은 XOR이 작동하는 원리를 보여준다.

```
0 XOR 0 = 0
1 XOR 0 = 1
0 XOR 1 = 1
1 XOR 1 = 0
```

다음은 숫자 301을 111000111 키와 XOR 연산을 해서 암호화하는 예를 보여준다. 아스키 301을 2진수로 변환한 값은 100101101이다.

```
    1 0 0 1 0 1 1 0 1
XOR 1 1 1 0 0 0 1 1 1
=   0 1 1 1 0 1 0 1 0
```

같은 방식으로 앞서 인코딩한 메시지를 디코딩하려면 다음과 같이 계산한다.

```
    0 1 1 1 0 1 0 1 0
XOR 1 1 1 0 0 0 1 1 1
=   1 0 0 1 0 1 1 0 1
```

야후 IM을 디코딩할 수 있는 프로그램이 있다. 한 예로 피라비 소프트웨어 솔루션즈[Piravi Software Solutions]에서 배포한 슈퍼 야후 메신저 아카이브 디코더를 들 수 있다. 벨카소프트[Belkasoft]의 Forensic IM Analyzer는 현재 가이던스 소프트웨어의 엔케이스에 통합됐으며 야후, 스카이프, AIM, 윈도우 라이브 메신저에 대한 인스턴트 메시지를 분석할 수 있다.

이러한 IM 아카이브에 접근하거나 메시지 복호화를 한다는 것은 조사관에게 야후 계정 패스워드가 필요 없고 서비스 제공자인 야후에게 증거를 요청할 필요가 없다는 것을 의미한다. 물론 야후 IM은 컴퓨터 사용자에 의해 사용될 뿐만 아니라 스마트폰을 통해서도 사용된다는 점을 기억할 필요가 있다.

야후 인스턴트 메시지 파일은 .dat 파일 확장자를 가지며 Yahoo!\Messenger\Profiles\user 경로에 존재하게 된다. 각 메시지는 타임스탬프와 사용자 ID로 시작한다(예: 20120127-userid.dat). 16바이트 헤더는 각 메시지 앞에 붙는다.

구글 토크

구글 토크는 태블릿을 비롯한 다양한 안드로이드 운영체제 기기에 기본 내장돼 사용되므로 스카이프의 대안으로 자주 사용되며 시장 점유율을 키워왔다. 안드로이드는 구글이 소유한 운영체제로 휴대폰이나 태블릿 PC와 같은 모바일 기기 사용자를 위해 개발됐다. 구글 토크는 래스터 이미지 파일(비트맵)인 AVATAR 파일을 사용한다. 윈도우 비스타나 윈도우7에서 이 파일은 \AppData\Local\Google\Google Talk\avatars\ 경로에서 찾아볼 수 있다. 이러한 AVATAR 파일은 .jpg, .png 이미지 파일 포맷으로 확장자를 변환하면 쉽게 볼 수 있다.

윈도우 라이브 메신저

본래 1999년 MSN 메신저라는 이름으로 출시된 윈도우 라이브 메신저는 현재 엑스박스, 핫메일^{Hotmail}에 내장됐으며, 가장 최근에는 마이크로소프트 오피스 2010에서도 사용하고 있다. 윈도우 라이브 메신저에서는 메시지가 기본으로 저장되지 않는다.

유즈넷 그룹

수사관이 소아성애자나 테러 용의자를 찾고 있다면, 유즈넷^{usenet}을 이용해 수사를 시작하는 것도 좋은 방법이다. Binsearch는 조사관에게 특정 그룹이나 유즈넷을 사용하는 혐의자의 위치 정보를 제공해주는 웹사이트다(그림 5.19 참조). 유즈넷은 온라인 토론 게시판으로, 사용자가 메시지를 포스팅하거나 올려진 글을 읽을 수 있는 공간이다. 뉴스 그룹으로도 불리는 유즈넷은 1980년에 처음 선보였고 게시판 시스템이나 인터넷 포럼과 비슷한 형태를 띄고 있었다. 유즈넷 그룹은 중앙 호스팅 웹 서버가 존재하지 않아 그 누구라도 웹 서버 개설 목적에 상관없이 구축할 수 있으므로, 소아성애자나 반정부 인사, 테러범 등에게는 아주 매력적인 공간으로 악명이 높다.

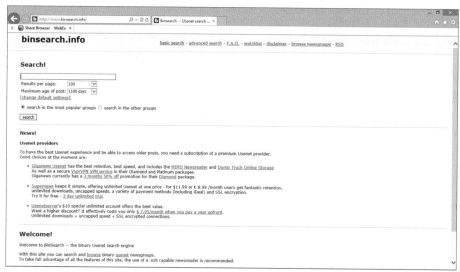

그림 5.19 Binsearch

구글 그룹

유즈넷에서 혐의자를 탐색하는 또 다른 방법 중 하나는 구글 그룹을 이용하는 것이다(그림 5.20 참조). 지난 20년간 유즈넷에 쌓여온 700만 개 이상의 포스팅을 구글 그룹 웹사이트에서 검색할 수 있다.

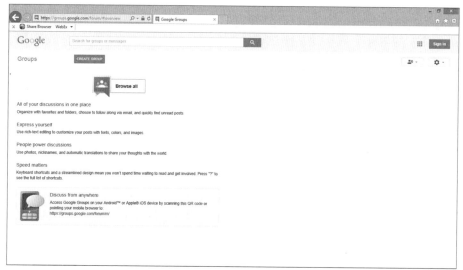

그림 5.20 구글 그룹

블로그

블로그를 모니터링하고 블로그에서 혐의자에 대한 정보를 수집하는 것은 중요한 활동이다. 더욱이 특정 부류의 범죄자에게 매력적으로 보이는 범죄의 형태가 존재한다. 소아성애자는 네트워크를 찾아나서며 그들만의 성향을 가진 블로그와 채팅방을 이용하는 것으로 악명 높다. 또한 테러범은 공감대 형성이 가능한 사람들과 증오감 및 신념을 공유하기 위해 블로그에 포스팅을 한다.

2011년에 발생했던 노르웨이 테러 사건 이후 경찰은 범인인 안데르스 베링 브레이빅Anders Behring Breivik에 의해 포스팅된 글이 있는지 밝혀내기 위해 블로그를 수색했다. 이미 심각한 범죄가 벌어진(특히 한바탕 살인이 일어난) 이후 범행 동기를 파악하고, 무엇보다 가해자에게 공범이 있었는지 알아내기 위해 경찰이 블로그를 탐색하는 것은 관례적인 일이었다.

다음에 나열된 웹사이트는 블로그 콘텐츠를 검색하기 위해 유용하게 사용된다.

- Blogs(www.blogs.com, 그림 5.21 참조)
- Blog Digger(www.blogdigger.com)
- Journal Space(www.journalspace.com)
- LIve Journal(www.livejournal.com)

그림 5.21 Blogs.com

특히 알카에다와 같은 공격적인 지하디스트들은 신규 인력을 모집하고 동정심을 유발하기 위한 목적으로 블로그를 잘 활용해왔다. 예를 들어 사미르 칸^{Samir Khan}은 노스캐롤라이나 샬롯 대학의 한 커뮤니티에서 활동할 때는 급진주의 프로 알카에다 파워 블로거였다. 이후 그는 예맨에서 미국의 드론 공격을 받아 악명 높은 알카에다 리더인 안와르 알아울라키^{Anwar al-Awlaki}와 함께 살해됐다.

소셜 네트워킹 웹사이트

소셜 네트워킹 웹사이트가 급증하는 것은 조사관에게 사용될 많은 양의 정보가 있음을 의미한다. 페이스북과 같은 사이트에 접근하는 것은 아주 흔한 일이다. 즉 사용자는 블랙베리와 같은 스마트폰을 이용해 사진을 찍고 바로 업로드할 수 있다. 또한 태블릿이나 아이패드를 이용해 빠른 시간 내에 이미지를 업로드하거나 포스팅할 수 있다.

지리 데이터(위치 정보)

페이스북, 트위터, 포스퀘어와 같은 웹사이트에서 이용 가능한 지리 정보의 중요성은 점차 증가하고 있다. 다시 말하면, 앞서 나열한 웹사이트의 사용자는 그들의 의도와 상관없이 방문한 곳의 위치 정보를 다량으로 제공하고 있다. 예를 들어 아이폰과 같은 기기를 통해 위치 정보를 기본으로 이용 가능하다. 블랙베리에서는 이러한 위치 정보를 기본으로 사용할 수 없게 설정돼 있다. 안드로이드 운영체제 기반 스마트폰은 위치 정보 데이터를 캡처할 수도 있다.

특정 카메라와 아이폰 같은 스마트폰으로 사진을 찍을 때는 위치 태그^{geotag}도 함께 저장될 수 있다. 위치 태그^{geotag}는 사진 촬영이 있었던 지리 정보의 위도와 경도를 나타내는 디지털 이미지 메타데이터다.

위치 정보는 인스타그램, 플리커, 피카사, 유튜브, 페이스북, 트위터, 포스퀘어를 비롯해 아이폰과 안드로이드 기기에서 사용 가능한 시냅스^{Cynapse} 사의 로컬스콥 앱에서 보는 것과 같이 다양한 프로그램과 연동된다. 그 웹사이트의 IP 주소 검색 결과를 통해 맵퀘스트에서 확인할 수도 있다.

위치 태그와 위치 정보는 수배 중인 혐의자와 유죄 판결을 받은 범죄자를 찾아 체포할 때 도움을 주고 있지만, 한편으로 이러한 위치 정보는 범죄자가 스토킹하거나 집을 털 피해자의 위치를 파악하는 데도 사용된다. 예를 들어 트위터에 트윗하거나 포스퀘어를 통해 체크인하는 행위는 범죄자가 개인의 이동 경로를 파악하고 언제 집을 비울지 쉽게 추측할 수 있게 해준다. Please Rob Me(pleaserobme.com), ICanStalkY.com과 같은 웹사이트는 소셜 네트워크 사용자로 하여금 다른 사람들이 어디에 있었고 현재 어디에 있는지 밝혀낼 수 있다는 문제점을 제기했다.

조사관은 cree.py 툴을 이용해 트위터, 포스퀘어, 플리커, 그리고 그 외의 소셜 네트워킹 웹사이트에서 추출된 위치 정보 데이터를 기반으로 사용자의 위치를 찾을 수 있다.

페이스북

페이스북은 7억 5,000만 명의 사용자를 확보하고 있다. 페이스북 사용자는 모바일 기기를 통해 다른 사용자의 프로필에 접근할 수 있다. 이로 인해 페이스북은 절도 범죄자들이 타깃이 될 피해자의 신원을 확인하는 용도로도 사용돼왔다. 게다가 페이스북은 조사관이 달아나는 범죄자를 찾아 체포하는 과정에서 사용되기도 하며, 가정에 침범한 강도의 사진을 올리는 피해자에 의해서도 사용된다. 반대로, 사람들이 '휴가 중' 등으로 그들의 상태를 변경하는 것을 악용해 절도범이 빈집털이 대상을 고르는 데 사용되기도 한다. Please Rob Me로 불리는 웹사이트는 사람들이 어떤 방식으로 그들의 정보가 온라인에서 공유되고 있는지 알아볼 수 있는 유용한 곳이다. http://pleaserobme.com에 접속해서 확인해볼 수 있다.

페이스북은 사용자 프로필과 콘텐츠 검색 엔진으로도 사용할 수 있다. 예를 들어 '~에 사는 사람들의 사진'이나 '마약을 즐기며 ~의 위치에 살고 있는 사람'으로 검색을 할 수 있다.

오늘날 많은 사진들이 GPS 정보를 담고 있으므로 조사관은 사진이 어디에서 촬영됐는지 식별할 수 있다. 최근에는 GPS 정보(위치 태그)가 포함된 사진이 게시된 범죄자의 페이스북 정보를 활용해 경찰이 범죄자의 은신처를 수색해 체포하고 있다. 사용자가 온라인으로 업로드한 이미지에 저장된 위치 태그 데이터를 제거하더라도, 페이스북에서는 원본 데이터 복사본을 보유하고 있다. 따라서 법률 집행을 하면서 적절한 수색 영장을 발부받으면 범죄 용의자의 위치 태그 데이터에 접근할 수 있다.

페이스북에는 수천 개의 그룹이 존재한다. 특히 캐나다는 법 집행 과정에서 페이스북 그룹을 포섭해왔다. 캐나다의 Most Wanted Criminals라고 불리는 그룹은 페이스북에서 확인해볼 수 있으며, 대중이 수배 중인 범죄자의 존재를 인지할 수 있도록 개설한 그룹이다. RCMP^Royal Canadian Mounted Police는 그룹의 개설 취지와 일반적인 범죄에 대한 대중의 인식을 제고하기 위해 페이스북을 광범위하게 사용하고 있다. 캐나다의 가장 작은 주, 프린스 에드워드 아일랜드^PEI에 있는 RCMP는 어린이가 무도회 시즌 동안 어디에 있는지 추적하고 음주운전으로부터 보호하기 위해 페이스북을 활용해왔다. PEI RCMP는 유괴된 아동의 위치를 빠르게 파악하기 위해 앰버 경보^AMBER Alert 페이스북을 운영하고 있다. 앰버^AMBER는 America's Missing: Broadcasting Emergency Response의 약자로, 텍사스에서 유괴돼 살해된 9살 소녀 앰버 해거먼^Amber Hagerman의 이름에서 유래된 것이다.

한편으로, 무선 앰버 경보^Wireless AMBER Alerts라 불리는 단체 웹사이트는 사용자가 가입해서 실종 어린이를 후원할 수 있게 해준다. 또한 FBI는 유사시 조력자가 어린이에 대한 정보를 등록하고 법률 기관에 세부 사항을 전송할 수 있는 Child ID 앱을 개발했다.

FBI는 수배 중인 범죄자를 체포하기 위해 페이스북을 활용하고 있으며, Most Wanted라는 아이폰 앱도 개발했다. FBI는 지명수배자에 대한 대중의 인식을 높이기 위해 페이스북, 트위터, 유튜브를 활용해오고 있으며, 16년간 도피해왔던 보스턴 조직 폭력배 제임스 '화이티' 벌거^James 'Whitey' Bulger의 체포는 소셜 미디어의 힘을 보여준 계기가 됐다. FBI는 벌거의 여자 친구인 캐서린 그레그^Catherine Greig(그림 5.22 참조)를 타깃으로 하는 유튜브 비디오를 게재했다.

그림 5.22 FBI가 게재한 캐서린 그레그(벌거의 여자 친구)의 유튜브 영상

트위터

소셜 네트워킹 웹사이트는 조사관이 범죄나 범죄자의 행동을 끌어내 사건을 재현할 수 있게 도와주는 훌륭한 리소스가 될 수 있다. 웹사이트 유저가 트윗(메시지 포스팅)을 하면 그가 어디에 있는지, 무엇을 하는지 알 수 있다. 또한 일부 트위터 계정은 법망을 벗어난 상태로 사용돼왔는데, 한 예로 캘리포니아의 운전자들은 음주 검문소에 대한 정보를 다른 운전자에게 보내기 위한 용도로 트위터를 사용하고 있었다.

search.twitter.com 사이트는 조사관이 트위터에서 특별한 주제로 토론하는 사용자를 찾을 수 있는 기능을 제공한다. 'near:boston lego'와 같이 특정 위치를 검색어로 활용할 수도 있다. Tweetpaths.com은 사용자에 의해 위치 정보가 태깅된 트윗 게시글의 전체 맵을 표시해주는 온라인 툴이다.

트윗픽^{TwitPic}(twitpic.com) 툴은 사용자가 사진이나 영상과 같은 미디어를 트위터에 업로드할 수 있게 해주는 API다. 애플리케이션 프로그래밍 인터페이스^{API}는 두 개의 컴퓨터 애플리케이션이나 프로그램 간의 서비스 요청과 응답에 대한 상호작용을 지원하는 컴퓨터 프로그램이다. 업로드된 이미지에 위치 태그 정보가 포함될 수 있으므로 API는 꼭 알아둬야 할 사항이다. Foller.me는 트위터 분석가에게 매우 강력한 툴이다. 사용자의 접속, 관심사, URL에 대한 세부 내용을 알려주며, 심지어 트윗을 포스팅하는 모드 정보까지 확인할 수 있다(안드로이드 또는 아이패드에서).

Foller.me는 사용자 및 가입 시기에 대한 정보를 제공한다. 이 툴은 사용자에 의해 논의된 주제 중 하이라이트를 보여주기도 한다. 사용자의 트윗, 리트윗 횟수도 나타날 것이다. followerwonk.com 웹사이트를 통해 사용자의 트위터 계정으로 로그인해서 사용자의 팔로워가 트윗을 통해 표시한 장소와 트윗한 시간를 분석할 수 있다. 트윗덱TweetDeck은 트위터 계정 사용자를 실시간으로 추적할 수 있는 편리한 툴이다.

마이스페이스

소셜 네트워킹 웹사이트 마이스페이스는 페이스북과 비슷하다. 사용자는 프로필을 생성하고 개인 사용자 및 그룹과 친구를 맺을 수 있다. 평균적인 사용 연령을 살펴보면, 페이스북 사용자보다 좀 더 젊은 추세다. 마이스페이스가 여전히 PC와 맥, 그리고 스마트폰과 태블릿에서 광범위하게 지원되는 소셜 네트워킹 웹사이트이지만, 최근 사용자 집계에서는 페이스북에게 추월당했다.

포스퀘어

이 웹사이트는 사용자 방문 위치 정보를 입력할 수 있게 해준다. 사용자가 스타벅스와 같은 방문 장소를 입력하는 행위를 '체크인'이라고 한다. 사용자는 특정 장소에 방문함으로써 포인트를 획득할 수 있으며, 다양한 스폰서로부터 특별한 혜택을 받을 수도 있다. 포스퀘어는 아이폰이나 블랙베리와 같은 스마트폰에서 사용할 수 있으며, 사용자가 있었던 곳이나 현재 위치를 기록하기 위해 위치 정보를 활용하고 있다.

전문가 집단 네트워크

보통 혐의자의 신상 정보를 수집하고 범죄자를 체포할 목적으로 소셜 네트워킹 웹사이트를 떠올리겠지만, 조사관은 전문가 네트워크 웹사이트를 검색하는 것도 고려해야 한다.

링크드인

1억 2,000만 명 이상의 전문가들이 링크드인LinkedIn(www.linkedin.com)을 사용하고 있으며, 사용자의 친구와 전문가 동료 네트워크에 대한 정보를 링크드인에서 수집할 수 있다. 또한 조사관은 여러 전문가 그룹 멤버십이나 기관 정보를 바탕으로 개인의 관심사를 알아낼 수 있다. 링크드인은 트위터 같은 타 소셜 네트워킹 서비스의 이용을 활성화시키기도 한다. 사용자는 트위터 계정을 이용해 링크드인 계정에 링크할 수 있으며, 링크드인을 통해 트윗할 수 있다. 사용자 프로필 조회 이력이 남는다는 사실을 알고 있어야 하며, 이러한 이유 때문에 구글을 통해 검색을 수행할 수 있다(그림 5.23 참조).

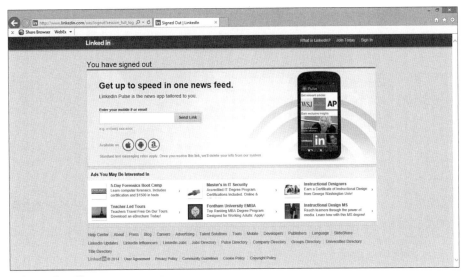

그림 5.23 링크드인

다음의 웹사이트들은 전문가들과 그들에 관련된 기관에 대한 정보를 제공한다.

- Xing(www.xing.com)
- Spoke(www.spoke.com)

- Jigsaw(www.jigsaw.com)
- Hoovers(www.hoovers.com)

공공 기록

개인정보가 저장된 여러 가지 공공 기록Public Records을 웹을 통해 사용할 수 있다. 이런 기록 중 일부는 소송 기록을 포함하고 있으며 그 웹사이트 내에 기록된다.

BRB 출판사

www.brbpub.com 웹사이트는 개인에 대한 상세한 배경 정보를 유료로 제공해주고 있다. 요청된 보고서를 통해 과거 범행, 파산, 유치권, 부동산 이력, 사업 소유권에 대한 정보를 볼 수 있다(그림 5.24 참조).

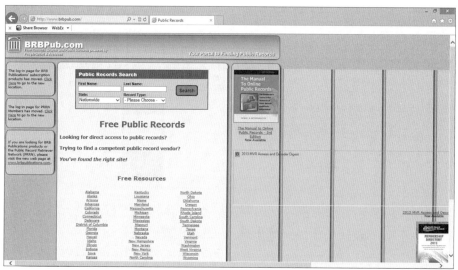

그림 5.24 BRB 출판사 웹사이트

AnyBirthday

www.anybirthday.com 사이트는 개인의 생일, 결혼기념일, 이혼일, 사망일에 대한 세부적인 날짜 정보를 제공한다. 이러한 날짜 정보 중 일부는 법률 집행에서 생일 숫자가 포함된 혐의자의 패스워드를 도출해낼 때 도움을 줄 수 있다.

인터넷 프로토콜 주소 활용

인터넷 프로토콜IP 주소는 IP 버전 4 기반 인터넷 환경에서 한 개의 호스트를 고유하게 신원 확인하는 32비트 숫자다. 호스트는 클라이언트 컴퓨터가 될 수도 있고, 웹 서버 또는 프린터와 같은 공유 리소스일 수도 있다. 운 좋게도 사용자는 IP 주소의 숫자를 기억해둘 필요가 없다.

실전 연습

IP 주소를 이용해 웹 서버의 위치 확인하기

1. PC나 맥의 웹 브라우저를 실행한다.

2. 주소 검색창에 IP 주소 198.105.44.27을 입력하고 엔터(또는 리턴) 키를 누른다.

pace.edu 웹사이트가 웹 브라우저에 표시될 것이다.

WebToolHub.com과 같은 웹사이트는 텍스트 상자에 IP 주소를 입력해서 숫자 값으로 또는 반대로 변환해주는 기능을 한다.

동적 IP 주소dynamic IP address는 클라이언트가 인터넷에 접속할 때마다 ISPInternet Service Provider로부터 할당받는 IP 주소다. 정적 IP 주소는 정해진 기간 동안이나 영구적으로 사용할 수 있게 ISP가 할당해주는 고정 IP 주소다.

다양한 웹사이트들이 조사관에게 혐의자나 희생자의 위치 정보를 제공해준다. 다음은 IP를 조회할 수 있는 웹사이트 목록이다.

- American Registry for Internet Numbers(www.arin.net)
- IP Chicken(www.ipchicken.com)
- MaxMind(www.maxmind.com)
- Geo IP Tool(www.geoiptool.com)
- WhatIsMyIPAddress(whatismyipaddress.com)
- Sam Spade(samspade.org)

이 사이트들보다 더욱 다양한 기능을 제공하는 또 다른 툴은 CentralOps.net 웹사이트다. 이 웹사이트는 도메인에 대한 매우 엄청난 가치의 정보를 제공해주고 있다.

공유기(라우터)를 이용하는 포렌식

앞서 언급한 바와 같이 선원이 켜진 시스템(라이브 시스템)을 찾아 증거를 추출하는 작업은 매우 중요하다. 동작 중인 컴퓨터를 조사하는 것을 '라이브 포렌식live forensics' 또는 '트리아지 포렌식triage forensics'이라 한다. 조사관은 라이브 시스템의 램에 저장된 내용을 추출할 수 있기 때문에 일반적으로 대량의 인터넷 활동 이력을 뽑아낼 수 있다. 공유기에서도 마찬가지다. 유감스럽게도 많은 조사관은 혐의자의 컴퓨터를 회수하는 것에만 초점을 두고 공유기에서 확인할 수 있는 다양한 종류의 증거를 소홀히 하는 경향이 있다.

ATC-NY에서 개발한 라우터 마샬Router Marshal은 공유기와 무선 APaccess point에서 증거를 수집할 수 있는 포렌식 툴이다. 이 포렌식 소프트웨어는 윈도우 컴퓨터(XP 이상 버전)에서 작동할 수 있으며, 데비안 기반 리눅스 시스템에서도 사용할 수 있다.

공유기의 디폴트 패스워드는 RouterPasswords.com과 같은 온라인 웹사이트에서 찾아볼 수 있다. 법률 집행은 수색 영장이나 동의를 통해 혐의자의 공유기에 직접 접근할 수 있으며, 설정 상태에 대한 각 페이지를 PDF(CutePDF와 같은 툴을 사용, cutepdf.com)로 프린트하거나 스크린 캡처를 이용해 기록할 수 있다.

법 집행에서의 개인정보 접근

9.11 테러 사건을 재검토하는 과정에서 정보 수집 격차가 있었다는 사실이 밝혀졌는데, 테러범의 공격을 방어하는 데 쓰일 수 있었던 정보를 놓쳤다는 것이었다. 다시 말해, 정보국과 법 집행관은 요주의 인물과 범죄 혐의자에 대한 정보를 서로 공유하지 않고 있었다. 9.11 테러 사건을 계기로 해서 미 국토안보부DHS, Department of

Homeland Security가 설립됐다. 그 결과로 시스템이 완벽하지는 않지만 지방, 주, 연방 법률 집행 기관은 복잡한 절차 없이도 정보에 더욱 쉽게 접근할 수 있게 됐다.

지방법 집행 기구

각 지방 당국은 주요 혐의자들에 대해 각자의 고유 데이터베이스를 구축해두고 있다. 뉴욕의 경우, 이러한 정보를 유지하기 위해 실시간 범죄 센터RTCC, Real Time Crime Center로 알려진 중앙 센터가 존재한다. RTCC는 3만 5,000명 이상의 경찰관으로 구성된 뉴욕 경찰국이 잘 알려지거나 용의 선상에 있는 범죄자들을 추적하고 체포하기 위해 개발된 데이터웨어 하우스다. RTCC 데이터베이스는 범죄 기록, 범죄 고발, 체포, 911로 걸려온 전화, 311 서비스 등에 대한 정보를 제공하고 있다. 경찰관은 체포된 혐의자의 닉네임이나 문신 사항도 기록하고 있으며 해당 정보를 RTCC 데이터베이스에 저장한다. 그 기구는 또한 정교한 지리 정보 시스템GIS, geographic information system을 개발해왔으며, 관련 담당자에게 인공위성 사진 등의 정보를 제공해 혐의자를 신속히 검거할 수 있게 도와주고 있다.

연방, 주, 지방 기구 간 정보 교환

미국 전역에 걸친 융합 센터는 개인정보를 수집하고 사용하기 위해 정부 데이터베이스와 상업적인 데이터 저장소에 의존한다. 엔터섹트Entersect는 상업적인 데이터 중계 업체로 미국 전체의 98%에 이르는 120억 개 정도의 데이터 기록이 있다고 주장하고 있다. 엔터섹트는 융합 센터에 이러한 개인 기록 정보를 제공하고 있다. 앞서 언급한 대로, 융합 센터는 미 국토안보부와 사법부DOJ, Department of Justice의 공동 계획 단체다.

　미 국토안보부는 연방, 주, 지방 당국 사이에서 민감하지만 기밀이 아닌 정보를 전파할 목적으로 이용하는 국토 안보 정보 네트워크Homeland Security Information Network State와 지방 정보 기관 이익 단체Local Intelligence Community Interest(HSIN-SLIC)에 대한 책임을 지고 있다. 국토 안보 데이터 네트워크HSDN, Homeland Security Data Network는 노스롭 그루만 Northrop Grumman 사에 의해 개발된 네트워크며 최고 기밀, 일반 기밀, 일반 정보로 분류된 정보들을 보유하고 있다. 또한 융합 센터는 정부 기관 중 하나인 국가 정보장실ODNI, Office of the Director of National Intelligence의 하위 기관으로, 국립대테러센터NCTC, National Counterterrorism Center에 의해 수집된 정보에 의존해 테러 행위와 관련된 최고 기밀 정보를 수집할 수도 있다.

융합 센터의 주요 미션은 연방, 주, 지방 법률 집행 단위에서 정보의 수집과 전파를 가능케 하고, 범죄를 예방하거나 형사 범죄를 해결하는 목적으로 기밀 정보를 제공하는 것이다. 융합 센터에서 고용한 테러 연락 담당자TLO, Terrorism Liaison Officer는 다양한 기관들 사이의 정보 공유를 가능케 하고 조정하는 것에 대한 주요 책임을 지고 있다. 또한 주로 지방 법률 집행 단위에서 볼 수 있는 지역 데이터베이스인 기록 관리 시스템RMS, Record Management Systems을 관리하기도 한다. 또한 조사관은 지방, 주, 연방 법률 집행을 통해 운전자 위반 관련 정보나 기타 개인정보를 제공하는 차량 관리부DMV, Department of Moter Vehicles와 같은 데이터베이스에도 접근할 수 있다. TLO 온라인 서비스는 법률 진행관에게는 무료로 이용 가능하지만 비용 지불이 필요한 민간 부문에는 접근할 수 없다.

1967년 설립된 국립범죄정보센터NCIC, National Crime Information Center는 법률 집행관이 전국적으로 도주자 체포, 도난품 찾기, 테러범 신원 확인, 실종자 위치 파악 등을 할 때 활용되는 매우 중요한 범죄 데이터베이스다. FBI에 따르면, 2011년 회계 연도에 NCIC는 1,700만 건 이상의 현용 기록을 보유하고 있으며, 하루 평균 790만 건의 데이터 트랜잭션이 발생했다. 그 데이터베이스는 성범죄자 신원 확인, 범죄 조직 위치 파악, 소유 총기 도난 여부 확인 과정에 사용할 수 있다. 일상적인 차량 검문을 하는 동안, 경찰은 NCIC에 접근해 운전자에 대한 영장 여부를 확인할 수 있으며, 검문 대상 자동차가 도난 차량인지 여부도 알아볼 수 있다.

이외의 기타 정부 기관에서는 FBI의 안보 FBINET과 같은 기관 고유의 검색 데이터베이스 네트워크를 구축해두고 있다. 군사 보안 첩보 보고 체계TALON, Threat And Local Observation Notice는 9.11 테러 공격 이후 미 공군에서 구축해온 안전한 대 테러 작전 데이터베이스다.

국제 데이터베이스

국제경찰(인터폴)은 수배 중이거나 혐의가 입증된 피의자의 정보를 수집하고 전파하는 세계 최대의 국제 법률 집행 기관이다. 그 데이터베이스는 도난 미술품이나 테러리스트 혐의자, 여권 분실, 아동 학대 피해자 등 모든 분야에 대한 정보를 저장해놓은 국제적인 데이터베이스다. 고정형 인터폴 네트워크 데이터베이스 및 모바일 인터폴 네트워크 데이터베이스^{MIND/FIND, Fixed Interpol Network Database and Mobile Interpol Network Database}는 국제경찰에서 관리하고 있으며, 상시 여행 서류 검색으로 국경을 보호할 수 있도록 지원하고 온라인과 오프라인 모두 사용 가능한 데이터베이스다.

유럽 연합 개인정보 데이터로의 접근

유럽 연합은 회사에서 관리되고 제3자에게 제공하는 개인정보를 철저히 제거하도록 하는 프라이버시 보호법을 추진해왔다. 이것은 미국의 프라이버시 보호법이 개인정보 수집과 저장의 측면에서 좀 더 완화됐다는 점과는 대조적이다. 미국과 유럽 연합 사이에서 개인정보 교환 관련 프로세스를 개선하기 위한 상호 협력은 계속 진행 중이지만, 정보가 수집되는 방법과 호텔 예약 정보에 관련된 항공 승객 데이터 출처 확인에 대해서는 주요 차이점이 존재한다. 이러한 차이점으로 인해 국제 합동 조사 작업에서 극심한 진통을 겪을 수 있다. 유럽 연합 온라인 프라이버시 보호법은 수집된 개인정보를 폐기하는 데 더 많은 노력을 기울일 것이며, 그로 인해 조사관이 디지털 포렌식에 착수할 때 개인정보에 접근하는 범위도 제한될 것으로 보인다.

◈ 온라인 범죄

인터넷은 절도범이 개인정보를 수집하고 공격을 일삼을 수 있는 풍부한 리소스를 제공하고 있다. 범죄자는 사회공학적 기법으로 그들의 존재를 은폐하기 위해 새로운 방법을 모색할 수 있으며, 사람들이나 회사를 대상으로 수백만 달러를 가로채기도 한다. 신원 도용과 신용카드 사기 범죄는 인터넷의 발전에 따라 날이 갈수록 점차 증가하고 있다.

신원 도용

범죄자는 개인정보를 수집하는 방법으로 앞서 언급한 여러 가지 온라인 웹사이트를 통해 일부 비용을 지불하면서까지 누군가의 전화번호, 주소, 자산 정보 등을 알아내려 한다. 더욱이 범죄자는 개인의 주거지 정보를 확인할 수 있고(www.zillow.com), 필요한 경우 구글 어스Google Earth를 활용해서 집을 털 계획을 신속히 세우게 된다.

오늘날 해커들은 사용자의 비밀번호를 알아내지 않아도 되고, 이메일 서비스 사이트의 비밀번호 찾기 질문에 답함으로써 손쉽게 비밀번호를 갱신할 수 있다. 그러한 질문은 예컨대, '당신이 태어난 곳의 도시명'이나 '애완견의 이름'을 요구할 수 있다. 이러한 질문에 대한 답은 페이스북 등 소셜 네트워크 서비스의 개인 프로필에서 쉽게 알아낼 수 있다. 알래스카 주지사인 사라 팰린은 그녀의 야후 이메일 계정이 해킹돼 받은 편지함에 저장된 이메일이 온라인으로 유출되는 피해를 입었다. 확실한 것은 그녀의 이메일 계정을 해킹하는 데 고도의 스킬이 필요하지 않았다는 사실이다. 메일 계정의 비밀번호는 팰린의 생일과 우편번호, 남편을 만난 장소를 묻는 질문에 답함으로써 알 수 있고 그 답들은 모두 구글 검색을 통해 쉽게 알아낼 수 있는 것들이었다.

인터넷 뱅킹이나 이메일 등의 사용자 계정은 키로거를 통해 자주 유출된다. 경찰관 입장에서도 범죄자를 잡기 위해 이런 키로거를 사용할 수 있다. 부당 거래를 능숙하게 일삼는 악명 높은 해커인 알렉세이 이바노프Alexey Ivanov와 바실리 고르시코프Vasily Gorshkov의 체포 사건을 예로 들 수 있다. FBI는 결국 키로거를 사용해 해커를 체포하게 됐다. 12장, '사례 연구'에서 관련 사례를 더욱 깊이 있게 다룰 예정이다.

신용카드 판매

신용카드 절도는 전 세계적으로 심각한 문제로 대두되고 있다. 인터넷은 신용카드 절도 범죄 발생률을 더욱 증가시켰고, 과거 길거리에서 일어났던 일부 범죄는 웹으로 그 무대를 옮겼다. 아무 검색 엔진 창에 'fullz'라고 입력하면 도난 신용카드 판매를 위한 웹사이트 목록을 볼 수 있으며, 많은 사람들을 안심시키기 위해 CVV 숫자도 제공하고 있다. 도난된 신용카드번호는 최소 1.5달러에 거래되고 있다. 최근 제우스^{Zeus}와 같은 악성코드로 인해 매우 많은 개인 신용카드가 절취되고 있다. 제우스는 키로거를 이용해 은행과 신용카드 정보를 절취하는 트로이 목마 바이러스다.

전자 의무 기록

2014년 8월 커뮤니티 헬스 시스템즈^{Community Health Systems} 종합 병원은 450만 명에 달하는 환자 의료 기록이 유출됐다고 밝혔다. 맨디언트^{Mandiant}는 중국 해커에 의한 범행이라고 확신했다. 미국 경기 부양 법안의 일환으로 개인 의료 정보 보호 관련 법안이 제정됐다. 해당 법안으로 인해 기존에 종이 문서로 작성했던 내용을 전자 건강 기록^{EHR, electronic health records} 시스템으로 이전하게 됐다. 비록 이 법안이 의료 업계의 효율성 제고를 위해 고안됐다 할지라도, 의료 기록을 디지털 형태로 변환해 네트워크를 통해 저장하게 됨으로써 해커가 의료 기관을 공격할 수 있는 길이 열린 셈이다. 해당 법안은 모든 의료 기록을 2015년 1월까지 디지털 형태로 변환할 것을 명했다. 이러한 변환 작업을 위해 수십억 달러의 비용이 발생했으며, 컴퓨터 보안보다 오히려 법안 준수에 더욱 초점을 맞추게 됐다.

이런 형태의 범죄율은 경이적으로 증가하고 있으며, 다음과 같은 명확한 이유가 있다. 즉 도용된 사회보장번호(주민번호)나 신용카드번호는 최소 1달러에 판매되지만 환자 의료 기록은 블랙 마켓에서 자그마치 50달러에 거래되기 때문이다. 범죄자는 환자 의료 기록에 존재하는 다양한 개인 신원 확인 정보^{PII, personally identifiable information}를 활용해 각종 사기 행각을 일삼을 수 있기 때문에 환자 의료 기록은 거액을 벌어들일 수 있는 수단으로 쓰인다.

사이버 폭력

사이버 폭력은 국제적으로 심각한 문제로 대두되고 있으며, 특히 세간의 이목을 끈 라이언 할리건[Ryan Halligan], 피비 프린스[Phoebe Prince], 메건 마이어[Megan Meier], 타일러 클레멘티[Tyler Clementi]의 사례처럼 언론의 큰 관심을 받고 있다. 검사는 피해자의 컴퓨터나 혐의자의 기기, 웹 서비스 호스팅 등의 온라인 디지털 영역에서 많은 증거를 확보해야 한다. 유감스럽게도 여전히 내부분의 관할 법에서는 사이버 폭력 범죄를 반영하지 못하고 있다.

소셜 네트워킹

이미 언급한 대로, 법률 집행 기관이나 범죄자, 회사는 개인에 대한 정보를 얻기 위해 소셜 네트워크 서비스를 사용할 수 있다. 또한 소셜 네트워크 서비스는 범죄 활동의 온상지였다. 예를 들어 페이스북은 피싱 앱으로 사용돼왔다. 사용자 게시글에 달린 사기성 알림 댓글을 하나의 예로 들 수 있다. 알림 하이퍼링크는 피싱 웹사이트로 연결된다.

또 다른 사례는 소셜 네트워킹 웹사이트와 관련된 문제를 강조하고 있다. 최근 대학 정보 제공 업체는 페이스북에 허위 고등학교 수업 프로필을 게시했다. 허위 프로필에는 같은 졸업반 학생과 함께 수업에 임하는 것으로 짐작되는 고등학교 학생이 보였다. 마케팅 회사는 고등학교 학생들이 들어갈 수 있게 만들어놓은, 대학 광고 링크가 삽입된 프로필을 구성해뒀다.

미 국방부는 군 내에서 소셜 네트워크 서비스에 접근하는 것을 허용할지 결정하기 위해 고심해왔다. 한편으로는 소셜 네트워킹이 병력의 사기 진작에 도움을 주며, 해외 주둔군이 가족 및 친구들과 연락을 유지하는 수단으로 사용할 수 있기 때문이다. 다른 한편으로는 군사 기밀이 잠재적으로 일반 대중에게 새어 나갈 수 있다는 우려도 있다. 이스라엘에서는 이스라엘 군인이 페이스북에 군사 정보를 게시한 이후 군사 습격을 받은 경우가 있었다.

소셜 네트워크 서비스 중 하나인 트위터도 크게 이슈가 된 적이 있다. 2010년에는 영국 장관의 트위터 계정이 해킹을 당했다. 유사한 경우로, 2008년에는 오세티아^{Ossetia}의 독립 문제로 러시아-그루지아 분쟁 기간 중 트위터 계정이 해킹돼 그루지아 대통령의 웹사이트가 DDoS 공격의 대상이 됐다.

온라인 범죄 활동은 더 이상 단순히 돈이나 장난을 목적으로 하지 않는다. 최근 온라인 범죄 활동은 알카에다와 같은 집단에 의한 종교 선전이나 어나니머스^{Anonymous}, 안티섹^{Antisec}, 룰즈섹^{LulzSec} 같은 핵티비스트의 출현에서 보듯이 정치적 성향으로 변해왔다.

❖ 온라인 대화 내용 수집

컴퓨터 포렌식 조사관은 실시간이나 소급적으로 온라인 콘텐츠를 수집해야만 할 때가 있다. 온라인으로 수집된 콘텐츠는 HTML 페이지, 인터넷의 IP 주소나 음성, 영상, 인스턴스 메시지가 될 수도 있다. 웹케이스^{WebCase}, 인터넷 증거 탐색기^{IEF, Internet Evidence Finder}와 같은 툴은 온라인 콘텐츠나 대화 내용 수집에 적합하다.

- Vere Software(veresoftware.com)는 조사관을 위한 온라인 증거 수집, 사례 관리, 리포팅을 제공하는 웹케이스를 개발한 회사다. 이 윈도우 기반 툴은 웹사이트 또는 채팅창에 관계없이 조사관에게 온라인 스크린 캡처 기능을 제공한다. 또한 그 툴을 이용해 온라인 영상을 캡처하거나 조사관이 작업 중인 컴퓨터의 IP 주소를 확인할 수 있다. 조사관이 그 툴을 이용했을 때 가장 좋은 점은 여러 온라인 조사를 편리하게 수행할 수 있으며 웹사이트 방문 이력, 채팅 대화 내용, 음성과 IP 통신 기록에서의 효율적인 리포팅이 가능하다는 것이다.
- 마그넷 포렌식은 IEF를 개발한 회사다. IEF는 컴퓨터와 스마트 기기로부터 인터넷 흔적을 포렌식적으로 수집할 수 있으므로 조사관에게 매우 인기 있는 툴이다. 그 툴을 이용해 쿠키^{cookie} 데이터, 웹사이트 방문 이력, 임시 인터넷 파일을 효과적으로 파싱할 수 있다.

스크린 캡처 활용

스크린 캡처가 가능한 소프트웨어는 매우 다양하다. PC, 애플 맥 등 어떤 것을 사용하든 화면에 표시된 것을 캡처하는 작업은 상대적으로 매우 간단하다. PC에서는 프린트 스크린Print Screen 키가 있다. 하지만 맥에서는 조금 복잡하다.

실전 연습

맥을 이용한 스크린 캡처

1. 맥에서 웹 브라우저를 실행한다.

2. 애플 키와 Shift 키를 누른 상태에서 3을 누른다. 그러고 나서 눌렀던 세 개의 키를 손에서 뗀다.

3. 데스크톱을 탐색하면 방금 캡처한 이미지를 확인할 수 있다.

맥을 이용해 스크린 일부를 캡처하기

1. 맥에서 웹 브라우저를 실행한다.

2. 애플 키와 Shift 키를 누른 상태에서 4를 누른다. 그러고 나서 눌렀던 세 개의 키를 손에서 뗀다.
   마우스에 십자선이 나타난다.

3. 십자선을 드래그 다운해 캡처할 영역을 선택한다.

4. 데스크톱을 검색하면 방금 캡처한 이미지를 확인할 수 있다.

맥을 이용한 프로그램 창 캡처하기

1. 맥에서 프로그램을 실행한다.

2. 애플 키와 Shift 키를 누른 상태에서 4를 누른다. 그러고 나서 눌렀던 세 개의 키를 손에서 뗀다.
   마우스에 십자선이 나타난다.

3. 스페이스바를 한 번 누른다.
   카메라가 뜬다.

4. 캡처할 프로그램을 클릭한다.

스크린 캡처 툴

테크스미스^{TechSmith}는 윈도우나 맥 컴퓨터 사용자가 풀스크린 또는 화면 일부를 캡처해서 이미지로 저장할 수 있는 스내그잇^{Snagit}이라는 프로그램을 개발했다. 이 툴을 이용하면 웹사이트를 스크롤하면서 캡처할 수 있다. 캠타시아^{Camtasia}는 테크스미스에서 개발한 또 다른 소프트웨어로, 스내그잇의 캡처 기능 외에 사용자가 온라인 영상을 캡처하는 기능도 지원한다.

영상 활용

조사관은 가끔 인터넷을 통해 증거로 활용할 수 있는 영상을 접하게 될 수 있으므로 영상 콘텐츠를 캡처할 수 있는 툴을 상시 소지할 필요가 있다.

영상 툴

오늘날 조사관은 콘텐츠를 완벽히 이해하기 위해 영상을 볼 필요가 없다. 특히 영상 일부가 왜곡될 경우에는 더욱 그렇다. QCC 정보 보안^{QCC Information Security}은 조사관이 스트리밍 영상 대신 섬네일 이미지를 볼 수 있는 비디오트라이어지^{VideoTriage}라는 무료 툴을 개발했다. 조사관은 섬네일 이미지를 생성하는 간격을 미리 결정할 수 있다. 피고 측과 기소자 측을 위해 DVD 영상을 생성하는 대신 섬네일 이미지를 생성하게 되면, 그 이미지가 보고서에 자동으로 삽입된다는 이점이 있다.

징^{Jing}은 테크스미스에서 개발한 또 다른 툴로, 사용자가 인터넷 영상 콘텐츠를 기록할 수 있다. 무료 버전 툴과 징 프로라고 불리는 유료 버전이 있다. 윈도우나 맥 모두에서 사용 가능하다.

Savevid.com은 구글 비디오, 유튜브 등 다양한 영상 호스팅 사이트에서 온라인 영상을 캡처할 수 있는 또 다른 툴이다.

리얼플레이어^{Real Player}는 real.com 사이트에서 무료로 다운로드할 수 있으며 사용하기 매우 쉽다는 점에서 다른 툴과 구별된다. 영상을 시청할 때 프로그램을 실행시킬 필요가 없으며, 오른쪽 상단 끝에 마우스 커서를 올리면 영상 다운^{Download This Video} 버튼을 볼 수 있다.

스트리밍 비디오 레코더^{Streaming Video Recorder}(recordstreamingvideo.net), 더블유엠 레코더^{WM Recorder}(wmrecorder.com)를 비롯한 여러 가지 영상 기록 툴이 있다.

쿠키 데이터 보기

쿠키^{cookie}는 신원 확인과 인증을 위해 웹 서버가 클라이언트 컴퓨터로 보내는 텍스트 파일이다. 영속적 쿠키^{persistent cookie}는 사용자 신원을 확인하는 텍스트 파일로, 브라우저로 전송돼 쿠키 만료 기간까지 클라이언트 컴퓨터에 저장된다. 일반적으로 영속적 쿠키는 사용자 웹사이트 방문 이력을 저장하거나 스파이웨어가 활용하는 파일이다. 그렇지만 쿠키가 악성 소프트웨어는 아니다. 세션 쿠키^{session cookie}는 브라우저로 전송되는 텍스트 파일로, 컴퓨터에 저장돼 인터넷 사용자의 신원 확인과 인증을 위해 사용되며 사용자의 브라우저가 닫히면 제거된다. 사용자가 인터넷 뱅킹을 사용할 때는 중간자 공격^{man-in-the-middle attack}을 방지하기 위해 브라우저 세션이 유지되는 시간 동안 사용자 인증을 위해 세션 쿠키를 사용한다. 해커가 온라인 세션 하이재킹을 시도할 경우, 공격자는 은행에서 발급받은 쿠키를 가지고 있지 않으므로 웹 서버는 공격자가 정상적인 사용자로 위장해 접근을 시도하는 것을 탐지할 수 있어야 한다. 어른들이 카운티 축제에 입장하기 위해 초록색 손목 밴드를 구입하는 것은 쿠키와 유사한 경우라고 할 수 있다. 만약 노란색 손목 밴드를 차고 있는 십 대가 맥주 구입을 시도할 경우(해커라고 가정), 판매자(웹 서버의 입장)는 맥주 판매를 거부하게 될 것이다. 플래시 쿠키도 쿠키의 한 형태로, 사용자 시스템에 저장되는 로컬 공유 객체^{LSO, Local Shared Object}를 참조하며 어도비 플래시^{Adobe Flash}를 필요로 하는 웹사이트에 의해 생성된다. 이 쿠키를 이용해 온라인 사용자 활동 이력을 추적할 수 있다.

마이크로소프트 인터넷 익스플로러는 해커의 공격을 막아내기 위해 쿠키를 여러 폴더에 랜덤하게 저장한다. 마이크로소프트 비스타와 윈도우7이 설치된 시스템으로 작업하는 조사관은 C:\Users\\<username>\AppData\Roaming\Microsoft\Windows\Cookies\ 위치에서 쿠키를 찾아볼 수 있다(물론 최상위 디렉터리가 항상 C:가 아닐 수도 있다).

쿠키 텍스트 파일은 사용자가 방문한 웹사이트를 명확하게 구분한다.

```
__qca P0-170859135-1366509561547 livefyre.com/ 2147484752 559795968
304037673611057200 30293555 * __utma 218713990.303107170.1366509
562.1366509562.1366509562.1 livefyre.com/ 2147484752 3363037824
30440406 3612307241 30293555 * __utmb218713990.1.10.1366509562
livefyre.com/ 2147484752 130586240 30293560 361230724130293555*__
utmz 218713990.1366509562.1.1.utmcsr=msn.foxsports.com|utmccn=(referr
al)|utmcmd=referral|utmcct=/nhl/story/new-york-islanders-beat-florida-
panthers-041613livefyre.com/ 2147484752 2471084672 30330268 3612307241
30293555*
```

시스템 보안을 향상시키려는 노력의 일환으로 인터넷 익스플로러 9.0.2에서는 영숫자 이름을 각 쿠키 텍스트 파일에 랜덤하게 부여했다. 이로 인해 조사관이 웹사이트와 쿠키 파일명 상호 간의 연관 관계를 파악할 수 없게 됐지만 쿠키 파일의 내용까지 바뀌지는 않았다.

윈도우 레지스트리 이용하기

조사관은 윈도우 레지스트리를 분석해서 사용자가 방문한 웹사이트를 알아낼 수 있다. 다음은 사용자가 방문한 웹사이트가 저장된 레지스트리의 경로다.

HKEY_CURRENT_USER\Software\Microsoft\Internet Explorer\TypedURLs

조사관은 해당 위치에서 레지스트리를 텍스트 파일 형태로 추출하고 메모장과 같은 프로그램을 이용해 내용을 확인할 수 있다. 물론 액세스데이터 레지스트리 뷰어AccessData's Registry Viewer와 같은 프로그램은 레지스트리 파일을 체계적으로 분석할 수 있는 솔루션을 제공한다.

또한 웹사이트 방문 기록은 index.dat로 불리는 숨겨진 파일로부터 다시 호출될 수도 있다. index.dat 파일은 마이크로소프트 인터넷 익스플로러에 의해 성성된 파일 모음으로, 웹사이트 방문 기록과 인터넷 검색 이력이 들어있을 뿐 아니라 사용자 컴퓨터에 저장된 쿠키와 캐시도 저장한다. 실제로 이 파일은 과거 인터넷 접속 정보를 방대하게 저장하고 있으며, 사용자 입장에서 파일의 정보 저장 방법을 제어하기에는 한계가 따르므로 사용자가 로그인한 주소 링크와 같은 정보는 조사관에게 핵심 정보가 될 수 있다. 마이크로소프트 웹사이트에는 그 파일 용량이 더 늘어나지 않으며 사용자가 인터넷 접속 이력을 지우고 브라우저 캐시를 삭제하더라도 파일 자체는 삭제되지 않는다고 언급돼 있다.

index.dat 데이터베이스 파일은 전용 뷰어를 사용하지 않으면 그 내용을 확인할 수 없다. 다음 예제에서는 index.dat 파일 내용을 볼 수 있는 무료 프로그램을 소개하고 있다.

실전 연습

index.dat 파일 내용 확인하기

1. www.pointstone.com/products/index.dat-Viewer/ 웹사이트 링크에서 Index.dat 뷰어를 다운로드한다.

2. 다운로드한 프로그램 폴더에서 Index.dat 뷰어 프로그램을 더블 클릭한다.
   방문한 웹사이트 목록이 화면에 표시된다.

3. Index.dat 뷰어를 종료한다.

❖ 요약

소셜 네트워킹 웹사이트의 증가로 인해 조사관은 혐의자에 대한 방대한 정보를 획득할 수 있었다. 소아성애자 및 기타 범죄자들은 그들의 범죄 활동을 실행에 옮기기 위한 목적으로 인터넷을 사용하고 있다. 그러므로 조사관은 이러한 범죄자들이 자주 애용하는 사용자 그룹과 첩보 활동 수행 시 조사관의 신분을 숨길 수 있는 온라인 리소스에 대해 알아둬야 한다.

혐의자 컴퓨터의 램에 들어있는 내용은 개인 인터넷 활동을 재추적하기 위한 가치 있는 증거 정보가 될 수 있다. 그렇지만 다른 종류의 증거도 다양하게 존재한다. 예를 들어 index.dat 파일은 사용자가 방문한 웹사이트가 저장된 데이터베이스 파일이다. 윈도우 파일 레지스트리는 사용자의 인터넷 활동을 확인할 수 있는 매우 가치 있는 정보를 제공한다. 스카이프와 같은 일부 인터넷 통신 서비스는 사용자 컴퓨터에 텍스트 메시지를 기본으로 저장하도록 설정돼 있다. 야후 IM[Yahoo! IM]은 간단한 암호 알고리즘을 이용해 사용자 컴퓨터의 메시지를 저장한다. 조사관은 인스턴트 메시징 프로그램이 남긴 증거(활동 정보)에 익숙해져야 하고 이러한 파일의 내용을 확인할 수 있는 툴에 대해 알아둬야 한다.

인터넷 사용의 증가로 온라인 범죄율도 함께 증가했다. 온라인 범죄 활동은 아동 포르노 소유와 배포, 신원 도용, 도난 신용카드 판매, 사이버 폭력, 소셜 네트워크 신용 사기 등이 있다.

조사관이 온라인 조사에 임할 때는 컴퓨터(희생자와 혐의자의 것 모두), 모바일 기기, 웹사이트(HTML 문서), 웹 서버 로그, IP 주소, 디지털 이미지, 음성 및 영상 콘텐츠를 비롯한 다양한 리소스로부터 디지털 증거를 확보해야 한다. 조사관은 온라인 콘텐츠와 같은 비전통적인 증거를 캡처하고 조사 결과를 포괄적으로 리포팅하기 위해 웹케이스와 같은 툴을 사용할 수 있다.

💠 주요 용어

고정형 인터폴 네트워크 데이터베이스 및 모바일 인터폴 네트워크 데이터베이스MIND/FIND, Fixed Interpol Network Database and Mobile Interpol Network Database: 여행 서류 검색을 가능하게 해 국경을 보호할 수 있도록 국제경찰에서 관리하며 온라인과 오프라인 모두 사용 가능한 데이터베이스다.

국가 안보 데이터 네트워크HSDN, Homeland Security Data Network: 노스롭 그루만 사에 의해 개발된 네트워크며 최고 기밀, 일반 기밀, 일반 정보로 분류된 정보들을 보유하고 있다.

국립대테러센터NCTC, National Counterterrorism Center: 국가정보장실ODNI, Office of the Director of National Intelligence의 하위 기관으로, 테러 행위와 관련된 최고 기밀 정보를 수집할 수 있는 정부 기관이다.

국립범죄정보센터NCIC, National Crime Information Center: 법률 집행관이 전국적으로 도주자 체포, 도난품 찾기, 테러범 신원 확인, 실종자 위치 파악 등을 할 때 활용되는 매우 중요한 범죄 데이터베이스다.

국토 안보 정보 네트워크 Homeland Security Information Network State**와 군사 보안 첩보 보고 체계**TALON, Threat And Local Observation Notice: 9.11 테러 공격 이후 미 공군에서 구축해온 안전한 대 테러 작전 데이터베이스다.

기록 관리 시스템RMS, Record Management Systems: 지방 법률 집행 단위에서 찾아볼 수 있는 지역 데이터베이스

동적 IP 주소dynamic IP address: 인터넷 서비스 공급자ISP, Internet service provider에 의해 할당된 IP 주소(ISP는 클라이언트 중 하나가 인터넷에 접속할 때마다 IP를 할당한다.)

비트토렌트BitTorrent: 대용량 파일 전송을 가능케 하는 파일 공유 프로토콜이다.

세션 쿠키session cookie: 브라우저로 전송되는 텍스트 파일로, 컴퓨터에 저장돼 인터넷 사용자의 신원을 확인하고 인증하기 위해 사용되며 사용자의 브라우저가 닫히면 제거된다.

실시간 범죄 센터^{RTCC, Real Time Crime Center}: 3만 5,000명 이상의 경찰관으로 구성된 뉴욕 경찰국이 잘 알려지거나 용의 선상에 있는 범죄자들을 추적하고 체포하기 위해 개발된 데이터웨어 하우스다.

아이챗^{iChat}: 애플에 의해 개발된 인스턴트 메시징 프로토콜

안드로이드: 구글이 소유한 운영체제로, 휴대폰이나 태블릿 PC와 같은 모바일 기기 사용자를 위해 개발됐다.

애플리케이션 프로그래밍 인터페이스^{API}: 두 개의 컴퓨터 애플리케이션이나 프로그램 간의 서비스 요청과 응답에 대한 상호작용을 지원하는 컴퓨터 프로그램이다.

앰버^{AMBER}: Acronym for America's Missing: Broadcasting Emergency Response의 약자로, 텍사스에서 유괴돼 살해된 9살 소녀 앰버 해거먼^{Amber Hagerman}의 이름에서 유래된 것이다.

영속적 쿠키^{persistent cookie}: 사용자를 신원 확인하는 텍스트 파일로, 브라우저로 전송돼 쿠키 만료 기간까지 클라이언트 컴퓨터에 저장된다.

온라인 프락시: 제3자와 통신할 때 사용자의 컴퓨터 IP 주소를 숨긴 상태에서 통신할 수 있게 해준다.

위치 태그^{geotag}: 사진 촬영이 있었던 위치의 지리 정보 위도와 경도를 나타내는 디지털 이미지 메타데이터다.

유즈넷^{usenet}: 온라인 토론 게시판으로, 사용자가 메시지를 포스팅하거나 올려진 글을 읽을 수 있는 공간이다.

인터넷 릴레이 챗^{IRC, Internet Relay Chat}: 온라인상으로 여러 사람들과 텍스트를 통해 대화할 수 있는 통신 툴이다.

인터넷 프로토콜^{IP} **주소**: IP 버전 4 기반 인터넷 환경에서 하나의 호스트를 고유하게 신원 확인하는 32비트 숫자다.

제우스^{Zeus}: 키로거를 이용해 은행과 신용카드 정보를 절취하는 트로이 목마 바이러스다.

지방 정보 기관 이익 단체 Local Intelligence Community Interest(HSIN-SLIC): 민감하지만 기밀이 아닌 정보를 연방, 주, 지방 당국 사이에 전파할 목적으로 이용한다.

첩보 활동undercover investigation: 개인 또는 혐의자가 조사관의 진짜 신분을 알지 못하는 상황에서 정보를 수집하는 과정이다.

쿠키cookie: 신원 확인과 인증을 위해 웹 서버가 클라이언트 컴퓨터로 보내는 텍스트 파일이다.

테러 연락 담당자TLO, Terrorism Liaison Officer: 융합 센터에 고용돼 다양한 기관들 사이의 정보 공유를 가능케 하고 조정하는 것에 대한 주요 책임을 지고 있다.

토르Tor: 무료 오픈소스 소프트웨어며 사용자가 익명으로 인터넷 서핑을 할 수 있도록 지원하는 오픈 네트워크 서비스다.

트윗픽TwitPic: 사용자가 사진이나 영상과 같은 미디어를 트위터에 업로드할 수 있게 해주는 API다.

플래시 쿠키: 로컬 공유 객체LSO, Local Shared Object로도 불린다. 사용자 시스템에 저장되며 어도비 플래시Adobe Flash를 필요로 하는 웹사이트에 의해 생성된다. 이 쿠키를 이용해 온라인 사용자 활동 이력을 추적할 수 있다.

확장 가능한 메시징 및 프레즌스 프로토콜XMPP, Extensible Messaging and Presence Protocol: 원래 이름은 자버Jabber였으며, 오픈소스 커뮤니티에서 개발된 XML을 기반으로 하는 인스턴트 메시징 프로토콜이다.

DeadAIM: 제이데니스JDennis가 개발한 무료 프로그램으로, 광고를 비활성화하고 여러 탭을 사용한 검색을 할 수 있게 해준다.

index.dat: 마이크로소프트 인터넷 익스플로러에 의해 성성된 파일 모음으로, 웹사이트 방문 기록과 인터넷 검색 이력이 들어있다.

XOR: 가장 기본적인 암호화 알고리즘으로 기타 컴퓨팅 처리 프로세스에서 종종 볼 수 있다.

❖ 강의 토론

1. 이 장에서는 조사관이 혐의자에 대한 개인정보를 수집할 때 도움을 받을 수 있는 다양한 온라인 리소스를 배웠다. 이와는 반대로, 온라인에서 사용 가능한 풍부한 개인정보로 인해 범죄자가 절도, 빈집털이 등 기타 심각한 범죄를 저지르는 데 필요한 정보를 획득하기도 한다. 일부 국가에서는 소비자를 좀 더 안전하게 보호하고 온라인에서 이용 가능한 개인정보를 제한하기 위한 방법을 모색해왔다. 실제로 고객(소비자)과 그들의 개인정보를 충분히 보호하고 있는가?

2. 당신이 수사관으로서 마이크로소프트와 어도비^{Adobe} 제품군의 불법 복제 프로그램을 판매하는 혐의자의 웹사이트에 대한 조사를 착수해야 한다면, 해당 웹사이트의 어느 곳에 초점을 두고 조사를 진행해야 할지, 수사 보고서에 담을 내용과 웹사이트 통계 정보는 무엇이 될 수 있을지 고민해본다.

3. 조사관이 혐의자의 위치를 파악해 체포하거나, 유죄가 확정된 범죄자 위치를 확인할 때 위치 태그^{geotag}와 기타 지리 정보를 활용하면 매우 유용하다. 반대로, 이러한 정보 활용으로 많은 사람들이 오히려 스토킹이나 절도의 위험에 처할 수 있다. 이러한 위치 정보는 조사관에게 제공하는 디지털 증거로서의 역할보다 대중의 인식이 더욱 중요한지 생각해보자.

❖ 객관식 문제

1. 다음 중 인터넷상의 다른 사용자와 대용량 파일을 공유할 때 사용할 수 있는 것은?

   A. 비트토렌트^{BitTorrent}

   B. XOR

   C. 군사 보안 첩보 보고 체계^{TALON}

   D. 제우스^{Zeus}

2. 다음 중 약어인 IRC의 원래 단어는 무엇인가?

    A. Internet Recipient Chat^{인터넷 수신 대화}

    B. Instant Response Communication^{인스턴트 응답 통신}

    C. Internet Response Communication^{인터넷 응답 통신}

    D. Internet Relay Chat^{인터넷 릴레이 챗}

3. 자버^{Jabber}는 인스턴트 메시징 프로토콜의 옛 이름이다. 현재는 어떻게 바뀌었는가?

    A. DeadAIM

    B. 아이챗^{iChat}

    C. XMPP

    D. XML

4. 다음 중 구글이 개발한 모바일용 운영체제는 무엇인가?

    A. 리눅스

    B. 안드로이드

    C. iOS

    D. 윈도우

5. 다음 중 디지털 사진(이미지)이 촬영된 장소의 경도와 위도를 나타내는 것은?

    A. 위치 태그^{Geotag}

    B. 랫롱 태그^{LatLongTag}

    C. 메타 태그^{Metatag}

    D. 쿠키^{Cookie}

6. 앰버^{AMBER}는 다음 중 어떤 용어의 약어인가?

    A. Alert Motorists Broadcast Emergency Relay

    B. America's Missing: Broadcast Electronic Relay

C. Automatic Monitoring: Broadcasting Emergency Response

D. America's Missing: Broadcasting Emergency Response

7. 클라이언트 중 하나가 인터넷에 접속할 때마다 인터넷 서비스 공급자^{ISP, Internet service provider}에 의해 IP를 할당받는 것은?

    A. 세션 쿠키^{Session cookie}

    B. 영속적 쿠키^{Persistent cookie}

    C. 동적 IP 주소^{Dynamic IP address}

    D. 라우터^{Router}

8. 다음 중 인터넷 뱅킹이나 신용카드 관련 정보를 절취하도록 키로거를 사용하는 트로이 목마 바이러스는 무엇인가?

    A. 포세이돈^{Poseidon}

    B. 제우스^{Zeus}

    C. 아폴로^{Apollo}

    D. 에르메스^{Hermes}

9. 다음 중 스파이웨어로 여겨질 수 있는 것은?

    A. 영속적 쿠키^{Persistent cookie}

    B. 세션 쿠키^{Session cookie}

    C. 캐시^{Cache}

    D. 동적 IP 주소^{Dynamic IP address}

10. 다음 중 마이크로소프트 인터넷 익스플로러를 사용하는 윈도우 컴퓨터에서 웹사이트 방문 이력을 보관하는 파일은 무엇인가?

    A. Hyberfil.sys

    B. IE.dat

    C. index.dat

    D. URL.sys

❖ 빈칸 채우기

1. _____은 특정인이나 혐의자에게 조사관의 신분을 숨긴 채 정보를 획득하는 과정이다.

2. _____ _____를 이용하면 제3자와 통신할 때 사용자의 컴퓨터 IP 주소를 숨긴 상태에서 통신할 수 있다.

3. XOR은 가장 기본적인 _____ 알고리즘으로 컴퓨팅 환경에서 종종 볼 수 있다.

4. 뉴스 그룹으로도 불리는 _____은 온라인 토론 게시판으로, 사용자가 메시지를 포스팅하거나 올려진 글을 읽을 수 있는 공간이다.

5. 실시간 _____ _____는 3만 5,000명 이상의 경찰관으로 구성된 뉴욕 경찰국이 잘 알려지거나 용의 선상에 있는 범죄자들을 추적하고 체포하기 위해 개발된 데이터웨어 하우스다.

6. _____ Security Data Network는 노스롭 그루만 사에 의해 개발된 네트워크며 최고 기밀, 일반 기밀, 일반 정보로 분류된 정보들을 보유하고 있다.

7. _____은 사용자의 사진을 트위터에 업로드할 수 있게 해주는 프로그램이다.

8. _____ 프로그래밍 인터페이스는 두 개의 컴퓨터 애플리케이션이나 프로그램 간의 서비스 요청과 응답에 대한 상호작용을 지원하는 컴퓨터 프로그램이다.

9. _____ _____ 주소는 하나의 호스트를 고유하게 신원 확인하는 32비트 숫자다.

10. _____ 쿠키는 브라우저로 전송되는 텍스트 파일로, 컴퓨터에 저장돼 인터넷 사용자의 신원을 확인하고 인증하기 위해 사용되며 사용자의 브라우저가 닫히면 제거된다.

◈ 프로젝트

범죄 조사 활동 수행

당신은 지방 법률 집행 기관의 신원 도용 사건을 담당하는 컴퓨터 포렌식 조사관이다. 혐의자는 기술 관련 블로그로 위장한 웹사이트를 개설했지만, 신뢰된 사용자가 웹사이트의 안전한 공간에 로그인한 후 도난된 신용카드번호를 구입할 수 있었다.

첩보 활동을 통해 혐의자의 인적 정보를 조사하는 방법과 온라인으로 범죄 증거를 수집하는 방법에 대해 논하라.

온라인 정찰 수행

당신과 관련된 온라인 정보의 정확성을 확인해보기 위해 이 장 앞부분에 언급된 온라인 리소스를 사용하라. 찾을 수 있었던 정보의 종류에 대한 상세 정보를 나열해보라.

개인 상세 정보를 군이 나열할 필요는 없다. 단지 사용 가능한 정보의 종류를 나열하면 된다. 이를 위해 그 어떤 서비스에 대한 비용을 지불할 필요는 없다.

온라인 고객 프라이버시 정보 관련 에세이 작성

국회에서는 케리Kerry 및 맥케인McCain 상원 의원이 지지하는 추적 금지Do-Not-Track라는 새로운 법안이 논의되고 있다. 파이어폭스와 인터넷 익스플로러를 비롯한 일부 브라우저에서는 인터넷 사용자 활동에 대한 추적을 방지하는 새로운 기능을 추가한 상태다. 일부에서는 유럽 연합과 인도, 그리고 기타 국가에서 온라인 고객 프라이버시 정보를 수집하는 수준이 미국보다 높다고 지적하기도 했다.

미국과 유럽 연합, 그리고 기타 국가에서 제시하는 인터넷 사용자에 대한 고객 프라이버시 보호 수준 및 보호 방법을 비교해보라. 현재 논의되고 있거나 통과된 법안을 참고 자료로 언급해보라.

6장 │ 수사의 문서화

개요

범죄자를 기소하는 과정에서 포괄적이고 상세한 수사 보고서를 쓰는 것은 성공 요인이 될 수 있다. 보고서는 피고 측 변호인의 이의를 이겨낼 수 있도록 충분히 상세해야 하는데, 그 이의에는 규칙이 지켜지지 않았다거나, 혹은 충분한 검토와 배려 없이 조사가 진행됐다는 미디어로부터의 이슈 제기, 혹은 주요 파일이 없어졌을 수도 있다는 의심이 포함된다. 보고서는 또한 포괄적이어야 하는데, 기술적 배경이 전혀 없는 사람도 제시된 증거의 가치와 중요한 개념을 반드시 이해할 수 있어야 한다는 것이다. 이 장에서는 제3자로부터 정보를 얻는 방법, 범죄 현장을 적절히 문서화하는 방법, 그리고 다양한 컴퓨팅 기기로부터 파일을 획득하고, 그 증거로부터 시사점을 도출하는 방법을 설명한다. 또한 조사관의 보고서, 그리고 전문가 증인의 법정 역할에 대해 가이드라인을 제공한다.

❖ 서비스 제공자로부터의 증거 획득

CTIA(ctia.org)에 따르면, 충격적이게도 2012년 한 해에만 2.19조 건의 문자 메시지가 발송됐다고 한다. 방대한 통신량을 저장하는 데 사용되는 비용을 고려하면, 통신사가 SMS나 MMS를 장기간 동안 보관하지 않는 것은 놀라운 일이 아니다. 따라서 이런 통신의 보관 기간은 수일에 불과하다. 통신에 대한 보관 기간은 회사별로 다르며, 법무부는 수사 기관에게 통신사별 그리고 통신별(SMS, MMS, 이메일 등등) 보관 정책에 대한 가이드라인을 제공할 수 있다. 수사 기관은 용의자의 전자통신을 요청하기 위한 영장 및 소환장을 통상적으로 수일에 거쳐 획득한다. 하지만 법 집행관은 영장 및 소환장이 나올 때까지 용의자와 관련된 통신이 계속 보관될 수 있도록 요청할 수 있다. 보존 명령은 서비스 제공자가 용의자와 관련된 기록을 보관하도록 요청하는 것이다. U.S.C 2703:f 18조에 보존 명령을 획득하기 위한 안내문이 있다.

(1) 일반적으로: 유무선 및 전자통신 서비스 제공자는 정부 기관의 요청에 따라 법원 영장 등의 절차가 끝날 때까지 기록 및 다른 증거들을 보관하기 위한 모든 필요한 절차를 진행해야 한다.
(2) 보관 기간: (1)에 언급된 기록은 90일 동안 보관돼야 하며, 정부 기관의 갱신 요청이 오면 추가로 90일을 더 보관해야 한다.

요약하면, 수사 기관은 90일 동안 통신을 보관하도록 요청할 수 있으며, 90일을 더 보관하도록 하는 추가 요청을 할 수 있다. 이것은 수사 기관으로 하여금 거의 6개월 동안 판사 및 치안 판사로부터 영장을 획득할 수 있도록 한다. 하지만 수사관이 기억해야 할 것은 서비스 제공자에게 그 요청에 대해 용의자에게 정보를 제공하지 말라고 알려줘야 한다는 사실이며, 그렇지 않으면 용의자는 수사관에게 정보가 공유되고 있다는 것을 알게 될 것이다. 에드워드 스노든의 폭로로 많은 것이 바뀌었는데, 가령 트위터와 같은 서비스 제공자는 사용자에게 조사를 받고 있음을 알려주기로 결정했다. 따라서 이제 수사관은 판사에게 요청해 소환장을 통해 서비스 제공자가 용의자에게 수사를 받고 있음을 알려주지 않도록 명하도록 해야 한다.

❖ 범죄 현장의 문서화

미국 법무부의 안내서인 '전자 범죄 현장 조사 - 초기 대응 안내서'에 따르면, 수사관은 범죄 현장을 지켜야 하고, 주변의 보안을 확실히 하고, 또한 잠재적 증거를 보호해야 한다. 디지털 증거를 보호하는 것은 다수의 범죄 현장 수사관에게는 상대적으로 새로운 현상이다. 다른 증거와는 달리, 디지털 증거는 단순히 박스나 가방에 담겨지면 안 된다. 예를 들어 마이크로 SD 카드의 경우 성인의 손톱보다 작기 때문에 쉽게 잃어버릴 수 있다. 유사하게, 컴퓨터의 플러그를 뽑는 것도 휘발성 메모리로부터 패스워드나 인터넷 기록과 같은 중요한 증거를 완전히 사라지게 할 수 있으며, 또한 컴퓨터 및 주변 기기를 암호화할 수 있다. 가설적으로, 용의자가 이더넷 연결에 데드맨 장치를 설치해 케이블이 언플러그되면 시스템이 작동하지 못하도록 만들거나, 혹은 용의자가 원격으로 디스크 드라이브를 초기화 또는 암호화할 수 있다. 원격 제어 장치에 대한 문제도 관련이 있다. 예를 들면, 아이폰의 경우 용의자가 원격으로 장치를 초기화할 수 있는데, 이는 수사를 잠정적으로 중단시킬 수 있다. 일부 용의자는 고의적으로 네트워킹 장치를 숨긴다. 예를 들면, 용의자는 벽 뒤나 천장, 그리고 다락에 라우터를 숨긴다. 중요한 다른 요소들도 있는데, 예를 들면 장치의 배터리 수명을 유지시키는 것이다. 따라서 범죄 현장 수사관은 증거를 지우지 말고, 컴퓨터 포렌식 조사관이 도착할 때까지 기다리는 것을 심각히 고려해야 한다.

컴퓨터 포렌식 조사관은 범죄 현장에서 발견되는 모든 것에 대해 항상 사진을 남기고 문서화해야 한다. 특히 장치들 간의 연결을 사진으로 남기는 것이 중요하다. 장치들 간의 연결은 매우 복잡할 수 있기 때문에 조사관은 연구실로 돌아가 어떻게 장치들이 연결되고 설정됐는지에 대해 사진을 통해 도움을 받을 수 있다. 홈 네트워크도 수많은 연결 장치와 케이블, 어댑터로 구성돼 있으므로 범죄 현장에서 증거목록을 만드는 것은 중요하다. 그림 6.1은 샘플 증거 목록이다.

증거 목록

용의자			사건 번호 #	
수사관			페이지 번호 #	
물품 번호 #	일자	제조사	모델명 #	
	바코드	시리얼 번호 #	물품 설명	
		관리자	취득 장소	
물품 번호 #	일자	제조사	모델명 #	
	바코드	시리얼 번호 #	물품 설명	
		관리자	취득 장소	
물품 번호 #	일자	제조사	모델명 #	
	바코드	시리얼 번호 #	물품 설명	
		관리자	취득 장소	

그림 6.1 증거 목록

'전자 범죄 현장 조사 – 초기 대응 안내서'에서는 수사관이 범죄 현장을 문서화할 때 디지털 증거와 비디지털 증거를 모두 문서화해야 한다고 강조한다. 결론적으로, 컴퓨터 포렌식 수사관은 재래식 증거에도 많은 관심을 가져야 한다. 예를 들어 컴퓨터를 획득하는 수사관은 다른 디지털 기기, 케이블, 어댑터, 박스를 매뉴얼 및 규약에 따라 획득해야 한다. 주변에 놓여 있는 포스트잇에는 중요한 패스워드가 기록돼 있을 수 있다. 또한 어떤 이들은 USB 드라이브를 보석류처럼 차고 있거나 장난감으로 위장했을 수도 있다는 것을 알아야 한다.

❖ 증거 획득

만약 표준 절차가 지켜지지 않는다면, 컴퓨터나 기기에서 유죄 입증 증거를 찾는 것은 무의미하다. 이 규약들은 범죄 현장에서부터 포렌식 연구소, 그리고 법정에 이르기까지 반드시 지켜져야 한다. 피고 측 변호인은 종종 실제 디지털 증거에 집중하기보다는 수사관의 증거 획득 행위에 대해 더 많은 시간을 들여 질문한다.

범죄 현장 검증

범죄 현장 조사관은 반드시 노트북을 들고 가서 발견한 모든 항목에 대해 세심히 기록해야 한다. 그들은 또한 최초 대처자에게 그들이 디지털 증거를 마주했을 때 어떻게 해야 하는지에 대해 알려줘야 한다. 컴퓨터가 켜져 있다면, 그대로 유지돼야 한다. 모니터가 인스턴트 메시지와 같은 활동을 보인다면, 사진을 찍어야 한다. 무슨 일이 있어도, 미숙한 경찰관이나 조사관이 범죄 현장의 증거를 검토해서는 안 되며, 여기에는 비디오를 보거나 사진을 검토하는 것도 포함된다. 최초 대처자는 증거물을 디지털 포렌식 수사관이 연구실에서 볼 수 있도록 해야 한다. 당연히 정상 참작 가능한 예외 상황이 있을 수 있는데, 예를 들면 납치 사건 이후나 테러 위협 이전과 같이 시급한 경우다.

컴퓨터, 하드디스크 드라이브, 그리고 다른 디지털 기기들에는 제조사, 모델명, 시리얼 번호, 수사관을 포함한 식별 가능한 정보가 표기돼야 한다. 적합한 식별은 관할 경찰서나 범죄 연구소에서 적절한 증거 기록이 되도록 하며, 효과적인 인벤토리 제어가 되도록 한다. 비록 SSD가 일반화되고 있기는 하지만, 대부분의 드라이브는 금속 플래터 디스크에 자기적으로 파일을 저장하고 있는 SATA 하드디스크 드라이브다. 따라서 정전기 방지 봉투를 사용해 컴퓨터 기기를 보관함으로써, 어떤 종류의 증거 오염도 방지해야 한다. 컴퓨터를 증거 테이프로 싸매야 하며, 이를 통해 오로지 연구소 기술자만이 해당 기기에 접근했음을 확실히 보장해야 한다. 드라이브 베이나 트레이에는 백색 테이프를 붙이고, 범죄 현장 조사관이 서명하도록 한다.

범죄 현장 조사관 장비

컴퓨터 포렌식 범죄 현장 조사관[CSI]의 장비들은 전통적인 CSI의 경우와 조금 차이가 있다. 다음 목록은 전형적인 컴퓨터 포렌식 CSI의 장비들이다.

- 노트북
- 휴대용 랩톱(포렌식 소프트웨어가 사전 설치돼 있어야 함)
- 무선 접속 기기(MiFi 기기)
- 카메라
- 카메라 보조 배터리
- 카메라 보조 SD 카드
- 공 USB 플래시 드라이브
- 손전등
- 컴퓨터 도구 세트
- 라이브 포렌식을 위한 포렌식 도구가 담겨 있는 USB
- 공 하드디스크 드라이브
- 쓰기 방지기
- 정전기 방지 봉투
- 스트롱홀드 봉투(스마트폰)
- 패러디 상자
- 증거 테이프
- 드라이브 베이 라벨

다른 장비들에는 하드디스크 드라이브 및 스마트폰, 그리고 태블릿의 현장 이미징을 위한 도구가 있을 수 있다. 만약 컴퓨터가 계속 켜져 있다면 램을 분류하고 이미징하며, 가능하다면 하드디스크 드라이브도 그렇게 할 것을 권고한다. 하드디스크 드라이브가 암호화될 수 있으므로 시스템이 종료되기 전에 볼륨 이미징을 하는 것을 권고한다. 추가적으로 램은 증거의 보물 단지가 될 수 있는데, 여기에는 사용자 비밀번호, 인터넷 활동, 실행 프로세스, 그리고 기타 중요 증거들이 포함된다. 따라서 수사관은 PC용 helix나 맥용 MacQuisition과 같은 도구를 가져와서 램의 내용물을 획득하는 것이 좋다.

❖ 증거의 문서화

특정한 오픈소스 도구를 통해서도 하드디스크 드라이브를 이미징할 수 있음에도, 블랙라이트^{BlackLight}와 같은 상용 제품을 사용하는 이유는 함께 제공되는 다양한 보고서 기능을 사용할 수 있기 때문이다. 이 도구들은 증거 파일에 태그를 달고 보고서에 추가함으로써 변호사와 판사가 수천 개의 파일들을 뒤적이지 않아도 되게 해준다. 이 도구들은 또한 수사관이 표기된 증거 파일에 노트를 추가하고, 스크린샷을 찍고, 수사 과정의 각 단계들에 대해 기록할 수 있도록 한다. 다시 말하면, 상용 포렌식 도구는 하드디스크 드라이브 및 메모리, 그리고 이미지 파일을 분석하는 데 확장된 기능을 제공한다. 그림 6.2는 표기된 파일 사례를 보여준다.

그림 6.2 표기된 증거

관리 연속성 양식의 작성

증거를 다루고 수사를 문서화할 때 증거가 법정까지 가게 될 것임을 항상 가정해야 한다. 따라서 모든 물품들은 법을 준수하며 다뤄져야 한다. 증거는 법원 명령, 소환장, 수색 영장, 소유자의 합의에 따라 합법적으로 취득해야 한다. 회사 측이 직원들을 용의자로 간주하고 증거를 취득할 때는 이 요소들이 변경된다. 증거를 획득하고 난 후에 수사관은 관리 연속성 양식(그림 6.3)을 지니고 이를 유지해야 한다.

피고 측 변호사는 증거가 인정되지 않도록 하기 위해 철두철미하게 관리 연속성 양식을 검토하고 실수를 찾아내기 위해 노력할 것이다. 총이나 옷과 같은 다른 종류의 증거들과는 달리, 디지털 증거에 대해서는 실수하기가 더 쉽다. 예를 들어 용의자의 하드디스크 드라이브에 대해 두 개의 사본을 만들 때에는 사본 생성을 위해 원본 하드디스크 드라이브를 전달받는 시점, 그리고 사본 생성 후 도로 돌려주는 시점에서 관리상의 변화가 발생한다. 따라서 용의자의 드라이브에 대한 두 개의 사본은 관리 연속성에 추가돼야 하고, 둘 다 전달해야 한다. 만약 수사관이 다섯 개의 하드디스크 드라이브로 구성된 RAID에 대해 두 개의 사본을 만든다면 이는 굉장히 복잡해진다. 이 경우에는 15개의 각기 다른 하드디스크 드라이브가 관리 연속성 측면에서 적절히 설명돼야 한다. 실수를 저지르는 것은 굉장히 쉽다. 또한 수사관은 드라이브들을 컴퓨터에서 분리하기 전에 이들이 어떻게 구성돼 있었는지를 사진으로 남길 필요가 있는데, 이를 기반으로 다시 컴퓨터 케이스에 적절히 넣어야 한다. RAID 리커버리RAID Recovery와 같은 도구를 통해 이미징하고 나서 이 RAID 이미지들을 조합하는 것은 수사 과정을 더 복잡하게 만들 뿐이다.

증거 목록

용의자:			사건 번호 #		
수사관:			페이지 번호 #		
물품 번호 #	제조사/모델		시리얼 번호 #	설명	
	배포자		서명	일자	시간
	수신자		서명	일자	시간
물품 번호 #	제조사/모델		시리얼 번호 #	설명	
	배포자		서명	일자	시간
	수신자		서명	일자	시간
물품 번호 #	제조사/모델		시리얼 번호 #	설명	
	배포자		서명	일자	시간
	수신자		서명	일자	시간

그림 6.3 관리 연속성 양식

컴퓨터 작업 시트의 작성

분석 대상 컴퓨터별로 독립적인 작업 시트를 작성해야 한다. 다음은 작업 시트에
기록돼야 하는 상세 항목들이다.

- 용의자 및/혹은 관리인
- 사건 번호
- 일자
- 장소
- 수사관
- 제조사

- 모델
- 시리얼 번호
- CPU
- 램
- BIOS
- BIOS 부팅 순서
- 운영체제
- 드라이브(CD/CR-RW, 기타)
- 시스템 시간 및 날짜
- 실제 시간 및 날짜
- 포트(USB, IEEE 394 파이어와이어 등)

모든 하드웨어 증거와 같이 각각의 물품은 전체와 시리얼 번호를 사진으로 찍어야 한다. 이 사진들은 수사 보고서에 추가될 수 있다. 그림 6.4는 사용될 수 있는 이미지 종류의 예시를 보여준다.

그림 6.4 컴퓨터 증거 사진

하드디스크 드라이브 작업 시트의 작성

각각의 분석 대상 하드디스크 드라이브에 대해서는 별도의 작업 시트가 작성돼야 한다. RAID 시스템과 같이 몇몇의 시스템에는 복수의 하드디스크 드라이브가 있음을 기억해야 한다. 다음은 작업 시트에 기록돼야 하는 상세 항목들이다.

- 용의자 및/혹은 관리인
- 사건 번호
- 일자
- 장소
- 수사관
- 제조사
- 모델
- 시리얼 번호
- 드라이브 종류(SATA, PATA, SCSI)
- 용량

이 양식에는 포렌식 취득(이미징 혹은 복제) 절차에 대한 상세 명기도 포함된다. 분석 도중에 사용된 하드웨어(예: Logicube Forensic Dossier)나 소프트웨어(예: Raptor 2.5)도 상세히 기술돼야 한다. 또한 수사관은 데스티네이션^{destination} 및 리셉터클^{receptacle} 드라이브에 대해 다음을 포함해 상세히 제공해야 한다.

- 리셉터클 드라이브
  - ▶ 취득 시작 및 종료 시간
  - ▶ 취득 검증 여부
  - ▶ 초기화 여부
  - ▶ 제조사
  - ▶ 모델명
  - ▶ 시리얼 번호

수사관은 어떤 종류의 하드웨어 및 소프트웨어 오류 메시지가 나타나더라도 이를 기록해야 하며, 또한 프로세스가 재시작돼야 하는지도 기록해야 한다. 항상 그렇듯이, 수사관은 분석을 위해 사용된 하드웨어 및 소프트웨어 버전에 대해 세심해야 한다. 드라이브를 복제할 때 수사관은 우선 호스트 보호 영역을 포함하도록 해야 한다. 만약 오류 메시지가 나타난다면, 호스트 보호 영역을 제외하고 진행해야 한다. 드라이브를 이미징할 경우에 수시관은 조사 도중에 압축이나 암호화가 사용됐는지 기록해야 한다.

서버 작업 시트의 작성

각각의 분석 대상 서버에 대해 별도의 작업 시트가 작성돼야 한다. 다음은 작업 시트에 기록돼야 하는 상세 항목들이다.

- 용의자 및/혹은 관리인
- 사건 번호
- 일자
- 장소
- 수사관
- 제조사
- 모델
- 시리얼 번호
- CPU
- 램
- BIOS
- BIOS 부팅 순서
- 운영체제
- 드라이브
  - 개수

- ▶ 종류
- ▶ 크기
- 시스템 시간 및 날짜
- 실제 시간 및 날짜
- 시스템 상태(On/Off)
- 종료 방식(하드/소프트/절전)
- 케이블
- 백업
- 드라이브 매핑
- 서버 종류(파일/이메일/웹/DNS/백업/가상화/기타)
- 프로토콜(TCP/IP 혹은 VPN 등)
- 도메인
- 도메인 IP
- DNS
- 게이트웨이 IP
- 비밀번호
- 로깅
  - ▶ 활성화 여부
  - ▶ 로그 종류
- 컨설팅 대상 IT 인력
  - ▶ 이름
  - ▶ 직책
  - ▶ 이메일 주소
  - ▶ 전화번호
- 이미지 검증 여부

때때로 수사관은 네트워크상의 호스트 컴퓨터에 직접적으로 접속하지 않기를 원하거나, 그럴 수 없기에 원격으로 접속해야 할 수 있다. 승인을 받으면, 수사관은

netcat(nc 명령어)이라는 네트워크 도구를 통해 용의자의 하드디스크 드라이브를 원격에서 이미징할 수 있다. 당연히 수사관은 호스트 컴퓨터의 IP 주소를 알아야 한다. 또 다른 유용한 도구는 netstat(네트워크 현황)다. 이 커맨드 도구는 네트워크 접속, 프로토콜 현황 그리고 다른 주요 정보들을 보여준다. 당연히 수사관은 용의자가 네트워크상에서 마찬가지로 도청할 수 있다는 것에 주의해야 하며, 특히나 용의자가 시스템 관리자일 경우 더욱 *그*렇다.

◆ 수사 문서화 도구의 사용

앞서 언급한 대로, 전문적인 컴퓨터 포렌식 도구는 보고서 작성 기능을 포함하고 있다. 그럼에도 불구하고, 어떤 수사관은 단순하게 마이크로소프트 워드를 사용한 후에 PDF로 변환한다. 여기에 언급되는 어떤 도구들은 온라인상에서 다운로드할 수 있고, 다른 도구들은 구글 플레이나 애플 아이튠즈 스토어에서 구매할 수 있다.

케이스노트

케이스노트^{CaseNotes}는 윈도우에서 구동되는 간단한 응용프로그램으로, 수사관이 기록을 남길 수 있도록 한다. 민감한 기록에 대해서는 AES 512비트 암호화를 지원하며 모든 데이터에 대한 MD5 해시 값이 생성된다. 이 도구는 Blackthorn Technologies(www.blackthorn.com)에서 구할 수 있다.

프래그뷰

프래그뷰^{FragView}는 HTML, JPG 이미지, 플래시 파일을 빠르고 쉽게 보도록 한다. 이 도구는 Simple Carver(www.simplecarver.com)에서 구할 수 있다.

유용한 모바일 응용프로그램

구글 플레이와 애플 아이튠즈 스토어에는 현장과 연구소에서 컴퓨터 포렌식 수사관을 도울 수 있는 방대한 무료/유료 응용프로그램(앱)이 있다. 다음은 추천 응용프로그램이지만, 지속적으로 새롭고 유용한 응용프로그램을 찾아보는 것이 중요하다.

네트워크 애널라이저

컴퓨터 포렌식 수사관과 보안 전문가 모두 네트워크 애널라이저^{Network Analyzer}를 사용할 수 있다. 이 응용프로그램은 아이튠즈 스토어에서 아이폰과 아이패드용으로 제공된다. 앱이 활성화되면 와이파이 접속을 스캔하는데, 이 액세스 포인트를 통해 수사관은 그에 연결된 모든 기기들의 이름과 IP 주소를 알 수 있다. 앱을 통해 traceroute(지리 정보와 함께)와 ping 같은 도구도 수행할 수 있다. 이 소프트웨어는 무료 버전과 유료 버전으로 구분되며, 자세한 사항은 www.techet.net에 나와 있다.

시스템 스태이터스

마찬가지로 www.techet.net에서 구할 수 있는 시스템 스태이터스^{System Status}는 아이폰이나 아이패드에 대해 CPU 사용량, 배터리, 메모리, 네트워크 접속, 라우터 테이블과 같은 상세한 정보를 제공한다. 포렌식적 관점에서 현재 구동 중인 프로세스 목록을 제공하는데, 이는 용의자나 피의자의 휴대폰에서 프로세스들이 설치 앱에 대한 아이콘 없이 숨은 채로 구동 중일 수 있기 때문이다.

더콥앱

EJM Digital에서 만든 더콥앱^{The Cop App}은 법 집행 수사관이 현장에서 정보를 획득하도록 설계됐다. 이 앱은 수사관 보고서를 생성할 수 있고 기록 생성을 도우며, 사진을 찍고 음성 녹음(최대 60초)을 지원한다. 보고서는 HTML 양식으로 온라인상에 업로드되고 PDF로 쉽게 변환된다. 더 많은 정보를 얻으려면 www.ejmdigital.com 을 방문해본다.

락앤코드

국제 컴퓨터 수사 전문가 연맹The International Association of Computer Investigative Specialists에서 만든 락앤코드Lock and Code는 디지털 포렌식 연구소 기술자를 위한 참조 안내서다. 운영체제를 포함한 하드디스크 드라이브의 섹터를 찾을 때 소중한 자원이 되며, 또한 윈도우 PC의 파일 레지스트리를 매핑해준다. 이 안내서에는 현장 분류를 수행하는 최초 대처자를 위한 증거 획득 안내가 포함돼 있다.

디지털 포렌식 레퍼런스

구글 플레이에서 구할 수 있는 디지털 포렌식 레퍼런스는 컴퓨터 포렌식 수사관 및 사고 대응 전문가를 위한 참조 안내서다. 이 안내서는 윈도우, 안드로이드, 맥, iOS를 포함한 다양한 운영체제를 다룬다.

연방민사소송규칙

Tekk Inovations의 이 응용프로그램은 연방민사소송규칙FRCP에 대한 유용한 참조 안내서다. 당연히 모든 수사관은 재판이 이뤄지는 뒤편에 있는 법과 규칙을 배워야만 한다.

연방증거규칙

Tekk Inovations의 이 응용프로그램은 USC 28의 부록에 있는 연방증거규칙FREvidence에 대한 유용한 참조 안내서다. 이 응용프로그램과 FRCP는 수사관이 연방 재판을 진행하는 데 필요한 규칙과 수용되는 증거를 배우기에 유용하다. 7장, '디지털 증거의 허용성'에서는 이 규칙에 대해 더 자세히 다룬다.

❖ 보고서 작성

컴퓨터 포렌식 수사관의 보고서는 발견한 내용을 설명하는 데 그 목적이 있으며, 용의자의 유죄 여부에 대해 의견을 전달하거나 배심원을 설득하기 위한 것은 아니다. 보고서는 사실에 대한 기술이며, 유죄 여부는 배심원이 결정할 문제다. 수사관은 증거에 대해서만 기술하는 것이 아니라 수사 과정 전체의 절차를 상세히 기술해야 하며, 여기에는 수사관이 저지른 실수나 실패한 조사에 대한 내용도 포함돼야 한다.

포렌식 도구 사용에 대한 기록

앞서 언급한 바와 같이 수사관은 디지털 미디어에 대한 수사 과정에서 다양한 도구를 사용해야 한다. 연구소 기술자는 모든 포렌식 도구에 대해 벤치마크 테스트를 해야 한다. 그리고 수사관은 오탐률을 포함해 이런 결과에 대해 알고 있어야 한다. 마지막 포인트로서 수사관은 검증의 한계에 대해 메모해야 하는데, 예를 들면 스토리지 미디어에 읽혀지지 않는 영역, 하드디스크 드라이브의 불량 섹터나 불량 블록, 읽혀지지 않는 파일, 그리고 기타 접근 불가한 데이터들이 있다. 수사관은 선제적인 대응을 통해 피고 측 변호인이 할 수 있는 난해한 질문들을 완화시켜야 한다.

표준시간대 및 일광절약시간

일자와 시간은 분명히 매우 중요하다. 수사관은 현재의 시간과 그 출처를 기록해야 한다(예를 들면, 아이폰 6는 버라이즌Verizon에서 제공하는 무선 전화 서비스를 사용하며, 현재 위치에 따라 시간이 자동 보정된다.). 검증되는 기기들의 모든 시스템 시간은 수사관의 시간과 비교되고 기록돼야 한다. timeanddate.com 웹사이트에서는 표준시간대에 맞는 시간과 날짜 형식을 계산하는 데 도움을 주며, 또한 그 외 필요한 핵심 질문들에 대한 답을 준다. 예를 들면, 오늘이나 미래의 특정한 일자에 대해 다른 주나 나라의 시간을 확인할 수 있다.

일광절약시간

아일랜드는 뉴욕보다 5시간이 빠르지만 예외가 있다. 1시간의 일광절약시간^{DST} 조정이 있으며 후속 변경은 같은 주말까지 이뤄지지 않는다. 일광절약시간은 봄에는 1시간을 증가시키고, 가을에는 감소시키는 행위를 뜻한다. 미국에서는 DST가 1966년 연방법에 제정됐다. 하지만 주에서 DST의 사용 여부를 결정할 수 있다.

DST는 주로 미국과 유럽에서 사용되며, 수사관이 미국과 전 세계로부디 온 컴퓨터 및 기기 간의 시간을 동기화하는 데 어려움을 준다. 클라우드 컴퓨팅의 성장은 서버들이 더더욱 분산돼서 다양한 표준시간대에 위치해 구성됨을 뜻한다. DST는 단순한 국제적인 문제가 아니다. 추가적으로, 사건이 주말을 넘어가서 DST 변경이 일어나면 시간을 결정하는 것은 더욱 어렵다.

산악 표준시

산악 표준시^{MST}는 애리조나, 유타, 콜로라도, 뉴멕시코, 와이오밍, 아이다호, 몬태나 등에서 사용되는 표준시간대다. MST는 UTC보다 7시간 느리다.

애리조나는 DST를 따르지 않고 MST를 따른다. 따라서 DST 동안에는 애리조나가 캘리포니아와 동일한 시간을 사용하지만, 그 외에는 애리조나의 시간이 캘리포니아나 태평양 표준시^{PST}를 따르는 다른 주보다 1시간 빠르다. 이 시나리오를 더욱 흥미롭게 만드는 것은 북부 애리조나의 나바호 공화국이 DST를 따른다는 것이다. 이것은 큰 관점에서 봤을 때에는 별일 아닌 것처럼 보일 수 있지만, 만약 수사가 인디언 원주민을 포함하지 않는다 하더라도 이 지역에 서버가 있을 수는 있다. DST는 하와이, 아메리칸 사모아, 괌, 푸에타리코, 그리고 버진 아일랜드에서는 사용되지 않는다.

협정 세계시

협정 세계시^{UTC}는 24시간 시계 형식을 사용하며, 경도에 기반한 국제 시간 표준이다. UTC는 0도의 경도로부터 계산되며, 영국 왕립 그리니치 천문대에서 운영된다. UTC는 윤초를 계산하고 정확성을 유지하기 위해 원자 시계를 사용한다. 윤초는 매일 우리의 기기(시계, 컴퓨터 등)에 기록되는 시간과 지구 자전 간의 불일치를 허용하기 위해 보정하는 초다. 윤초 오류는 지구의 자전과 일치시키기 위해 원자 시계에 윤초를 더함으로써 발생하는 컴퓨터의 사소한 오류를 뜻한다. 그리니치의 동쪽과 서쪽에는 24개의 시간대가 있으며, 각각의 시간대는 1시간(혹은 시각대)을 포함한다.

그리니치 표준시

그리니치 표준시GMT는 0도의 경도에서 기록되는 시간이다. 전 세계의 시간대는 이 시간과 조율된다. GMT는 DST를 인식하지 않는다. 모든 컴퓨터의 시스템 시간이 UTC에 기반하기 때문에 UTC는 수사관에게 중요하다. 새로운 수사 파일을 생성할 때, 대부분의 전문 컴퓨터 포렌식 소프트웨어는 수사관에게 증거 파일을 동기화하기 위한 시간대를 물어볼 것이다.

종합적인 보고서의 작성

이 보고서의 모든 세부 항목들은 기술적으로 정확해야 하지만, 또한 보고서는 제한된 기술 지식이 있는 사람이 수사관의 행위나 보고 내용에 대해 이해할 수 있도록 종합적이어야 한다. 마치 의사나 변호사들이 그러하듯이, 컴퓨터 과학자들도 그들의 또래와 다른 언어로 이야기한다. 따라서 보고서에는 그 이전에 설명되기 전까지 약어가 사용되면 안 되고(예를 들면, NIST를 사용하는 대신에 National Institute of Science and Technology를 사용한다.), 설명 없이 기술 용어를 사용하면 안 된다. 예를 들면, '디스크의 해시를 만든다.'라고 하는 대신에 'MD5 알고리즘을 사용해 컴퓨터의 하드디스크 드라이브에 대해 유일하게 식별해주는 알파벳과 숫자로 이뤄진 코드를 생성했다. 컴퓨터 포렌식 수사관에게는 그들이 작업하는 사본이 용의자의 컴퓨터에서 취득한 원본 미디어로부터 변경되지 않았다는 것을 확신하기 위한 표준이다.'라고 한다. 기술적 정의에 대해서는 별도의 섹션을 포함시킬 수도 있다. 만약 수사를 신중하게 했고 사건의 사실에 대해 공표하고 싶다면, 그에 대해 걱정하지 않아도 된다. 검사와 변호인 둘 다에게 공정해야 할 의무가 있다는 것은 기억해야 한다.

보고서에 기술된 어떤 것에도 모호함이 있어서는 안 된다. 다른 누군가가 보고서에 대한 정확성과 잠재적 불일치에 대해 검토하도록 해서 혼돈이 있는지 보고, 또한 기술적 배경지식이 없는 사람이 이해할 수 있는지 봐야 한다. 궁극적으로, 보고서가 충분히 명확하게 기술돼 있어 다른 사람이 그를 통해 같은 분석과 같은 결과를 재생성할 수 있을 정도여야 한다.

그림 표현의 사용

때때로 그림 표현은 단어를 쓰는 것보다 강력하다. '하나의 사진이 1,000개의 단어를 말한다.'라는 주장은 사실이다. 예를 들어 통화 기록이 열거된 스프레드시트보다는 각각의 연락 행위에 용의자의 사진을 선으로 연결해놓은 그림이 훨씬 효과적이다. 이벤트 타임라인에 대한 그래픽 표현은 단순한 리스트보다 훨씬 낫다. 마찬가지로, 페이스북 네트워크에 표시되는 친구 네트워크 그래픽은 친구의 목록보다 더 적절하다. 또한 파일 메타데이터에 대한 지도의 사용은 범죄 현장에서 용의자의 존재를 포함해 용의자의 움직임을 포착할 수 있도록 한다. 많은 휴대폰 기지국 분석 도구는 이런 휴대폰 활동에 대한 지도를 제공한다.

보고서의 구성

수사 보고서는 다양하지만, 다음과 같이 보고서를 조직화할 수 있다.

- 표지
- 목차
- 요약
- 수사의 목적
- 방법론
- 분석된 전자 미디어

- 발견 내용
- 사건과 관련된 수사 상세 내용
- 전시물/부록
- 결론
- 용어집

표지

표지에는 최소한 다음 항목들이 구성돼야 한다.

- 보고서 제목
- 저자
- 기관 및 부서
- 수사 번호
- 보고 일자

표지에는 수사와 관련된 서명 및 서명 일자가 포함될 수 있다.

목차

잘 구성된 보고서에는 원고 측 변호사와 피고 측 변호사를 포함해 보고서를 검증하기 위한 전문가 증인을 도울 수 있는 목차가 제공돼야 한다.

요약

보고서의 이 부분은 수사의 목적과 주요 발견물에 대한 개요를 제공해야 한다. 법 집행에서 의무의 분리는 종종 발생하며, 특히 큰 컴퓨터 포렌식 연구소에서 더욱 그렇다. 이것이 의미하는 것은 한 명의 수사관이 수사를 진행하면, 다른 수사관은 포렌식 분석을 수행하는 것이다. 따라서 한 명 이상의 법 집행 요원의 작업물이 보고서에 포함돼야 하며 명료하게 표시돼야 한다.

수사의 목적

만약 보고서 작성자가 요약 부분에 수사를 수행한 이유를 설명했다면 이 부분은 선택 사항이다. 보고서의 분위기를 설정하기 위해 작성자는 수사의 이유와 영장의 범위를 설명함으로써 추후 수사된 컴퓨팅 기기의 종류와 분석된 메모리의 범위를 설명할 때 도움을 얻을 수 있다. 예를 들면 소아성애자 사건에서는 사진과 비디오 파일이 중요하고, 마찬가지로 기업 내부 조사에서는 이메일이 중요하며, 횡령 사건 수사에서는 은행 정보가 중요하다.

방법론

방법론은 별도의 영역으로 구성될 수 있거나 나중에 포함될 수 있다. 여기서는 수사 이면의 과학에 대해 설명한다. 포렌식 수사관이 사용한 접근 방법을 설명하고, 소프트웨어 및 하드웨어 도구의 선택도 포함될 수 있다. 수사관은 수사에 사용했던 컴퓨터 포렌식 수사 표준 관행에 대해 언급할 수 있다. 표준 관행은 연구소에 특화된 것일 수도 있고, 법무부의 것일 수도 있으며, 또는 NIST의 권고 사항일 수도 있다.

예측 부호화

예측 부호화는 컴퓨터에서 키워드, 패턴, 관련 콘텐츠를 찾기 위한 과학적 방법론이다. 예를 들어 전자증거제시제도 사건의 경우 포렌식 수사관은 계약상 분쟁에 관해 검색을 수행할 수 있으며, 그것은 계약 협상에 관련된 회사명이나 중요 인원에 대한 키워드 검색을 포함할 것이다. 사기를 조사하는 과정에서 GREP 검색을 통해 신용카드번호, 사회보장번호, 은행계좌번호 같은 패턴을 찾을 수 있다. 조사에 사용된 모든 도구에 대해 수사관은 이러한 방법론의 사용을 설명해야만 한다. 더 나아가 법정에서 원고는 어떻게 도구가 작동하는지를 보여주고, 그 도구가 실제 조사에 사용되기 전에 수행된 벤치마크 테스트 및 테스트 당시의 테스트 데이터에 대해 설명하도록 요구받을 수 있다.

분석된 전자 미디어

다시 한 번 이 정보는 보고서의 다른 영역에 포함될 수 있다. 하지만 분석된 미디어, 저장 매체가 분석 대상 미디어에 연관되는 방법, 또한 이것들이 용의자에 연결되는 방법 등을 상세히 기술하는 것이 중요하다. 예를 들어보면 다음과 같다.

용의자 컴퓨터상의 속성 목록 파일에 관한 검증 결과, 맥북에 기타 장치가 싱크됐었음이 밝혀졌다. 속성 목록 파일은 컴퓨터상의 어떠한 설정 변경에 대한 것도 표시해주는 설정 파일이다. 아이폰, 아이팟, 기타 장치들이 USB 케이블을 통해 컴퓨터에 연결되면, 장치 유형 및 고유 식별 시리얼 번호가 컴퓨터에 기록된다. 이 정보는 수사관이 용의자의 아이폰에 대한 수색 영장을 요청하도록 했으며 2013년 8월 15일에 확보할 수 있었다. 그리고 용의자의 아이폰에 대해서는 수사를 했다… 용의자의 아이폰에 대한 상세 내용은 속성 목록 파일에서 발견된 것이며, 수사관으로 하여금 용의자의 맥북 백업 파일을 분석하도록 이끌었다. 백업 파일이 저장됐던 곳은 ….

모든 수사 단계에서의 일자와 시간은 명확하게 윤곽이 보여야 하며 상세해야 한다.

발견 내용

앞서 말한 것과 같이 보고서는 그 발견 내용이 명확히 수사의 성격과 관련 있고, 수사 영장의 범위와도 연결돼야 한다. 모든 기술 용어는 포괄적으로 설명돼야 한다. 수사관에게는 사실을 말하고 해석을 조심하는 것이 중요하다. 해석은 변호사를 위함이며, 또한 잠재적으로는 배심원이 결정을 하기 위함이다. 부적절한 표현법과 적절한 표현법의 비교 예시를 보면 다음과 같다.

부적절: 존 도John Doe는 수천 개의 아동 학대 이미지를 다운로드했다.

적절: 서비스 태그 4X39P5, 모델명 E6400의 델 컴퓨터로부터 제거한 하드디스크 드라이브에 대해 분석을 수행했다. 이 컴퓨터는 존 도의 거주지인 123 리버 로드, 스털링 시, 뉴욕 10028에서 입수했다. 총 57만 8,239개의 아동 이미지가 이 컴퓨터에 다운로드됐다. 2014년 1월 27일 존 도는 거주지의 유일한 사용자는 본인이라고 경찰에게 진술했다. 분석의 일환인 윈도우 레지스트리 분석 결과, 단 한 명의 사용자만이 컴퓨터에 설정돼 있음이 발견됐다. 수사관은 또한 이 델 컴퓨터에 대한 로그인 계정 및 비밀번호를 찾아냈다.

사건과 관련된 수사 상세 내용

이것은 반드시 별도의 영역으로 구성돼야 하는 것은 아니지만, 수사와 관련돼 디지털이 아닌 보조 증거에 대해 기록하는 것은 중요하다. 여기에는 용의자 및 증인의 진술이 포함될 수 있다.

전시물/부록

전시물에는 입수한 물건에 대한 사진이나 컴퓨터 화면의 스크린샷, 태그된 사진, 출력된 이메일, 그리고 다른 흥미로운 사진들이 포함될 수 있다. 부록에는 증거 목록 및 수색 영장 같은 양식들이 포함될 수 있다.

용어집

보고서 끝부분에는 포괄적인 용어집을 놓는 것이 좋다. 피고 측 변호인은 종종 그들이 법 집행관에 비해 수사를 진행하는 과정에서 가용한 자원이 부족하므로 불이익을 본다고 항의한다. 용어집, 수사 기록 그리고 다른 자료들을 통해 피고 측 변호인을 도와주고 협력함으로써, 이런 불평등에 대한 논란을 줄일 수 있다.

❖ 법정에서의 전문가 증인 활용

과학적 측면에서 증거를 설명할 때 검사 측과 변호사 측은 그 유효성을 검증하거나 과학적 개념에 대해 설명할 수 있는 전문가를 반드시 보유해야 한다.

전문가 증인

전문가 증인은 수사 보고서를 작성하거나 전문화된 교육, 훈련을 기반으로 수사 보고서의 평결을 검토한 후 그 평결을 해석할 수 있다. 전문가는 보통 변호사에 의해 조언가로 고용된다. 궁극적으로 변호사는 보고서 평결을 신용하지 않거나 논박하고, 또한 기록돼 있는 죄가 입증될 만한 증거에 대해 그 중요성을 떨어뜨리기 위해 전문가 증인을 요청할 수 있다. 재판에서 전문가 증인의 역할은 배심원을 교육하는 것이다. 검사와 피고 측 변호사 모두 그들 자신의 전문가를 고용하고, 그들에게 증언해달라고 할 수 있다. 물론 증언을 위해 요청받는 어떠한 전문가 증인도 반대로 확실히 심문받을 수 있다.

재판에서 전문가의 역할은 증거에 대한 연방 법률에 기술돼 있다. FRE 704, 궁극적 이슈에 대한 의견에서는 다음과 같이 기술한다.

(a) 일반적으로: 자동적으로 반대할 만하지 않다. 의견이 궁극적 이슈를 포용하기 때문에 바로 반대할 만하지 않다.

(b) 예외적으로: 범죄 사건의 경우, 전문가 증인은 변호인이 범죄 혐의 혹은 변호에 대한 요소를 구성할 정신 상태나 컨디션을 지녔는지 여부에 대해서는 의견을 표시하지 말아야 한다. 그 문제는 심판관만을 위한 것이다.

전문가가 변호인에 대해 판단을 내릴 수 없을지라도 이 규칙이 분명히 예증하고 있다고, 전문가는 사실을 기반으로 의견을 제공할 수 있다.

전문가 증인의 목표

전문가는 배심원을 교육하고 복잡한 개념을 부분별로 쪼개야 한다. 예를 들면, 알고리즘은 특별한 결과에 도달하기 위한 단계의 목록으로, 케이크 요리법의 은유를 사용해 설명될 수 있다. 은유는 포괄적인 설명을 돕는다. 전문가는 납득시키기 위해 있으며, 중요한 개념들을 엮어나가는 것이 이러한 납득을 돕는다. 전문가는 이러한 개념의 반복을 통해 배심원의 마음에 핵심 개념을 각인시키는 것을 목표해야 한다.

> **노트**
>
> 비전문가 증인은 그의 개인적인 경험과 지식에 관해 증언하고 의견을 표현하지 않을지도 모른다.

재판을 위한 전문가 증인의 준비

대부분의 사례에서 법규 26(2)(B) 민사 절차에 대한 연방 법률에 따른 전문가의 증언 공개에 기재된 바와 같이 전문가 증인은 서면 보고서를 제출해야 한다.

(B) 서면 보고서를 제출해야 하는 증인. 만약 증인이 고용되거나 특별 채용돼 특정한 조직에 대해 전문가로서 증언해야 하는 경우 법원에 의해 반대로 규정되거나 명령받지 않는다면, 이 명세서는 서면 보고서를 동반해야 하며 증인은 이를 준비하고 서명해야 한다. 이 보고서에 포함되는 것은 다음과 같다.

(i) 목격자가 표현할 모든 의견의 완전한 보고서와 그들을 위한 기초 및 이유

(ii) 그들을 형성하기 위해 목격자가 고려한 사실 또는 데이터

(iii) 그들을 요약 혹은 보조하기 위해 사용된 모든 전시물들

(iv) 이전 10년에 쓰여진 모든 출판 목록을 포함한 목격자의 자격증

(v) 이전 4년 동안 목격자가 재판에 전문가로서 직접 증언했거나 녹취로 증언한 다른 모든 사건 목록

(vi) 사건에서의 증언과 연구에 대해 보상받을 보상의 계산서

전문가 증인은 그의 이력서가 최신이고 그가 문서의 내용에 대해 기억한다는 것을 확실히 해야 한다. 예를 들면, 전문가 증인은 그가 10년 전에 가졌던 직업을 기술하고 고용 이력에서의 격차를 설명할 수 있어야 한다. 만약 특정한 조직에서의 회원이었다면 해당 조직의 윤리 강령 및 조례에 대해 익숙해야 하며, 또 왜 그 조직의 회원이었는지를 설명해야 한다. 훈련에 대한 기억을 되살릴 필요가 있을 수도 있는데, 그 이유는 훌륭한 피고 측 변호사는 보통 전문가들에게 어떻게 그리고 얼마나 많은 시간 동안 포렌식 도구에 대한 훈련을 받고 연구실에서 경험했는지 묻기 때문이다. 만약 자신 있고 정확히 대답할지라도 그 답은 피고 측 변호사가 어떻게 검사 측에 대비해 동일한 자원을 사용할 수 없었는지 표현하기 위해 사용될 수 있다.

전문가 증인의 역할을 할 것이라면, 고객의 변호사는 숙련된 증명서를 준비하는 작업을 도울 것이다. 전문가 증인은 중요한 개념을 설명하는 것을 돕기 위해 전시물에 대한 포트폴리오 및 소품을 법원에 가져갈 수 있다. 당연히 이런 전시물 및 소

품들은 대표 변호사와 사전에 협의돼야 한다. 또한 쉽게 찾아볼 수 있도록 노트를 잘 구성하고 묶어서 준비한 후 가져와야 한다. 질문을 받으면 무질서한 것처럼 보이면 안 되겠지만, 질문을 직접적으로 받았을 시에는 노트를 참고하는 것에 대해 문제없이 요청할 수 있다.

법정에 들어가기 전에 기소자 측 변호사가 소유해야 하는 것은 다음과 같다.

- 이력서
- 수행된 모든 수색에 대한 인가
- 관리 연속성 양식
- 수사 보고서
- 벤치 노트

노트

기소자 측 전문가 증인을 위한 조언

전문가 증인은 가정에 입각한 질문을 받을 수 있다. 이런 종류의 질문에 답할 때, 답은 사실에 근거해야 한다. 전문가는 질문에 대답하는 것을 넘어서거나 부가적인 정보를 제공하지 않도록 한다. 전문가는 전문가의 영역에서 끌어내리려는 시도에 저항해야 하며, 이는 당신의 전문 기술을 신용하지 않고 당신이 불편하고 덜 확신하는 것으로 보이게 하려는 피고 측의 책략일 수 있다.

전문가는 항상 법정에서 모두에게, 특히 법원 속기사와 판사에게 공손해야 한다. 다른 사람이 법정에서 말할 때 결코 이를 가로채지 말아야 하며, 그렇지 않을 경우 법원 속기사가 질책할 것이다. 또한 판사를 '재판장님'이라고 불러야 하며 '아가씨', '여사'라고 부르면 안 된다.

질문에 대답할 때는 누가 무엇을 언제 했는지가 명확해야 한다. '아마도'와 같은 제한적인 용어를 사용하는 것은 피해야 한다. 확신을 가지고, '이것은 내 전문 분야가 아니기 때문에 모른다.'라고 말해야 한다. 주요 개념에 대해 요약할 때에는 증거로부터 나온 중요한 사실들을 포함시키도록 해야 한다.

측량 단위에 대해서는 '8GB의 램'과 같이 명확해야 한다. 또한 피고 측 변호사들이 갈수록 더 많이 질문하므로 표준시간대에 대해서도 각별히 주의를 기울여야 한다.

❖ 요약

효과적으로 사건에 대해 문서화하기 위해서는 범죄 현장 수사관 및 연구실 기술자들이 그들의 행위나 발견물에 대해 방대히 기록해야 한다. 적절한 처리, 봉쇄, 그리고 증거의 검증은 증거의 발견만큼이나 중요하다. 범죄 현장에서는 모든 디지털 기기와 그들의 연결 상태에 대해 반드시 사진을 찍고 상세히 기록해야 한다. 수사관은 제3의 서비스 제공자에게 요청하는 것과 같이 다른 방법으로도 증거를 취득할 수 있다. 보존 명령은 서비스 제공자가 그들의 고객과 관련된 기록을 보관하도록 합법적으로 강제하는 것이다. 보관된 데이터는 추후에 서비스 제공자가 영장 및 소환장을 받으면 제출될 수 있다.

만약 용의자로부터 혹은 범죄 현장에서 증거가 입수되면, 관리 연속성 양식을 통해 증거와 관련된 모든 관리자에 대해 문서화하는 것이 필수적이다. 디지털 증거의 경우 관리 연속성 양식을 사용하므로 복잡해질 수 있다. 예를 들면, 수사관은 다섯 개의 하드디스크 드라이브로 구성된 RAID에 대해 각각 두 개의 사본을 만들어서 작업할 수 있다.

수사관이 라이선스 사용료를 내며 더 고급의 컴퓨터 포렌식 도구를 사용하는 것은 보고서 작성 기능 때문이다. 하지만 케이스노트 라이트^{CaseNote Lite}, 프래그뷰^{FragView}, 기가뷰^{GigaView}, 비디오트라이어지^{VideoTriage}와 같은 무료 도구도 수사의 문서화에 도움을 줄 수 있다.

실제 수사 보고서에는 수사 범위가 포함돼야 한다. 예를 들어 만약 이 사건이 의사에 대한 수사를 포함한다면, 판사는 수사관이 하드디스크 드라이브의 일부만을 조사하도록 함으로써 환자들에 대한 기밀 기록에 접근하는 것을 제한할 수 있다. 수사관은 또한 수사 과정에서 사용된 방법론이나 접근법을 기술해야 한다. 보고서의 이 부분에서는 이 과학 분야에서 실제로 허용된 시험 방법론에 대해 상세히 기술한다. 한 가지 예는 예측 부호화다.

포렌식 수사관은 다양한 인공 구조물과 결합한 시차를 계산하는 과정에서 조심해야 한다. 날짜들을 동기화하는 것은 일광절약시간에 따라 복잡해진다. 협정 세계시^{UTC}는 국제적인 시간 표준으로 경도에 기반하며, 또한 시간 컴퓨터 시스템이 기반하고 있는 것이다.

전문가 증인은 법정, 고객, 기소자 및 피고, 그리고 (민사 소송의 경우) 원고에 의해 활용될 수 있다. 전문가 증인은 일반 증인과 차이가 있는데, 전문가는 사건의 궁극적 이슈에 대해 의견을 제공할 수 있기 때문이다. 전문가 증인은 최신의 이력서를 제공하고 그에 포함된 모든 항목을 설명할 수 있어야만 하는데, 여기에는 소속 회원사의 윤리 강령도 포함된다. 반대 측에서는 전문가의 자격과 신뢰성에 타격을 입히기 위해 많은 전술을 사용할 수 있다. 궁극적으로, 잘 쓰여진 보고서와 그 보고서의 결론에 대해 포괄적으로 설명할 수 있는 자격 있는 전문가는 어떠한 반대 심문도 이겨낼 수 있다.

❖ 주요 용어

그리니치 표준시^{GMT}: 0도의 경도에서 기록되는 시간이다. 전 세계의 시간대는 이 시간과 조율된다.

보존 명령: 서비스 제공자가 용의자와 관련된 기록을 보관하도록 요청하는 것이다.

비전문가 증인: 개인적 경험과 지식에 관해 증언하고, 개인적 견해는 표현하지 않을 수 있다.

산악 표준시^{MST}: 애리조나, 유타, 콜로라도, 뉴멕시코, 와이오밍, 아이다호, 몬태나 등에서 사용되는 표준시간대다.

예측 부호화: 컴퓨터에서 키워드, 패턴, 관련 콘텐츠를 찾기 위한 과학적 방법론이다.

윤초 오류: 지구의 자전과 일치시키기 위해 원자 시계에 윤초를 더함으로써 발생하는 컴퓨터의 사소한 오류를 뜻한다.

윤초: 매일 우리의 기기(시계, 컴퓨터 등)에 기록되는 시간과 지구 자전 간의 불일치를 허용하기 위해 보정하는 초다.

일광절약시간^{DST}: 봄에는 1시간을 증가시키고, 가을에는 감소시키는 행위다.

전문가 증인: 수사 보고서를 작성하거나 전문화된 교육, 훈련을 기반으로 수사 보고서의 평결을 검토한 후 그 평결을 해석한다.

협정 세계시UTC: 24시간 시계 형식을 사용하며, 경도에 기반한 국제 시간 표준이다.

평가

❖ 강의 토론

1. 기소하는 데 왜 시차가 관련되는지 설명하라.
2. 만약 친구가 전문가 증인이 되도록 요청받았다면, 법정에서 성공하도록 어떻게 준비하라고 조언할 것인지 논하라.
3. 용의자의 집에서 증거를 입수하는 데 필요한 모든 양식을 상세히 기술하라.
4. 왜 관리 연속성 양식이 종종 정확하지 않게 채워지는지 논하라.

❖ 객관식 문제

1. 다음 중 애리조나, 유타, 콜로라도, 뉴멕시코, 와이오밍, 아이다호, 몬태나 등에서 사용되는 표준시간대는?

   A. 산악 표준시

   B. 태평양 표준시

   C. 중부 표준시

   D. 그리니치 표준시

2. 다음 중 컴퓨터 시스템을 위한 표준시간대는?

   A. 그리니치 표준시

   B. 산악 표준시

   C. 동부 표준시

D. 협정 세계시

3. 다음 중 서비스 제공자에게 요청해 추가 연장이 되기 전까지 90일 동안 용의자에 대한 통신을 보관하도록 요청하는 것은?
   A. 관리 연속성
   B. 보존 명령
   C. 소환장
   D. 영장

4. 다음 중 컴퓨터에서 키워드, 패턴, 관련 콘텐츠를 찾기 위한 과학적 방법론은?
   A. 자바 프로그래밍
   B. 분석 부호화
   C. 키워드 검색
   D. 예측 부호화

5. 다음 중 봄에는 1시간을 증가시키고, 가을에는 감소시키는 행위를 뜻하는 것은?
   A. 윤초 더하기
   B. 일광절약시간
   C. 영국 표준시
   D. 산악 표준시

6. 다음 중 그의 개인적 경험과 지식에 관해 증언하고, 궁극적 이슈에 대해 의견을 표현하지 않을지도 모르는 증인은?
   A. 전문가 증인
   B. 비전문가 증인
   C. 성격 증인
   D. 법정 증인

7. 다음 중 그의 개인적 경험과 지식에 대해 증언하고, 궁극적 이슈에 대해 의견을 표현할 수 있는 증인은?

    A. 전문가 증인

    B. 비전문가 증인

    C. 성격 증인

    D. 법정 증인

8. 다음 중 매일 우리의 일상 기기에 기록되는 시간과 지구 자전 간의 불일치를 허용하기 위해 시계에 더해지는 것은?

    A. 증가 초

    B. 널뛰기 초

    C. 윤년 초

    D. 윤초

9. 다음 중 0도의 경도에서 기록되는 시간으로, 전 세계의 시간대와 조율되는 것은?

    A. 영국 표준시

    B. 산악 표준시

    C. 그리니치 표준시

    D. 협정 세계시

10. 다음 중 지구의 자전과 일치시키기 위해 원자 시계에 윤초를 더함으로써 발생하는 컴퓨터의 사소한 오류를 뜻하는 것은?

    A. 윤초 오류

    B. 논리 폭탄

    C. 웜

    D. 루트킷

❖ 빈칸 채우기

1. 예측_____는 컴퓨터에서 키워드, 패턴, 관련 콘텐츠를 찾기 위한 과학적 방법론이다.

2. _____ 표준시는 0도의 경도에서 기록되는 시간이다.

3. _____절약시간은 봄에는 1시간을 증가시키고, 가을에는 감소시키는 행위를 뜻한다.

4. 비전문가 _____은 그의 개인적 경험과 지식에 관해 증언한다.

5. _____는 매일 우리의 일상 기기에 기록되는 시간과 지구 자전 간의 불일치를 허용하기 위해 보정하는 초다.

6. _____ 증인은 수사 보고서를 작성하거나 전문화된 교육, 훈련을 기반으로 수사 보고서의 평결을 검토한 후 그 평결을 해석할 수 있다.

7. _____ 표준시는 애리조나, 유타, 콜로라도, 뉴멕시코, 와이오밍, 아이다호, 몬태나 등에서 사용되는 표준시간대다.

8. 윤초 _____는 지구의 자전과 일치시키기 위해 원자 시계에 윤초를 더함으로써 발생하는 컴퓨터의 사소한 오류를 뜻한다.

9. _____는 24시간 시계 형식을 사용하며, 경도에 기반한 국제 시간 표준이다.

10. _____ 명령은 법 집행관이 수색 영장 혹은 영장의 승인을 받을 때까지 서비스 제공자가 용의자와 관련된 기록을 보관하도록 요청하는 것이다.

❖ 프로젝트

현장 수사의 수행

마약상으로 추정되는 용의자의 집에 소환됐다. 거주지에는 소니 바이오 노트북과 삼성 갤럭시 S4가 있다고 전달받았다. 이 기기들에 대한 현장 검증을 위해 진행할 수 있는 단계들을 도출해본다. 어떻게 적절히 문서화할 것이며, 또한 어떻게 법 집행관을 위해 출판된 안내서에 따라 이 기기들을 처리할지 기록해야 한다. 집에 존재하는 어떠한 다른 물체들이 수사관에게 증거로서 가치를 가질지에 대해서도 묘사해본다. 또한 수사관이 용의자의 거주지에 가져가야 할 장비들의 종류에 대해서도 도출해본다.

보고서의 작성

프로젝트 1에서의 설명에 기반해 진행할 수사 보고서의 구상안을 제출해본다. 검증에 사용될 방법론(과학적 접근법)에 대해 기술한다. 요청해야 할지도 모르는 다른 출처의 증거(힌트: 서비스 제공자)에 대해서도 포함시키고, 또한 어떻게 입수할지에 대해서도 기술한다. 소니 바이오 노트북과 삼성 갤럭시 S4에 대해 검증하는 중이라 가정하고, 연구실에서 사용할 수 있는 도구들에 대해 언급해본다. 또한 수사의 일부분으로서 컴퓨터에 저장돼 있던 용의자의 마약 거래 활동과 훔쳐낸 사회보장번호들과 관련된 특정 키워드를 찾아봐야 할 것이다.

시간 동기화

프로젝트 1과 2의 설명에 기반해 용의자가 뉴욕시에 위치한 그의 거주지로부터 다음과 같은 단기 여행을 다녀온 사실이 밝혀졌다.

(1) 목적지: 브라질 리우데자네이루^{Rio de Janeiro, Brazil}, 일자: 2013년 8월 25-31일
(2) 목적지: 애리조나 피닉스^{Phoenix Arizona}, 일자: 2013년 10월 24-29일
(3) 목적지: 아일랜드 더블린^{Dublin, Ireland}, 일자: 2014년 1월 2-10일
(4) 목적지: 남아프리카 더반^{Durban, South Africa}, 일자: 2014년 5월 11-19일

이 시간들을 어떻게 동기화할지에 대한 상세한 방안을 보고서에 작성해본다.

7장 디지털 증거의 허용성

7장에서 다루는 내용

- 미국 법 체계의 구조
- 컴퓨터 포렌식에서 헌법의 역할
- 컴퓨터와 기타 디지털 장치의 수색 및 압수 원칙
- 재판에서 증거 능력의 역할
- 법 집행에서 디지털 감시 장비 사용에 대한 판례
- 컴퓨터 포렌식이 잘못된 사건
- 유럽 연합 법 체계의 구조
- 유럽 연합 데이터 프라이버시와 컴퓨터 포렌식

◆ 개요

미국 법 체계는 연방법과 주법으로 구성된 이중적인 구조와 각각의 법정 시스템으로 인해 전 세계에서 유례를 찾기 어려운 복잡한 제도를 이루고 있다. 이러한 복잡성 때문에 미국 법 체계는 세계에서 가장 흥미로운 법 체계로 평가된다.

다른 국가의 법 체계와 마찬가지로, 미국 법도 범죄 수사와 재판 절차에서 디지털 증거의 중요성이 증가함에 따라 더 복잡해졌다. 모든 수준(연방, 주, 지자체)의 미국 법은 컴퓨터와 기타 디지털 장치의 영향을 받아왔다. 7장은 전통 법률이 새로운

기술에 어떻게 적용됐고 디지털 증거의 증거 능력을 나타내기 위해 어떻게 수정됐
는지, 그리고 기술 발달에 발맞춰 새로운 법이 어떻게 도입됐는지 설명한다.

❖ 미국 법 체계의 역사와 구조

미국에서 주 기반 법 체계는 연방법 체계에 우선한다. 독립전쟁 이전에 13개의 주
는 각각의 공식 종교와 법 체계에 따라 자율적으로 통치됐다. 예를 들어 메릴랜드
는 원래 카톨릭 식민지로 설립된 반면에 뉴욕, 버지니아, 조지아, 노스캐롤라이나,
사우스캐롤라이나 국교는 영국 국교회였다. 주라고 하는 이러한 이질적 독립체는
공통적인 분노(영국의 과세)로 인해 결국 통합됐다. 연합에 대한 일부 개념이 존재
했지만 영국 왕실과 정부에 의한 과세의 '압박'에 대항하기 위해 각 주들이 연합할
필요가 있다는 것이 분명해질 때까지 이 연맹은 큰 의미를 가지지 못했다. 또 이 연
합은 각 주가 연합군에 투자할 수 있는 의회에 자금을 대도록 강요당하는 경우에
만 효과적일 수 있다. 또한 주들은 의회에 이 연합에 대한 관습법, 다른 말로 연방
법 제도와 비준에 대한 수립을 요청했다. 당연히 교파, 민족, 가치가 다양한 각 주가
기존의 주법 체계와 공존하는 새로운 법 체계에 동의하기까지 꽤 오랜 시간이 걸
렸다. 연방과 주의 관계는 식민지 시대에 논쟁이 됐고, 이 관계는 남북전쟁 기간에
도 심각하게 검증됐다. 이는 노예제도 폐지에 대한 이슈가 아니라 노예제도 확장과
같은 논쟁적인 이슈에 대한 연방 정부의 우월주의에 대한 것이다. 남북전쟁은 미국
경제의 미래에 대한 것이기도 했다. 건국의 아버지 벤자민 프랭클린의 비전인 남부
지방의 농업경제와 알렉산더 해밀턴의 비전이었던 북부 도시 자본주의자 사회 간
의 대립이었다.

그렇다면 이 모든 것은 컴퓨터 포렌식과 무슨 관계가 있을까? 그 답은 범죄 수사
와 재판에 연방법과 주법이 모두 영향을 주기 때문이다. 또한 주와 국가 수준에서
수사와 법정 절차는 개인의 권리를 보호하는 연방 문헌인 헌법에 영향을 받는다.
더불어 컴퓨터 포렌식 수사관들은 수사를 진행할 때 연방법과 주법을 준수해야
한다.

흥미롭게도, 사건은 다양한 방법으로 재판을 진행할 수 있다. 예를 들어 범죄 수사에서 배심원단은 피고인이 무죄라는 사실을 알 수 있다. 배심원단은 재판에서 선서하고 변론을 들은 후 유죄 혹은 무죄의 판결을 내리는 사람들이다. 하지만 민사소송은 피해자가 물리적 피해나 정신적 고통에 대해 가해자나 제3자에게 금전적 보상을 요구해 발생한다. 원고는 소송을 제기하는 사람이고 소송 비용을 부담한다. 피고는 소송에서 자신을 변호하는 사람이다. O. J. 심슨^{O. J. Simpson}은 형사 사건 재판에서 니콜 브라운 심슨^{Nicole Brown Simpson}과 로날드 골드만^{Ronald Goldman} 살인에 대해 무죄를 선고받았지만, 가족들은 민사 재판에서 3,350만 달러의 합의금을 받아내는 데 성공했다.

남북전쟁이 끝난 지 한 세기 하고도 반이 지났지만 미국 연방 기관과 주 기관의 법과 권한은 여전히 양분돼 있다. 이 문제는 오늘날에도 여전히 존재한다. 특정 주는 불법 이민을 제한하는 새로운 이민법을 제정했다. 미국 대통령과 의회 구성원들은 이 이민법이 헌법에 위배된다고 언급했다. 주들은 연방 정부가 효율적으로 불법 이민의 흐름을 끊지 못했고 국경을 보호하는 데 실패했으므로 주가 스스로를 보호하기 위한 행동을 해야 한다고 주장했다. 이러한 갈등은 마리화나를 약으로 사용하는 것을 합법화한 캘리포니아 주법에서도 잘 드러난다. 연방법에 따르면 마리화나 유통업체들은 불법적으로 운영되고 있다.

미국 헌법은 1787년 9월 17일 만들어졌고 그 뒤 각 주의 비준을 받았다. 이 비준으로 헌법(그리고 연방 정부)은 최고 권한을 위임받았지만, 여전히 주의 자치권과 주의 문제에 대한 우선권은 남아있다. 헌법은 연방 정부, 이들의 연합된 주 그리고 시민 사이의 관계에 대한 틀이다. 헌법은 27번 개정됐다. 권리장전은 헌법의 첫 열 개 개정안을 말하고 개인의 권리를 보호한다.

헌법 첫 세 개 조는 정부의 세 부서를 확립한다. (a) I조, 하원과 상원으로 구성되는 입법부(의회), (b) II조, 행정부(대통령), (c) III조, 사법부(대법원과 하급 연방 법원)다. 요약하면, 의회는 법을 만들고, 대법원은 이러한 법을 해석하며, 대통령은 의회 법안에 대해 서명하거나 거부할 수 있는 권한을 지닌다.

미국 법 체계의 기원

미국 법 체계의 기원은 관습법과 영국법에서 찾아볼 수 있다. 관습법은 법정 판결에서 파생된 법으로 판례와 선례에 기반을 둔다. 법원 결정은 선례로 특정 사법권에서 향후 결정에 구속력을 지닌다. 따라서 이러한 법은 법안이 아니라 법정 판결에서 유래된다. 예외적으로 루이지애나의 경우, 나폴레옹 법전을 기반으로 한 법 체계를 따랐다. 나폴레옹 법전은 로마법에 기원을 둔다. 나폴레옹은 그의 광대한 제국을 관리하기 위해 문서화된 하나의 법률을 만들었다.

나폴레옹 코드는 민법에 기반을 둔다. 민법은 학문 연구를 토대로 만들어지고 차례로 법전이 되며 입법부에서 이를 제정한다. 민법에 선례는 없다. 1808년 루이지애나 민법전 요약문은 시간이 지나면서 수정됐고, 현재 루이지애나 법 체계는 다른 주의 법 체계와 크게 다르지 않다.

미국에는 세 가지 종류의 주요 법이 존재한다. (a) 헌법, (b) 제정법, (c) 규제법이다. 헌법은 입법부, 사법부, 행정부 간의 관계를 나타내고 동시에 시민의 권리를 보호한다. 이를 연방법이라고도 한다. 제정법은 국가, 주 혹은 지자체 수준에서 입법부가 제시하는 성문법이다. 제정법에는 성문법과 불문법이 있다. 성문화된 법은 주제로 이뤄진 법령이고, 그 예는 미국 연방 법전U.S.C.이다. 규제법은 정부 행정 기관의 활동을 통치한다. 이 기관에는 의사결정에 책임을 지는 재판소, 위원회, 이사회가 포함된다. 의사결정은 환경, 조세, 국제무역, 이민, 기타 등을 포함한다.

미국 법정 체계의 개요

미국 법정 체계 구조를 설명하는 것은 중요하고, 그래야만 연방 법원에서 재판하는 사건과 주 법원 혹은 지방 법원에서 재판하는 사건의 차이를 더 잘 이해할 수 있다. 형사 사건은 사법권 문제로 연방 법원에서 재판을 받을 수 있는데, 이는 범죄가 여러 주에 걸쳐 발생했다는 사실을 의미한다. 범죄의 특성으로 인해 연방 법원에서 재판이 진행될 수도 있다. 예를 들어 피해자와 가해자 모두 캘리포니아에 있지만 피고가 산업 스파이로 고소된 경우 이는 국가의 안전을 위협하므로 연방 법원 관할 사건이 된다. 때때로 사건은 지방 법원에서 시작하지만 연방 지방 법원으로 옮겨질 수 있다. 일반적으로 판사가 헌법 해석에 따라 유죄 혹은 무죄를 결정하는 경우가 이에 해당한다.

일부 사건은 여러 주의 지방 법 집행 기구가 공동으로 재판할 수도 있다. 재판을 진행할 법원을 결정하는 기준은 특정 범죄에 대해 어떤 주가 더 엄중한 법을 지니는지에 따른다. 다른 경우, 어떤 주는 특정 범죄에 대한 법률이 없을 수도 있다. 그림 7.1은 법정 체계의 기본 구조를 보여준다.

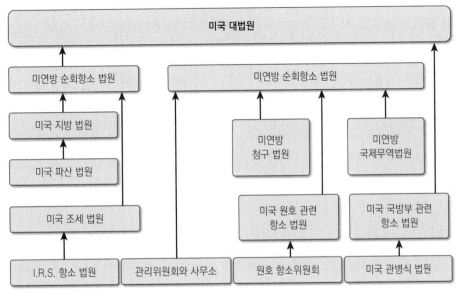

그림 7.1 미국 사법 체계

연방 법원, 주 법원, 지방 법원의 기본 구조는 동일하다. 피고는 배심원단이 결정하는 결과에 따르는 공정한 재판을 받을 권리가 있다. 판사의 역할은 절차를 용이하게 하고 그 절차가 법을 따르도록 보장하는 것이다. 판사는 절차가 편견 없이 진행됐고 피고의 유죄가 입증되기 전까지 무죄로 여겨진다는 점을 보장해야 한다. 입증책임은 항상 기소자 측의 몫이다. 배심원단은 사건의 사실을 확인해 판결을 내린다.

항소 법원

미국 사법 체계는 유죄 선고에 대한 항소가 가능하다. 항소 법원은 항소를 듣고 그 여부를 결정한다. 항소 법원은 재판이 아니기 때문에 배심원이 없고, 따라서 판사단이 판결을 내린다. 이 판사단은 홀수 명의 판사로 구성되고 이전 재판에서 법적 실수가 있었는지를 결정한다.

연방 법원

연방 법원에는 두 가지 형태가 있다. 하나는 헌법 제3조에 기인한다. 이는 미국 지방 법원, 미연방 순회항소 법원, 미국 대법원으로 구성된다. 제3조에서 법원은 다른 두 가지 형태가 있는데 바로 미연방 청구 법원과 미연방 국제무역법원이다. 이 특별한 법원은 일반적인 사법권을 지니지 않는다. 사법권은 기관에 부여된 권한의 범위를 의미한다.

연방 법원의 두 번째 형태는 제3조에서 수립되지 않고 의회가 만든 것이다. 여기에는 치안 법원, 파산 법원, 미군 상소 민사 법원, 미국 연방 조세 법원, 미국 퇴역군인 청원 법원 등이 포함된다.

대법원

제3조에 의거해 미국 대통령은 대법관을 포함한 연방 판사를 임명할 책임이 있으며, 이는 상원의 승인을 받아야 한다. 임명되면 탄핵을 통해 자격을 상실하지 않는 이상 그 자격은 평생 지속된다. 대법원에는 한 명의 수석 재판관과 여덟 명의 연방 대법관이 있다. 대법원의 역할은 법원이 헌법을 해석할 권리와 의회 문제에 대한 최종 결정자임을 입증했던 1803년 마버리 vs. 매디슨 사건(Marbury v. Madison)으로 결정됐다. 다시 말해, 법의 최종 결정자는 의회나 대통령이 아닌 사법부라는 것이다.

헌법 제2절은 대법원과 기타 연방 법원의 사법권을 보여준다.

사법권은 본 헌법과 미국 법률, 그리고 미국의 권한에 의해 체결되거나 체결된 조약으로 인해 발생하는 모든 보통법상 및 형평법상의 사건, 대사와 그 밖의 외교 사절 및 영사에 관한 모든 사건, 해사 재판 및 해상 관할에 관한 모든 사건, 미국이 한 편의 당사자가 되는 분쟁, 두 개의 주 및 그 이상의 주 사이에 발생하는 분쟁, 상이한 주의 시민 간 분쟁, 다른 주로부터 부여받은 토지의 권리에 관해 같은 주의 시민 사이에 발생하는 분쟁, 그리고 어떤 주나 그 주의 시민과 외국, 외국 시민 또는 외국 시민과의 사이에서 발생하는 분쟁에 미친다.

연방 항소 법원

미국에는 첫 13개 주에서 처음 수립된 13개의 연방 순회항소 법원이 있다. 현재는 워싱턴 D.C.의 추가 연방 순회 법원(제13법원)을 포함해 여러 도시에 12개의 지역 순회 법원이 있다. 각 순회 법원은 대법원의 순회 재판관으로 배정된다.

7장에서는 디지털 증거의 증거 능력에 대한 주목할 만한 순회 법원의 판결을 강조한다. 가장 주목할 만한 법원 중 하나는 제9법원인데, 이는 가장 큰 법원이고 괌과 북마리아나제도 법원 지역에 대한 상소심 재판권으로 알래스카, 애리조나, 캘리포니아(중앙, 동부, 남부, 서부), 하와이, 아이다호, 몬태나, 네바다, 오리건, 워싱턴(동부와 서부)을 관할한다. 이 법원들은 미국 지방 법원으로 알려진 하급 연방 지방 법원에서 넘어온 사건을 맡는다.

궁극적으로 이러한 연방 항소 법원은 미국 대법원으로 사건을 넘길 수 있다. 일반적으로 이 법원에서 세 명의 판사가 참석한다.

미국 지방 법원

미국 전역에는 94개의 미국 지방 법원이 있다. 모든 주에는 최소 하나의 지방 법원이 있고, 큰 주는 여러 개가 있다. 뉴욕은 뉴욕 남부지역(브롱크스, 더치스, 뉴욕, 오렌지, 퍼트넘, 록랜드, 설리번, 웨스트체스터 카운티), 뉴욕 북부지역(얼스터 카운티 및 북부), 뉴욕 동부지역(킹스, 나소, 퀸즈, 리치몬드, 서퍽)으로 나뉘는데 각 지역에는 다수의 법원이 있다. 예를 들어 뉴욕 남부지역에는 화이트 플레인즈와 뉴욕시티(맨하탄)에 법원이 있다.

대부분의 연방 사건은 미국 지방 법원에서 시작한다. 이 법원은 민사 사건과 형사 사건을 모두 다룬다. 납치나 지식 재산권 분쟁 사건은 일반적으로 미국 지방 법원에서 재판하는 사건의 종류다.

주 법원

주 법원 시스템은 주마다 다양하지만 일부 유사점도 존재한다. 지역 예심 재판소는 주 전역에 위치해 있고 낮은 수준의 사건을 다룬다. 만약 피고가 유죄임이 밝혀지면 피고는 주 항소 법원에 유죄 선고에 대해 항소할 수 있다.

주 항소 법원

주 항소 법원에는 두 가지 형태가 존재한다. 보통 대법원이나 항소 법원이라고 불리는데, 이들은 주 사법 체계에서 최상위 법원이다. 이들은 어떤 사건을 맡을지와 판결에 오류가 있을 수 있어 이관된 사건에 대해 재량권을 가진다. 이들은 특정 사법권에 국한되고 선거와 같이 논쟁의 여지가 있는 판결을 주재하도록 요청받을 수 있다. 세 명에서 아홉 명의 판사가 주 항소 법원 재판에 참여한다.

중간 항소 법원

중간 항소 법원은 50개 주 중 40개에 있다. 델라웨어, 메인, 몬태나, 네바다, 뉴햄프셔, 로드아일랜드, 사우스다코타, 버몬트, 웨스트버지니아, 와이오밍에는 항소 법원이 없다. 항소 법원의 수와 판사의 수는 각 주마다 다양하며 항소 법원의 판결은 주 항소 법원으로 알려진 주 고등 법원에서 항소할 수도 있다.

제한 관할 법원

제한 관할 법원은 특정 종류의 사건만을 다룬다. 이러한 법원에는 다음 항목들이 포함된다.

- **검인 법원**: 유언 집행 법원이라 불리는 법원으로 고인의 재산 분배에 관한 사건을 다룬다.
- **가정 법원**: 이 법원은 자녀 양육권, 방문권, 지원 사례, 금지 명령을 포함한 가족 문제와 관련된 사건을 다룬다.
- **즉결 법원**: 이 법원은 교통 위반에 관련된 사건을 다룬다. 교통 위반에 연루된 개인은 벌금을 물거나(유죄 인정) 즉결 법원에 항소할 수 있다. DUI(음주운전)의 경우, 개인은 판결 전 법원에 출두할 수 있다. DUI와 DWI(취중운전)는 범

죄며, 이러한 사건의 경우 많은 관할 구역의 형사 법원에서 재판이 진행된다.

- **소년 법원**: 이 법원에서는 미성년자가 재판을 받는다. 이 법원은 보통 18세 이하 피고인에 대한 사건을 다룬다. 하지만 살인이나 강간과 같이 심각한 범죄의 경우, 피고인을 성인 자격으로 기소하는 다른 법원으로 이관된다.
- **소액 사건 법원**: 이 법원의 역할은 다소 작은 액수의 금전 문제를 포함한 사적 분쟁을 해결하는 것이다.
- **지역 법원**: 이 법원은 관할 구역 내에서 발생한 사건을 다룬다. 이러한 사건에는 DUI, 치안 문란 행위, 공공 기물 파손, 무단 침입, 건축 규정 위반이나 이와 유사한 범행 등이 포함된다.

일반 관할 법원

일반 관할 법원은 기본적으로 다른 법원에서 단독으로 진행하지 않는 모든 종류의 범죄 사건이나 민사 사건을 다룬다.

뉴욕 법원

특정 주에서 법정 체계가 수립되는 방법을 사례를 통해 살펴보면 도움이 될 것이다. 뉴욕주를 생각해보자. 뉴욕시에서 배심원단에 의한 재판은 다음의 법정에서 열릴 수 있다.

- 대법원
- 뉴욕시 민사 법원
- 뉴욕시 형사 법원

뉴욕시가 아닌 다른 곳에서 배심 재판은 다음 법정에서 열릴 수 있다.

- 대법원
- 지역 법원
- 지방 법원
- 시 법원
- 읍이나 마을 법원

민사 재판은 평균 3일에서 5일 동안 진행되고 형사 재판은 보통 5일에서 10일 동안 진행된다. 보통 다음의 사람들이 재판에 참여한다.

- **변호사**(혹은 변호인단)
- **법원 속기사**
- **군 서기**
- **법원 직원**
- **피고**
- **통역사**
- **배심원단**
- **원고**
- **검사**
- **관중**
- **증인**

법정 내

컴퓨터 포렌식 수사관은 훗날 전문가 증인 자격으로 재판에 참여할 수도 있으므로 사전 심리 절차와 재판 절차를 이해하면 도움이 된다. 다음의 내용은 민사 사건 또는 형사 사건의 사전 심리와 재판 단계의 윤곽을 보여준다.

1. 배심원 선정
2. 선서와 예비 지침
3. 모두 진술
4. 증인 증언과 다른 증거 제출
5. 최종 변론
6. 평결지침
7. 심의

8. 평결

9. 판결문

배심원

배심원에 의한 재판을 받을 권리는 미국 수정 헌법 제6조에 명확하게 서술돼 있다.

> 모든 형사 소추에서 피고인은 범죄가 행해진 주 및 법률이 미리 정하는 지구의 공정한 배심에 의한 신속한 공판을 받을 권리, 사건의 성질과 이유에 관해 통고받을 권리, 자기에게 불리한 증인과 대질 심문을 받을 권리, 자기에게 유리한 증인을 얻기 위해 강제적 수속을 취할 권리, 자신의 변호를 위해 변호인의 도움을 받을 권리를 가진다.

배심원 예비심문선서는 배심원 선발 과정에서 사용되는 질의 과정이다. 이 과정에서 변호사와 (일부의 경우) 판사는 사건의 공정성에 영향을 미칠 수 있는 편견이나 사건과 관련된 사실에 대한 사전 지식을 확인하기 위해 예비 배심원들에게 질문한다. 합리적 의심이 유죄로 입증될 때까지 모든 피고는 무죄로 여겨진다. 구두 질문 이전에 설문지 작성이 배심원에게 요구될 수 있다. 형사 사건에서 이 예비심문선서는 법원 속기사가 기록하고 재판 기록의 일부가 된다. 설문지와 응답 또한 재판 기록의 일부가 될 수 있다. 일반적으로 민사 사건의 경우 이 예비심문선서와 설문지는 법원 기록에 포함되지 않는다.

일반적으로 민사 재판은 여섯 명의 배심원과 최대 네 명의 배심 대리가 참여한다. 중범죄 재판의 경우 12명의 배심원과 최대 여섯 명의 배심 대리가 참여한다. 가벼운 형사 재판에는 여섯 명의 배심원과 최대 네 명의 배심 대리가 참여한다. 재판이 진행되는 동안 배심원들은 서로 혹은 다른 이들과 재판에 대해 토의하지 못하며 사건에 대해 읽지도 못한다. 이는 각 배심원이 판결을 내리기에 앞서 사건에 대한 모든 사실을 들어야 하기 때문이다. 배심원이 심의 전 재판에 대해 이야기하는 경우 법정 모독죄에 처해질 수 있다. 유명한 사건을 다루는 특정 재판의 경우, 배심원은 자택이 아닌 지역 숙소에 격리될 수 있다. 배심원 격리는 판결에 가해질 수 있는 외부 영향력을 방지하는 것을 의미한다. 법정 모독은 법원 절차 규칙을 위반하는 것을 말한다. 배심장은 보통 첫 번째로 앉아있는 배심원이고, 최종적으로 판사에게 판결을 보고한다.

모두 진술

형사 재판 시 검사는 입증책임이 있으므로 먼저 모두 진술을 한다. 입증책임은 피고가 유죄로 입증될 때까지는 무죄며, 검사는 유죄를 증명해야 하고 피고 측은 아무것도 입증하지 않아야 한다는 것을 의미한다. 수정 헌법 제5조에 따라 피고는 재판 시 묵비권을 행사할 수 있다. 물론 실제로는 피고 측 변호인이 개시 발언과 최종 발언을 하고 여기에는 직접 심문과 반대 심문이 포함된다. 직접 심문은 재판에서 변호인 측의 증인에게 심문하는 것이고, 반대 심문은 상대 측의 증인에게 심문하는 것이다.

평결

심의는 배심원단이 재판 증거를 검토하고 사건에 대한 의견을 토의하는 과정이다. 불일치 배심은 형사 재판에 대해 배심원들의 만장일치 결정이 발생하지 않을 때 생긴다. 형사 재판과 달리 민사 재판에서는 배심원의 결정이 만장일치될 필요는 없다. 배심원은 또 민사 재판에서 보상 문제를 결정하기도 한다. 배심원이 평결을 내리면 형을 결정하는 것은 판사의 몫이다. 심의가 끝나면 배심장은 법원 직원에게 배심원단이 결정을 내렸고 평결을 전달할 것이라고 알린다.

형사 재판 대 민사 재판

형사고발은 개인을 대신해 정부 검찰이 시작한다. 그 결과 피고는 재판을 받기 위해 기소되고 중죄에 관련된 질의응답을 하거나 정보를 제공한다. 흉악 범죄는 중죄며 일반적으로 1년 이상의 징역이 부과된다. 경범죄는 다소 가벼운 범죄로 1년 이하의 징역형이 부과될 수 있다. 민사 재판에서는 증인 신문이 가능하지만 형사 사건에서는 그렇지 않다. 증인 신문은 재판에 앞서 증인이 선서하고 이는 민사 재판에 제출될 수 있다. 형사 재판에서 정부는 주법이나 형사법을 명확히 위반한 개인을 기소한다. 민사 재판에서 사건은 원고라고 불리는 개인이나 조직(회사나 정부 포함)이 다른 개인이나 조직을 상대로 제기한다.

일반적으로 민사 재판은 금전에 관한 분쟁을 포함한다. 만약 승소하게 되면 원고는 배심원에 의해 돈을 받는다. 민사 재판은 특정한 환경에서 주체가 합리적이고 신중하게 행동했는지 여부를 확인한다. 민사 재판에서 승소하기 위해 필요한 기준은 증거 우위다. 이는 제출된 증거 중 다수가 누가 옳고 누가 그른지를 알려준다는 것을 의미한다. 형사 재판에서 입증책임은 피고가 유죄라고 입증해야 하는 검사의 몫이다. 민사 재판에서 입증책임은 처음에는 원고가 진다. 하지만 민사 재판에서는 입증책임이 피고로 옮겨질 수 있는데, 이때 피고는 자신이 잘못이 없다는 것을 증명한다. 형사 재판에서 유죄를 입증할 기준은 '이유 있는 의심이 한 점도 남지 않는 증명'이다. 이는 증거와 상관없이 모든 배심원들이 피고가 유죄라는 사실에 의심이 없어야 한다는 의미다. 물론 이 기준은 근거 우위의 원칙과는 다르다. 표 7.1은 형사 재판과 민사 재판의 차이점을 보여주고 있다.

표 7.1 형사 재판과 민사 재판의 비교

구분	형사 재판	민사 재판
증인 신문	없음	있음
재판 법률	법규, 형사법, 선례	원고는 피고가 태만했다고 주장
기소	중죄나 경범죄로 기소	소송
예비심문선서	재판 기록의 일부	기록되지 않음
소송 당사자	정부 검찰	원고(개인 혹은 기관)
배심원 구성	최대 12명의 배심원 + 배심 대리 여섯 명	배심원 여섯 명 + 배심 대리 네 명
평결	만장일치여야 함	다수결 원칙
선고/처벌	판사가 전달	배심원이 전달

✦ 증명력

판사는 제출된 증거가 법적으로 채택될 수 있는지 여부를 결정할 책임이 있다. 증인 선서는 증거에 포함된다. 디지털 증거의 증거 능력은 문제의 여지가 있는데 이는 판사가 원래는 변호사로서 교육받았기 때문이다. 검찰 측과 조사관들은 특정 종류의 디지털 증거가 사건에 왜 채택돼야 하는지 질문받는다. 판사는 이메일이 무엇인지는 알지만 시스템 로그가 무엇인지 그리고 이를 법정에서 채택해야 하는지 여부는 모를 수도 있다. 이 시스템 로그는 피고의 운명을 결정하는 데 중요할 수 있다. 또한 배심원은 다양한 배경지식과 직업을 가진 개인들로 구성된다(예를 들어 제과사, 구두 영업사원, 지리 교사, 가정주부가 배심원이 될 수 있다). 검사가 시스템 로그, IP 주소, 파일 레지스트리 등을 설명하는 것이 얼마나 어려울지 상상해보라.

✦ 헌법

버지니아 권리장전을 쓴 조지 메이슨George Mason은 "권리에 대한 어떠한 선서도 없다."라고 말하면서 헌법을 반대했다. 이에 따라 메이슨의 의견이 심각하게 고려됐고 결국 제임스 매디슨James Madison이 수정 헌법 초안을 작성했다. 이 개정안은 메이슨의 버지니아 권리장전을 토대로 하며 후에 권리장전으로 알려졌다. 헌법 제정자들은 애초에 대법원이 의회가 통과시키는 법의 합헌성을 결정하는 것을 의도했다. 하지만 1803년 마버리 vs. 매디슨 사건(Marbury v. Madison)이라는 역사적인 계기로 대법원은 위헌 법률 심사권을 가진 법원으로 인지됐다. 앞서 언급했듯이, 미국 헌법에 대한 해석이 필요한 사건은 미국 대법원을 포함하는 연방 사법 체계에서 다룬다.

수정 헌법 제1조

헌법의 영향력을 기술한 많은 책과 논문이 단지 수정 헌법 제4조에만 초점을 맞추고 있으며 제1조 등 다른 수정조항의 중요성은 설명하지 않고 있다. 오늘날 많은 사건에 수정 헌법 제1조에 설명된 개인의 권리와 관계 있는 디지털 증거가 관련된다. 이 수정조항의 중요성은 특히 사이버 폭력 사건과 관련 있다. 수정 헌법 제1조는 다음과 같다.

> 연방 의회는 국교를 정하거나 자유로운 신앙 행위를 금지하는 법률을 제정할 수 없다. 또한 언론, 출판의 자유나 국민이 평화롭게 집회할 수 있는 권리 및 불만 사항의 해결을 위해 정부에 청원할 수 있는 권리를 제한하는 법률을 제정할 수 없다.

우리는 이 수정조항이 디지털 통신이 등장하기 한참 전에 작성됐다는 것을 알고 있다. 그럼에도 우리는 개인 블로그에 모욕적인 말을 올린 개인이 가질 수 있는 권리와 피해자의 권리가 무엇인지 해석하기 위해 아직 대법원과 하급 연방 법원에 의지해야 한다. 어떤 충격적인 의견이라도 블로그에 올릴 수 있을까? 첫 대답은 '아니오.'다(우리는 소란이나 폭력을 조장할 수 있는 메시지를 게시할 수 없다). 2011년 3월 대법원은 수정 헌법 제1조에 따라 피켓 시위로 정신적 고통을 받았다는 이유로 소송을 당한 웨스트보로 침례교회의 권리가 보호된다는 판결을 내렸다. 교회는 군 장례식과 동성애자, 천주교, 그리고 유대인의 비난에 대한 시위로 주목을 받았다. 다른 이들은 "사망 군인에 대해 하나님께 감사드립니다."라고 적힌 팻말을 흔들었다. 대법원은 오하이오의 두 순회 법원이 내린 판결이 상충되면서 사건에 대한 재검토에 동의했다. 불행히도 가끔은 도덕적 책임과 헌법 사이에는 간극이 존재한다.

수정 헌법 제1조와 인터넷

인터넷은 다소 새로운 것이다. 따라서 우리는 대부분의 사건에서 전통 법률과 판례법에 의존한다. 아직도 검토되고 해석되는 헌법의 한 영역은 언론의 자유, 학교의 역할, 인터넷상의 학생 활동에 대한 학교 통제다.

우리가 알고 있는 인터넷 이전의 역사적인 사건을 통해 이 논의를 시작하자. 팅커 vs. 디모인 독립 지역 학교 사건(Tinker v. Des Moines Independent Community School District, 393 U.S. 503 1969)은 학생의 권리를 학교 정책으로부터 보호하기 위해 대법원에서 다뤄진 사건이다. 두 남매 존^{John}과 매리 베스 팅커^{Mary Beth Tinker}는 베트남 전쟁을 반대하기 위해 검은 완장을 두르고 등교하기로 결정했다. 디모인 학군은 학생들이 검은 완장을 두르는 것을 금하는 정책을 채택했고, 이를 따르지 않는 학생은 정학당할 것이며 이 정책 준수에 동의하는 학생만 다시 학교로 돌아갈 수 있다고 말했다. 팅커 남매는 정책을 따르지 않고 검은 완장을 차고 다녔으며, 크리스토퍼 에카르트Christopher Eckhardt도 여기에 동참했다. 결국 학생들은 바로 정학당했다. 팅커의 부모는 미국 지방 법원에 소송을 제기했고(42 U.S.C. § 1983에 의거) 수정 헌법 제2조 언론의 자유에 대한 권리가 침해됐다고 주장했다. 하지만 법원은 학교 정책에 동의했다. 사건이 제8연방 순회항소 법원으로 넘어갔을 때 판사단의 결정은 반반이었고, 이는 미국 지방 법원의 결정과 같다는 것을 의미했다. 팅커와 에카르트는 다시 대법원에 항소했다. 대법원은 팅커와 에카르트의 수정 헌법 제1조에 따른 권리가 침해당했고, 이 권리가 공립학교에는 적용되지 않는다고 판결했다. 법원은 '학생이나 선생님 둘 다 학교 정문에서 연설이나 의사 표현을 할 헌법상의 권리를 버린다고 주장하기 어렵다.'라고 말했다.

대법원의 판결에 따라 '학교 규율과 업무를 실질적으로 상당히 방해하지' 않는 이상 학생의 표현은 금지되지 않는다.

레이쇽 vs. 허미티지 학교 사건(Layshock et al v. Hermitage School District et al)에서 저스틴 레이쇽Justin Layshock의 부모는 학교가 저스틴에 대해 수정 헌법 제1조 언론의 자유를 침해했다고 주장했다. 저스틴은 펜실베이니아의 히커리Hickery 고등학교 교장인 에릭 트로츠Eric Trosch의 가짜 마이스페이스 프로필을 다음과 같이 만들었다.

- 과거 흡연 이력: 둔해질 만큼 했음
- 주량: 내 책상 뒤에 맥주 통이 있음
- 생일: 너무 취해 기억나지 않음
- 스테로이드 팬
- 매춘부
- 멍청이

학교는 저스틴이 교장의 업무에 지장을 줬으며 무례했다고 주장했다. 프로필 페이지에 있는 말은 학교 전체에 퍼졌다. 저스틴은 프로필 페이지를 삭제하려 했고 교장에게 사과했다. 결국 학교는 페이지를 삭제하기 위해 마이스페이스에 연락했다. 저스틴과 아버지는 경찰서에 출두해 심문을 받았지만 기소되지는 않았다. 저스틴은 17살이었고 평점 3.3의 성적을 기록하며 대학 진학을 생각하고 있었다. 하지만 학교는 저스틴을 행동과 출석에 문제가 있는 학생들로 구성된 대체 프로그램에 합류시켰다. 수업은 하루에 3시간만 이뤄졌고 숙제도 없었다. 또 저스틴은 고교 심화학습AP과 졸업식 같은 특별활동에도 참여하지 못했다.

저스틴의 부모는 학교의 교외 활동 금지 사항이 지나치다고 주장하면서 연방 법원에 소송을 제기했다. 또 자신들은 학교 밖에서 저스틴을 보호할 책임이 있고 아들은 교장에 대해 위협적이지 않은 패러디를 했다고 주장했다. 학교 측은 저스틴의 행동으로 인해 수많은 학생들이 프로필 페이지에 접속함으로써 학교 컴퓨터가 멈추고 수업까지 취소하게 됐다며 학교 운영에 지장을 줬다고 주장했다. 또 IT 직원은 추가적인 방화벽 보호 시스템을 설치해야 했다. 법원은 학교와 부모가 합의하기를 권유했고 결국 합의가 이뤄졌다. 저스틴은 일반 수업으로 돌아갔을 뿐 아니라 교외 활동과 졸업식에도 참여할 수 있었다.

2010년 2월, 세 명으로 구성된 제3연방 순회항소 법원의 판사단은 학교가 저스틴의 수정 헌법 제1조 권리를 침해했다고 판결했다. 그 내용은 "학교 당국의 권한에 제한이 없는 것이 아니다...... 학교 권한을 구실로 삼아 아이의 집까지 간섭하고 그의 행동을 통제하는 것은 부적절하고 위험한 선례가 될 수 있다...... 이에 저스틴의 표현 행동에 대한 학교의 대응이 표현의 자유에 대한 수정 헌법 제1조 보장을 침해했다는 지방 법원의 판결이 올바르다고 결정하는 바다."였다.

교장은 후에 저스틴의 행동이 자신의 명성을 손상시키고 굴욕감을 줬으며 그의 일식이익에 손해를 입혔다고 주장하면서 소송을 제기했다. 법원은 저스틴의 표현이 악의적이지 않다고 결론 내리며 교장에게 징벌적 손해 배상금을 지불하도록 명했다.

연방 법원 판사들은 온라인상에 신랄한 발언을 게재하고 어떠한 영향도 받지 않는 학생들의 권리에 항상 호의적이지는 않다. '에이버리 도닝거 vs. 루이스 밀스 고등학교 사건(Avery Doninger v. Lewis Mills High School)'은 학생의 수정 헌법 제1조 권리와 관련된 흥미로운 사건이다. 에이버리 도닝거는 코네티컷 밀스 고등학교 학급 총무이자 학생회 구성원인 16살 청소년이었다. 2007년 에이버리는 잼페스트 Jamfest(밴드 배틀)를 계획하고 있었다. 이 행사는 세 번 취소됐고 학교 기술자가 부족해 또 다시 취소될 것 같았다. 화가 난 에이버리는 지역 사회의 지지를 받기 위해 이메일을 보냈고 사람들로 하여금 교장과 관리자들에게 적대심을 가지게 했다. 에이버리는 라이브 저널LiveJournal 블로그에 다음과 같은 메시지를 남겼다. "잼페스트가 중앙 사무소의 허세남 때문에 취소됐다 – 할 말이 있거나 그녀[학교장]를 더 화나게 만들려면 무엇을 써야 할지에 대한 아이디어가 여기에 있다." 학교는 에이버리의 온라인 게시물을 발견하고 에이버리로 하여금 학급 총무를 그만두게 했다. 학생들은 학교가 금지한 '에이버리의 팀'이 인쇄된 티셔츠를 입었다. 심지어 에이버리의 이름이 투표용지에 적혀 있지도 않았지만 그녀는 학생회 선거에 당선됐다. 하지만 학교는 이를 허용하지 않았다. 에이버리 어머니는 학교가 에이버리로 하여금 학생회 출마를 금지하는 것은 헌법에 위배되고 학교는 고의적으로 자신의 딸에게 정신적 고통을 가했다고 주장하면서 소송을 제기했다. 이 사건은 수정 헌법 제1조와 관련된 헌법상의 문제로 여겨졌기 때문에 연방 법원으로 이관됐다.

법원은 에이버리가 학생회로서 교내와 교외 모두에서 모범 시민의 자질을 보여줘야 했다고 강조했다. 또 그녀의 게시물은 학교장을 자극하기 위해 의도적으로 올린 것으로 이는 학교 정책에 위배된다고 했다. 더불어 에이버리는 피부색이나 종교, 정치로 인해 교무실 출입이 금지되지도 않았다. 에이버리가 학생회 출마를 금지당했던 이유는 블로그에 올린 말과 학교를 혼돈에 빠트릴 수 있는 위험성 때문이었다. 에이버리는 의견을 표현할 자유가 있지만 수정 헌법 제1조는 자발적 특별활동에 출마할 권리를 보장하지는 않는다. 이에 제2연방 순회항소 법원은 에이버리 블로그가 학교에 대한 '상당한 혼란을 일으킬 수 있는 위험을 만들었기' 때문에 학교의 징계는 에이버리의 헌법상 권리를 침해하지 않았다고 판결했다.

하지만 특정 형태의 발언에는 한계가 있다. 밀러 vs. 캘리포니아 사건(Miller v. California, 413 U.S. 15 1973)에서 미국 대법원은 외설은 수정 헌법 제1조에 따라 보호되지 않는다고 단언했다.

수정 헌법 제4조

수정 헌법 제4조는 권리장전의 일부다. 이 수정 헌법의 목적은 불법적 수색과 압수에 대해 개인을 보호할 뿐 아니라 사법 체계의 견제와 균형을 유지하는 것이다. 그 내용은 다음과 같다.

> 불합리한 압수와 수색에 대해 신체, 주택, 서류, 동산의 안전을 보장받는 국민의 권리를 침해할 수 없다. 영장은 상당한 이유에 의하고, 선서 또는 확약에 의해 뒷받침되고, 특히 수색될 장소, 체포될 사람 또는 압수될 물품을 기재하지 아니하고는 이를 발급할 수 없다.

위크스 vs. 미국 사건(Weeks v. United States, 232 U.S. 383 1914)에서 대법원은 사택을 영장 없이 수색하는 것은 수정 헌법 제4조에 위배된다고 밝혔다. 이 사건으로 인해 배제의 원칙이 도입됐다. 배제의 원칙이란 영장 없이 압수하고 조사된 증거나 개인의 헌법상 권리를 위반한 증거는 법정에서 형사 사건의 증거로 채택될 수 없다는 원칙이다. 배제의 원칙이 확장된 것이 독수의 과실 이론이다. 독수의 과실은 최초에 불법적으로 수집된 증거를 설명하는 은유적 표현으로, 첫 수색 이후에 수집된 다른 모든 후속 증거도 법정에서 채택될 수 없다는 의미다.

수년 후, 대법원은 옴스테드 vs. 미국 사건(Olmstead v. United States, 277 U.S. 438 1928)을 다뤘다. 로이 옴스테드는 금주법 위반 혐의로 유죄 판결을 받았다. 그는 연방 요원이 영장 없이 자신의 전화를 수색했기 때문에 수정 헌법 제4조와 제5조의 권리가 침해당했다는 이유로 유죄 선고에 이의를 제기했다. 법원은 옴스테드의 유죄를 그대로 인정했다. 이 판결은 나중에 캇츠 vs. 미국 사건(Katz v. United States)에 대한 대법원의 판결에서 뒤집혔다.

수정 헌법 제4조가 장소가 아닌 사람을 보호하는 것은 분명하다. 캇츠 vs. 미국 사건(Katz v. United States, 389 U.S. 347 1967)은 이 주장을 명확하게 설명해준다. 찰스 캇츠^{Charles Katz}는 불법 도박 사업을 위해 공중전화를 이용한 혐의로 기소당했다. 캇츠는 후에 FBI가 공중전화를 도청했다는 사실을 알았다. FBI는 이를 재판에서 증거로 사용했고, 결국 캇츠는 유죄를 선고받았다. 캇츠는 불합리한 수색과 압수로 인해 그의 수정 헌법 제4조 권리가 침해당했고 사생활이 보호될 것이라 믿었다고 주장하면서 이의를 제기했다. 캇츠는 항소 법원에서 패소했지만 대법원은 이송 명령을 내렸다(이송 명령은 상급 법원이 추가 검토를 위해 사건과 관련된 법원 문서를 보내도록 하급 법원이나 재판소에 내리는 명령이다). 대법원은 캇츠의 편에 섰다. 판결은 다음과 같았다. "공중전화 부스에서 문을 닫고 전화를 걸기 위해 동전을 넣는 사람은 송화구를 통해 하는 그의 말이 세상에 알려지지 않는다고 생각할 권리가 있다." 도청은 수색이고 따라서 이는 영장이 필요하다. 수정 헌법 제4조와 관련된 문제 중 하나는 사생활 보호에 대한 기대다. 불합리한 수색 및 압수와 사생활 보호 사이에는 연결점이 존재하지만 대법원은 이 연결점에 대해 항상 명확하지 않았다. 그래서 혼란이 발생하고, 판례법이 최선의 지침이다.

직장에서 사생활 보호는 아직도 애매한 부분이다. 오코너 vs. 오르테가 사건(O'Connor v. Ortega, 480 U.S. 709, 1987)에서 대법원은 사무실을 수색하는 것은 수정 헌법 제4조의 권리를 침해한다고 주장한 캘리포니아 주립병원 의사인 매그노 오르테가^{Magno Ortega}의 사건을 맡았다. 오르테가의 관리자는 병원 정책을 위반하는 직원을 조사하면서 오르테가의 사무실에서 범죄와 연루된 것으로 보이는 증거를 발견했다. 사건은 지방 법원으로 환송됐고 11년 후 제9연방 순회항소 법원은 오르테가에게 승소 판결을 내렸다. 이 판결로 인해 고용주가 직원에게 고시하지 않고 직원을 감시하는 사례가 감소했다.

수색 영장

수정 헌법 제4조는 컴퓨터 포렌식 조사관을 비롯한 모든 조사관들에게 논란이 많은 헌법의 가장 중요한 부분일 것이다. 법률 집행에서 수색이나 체포를 하기 전에는 반드시 판사나 치안 판사의 영장이 있어야 한다. 수색 영장은 영장의 범위 내에서 개인 또는 장소를 수색하거나 물건 또는 정보를 압수할 권한을 부여하는 판사 혹은 치안 판사가 발부하는 법원 명령이다. 또한 조사관들은 상당한 근거를 설명해야 할 의무가 있다. 상당한 근거는 범죄가 행해졌다는 것이 명확해서 법 집행 기관이 수색이나 체포에 대한 영장을 획득할 수 있는 상황을 의미한다. 법 집행 기관은 범죄가 발생했고 수색할 장소에 증거가 있을 것이라 생각하는 근거가 있어야 한다.

미국 vs. 레온 사건(United States v. Leon, 468 U.S. 897, 1984)으로 인해 배제의 원칙에 대한 '선의의 예외'가 만들어졌다. 당시 판사는 캘리포니아 버뱅크 경찰에게 수색 영장을 발부했다. 그 이후, 경찰이 상당한 근거를 제대로 설명하지 못했기 때문에 수색 영장은 유효하지 않은 것이 됐다. 그럼에도, 경찰은 처음 증거를 압수할 당시 영장이 효력이 있다고 믿었기 때문에 이를 선의로 여겼다.

미국 vs. 워샥 사건(United States v. Warshak)에서 제6연방 순회항소 법원은 정부가 스티븐 워샥의 인터넷 서비스 제공 업체로부터 압수한 2만 7,000건의 사적 메일이 영장 없이 수집됐기 때문에 수정 헌법 제4조에 위배된다고 판단했다. 판결은 연방 법원이 제3자 서버에 저장돼 있는 이메일의 사생활 보호를 인정한다는 점을 보여준다. 그럼에도 증거가 법원에서 채택됐는데 이는 정부가 미국 통신저장법SCA에 의거해 선의에 의존했기 때문이다.

이메일은 가장 중요한 유형의 디지털 증거며, 많은 사건에서 계속 다뤄질 것이다. 미국 vs. 지글러 사건(United States v. Ziegler)에서 윌리엄 웨인 지글러William Wayne Ziegler는 직장에서 컴퓨터로 아동 포르노를 본 혐의로 기소됐다. 고용주는 지글러의 하드디스크 드라이브를 복사해 FBI에 전달했다. 지글러는 증거를 숨기기 위해 이의를 제기했는데, 이는 그의 수정 헌법 제4조가 침해당했기 때문이다. 증거 배제 신청은 증거를 숨기고자 하는 노력의 일환으로 재판 전 청문회를 열기 위해 변호사가 하는 요청이다. 만약 이 신청이 받아들여진다면 배심원은 증거를 절대 볼 수 없다. 제9연방 순회항소 법원은 직원의 사생활 보호를 인정했다. 하지만 영장은 정부 요원에게 적용되는 것이고 고용주는 정부 요원이 아니다.

영장이 특정 범죄와 형사 조사에 한정돼 있고 특히 지리적 위치에 더 한정돼 있었다는 사실을 이해해야 한다. 예를 들어 집이 두 국가에 접해 있을 경우 모든 소유물을 수색하기 위해서는 두 장의 분리된 영장이 필요하다. 이 특수성은 아무리 강조해도 지나치지 않는다. 한 사건에서 집을 수색할 수 있는 영장을 발부해 법이 집행됐다. 조사관이 집에 도착했을 때 용의자의 컴퓨터가 집 뒤쪽 오두막에 있다는 것을 알았다. 이 경우 조사관들은 컴퓨터가 있는 곳을 수색할 수 없고 컴퓨터를 압수하지 못한다.

조사에서 영장의 범위가 얼마나 중요한지에 대한 좋은 예는 2008년 제9연방 순회항소 법원의 판결에서 설명된다. 연방 수사관들은 베이 에어리어 연구소^{BALCO, Bay Area Laboratories Company}에 보관된 스테로이드 복용 혐의를 받는 열 명의 야구선수 기록을 조사하기 위해 캘리포니아 중앙 지방 법원에서 수색 영장을 성공적으로 발급받았다. 여기서 수사관들은 더 많은 MLB 선수들이 연루된 스테로이드 사용 기록을 수색했다. 수사관들은 최초 영장에 포함되지 않은 다른 선수들의 기록이 그냥 보였다고 주장했지만, 제9연방 순회항소 법원 판사들은 조사관들이 도를 넘었다는 판결을 내렸다. 법원의 다수 의견은 다음과 같다.

> 이런 과도한 압수가 전자 수색 과정의 고유한 부분이라는 현실을 인정하고, 문서 기록의 시대보다는 이렇게 기록에 대한 과도한 압수가 진행되는 일이 훨씬 흔해질 것이라고 생각한다. 따라서 법관은 법 집행에 대한 정부의 관심과 불합리한 수색과 압류로부터 개인의 권리를 보호하는 것 사이에서 적절한 균형을 유지하기 위해 많은 주의를 기울여야 한다.

판결은 향후 진행되는 컴퓨터 수사에 영향을 미칠 것이다.

무 영장 수색

모든 수색에 영장이 필요한 것은 아니다. 애국법이 통과되면서 법 집행 기관에게 큰 권한이 부여됐고, 개인의 삶과 안전이 위험에 처했을 때는 영장 없는 수색도 가능하게 했다. 비상 상황에서 조사관은 영장 없이 수색할 수 있는데, 개인을 위태롭게 하거나 증거 인멸의 위험이 있는 긴급 상황을 말한다. 미국 vs. 맥코니 사건

(United States v. McConney, 728 F.2d 1195, 1199, 9th Cir.)에서 비상 상황이 의미하는 것을 자세히 알 수 있다.

진입(혹은 기타 즉각적인 관련 조치)이 수사관이나 다른 개인의 신체적 피해, 관련 증거의 인멸, 용의자 도주, 혹은 합법적 법 집행 기관을 방해하는 기타 결과를 막기 위해 필요하다고 합리적인 사람이 믿을 것 같은 상황을 말한다.

미국 법무부[DOJ]가 제공하는 무 영장 컴퓨터 수색과 압류에 대한 지침은 www.cybercrime.gov/ssmanual/01ssma.html에서 확인할 수 있다.

정부 요원이 적절한 동의를 받았을 경우 영장은 필요하지 않다. 동의는 개인이 자신의 수정 헌법 제4조의 권리를 포기할 때 부여될 수 있다. 하지만 수색은 개인 권한에 대한 물리적 영역에 제한되고 이는 특정 범죄 수사에 제한적이다. 또한 무 영장 수색은 상황의 총체성에 대한 적용을 받는다. 이는 동의한 개인은 건강한 정신 상태여야 하고, 성인이어야 하며 일정 수준으로 교육받아야 한다는 것을 의미한다.

때로 법 집행 기관은 '노크 앤 토크'라고 알려진 전략을 사용하기도 한다. 노크 앤 토크는 법 집행 기관이 충분한 증거를 확보하지 못했거나 주택에 진입해 수색하기 위한 상당한 근거를 설명하지 못할 때 사용된다. 대신 법 집행관은 용의자의 집에 들어가 개인의 동의를 얻고자 하고 합의에 따라 수색한다. 일부의 경우 이는 비구금 인터뷰를 포함한다. 이것이 무 영장 수색의 예다.

명백한 시야 원칙은 불법 물품을 명백하게 볼 수 있을 때 정부 요원으로 하여금 영장 없이도 증거를 압류할 수 있도록 한다. 이 원칙이 적용되기 위해서는 수사관이 수정 헌법 제4조에 의해 보호되는 공간에 법적으로 존재해야 하고, 증거는 명백한 시야에 있어야 하며, 수사관은 추가적인 침입 없이 물건이 불법 물품이라는 사실을 즉시 확인해야 한다. 명백한 시야 원칙에 대한 조건은 호튼 vs. 캘리포니아 사건(Horton v. California)에서 확인할 수 있다.

하지만 명백한 시야에 디지털 증거를 포함하는 영장의 범위 확장은 미국 vs. 캐리 사건(United States v. Carey)에 설명돼 있듯이 특히 어렵다. 패트릭 캐리[Patrick Carey]

는 코카인 소지와 판매 혐의로 조사받고 있었다. 그의 집에서 규제된 약물 구입을 확인한 뒤 경찰은 체포 영장을 발부받았다. 경찰은 캐리에게 아파트 수색에 동의할 것을 요청했다. 수색을 하면 집이 엉망이 될 것을 걱정하며 캐리는 공식 서면 동의서에 서명했다. 수색 중 경찰은 약물과 두 대의 컴퓨터를 압류했다. 그 뒤 경찰은 '규제된 약물의 판매와 유통에 관련된 이름, 전화번호, 원장 영수증, 주소, 기타 문서적 증거'를 찾기 위해 컴퓨터 수색에 대한 영장을 발부받았다. 수사관 루이스^{Lewis}는 컴퓨터 파일을 확인했고 성적 내용을 암시하는 이름의 파일과 디렉터리를 발견했다. 수사관은 아동 포르노처럼 보이는 이미지 파일을 열었다. 또 그는 244개의 이미지 파일을 다운로드했고 다른 아동 포르노 이미지를 더 확인했다. 캐리는 이미지를 숨기려 했다. 제9연방 순회항소 법원은 피고의 손을 들어줬다. 이는 수사관이 한 이미지를 보고 난 뒤 컴퓨터에 더 많은 아동 포르노 이미지가 있을 것임을 예상했고, 따라서 다른 범죄를 수사하기 위한 새로운 영장이 요구됐기 때문이다. 수사관이 발부받은 영장은 약물 수사에 대한 것이었지 아동 포르노 소지에 대한 것은 아니었다.

이 사건에서 이미지가 조사하는 정상적인 과정에서 보였다면 수사관은 범죄 증거가 명백한 시야에 있었다고 주장할 수 있었다. 이때 수사관은 마약 불법 소지와 유통에 대한 조사를 뒷받침해주는 증거를 찾으려고 키워드 검색을 했다. 보통은 이미지에 대한 키워드 검색을 하지 않을 것이다. 영장은 조사관이 일반 검색을 하도록 절대 허용하지 않는다.

사실상 미국 vs. 심슨 사건(U.S. v. Simpson)도 유사하다. 2000년 6월 한 호텔 매니저가 연기 감지기를 확인하기 위해 객실로 갔다. 객실에서 그는 불법 마약이라 생각되는 것을 발견했다. 그는 경찰을 불렀고 경찰은 장소를 확보한 후 객실에 대한 수색 영장을 발부했다. 영장은 다음의 수색에 대한 인가를 내렸다.

규제 물질 소지 증거로서 규제 약물은 규제 약물 판매에서 비롯된 현금이나 절차, 규제 물질을 포장하고 자르며 무게를 재는 데 사용되거나 설계된 기타 물건, 물질과 용품, 서면이나 컴퓨터로 저장된 화재 경보, 기록, 영수증, 소득세 기록, 당좌예금과 보통예금 기록, 부지에 대한 소유권이나 통제권을 보여주는 기록, 그리고 규제 약물을 유통하고 전달하는 데 사용된 기타 재산을 포함하지만 이에 국한되지 않는다.

경찰은 방을 수색해 불법 마약과 마약 용품을 발견하고 객실의 컴퓨터를 압류했다. 포렌식 연구소에서 맥파랜드^{McFarland}가 컴퓨터를 수색하는 동안 수사관들은 아동 포르노처럼 보이는 것을 우연히 발견했다. 맥파랜드가 수색을 중단하고 조사관들에게 아동을 위험에 처하게 만드는 사건에 대해 알려줬다. 컴퓨터 수색은 즉시 중단됐고 다른 영장이 발부됐다. 피고-항소인은 수사관들에게 상당한 근거가 없었다고 주장하면서 제10연방 순회항소 법원에 컴퓨터에서 수집된 증거에 대한 증거 배제 신청을 제기했다. 법원은 명백한 잘못에 대해 사건을 검토했다. 명백한 잘못은 판사가 통과시키고 다음 재판이 잡혔던 첫 재판 때 이의가 발생하지 않았더라도 항소 법원이 재판 진행에서 발생된 주요 실수를 정의할 때 발생한다. 형사 소송 규칙 52(b)에 의거, 실질적 권리에 영향을 미치는 명백한 잘못은 법원의 관심을 끌지 않더라도 고려될 수 있다. 형사 소송 규칙은 연방 법원에서 형사 소송 절차가 어떻게 시행돼야 하는지를 알려주는 규정이다. 피고는 .avi 파일, 비디오 파일을 열어본 수사관들이 영장의 범위를 넘었다고 주장했다. 또 그는 비디오 파일은 약물 소지 수사와 관련된 증거를 포함하지 않으므로 수사관들이 영장에 따라 그 파일을 열어서는 안 된다고 주장했다. 요원이 수색을 중지했다는 사실을 근거로 법원은 수색이 합법적이었고 증거는 인정된다고 판결했다.

이 판결은 경찰의 용의자 컴퓨터 수색이 도를 넘었던 미국 vs. 캐리 사건(United States v. Carey)에서 제10연방 순회항소 법원이 내린 판결과는 대조적이다. 따라서 영장은 특정 범죄 수사에 대해 특수화돼야 하고, 일반 조사 과정에서 초기 수사와는 관련이 없는 밀수품을 조사관이 우연히 발견하게 되면 그 즉시 수사를 멈추고 새 수색 영장을 받아야 한다.

흥미롭게도 미국 vs. 만 사건(United States v. Mann, No. 08-3041)의 경우, 제7연방 순회항소 법원은 안전 요원 지도자 매튜 만^{Mattew Mann} 사건에서 첫 유죄 선고를 유지했다. 그는 여성 탈의실에서 비디오 카메라가 발견돼 조사받았다. 경찰은 컴퓨터와 저장 매체를 수색하기 위해 영장을 받았다. 수사 중 경찰은 용의자의 하드디스크 드라이브에서 아동 포르노를 발견했고 만은 그 뒤 기소됐다. 만은 증거 배제 신청을 제기했지만, 제7연방 순회항소 법원은 비록 수사관들이 다른 수사를 하고 있다는 것을 알면서도 아동 이미지를 발견해낸 그 수색이 도를 넘지 않았다고 밝혔다. 그럼에도 불구하고 이전 판결을 참조해볼 때, 법 집행 기관이 다른 범죄에 대한 수사를 진행하기 전에 영장을 받았어야 하며 또한 더욱 조심하는 편이 현명했을 것이다.

국민 vs. 디아즈 사건(People v. Diaz)은 용의자의 휴대폰을 영장 없이 수사했던 흥미로운 사건이다. 캘리포니아 대법원은 체포 후 문자 메시지에 대한 무 영장 수색은 합법적이라는 항소 법원의 판결을 유지했다. 디아즈는 경찰 정보원에게 마약을 판매한 뒤 체포됐다. 체포 당시 용의자의 휴대폰은 압류돼 증거로 수색됐다. 피고는 휴대폰에 대한 증거 배제를 신청했으나 법원은 이것이 체포할 만한 사건이었다고 말하면서 법 집행 기관의 편에 섰다. 합법적 체포에 대한 수색 사건은 체포 뒤 법 집행 기관이 무 영장 수색을 할 수 있게 한다. 이 수색은 개인과 그 주변에 한정돼 있고 용의자 차량 수색도 포함한다(Arizona v. Gant, 2009 참조).

법 집행 기관은 또 제3자를 통해 영장 없이 증거를 확보할 수 있다. 예를 들어 서비스 제공자가 용의자에 대한 증거를 제공하거나 피해자로부터 문자 메시지나 이메일을 확보할 수 있다. 이러한 경우, 용의자는 당사자 적격을 가지지 않는다(당사자 적격은 대법원에서 서술한 수정 헌법 제4조 수색에 대해 용의자가 반대할 수 있는 권리를 말한다).

사례 연구

러시아 해커 사건

알렉세이 이바노프(Alexey Ivanov)와 바실리 고르시코프(Vasili Gorshkov)는 러시아 해커들이다. 이들은 수많은 기업 네트워크에 침투해 착취를 일삼은 악질적인 해커들이었다. 이 둘은 여러 번 기업의 재무 자료와 민감한 고객 기록을 훔쳐 그들에게 돈을 요구했다. 대부분의 기업은 보안 위반으로 야기될 부정적 여론을 두려워해 돈을 지불했다. 피해를 입은 한 회사는 ISP인 CTS 네트워크 서비스였다. 이바노프는 라이트렘 커뮤니케이션즈(Lightrealm Communications)라 불리는 ISP에 침투했다. 이 기업은 이바노프를 보안 담당자로 고용해

달라는 요구를 들어줬다. 이바노프는 자연스럽게 다른 기업을 해킹하기 위해 라이트렘 이메일 계정을 사용했다.

FBI는 이바노프의 이력서를 발견하고 함정 수사를 시작했다. FBI는 가짜 보안 회사를 만든 뒤 일자리를 주겠다며 시애틀에서 면접을 보자고 제안했고 이바노프에게 고르시코프와 동행하도록 요구했다.

이바노프가 모르는 사이 FBI는 가짜 회사 노트북에 키 자동 기록기를 설치했다. 요원은 이바노프에게 능력을 보여달라며 노트북을 사용하도록 했다. 키스트로크 로깅 프로그램은 그가 입력하는 URL, 로그인, 비밀번호를 기록했다. FBI는 이바노프와 고르시코프를 체포하고 기록된 키스트로크로 이들이 러시아에서 사용했던 컴퓨터에 접속해 범죄 증거를 다운로드했다.

이 사건에서 흥미로운 점은 수정 헌법 제4조의 권리가 침해당했다고 이의를 제기한 고르시코프의 변호사였다. 변호사는 컴퓨터 사용 시 사생활 보호가 이뤄지고 정부 요원은 영장 없이 불법으로 러시아 서버에서 자료를 다운로드했다고 주장했다. 하지만 판사는 네크워크상에서는 사생활 보호가 없다고 판결했다. 또 네트워크를 사용할 때는 네트워크 관리자가 이를 모니터링하고 있는 것으로 가정해야 한다는 것이었다. 미국 지방 판사 존 코프헤너(John C. Coughenour)는 "피고가 네트워크에 연결된 컴퓨터 앞에 앉았을 때…… 시스템 관리자가 이를 모니터링할 것임을 그는 알고 있었다."라고 말하면서 "사실 비밀요원이 (고르시코프에게) 그들이 할 수 있는 것을 보고 싶다고 말했다."라고 덧붙였다.

판사는 수정 헌법 제4조가 러시아에 대해 적용되지 않기 때문에 요원이 러시아에 있는 서버에 접속할 수 있다고 판결했다. 증거가 인멸될 수 있었기 때문에 요원의 행동은 옳았다. 코프헤너는 "요원이 자료를 복사하지 않았으면 피고 공모자들이 증거를 인멸하거나 사용 불능으로 만들 여지가 있었다."라고 언급했다. 또한 범죄 증거의 다운로드 행위는 법적으로 체포될 만한 사건이었다. 판사는 수정 헌법 제4조가 비 거주자에게는 적용되지 않는다고 판결했다. 그는 수집된 250GB의 자료가 수정 헌법 제4조에 해당되지만 요원은 자료를 보기 전에 영장을 발부받았기 때문에 합법적으로 행동했다고 말했다.

흥미롭게도, 이후 러시아 당국은 FBI 요원 체포에 대한 영장을 발행했다. FBI 요원 마이클 슐러(Michael Schuler)와 마티 프레웨트(Marty Prewett)는 'Director's Award for Excellence'를 수상했다. 고르시코프는 유죄 선고를 받고 3년의 징역형과 69만 2,000달러의 벌금형에 처해졌다. 이바노프는 3년 8개월의 징역형과 80만 달러의 벌금형에 처해졌다.

디지털 감시 장치는 언제 수색으로 됐나?

최근의 두 소송 사건은 조사 시 개인의 권리와 정부 수사관의 기대 수준에 대한 의문을 불러일으켰다. 다음의 경우를 제외하고는 모든 사건에서 유죄로 판결된 범인들은 일부 끔직한 범죄 활동에 가담했다.

미국 vs. 다니엘 데이비드 리그메이든 사건(U.S. v. Daniel David Rigmaiden)에서 용의자는 금융 사기 혐의를 받았다. 2005년 1월과 2008년 4월 사이 리그메이든은 1,900건의 납세 신고를 불법으로 기록해 400만 달러를 취득했다. 이 사건의 재판은 애리조나 미국 지방 법원에서 진행됐다. 법 집행 기관은 '가오리' 장치를 이용해 용의자의 위치를 파악했다. 가오리는 피의자의 위치를 알아내기 위해 이동전화 기지국과 비슷한 역할을 하지만 동시에 지진과 같이 재난 지역에서 사람을 찾는 데 사용하기도 하는 기계를 칭하는 속명이다. 리그메이든 사건에서 연방 요원들은 이동전화 네트워크에서 작동하는 버라이즌 브로드밴드^{Verizon broadband} 카드를 기반으로 그의 위치를 알 수 있었다.

피고는 연방 요원이 장치를 사용하려면 수색 영장이 있어야 한다고 주장했다. 또 그들은 용의자를 잡는 데 사용되는 가오리를 볼 권리가 있다고 주장했다. 검찰은 전화이용 상황 기록장치의 사용은 영장이 아니라 법원 명령만으로도 가능하다고 반박했다. 법원 명령은 법원에서 발부하며 법 집행 기관이 수행하는 일련의 단계를 설명한다. 이는 상당한 근거가 설명될 필요가 없으므로 영장보다 쉽게 발부받을 수 있다. 전화이용 상황 기록장치는 전화번호를 알아내는 전자장치다. 법 집행 기관은 이 장치를 통해 얻은 정보가 진행 중인 사건 조사에 도움이 된다는 사실만 입증하면 된다. 전화이용 상황 기록장치의 사용에 대한 규율은 18 U.S.C., Chapter 206에서 확인할 수 있다. 스미스 vs. 메릴랜드 사건(Smith v. Maryland, 442 U.S. 735, 1979)에서 대법원이 밝혔듯이 전화이용 상황 기록장치는 수색이 아니다. 피고 측 변호인은 가오리가 사람의 위치도 기록하기 때문에 전화이용 상황 기록장치로 분류될 수 없다고 주장했다. 또 이 변호인은 장치 사용, 증거 장치의 삭제, 그리고 피고로 하여금 장치를 볼 수 없게 한 부분에 대한 검찰의 합법성을 따졌다. 검찰은 이 장치가

'비밀 장치'였기 때문에 보여주지 않았고, 장치가 죄가 없는 이동전화 사용자의 정보도 기록하기 때문에 증거는 정기적으로 장치에서 삭제됐다. 법무부는 이후 수색에 대한 부분을 인정했지만 이동전화(혹은 광대역 카드)를 사용할 때는 사생활 보호가 적용되지 않는다고 주장했다. 검찰은 또 법원 명령으로 인해 수사관들이 버라이즌에서 실시간 자료를 받을 수 있었다고 했다. 용의자는 그의 아파트에서 발견됐다. 아파트 수색에 대한 영장은 후에 발부됐다.

GPS 추적

GPS 추적 장치의 사용은 일반적이고 널리 알려져 있지만, 이 장치에 대한 합법성은 최근 표면화됐다. 20살 아랍계 미국인 학생 야시르 아피피Yasir Afifi는 이슬람-미국인 지역 사회 대표의 아들이다. 아피피가 GPS 추적 장치 일부를 발견했을 때 그는 인터넷 검색 중이었다. 그는 충동적으로 차를 확인했고 선이 있다는 것을 발견했다. 아피피는 차량 밑바닥에서 장치를 발견했고 이를 없앴다. 오리온 가디언 ST820Orion Guardian ST820이라고 알려진 이 장치는 코밤 PLCCobham PLC에서 제조했다.

FBI 요원이 아피피의 집에 찾아와 고가의 비밀스러운 장치를 돌려달라고 했으며 아피피는 그들의 요구에 따랐다. 흥미롭게도, 제9연방 순회항소 법원은 장치 설치는 불법이 아니고 장치가 개인 차량 진입로에 있는 차에 설치됐다 하더라도 영장이 필요하지 않다고 했다. 아피피의 차량 진입로에는 울타리가 없었고 택지에 대한 던 테스트Dunn test도 통과하지 않았다. 택지는 주택에 딸린 주위 영역을 말한다. 미국 vs. 던 사건(U.S. v. Dunn, 480 U.S. 294, 1987)에서 마약단속국DEA 요원은 전기 핫플레이트 교반기, 무수 아세트산 드럼통, 페닐아세트산 컨테이너에 전자추적 장치를 사용했다. 요원은 용의자가 목장 헛간으로 트럭을 몰고 들어가는 항공 사진을 확인했다. 목장은 울타리와 철조망으로 둘러싸여 있었다. 요원은 주위 울타리와 내부 울타리로 접근해 헛간 창문으로 내부를 보고 손전등으로 메탐페타민 연구소를 발견했다. 요원들은 연구소 존재 여부를 확인하기 위해 헛간으로 진입했다. 그런 다음 수색 영장을 발부받아 이를 실행에 옮겼다. 제5연방 순회항소 법원은 던의 유죄를 뒤집었는데 이는 요원들이 영장 없이 목장에 진입했고 헛간은 보호되는 택지 내에 있었기 때문이다. 대법원은 헛간이 사적 활동을 위해 사용된 것이 아니므로 택지 영역 내에 있지 않은 것이라고 판결을 뒤집었다. 이들은 '공개된 구역'에 있는 요원은 공공장소에 있는 것과 다를 바가 없다고 말했다.

비슷한 사건인 미국 vs. 노츠 사건(U.S. v. Knotts 460 U.S. 276, 1983)에서 미네소타 경찰은 라디오 송신기(신호 발신 장치)를 클로로폼 컨테이너에 설치했다. 용의자 암스트롱Armstrong은 클로로폼을 사용해 불법 마약을 제조한 혐의를 받았다. 연방 지방 법원은 신호 발신 장치에서 수집한 증거에 대한 피고의 증거 배제 신청을 기각했다. 이후 항소 법원은 연방 지방 법원의 판결을 뒤집었다. 그다음 이 사건은 대법원으로 이관됐고 대법원은 항소 법원의 판결을 뒤집고 원심의 유죄 판결을 유지했다. 다수의 의견은 다음과 같았다.

신호 발신 장치의 신호를 확인하는 것은 피항소인의 정당한 사생활 보호를 침해하지 않았고 따라서 이는 수정 헌법 제4조의 '수색'이나 '압류'가 아니다. 신호 발신 장치 감시는 원칙적으로 공공도로와 고속도로에서 자동차를 감시하는 것과 마찬가지다. 공공도로에서 달리는 개인은 그의 이동에 대한 합리적인 기대의 권리가 없다.

GPS 추적 장치 사용은 판례법에서 여러 번 언급됐다. 미국 vs. 맥아이버 사건(U.S. v. McIver)에서 법 집행 기관은 맥아이버 차가 차고 앞에 주차돼 있을 때 그 안에 추적 장치를 설치했다. 맥아이버는 마리화나를 재배한 혐의를 받았다. 법원은 차가 맥아이버 집 택지 영역 밖에 있었고 따라서 이는 수색이라 여겨지지 않는다고 했다. 그들은 또 "차 밑면은 차 외부에 속하고, 그런 의미에서 이는 프라이버시에 대한 합리적인 기대권에 해당되지 않는다."라고 언급했다. 미국 vs. 피네다-모레노 사건(U.S. v. Pineda-Moreno)도 아주 비슷한 경우고, 이는 제9연방 순회항소 법원에서 맡았다. DEA는 용의자가 홈디포Home Depot에서 비료를 대량 구매하는 것을 발견했고, 그가 마리화나를 재배한다고 의심했다. 일곱 번의 다른 상황에서 그의 차가 사유 도로에 주차돼 있을 때 용의자의 지프차에 GPS 추적 장치가 설치됐다. 요원들은 용의자의 차를 멈춰 세웠고 마리화나 냄새를 맡은 후 용의자에게 차량 수색에 동의해줄 것을 요청했다. 용의자는 요원이 차를 수색하도록 했고 그들은 마리화나가 든 두 개의 큰 쓰레기 봉지를 발견했다. 이후 용의자는 대배심에 의해 기소됐다. 피고 측 변호인은 수정 헌법 제4조 위배를 토대로 증거 배제 신청을 했고 지방법원의 유죄 인정에 대해 탄원했다. 제9연방 순회항소 법원은 차량이 반 사유 영역인 주택 택지 내에 있었다고 판결했다(United States v. Magana, 512 F.2d 1169, 1171 [9th Cir. 1975] 참조). 또 법원은 차량 외부에 속하는 밑바닥은 프라이버시에 대한 합리적인 기대권에 해당하지 않는다고 했다.

미국 vs. 존스 사건(United States v. Jones)에서 D.C. 순회 법원은 앙투안 존스Antoine Jones 사건에서 GPS 추적 장치가 사용됐는지 물었다. 존스는 마약 유통 혐의를 받았다. 요원은 전자 기기를 이용한 감시가 가능한 타이틀 III 무선 인터셉트를 확보했다. D.C. 연방 판사는 영장을 발부했고 이는 발부 10일 이내에 존스의 지프 차량에 GPS 추적 장치를 은밀히 설치하도록 인가하는 것이었다. 하지만 요원은 11일째 되는 날까지 장치를 설치하지 않았다. 요원은 이후 용의자의 집에서 85만 달러와 97킬로그램의 코카인을 압류했다. 미국 지방 법원(D.C.)은 존스가 코카인 판매를 공모한 죄를 밝혀 무기징역을 선고했다. 하지만 항소 법원은 이 결정을 뒤집었다. D.C. 순회 법원은 존스가 일정한 감시하에 있었기 때문에 노츠의 판결이 적용되지 않는다고 했다. 법원은 다음과 같이 밝혔다.

> 법원은 신호 발신기를 이용해 발견한 제한된 정보와(다른 여정 중의 움직임), 이 사건의 문제와 구분된 더 포괄적이거나 일관된 감시를 분명하게 구별했다…… 이 사건에서 가장 중요한 것은 법원이 "피항소인이 예상한 그러한 저인망 방식의 법 집행이 발생했을 때, 적용 가능한 다른 헌법 조항이 있는지 결정하기에는 충분한 시간이 있다."라고 말하면서 24시간 감시를 수반하는 사건에서 영장이 필요한가에 대한 질문을 남겨뒀다.

사건은 대법원으로 이관됐고 장치가 설치된 시점에 영장의 효력이 만료됐기 때문에 심의에서는 영장이 필요한지 여부가 중심이 됐다. 구두 변론에서 이 사건이 무 영장 추적 장치 사용을 포함한 다른 사건과는 다르다는 것이 명확해졌다. 대법관 소니아 소토마요르Sonia Sotomayor는 다음과 같이 말했다.

수정 헌법 제4조는 일반 영장이 허가된 경찰이 상당한 근거가 아닌 하나의 의심에 의존에 무차별적으로 수사했고 범죄 수사 대상의 모든 소유물을 침범한 것을 알게 된 헌법 제정자들의 격노와 불찬성에 의거해 제정됐다.

대법관 사무엘 앨리토Samuel Alito는 아주 많은 개인정보가 소셜 네트워크 웹사이트에서 자유롭게 돌아다니는 디지털 시대에 추적 장치 사용에 대한 약간 다른 관점을 나타냈다.

주위의 컴퓨터를 이용해 엄청난 정보를 모으는 것이 너무 간단해졌다. 이를 어떻게 대응할 것인가? 그냥 아무것도 바뀌지 않았다고 말할 것인가?

대법관 엘리나 캐이건Elena Kagan은 시대가 변했고 도시에는 수많은 무인 카메라와 감시 카메라가 있다고 언급했다.

GPS 감시 장치 사용은 논쟁을 불러일으키는 사안이 됐고 판례법에서 이에 대한 명확성은 부족하다. 노츠 사건에 따라 법 집행 기관은 차량 진입로에 있다 하더라도 GPS 추적 장치를 설치할 수 있고, 이는 반 사적 영역인 개인 주택의 사적 영역 밖으로 여겨지며 수정 헌법 제4조에 의해 보호되지 않는다.

2012년 1월 대법원은 만장일치로 정부 요원이 존스의 수정 헌법 제4조 권리를 침해했다고 판결했다. 하지만 이 결정에 대한 대법관의 사유는 5 대 4로 갈렸다. 다수는 요원이 무단 침입을 한 것으로 간주되기 때문에 수색은 불법이었다고 했다. 보수적 성향의 대법관 앨리토와 다른 세 명은 존스의 사생활 보호가 침해됐다고 했지만 대법관 스칼리아와 다른 네 명은 이에 동의하지 않았다.

미국 vs. 존스 사건(U.S. v. Jones)에서 대법원 판결은 피의자에 대한 향후 GPS 감시 장치 사용에 영향을 줄 것이다. GPS 추적은 수색과 압류로 간주된다. 대법관 스칼리아는 판결에 대해 다음과 같이 말했다.

개인 차량에 GPS 추적 장치를 설치하고 이 장치를 차량 이동을 감시하기 위해 사용하는 것은 수정 헌법 제4조에서 의미하는 수색이나 압류로 간주된다고 결정했다.

이 사건에서 흥미로운 점은 분리된 대중 여론에 대해서는 의견을 밝히고 디지털 시대에 사생활 보호를 희생하는 것이 올바른지 고심하는 대법관들의 의견이다.

GPS 추적(주법)

일부 주는 영장 없는 GPS 추적 장치의 사용을 금하고 있다. 오리건 vs. 메러디스 사건(Oregon v. Meredith)에서 발신기는 미국삼림서비스USFS 트럭에 설치됐다. 용의자는 불을 냈고 방화 혐의로 기소됐다. 이 사건에서 하급 법원은 발신기에서 수집된 증거에 대한 피고의 증거 배제 신청을 받아들였다. 오리건 대법원은 피고인이 공공장소에서 차량을 사용할 때는 사생활 보호가 적용되지 않는다고 하면서 이에 동의하지 않았다. 또 피고는 회사 차량을 사용하고 있었다. 오리건 헌법 제1조 9항에 따르면 감시 장치의 사용은 '수색'으로 여겨지지 않는다.

하지만 워싱턴 vs. 잭슨 사건(Washington v. Jackson, 150 Wash.2d 251, 76 P.3d 217, Wash. 2003)에서는 약간 다른 의견이 있었다. 워싱턴 헌법 제1조 7항에 따라 GPS 추적은 영장 없이는 불법이다. GPS 추적은 개인의 사생활을 침범하는 것으로 여겨진다. 법원은 법 집행 기관이 GPS 추적 사용에 대한 영장을 발급받아야 했으며, 그것이 용의자를 추적하기 위해 필요한 두 대의 차량을 쫓는 유일한 합리적 방법이라고 판결했다.

뉴욕 헌법은 영장 없는 GPS 추적 장치 사용을 금한다. 뉴욕 v.s 위버 사건(New York v. Weaver)에서 경찰은 몇 건의 강도 사건과 관련된 용의자의 밴 범퍼에 GPS 장치를 설치했다. 피고와 공동 피고인은 체포돼 3급 강도와 2급 절도로 기소됐다. 뉴욕 항소 법원은 다음과 같이 말했다.

> 기술 발전은 법 집행 기관이 사용할 수 있는 많은 중요한 장치를 만들어냈고, 해가 갈수록 범죄 행위를 밝혀내는 데 도움을 주는 기술은 더 복잡해지고 있다. 사법적 실수가 없더라도 이러한 강력한 장치의 사용은 중대하고 남용의 위험성도 안겨준다. 그러므로 긴급 상황을 제외하고는 주 헌법에 따라 개인의 소재를 감시하기 위한 GPS 장치 설치와 사용은 상당한 근거에 따른 영장이 필요하다.

오하이오주는 GPS 추적 장치에 대한 무 영장 사용을 유지하고 있다. 오하이오 vs. 존슨 사건(Ohio v. Johnson)에서 요원은 마약 거래 용의자의 밴 밑부분에 추적 장치를 설치했다. 그 후 경찰이 존슨의 밴을 멈춰 세웠고 용의자는 코카인을 판매하러 가는 길이었다고 시인했다. 법원은 "존슨은 다른 사람이 그의 차량 밑부분을 검사하거나 조작하는 것을 막기 위한 의도가 있었다는 증거를 제시하지 못했다…… 대법원 판례에 따르면 차량 외부는 합리적인 기대권에 해당되지 않을 뿐 아니라 공공도로에서의 개인 주행은 수색과 압류에 대한 수정 헌법 제4조의 보호에 적용되지 않는다."라고 판결했다.

차량 검문

차량 검문 시 획득한 디지털 증거는 판례법을 읽을 때 다소 혼동되는 부분이다. 놀랍게도 미시건주 경찰은 차량 검문 시 수천 가지 종류의 이동전화에서 증거를 확보할 수 있는 셀러브라이트 UFED^{Cellebrite UFED}를 이용해 운전자 이동전화에 대한 무영장 수색을 가끔 해왔다. 이러한 수색은 영장이 필요하다고 생각하겠지만 특정 형태의 무 영장 수색은 체포할 만한 사건에 대해서는 시행될 수 있다.

캘리포니아 vs. 노톨리 사건(California v. Nottoli)에서 경찰은 고속도로에서 속도위반을 한 용의자 레이드 노톨리^{Reid Nottoli}의 은색 어큐라 TL^{Acura TL}을 멈춰 세웠다. 산타크루스 보안관 스티븐 리안^{Steven Ryan}은 노톨리가 제정신이 아닌 상태는 아니었지만 약물을 복용하고 운전했다고 의심했다. 노톨리의 면허증 또한 기한이 만료된 상태였다. 리안은 차가 압수될 수 있다고 고지하고 노톨리에게 수갑을 채운 후 순찰차에 태웠다. 리안은 차를 견인하기에 앞서 차 안에 있는 물품을 챙겨야겠다고 결정했다. 차량을 수색하는 과정에서 리안은 트렁크에 안전하게 보관돼 있어야 하는 개조한 건크래프터 인더스트리 글록 20^{Guncrafter Industries Glock 20} 권총을 발견했다. 이후 현장에 도착한 보안관 곤잘레스^{Gonzales}가 컵홀더 안에 있는 블랙베리 커브^{BlackBerry Curve} 전화기를 발견했다. 그는 전화가 작동하는지 확인하기 위해 버튼을 눌렀고 배경 화면에서 AR-15 공격용 소총을 들고 마스크를 쓴 남자를 발견했다. 경찰은 화면 속 남자가 노톨리라고 생각했다. 그 소총은 무기 금지 이전에는 캘리포니아에서 불법이 아니었지만 리안은 '총기 관련' 범죄 행위의 가능성이 있어 증거로 이동전화를 압류했다. 법원 기록에 따르면 경찰은 약 10분 동안 사진, 이메일,

그리고 문자 메시지를 확인했다.

이 초기 수색 후 리안은 수색 영장을 확보했고 노톨리 집에 대한 두 번째 수색 영장도 받았다. 이동전화에서 검색된 약물 관련 정보를 기반으로 SWAT 직원이 집에 진입했다. 법 집행 기관은 그의 집에서 1만 5,000달러와 대량 무기, 그리고 마리화나 재배 작업장을 발견했다. 노톨리는 이동전화에 대한 무 영장 수색이 수정 헌법 제4조에 위반된다면서 증거 배제 신청을 했다. 첫 재판에서 치안 판사는 경찰이 영장 없이 이동전화를 수색할 권리가 없었다는 점에 동의했다. "본인은 피고에게 전화에 대한 사생활 보호 권리가 있다고 생각하고 보안관은 전화를 검색할 권리에 대한 충분한 근거가 없으며, 이에 따라 그 수색으로 인한 증거는 인정되지 않는다……"

사우스 다코타 vs. 오퍼만 사건(South Dakota v. Opperman, 1976 428 U.S. 364 [96 S.Ct. 3092])에서 대법원은 '지자체 주차장 규율을 위반해 합법적으로 압수된 자동차를 경찰이 수색하는 것'은 '표준 경찰 절차'에 해당하며 미국 헌법의 수정 헌법 제4조에 의거해 합당하다고 했다.

캘리포니아주 항소 법원은 애리조나 vs. 간트 사건(Arizona v. Gant)에 대한 대법원의 판결을 토대로 "보안관이 차량 내부와 '그 안에 있는 저장 공간'을 수색한 것은 정당하다."라고 판결했다. 그 재판은 3인 재판부의 찬성으로 프랭클린 D. 엘리아 판사에 의해 재개됐다.

요약하자면, 노톨리가 약물 운전으로 체포된 뒤 관련 증거가 차량에서 발견될 것이라고 생각하는 것은 합리적이다. 결과적으로 보안관은 차량 내부와 그 안의 저장 공간, 그리고 이동전화까지 검색할 수 있는 완전한 권한을 지녔다. 체포할 수 있는 사건에 대해 경찰의 수색 권한을 중대하게 제한하는 것은 미국 대법원의 판단이다.

많은 입법자들은 이 판결에 격노했다. 그 후 캘리포니아주 상원과 의회는 이동전화 수색에는 영장이 필요하다는 법안을 통과시켰다. 놀랍게도 캘리포니아 주지사 제리 브라운^{Jerry Brown}은 이 법안에 반대했다. 브라운은 "상원 법안 914^{Senate Bill 914}에 동의하지 않습니다."라는 메시지를 상원에 전달하고 "헌법상의 수색-압류 보호와 관련된 복잡하고 사건과 특정된 문제는 법원이 더 잘 해결할 것이다."라고 언급했다.

뉴욕 vs. 페레스 사건(New York v. Perez)에서는 다른 결과가 나왔다. 피고는 제1급 규제 약물 소지, 신분 사칭, 자동차 운전 중 이동전화 사용(차량 및 교통법 1225-c(2)(a)에 의거), 지정 차선 위반(차량 및 교통법 § 1229-c(3)에 의거) 혐의로 뉴욕 서포크 카운티 법원에 기소됐다. 경찰은 피고를 멈춰 세웠고 차량을 압수했다. 차량을 압수한 뒤 경찰은 차량과 남겨진 노트를 수색했다. 노트에는 차량에 마약이 있을 가능성을 암시하는 내용이 있었다. 경찰은 경찰견을 이용해 마약을 찾으려 했다. 이후 경찰은 차 안의 보관함을 열었고 숨겨진 현금 뭉치를 발견했다. 뉴욕주 대법원은 하급 법원의 판결을 뒤집었고 피고의 수정 헌법 제4조의 권리가 불법 수색으로 인해 침해당했다고 판단했다. 차량 압수에서 법 집행관들은 차량 수색을 위해 영장을 발부받을 충분한 시간이 있었다(People v Spinelli, 35 NY2d 77, 81). 따라서 불법 수색 이후의 피고 진술은 독수의 과실 원칙에 의거해 배제됐다.

라일리 vs. 캘리포니아 사건(Riley v. California)에서 2014년 미국 대법원은 체포되는 개인의 이동전화를 수색하려면 영장이 필요하다고 판결했다. 이는 법 집행 기관과 포렌식 수사관들에게는 획기적인 판결이었다.

수정 헌법 제5조

수정 헌법 제5조 역시 권리장전의 일부다. 이 수정조항은 자기부죄로부터 개인을 보호한다. 피고는 재판에서 증언을 강요당하지 않고 '수정 헌법 제5조에 호소'할 수 있다. 하지만 기소는 피고인이 재판에 서야 한다는 대배심의 결정이다. 대배심의 전제 조건은 사건이 범죄 소추 조건에 해당하는지 결정하는 다소 큰 배심원단이다. 본 수정조항에는 범죄 수사에서 피고가 동일 범죄로 한 번 이상 재판받을 수 없다는 내용도 있다. 따라서 컴퓨터 포렌식 수사관들은 사건이 재판으로 넘어가기 전에 모든 필요 증거를 모아야 한다. 보강 증거는 용의자의 컴퓨터와 이동전화, 피해자의 컴퓨터와 이동전화, 웹 서버, 이메일 서버, 폐쇄 회로 텔레비전[CCTV], 그리고 다른 부분에서도 수집될 수 있으므로 쉬운 일은 아니다.

수정 헌법 제5조의 내용은 다음과 같다.

누구라도 대배심의 기소나 공소 제기에 의하지 아니하고는 사형에 해당하는 죄나 중죄에 대해 심리를 받아서는 안 된다. 다만 전쟁 시나 공공의 위험이 발생했을 때에 육해군이나 민병대에 현실적으로 복무 중인 경우는 예외로 한다. 또한 어느 누구도 동일한 범죄에 대해 생명이나 신체의 위협을 두 번 받아서는 안 되고, 어떠한 형사 사건에서도 자신에게 불리한 증인이 될 것을 강요받아서는 안 되며, 적법 절차에 의하지 않고 생명이나 자유 또는 재산을 박탈당해서는 안 된다. 또 사유재산권은 정당한 보상 없이 공익 목적을 위해 수용돼서는 안 된다.

미란다 vs. 애리조나 사건(Miranda v. Arizona)에서 대법원은 묵비권을 행사하고 자기부죄 증거를 주지 않아도 되는 수정 헌법 제5조의 권리를 용의자가 알지 못할 경우, 용의자가 하는 범죄 진술은 인정되지 않는다고 판결했다. 이와 더불어 정부 요원이 수감한 개인은 수정 헌법 제6조에 요약된 바와 같이 변호인의 도움을 받을 권리를 지닌다. 대법원은 어네스토 아르투로 미란다^{Ernesto Arturo Miranda}의 헌법상 권리 는 강간과 납치로 체포됐을 때 침해당했다고 했다. 일반적으로 체포할 때는 용의자 에게 다음의 미란다 원칙을 고지해야 한다.

당신은 묵비권을 행사할 권리가 있습니다. 당신의 모든 발언은 법정에서 불리하게 작용 할 수 있으며 변호사를 선임할 권리가 있습니다. 만약 변호사를 선임할 여유가 없다면 임 의의 변호사가 선임될 수 있습니다. 이러한 권리를 이해합니까?

수정 헌법 제5조는 컴퓨터 포렌식 수사의 결과에 영향을 미칠 수 있지만, 많이 논의되지는 않았다. 연방 형사 사건인 부쉐에 관한 사건(In re Boucher, No. 2:06-mj-91, 2009 WL 424718)에서 용의자는 캐나다와 버몬트를 가로지르는 국경에 이르렀고 그의 노트북이 수색됐다. 요원은 컴퓨터에 성적으로 노골적인 아동 이미지 가 있다고 믿고 용의자를 체포해 아동 포르노 유포 혐의로 기소했다. 수사관들은 하드디스크 드라이브를 검색했지만, 그 안의 파일은 암호화돼 있고 비밀번호로 잠 겨 있었다. 소환장은 개인으로 하여금 증언하거나 증거를 제출하도록 소환하는 법 원의 명령이다. 피고는 이것이 자기부죄에 따른 수정 헌법 제4조를 위반한다고 주장하면서 소환장을 파기하려 했다. 법원은 피고의 말을 인정했고 소환장을 파기했다. 이는 피고인에게 비밀번호를 말하라고 강요하는 것은 피고인에게 증거를 제공하라고 강요하는 것이고, 이는 유죄를 입증하는 증거인 파일에 접속하기 위해 그의 지식(알려진 비밀번호)을 전달하는 것이기 때문이다.

수정 헌법 제6조

수정 헌법 제6조의 내용은 다음과 같다.

모든 형사 절차에서 피고인은 죄를 범한 주와 특별구의 공평한 배심원단에 의한 신속하고 공개적인 재판을 받을 권리를 향유한다. 이 경우 특별구는 법에 의해 미리 인정받아야 한다. 또한 피고인은 공소의 성질과 이유를 통보받을 권리, 자신에게 불리한 증인과의 대질 심문을 받을 권리, 자신에게 유리한 증인을 확보할 강제 절차를 보장받을 권리, 방어를 위해 변호인의 조력을 받을 권리를 향유한다.

수정 헌법 제6조는 법 집행 기관의 컴퓨터 포렌식 수사관 업무에 큰 영향을 미치진 않지만 이를 인정하는 것은 중요하다. 멜렌더즈-디아즈 vs. 매사추세츠 사건 (Melendez-Diaz v. Massachusetts)에서 미국 대법원은 포렌식 결과물에 대한 증거는 법원에서 인정돼서는 안 되고 이는 피고의 수정 헌법 제6조 권리에 위배된다고 판결하면서 매사추세츠 항소 법원 판사의 판결을 뒤집었다. 대면 조항은 '모든 형사 기소에서 피고는 불리한 증인과의 대질 심문을 받을 권리가 있다.'는 수정 헌법 제6조 조항이다. 이 사건에는 디지털 증거가 포함돼 있지 않지만, 이전에는 공증된 증거를 제출했고 현재는 직접 출석하도록 강요받는 컴퓨터 포렌식 수사관들에게는 중요한 영향을 미친다.

의회 법안

앞서 언급한 바와 같이 연방 법원은 의회 법안을 해석하고 그러한 법률을 위반하는 개인에 대한 판결을 내리는 반면, 의회의 역할은 법안을 작성하는 것이다. 기술 변화로 인해 제정법도 변화됐다.

연방도청금지법(18 U.S.C. § 2511)

다음은 표제 III을 나타내는 연방도청금지법 서문이다.

> 표제 18 2511항은 인가되지 않은 도청, 폭로 그리고 무선, 구두 혹은 전자통신의 사용을 금한다. 이러한 금지는 절대적이고 표제 III의 특정 면제에만 적용된다. 결과적으로 도청이 특수하게 인가되지 않는 이상 이는 용인될 수 없고, 18 U.S.C. § 2511을 위반할 경우 범행 동기가 있다고 가정한다.

법은 법 집행 기관이 판사의 허가 없는 도청 장치 사용을 어떻게 금해야 하는지 명확히 설명한다. 사실 법 집행 기관은 인가되지 않은 도청 장치 사용으로 처벌받을 수 있다. 도청 장치는 법무부에서 인가하고 미국 지방 법원이나 항소 법원 판사가 승인하며 30일까지 유효하다. 18 U.S.C. § 2511(2)(a)(i)에 따라 때때로 '사기와 절도를 방지'하기 위해 통신을 감시하고 도청할 수 있다.

연방도청금지법은 기술 변화에 따라 여러 번 개정돼왔다. 전자 커뮤니케이션 프라이버시 법ECPA은 연방도청금지법에 따른 법 집행의 제한을 확장하기 위해 만들어졌다. 기본적으로 ECPA는 전화 도청은 물론, 컴퓨터에서 전송된 전자 자료를 포함하기 위해 연방도청금지법을 확장한 것이다. ECPA의 일부로, 의회는 통신저장법SCA도 포함했다. 개인이 ISP나 전자메일 서비스 제공자를 이용할 때는 수정 헌법 제4조에 의거해 보호되지 않는다. 이 법은 개인의 권리를 보호하고 사생활 보호를 유지하기 위해 도입됐다.

'저장된 통신'이란 18 U.S.C. § 2510(17)에 정의돼 있다.

(A) 전자 전송에 부수적인 무선 혹은 전자통신에 대한 임의적이고 즉각적인 저장

(B) 그리고 이러한 통신의 백업 보호를 목적으로 한 전자통신 서비스에 의한 통신의 저장

하지만 한 사법권에서 활동하는 법 집행 기관에게는 수색 영장이 발부되지만, ISP나 전자메일 서비스 제공자는 다른 사법권에 있을 수 있고 실제 이메일 서버는 또 다른 사법권에 있을 수도 있으므로 SCA 적용 문제는 다소 문제가 있다. 2004년 구글이 지메일을 출시했을 때 이들은 사용자에게 엄청난 양의 저장 공간을 제공하고 인터넷 이메일 서비스 판도를 영원히 바꿔버렸다. 이제 사람들은 수천 통의 이

메일을 몇 년씩 보관하고 이는 법 집행 기관에게 장점이 될 수 있다.

최근 온타리오 시티 vs. 큐온 사건(City of Ontario v. Quon, 560 U.S., 2010)에서 두 명의 경찰은 무선호출기 메시지를 검사받은 후 그 안에서 성적으로 노골적인 문자가 발견돼 징계를 받았다. 캘리포니아 온타리오 경사인 제프 큐온Jeff Quon과 다른 경찰관들은 시와 상관 그리고 서비스 제공자를 연방 법원에 고소했고 그들이 수정헌법 제4조에 대한 권리와 연방 커뮤니케이션 프라이버시 법을 위반했다고 주장했다. 대법원이 수색은 정당한 것이었다고 판결하면서 덜 침범하는 수색이 인정된다는 제9연방 순회항소 법원의 판결은 뒤집어졌다. 이 판결은 직장에서 전자통신에 대한 사생활 보호가 약해졌다는 것을 의미한다.

보하치 vs. 리노 시티 사건(Bohach v. City of Reno)도 비슷한 경우인데, 이 사건에서 경찰은 저장된 호출기 메시지로 인해 내부 조사를 받았다. 경찰은 심의에서 ECPA에 의거한 그들의 권리를 기반으로 수사를 중단할 것을 요청했다. 법원은 수색이 불법적이었다는 부분에 동의하지 않았고 많은 사람들이 메시지가 저장된 시스템에 접속할 수 있으므로 사생활 보호는 보장되지 않는다고 언급했다. 또 이 수사에서 통신에 대한 '도청'의 개념은 없다고 밝혔다.

스미스 vs. 필스버리 사건(Smyth v. The Pillsbury Company)에서 필스버리에 다니던 마이클 스미스Michale Smyth는 이메일로 보냈던 경영에 대한 부적절한 발언으로 해고됐다. 스미스는 부당 해고라며 회사를 상대로 소송을 제기했는데, 이는 회사가 정책에 따라 이메일은 기밀 유지가 되며 도청되지 않는다는 점을 분명히 고지했고 이메일이 해고에 대한 이유로 사용될 수 없기 때문이었다. 흥미롭게도 법원은 필스버리의 손을 들어주는 판결을 내렸다. 판사 찰스 R. 웨이너Charles R. Weiner는 임의 고용자 해고에 대한 펜실베니아 소송 사유 거부의 관습법 예외를 검토한 뒤 필스버리의 기각 신청을 받아들였다.

외국 정보 감시법(FISA-1978)

외국 정보 감시법은 카터 대통령 임기 때 도입된 의회법이다. 이 법은 외국 정부의 국제적 간첩 행위에 맞서 미국을 보호하기 위해 전자 감시 장치를 통해 실행되는 절차를 요약한다. 이는 2001년 애국법으로 개정됐는데, 이 법의 범위는 정부 지원을 받지 않은 테러를 포함한다.

이 법의 특정 부분은 컴퓨터 포렌식 수사관들을 고려할 때 더욱 두드러진다. 한 예는 외국 정보 수사에서의 전화이용 상황 기록장치와 함정-추적 장치 사용이다 (Title 50 U.S.C., Chapter 36, Subchapter III, § 1842).

2007년 미국 보호법은 외국 정보 수집에 대해 무 영장 감시 장치를 허용하도록 FISA를 개정했다. 이후 이 법은 2008 FISA 개정법(Title VII of FISA)으로 인해 폐지됐다.

컴퓨터 사기와 남용에 관한 법(18 U.S.C. § 2511)

컴퓨터 사기와 남용에 관한 법은 1986년 의회가 통과시킨 미국 연방법전 표제 18의 일부분이다. 1980년대 초에 PC가 발달하면서 컴퓨터 해커가 출현했다. 세간의 이목을 끄는 해커들은 기업 네트워크와 정부 기관 네트워크 모두를 겨냥했다. 컴퓨터 사기와 남용에 관한 법은 네트워크에 대한 승인되지 않은 접속으로 유죄를 받는 개인에게 엄한 처벌을 적용하기 위해 도입됐다. 애국법 814절은 컴퓨터 사기와 남용에 관한 법을 여러 번 개정했는데, 여기에는 보호된 컴퓨터를 훼손하는 해커들에 대한 최대 형량을 10년에서 20년으로 늘린 것도 포함된다. 또 단순 훼손이 아닌 컴퓨터를 훼손시키려는 의도도 포함시켰다. 애국법 또한 국가 안전 보장이나 형사 행정에 사용되는 컴퓨터 훼손에 대한 새로운 범죄를 추가했다. 이 법의 주요 항목은 간략하게 서술돼 있다.

앤드류 '위브' 아우어른하이머Andrew 'weev' Auernheimer 사건에서 해커는 수십만 개의 아이패드 이메일 주소를 공개함으로써 컴퓨터 사기와 남용에 관한 법을 위반해 유죄 선고를 받았다. 제3연방 순회항소 법원은 연방 검사가 뉴저지에서 전혀 발생하지 않은 사건을 잘못 기소했다고 언급하면서 그의 유죄 판결을 뒤집었다.

산업 스파이(18 U.S.C. § 1030(a)(1))

U.S.C. § 1030(a)(1) 표제 18에 따르면 다음과 같다.

'인가 없이 의도적으로 컴퓨터에 접속하거나 인가된 접근을 초과하고, 그러한 접속으로 국방이나 외국에 대한 비인가 공개를 보호하기 위해 행정 명령 및 법규에 따라 미국 정부가 결정한 정보나 1954 원자력 법 11조항에 정의된 금지 자료를 확보하거나, 그러한 확보된 정보가 미국에 피해를 입히는 데 사용될 수 있다고 생각하거나, 혹은 의도적으로 외국에 정보를 통신, 전달, 전송해 타 국가에 도움을 주려고 시도하거나 정보를 통신, 전달, 전송하거나, 정보를 받을 권한이 없는 개인에게 이를 통신, 전달, 전송하려고 시도하거나 통신, 전달, 전송하거나, 혹은 정보를 보유하고 이를 받을 권리가 있는 미국 직원이나 관리자에게 전달하지 못하는 행위'

컴퓨터 사기와 남용에 관한 법의 다른 조항도 중요하다.

- 컴퓨터 무단 침입(18 U.S.C. § 1030(a)(2))
- 보호된 컴퓨터에 대한 사기(18 U.S.C. § 1030(a)(3))
- 정부/기업 컴퓨터 비밀번호 유통(18 U.S.C. § 1030(a)(6))
- 보호된 컴퓨터 훼손(18 U.S.C. § 1030(a)(7))

감청 통신 지원법(47 U.S.C. § 1002)

통신의 발달로 법 집행 기관이 피의자를 효율적으로 전자 감시하는 것이 더 어려워졌다. 감청 통신 지원법CALEA은 통신 회사의 감시 활동에서 법 집행을 더 용이하게 하기 위해 도입됐다. 이에 통신 회사들은 CALEA를 준수하기 위해 인프라의 많은 부분을 다시 설계해야 했고 법 집행 기관에게 개선된 전자 감시 장치를 제공해야 했다. 다시 말하자면, 통신 서비스 제공자들에게는 법 집행 기관을 돕기 위한 법적 의무가 있다는 것이다. 시스코Cisco는 실제로 CALEA에 의거한 법 집행 기관의 통신 감청에 대한 도식을 보여주는 합법적 감청 설정 안내서Lawful Intercept Configuration Guide를 발간했다. Cisco 7600 가이드는 온라인(www.cisco.com/c/en/us/td/docs/routers/7600/ios/12-2SR/configuration/lawful_intercept/lawful-int--Book-

Wrapper/76LIch1.html)에서 확인할 수 있다.

기억해야 할 것은 보니지^{Vonage}나 매직 잭$^{Magic\ Jack}$과 같은 VoIP 운영자는 CALEA의 대상이 아니므로, 통신 회사 버라이즌^{Verizon}이 법 집행 기관을 도왔던 것과 같이 할 수는 없다는 사실이다. 또 심각한 기술 문제는 Title III 도청 사용과 관련돼 있는데 이는 VoIP 네트워크에는 스위치가 없기 때문이다.

미국 애국법

미국 애국법은 2001년 9월 11일의 참극 이후 테러 사건 재발을 방지하는 노력의 일환으로 수사 기관에 더 많은 권력을 부여하기 위해 도입됐다. 이 법으로 인해 수사 기관은 특정 환경에서 사법 승인 없이도 감시를 수행할 수 있는 권력을 보유하기 때문에 논란이 발생했다. 일부는 이러한 입법적 변화를 수정 헌법 제4조 권리의 위축 혹은 잠재적인 무 영장 감시에 따른 '빅 브라더'의 등장으로 여기고 있다.

미국 애국법은 디지털 포렌식을 포함한 모든 수사에 영향을 미쳤다. 예를 들어 수사 기관이 누군가 납치됐다는 메일을 받을 경우, 이들은 미국 애국법에 따라 누군가의 생명이 위험에 처해 있기 때문에 영장 없이도 법을 집행할 수 있다. 2001년 9월 11일 이전에는 개인의 생명이 위험에 처해 있더라도 그러한 수사를 진행하려면 영장이 필요했다.

애국법 202조항은 수사 기관에게 컴퓨터 해킹 조사에서 음성 통신 감청에 대한 권한을 부여한다. 이전까지, 법 집행 기관은 컴퓨터 사기와 남용에 관한 법에 위반되므로 도청 장치나 감청을 요청할 수 없었다.

애국법 209조항은 음성 메일과 같이 컴퓨터에 저장된 음성 메시지에 대한 수사 기관의 접근에 영향을 미쳤다. 전기통신 및 프라이버시 법 이후 통신의 전자적 저장에 변화가 생겼다. 예를 들어 최근 다목적 인터넷 전자우편^{MIME}의 도입으로 수색 영장이 있는 정부 기관도 읽지 않은 메일에 음성 기록이 첨부됐는지 여부는 확인할 수 없다. 209조에 의해 법 집행 기관은 도청하지 않고 저장된 음성 기록에 접근할 수 있다. 요약하자면, 기록된 음성 메시지는 더 이상 수정 헌법 제4조에 의해 보호

받지 못하고 ECPA에 의거한 기준도 낮아졌다.

애국법 210조항은 수사 기관이 소환장을 이용해 접근하는 개인정보의 범위를 확대했다. 세부 항목 2703(c)(2)는 '세션 시간과 기간에 대한 기록'과 '일시적으로 배정된 네트워크 주소'를 포함한다. 210조항 역시 기관으로 하여금 이전에는 소환장 없이 불가능했던 인터넷 사용자의 신용카드와 은행 정보를 수집할 수 있게 한다. 이는 거짓 신원을 이용했지만 실제 신용카드를 사용했던 개인을 영장 없이도 알아낼 수 있기 때문에 중요하다.

애국법 210조항은 생명이 위협받는 경우에 인터넷 서비스 제공자^{ISP}가 수사 기관을 돕도록 하기 위해 도입됐다. 또 210조항은 ISP로 하여금 그들 스스로를 보호하기 위해 수사 기관에 사용자의 로그인 기록과 같은 비콘텐츠 기록을 자발적으로 보고하게 한다. 컴퓨터 해커가 이메일 서버에 침투하려 한다면 서비스 제공자는 이 사건에 대한 모든 사항을 수사 기관에 합법적으로 넘길 수 있다. 하지만 ISP들은 이러한 정보 제공에 반발했다.

애국법 213조항은 보통 '정탐과 잠입' 영장 조항이라고 불린다. 이 조항으로 수사 기관은 사전 통보 없이 집이나 사업장을 급히 수색할 수 있다. 이 조항은 용의자가 긴급 수색에 대한 정보를 다른 범죄자들에게 알리는 것을 막기 위해 추가됐다.

216조항은 전화이용 상황 기록장치와 추적 장치를 확대해 단순한 전화 기록 조사에서 인터넷과 관련된 정보도 포함시킬 수 있도록 했다. 따라서 전화이용 상황 기록장치와 추적 장치에 IP 주소, MAC 주소, 포트 번호, 사용자 계정, 이메일 주소도 포함한다.

217조항은 보호된 컴퓨터에 대한 해커의 승인되지 않은 접속을 차단하기 위해 수사 기관이 해커의 통신을 도청할 수 있도록 한다. 사용자 역시 이러한 통신을 도청할 권리를 지닌다. 하지만 피해자는 감시 전에 다음의 네 가지 조건을 충족해야 한다.

1. 보호받는 컴퓨터 소유주나 사용자는 통신 감청의 허가를 받아야 한다(조항 2511(2)(i)(I)).

2. 통신을 감청하는 자는 진행 중인 수사와 법적으로 연관돼 있어야 한다(조항 2511(2)(i)(Ⅱ)).

3. 통신 감청이 진행 중인 수사에 도움이 된다는 합당한 근거가 있어야 한다(조항 Section 2511(2)(i)(Ⅲ)).

4. 그리고 수사관은 해커의 통신만 감청해야 한다(조항 2511(2)(i)(Ⅳ)).

220조항은 ISP가 수사 관할 영역 밖의 이메일 기록을 전달하도록 해준다. 경우에 따라 판사는 수사 기관이 다른 관할 지역의 이메일에 접속하도록 승인하지 않는다.

마지막으로 816조항은 법무장관이 지역 컴퓨터 포렌식 연구소를 만들고 기존 연구소를 지속적으로 지원하도록 한다.

보호법

2003년 보호법(PROTECT^{Prosecutorial Remedies and Other Tools to end the Exploitation of Children Today}라고 하며, 아동 착취 종식을 위한 기소 개선책 및 기타 방법에 관한 법률을 의미함)은 18 U.S.C. § 2252(B)(b)로 성문화됐다. 이 법은 아동을 학대로부터 보호하기 위해 도입됐다. 이 법으로 인해 8세에서 21세 사이의 개인에 대한 실종 사건을 수사 개시하는 과정에서 대기 시간이 사라졌다. 이 법의 다른 조항은 아동 학대나 납치에 대한 공소시효 제거다. 또한 이는 컴퓨터로 생성된 아동 포르노를 금지하고 있지만 판례법에서 이 조항의 수정 헌법 제1조의 합헌성에 대한 의문이 제기됐다.

디지털 밀레니엄 저작권법(17 U.S.C. § 1201)

디지털 밀레니엄 저작권법^{DMCA}은 1998년 대통령 빌 클린턴^{Bill Clinton}에 의해 제정됐다. DCMA는 네 가지 표제로 나뉜다.

- **표제 I**: '1998 세계지적소유권기구 저작권^{WIPO} 조약과 실연 및 음반 조약 시행법'은 WIPO 조약을 시행한다.

- **표제 II:** '온라인상의 저작권 침해 책임에 대한 제한법'은 특정 유형의 활동과 관련돼 있을 시 저작권 침해에 대한 온라인 서비스 제공자의 책임에 제한을 둔다.

- **표제 III:** '컴퓨터 유지 관리 경쟁 보장법'은 유지나 보수를 목적으로 컴퓨터 프로그램의 사본을 제작하는 행위에 대한 예외를 제공한다.

- **표제 IV:** 여섯 가지 부칙으로 구성되며 여기에는 저작권 사무소 기능, 원격 교육, 단기 녹음 생성이나 도서관을 위한 저작권 법에서의 예외, 인터넷 '웹 방송' 녹음, 영화에 대한 권리 이전의 경우 집합적 단체협약 의무의 적용이 포함된다.

DCMA 사본은 www.copyright.gov/legislation/dmca.pdf에서 이용 가능하다.

많은 이들이 저작권 침해와 관련된 민사 사건 소송에 연루돼 있기 때문에 이 법은 중요하다. 이러한 사건에는 종종 온라인 서비스 제공자에게 발행되는 소환장과 컴퓨터 포렌식 수사관의 전문가 증인 선서가 포함된다.

소니 컴퓨터 엔터테인먼트 vs. 조지 호츠 사건(Sony Computer Entertainment America v. George Hotz)의 경우, 소니는 DCMA를 위반한 혐의로 기소당한 조지 호츠를 상대로 소송을 제기했다. 호츠는 사용자들에게 소니가 인가하지 않은 플레이스테이션 콘솔에서 게임을 할 수 있도록 플레이스테이션 3 펌웨어에 대한 탈옥 정보를 제공했다. 그는 블로그와 유튜브를 통해 탈옥 방법을 공개했다. 또 호츠는 트위터에 팔로워도 있었다. DCMA는 지식 재산권을 피해가는 장치를 금지하기 때문에 소니 관점에서 위반이었다. 또 소니는 호츠와 펌웨어 탈옥을 한 다른 사용자들이 서비스 조항도 위반했다고 믿었다.

이 사건에서 두 가지 이슈가 떠올랐다. 첫 번째는 소니가 호츠 블로그를 방문하고 유튜브를 보며 그의 트위터를 팔로우했던 사람들의 이름과 IP 주소를 확보하기 위한 권한을 가지고자 치안 판사를 설득했다는 것이다. 전자 프런티어 재단[EFF]은 사건이 진행되는 동안 호츠에게 금전적 지원을 했고 호츠의 팔로워 이름을 확보하게 놔두는 것은 불법이라는 내용의 편지를 치안 판사에게 보냈다. 또 재단은 팔로워를 확인하는 행위는 단지 소송에 해당되지 않고 반대 이유를 댈 수도 없는 개인의 이름을 밝히는 것이며 그들의 이름이 노출될 수도 있다고 주장했다.

DMCA에 의거한 소송을 할 때 일부 예외도 존재한다는 것을 기억해야 한다. 예를 들어 합법적인 방법으로 보안상의 결함을 찾는 독립체는 기소에서 제외된다.

매킨타이어 vs. 오하이오 선거관리위원회 사건(McIntyre v. Ohio Elections Comm'n, 514 U.S. 334, 357, 1995)에서 대법원의 판결은 익명에 대한 권리를 보호하고 있다. '익명은 [수정 헌법 제1조]의 목적을 대표하는 다수의 독재에 대한 방어막이고, 이는 편협한 사회에서 보복으로부터 개인을 보호하기 위함이다.' 소니 뮤직 엔터테인먼트 vs. 더즈 사건(Sony Music Entertainment v. Does, 326 F.Supp.2d 556, 565, S.D.N.Y. 2004)의 경우 인터넷에서 개인이 익명으로 말할 권리의 보호에 대해 더 자세히 설명해준다. 일부 다른 사건들은 수정 헌법 제1조에 의거한 온라인 서비스 가입자의 신분을 보호한다. 일부는 알렉산더 헤밀턴Alexander Hamilton, 제임스 매디슨James Madison, 존 제이John Jay가 미국 헌법을 지지하기 위해 저술한 『연방주의자 논집Federalist Paper』을 인용했다. 85개 논문으로 구성된 이 시리즈는 '퍼블리우스Publius'라는 익명으로 발행됐다. 즉 헌법 제정자들도 헌법이 익명을 통한 언론의 자유와 구독에 대한 권리를 보호해야 한다고 믿었다.

소니 vs. 호츠 사건(Sony v. Hotz)에서 두 번째로 흥미로운 사실은 익명의 핵티비스트 집단이 소니 플레이스테이션 네트워크에 침투해 2,460만 명의 사용자 계정과 그들이 사용하는 신용카드 및 은행 정보를 가져갔다는 점이다. 이는 소니가 호츠를 고소한 것에 대한 응징이었고, 그들 입장에서 소니는 호츠의 수정 헌법 제1조에서 말하는 언론의 자유에 도전한 것이었다.

소니와 호츠는 결국 당사자끼리 합의했지만, 소송에 포함되지 않았던 인터넷 사용자 이름과 IP 주소를 확보한 소니의 권한에 대한 의문이 제기됐다.

증거 능력의 규칙

디지털 증거의 증거 능력은 앞으로도 계속 도전받을 것이다. 주요 이슈는 전통적인 과학적 포렌식이 컴퓨터와 기술에 적용됐다는 것이다. 이론적으로, 증거는 범죄 현장이나 용의자로부터 수집되고 법원에 제출될 때까지 변하지 않는다. 혈액 샘플을 수집하고 DNA 분석에 들어간 경우 화학 성분이 변하지 않은 혈액이 여전히 남아 있다. 디지털 포렌식에서 시스템은 유동적인 상태일 때가 더 많다. 예를 들어 시스템이 돌아가고 있는 경우 램의 콘텐츠는 용의자의 비밀번호, 웹사이트 방문 기록, 운영 중인 프로세스 등을 발견하는 데 매우 중요하다. 그러나 램 콘텐츠를 수집하는 동안에도 컴퓨터 메모리는 계속해서 변한다. 이동전화가 압류됐을 때도 마찬가지다. 일반적으로 전화는 전원이 켜질 것이고 구금돼 있는 동안 시스템 변화가 발생한다. 이러한 지속적 변화 때문에 법원에서 이의를 제기하기 쉬운 증거가 된다. 또 기술의 빠른 변화로 인해 법원 소송 사건에서 새로운 판결이 나오고 있다. 우리는 더 이상 하드디스크 드라이브에서 회수한 파일에만 의존하면 안 되고 소셜 네트워킹 웹사이트, 모바일 장치 또는 클라우드 컴퓨팅에서 확보한 증거도 고려해야 한다. 디지털 증거의 다양성으로 인해 다수의 분야에서 장점을 지닌 전문가를 찾기가 더 어려워진다.

결론적으로 법정에서 증거 능력 문제를 다룰 때 우리는 보통 수용 가능한 과학적 사례와 관련된 판례법과 연방증거규칙에 의존한다. 물론 법에 따른 증거의 압류, 처리, 문서화하는 절차는 증거가 판사에게 인정받기 위한 중요한 요소다.

증거 능력에 대한 프라이 심사

프라이 vs. 미국 사건(Frye v. United States)은 제임스 알폰조 프라이James Alphonzo Frye가 2급 살인으로 재판을 받은 사건에서 증거의 증거 능력을 다뤘다. 증거의 신뢰성에 대한 핵심은 거짓말 탐지기 조사에 활용된 수축기 혈압 테스트였다. 이 혈압 테스트는 과학자들에게 널리 수용되지 않았고 이에 따라 법원에서 채택되지 못했다. 이 사건의 판결은 과학 증거의 증거 능력, 특히 전문가 증언에 영향을 미쳤기 때문에 중요한 사건이 됐다. 1923년 D.C. 항소 법원은 다음과 같이 밝혔다.

언제 과학 원리나 발견이 실험 단계에서 입증 단계로 넘어가는지 정의하기는 어렵다. 이 중간 지대 어딘가에서 원리의 증거 능력은 인정돼야 하고, 법원이 잘 인지된 과학 원리나 발견으로부터 추론된 전문가 증언을 인정할 때에는 추론된 내용이 그것이 속한 특정 분야의 보편적인 승인을 얻을 만큼 충분히 인정받아야 한다.

요약하자면, 판결은 전문가 의견은 무언가에서 추론돼야 하며 실험적인 것이 아니라 입증할 수 있는 과학을 토대로 해야 한다는 것을 말해준다.

증거 능력에 대한 더버트 심사

일부 사법권에서 프라이 심사(혹은 기준)는 더버트 심사로 대체됐다. 1993년 더버트 vs. 매럴 다우 제약 회사 사건(Daubert v. Merrell Dow Pharmaceuticals)에서 제이슨 더버트Jason Daubert와 에릭 슐러Eric Schuller의 부모는 벤덱틴Bendectin을 복용한 후 아이들이 겪은 선천적 결손증으로 매럴 다우 제약 회사를 고소했다. 양쪽 모두 전문가 증인의 증언을 제출했지만 원고는 아직 과학계에서는 일반적으로 수용되지 않는 실험인 동물 테스트에서의 약물 검사 결과를 언급했다. 프라이 기준에 따르면 이 증거는 채택될 수 없다. 미국 지방 법원은 피고 승소 판결을 내렸고 더버트와 슐러가 항소했을 때 제9연방 순회항소 법원은 이에 동의했다. 원고는 대법원에 검토 요청을 제출했고 그들은 동의했다. 원고는 의회가 1975년 연방증거규칙FRE을 통과시킨 후 프라이 기준은 더 이상 적용되지 않는다고 주장했다. 대법원은 이에 동의했고 프라이 심사는 더 이상 적용되지 않는다고 밝혔다.

금호타이어 vs. 카마이클 사건(Kumho Tire Co. v. Carmichael)은 기술자 증언과 과학자 증언을 동일하게 적용시킴으로써 프라이 기준에 대한 연방증거규칙을 확장시켰다. FRE 702조항은 '과학적, 기술적, 혹은 기타 전문 지식'으로 적용한다.

결과적으로 디지털 증거를 포함하는 수사에서 프라이와 더버트의 결과는 컴퓨터 포렌식 수사관들이 하드웨어와 소프트웨어 도구에 대한 벤치마크 테스트를 해야 된다는 것을 의미한다. 이 테스트는 수사관들이 알려진 오차율을 설명할 수 있도록 해준다.

연방증거규칙

연방증거규칙FRE은 연방 법원에서 민사 사건과 형사 사건 모두를 대상으로 증거의 증거 능력을 결정하는 규칙으로 구성돼 있다. 그럼에도 많은 주는 증거 능력에 대한 유사한 지침을 도입했다. 이러한 규칙은 의회가 특정 법원과 절차를 위한 증거법을 정립하기 위해 법에 의거한 FRE를 제정했을 때 법으로 바뀌었다.

FRE의 많은 규칙은 디지털 증거와 전문가 증언의 증거 능력에 직접적인 영향을 미친다. 위에서 언급했듯이 규칙 702는 전문가 증언을 다룬다.

과학적, 기술적 혹은 기타 특수한 지식이 사실 판단자가 증거를 이해하거나 쟁점에 대해 무엇이 사실인가를 판단하는 데 도움이 될 경우 지식, 기술, 경험, 훈련 혹은 교육에 의해 인정되는 전문가는 (1) 증언이 충분한 사실이나 자료에 근거하거나, (2) 증언이 신뢰성 있는 원리나 방법의 생산물이거나, (3) 증인이 원리나 방법론을 사건의 사실에 신뢰성 있는 방식으로 적용한 경우 의견이나 다른 형태로 증언할 수 있다.

하지만 위에 언급된 규칙은 '지식'이 무엇인지 결정하는 방법은 설명해주지 않는다. 지식을 결정할 때는 전문가 증인의 전문 지식을 한정할 필요가 있다.

전문가 증인

일반적으로 직접적이지 않은 증언은 전해 들은 진술이기 때문에 법정에서 채택되지 않는다. 하지만 연방증거규칙에 의거한 디지털 증거의 경우 예외가 있다. 전문가 증인은 법원에 의견을 제시할 수 있고 그 의견은 증거로 사용될 수 있다. 전문가 증언은 또 재판이 진행되는 동안이나 진술 녹취록을 통해 제공될 수 있다. 녹취록은 피고와 기소자가 있는 자리에서 이뤄지는 선서를 통한 공판 증언이다.

피고와 기소자 모두 각자의 전문가 증인을 사용할 수 있고 상대방 전문가에게 반대 심문할 권리를 지닌다. 또 전문가 증인은 법원이 임명할 수도 있다. 방어의 목적은 전문가, 증언, 증거, 도구, 사용된 과학적 방법론의 신빙성을 공격해 상대의 양보를 얻어내는 것이다.

FRE 702, 703, 704에 의거해 재판의 모든 당사자는 전문가 증인을 비롯해 재판에 참여할 증인을 공개해야 한다. 전문가 증인의 역할은 배심원을 교육시키는 것이다. FRE 704에 따라 전문가 증인은 비전문가 증인과는 달리 의견을 밝힐 수 있다. 전문가는 사실에 근거한 이론을 바탕으로 이론을 추정할 수 있다. 의견을 통해 전문가는 본인 측 변호사가 제기하는 질문에 대해 설명한다. 전문가는 재판에 자신의 증거물을 가져올 수도 있다.

재판에서 전문가 증인 활용에 대한 지침을 찾을 때 우리는 FRE 지침뿐 아니라 연방민사소송규칙도 참조해야 한다. 연방민사소송규칙^{FRCP}은 연방 지방 법원의 민사 사건에 적용되며 미국 대법원이 공포한 규칙이다. 많은 주 법원은 이러한 규칙을 채택하고 있다. FRCP 규칙 26에 따라 재판에 참여할 전문가 증인은 일반적으로 서면 보고서를 제출할 필요가 있다. 전문가 증인 공개는 디스커버리의 일부로서 중요하다. 디스커버리는 민사 소송에서 요청이 있을 때 모든 당사자가 증거를 공유해야 하는 재판 전 단계며, 이는 상대방의 심문, 녹취록, 문서, 소환장으로 할 수 있다. 규칙 26(2)(B)에 의거해 전문가 증인의 서면 보고는 다음을 포함해야 한다.

- (i) 전문가가 밝힐 모든 의견과 그에 대한 근거 및 이유가 적힌 진술서
- (ii) 진술서에 대해 전문가가 고려한 사실이나 자료
- (iii) 이를 요약하거나 뒷받침하는 데 사용될 수 있는 증거물
- (iv) 최근 10년 동안 집필한 모든 발행물을 포함한 전문가의 자격 관련 증거물
- (v) 최근 4년 동안 재판이나 녹취록에서 전문가로서 입증한 모든 기타 사건 리스트
- (vi) 사건에 대한 연구와 진술의 대가로 받은 보상에 대한 진술서

규칙 26(3)(A)에 의거해 재판 전 공개 내용으로 당사자는 상대방에게 다음의 정보를 제공해야 한다.

- (i) 이전에 제공되지 않은 경우 각 증인의 이름, 주소, 전화번호(재판에 참여하거나 필요시 소환할 수 있는 당사자를 각각 확인)
- (ii) 당사자가 증언 녹취록에 제출하려는 내용을 증언한 증인의 직함(속기로 이뤄지지 않을 경우 그러한 증언 녹취록의 인쇄물도 포함)

- (iii) 그리고 기타 증거에 대한 요약을 포함한 각 문서나 증거물에 대한 증명 자료(당사자가 제공하려 하거나 필요시 제공할 수 있는 항목에 대한 자료를 각각 분리해서 제출)

물론 다른 증거(혹은 증인의 증언)와 마찬가지로, 사전 심리와 재판 과정 모두에서 전문가 증인의 증언에 대한 이의가 있을 수 있다.

연방증거규칙과 전문 증거

디지털 증거에 영향을 미치는 다른 중요한 규칙은 연방증거규칙[FRE], 규칙 803(6)이고 내용은 다음과 같다.

> 정기적으로 행해진 업무 활동에 대한 기록. 활동, 사건, 조건, 의견 혹은 진단에 대한 메모·보고·기록 또는 데이터 자료 모음이 즉시 또는 약간의 시차를 두고 내용을 알고 있는 사람 또는 정보를 전달받은 사람에 의해 정기적으로 행해진 업무 활동의 과정에서 저장됐고, 기록을 남기는 것이 정기적인 업무인 경우, 관리인이나 기타 자격이 있는 증인의 증언 또는 규칙 902(11), 902(12)에 근거해 확인됐거나 법률로 확인된 경우, 단 정보의 출처, 기록 방법, 상황에 신빙성이 없는 경우, 그 업무 활동의 정기적인 관례라고 볼 수 있다. 이 단락에서 사용된 '업무'는 영리 목적인지 여부와 관계없이 회사, 기관, 협회, 전문직, 직업 등 모든 경우를 포함한다.

이 규칙에 따라 이메일, 스프레드시트, 시스템 로그 등은 정상적인 업무 과정에서 만들어진 것이고, 이에 따라 연방 법원에서 채택할 수 있다.

연방증거규칙에 따르면, 전문 증거는 원 진술자가 공판 기일 또는 심문 기일에 증언한 진술 이외의 진술로서 그 주장 사실이 진실임을 입증하기 위해 제출한 진술이다. 디지털 증거는 전문 증거로 분류될 수 있지만 항상 그렇지는 않다. 미국 vs. 암스테드 사건(State v. Armstead)에서 디지털 증거는 '기계에 입력되는 명령어에 사용되는 기계 작동의 부산물'이거나 '컴퓨터와 전화기의 전기적 그리고 기계적 작동에 의해 생산될' 때는 전문 증거가 아니다. 따라서 규칙 803(6)에 의거해 '업무 활동의 정기적인 관례'로 시행된 디지털 증거는 전문 증거가 아니다. 그럼에도 불구하고 이메일 대화 내용의 디지털 증거와 개인이 컴퓨터에 접속할 때 기록되는 시스템 로그 형식의 디지털 증거 사이에는 차이가 있다. 다시 말해 전문증거법칙은 기계가 생성한 내용과 사람이 생성한 내용에 다르게 적용한다는 것이다. 하지만 컴퓨터에 저장된 증거는 사람이나 컴퓨터 모두에 의해 생성될 수 있다. 예를 들어 사용자는 Quicken 애플리케이션에 정보를 입력할 수 있지만, 그 애플리케이션에는 계산 기능도 내장돼 있다.

진정성과 동일성 요건에 대한 규칙 901은 다음과 같다.

증거 능력의 선행 조건으로서 진정성이나 동일성에 대한 요건은 문제의 사안에 대해 청구인의 주장을 뒷받침하기에 충분한 증거에 의해 충족돼야 한다.

미국 vs. 탱크 사건(United States v. Tank)에서 피고는 아동 포르노를 받고 유통한 혐의에 대한 유죄 판결에 항소했다. 항소는 컴퓨터에 저장된 대화 기록이 인정되는가에 초점을 맞췄다. 탱크는 대화 기록이 완전하지 않으며, 정부가 컴퓨터를 압류하기 전에 공모자의 기록이 변조됐을 수도 있다고 주장했다. 법원은 대화 기록의 완전성에 대한 문제는 증거 능력보다는 증거의 중요성에 영향을 받는다고 말했다. 공모자인 리바는 기록이 어떻게 생성되는지 설명하고 인쇄물은 대화 기록을 정확하게 나타낸다고 했다. 인쇄물에 찍힌 스크린 이름은 '탱크'가 아닌 '세스너^{Cessna}'였고, 일부 공모자들은 탱크가 세스너의 이름을 사용했다고 밝혔다. 법원은 대화 기록 인쇄물이 규칙 903(a)에 의거해, 출처가 확실하고 채택 가능하기 때문에 이를 허용했다.

최량증거원칙

최량증거원칙은 2차 증거 혹은 사본은 원본이 존재할 때 법원에서 채택되지 않는다는 것이다. 그러나 디지털 증거에 대해서는 예외가 존재한다. 물리적으로 하드디스크에 저장된 모든 파일은 금속 디스크 자기의 자성 차이에 불과하다. 이러한 자기 충전 영역은 1이나 0으로 표현되고, 이는 텍스트나 어떤 형태로 해석될 때만 의미가 있다. 상식적으로 원본 미디어를 제출해 판사나 배심원이 금속 플래터를 보게 할 수는 없다. 따라서 인쇄된 정보가 필요하다. 또한 수사관은 파일의 내용을 보기 위해 어떤 부분을 바꾸거나 특정 애플리케이션을 사용해야 할 수도 있다. 3장, '컴퓨터 하드웨어 처리'에서 언급했듯이 코네티컷주 vs. 존 카민스키 사건(State of Connecticut v. John Kaminski)에서 경찰은 CD에 들어있는 내용을 확인하기 위해 미디어를 수정해야 했다. 범죄자들은 보통 증거를 조작하거나 파일을 숨기려고 하기 때문에 수사관들은 유죄를 입증하는 증거를 되찾기 위해 파일을 수정(심지어 저장 매체도 수정하도록)해야 한다. 또한 휴대폰 대화 내용은 다양한 채널을 통해 전송되고, 대화 내용은 디지털 데이터 패킷 형태로 바뀐다. 따라서 발송자에서 수신자로 가는 도중에 증거의 원래 형태가 변한다.

형사 변호인

1770년 3월 5일 다섯 명의 식민지 주민이 영국 군인의 총에 맞아 사망했고, 이 사건은 '보스턴 학살'로 역사에 기록을 남겼다. 그들의 죽음은 영국이 부과한 세금에 대한 엄청난 부담을 상징적으로 보여주며 많은 사람들을 비통에 잠기게 했다. 군인들은 형사 기소됐다. 이 '살인자'들에게 엄청난 비난이 쏟아졌기에 법정에서 그들을 변호할 변호사는 찾기 어려웠다. 그러다가 한 명이 마지못해 변호를 맡았는데, 놀랍게도 여섯 명의 군인들은 무죄를 선고받았으며 시위대를 향해 직접 총기를 발사한 두 명의 군인은 살인으로 기소됐음에도 불구하고 과실치사 판결을 받았다. 이 변호사는 많은 식민지 지도자들이 미국 독립 선언서를 지지하고 서명하도록 설득했던 존 애덤스John Adams였다. 그는 이후 미국 제2대 대통령(1797-1801)이 됐다. 애덤스는 다음과 같이 유명한 말을 남겼다. "진실은 결국 밝혀진다. 우리의 희망이나 의향 혹은 열정의 요구가 무엇이든 간에 이들이 진실과 증거의 상태를 바꾸지 못한다."

범죄자가 재판을 받도록 하는 수사 기관과 검찰의 중요한 업무를 존중하는 것은 중요하다. 그러나 사법 체계에서 피고 측 변호사의 중요한 역할도 인정해야 한다. 수정 헌법 제6조에 따라 모든 피고에게는 변호인에 대한 권리를 부여해야 한다는 사실을 명심해야 한다. 결국 전문 수사관들이 합법적이고 과학적으로 유죄를 증명하는 증거를 획득해 적절하게 제시한다면, 피고가 정말로 유죄인 경우에 검찰이 승소할 것이다.

피고 측 변호인은 법정 소송 사건에서 피고인의 옹호자이자 대리인이다. 피고 측 변호인은 고객을 변호하기 위해 다양한 전략을 쓴다. 한 가지 중요한 전략은 제시되는 각 증거가 재판에 채택될 수 없는 이유를 밝히는 것이다. 다른 전략은 증거가 확보되고 처리되는 방법에 이의를 제기하는 것이다. 또 변호인은 수사가 진행되는 동안 수사관들이 수행하는 절차의 합법성, 공판 전 디스커버리와 관련된 절차상의 문제, 그리고 재판 시 검찰의 조치에 이의를 제기할 수 있다.

수정 헌법 제4조의 앞부분을 참고하면 피고 측 변호인은 먼저 수사관들이 수색하고 압류하는 증거가 합법적인지에 집중한다. 예를 들어 '수사 기관 직원에게 수색을 위한 영장이 필요했는가?', '만약 그렇다면 영장 조항에 따라 수색했는가?'라는 질문이다.

용의자가 체포된 후 피고 측 변호인은 체포에 대한 충분한 증거가 있는지 확인하고 용의자가 자신의 권리에 대해 제대로 들었는지 확인한다. 용의자는 묵비권을 행사할 권리가 있고(수정 헌법 제6조) '그의 변호'를 위해 변호인을 선임할 권리가 있다(수정 헌법 제7조). 재판을 기다리는 동안 보석으로 나올 수도 있다(수정 헌법 제8조).

사전 심리 기간 동안 피고 측 변호인은 사건을 맡은 검찰이 사용할 증거를 검토할 권리가 있다. 만약 용의자의 컴퓨터와 USB 드라이브가 압류됐다면 변호인은 컴퓨터 하드디스크 드라이브 사본과 USB 장치에서 회수된 파일 사본을 얻을 수 있다. 또한 컴퓨터 포렌식 전문가가 사본을 검토할 충분한 시간도 주어진다.

재판 동안 피고 측 변호인은 증거를 확보한 방법과 증거가 법의학적으로 정당한 방법으로 확보됐는지 여부에 대해 이의를 제기할 수 있다. 반대 심문 시 변호인은 수사관의 자격, 사용된 방법, 그리고 사용된 포렌식 도구에 대한 지식에 이의를 제기할 수 있고 수사에 대한 일반적인 질문도 할 수 있다. 변호인은 수색 영장 외에도 다른 법적 문서를 검토할 수 있다. 수사관의 노트를 확인할 수 있고, 더 중요하게는 증거물 관리 연속성을 조사할 수도 있다. 여기서 시간의 차이나 모순이 발견될 경우 증거로 채택할 수 없다.

❖ 컴퓨터 포렌식이 잘못 사용될 때

일반적으로 수사 기관은 디지털 증거기 관련된 수사를 제대로 수행한다. 하지만 계획대로 일이 진행되지 않는 경우도 있다.

교실 내 포르노물

줄리 아메로Julie Amero는 40세로, 코네티컷주 켈리Kelly 중학교의 대체 교사였다. 2004년 10월 19일 7학년 언어 수업을 하던 중 그녀의 컴퓨터 인터넷 브라우저가 무슨 이유인지 알 수 없지만 포르노 사진을 띄우기 시작했다. 그녀는 컴퓨터를 끄지 않고 즉시 학교 관리 직원에게 도움을 요청했다. 이후 그녀는 그것이 정해진 절차라고 설명했다. 아메로는 다시는 학교에서 학생을 가르치는 일이 없을 것이라는 내용이 담긴 편지를 학부모들로부터 받았다. 오래 지나지 않아 아메로는 다수의 범죄 혐의로 체포되고 기소됐다.

재판에서 노리치 경찰서 컴퓨터 범죄 수사관인 마크 라운즈베리Mark Lounsbury 형사는 아메로가 수업 중에 고의적으로 포르노를 틀었다고 진술했다. 형사는 아메로가 포르노 사진을 띄우는 링크를 클릭해야 했을 것이라고 했다. 2007년 노리치 대법원은 아메로에 대해 4건의 미성년자 상해 위험 및 아동의 정서를 해친 혐의로 유죄 판결했다.

28명의 교수를 포함한 많은 전문가들은 형사의 증언에 반대하면서 유죄 판결에 논란이 일어났다. 이들은 형사가 포르노 팝업을 생성할 수 있는 악성코드를 확인하지 않았기 때문에 그의 주장에는 결점이 있다고 했다. 이후 NewDotNet이라 불리는 DNS 하이재킹 프로그램이 그 사건이 발생하기 전에 컴퓨터에 설치됐다는 것이 밝혀졌다.

2007년 6월 6일 유죄 판결은 뉴런던 법원에서 기각됐고 새 재판이 열렸다. 2008년 11월 21일 아메로는 치안 문란 행위에 대한 죄를 인정했고 100달러의 벌금형에 처해졌다. 원 판결로 아메로가 40년 이상의 징역형을 살 수 있었음을 고려해볼 때 이 벌금은 작은 금액이었지만, 그녀는 다시는 학생들을 가르칠 수 없었다.

이 사건의 교훈은 컴퓨터 포렌식 전문가들은 철저해야 하고 초기에 추측하지 말아야 한다는 것이다. 또 수사관은 포렌식 도구에만 의존해서는 안 되며, 사건에 대한 모든 가능성을 철저히 다루고 다른 전문가들로부터 조언을 얻을 수 있어야 한다.

◆ 유럽 연합의 사법 체계 구조

디지털 시대에 디지털 증거를 수사에 사용하는 일은 기하급수적으로 증가하고 있다. 이미 앞서 인터넷이 어떻게 국경을 뛰어넘는 협력을 요구하게 만드는지에 대해 논의했다. 이 협력은 주와 주 사이의 수사뿐만 아니라 국제적 협력도 의미한다. 클라우드 컴퓨팅의 성장은 이 현상을 가속화했다. 미국 기업이 다른 국가에 서버를 뒀을 때, 서버와 서버에 저장된 미국인에 대한 기록을 어떻게 관리하는지 생각해보는 것은 중요하다. 이러한 기록은 서버가 있는 국가의 개인정보보호, 수색, 압류에 대한 법의 적용을 받는다.

우리는 아동을 대상으로 하는 범죄, 인신매매, 금융 사기, 마약 밀매와 같은 국제 수사에서 인터폴의 개입에 대한 더 많은 기사를 접하고 있다. 또 실제 전쟁의 전조로 여겨지는 사이버 전쟁의 개념에 대해서도 알고 있다.

유럽 법의 기원

아일랜드와 영국을 제외한 대부분 유럽 국가의 사법 체계는 로마법에 기원을 둔다. 로마법은 세 개의 절로 구성되는데 이는 (a) 사람, (b) 재산, (c) 재산 획득이다. 첫 카테고리는 결혼과 같은 사안을 의미한다. 재산은 소유권과 관련되고, 이는 로마 시대의 노예를 포함한다. 재산 획득은 유언과 상속에 대한 법을 포함한다.

로마법에 따르면, 원고는 피고를 소환하거나 때때로 피고를 법정에 오도록 강요할 수 있다. 그러면 치안 판사가 사건을 재판관에게 넘길지 결정한다. 재판관^{Judex}은 로마 시대의 유력한 비전문가 집단으로, 주장을 듣고 증인을 심문하고 판결을 내린다. 소환의 개념과 선고 집행에서 법원의 역할은 로마 시대로부터 유래됐다.

유럽 연합의 법 구조

유럽 연합(E.U.)은 개별 국가법을 가진 27개국으로 구성된다. 이 연합은 오스트리아, 벨기에, 키프로스, 체코 공화국, 덴마크, 에스토니아, 핀란드, 프랑스, 독일, 그리스, 헝가리, 아일랜드, 이탈리아, 라트비아, 리투아니아, 룩셈부르크, 몰타, 네덜란드, 폴란드, 포르투갈, 루마니아, 슬로바키아, 슬로베니아, 스페인, 스웨덴, 영국으로 구성된다.

유럽 연합은 (1) 각 국가가 지닌 법과 (2) 유럽 연합 법, 이렇게 두 가지로 이뤄진 이중 사법 체계를 지녔다는 점에서 미국과 유사하다. 하지만 그 구성에는 주목할 만한 차이가 있다. 유럽 연합은 회원국과의 조약이므로 어떠한 국가든 결과와 상관없이 언제든 탈퇴할 수 있지만, 1861년 남부에 있는 주들이 연합에서 탈퇴하려고 시도했을 때 입증된 바와 같이 미국은 그렇지 않다.

E.U. 입법부

E.U. 입법부는 유럽 연합 의회와 유럽 연합 이사회로 구성돼 있다. 이 기관들은 법을 작성하고 개정하며 폐지할 수 있는 권리가 있다. 유럽 연합 집행위원회는 유럽 연합 집행 기관이라는 점에서 미국의 대통령비서실과 비슷하다. 하지만 유럽 연합 집행위원회는 법안을 제안하고 회원국에 대한 법적 절차를 개시할 수 있는 권한을 지닌다. 유럽 연합 사법 재판소^{ECJ}는 조약과 관련된 유럽 연합 법을 해석하는 곳으로 유럽 연합의 최상위 법원이다. 이 법원은 미국 대법원에 해당하는 곳으로 사법 재판소, 일반 법원, 그리고 다수의 전문화된 법원으로 구성된다.

데이터 프라이버시

유럽 연합 법은 미국 사법 체계보다 더 명백하게 개인 자료 보호에 대한 개인의 권리를 보호해준다. 미국에서는 소수의 법으로 개인정보를 보호하고 있다. 건강보험 양도 및 책임에 관한 법률^{HIPAA}은 개인 의료 자료에 대한 통제권을 개인에게 부여한다. 그램-리치-블라일리^{Gramm-Leach-Bliley} 법 역시 금융 기관은 그들의 개인정보보호 정책과 개정안 사본을 소비자에게 제공해야 한다는 점에서 개인정보보호와 관련돼 있다. 그럼에도 불구하고, 소비자들은 금융 기관이 그들의 개인 자료를 공유하지 못하게 할 권리가 없다. 개인이 개인정보를 통제할 수 있는 유럽의 경우는 이와 다르다. 이 사실로 인해 유럽 연합에서 컴퓨터 포렌식 수사관이 디지털 증거에 접근하는 것은 미국에서보다 더 어렵다.

미국 수사관이 유럽 연합에 간다면 다소 큰 차이를 발견할 것이다. 예를 들어 일부 사건에서 컴퓨터 수사가 이뤄질 경우 이를 고용자들에게 알려야 하며, 이는 미국에서와는 다르다. 또 수사관은 유럽 연합에 있는 컴퓨터에서 확보한 증거를 분석하기 위해 미국으로 가져올 수 없다. 온라인 개인정보보호는 유럽 연합에서는 개인의 권리이지만 미국에서는 아니다. 예를 들어 쿠키는 표준화되고 있다. 유럽 연합에서는 규정한 바와 같이 사용자가 웹사이트에서 쿠키를 허용하려면 동의해야 하는 반면, 미국에서는 사용자가 기본적으로 동의하게 된다. 따라서 사용자에 대한 인터넷 증거는 유럽 연합과 미국이 서로 다르다. 2014년 5월 유럽 연합 사법 재판소는 인터넷상의 개인은 잊혀질 권리가 있고, 따라서 사람들은 자신에 대한 민감한 자료를 삭제하도록 구글에 강요할 수 있다고 판결했다. 사실, 이제 사용자는 자신이 한 검색에 대해 통제할 수 있고, 이에 따라 구글이나 다른 사이트는 사용자가 수행한 검색 기록을 웹사이트에서 없애고 있다. 이는 사용자와 그들의 개인정보보호에는 좋은 소식이지만, 용의자에 대한 온라인 검색과 구글 같은 인터넷 회사로 보내지는 소환장으로 얻을 수 있는 결과가 적어질 것이고 상황은 앞으로 더 어려워질 것이다. 95/46/EC 지침은 개인 자료에 대한 절차, 처리, 공유에 대해 설명한다.

(2) 데이터 처리 시스템은 사람을 돕기 위해 설계됐으므로, 이들은 사람의 국적이나 거주지와 상관없이 그들의 기본 권리와 자유, 특히 개인정보보호에 대한 권리를 존중해야 하며 경제적이고 사회적인 절차, 통상 확대, 그리고 개인의 웰빙에 도움이 돼야 한다.

2012년 1월 유럽 연합 집행위원회는 인터넷 사용자가 그들의 개인정보에 대한 더 강력한 통제권을 가질 수 있도록 1995 정보보호법 지침을 정비하기 위한 표결을 실시했다. 새로운 법 조항에 따르면, 개인이 회사에게 자료를 삭세하라고 요청할 수 있고 정보가 유출된 경우 고객에게 고지해야 한다.

지침 97/66/EC는 개인정보 처리와 원격 통신 분야에서 개인정보보호를 강조한다.

페이스북

데이터의 위치는 사법권에서 항상 중요하다. 2011년 페이스북은 아일랜드 데이터 보호국DPC의 조사를 받은 후 5억 명 이상의 사용자에 대한 개인정보보호 설정을 점검하는 데 동의했다. 페이스북 아일랜드 법인이 미국과 캐나다 지역 외에 거주하는 모든 페이스북 사용자를 담당했다.

지식 재산

음반 산업은 유럽 연합에서 지식 재산권 보호와 관련해 엄청난 어려움을 겪었다. 벨가콤Belgacom이 소유한 ISP인 스칼렛Scarlet Extended SA과 벨기에 관리 회사 SABAM 간의 최근 분쟁에서(Case C-70/10), 최상위 법원인 유럽 사법 재판소는 인터넷 접속은 인권이며 음악 산업계가 불법으로 음악과 비디오를 공유하는 사용자에 대한 접속을 막도록 ISP에게 강요할 수 없다고 판결했다. 비슷한 판결에서 에어컴Eircom은 저작권의 보호를 받는 파일을 불법으로 다운로드하는 사용자에 대한 '3진 아웃' 정책에 대해 정보보호위원회로부터 심문을 받았다. 유럽 연합 법은 ISP가 사용자의 불법 다운로드를 막기 위한 필터링 시스템을 설치하도록 한 아일랜드의 가처분 결정이 집행되는 것을 막았다.

개정 138/46은 논란이 많았다. 프랑스와 영국은 인터넷은 기본 인권이라고 주장하면서 텔레콤 패키지의 일부인 개정안을 폐기하려고 했다. 그러나 저작권 위반자에게 인터넷 서비스를 거부하는 각 국가의 법을 시행할 수 있지만 유럽 연합 의회가 관련 사건을 검토하도록 하는 타협안을 찾았다.

아동 포르노에 대한 유럽 연합 지침

유럽 연합은 아동 포르노를 보고 소유하며 유통하는 범죄자들에게는 매우 엄격하다. 최근 지침은 회원국들로 하여금 아동 포르노 웹사이트를 삭제하고 아동 포르노를 금지하는 국법을 제정하도록 했다. 유럽 연합 의회는 이러한 범죄에 대한 강한 처벌을 위해 많은 노력을 했고 대략 20가지 범죄에 대한 처벌 기준을 제시했다. 예를 들어 이러한 콘텐츠를 만드는 자는 최소 3년형을 받게 되며 온라인으로 보는 사람들은 최소 1년형을 받게 된다.

요약하자면, 유럽 연합의 각 회원국은 사건에서 디지털 증거를 사용하는 것에 대한 각국의 법을 지니고 있다. 하지만 유럽 연합은 미국 대법원과 마찬가지로 개인으로 하여금 판결에 대해 항소할 수 있도록 한다.

유로폴

유로폴은 유럽 연합의 수사 기관이다. 이들은 매년 인신매매, 마약 밀매, 사이버 범죄, 통화 위조를 포함해 1만 2,000건 이상의 사건을 수사한다. 2012년 3월 유로폴은 벨기에 헤이그에 유럽 사이버 범죄 센터EC3를 설립한다고 공표했다. 이 센터는 2013년 운영을 시작했고 디지털 포렌식 수사관으로 구성된 팀의 지원을 받는다. 이 센터는 사이버 범죄와 온라인 아동 학대 사건에 초점을 맞춘다.

OLAF

2014년 1월 유럽 반사기 사무국OLAF은 기관이 수행하는 디지털 포렌식 수사에 대한 표준 운영 절차를 발표했다. 이 지침은 디지털 증거 식별, 습득, 이미징, 수집, 분석, 저장에 대한 좋은 사례를 보여준다. 이 지침은 http://ec.europa.eu/anti_fraud/documents/forensics/guidelines_en.pdf에서 확인할 수 있다.

ACPO 지침

영국의 경찰청장협의회^{ACPO}는 컴퓨터 포렌식 수사에 대한 지침을 '컴퓨터 기반 전자 증거에 대한 우수 사례 가이드'라는 보고서로 만들었다. 유럽의 다른 많은 수사 기관의 기본 운영 절차가 이 지침에 기반을 두기 때문에 이 문서는 중요하다.

이 지침은 좋은 사례에 대한 중요한 원칙을 제시한다. 수사 기관은 디지털 증거를 원 형태 그대로 유지해야 한다. 하지만 특정 환경에서 원 증거를 이용해야 될 필요가 있을 경우 이용의 필요성과 그러한 이용이 증거에 미칠 영향을 설명할 수 있는 전문가가 접근해야 한다. 또 수사관이 시행하는 모든 조치는 꼼꼼하게 문서화돼서 제3자가 동일 결과를 얻기 위해 동일한 조치를 취할 수 있어야 한다. 마지막으로 수사 책임자는 항상 수사와 법이 허용하는 과학적 방법을 준수한다는 것을 보장해야 할 책임이 있다.

❖ 아시아의 사법 체계 구조

아시아에서 인터넷과 개인정보보호 관련 법은 아직 개발 중이며 나라마다 많은 차이가 있다.

중국

중국은 인터넷 콘텐츠에 가장 많은 제한을 두며, 정부가 시민들이 보는 콘텐츠를 꼼꼼히 감시한다. 검열이 너무 심해서 중국 본토 인터넷 사용자는 구글 검색 엔진을 사용하지도 못한다. 구글은 정부 검열을 피해 홍콩으로 운영을 이관했다. 따라서 중국에서 온라인 서비스를 운영하는 미국 기업은 인터넷 사용자에 대한 정보를 많이 알지 못한다. 반대로 인도는 검열이 심하지는 않지만 주요 개인정보보호 관련 법을 도입했다.

인도

2011년 4월 인도는 '2011 정보통신(합당한 보안 관행과 절차 그리고 민감한 개인 자료나 정보) 규칙'이라고 알려진 새로운 개인정보보호법을 도입했다. 이 법은 온라인 사용자의 개인정보를 보호하기 위해 도입됐고, 인도에 서비스를 위탁한 미국 기업들에게 영향을 미친다는 점에서 중요하다. 다섯 가지 주요 원칙이 있다.

1. 개인정보보호 정책: 모든 기관은 개인정보를 처리하고 사용하는 방법에 대한 개인정보보호 정책을 유지해야 한다. 이 정책은 웹사이트에 공지돼야 하며 이러한 정보는 수사관들로 하여금 그들이 수사하는 소비자에 대한 정보를 얼마만큼 이용할 수 있는지 아는 데 도움을 준다.

2. 동의: 기관은 개인이 동의서를 제공한 경우에만 정보를 제3자와 공유할 수 있다.

3. 소비자 접근과 편집: 개인은 자신에 대해 수집된 개인정보에 접속할 권리를 가지고 잘못된 정보에 이의를 제기할 수 있다.

4. 개인 자료 전송: 민감한 정보가 다른 당사자에게 전송되기 전에 소비자 동의를 받아야 하며 기관은 받는 기관이 개인정보보호에 대한 유사한 기준을 가지고 있다는 점을 보장해야 한다.

5. 보안: 기관은 보안 측면에서 최선의 사례를 유지해야 한다. 하지만 그러한 사례에 대한 예는 명백하게 서술되지 않았다.

❖요약

최초 미국의 사법 체계는 주를 기반으로 했지만 독립을 향한 움직임으로 인해 연방 사법 체계가 확립됐다. 미국 헌법은 1787년 9월 17일 제정됐고 각 식민지의 비준을 받았다. 헌법의 첫 세 개 조항은 세 개의 정부 부서를 수립한다. (1) 법을 작성하는 입법부(의회) (2) 의회법을 승인하는 행정부(대통령), (3) 법을 해석하고 집행하는 사법부(대법원과 하등 연방 법원)다.

미국 헌법에 열 개의 개정안이 추가됐고 이는 권리장전으로 알려져 있다. 이 개정안은 개인의 권리에 영향을 미쳤고 컴퓨터 포렌식과 관련된 수사에 엄청난 영향을 줄 수 있다. 특히 주목해야 할 것은 수정 헌법 제4조인데, 이는 불법 수색으로부터 개인을 보호하고 정부 기관에게 합법적 수색을 시행하기 위한 영장을 획득하기 전에 상당한 근거를 설명하도록 요구한다. 미국 헌법의 해석이 필요한 사건은 연방 법원으로 보내진다.

미국 사법 체계에는 판례법이라고 알려진 관습법과 영국법을 토대로 한다. 사건의 판결은 선례를 만들고, 따라서 사법권의 향후 결정에 구속력을 가진다. 이러한 사항이 예외인 곳은 법률 제도가 로마법에 기원을 두는 나폴레옹 법전을 기반으로 하는 루이지애나다.

주 사법 체계에는 그들만의 법원과 연방 사법 체계가 공존한다. 주 법원은 연방 시스템보다 시민들에게 더 많은 보호를 제공할 수 있다. 예를 들어 대법원은 보통 차량에 GPS 추적 장치를 사용한 무 영장 수색에 승소 판결을 내리지만, 주 법원은 수사 기관에게 법원이 발행한 영장을 요구한다. 영장 없이 불법으로 수집된 증거는 법정에서 채택될 수 없는 배제 원칙의 대상이 된다.

많은 범죄자들은 의회법에 의거해 수사를 받고 기소를 당한다. 전자 감시 측면에서 연방도청방지법은 기술 변화를 따라가기 위해 여러 차례 개정됐다. 미국 통신저장법SCA을 포함하는 전자 커뮤니케이션 프라이버시 법ECPA은 이메일 검색을 포함한 불법 수색에서 개인의 권리를 보호하기 위해 도입됐다. 외국 첩보 감시법FISA은 해외 기관 등에 대한 감시를 허용하기 위해 도입됐고 전자 감시를 포함하기 위해 여러 번 개정됐다. 일부 변경 사항은 수사 기관의 무 영장 전자 감시 권한을 강화시킨 미국 애국법 도입으로 시행됐다.

여러 의회법이 컴퓨터 관련 범죄를 다루기 위해 제정됐다. 그중에서 산업 스파이 행위에 대한 조항을 포함하는 컴퓨터 사기와 남용에 관한 법이 중요하다.

증거 능력 측면에서 디지털 증거는 더버트 심사를 통과할 필요가 있다. 또 증거는 연방증거규칙^{FRE} 지침의 대상이 된다. 연방 법원에서 민사 사건은 증거 능력을 판단하기 위해 주 법원에서도 종종 활용하는 연방민사소송규칙^{FRCP}을 활용한다. 디지털 증거는 원래의 형태로는 배심원에게 도움이 되지 않아 최량증거원칙에 따른 자료의 해석이 필요하다.

유럽 연합(E.U.)에서 디지털 포렌식을 포함하는 수사는 엄격한 E.U. 개인정보보호법으로 인해 미국의 경우와 비교할 때 차이가 있다. 일반적으로 미국에 비해 적은 양의 개인정보가 컴퓨터에 캡처돼 저장되며 직장에서 고용자들의 컴퓨터에 대한 수색이 이뤄질 경우 그들에게 미리 고지해야 한다. 유럽 연합은 아동 포르노를 소유하거나 유통하거나 미성년자의 안전을 위태롭게 한다고 밝혀진 사람에게 큰 처벌을 가하는 엄격한 법을 시행한다. 경찰청장협의회^{ACPO}는 컴퓨터 포렌식 수사에 대한 지침을 수립하기 위해 세워진 최초의 수사 기관 중 한 곳이다. 유럽 전역의 많은 기관들은 이와 같은 수사 원칙을 채택하고 있다.

아일랜드와 영국을 제외한 대부분의 유럽 연합 국가는 로마법(민법)에 기원을 둔 사법 체계를 갖추고 있다.

❖ 주요 용어

가오리: 피의자의 위치를 파악하고 지진 등의 재난 지역에서 사람의 위치를 찾는 데 사용되는 이동전화 기지국처럼 작용하는 장치를 일컫는 속명

가정 법원: 자녀 양육, 방문권, 부양, 접근 금지 명령을 포함한 가정사와 관련된 사건을 다룸

검인 법원: 유언 집행 법원이라고도 부름. 이 법원은 사망한 개인의 재산 분배와 관련된 사건을 다룸

경범죄: 1년 이하의 징역형을 선고받을 가능성이 있는 다소 가벼운 범죄

관습법: 법원 결정에서 파생되는 판례와 선례에 근거한 법

권리장전: 개인의 권리를 보호하는 수정 헌법 첫 10조항

규제법: 정부 행성 기관의 활동을 통제

기소장: 피고가 재판에 참석해야 함을 진술한 대배심이 전하는 기소

긴급 상황: 개인에게 해를 가하거나 증거 인멸의 위험이 있는 경우 수사 기관으로 하여금 무 영장 수색을 가능하게 함

노크 앤 토크: 수사 기관이 충분한 증거를 확보하지 못하거나 주거지에 진입하고 수색을 행할 상당한 근거를 설명하지 못할 경우, 수사 기관은 용의자의 집으로 가서 주택 진입과 수색에 대한 개인의 동의를 얻음

당사자 적격: 대법원이 명시한 수정 헌법 제4조 수색에 대한 이의를 제기할 수 있는 용의자의 권리

대면 조항: 수정 헌법 제6조의 '모든 형사 절차에서 피고는 자신에게 불리한 증인을 대면할 권리를 향유한다.'는 조항

대배심: 사건에서 형사 기소에 대한 조건이 성립하는지 결정하는 비교적 큰 규모의 배심원

독수의 과실 이론: 최초 증거가 위법하게 수집됐을 경우, 그 이후에 수집된 증거는 법정에서 채택될 수 없음을 나타내는 은유적 표현

디스커버리: 심문, 증언 문서, 소송에 포함되지 않는 당사자의 소환장을 통해 요청이 있을 시 민사 소송에서 모든 당사자가 증거를 공유하는 사전 심리 절차

명백한 시야 원칙: 수사관이 불법 물품을 명확하게 볼 수 있을 경우 영장 없이 증거를 압류할 권한을 정부 기관에게 부여

명백한 잘못: 판사가 통과시킨 초기 재판 시 이의가 제기되지 않았더라도 항소 법원이 법원 절차에서 발생한 주요 실수를 확인하는 경우. 이때 새 재판이 청구된다.

민법: 학문적 연구를 토대로 한 법. 이는 이후 입법부에서 제정하는 법전이 됨

반대 심문: 재판 시 상대방 증인에게 하는 심문

배심원 격리: 배심원을 격리하고 판결에 대한 외부적 영향을 방지함

배심원: 선서로 맹세한 후 재판에서 변론을 듣고 유죄와 무죄 여부를 판결하는 사람들 집단

배심장: 처음으로 배심원 자리에 착석하고 판사에게 판결을 보고할 의무를 지는 사람

배제의 원칙: 개인의 헌법에 규정된 권리를 위반하거나 영장 없이 압류되고 수색된 증거는 형사 사건에서 법정 증거로 채택될 수 없음

법원 명령: 법원이 발행하고 수사 기관이 수행하는 절차를 설명. 상당한 근거에 대한 설명이 필요 없기 때문에 영장보다 받기 쉬움

법정 모독: 법원 절차의 규칙을 위반

불일치 배심: 재심을 목표로 형사 재판에서 만장일치가 되지 않는 배심원단

사법권: 기관에게 부여되는 법적 권한의 범위를 나타냄

상당한 근거: 범죄가 행해졌다는 것이 명백할 때 수사 기관은 수색이나 체포에 대한 영장을 발부받을 수 있다는 조건

선례: 특정 사법권에서 향후 판결에 법원 결정이 구속력을 지님

성문화된 법: 주제로 구성되는 법률

소년 법원: 미성년자가 재판을 받는 법원

소액 사건 법원: 비교적 소액의 금전을 포함하는 사적 분쟁을 해결하는 법원

소환장: 개인에게 법정에서 진술하거나 증거를 제출하도록 요구하는 법원 명령

수색 영장: 수사 기관이 개인 또는 장소를 수색하거나 영장 범위 내의 정보 또는 물품을 압류할 수 있도록 권한을 주는 판사 또는 치안 판사가 발부하는 법원 명령

심의: 배심원이 재판 증거를 검토하고 사건에 대한 의견을 토의하는 과정

연방민사소송규칙FRCP: 연방 지방 법원의 민사 사건에 적용됨. 이 규칙은 미국 대법원이 공표함

연방증거규칙[FRE]: 연방 법원의 민사 사건과 형사 사건에서 증거 능력의 여부를 결정하는 규칙

예비심문선서: 배심원 선정 시 쓰이는 질문 과정

원고: 소송을 제기하고 소송 비용을 지불하는 개인

유럽 연합 사법 재판소: 유럽 법을 해석하는 유럽 연합의 최고 재판소

유럽 연합 집행위원회: 제정법을 제안하고 회원국에 대한 법적 절차를 개시하는 권한을 지닌 기관

이송 명령: 상급 법원이 하급 법원이나 재판소에 추후 검토를 위해 사건과 관련된 법원 서류의 이송을 명하는 영장

입증책임: 피고는 유죄가 증명될 때까지 무죄임을 뜻한다. 검찰은 유죄를 밝혀야 하며 피고는 아무것도 입증하지 않아도 된다.

재판관: 로마 시대 때 변론을 듣고 증인을 심문하며 판결을 내리는 유력한 비전문가 집단

전문 증거: 원 진술자가 공판 기일 또는 심문 기일에 행한 진술 이외의 진술로서 그 주장 사실이 진실임을 입증하기 위해 제출되는 것

전화이용 상황 기록장치: 전화번호를 알아낼 수 있는 전자장치

제정법: 국가, 주, 혹은 지역 입법 기관이 제정하는 성문법

중죄: 1년 이상의 형을 받는 심각한 범죄

즉결 법원: 교통 위반과 관련된 사건을 다룸. 교통 위반에 연루된 개인은 벌금을 물거나(유죄 인정) 즉결 법원에 항소할 수 있다.

증거 배제 신청: 증거 채택을 막기 위해 재판 전 심리를 연기하려는 변호사의 요청

증언 녹취록: 피고 측 변호사와 검찰 측 변호사가 출석한 자리에서 이뤄지는 선서를 통한 사전 심리 증언

지역 법원: 사법권 내에서 발생한 범죄 사건을 다룸. 기소는 DUI, 치안 문란 행위, 공공 기물 파손, 무단 침입, 건축 규정 위반 혹은 유사한 범죄를 포함할 수 있음

직접 심문: 재판 시 변호사의 증인에 대한 심문

최량증거원칙: 원본이 존재할 경우 부차적 증거나 사본은 법정에서 채택될 수 없다.

택지: 주택 주위의 토지를 일컫음

피고 측 변호인: 법정 소송 사건에서 피고의 지지자이자 대리인

피고: 소송에서 자신을 방어하는 사람

합법적 체포에 대한 수색: 체포 후 수사 기관이 무 영장 수색을 할 수 있도록 함

헌법: 입법부, 사법부, 행정부 사이의 관계를 나타내고 시민의 권리를 보호

형사 소송 규칙: 연방 법원 형사 소송 절차가 수행되는 방법에 대한 초안

E.U. 입법부: 유럽 연합 의회와 유럽 연합 이사회로 구성됨

평가

❖ 강의 토론

1. 새로운 디지털 시대에서 수정 헌법 제4조에 의거한 보호가 약해졌다고 생각하는가?
2. 권리장전을 창시한 헌법 제정자들의 동기는 무엇인가?
3. 디지털 증거를 포함한 수사에서 유럽 연합과 미국은 어떻게 다른가?
4. 어떤 경우에 사건이 주 법원에서 연방 법원으로 이관되는가?
5. 어떤 경우에 수사 기관은 수색하기 위한 영장이 필요하지 않은가?
6. 미국 애국법이 대중에게 논란이 되고 있는 이유는 무엇인가?

❖ 객관식 문제

1. 소송을 제기하고 소송 비용에 책임을 지는 당사자를 무엇이라 부르는가?
   - A. 변호사
   - B. 원고

C. 피고

D. 용의자

2. 다음 중 어느 법원에서 고인의 재산 분배와 관련된 사건을 다루는가?

    A. 소액 사건 법원

    B. 지역 법원

    C. 가정 법원

    D. 검인 법원

3. 폭동을 일으키는 의견이 아닌 이상 개인이 온라인에 의견을 자유롭게 게재할 권리는 수정 헌법 몇 조에 해당하는가?

    A. 수정 헌법 제1조

    B. 수정 헌법 제2조

    C. 수정 헌법 제3조

    D. 수정 헌법 제4조

4. 정부 기관의 불법 수색으로부터 개인을 보호하는 권리는 수정 헌법 몇 조에 해당하는가?

    A. 수정 헌법 제1조

    B. 수정 헌법 제4조

    C. 수정 헌법 제5조

    D. 수정 헌법 제6조

5. 개인의 증언을 요하거나 가능한 증거를 요하는 법원 명령을 무엇이라 하는가?

    A. 기소장

    B. (체포/수사) 영장^{warrant}

    C. (법원) 영장^{writ}

    D. 소환장

6. 연방 법원의 민사 사건과 형사 사건에서 증거의 증거 능력을 결정하는 규칙을 무엇이라 하는가?

    A. 연방디스커버리규칙

    B. 연방민사소송규칙

    C. 연방증거규칙

    D. 연방전문증거규칙

7. 원본이 존재할 때 2차 증거나 사본은 법정에서 채택될 수 없음을 의미하는 것은 무엇인가?

    A. 배제의 원칙

    B. 연방증거규칙

    C. 전문증거법칙

    D. 최량증거원칙

8. 제정법을 제안하고 회원국에 대한 법적 절차를 개시하는 권한을 가진 기관은 어디인가?

    A. 유럽 연합 입법부

    B. 유럽 연합 집행위원회

    C. 유럽 연합 사법 재판소

    D. 유럽 연합 의회

9. 유럽 법을 해석하는 유럽 연합 최고 법원의 이름은 무엇인가?

    A. 유럽 연합 사법 재판소

    B. 유럽 연합 대법원

    C. 유럽 주 법원

    D. 유럽 연합 이사회

10. 피고 측 변호사와 검찰 측 변호사가 출석한 자리에서 이뤄지는 선서를 통한
사전 심리 증언을 나타내는 것을 무엇이라 하는가?

    A. 증언 녹취록

    B. 디스커버리

    C. 소환장

    D. 기소장

❖ 빈칸 채우기

1. 재판에서 변론을 듣고 유죄와 무죄 여부를 판결하기 위해 선서로 맹세한 사람
들의 무리를 _____라고 부른다.

2. _____은 미국 헌법에 대한 열 가지 수정 헌법을 말한다.

3. 수정 헌법 제_____조는 피고는 증인석에 설 필요가 없다는 것을 말
한다.

4. _____은 불법적인 수색으로 획득한 증거에 대한 은유적 표현이다.

5. 범죄가 행해졌다는 것이 명백할 때 수사 기관이 수색이나 체포에 대한 영장을
획득할 수 있는 조건은 _____이다.

6. 주장된 진실을 증명하기 위한 증거를 제공하며, 재판이나 변론에서 입증하는
원고가 아닌 다른 이가 전하는 진술을 _____라 한다.

7. _____ 심사는 과학계의 일반적 용인은 필요하지 않지만 FRE 702 요
건을 충족시킬 필요가 있다는 것을 의미한다.

8. _____은 심문, 증언 녹취록, 문서, 소송에 포함되지 않는 당사자의 소
환장을 통해 요청이 있을 시 민사 소송의 양 당사자가 증거를 공유하는 사전
심리 단계다.

9. _____은 주택 주위의 토지를 일컫는 말이다.

10. _____는 피의자의 위치를 파악하고 지진대와 같은 재난 지역에서 사람의 위치를 찾는 데 사용되는 이동전화 기지국처럼 작용하는 장치를 일컫는 속명이다.

❖ 프로젝트

이메일 증거에 대한 소송 사건 검토

용의자의 행위가 유죄임을 밝히는 데 도움을 주기 위해 재판 시 이메일이 증거로 사용됐던 소송 사건을 찾아본다.

디지털 증거 사용에 대한 보고서 작성

수사에서 디지털 증거의 사용이 형사 사건에 어떤 영향을 미치는지 설명하는 보고서를 작성해본다. 여기에 판례법도 포함시키자.

제정법 변화의 영향에 대한 세부 사항 보고서 작성

기술 변화와 범죄 행위 방법의 변화에 따라 의회 법안과 주 법안 모두 어떻게 변화됐는지를 세부 사항 보고서로 작성해본다.

미국 수사와 유럽 연합 수사의 비교 차트 생성

수사 진행에서 미국과 유럽 연합이 어떻게 다른지 비교하는 차트나 표를 만들어본다. 가급적 상세한 사례(예: 쿠키에 대한 비교)를 들어보자.

8장 | 네트워크 포렌식

8장에서 다루는 내용

- 네트워크 포렌식의 중요성
- 포렌식 수사관에게 중요한 네트워크 로그를 포함한 하드웨어 장치
- IPv4과 IPv6
- OSI 모델
- 네트워크 수사 시 발생하는 실수
- 지능형 지속 위협: 공격 요소, 침해 지표
- 네트워크 침해를 수사하는 방법

개요

네트워크 포렌식은 아주 중요하지만 일부 사람들만이 그 개념을 이해하고 있다. 이러한 포렌식 영역은 네트워크 침해의 폭발적인 증가로 인해 아주 중요해졌다. 2011년 1억 개 이상의 고객 기록이 손상됐을 때 소니 플레이스테이션 사업부는 그 위반으로 대략 170만 달러 이상을 부담했을 것으로 추정된다. 국가 입장에서 이러한 사건을 처리하기 위해 현재는 보안과 일반 정보 기술 인력에 의존하고 있다. 하지만 금융 부채와 나쁜 평판이라는 관점에서 볼 때 기관들은 이러한 위반, 특히 민사 소송 위반과 관련된 위반을 적절하게 처리할 수 있는 법적 그리고 기술적 전문

지식을 지닌 내부 포렌식 수사관에 대해 더 생각해볼 필요가 있다.

지역 사회에서 전문 지식의 부족은 포렌식 수사관이 수사를 진행할 때 클라이언트 컴퓨터와 장치에만 주력하고 다양한 서비스 제공자로부터 서버 사이드 증거를 확보한다는 사실에서 기인한다. 예를 들어 핫메일 서비스의 이메일 메시지가 요구되면 법원 명령이 필요한 것은 기록을 확보하는 것뿐이다. 이러한 증거가 검색되는 방법은 부적절하다. 또 지능형 지속 위협APT의 유행은 네트워크 포렌식 수사관에 대한 새로운 필요성이 제기되고 있음을 의미한다. 이러한 수사관들은 크게 다른 파일시스템, 운영체제 그리고 증거의 종류를 이해할 필요가 있다. 약어 APT는 지능적이라는 단어를 포함하는데, 이는 네트워크에 대한 공격이 이를 지원하는 엄청난 리소스들로 인해 더 정교해지고 있다는 것을 의미하고 중국과 같이 중앙 정부가 지원하기도 한다.

미국처럼 디지털 정보에 의존하는 경제의 성공은 능숙한 네트워크 포렌식 수사관들이 효율적으로 교육을 받고 이들이 정부나 기관에 고용될 때 온전해진다. 국방부와 기타 정부 기관에 대한 연구를 시행하는 대학, 민사 소송 사건에 대한 수많은 지식 재산권을 보유한 법률사무소가 정부 후원 공격자들에게 주요 공격 대상이 된다.

마지막으로 네트워크 포렌식을 기관과 관련된 단순한 존재로 생각해서는 안 된다. 홈 네트워크는 그 중요성으로 인해 성장했다. 예를 들어 맥 컴퓨터, 아이패드, 타임 캡슐, 에어포트 익스프레스, 그리고 아이클라우드로 구성된 '애플 환경'에 대해 생각해보자. 공유기는 공격자들이 트래픽을 도청하고 DNS(도메인 네임 시스템)를 수정할 수 있는 장치를 그들에게 제공할 만큼 잘 동작하지 않을 수 있다.

네트워크 포렌식 관련 주제는 여러 교과서에서 심도 있게 다뤘다. 이 장에서는 이 주제와 관련된 주요 영역과 핵심 개념의 일부를 개략적으로 설명한다.

네트워크 포렌식 수사관은 하드웨어와 소프트웨어의 관점에서 네트워크의 인프라를 이해해야 한다. 이 지식은 수사관들로 하여금 증거가 어디에 위치해 있는지를 알게 해준다.

❖ 작업 도구

네트워크 포렌식에는 두 가지 접근법이 있다. (1) 실시간 캡처와 분석, 그리고 (2) 캡처 데이터에 대한 소급 분석이다. 실시간 분석을 수행하기 위해서는 엄청난 양의 자료가 필요하고(아주 큰 저장 매체와 큰 램이 필요하다.) 필요 메모리 용량을 제공하기 위해서는 RAID(복수 배열 독립 디스크)를 사용한다. 최적으로는 고성능과 대용량 저장 공간, 그리고 낮은 중복을 제공하는 RAID 0를 사용할 수 있다. 백트랙은 실시간 패킷 캡처에 사용되는 오픈소스 리눅스 도구다. 하지만 구매와 유지에 비용이 많이 드는 다른 수많은 네트워크 포렌식 도구도 있다. 그러한 도구는 다음을 포함한다.

- FastDump
- HBGary Responder Pro
- 엔케이스 엔터프라이즈EnCase Enterprise
- 사일런트러너SilentRunner
- 넷위트니스NetWitness
- 맨디언트 레드라인Mandiant Redline
- 스플렁크Splunk

다음의 오픈소스 도구도 사용할 수 있다.

- tcpdump
- WinDump
- Xplico

- 와이어샤크^{Wireshark}

- 키스멧^{Kismet}

- tcpflow

- 이터캡^{Ettercap}

- traceroute

- tcptraceroute

- NGREP

- tcpflow

- WGET

- CURL

패킷 스니퍼는 무선 혹은 유선 네트워크에서 데이터 패킷을 캡처할 때 사용된다. 와이어샤크와 tcpdump가 패킷 스니퍼의 예다. 네트워크 인터페이스 카드^{NIC}는 MAC 주소로 전해지는 패킷에만 응답하지만, 패킷 스니퍼는 무차별 모드로 입력된다. 무차별 모드는 지정된 수신 대상과 상관없이 NIC가 네트워크에서 방송 통신을 들을 수 있게 한다. 패킷 스니퍼는 네트워크 포렌식 수사관들에 의해 프로토콜 해석 장치와 같이 사용된다. 프로토콜 분석 장치는 네트워크상의 통신을 분석하고 해석하는 데 사용된다.

❖ 네트워킹 장치

네트워크 포렌식을 학습할 때는 로깅 기능을 가지고 역사적 증거를 포함하는 장치에 대해 반드시 배워야 한다. 수사관들은 각각의 네트워킹 서버나 장치에 대한 각기 다른 시스템 시간에 주의해야 한다. 다시 말하자면, 데이터는 다수의 네트워킹 서버를 통해 전송될 수 있고 이러한 모든 서버의 타임스탬프는 서로 다를 것이다. 피고 측 변호사는 증인석에서 이에 대해 검찰에 이의를 제기할 수 있다. 다음의 모든 네트워크 장치는 로깅 기능을 가진다.

- 프락시 서버
- 웹 서버
- DHCP 서버
- SMTP 서버
- DNS 서버
- 라우터
- 스위치
- 허브
- IDS
- 방화벽

프락시 서버

프락시 서버는 서버 컴퓨터에 대한 클라이언트의 요청을 중계하는 컴퓨터다. 용의자가 실제로 서버로부터 정보를 요청하기 위한 매개체로 다른 컴퓨터나 여러 대의 컴퓨터를 사용할 수 있기 때문에 이 서버를 아는 것은 중요하다. 따라서 수사관은 미성년자의 불법 사진을 호스팅하는 웹 서버를 압수하겠지만, 페이지나 이미지를 다운로드하려는 클라이언트 요청은 실제로 해커가 장악한 PC를 사용하는 아무것도 모르는 개인의 IP 주소를 보여준다. 스퀴드는 인기 있는 요청을 캐싱함으로써 웹 서버에서 성능을 향상시키는 데 사용되고 DNS, 웹, 그리고 네트워크 검색을 캐시하는 프락시 서비스다. 웹 캐시는 웹 서버의 요청을 통해 인터넷 활동에 대한 귀중한 정보를 제공할 수 있으므로 포렌식 수사관들에게는 흥미로운 영역이다.

웹 서버

웹 서버는 클라이언트 요청에 응답해 HTML 문서와 관련 미디어 리소스를 제공하는 서버다. 다시 말해, 웹 브라우저에 URL을 입력하고 엔터 키를 누르면 데이터 패킷이 IP 주소를 포함한 웹 서버로 전송된다. 그러면 웹 페이지(HTML 파일과 관련 미디어 파일)가 컴퓨터로 보내지고 캐시로 저장된다. 예를 들어 당신이 친구 페이스북에 접속하면 당신은 그 프로필 페이지에 저장된 HTML 프로필 페이지와 사진 혹은 비디오(미디어 파일)를 다운로드하게 된다. 포렌식 수사관들은 웹 서버 기록으로 클라이언트 사용자 요청을 분석할 수 있다.

웹 서버의 기록 파일을 검토할 때는 다음의 정보를 얻을 수 있다.

- 날짜와 시간
- 소스 IP 주소
- HTTP 소스 코드
- 요청된 소스

인터넷 식별자

인터넷 식별자[URI]는 인터넷상에서 자원을 위치시키는 데 사용된다. 가장 일반적인 형태는 다음의 사항으로 구성되는 URL이다.

1. 전송 프로토콜(일반적으로 하이퍼텍스트 전송 프로토콜[HTTP])
2. 콜론(:)
3. 두 개의 슬래시(//)
4. IP 주소로 변환되는 도메인 네임
5. 리소스 HTML 문서나 파일(예: jpg 파일)

웹 브라우저

클라이언트 입장에서 웹 브라우저는 하이퍼텍스트 마크업 언어[HTML]를 만들기 위해 사용된다. 웹 브라우저가 나오기 전에는 인터넷상의 서버로부터 파일을 다운로드하고 업로드하기 위해 파일 전송 규약[FTP]이 사용됐다. 현재는 웹 서버에 안전하게 파일을 업로드할 때 FTP를 사용한다. 웹 브라우저는 (1) DNS 주소를 해결하고, (2) 하이퍼텍스트 전송 프로토콜 요청을 만들며, (3) 리소스를 다운로드하고, (4) 브라우저 도우미[BHO]로 파일의 내용을 보는 데 사용된다. 브라우저 도우미는 웹 브라우저에 기능을 더할 때 사용되고 사용자가 브라우저를 열 때마다 시작된다. 예를 들어 Adobe BHO는 사용자가 브라우저 창에서 PDF 문서를 볼 수 있게 해준다. BHO는 인터넷 익스플로러^{IE}에서 특화돼 있기 때문에 플러그인과는 다소 다르고, 마이크로소프트는 BHO를 만들려는 개발자들을 위한 인터페이스와 가이드라인을 제공한다.

하이퍼텍스트 전송 프로토콜

하이퍼텍스트 전송 프로토콜^{HTTP}은 클라이언트와 서버 간의 요청 및 응답에 대한 기준이다. HTTP는 클라이언트-서버 요청에 사용되는 일반적인 방법을 포함한다. 다음은 '안전한' 방법으로 간주되는 것들이다.

- GET: 요청된 URI에서 리소스를 검색한다.
- HEAD: GET 요청과 유사하지만 요청되는 파일 본체는 포함하지 않는다. 이는 하이퍼텍스트 링크를 시험할 때 사용될 수 있다.
- OPTIONS: URI를 포함하는 통신에서 가능한 옵션에 대한 정보를 요청한다.

특정 클라이언트 방법은 어쩌면 서버에 해가 될 수 있고 다음을 포함한다.

- POST: 파일일 수 있는 폐쇄된 개체를 수락하도록 서버에 요청한다.
- PUT: 특정 URI의 개체가 추가될 수 있도록 요청한다.
- DELETE: 특정 리소스를 삭제한다.
- CONNECT: 전송 계층 보안^{TLS} 통신을 가능하게 하기 위해 사용될 수 있고, 동시에 방화벽과 침입 탐지 시스템을 피하는 HTTP 터널을 만드는 데 사용될 수 있다.
- TRACE: 클라이언트에 의해 다시 전송될 클라이언트의 요청을 받아들인다. 하지만 TRACE는 다른 사이트로 TRACE 요청을 함으로써 웹 브라우저를 속이는 데 사용될 수 있다.

HTTP 내의 코드 체계는 클라이언트에게 요청이나 서버에 대한 상태를 알려준다. 예를 들어 가끔 웹 브라우저에 URL을 입력하면 브라우저는 요청된 리소스(웹사이트)가 발견되지 않는다는 의미로서 '404'의 오류 코드를 보여준다. 이는 사용자가 부정확한 URL을 입력했거나 리소스가 이동했기 때문일 것이다. 404 오류는 서버가 리소스가 발견되지 않는 이유를 공개하기 싫다는 것을 의미할지도 모른다. 다음은 클라이언트 오류에 대한 일반적인 HTTP 코드 체계를 나타낸다.

- 400: 잘못된 요청
- 401: 승인되지 않음
- 403: 금지됨
- 405: 방법이 허용되지 않음
- 406: 허용되지 않음
- 407: 프락시 인증이 요청됨
- 408: 요청 만료
- 409: 충돌
- 410: 사라짐

다음은 서버 사이드에서의 HTTP 코드 체계에 대한 일부 예시를 나타낸다.

- 500: 서버 내부 오류
- 501: 수행할 수 없음
- 502: 잘못된 게이트웨이
- 503: 서비스 불가
- 504: 게이트웨이 시간 초과
- 505: 지원되지 않는 HTTP 버전

스크립팅 언어

웹사이트에서 스크립팅 언어 작동 방법을 이해하는 것은 중요하다. 대부분의 스크립팅 언어는 비디오 클립에 대한 리얼 플레이어Real Player와 같이 삽입된 콘텐츠를 보기 위해 설치된 애플리케이션(플러그인)이 클라이언트 컴퓨터에 있는지 여부를 확인하는 등의 합법적인 목적을 가진다. 그럼에도 불구하고, 특정 스크립트는 악의적일 수 있고, 다른 스크립트는 수사 기관이 프락시 서비스를 사용하는 네크워크상의 용의자를 확인하는 데 사용될 수도 있다. 수사관은 용의자 컴퓨터에서 웹 페이지의 스크립트가 구현되는 방법에 대한 설명을 요청받게 될지도 모른다. 그렇다면 아마도 그 용의자가 악의적이거나 불법 콘텐츠를 지닌 웹 서버를 운영했을 수 있다.

스크립트는 클라이언트 사이드나 서버 사이드 모두에서 작동할 수 있다. 자바스크립트JavaScript(가장 유명함), Jscript, 혹은 VB 스크립트와 같은 스크립팅 언어는 동적 요소와 상호작용 가능하도록 HTML 페이지에 삽입된다. 예를 들어 통화 변환기나 온도 변환기는 자바스크립트로 생성될 수 있고, 이는 숫자를 요청하기 때문에 상호작용하며 그 뒤 클라이언트(사용자)를 위해 이를 변환(출력)한다.

물론 일부 스크립트는 서버 사이드에서 작동한다.

- 파이썬Python
- PHP(.php)
- 펄PERL(.pl)
- 자바Java
- 루비Ruby
- CFMLColdFusion Markup Language(.cfml)
- ASPActive Server Pages(.asp/.aspx/asp.net)

DHCP 서버

동적 호스트 구성 프로토콜DHCP은 서버가 네크워크상의 IP 주소와 호스트에 대한 구성을 동적으로 할당할 수 있도록 하는 기준이다. 이 동적 주소는 새 클라이언트가 미리 할당된 IP 주소 없이도 네트워크에 접속할 수 있다는 것을 의미한다. DHCP 서버는 독특한 IP 주소를 할당한다. 그런 다음 클라이언트가 네트워크를 나가면 그 IP 주소는 해제되고 네트워크를 입력하는 새 호스트에서 사용될 수 있다. DHCP는 네트워크 관리자가 IP 주소를 수동으로 할당하고 그 IP 주소를 사용하는 클라이언트를 기록할 필요가 없으며 이러한 작업을 자동으로 수행하는 DHCP 클라이언트 소프트웨어를 가질 수 있다는 것을 의미한다. 인터넷 서비스 제공자[ISP]는 고객들이 자신들의 네트워크를 사용하도록 DHCP를 사용할 수 있다. 유사하게, 홈 네트워크 공유기는 클라이언트를 네트워크에 추가하기 위해 DHCP를 사용하고(여기에는 PC, 스마트TV, 태블릿, 스마트폰이 포함된다.) 최소한 DHCP 서버는 IP 주소, 서브넷 마스크, 디폴트 게이트웨이를 제공한다. 서브넷 마스크는 분리된 네트워크 간의 통신을 용이하게 한다. 디폴트 게이트웨이는 다른 프로토콜에서 작동되는 두 개의 네트워크 세그먼트를 연결하는 시스템이다. 예를 들어 홈 네트워크에서 디폴트 게이트웨이는 공유기가 될 수 있다.

이벤트 뷰어 애플리케이션을 설치해 PC에서 DHCP 서비스 활동을 확인할 수 있다. 그림 8.1에서 볼 수 있듯이 이벤트는 DHCP가 시작되고 멈추는 매시간마다 생성된다.

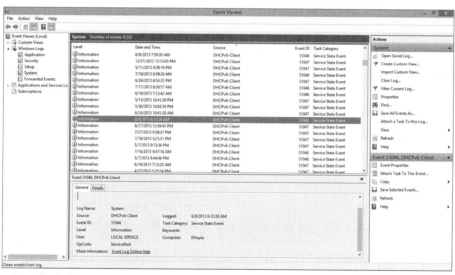

그림 8.1 윈도우 이벤트 뷰어: DHCP

SMTP 서버

단순 메일 전용 프로토콜[SMTP] 서버는 클라이언트에게 이메일을 보낼 때 사용되고, 이메일은 다른 SMTP 서버나 다른 이메일 서버로 전송된다. 예를 들어 이메일을 보내기 위해 마이크로소프트 아웃룩^{Microsoft Outlook}을 사용할 경우, 이 이메일 애플리케이션은 발신자의 SMTP 서버와 수신자의 이메일 주소, 그리고 메시지 본문을 알아낸다. 다른 영역(예를 들어 핫메일에서 야후 메일)으로 이메일을 전송할 경우, SMTP 서버는 DNS 서버와 통신하고 SMTP 서버의 IP 주소를 요청한다. 그런 다음 DNS는 야후(이 예에서)가 운영하는 SMTP 서버에 대한 주소나 IP 주소로 응답한다. SMTP 서버는 HELO(인사), MAIL FROM:(발신자를 명시), RCPT TO:(수신자를 명시), QUIT(세션 종료), HELP(도움말), VRFY(주소 확인), DATA(발신지, 수신지, 주제, 메시지 본문)와 같은 단순한 명령어를 사용해 서로 통신한다. 인터넷 메시지 접속 프로토콜^{IMAP}은 사용자가 모든 종류의 인터넷 가능 장치에서 이메일에 접속할 수 있도록 한다. IMAP로 인해 사용자의 메일은 이메일 서버에 저장되고, 이메일 메시지를 요청할 경우 사용자의 장치에 일시적으로 다운로드된다.

전자우편(이메일)

이메일 분석은 네트워크 포렌식에 대한 일부 지식을 요한다. 다음 목록은 네트워크 포렌식 관점에서 우리가 분석할 샘플 이메일이다. 특정 부분에 설명된 주석은 예시 다음에 설명되고 있다.

```
1)   Received:(qmail 29610 invoked by uid 30297); 27 Jul 2013 19:13:41
-0000
2)   Received: from unknown(HELO p3plibsmtp01-05.prod.phx3.
secureserver.net)([10.6.12.127])
3)   (envelope-sender <dhhayes@pace.edu>)
4)   by p3plsmtp10-06.prod.phx3.secureserver.net(qmail-1.03) with SMTP
5)   for <dhayes@codedetectives.edu>; 27 Jul 2013 19:13:41 -0000
6)   Received: from co1outboundpool.messaging.microsoft.
com([216.32.180.188])
16)  Received: from mail22-co1-R.bigfish.com(10.243.78.243) by
17)  CO1EHSOBE025.bigfish.com(10.243.66.88) with Microsoft SMTP Server
id
22)  X-Forefront-Antispam-Report: CIP:198.105.43.6;KIP:(null);UIP:(nul
l);IPV:NLI;H:exchnycsmtp1.pace.edu;RD:none;EFVD:NLI
55)  MIME-Version: 1.0
58)  X-FOPE-CONNECTOR: Id%0$Dn%*$RO%0$TLS%0$FQDN%$TlsDn%
```

```
63)    Hello
64)    Dr. Darren R. Hayes | dhhayes@pace.edu<mailto:dhhayes@pace.edu> |
Dir=
65)    Cybersecurity & Assistant Professor | Seidenberg School of CSIS
|(212) 346-1005=
66)    | Fax(212) 346-1863 | Pace University, 163 William Street, Room
204, New =
67)    York, NY 10038
68)    Visit Us Online: http://www.pace.edu/pace/seidenberg/
72)    <html dir=3D"ltr">
73)    <head>
81)    10pt;">Hello<br>
136)   </body>
137)   </html>
```

라인 1: 이는 이메일 머리말의 시작 부분이다. 큐메일에 대한 참조는 유닉스에서 작동하는 메일 소프트웨어를 나타낸다. 이메일은 서버 로그의 ID와 일치해야 하는 고유의 ID를 포함한다.

라인 2: 이는 다음과 같은 수신 서버의 IP 주소를 나열한다.

p3plibsmtp01-05.prod.phx3.secureserver.net

통신이 시작되면 클라이언트는 SMTP 서버에서 HELO 명령어를 사용한다.

라인 3: 이는 이메일 발신자다.

라인 4: 이는 수신자가 받는 이메일 서버 이름을 나타내고 SMTP 메시징 프로토콜이 이 이메일의 전송에 쓰인다는 것을 보여준다.

라인 5: 여기서는 메시지가 수신된 날짜 및 시간과 함께 수신자의 이메일 주소를 볼 수 있다.

라인 6: co1ehsobe005.messaging.microsoft.com이라는 도메인 이름과 함께 IP 주소 216.32.180.188이 보여진다. 브라우저에 216.32.180.188.ipaddress.com을 입력하면, 마이크로소프트가 서버를 관리하고 이는 미주리주 체스터필드에 위치한다는 것을 알 수 있다.

라인 16-17: 여기서는 마이크로소프트 익스체인지^{Microsoft Exchange} 서버인 BigFish.com에 대한 여러 참조를 볼 수 있고(http://who.is/whois/bigfish.com/에 접속

해 확인할 수 있다.), 이에 따라 이메일 수신자가 마이크로소프트 익스체인지(아 웃룩Outlook)을 사용한다는 것을 확실히 알 수 있다.

라인 22: Microsoft Forefront(바이러스, 스팸, 피싱 사기로부터 회사를 보호하기 위한 클라우드 서비스) 소프트웨어가 이메일을 검사한다. 또한 이메일이 이 후 라인 41에 언급되는 수신자 이름(ddhaye@pace.edu)에 상응하는 pace. edu(exchnycsmtp1.pace.edu) 메일 서버에서 보내졌음을 볼 수 있다. 이는 이 메일이 수신자에 의해 도용되지 않았음을 나타내기 때문에 중요하다.

라인 55: MIME이 적힌 것을 볼 수 있다. 다목적 인터넷 전자우편MIME은 이메일 포 맷에 대한 프로토콜이다.

라인 58: 이 라인은 FOPE-CONNECTOR에 대한 참조를 포함한다. Microsoft Forefront Online Protection for ExchangeFOPE는 고급의 이메일 기능성을 위해 커넥터를 가지고 있다.

라인 63-68: 이 라인은 이메일 본문을 포함한다.

라인 72-137: 이 라인은 HTML 포맷으로 메시지 본문을 보여준다. 수신자가 일반 텍스트로 메시지를 전송했을 경우 이 HTML 코드는 생성되지 않는다.

DNS 서버

도메인 네임 시스템DNS은 인터넷에 연결된 컴퓨터와 기타 장치에 대한 네이밍 시스 템이다. DNS의 한 가지 기능은 도메인 이름을 IP 주소로 변환하는 것이다. 예를 들 어 도메인 이름 www.pace.edu에 대한 IP 주소는 실제로 198.105.44.27(IPv4)이 지만, 우리는 인터넷 검색 시 더 쉽게 기억하기 위해 음명을 사용한다. 그림 8.2에 서 볼 수 있듯이 윈도우 이벤트 뷰어는 DNS 변환 서비스를 기록한다.

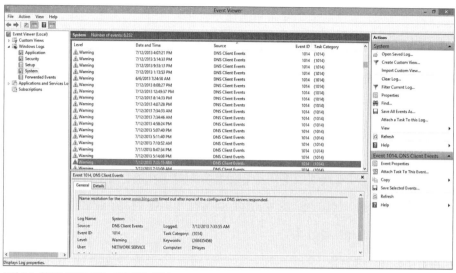

그림 8.2 윈도우 이벤트 뷰어: DNS 변환 서비스

라우터

라우터는 한 네트워크를 하나 이상의 네트워크와 연결하고 한 노드에서 다른 노드까지 데이터 패킷을 지시하는 하드웨어다. 라우터는 각 패킷에 포함된 IP 주소에 따라 해당 패킷을 검사하고 지시한다.

IPv4

현재 인터넷에서 대부분의 트래픽은 IPv4를 사용한다. 인터넷 프로토콜 네 번째 버전(IPv4)은 패킷 교환 방식 인터네트워크에서 무 접속 데이터 전송을 위한 네 번째 프로토콜이다. 인터넷상에서 이러한 패킷은 차례차례로 전송되고 각 패킷은 크기와 구조 면에서 균일하다. IP 패킷(인터넷에 전송된 데이터 블록)은 헤더 섹션과 데이터 섹션을 포함한다. IPv4 헤더는 그림 8.3에서 보여지듯이 14개의 필드를 가진다.

Octet	0								1								2								3							
Bit	0	1	2	3	4	5	6	7	8	9	10	11	12	13	14	15	16	17	18	19	20	21	22	23	24	25	26	27	28	29	30	31
0	Version				IHL				DSCP						ECN		Total Length															
32	Identification																Flags			Fragment Offset												
64	Time To Live								Protocol								Header Checksum															
96	Source IP Address																															
128	Destination IP Address																															
160	Options (if IHL > 5)																															

그림 8.3 IPv4 헤더

- 버전: 버전(4비트 값은 IPv4를 나타낸다.)

- 인터넷 헤더 길이IHL: 헤더 길이

- 차등화 서비스 코드 포인트DSCP: 실시간 데이터 스트리밍을 위한 차등화 서비스DiffServ 코드

- 명시적 폭주 통지ECN: 네트워크 폭주 고지에 대한 선택적 특징

- 총 길이: 패킷(헤더와 데이터) 크기를 나타내는 16비트 필드

- 식별: 고유 식별자

- 플래그: 프래그먼트를 식별하는 데 사용되는 고유 식별자

- 프래그먼트 오프셋: 프래그먼트 오프셋을 명시하는 데 사용되는 13비트 값

- 타임 투 리브TTL: 데이터그램이 유효 기간을 나타내는 시간. 라우터는 이 수를 감소시키고 0이 되면 패킷을 제거한다.

- 프로토콜: IANA에서 정의한 대로 IP 데이터그램의 데이터 부분에서 사용되는 프로토콜

- 헤더 체크섬: 라우터에 의한 오류 확인에 사용

- 소스 IP 주소: 발신자의 IP 주소

- 목적지 IP 주소: 수신자의 IP 주소

- 옵션: 자주 사용되지 않지만 IHL로부터 데이터를 보유할 수 있다.

IPv4는 주로 점으로 구분된 10진 기수법의 4바이트 수로 나타나는 32비트 주소를 사용하고, 198.105.44.27인 www.pace.edu의 예는 IPv4 주소라는 것을 알 수 있다.

IPv6

IPv6는 최신 버전으로 IPv4와 마찬가지로 국제 인터넷 표준화 기구^{IETF}가 선보였다. 이 버전은 IPv4(4,294,967,296개의 가용 주소)와 관련된 제한된 수의 IP 주소에 대응하고자 개발됐다. 인터넷 할당 번호 관리 기관^{IANA}은 전 세계적으로 IP 주소를 할당하고 있다. 인터넷이 되는 모든 장치는 IP 주소가 필요하다. IPv6는 128비트 주소며, 따라서 2,128개의 수소가 가능하다. 예를 들어 198.105.44.27은 IPv6에서 2002:C669:2C1B:0:0:0:0:0으로 변환된다. 이 예에서 알 수 있듯이 IPv6 주소는 네 개의 16진수 숫자를 가진 여덟 개 무리로 구성되고 세미콜론은 각 무리를 분리하는 데 사용된다.

넷플로우는 IP 네트워크 트래픽에 대한 과정을 캡처할 수 있기 때문에 네트워크 포렌식 수사관들에게는 유용한 도구다. 시스코가 1996년 이 도구를 개발했지만, 이는 넷플로우와 호환되는 라우터와 스위치로 작동하고 제조 업체와 상관없이 대부분의 라우터가 넷플로우와 호환된다. 넷플로우 버전 9은 인터넷 프로토콜 플로우 정보 보내기^{IPFIX}로 불리는 IETF 기준의 근거가 됐다. 넷플로우는 특히 사고 대응에 유용한데 넷플로우가 네크워크상 노드 간의 모든 연결 활동을 캡처할 수 있기 때문이다. 이 네트워크 플로우 활동은 이러한 과정을 캡처하고 처리하며 저장하는 서버인 컬렉터로 전송된다. 저장되는 데이터는 소스와 목적지 IP, 소스와 목적지 포트, 사용되는 IP 프로토콜, 서비스 형태를 포함하지만 저장된 패킷 콘텐츠를 포함하지 않는다. 넷플로우는 패킷 캡처가 구현되지 않을 때 더 유용하다.

IDS

침입 탐지 시스템^{IDS}은 악성 활동에 대한 네트워크 트래픽을 감시하는 데 사용되는 하드웨어 혹은 소프트웨어다. IDS는 의심되는 활동이 발생했을 때 경고하며 전문적인 보고 기능으로 로깅 정보를 제공한다. IDS는 단순히 미리 프로그래밍되지 않고 정상적인 활동과 비교했을 때 네크워크상에서 불규칙성이 발견되면 네트워크 관리자에게 경고할 수 있는 복잡한 시스템이다. IDS는 미리 결정되거나 발견되는 특징 모두에서 작동할 수 있다. 불규칙성은 네트워크마다 다르기 때문에 이는 중요한 부분이다. 예를 들어 미국의 정부 시설에서 중국으로 전송되는 데이터에는 경고가 울릴 수 있는 반면, 미국 대학과 베이징 사이의 인터넷 트래픽은 일상적으로 발생하는 일이다. IDS는 인바운드와 아웃바운드 네트워크 트래픽 모두를 감시한다.

물론 로그와 보고를 포함한 IDS는 네트워크 포렌식 수사관이 분석하는 첫 항목 중 하나다. 하지만 IDS나 침입 방지 시스템의 효용성은 암호화된 패킷을 검사할 수 없기 때문에 감소됐다. 이러한 경우 네트워크 모니터링 도구의 로그는 매우 가치가 클 수 있다. 파이어아이^{FireEye}는 악성 소프트웨어를 확인하는 이러한 도구 중 하나를 제공한다. 불행하게도 타깃 스토어의 경우 파이어아이의 경고는 완전히 무시됐고 회사가 공지한 후에도 수백만 개에 달하는 고객 데이터의 도난은 지속됐다.

현재 많은 종류의 IDS가 존재하고 그들은 모두 다른 방식으로 작동한다.

- 네트워크 침입 탐지 시스템^{NIDS}
- 호스트 기반 침입 탐지 시스템^{HIDS}
- 침입 방지 시스템^{IPS}

방화벽

방화벽은 네크워크상의 데이터 패킷을 검사하는 데 사용되는 소프트웨어 혹은 하드웨어 메커니즘이고, 일련의 규칙에 따라 각 패킷의 허용 여부를 결정한다. 네트워크 관리자는 이러한 규칙을 설정할 수 있다. 예를 들어 관리자는 중국의 IP 주소로부터 발생되는 인바운드/아웃바운드 트래픽을 막을 수 있다. 중국 해커들은 구글 그룹이나 기타 미국 IP 주소를 통해 명령 및 제어를 수행하며, 이를 통해 방화벽에 걸리지 않을 수 있다. 따라서 네트워크 관리자는 알려진 악성 웹사이트를 방화벽에 차단 사이트로 등록해야 한다. 이러한 악성 소프트웨어 사이트는 www.malwaredomainlist.com과 같은 웹사이트나 연방 수사 기관에서 확인할 수 있다.

해커가 처음으로 하는 것 중 하나는 방해 없이 데이터를 보내고 받기 위해 방화벽 설정을 바꾸는 것이다. 네트워크 포렌식 수사관들은 방화벽 규칙이 바뀌었는지 확인해야 한다. 방화벽은 운영체제에 설치될 수 있거나 네트워크 라우터의 일부분이 될 수도 있다.

포트

포트는 컴퓨터에서 동작 중인 프로세스나 애플리케이션에 특성화된 통신 채널이다. 일반적으로 시스템에 사용되지 않는 포트는 침해 사고를 감지할 수 있기 때문에 네트워크 포렌식 수사관들에게는 아주 중요하다. 시스템 로그의 많은 포트 역시 컴퓨터에서 실행되는 애플리케이션의 종류를 나타낸다. 총 6만 5,535개의 포트가 존재하고, 일반적으로 사용되는 포트의 목록은 다음과 같다.

- 20과 21: 파일 전송 프로토콜[FTP]
- 22: 시큐어 셸[SSH]
- 23: 텔넷 원격 로그인 서비스
- 25: 간이 전자우편 전송 프로토콜[SMTP]
- 53: 도메인 이름 시스템[DNS] 서비스
- 80: 월드 와이드 웹에 사용되는 하이퍼텍스트 전송 프로토콜[HTTP]
- 110: 포스트 오피스 프로토콜[POP3]
- 143: 인터넷 메시지 접속 프로토콜[IMAP]
- 443: HTTP 보안[HTTPS]

포트 80은 사용자의 인터넷 활동과 연관돼 있으므로 클라이언트들에게 가장 흔히 쓰인다. 오늘날 대부분의 웹 메일은 SSL과 포트 443을 사용한다.

❖ OSI 모델 이해

개방형 시스템 간 상호 접속[OSI] 기준은 데이터가 인터넷을 통해 전송되는 방법을 정의하는 데 사용되는 모델이다. 이 기준은 1984년 국제표준화기구[ISO]가 도입했다. ISO는 우리가 일곱 개 계층을 이용한 인터넷을 통해 통신하고 있다는 개념을 알렸다(다른 집단은 더 적은 계층으로 이뤄진 다른 모델을 가지고 있다). 포렌식 수사관들은 배심원들에게 피해자로부터 받은 이메일이 사실은 용의자로부터 받은 이메일이었다고 확신하는 이유를 설명해야 할 필요가 있으므로 통신의 각기 다른 계층을 이해하는 것은 중요하다(그림 8.4 참조). 이를 위해서는 이메일의 헤더 정보를 설명하고 그 메시지가 어떻게 다른 하드웨어를 통해 전송됐는지 설명해야 한다. 내가 당신에게 메일을 보내면 당신은 실제로 내가 보냈음을 어떻게 증명할 것인가? 각 계층을 기억하는 유용한 방법은 APSTNDP다(모든 사람은 데이터 처리가 필요한 것 같다).

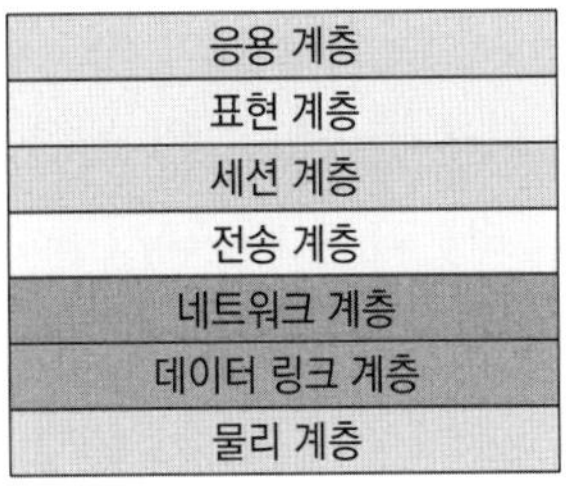

응용 계층
표현 계층
세션 계층
전송 계층
네트워크 계층
데이터 링크 계층
물리 계층

그림 8.4 OSI 모델

물리 계층

물리 계층(1계층)은 데이터가 전송되는 하드웨어나 매체와 전송에 필요한 전력을 정의한다. 보통 전력은 0과 1(2진수)로 정의되는 전기 임펄스 형태다. 물리적 하드웨어는 다음을 포함할 수 있다.

- 동축 케이블
- 광섬유
- 이더넷 케이블
- 네트워크 인터페이스 카드[NIC]

데이터 링크 계층

주소 변환 프로토콜ARP은 OSI 네트워크 계층(3계층)이 데이터 링크 계층(2계층)에 연결되는 방법이다. 다시 말해, 홈 네트워크로 인터넷을 사용할 경우 요청은 홈 네트워크에 대한 IP 주소로 전송된다. 웹 서버가 응답해 메시지를 IP 주소로 보내면 라우터는 ARP를 사용해 네크워크상의 적당한 장치로 메시지를 전송해야 한다(즉 정보를 요청하는 특정 장치의 MAC 주소로 메시지를 보낸다는 것이다).

랜LAN에서는 MAC 주소와 IP 주소가 사용된다. 데이터 링크 계층에서 MAC 주소는 ARP 캐시라고 부르는 표에 나타난 목적 컴퓨터를 찾는 데 사용된다. MAC 주소는 네트워크 카드에 저장된다. 애플리케이션은 목적 컴퓨터를 찾기 위해 IP 주소를 사용한다.

네트워크 계층

네트워크 계층은 네트워크나 서브넷 운영 간의 통신을 정의하고 전송이 발생해야 하는 물리적 경로를 결정한다. 네트워크 계층에서 논리 주소는 물리 주소로 변환된다. 이 계층에서 네트워크와 프레임 분할 사이의 라우팅 프레임에 대한 결정이 이뤄진다.

라우터는 이 계층에서 운영된다. 라우터는 마더보드, 중앙처리장치CPU, 그리고 입력/출력 포트를 가진 하드웨어 장치다. 여기에는 메모리도 있는데 이는 시작 구성, 운영체제 그리고 라우팅 테이블을 포함한다. 라우팅 테이블은 네트워크에 대한 정보를 포함하고 네트워크를 통해 패킷을 전송하는 가장 효율적인 방법을 제공한다.

전송 계층

전송 제어 프로토콜TCP은 인터넷과 함께 쓰이는 통신 규약이다. 이는 전송 계층(4계층)에서 발견되고 네트워크 연결을 통해 데이터의 신뢰성 있는 전송에 사용된다. 월드 와이드 웹WWW, 이메일, FTP와 같은 서비스는 이 통신 프로토콜을 사용한다. 빠른 통신이 필요하고 오류 검사를 감지하는 애플리케이션은 데이터그램 프로토콜

UDP을 사용한다. VoIP와 비디오는 보통 빠른 속도를 제공하고 데이터 패킷이 잘못 보내지거나 누락될 경우에도 큰 문제가 되지 않으므로 UDP를 사용한다. 반면 TCP 는 더 질서정연하며 모든 데이터 패킷이 올바른 순서로 보내졌다는 것을 보장하기 위해 오류 검사를 제공한다.

> **참조**
>
> 사용자 데이터그램 프로토콜(UDP)은 제한적인 패킷 복구 기능을 지니고 전송 계층에서 작동하는 비연결형 통신 프로토콜이다.

TCP 3단계 응답 확인 방식

TCP는 TCP/IP 연결을 설정하기 위해(인터넷을 통한 연결) SYN-SYN-ACK로 알려진 3단계 메시지 응답 확인 방식을 사용한다. 다음은 작동 방법에 대한 설명이다.

1. 호스트 A는 호스트 B에 TCP 동기화된(SYN) 패킷을 보낸다.
2. 그러면 호스트 B는 동기화 확인 응답(SYN-ACK)을 호스트 A에 보낸다.
3. 이 응답으로 호스트 A는 확인 응답(ACK)을 호스트 B에 보낸다.
4. 호스트 B가 ACK를 받으면 TCP 소켓 연결이 설정된다.

또 다른 3단계 통신은 통신이 끝나면 TCP 연결을 '해지'하는 데 사용된다. 다음의 프로토콜은 모두 TCP를 사용하고 따라서 3단계 응답 확인 방식을 사용한다.

- FTP
- HTTP
- HTTPS
- SMTP
- IMAP
- SSH
- POP3
- Telnet

SYN 플러드 공격

SYN 플러드^{SYN flood} 공격은 서버가 모든 요청을 처리하지 못하고 쓸모없게 되도록 아주 빠른 속도로 해커가 SYN 요청을 호스트에 보낼 때 발생한다. 다시 말해, 정상 사용자가 3단계 응답 확인 방식에서 예상되는 ACK 요청을 서버에 보낼 수 없다는 의미다.

> **참조**
>
> ### TCP 중요성
>
> 우리는 왜 TCP에 대해 신경을 쓰는 것일까? 네트워크 포렌식에서 대부분의 일은 데이터 패킷 분석을 중심으로 이뤄진다. 네트워크 트래픽을 모니터링할 때 TCP/IP 데이터 패킷을 분석하는 데 스니퍼를 사용하길 원할지 모른다. 대부분의 패킷 스니퍼는 OSI 모델의 2계층이나 3계층에서 작동한다.
>
> TCP/IP 헤더는 소스 포트와 IP 주소, 그리고 목적지 포트와 IP 주소를 포함한다. 예를 들어 IP 주소 식별은 중국 서버와의 통신 여부를 알 수 있게 해준다. 포트 넘버는 사용되는 서비스 유형을 알게 해준다. 예를 들어 인터넷 릴레이 챗(IRC, Internet Relay Chat)은 TCP 프로토콜을 사용하고 포트 6667 운영에서 볼 수 있다. 하지만 IRC는 명령과 제어(스팸을 보내기 위해 당신의 좀비 컴퓨터를 사용함)를 위해 bot herders(악의적인 목적의 해커)들에게서 주로 사용된다. IRC 로그 확인을 위해서는 Ngrep(ngrep.sourceforge.net) 도구를 사용할 수 있다.
>
> 요약하자면, 많은 네트워크 포렌식 조사관들은 누가 네트워크에서 통신하는지, 어떤 서비스를 이용하는지, 그리고 그들이 하는 악의적 행위가 무엇인지 확인하는 것과 관련해 네트워크에서 데이터 패킷을 분석하기 위해 TCP 도구를 사용한다.

세션 계층

이름에서 제시하듯 세션 계층(5계층)은 각기 다른 시스템에서 프로세스를 시작하고 유지하며 종료하는 데 사용된다.

표현 계층

표현 계층(6계층)은 응용 계층에 대한 데이터를 준비하고 데이터 변환, 압축, 암호화에 사용된다.

응용 계층

응용 계층(7계층)은 사용자와 가장 가까운 계층으로 간주될 수 있고 애플리케이션들과 상호작용한다. 이 계층의 기능은 이메일SMTP, 원격 파일 접근, 원격 프린터 접근, 파일 전송 규약FTP, 하이퍼텍스트 전송 규약HTTP, 네트워크 관리를 포함한다.

사례 연구

네트워크 포렌식이 잘못 사용되는 경우

수사 기관은 컴퓨터 포렌식 수사 시 제한된 자원을 활용한다. 불행히도 네트워크 포렌식 조사관의 수는 적다. 따라서 때때로 실수가 발생하는 것은 놀라운 일도 아니다. 예를 들어 다음의 식별 오류 사례를 고려해보자.

2011년 3월 7일 오전 6시 20분 뉴욕시 버팔로의 한 거주자가 뒷문을 부수고 들어오는 일곱 명의 무장 요원 때문에 잠에서 깨어났다. 이민세관국(ICE) 요원은 "엎드려! 바닥에 엎드려!"라고 소리치며 용의자를 계단 아래로 던졌다. 곧 용의자는 일어나서 옷을 입었다. 요원은 다수의 소아성애자 관련 증거를 확보했었는데, 그중 하나는 소아성애자 IP 주소로 밝혀졌고 P2P 사이트에서 확인된 것은 가해자가 보안을 설정하지 않은 무선 연결을 이용했다는 것을 의미하는 '더러운 IP 주소'였다.

수사관들은 용의자의 온라인 IP 주소를 발견할 것이고, 그런 다음 소유주를 확인하기 위해 ISP에 문의할 것이다. 하지만 IP 주소는 라우터를 사용하는 많은 무선 장치(컴퓨터)가 아닌 라우터에 대한 고유 식별자일 뿐이다. 따라서 근처에 있는 누구라도 보안 설정이 없는 와이파이를 연결할 수 있고 소유주에 대한 지식 없이도 밀수품을 다운로드하거나 업로드할 수 있다. 이 사례에서 요원들은 집에 있는 컴퓨터와 장치를 확인할 수 있었고 재빠르게 용의자가 없다는 것을 깨달았다. 라우터에 연결된 컴퓨터에서 DHCP 로그를 확인하면 특정 시간에 무선 연결에 접속한 장치를 알 수 있다. 또 많은 접근점 역시 라우터를 통합하므로 DHCP 로그는 라우터 자체에서 나타나게 된다. 독립 접근점은 연결된 장치에 나열되는 테이블을 포함할 수 있다.

이 사례는 믿을 수 없는 일처럼 보이지만, 요원이 더러운 IP 주소로 인해 용의자를 오인해 체포하는 일은 자주 일어난다. 미국 변호사 윌리엄 호쿨(William Hochul)과 이민세관국 특별 수사관 레브 쿠비악(Lev Kubiak)은 무고한 집주인에게 사과했다. 요원들은 이후 아동 포르노 유통 혐의로 그 이웃을 체포하고 기소했다.

도구는 수사관들이 무선 접근점에 대해 더 잘 이해할 수 있도록 도와준다. 예를 들어 아이폰에서 이용 가능한 넷 애널라이저Net Analyzer는 가장 가까운 접근점을 식별할 수 있고 몇 대의 장치가 접근점에 연결돼 있는지 빠르게 확인할 수 있다. 넷 애널라이저는 장치의 MAC 주소뿐 아니라 장치와 제품에 주어진 이름을 알 수 있게 해준다. 이 사례에서 장치는 기본적으로 와이파이가 가능한 노트북, 삼성 갤럭시 5, 엑스박스 원, 혹은 IP 카메라일 수 있다. 이러한 유형의 와이파이 분석은 사례 연구에서는 생기지 않는 영장 발부 전에 수행돼야 한다.

개방형 무선 신호가 발견되면 수사관들은 이를 설명해야 한다. 무선 네트워크가 개방됐다 하더라도 범죄 증거가 네트워크 도구 내에 있을 것이라는 상당한 근거는 여전히 존재한다. 일부 범죄자들은 추후 범죄에 대한 무고를 주장하기 위한 용도로, 고의적으로 무선 네트워크를 개방해놓는다. 결론적으로 IP 주소를 출처로 확인한다고 해도, 이는 그 위치에 있는 사람이 범죄의 원인이라는 유일한 증거가 아닐 수 있기 때문이다.

지능형 지속 위협

지능형 지속 위협APT은 지식 재산권을 훔칠 목적으로 컴퓨터 네트워크에 가하는 정교하고 가차 없으며 협조된 공격이다. 이 용어는 2006년 미국 공군에서 처음 사용됐다. 인민 해방군PLA이 단순히 중국을 보호하는 것뿐만 아니라, 경제 스파이를 포함해 경제적인 발전에 기여할 의무를 갖고 있다는 점은 잘 알려진 사실이다. 맨디언트는 미국의 지식 재산권을 훔치기 위해 중국 정부가 해커를 고용하고 있음을 알리는 하나의 조직이다. 맨디언트 보고는 수백 혹은 수천 명의 해커가 관리하는 상해 유닛 61398에 대한 상세 정보를 제공한다.

사이버 킬 체인

'상대방의 작전과 침입 킬 체인 분석에 의한 지능 기반 컴퓨터 네트워크 방어' 백서는 컴퓨터 네트워크 첨단 공격에 대한 여섯 가지 단계를 설명하고 있다. 이 침입 킬체인은 정부가 지원하기에는 아주 정교한 네트워크 공격 시 발생하는 일을 설명한다. 그림 8.5는 이 체인이 발생하는 방법과 각 단계에 대한 설명을 보여준다.

그림 8.5 침입 킬 체인

정찰

이 단계에서 공격자는 조직 구조를 알기 위한 시간을 번다. 상대는 다음에 서술된 것과 같이 다양한 방법으로 대상에 대한 정보를 수집한다.

채용 공고

공격자는 기관 웹사이트나 Monster.com 같은 사이트에서 IT 직종과 관련된 일자리를 확인할 수 있다. 보통 공개된 자격 요건은 공격자에게 시스템 사용과 관련된 풍부한 정보를 제공한다. 그런 후 공격자는 관리자가 변경하지 않는 한 디폴트 값비밀번호를 비롯해 각 시스템과 애플리케이션에 관련된 취약점 정보를 얻는다. 다음의 내용은 데이터베이스 관리자가 Monster.com에 올리는 자격 요건의 예를 나타낸다.

- 컴퓨터공학 학사 학위 혹은 그에 준하는 경력: Oracle 10g와 11g 데이터베이스 구축 RAC, ASM, DataGuard와 관련된 최소 5년의 경력

- R12 환경이나 오라클 아이덴티티 매니지먼트에서 오라클 E-비즈니스 스위트 지원에 대한 기능적이고 기술적인 지식 및 경력
- 리눅스와 윈도우 서버 환경에서의 오라클 지원 경력
- 마이크로소프트 SQL 서버와 관련된 경력

위에 언급된 바와 같이 이 정보는 정찰 단계에서 공격자에게 이득을 줄 수 있다.

보도 자료

많은 기관들이 알지 못하는 사이에 보도 자료를 통해 다양한 방법으로 공격자에게 정보가 제공된다. 한 가지 방법은 IT 시스템 대량 구매를 알리는 것이다.

기술 포럼

IT 담당자들이 자신들의 조직에서 직면하는 문제에 대한 답을 찾기 위해 기술 포럼에서 다른 IT 전문가를 찾는 것은 일반적인 일이다. 문제는 이러한 인터넷 포럼이 대중에게 공개돼 있다는 것이다. 공격자는 이러한 포럼에 게재된 글을 보고 기관 시스템에 대한 많은 정보를 얻을 수 있다.

기타 정보처

공격자들은 페이스북이나 링크드인과 같은 소셜 미디어 웹사이트에서 기관에 대한 많은 정보를 얻을 수 있다. 이러한 사이트는 기관에서 발생하는 사건에 대한 매우 유용한 정보를 제공하거나 해당 조직의 핵심 직원들에 대해 알 수 있게 해준다.

일부 직원들은 위키리크스^{WikiLeaks}, 시큐어 드롭^{SecureDrop} 혹은 페이스트빈^{Pastebin}과 같은 웹사이트에 그들 조직에 대한 민감한 정보를 올리기도 하는데, 이는 정찰 단계에서 더 많은 정보를 제공해준다.

공격자들에게 도움이 될 만한 기타 정보는 회사 웹사이트에서 볼 수 있다. 한 사례에서는 대형 의료 기관의 샘플 사원증을 보는 것이 가능하고 이러한 ID 배지를 만드는 회사에 대한 세부 사항을 알 수 있다. 일부 무료 서비스는 도메인 이름을 등록한 개인 이름과 주소를 알 수 있게 해준다.

무기화

이 단계에서 공격자는 페이로드에 악성코드를 심는다. 예를 들어 페이로드는 바이러스나 트로이 목마^{Trojan}가 심어진 PDF 문서일 수도 있다. 트로이 목마는 악성코드를 숨기는 데 사용되는 합법적으로 보이는 애플리케이션이다. 공격의 기타 형태에는 스팸, USB 장치, 해킹된 와이파이 연결이 포함될 수 있다.

전달

이 단계는 단순히 목표 대상으로 페이로드를 전달하는 것을 포함한다. 전달 방법은 악성코드와 연결된 전자 생일 카드를 이용한 SQL 주입이나 스피어 피싱을 포함할 수 있다.

착취

착취는 페이로드의 성공적인 실행이다. 이는 직원이 전자 카드가 포함된 링크를 클릭하면 그 기계의 악성코드가 실행되고 공격자는 시스템과 그 컴퓨터에 연결된 네트워크에 접근할 수 있다는 것을 의미한다.

C2

C2(명령과 제어) 단계는 발생할 수도 있고 아닐 수도 있다. 이 단계는 공격하기 위해 일부 유형의 시스템을 사용한다. C2는 호스트나 IP 주소에서 나오는 요청이 합법적으로 보이게 함으로써 공격자들을 혼란스럽게 하는 데 사용된다. 네트워크상에서 의심되지 않은 호스트 컴퓨터가 다른 시스템과 통신하는 데 사용될 경우, 이는 래터럴 공격^{lateral attack}이라 부른다. 트위터, 라이코스나 구글 그룹과 같은 사이트는 IP 주소가 일반적으로 기관에 의해 차단되지 않기 때문에 명령과 제어에 사용돼 왔지만 이러한 합법적 사이트 뒤에는 러시아나 중국에 있는 해커들이 있다.

유출

유출은 네트워크 자료의 도난을 포함한다. PFC 브래들리 매닝^{PFC Bradley Manning}은 정부 네트워크 데이터 유출에 대한 대표적인 예고, 에드워드 소노든^{Edward Snowden}은 또 다른 예다. 타 정부의 후원을 받아 주요 지식 재산을 유출하는 경우도 있으며, 예를 들면 NASA 우주왕복선의 냉각 타일이나 미사일 방어 시스템에 대한 정보가 그 대상이 된다.

침해 지표

APT에 대한 문제는 이들이 너무 최첨단이어서 방화벽, IDS, 안티바이러스 등과 같은 다수의 일반적인 보안 메커니즘이 효과적이지 못하다는 것이다. 하지만 APT 공격의 특징이나 보안 사고 침해 지표^{IOC}는 알려져 있고 다음을 포함할 수 있다.

- 레지스트리 키: 윈도우 구성 파일이 변경된다.
- DLL 파일: 동적 연결 라이브러리^{DLL} 파일은 프로그램이 실행하는 절차와 드라이버를 포함하는 윈도우 시스템 파일이다. 다수의 프로그램이 이 공유된 시스템 파일에 접근할 수 있다. 변화는 일어날 수 있고 변화가 발생될 경우 이는 윈도우 버전과 DLL 파일 버전의 숫자를 대조해서 확인할 수 있다.
- ServiceDLL: PC에서 service.dll 파일이 발견될 경우 그 컴퓨터는 트로이 목마 infostealer.msnbancos에 감염됐을 수도 있다.
- ImagePath: 이는 레지스트리 키에서 발견되는 백도어다.
  HKEY_LOCAL_MACHINE\SOFTWARE\Microsoft\ActiveSetup\
  InstalledComponents
  HKEY_CURRENT_USER\Software\Microsoft\ActiveSetup\
  InstalledComponents
- svchost.eve: 이는 여러 윈도우 서비스를 호스팅하는 시스템 프로세스다. svchost.exe 파일이 system32 디렉터리 외부에 있을 경우 이는 침입이 있었다는 것을 의미한다.

- 이메일: 이메일 SMTP IP 주소가 도메인 이름과 일치하지 않는다.
- 포트: 정기적으로 사용되지 않는 컴퓨터 포트가 현재 사용되고 있다. 인터넷 릴레이 챗IRC, Internet Relay Chat은 실시간 채팅을 위한 인터넷 프로토콜이고 포트 6667을 이용한다. 또 IRC는 해커가 침해된 컴퓨터를 다루기 위한 명령과 제어에 사용된다.
- $USN_Journal: 이는 윈도우 운영체제 저널의 특이한 입구다.
- 프리패치 파일: 새 프리패치 파일은 새 드라이버 혹은 새 다운로드 파일을 의미할 수 있다. 프리패치는 부트 과정에 사용되는 파일을 포함하는 윈도우 시스템 폴더의 폴더며 보통 다른 프로그램에 의해 열린다. 프리패치는 사용되는 파일 트랙을 유지함으로서 빠르게 컴퓨터를 부팅하거나 프로그램을 시작하는 것이다.

❖ 네트워크 공격 수사

네트워크 공격과 침해 모두가 APT는 아니다. 일부 공격자들은 단순히 혼란이나 파괴만을 원하고 다른 이들은 돈이나 민감한 자료를 확보하려 한다. 공격자는 기관 내 컴퓨터를 옮겨 다닐 수 있고 보안 사고 침해 지표를 발견하는 것은 어렵기 때문에 침해를 발견하는 것은 어려울 수 있다. 후자의 경우 레지스트리 파일의 미로에서 작은 변화를 찾는 것은 건초더미에서 바늘을 찾는 것과 같다. 때때로 침해를 확인하는 가장 효과적인 방법은 감염된 시스템을 감염되지 않은 시스템과 비교하는 것이다. 최근 기관이 공격을 당했고 휴가 중이거나 일시적으로 자리를 비운 직원의 컴퓨터를 찾을 수 있다면 그 컴퓨터는 감염되지 않았을 것이고 따라서 침해를 확인하기가 훨씬 더 쉬워진다. 윈도우 컴퓨터의 침해를 식별하는 또 다른 방법은 시스템의 복구 지점을 살펴보는 것이다. 윈도우 비스타 도입 이래 마이크로소프트는 볼륨 섀도우 카피Volume Shadow Copy라 불리는 파일 백업 시스템을 사용해왔다. 뉴욕 ARC 그룹은 볼륨 섀도우 카피나 특정 지점에서의 컴퓨터 시스템을 분석하는 것으로 알려진 포렌식 소프트웨어 ProDiscover를 시장에 내놓았다.

❖ 요약

수많은 네트워크 포렌식 도구가 존재하고 엔케이스 엔터프라이즈^{EnCase Enterprise}나 사일런트러너^{SilentRunner}와 같은 다수의 도구는 비싸지만 와이어샤크^{Wireshark}나 tcpdump와 같이 매우 효과적인 무료 오픈소스 도구도 존재한다. 침입 탐지 시스템, 라우터, 방화벽을 포함하는 네트워킹 장치는 네크워크상의 호스트에 대한 수많은 증거를 만들 수 있다. 네트워크 포렌식은 클라이언트와 서버 컴퓨터 모두가 조사되므로 기존의 포렌식과는 다르다. 서버 유형 중 가장 중요한 것은 웹 페이지뿐 아니라 클라이언트 컴퓨터 요청과 관련된 로그를 포함하는 웹 서버다. 따라서 수사관들은 인터넷 활동에 대한 용의자의 컴퓨터만을 수색하는 것이 아니라 웹 페이지에 대한 클라이언트 요청을 확보하기 위해 웹 서버 소유주도 소환할 수 있다. 인터넷 프로토콜 버전 4^{IPv4}는 오늘날 가장 일반적인 인터넷 주소 프로토콜이지만 IP 주소의 고갈로 인해 더 긴 IPv6 주소로의 이동을 필요로 하고 있다. 인터넷상의 애플리케이션은 네트워크상의 목적 호스트를 찾기 위해 IP 주소를 사용한다.

랜^{LAN}에서 MAC 주소는 네트워크상의 호스트를 식별하는 데 사용되고 OSI 모델의 데이터 링크 계층에서 사용된다. OSI 모델은 인터넷상의 한 호스트에서 다른 호스트로 데이터가 전송되는 방법을 설명해준다. 수사관들은 통신이 한 계층에서 다른 계층으로 어떻게 전송되는지 설명하고 용의자가 특정 통신을 사용하고 있다는 것을 증명하기 위해 OSI의 각 계층을 알고 있어야 한다. OSI 모델의 전송 계층은 가장 중요한 계층이라 말할 수 있는데, TCP/IP 트래픽을 분석하는 많은 도구가 해커에 의한 네트워크 침입을 식별하는 과정에서 수사관들에게 매우 중요하기 때문이다.

클라이언트 컴퓨터를 조사하기에는 제한적인 지식을 가진 수사관은 중요한 증거를 놓칠 위험과 관련된 네트워크의 특성을 이해하지 못한다. 이는 앞선 사례 연구에서 설명했듯 실제로 개인을 잘못 체포하게 할 수도 있다.

지능형 지속 위협은 미국에서 주요 관심사고, 이는 기존 IT 보안 인력에 의존하는 대신 네트워크 포렌식 수사관을 고용하는 것이 조직에 얼마나 중요한지 설명해준다. 이러한 위협은 아주 정교하므로 기존의 보안 방법은 신뢰할 수 없다. APT는 계획에 따라 개발될 수 있다. 많은 기관들은 자신들이 공격자에게 네트워크 인프라에 대한 다양한 정보를 공공연하게 제공하고 있다는 점을 깨닫지 못하고 있다. 이러한 정보는 채용 공고, 보도 자료, 기업 웹사이트를 비롯한 다양한 소스에서 얻을 수 있다.

❖주요 용어

개방형 시스템 간 상호 접속^{OSI} 기준: 데이터가 인터넷을 통해 전송되는 방법을 정의하는 데 사용되는 모델

네트워크 계층: 네트워크나 서브넷 운영 간의 통신을 정의하고 전송이 발생해야 하는 물리적 경로에 대한 결정을 내림

다목적 인터넷 전자우편^{MIME}: 이메일 포맷에 대한 프로토콜

단순 메일 전용 프로토콜^{SMTP} 서버: 클라이언트에게 이메일을 보낼 때 사용되고 이메일은 다른 SMTP 서버나 다른 이메일 서버로 전송됨

도메인 네임 시스템^{DNS}: 인터넷에 연결된 컴퓨터와 기타 장치에 대한 네이밍 시스템

동적 연결 라이브러리^{DLL} 파일: 프로그램이 실행하는 절차와 드라이버를 포함하는 윈도우 시스템 파일

동적 호스트 구성 프로토콜^{DHCP}: 서버가 네크워크상의 IP 주소와 호스트에 대한 구성을 동적으로 할당할 수 있도록 하는 기준

디폴트 게이트웨이: 다른 프로토콜에서 운영되는 두 개의 네트워크 세그먼트를 연결하는 시스템

라우터: 한 네트워크를 하나 이상의 네트워크와 연결하고 한 노드에서 다른 노드까지 데이터 패킷을 지시하는 하드웨어

라우팅 테이블: 네트워크에 대한 정보를 포함하고 네트워크를 통해 패킷을 전송하는 가장 효율적인 방법을 제공

무차별 모드: 지정된 수신 대상과 상관없이 NIC가 네트워크에서 방송 통신을 들을 수 있게 함

물리 계층: 데이터가 전송되는 하드웨어나 매체와 전송에 필요한 전력을 정의

브라우저 도우미[BHO]: 웹 브라우저에 기능을 더하고 사용자가 브라우저를 열 때마다 시작됨

사용자 데이터그램 프로토콜[UDP]: 제한적인 패킷 복구 기능을 지니고 전송 계층에서 직동하는 비연결형 통신 프로토콜

서브넷 마스크: 분리된 네트워크 간의 통신을 용이하게 함

세션 계층: 각기 다른 시스템에서 프로세스를 시작하고 유지하며 종료하는 데 사용된다.

웹 브라우저: (1) DNS 주소를 해결하고, (2) 하이퍼텍스트 전송 프로토콜[HTTP] 요청을 만들며, (3) 리소스를 다운로드하고, (4) 브라우저 도우미로 파일의 내용을 보는 데 사용됨

웹 서버: 클라이언트 요청에 응답해 HTML 문서와 관련 미디어 리소스를 제공하는 서버

응용 계층: 최종 사용자와 가장 가까운 계층. 애플리케이션과 상호작용함

인터넷 식별자[URI]: 인터넷상의 소스를 설치하는 데 사용

인터넷 프로토콜 버전 4[IPv4]: 패킷 교환 방식 인터네트워크에서 비접속형 데이터 전송을 위한 네 번째 버전 프로토콜

인터넷 할당 번호 관리 기관[IANA]: 전 세계적으로 IP 주소 할당을 책임짐

전송 제어 프로토콜[TCP]: 인터넷과 함께 사용되는 통신 규약

주소 결정 프로토콜[ARP]: OSI의 네트워크 계층(3계층)이 데이터 링크 계층(2계층)에 연결되는 방법

지능형 지속 위협[APT]: 지식 재산권을 훔칠 목적으로 컴퓨터 네트워크상에 가하는 정교하고 가차 없으며 협동적인 공격

침입 탐지 시스템[IDS]: 악성 활동에 대한 네트워크 트래픽을 감시하는 데 사용되는 하드웨어 혹은 소프트웨어

트로이 목마[Trojan]: 악성코드를 숨기는 데 사용되는 합법적으로 보이는 애플리케이션

패킷 스니퍼: 무선 혹은 유선 네크워크상에서 데이터 패킷을 확보하는 데 사용됨

패킷: 네트워크를 통해 전송되는 데이터 무리

포트: 컴퓨터 러닝 프로세스나 애플리케이션에 특성화된 통신 채널

표현 계층: 응용 계층에 대한 데이터를 준비하고 데이터 변환, 압축, 암호화에 사용됨

프락시 서버: 서버 컴퓨터에 대한 클라이언트의 요청을 중계하는 컴퓨터

프로토콜 해석기: 네크워크상의 트래픽을 분석하고 해석하는 데 사용됨

프리패치: 부트 과정에 사용되는 파일을 포함하는 윈도우 시스템 폴더의 폴더로 보통 다른 프로그램에 의해 열림

하이퍼텍스트 전송 규약[HTTP]: 클라이언트와 서버 간의 요청과 응답에 대한 기준

평가

❖ 강의 토론

1. 네트워크 포렌식 조사관은 기존 컴퓨터 포렌식 조사관과 어떻게 다른가?

2. APT와 관련된 조사를 하는 과정에서 어려운 사항은 무엇인가?

3. 조사관이 네트워크 침입 수사에서 살펴봐야 할 침해 지표에 대해 토의해보자.

❖ 객관식 문제

1. 합법적 애플리케이션이나 프로그램처럼 위장한 악성 프로그램을 무엇이라 하는가?

   A. 웜^{Worm}

   B. 바이러스^{Virus}

   C. 트로이 목마^{Trojan}

   D. 논리 폭탄^{Logic bomb}

2. 다음 중 어떤 서버가 HTML 문서를 제공하는 주요 기능을 가지고 있는가?

   A. 웹 서버

   B. 프락시 서버

   C. SMTP 서버

   D. 가상 서버

3. 부트 과정에 사용되고 보통 다른 프로그램에 의해 열리는 파일을 포함한 윈도우 시스템 폴더의 폴더를 무엇이라 하는가?

   A. 사용자

   B. 저널

   C. svchost

   D. 프리패치

4. 사용자 관점과 가장 가까운 OSI 모델 계층은 무엇인가?

   A. 세션 계층

   B. 응용 계층

   C. 표현 계층

   D. 전송 계층

5. 인터넷 통신에 포함되는 전기 임펄스가 흐르는 선을 정의하는 OSI 모델은 무엇인가?

    A. 전송 계층

    B. 세션 계층

    C. 데이터 링크 계층

    D. 물리 계층

6. 패킷 교환 방식 인터네트워크에서 비접속형 데이터 전송에 대한 프로토콜은 무엇인가? 헤더는 14개의 필드를 가진다. 이 프로토콜은 10진 기수법의 4바이트 수로 나타나는 32비트 주소에 사용된다.

    A. IPv2

    B. IPv4

    C. IPv6

    D. IPv8

7. 지정된 수신 대상과 상관없이 NIC가 네트워크에서 방송 통신을 들을 수 있게 하는 것은 무엇인가?

    A. 독점 모드

    B. 수동 모드

    C. 무차별 모드

    D. 활성 모드

8. 전자메일에 대한 기준 포맷을 정의하는 것은 무엇인가?

    A. IRC

    B. ICMP

    C. SMTP

    D. HTTP

9. 부트 과정에 사용되고 보통 다른 프로그램에 의해 열리는 파일을 포함하는 윈도우 시스템 폴더의 폴더를 무엇이라 하는가?

    A. svchost

    B. hyberfil.sys

    C. System32

    D. 프리패치

10. 전 세계적으로 IP 주소를 할당하는 기관은 무엇인가?

    A. ISO

    B. IEEE

    C. IANA

    D. NIST

❖ 빈칸 채우기

1. _____은 인터넷 통신에서 사용되는 데이터 덩어리다.

2. 전송 _____ 프로토콜은 인터넷과 함께 사용되는 통신 규약이다.

3. _____ 탐지 시스템은 악성 활동에 대한 네트워크 트래픽을 감시하는 데 사용되는 하드웨어 혹은 소프트웨어다.

4. 사용자 _____ 프로토콜은 제한적인 패킷 복구 기능을 지니고 전송 계층에서 운영되는 비연결형 통신 프로토콜이다.

5. 주소 _____ 프로토콜은 OSI 모델 네트워크 계층(3계층)이 데이터 링크 계층(2계층)에 연결되는 방법이다.

6. _____ 도우미는 웹 브라우저에 기능을 더할 때 사용되고 사용자가 브라우저를 열 때마다 실행된다.

7. 동적 _____ 라이브러리 파일은 프로그램이 실행하는 과정과 드라이버를 포함하는 윈도우 시스템 파일이다.

8. 지능적 _____ 위협은 지식 재산권을 훔칠 목적으로 컴퓨터 네트워크상에 가하는 정교하고 가차 없으며 협조적인 공격이다.

9. 패킷 _____는 무선 혹은 유선 네트워크상의 데이터 패킷을 확보하는 데 사용된다.

10. 하이퍼텍스트 _____ 프로토콜은 클라이언트와 서버 간의 요청과 응답에 대한 기준이다.

◆ 프로젝트

인터넷 범죄 연구

네트워크 포렌식 수사관의 기술이 요구된다고 생각되는 인터넷상의 범죄에 대한 조사를 진행하라. 수사관에게 도움이 될 만한 네트워크 증거의 특징을 서술하라.

컴퓨터에서 발견되는 증거 유형에 대한 보고서 작성

사용자의 네트워크 활동과 관련돼 클라이언트 컴퓨터에서 발견될 수 있는 증거 유형에 대한 보고서를 작성하라.

장치 유형에 대한 수사 가이드를 작성하라.

유용한 증거를 포함할 수 있는 가정 혹은 회사 네트워크에서의 장치 유형을 설명하는 수사 가이드를 작성하라.

9장 | 모바일 포렌식

❖ 개요

모바일 포렌식 분야는 최근 들어 급진적으로 발전해왔으며, 지금은 몇 가지 이유로 가장 중요한 연구 분야로 자리매김하고 있다. 무엇보다 휴대폰의 기능이 급속도로 발전했다. 또한 휴대폰은 보통 항상 켜놓은 상태로 사용되며 대부분 모바일이기 때문에 데스크톱이나 노트북보다 더욱 중요하게 여겨지고 있다. 그러므로 휴대폰은 우리의 움직임과 활동을 쉴새 없이 기록하고 있으며 우리의 행동에 방대한 영향을 끼친다. 휴대폰 통신은 전통적인 컴퓨터의 방식과 비교했을 때 많은 차이가 있다. 흥미롭게도 대개 범죄자는 기존 방식의 컴퓨터에서는 절대 하지 않을 통화나 문자 발송 등을 휴대폰으로 한다.

과거의 휴대폰 포렌식 분야는 지금처럼 중요하게 여겨지지 않았다. 2008년만 하더라도 휴대폰 조사와 관련된 법 집행을 요청할 경우, 휴대폰 영역에서 일하는 조사원을 별도로 두지 않는다거나 휴대폰에서는 가치 있는 정보를 추출해내기 어렵다는 말을 들었을 것이다. 일부에서는 휴대폰 포렌식 소프트웨어를 사용하는 유일한 이유는 배우자의 의심스런 행동을 엿보기 위해 몇몇 사람들이 구매하는 것이 전부라고도 말했었다.

하드웨어 이미징 기기도 수년간 사용돼왔지만, 오직 조사를 위한 목적으로 사용되지는 않았다. 셀러브라이트^{Cellebrite}는 휴대폰 판매업자에게 장비를 공급해왔는데, 고객 휴대폰의 콘텐츠를 복사하거나 SIM 카드를 다른 휴대폰에 옮겨 꽂거나 혹은 새로운 폰으로 업그레이드하길 원하는 고객의 요구를 들어주기 위해서였다. 수사관이 휴대폰 조사에 착수하게 되면서, 셀러브라이트는 기기에 약간의 기능을 추가해 더욱 많은 기기들을 팔기 시작했다.

휴대폰 포렌식은 항상 중요한 영역이었지만 대부분은 그 중요성을 깨닫지 못했다. 이것은 놀라운 일이 아니다. 즉 알려진 휴대폰 포렌식 소프트웨어는 대부분의 휴대폰과 호환되지 않았기 때문이다. 인터넷 기능이 휴대폰에 탑재된 이후 휴대폰 포렌식의 중요성은 더욱 증가하고 있다. 이러한 요구가 늘어나자 기존보다 향상된 포렌식 소프트웨어가 나오기 시작했다. 불현듯 이메일이나 인터넷 검색 기록, 소셜 네트워킹 활동을 비롯한 더욱 다양한 증거를 추출할 수 있게 됐다. 오늘날 거의 대부분의 컴퓨터 포렌식 연구소는 휴대폰 포렌식 기술을 보유하고 있다. 게다가 포렌식 연구 분야에서 더욱 큰 규모의 독립 부문으로 자리잡아왔다. 예를 들어 한 조사관에게 휴대폰 증거 추출 임무가 부여됐다면, 또 다른 조사관은 휴대폰 통신사에 대한 소환장을 비롯해 더욱 많은 문서 작업에 대한 책임을 지고 있다. 이외에 기지국에서 데이터를 수집해 분석하는 임무를 수행하는 조사관도 있을 것이다. 기지국

BTS, base transceiver station은 하나의 셀 사이트 안에 있는 장치로, 무선통신망상에서 휴대폰 사용자 간의 통신이 가능하게 해준다.

하지만 휴대폰 포렌식은 극심한 위기를 겪어왔다. 다수의 휴대폰은 여전히 이미징할 수 없으며, 매년 수백 가지의 휴대폰이 시장에 출시되는 반면에 포렌식 소프트웨어와 하드웨어는 유명한 휴대폰만 지원 가능하고 여전히 대부분의 휴대폰은 포렌식 툴에서 전혀 지원하지 않는 실정이다. 트랙폰TracFone 등의 회사에서 출시된 저렴한 가격의 선불폰은 조사 과정에 어려움을 더하는 부분이기도 하다. 버진 모바일Virgin Mobile, 부스트Boost, 메트로PCSMetroPCS와 같은 소규모 업체에서 출시된 일부 휴대폰에서도 여러 가지 이슈가 발생한다.

사일런트 서클Silent Circle과 같은 회사에서 개발된 모바일 기기의 암호화된 모바일 플랫폼과 애플리케이션에 관련된 이슈도 존재한다. 블랙폰Blackphone은 혁신적인 암호화 기법으로 사용자 프라이버시를 보호하고자 하는 사상을 바탕으로 개발됐기 때문에 휴대폰 조사관이 난항을 겪을 수밖에 없다. 조사관은 또한 휴대폰에서 작동하는 운영체제의 다양성 때문에 어려움에 직면하기도 한다. 노트북 영역을 담당하는 조사관은 일반적으로 마이크로소프트 윈도우나 애플의 맥 OS X 운영체제를 접하게 될 것이다. 반면 휴대폰 조사 임무를 가진 조사관은 심비안Symbian, 림RIM, 윈도우, iOS, 안드로이드를 비롯한 다양한 모바일 기기 운영체제를 모두 접할 가능성이 있다.

미래를 예측해본다면, 휴대폰 포렌식에 대한 의존성은 계속해서 증가할 것이며, 벤더 의존적인 휴대폰과 태블릿의 종류도 많아질 것이다. 안드로이드와 iOS 기기의 거대한 시장은 조사관이 휴대폰과 같은 모바일 기기 외에 데이터를 동기화하는 컴퓨터, 가정과 직장에 있는 기기, 그리고 클라우드에도 관심을 가져야 함을 의미한다. 휴대폰의 클라우드 컴퓨팅 의존성은 꾸준히 증가하고 있으며, 이것은 조사관이 네트워크 통신사 영역을 벗어난 영역의 증거에도 점차 의존하게 될 것임을 의미한다. 페이스북과 지메일처럼 휴대폰에서 찾아볼 수 있는 통합 사용자 계정 애플리케이션은 중요하며 앞으로도 그 중요성은 더해질 것이다. 더욱이 우리는 훌륭한 조사관의 자세에 대해 끊임없이 고찰해야 한다. 예를 들어 새롭게 출시한 차량을 소지한 많은 스마트폰 사용자들은 모바일 기기를 자동차 장치와 무선으로 공유해 음악을 재생하거나 전화를 받을 수 있다. 또한 이런 계기판(대시보드) 시스템은 사용자 연락처에 대한 다운로드를 수시로 시도할 것이며, 이러한 연락처 정보는 향후 조사관이 수사에 임했을 때 추출하게 될 정보일 것이다.

범죄 행위 증거를 담고 있을 가능성이 있는 태블릿, 개인 미디어 플레이어, GPS 기기를 비롯한 기타 모바일 기기에 대해서도 다루고 있으므로, 이 장은 '휴대폰 포렌식'이 아닌 '모바일 포렌식'을 제목으로 정했다. 당연한 이야기지만, 훌륭한 디지털 포렌식 조사관이 되기 위해서는 명백히 보이는 증거 그 이상을 바라볼 필요가 있다.

❖ 무선통신망

무선통신망은 셀의 그룹으로 이뤄져 있다. 셀은 무선통신망 내의 지리적인 특정 위치를 말한다. 셀 사이트^{cell site}는 하나의 셀에 위치한 셀 타워다. 당신이 휴대폰으로 전화를 걸면 셀 타워와 연결된다. 그러고 나서 모바일 전화 교환국으로 통신이 전달된다. 모바일 전화 교환국^{MSC}은 무선통신망상의 한 네트워크 경로에 있는 데이터 패킷을 다른 네트워크 경로로 스위칭하는 역할을 담당한다. 만약 사용자가 다른 통신사 관리 영역의 무선통신망 사용자에게 전화를 건다면, 그 전화는 이동통신 교환기로부터 공중 교환 전화망^{PSTN, Public Switched Telephone Network}으로 전달된다. 공중 교환 전화망은 모든 회선교환 전화 통신망^{circuit-switched telephone networks}의 집합체다. 공중 교환 전화망의 목적은 전 세계 모든 전화 네트워크를 연결하는 것이다. 그리고 서로 다른 통신망 간의 전화 연결 서비스에 대한 사용료를 지불하는 근간이기도 하다. 그림 9.1은 휴대폰의 통신 경로를 상세히 보여준다.

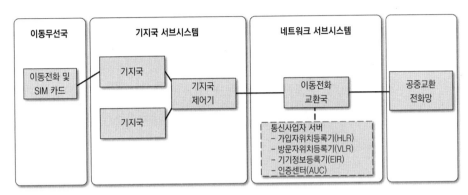

셀룰러 전화 네트워크

그림 9.1 무선통신망

기지국

셀 타워로도 알려져 있는 셀 사이트는 독립형 타워가 될 수도 있고 빌딩이나 기타 건축물에 통합될 수도 있다. 셀 타워는 일반적으로 각 면에 세 개의 패널이 달린 안테나를 가지고 있다. 전형적으로 각 안테나는 세 개의 면을 가진 형태를 띤다. 대개 중간 패널은 송신용이며, 나머지 두 개의 외부 패널은 수신기로 쓰인다. 셀 타워는 일반적으로 200피트 이상의 높이를 가진다(그림 9.2 참조). 다양한 통신사에 대한 여러 안테나가 설치돼 있는 셀 타워도 있다. 안테나는 하나의 셀 타워 위에 위치할 수도 있고, 빌딩의 옆면이나 꼭대기에 설치될 수도 있다.

그림 9.2 셀 타워

로컬 셀 타워와 안테나 설치하기

셀타워와 안테나의 위치를 이해하는 것은 큰 도움이 되며, 이해하는 데 유용한 몇 가지 리소스가 있다.

1. 웹 브라우저를 실행시키고 검색창에 www.antennasearch.com을 입력해 해당 웹사이트로 들어간다.

2. 거리 주소(Street Address) 필드에 1600 Pennsylvania Ave NW.를, 도시(City)에는 Washington, 주(State)에는 DC, 우편번호(Zip)는 20006를 입력하고 검색(Go) 버튼을 클릭한다.

3. Process를 클릭하고 보이는 화면과 그림 9.3을 비교해본다.

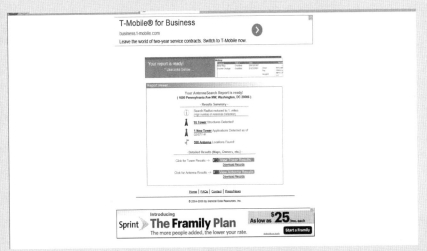

그림 9.3 검색 결과

4. 타워에 대한 결과 보기(View Tower Result) 다음에 보이는 결과 다운로드하기 (Download Records)를 클릭한다.

5. 파일 다운로드 대화창(File Download dialog box)에 보이는 열기(Open)를 클릭한다. 엑셀 파일에 별도 서식이 지정되지 않은 결과가 나타난다.

6. 강사가 지시하는 대로 파일을 저장한 뒤 엑셀을 종료한다.

7. antennasearch.com 웹사이트에서 타워에 대한 결과 보기(View Tower Results)를 클릭 한다. 구글 지도가 나타난다. 위성(Satellite) 버튼이나 하이브리드(Hybrid) 버튼을 클릭해 다른 형식으로 결과를 확인할 수 있다. 타워를 확대해볼 수도 있다.

8. 셀 타워 링크 중 하나를 클릭하고 화면과 그림 9.4를 비교해본다.

9. 웹 브라우저를 종료한다.

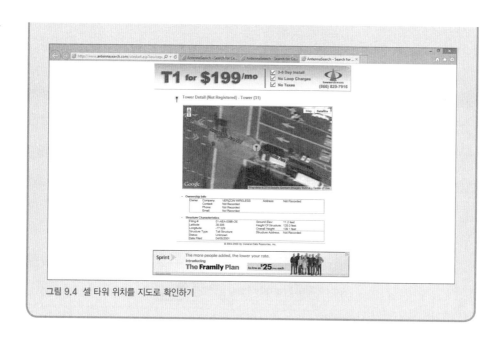

그림 9.4 셀 타워 위치를 지도로 확인하기

앞서 언급한 대로, 기지국은 셀 사이트에 위치해 휴대폰 사용자와 통신사 네트워크 사이의 통신을 원활하게 해주는 장비다. 기지국 제어기BSC, Base Station Controller는 셀 사이트 간 주파수 할당 및 핸드오프 기능과 관련해 기지국에 대한 무선 신호를 제어한다. 다른 지역으로 이동할 때 몇몇 기지국이 당신의 통화를 제어하는데, 이때 하나의 기지국에서 다른 기지국으로 핸드오프가 일어난다. 핸드오프에는 두 가지 방식이 있다. 소프트 핸드오프soft handoff는 무선통신이 하나의 기지국에서 다른 기지국으로 조건적으로 핸드오프되며, 모바일 장치가 동시에 여러 기지국과 통신하는 방식이다. 소프트 핸드오프의 경우, 이동한 영역의 기지국 신호 세기에 따라 조건적으로 발생한다. 하드 핸드오프hard handoff는 동시에 여러 기지국에서 통신이 이뤄지지 않으며, 하나의 기지국에 의해서만 통신이 제어된다.

기지국 증거

컴퓨터 포렌식의 관점에서 조사관이 혐의자의 모바일 기기를 분석하지 않더라도, 통신사 네트워크에서 추출 가능한 증거의 형식을 결정하게끔 도와주는 무선통신망 구조를 반드시 이해해야 한다. 수사관은 기지국에서 추출된 데이터를 기반으로, 특정 휴대폰 사용자의 위치 정보에 대한 셀 사이트 기록을 통신사에게 요구할 수 있다. 조사관이 증거 자료 성격에 맞는 포맷으로 파일 형식을 지정하는 일도 중요하다. 예를 들어 획득한 정보를 스프레드시트에 정리하면 데이터를 쉽게 정렬하거나 분석할 수 있으므로 매우 큰 도움이 된다. 그림 9.5는 기지국으로부터 획득한 샘플 데이터다.

Call Type	Call Start Date/Time	Duration (Mins: Seconds)	Calling Number	Called Number	First Cell ID	Last Cell ID
PS	10/2/2014 09:06	02:11	(914) 555-2389	(9145) 553-4870	15678931	59487023
PS	10/2/2014 09:17	05:56	(914) 555-2389	(212) 555-9020	58230944	34598723
SMS	10/2/2014 13:22	00:38	(914) 555-2389	(516) 555-0012	12894232	98735834
CS	10/2/2014 16:01	12:29	(914) 555-2389	(516) 555-3927	58320321	35897345
PS	10/2/2014 21:39	01:31	(914) 555-2389	(646) 555-8901	94899917	34589344

그림 9.5 BTS 데이터

증거를 수집하기 위해 법 집행 과정에서 통신사에 연락해 진행 중인 조사에 필요한 사용자 정보를 요구할 수 있다. 또한 조사관은 정보 제공자에게 현재 논의 중인 특정 고객이 자신이 조사 대상이라는 점을 알아채지 못하도록 해야 함을 설명해야 한다. 이 부분은 미국 법전(U.S.C.) 2703(f) 항목에 나와 있다. 수사관은 수색 영장을 습득한 상태에서 혐의자의 기록을 90일 동안 보관하도록 요청할 수 있다. 에드워드 스노든Edward Snowden의 여파로 더욱 많은 제3자 서비스들은 법적 판결에 의해 결정된 사안이 아닐 경우, 조사 대상 통신사 고객에게 수사관의 정보 요청 관련 사실을 알릴 예정이라고 밝혔다. 미국 법전 2307(d)에서 정의된 법률로 인해 수사관은 휴대폰 데이터를 법원 명령을 통해 수집할 수 있다.

가입자에 대한 증거

수사관은 기지국에서 추출한 정보 외에도 가입자 정보, 통화 상세 내역, PUK 코드(PIN 차단 해제 키 코드)를 획득할 수 있다. 가입자 정보subscriber records는 통신사가 관리하는 고객의 개인 세부 정보로, 이름, 주소, 제2의 전화번호, 주민등록번호, 신용카드 등의 정보를 말한다. 통화 내역 기록CDR, Call detail records은 비용 청구의 목적으로 사용되는 세부 정보며 수신 전화번호, 통화 기간, 통화 날짜와 시간, 사용한 셀 사이트에 대한 정보를 담고 있다. PUK 코드는 SIM 카드의 비밀번호 보호를 해제하기 위해 사용되는 리셋 코드다.

모바일 단말

모바일 단말Mobile Station은 모바일 장치(단말기) 및 (GSM 네트워크의 경우) 가입자 식별 모듈SIM, Subscriber Identity Module로 구성돼 있다. 국제 이동 단말기 식별IMEI, International Mobile Equipment Identity 번호는 모바일 장치나 단말기를 유일하게 식별하는 데 쓰이는 번호다. IMEI의 처음 6~8자리 숫자는 유형 할당 코드TAC, Type Allocation Code다. 유형 할당 코드는 무선 장치의 유형을 식별한다. www.nobbi.com/tacquery.php 웹사이트는 조사관이 TAC이나 IMEI 정보를 입력해서 특정 기기에 대한 상세 정보를 확인할 수 있는 사이트다.

IMEI는 보통 그림 9.6과 같이 휴대폰의 뒷면 커버를 열고 배터리를 제거하면 확인할 수 있다.

그림 9.6 휴대폰에 새겨진 IMEI 정보

범용 통합 회로 카드^{UICC, Universal Integrated Circuit Card}는 GSM이나 UMTS 망의 가입자를 식별할 때 사용되는 스마트카드다. GSM 망에서의 해당 스마트카드는 SIM이며, UMTS 망에서는 범용 사용자 식별 모듈^{USIM, Universal Subscriber Identity Module} 카드를 사용한다.

모바일 장비 식별자^{MEID, Mobile Equipment Identifier}는 CDMA 단말기(모바일 장치)를 식별하는 국제 고유 번호다. 2005년 전후로 국제 MEID 표준을 통해 이름이 바뀌기 이전까지 MEID는 무선 장치 일련번호^{ESN, Electronic Serial Number}로 불렸었다. 무선 장치 일련번호는 CDMA 무선통신망 가입자를 식별할 때 사용되는 11자리 숫자다. ESN과 MEID는 10진수와 16진수 두 개의 형태로 단말기에서 확인 가능하다. 사용자는 www.meidconverter.com 웹사이트에 접속해서 ESN과 MEID 상호 간의 번호 변환을 할 수 있으며, ESN과 MEID의 10진수와 16진수 값 모두를 확인할 수도 있다. 버진 모바일 USA와 같은 일부 공급자는 통신 가입자에게 MEID를 이용한 상세 정보 조회 기능을 제공하기도 한다.

많은 CDMA 휴대폰은 약정 계약^{subsidy lock}으로 판매되고 있다. 약정 계약은 가입자에게 무료 휴대폰을 지급하거나 보조금 지원을 통해 싼 가격에 판매함으로써 휴대폰 사용을 특정 통신사로 제한한다. 포렌식의 관점으로 본다면, 폰 파일시스템에서 활성화된 서비스 프로그래밍 코드^{SPC, Service Programming Code}의 수집이 불가능할지도 모른다는 것을 의미한다. 예를 들어 아이폰은 최소 99달러에 구매할 수 있겠지만, 특정 통신사와 고정된 계약이 필요할 것이다. 언락 아이폰은 실제 모델 종류에 따라 다르겠지만 보통 700달러 이상의 고가에 판매된다. 하지만 이것을 이용하면 사용자는 통신사를 쉽게 바꿀 수 있고 2년의 약정 기간에 얽매이지 않게 된다. 예를 들어 언락된 아이폰 4S는 스프린트^Sprint나 버라이즌^Verizon 같은 CDMA 통신망이 아닌 GSM 통신망에서만 사용할 수 있다. 티모바일^T-Mobile 및 기타 통신사에서는 가입자가 휴대폰의 기계 값 일체를 선불로 지급 완료했을 경우에 한해 언락을 허용하고 있다. 향후에는 단말기 사용에 필요한 SIM 카드를 구매해 해외에서도 사용 가능한 국제적인 환경으로 변할지 모르므로 조사관은 언락폰의 배경을 이해할 필요가 있다.

서비스 프로그래밍 코드^SPC가 내장된 락 휴대폰은 유럽에서는 널리 사용되지 않고 있으며, 모바일 기기에 대한 통신사 보조금도 덜 지원되는 경향이 있다. 일반적으로 선불폰 판매는 비교적 인기 있는 추세며, 실제로 일부 국가에서는 통신사의 락 휴대폰 판매를 불법으로 규정하고 있다.

미국에서 판매되는 모든 휴대폰은 FCC-ID를 가지고 있다. 미국연방통신위원회 인증번호^FCC-ID, Federal Communication Committee ID는 미국연방통신위원회^FCC에서 발행하는 번호로, 단말기가 FCC에 의해 통제되는 무선 주파수에서 작동 가능하도록 인증해 주는 식별번호다. 그림 9.7은 단말기에 새겨진 FCC-ID의 예를 보여준다.

FCC-ID는 휴대폰의 뒷부분 케이스를 제거한 뒤 배터리를 분리하면 확인 가능하다. 조사관은 확인된 FCC-ID를 FCC 웹사이트(http://transition.fcc.gov/oet/ea/fccid/)에 입력해서 해당 휴대폰에 대한 매뉴얼을 다운로드할 수 있다. 이것은 휴대폰의 특성에 대한 이해가 필요한 조사관이 꼭 알아야 할 부분이며, 휴대폰의 적절한 보존을 위해 모든 통신망과 외부 통신으로부터 기기를 격리시키는 방법을 알고자 하는 조사관에게는 더욱 중요한 부분이다.

휴대폰 및 통신사에 대한 추가 정보는 www.phonescoop.com, PDAdb.net, www.gsmarena.com 웹사이트에서 확인할 수 있다.

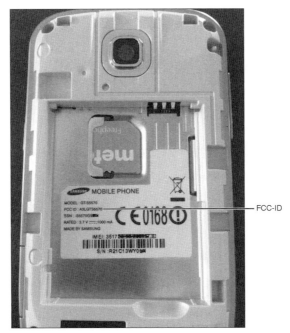

그림 9.7 FCC-ID

SIM 카드

SIM 카드는 무선통신망에서 사용자를 식별할 목적으로 사용되며 국제 이동국 식별 번호IMSI, International Mobile Station Identity가 내장돼 있다. SIM 카드는 GSM 무선통신망에서 작동하는 휴대폰이나 대부분의 통합 디지털 확장 네트워크iDEN, integrated Digital Enhanced Network 휴대폰에서 찾아볼 수 있다. 사용자는 간단히 SIM 카드를 언락 휴대폰에 끼울 수 있다. 미국의 모든 통신사는 사용자들이 SIM 카드를 구매하거나 다른 통신사 망에서 단말기를 사용하는 것을 허용하지 않는다. 일반적으로 유럽 연합(E.U.)에서는 GSM 호환 가능 휴대폰은 언락이 가능한 상태다. 실제로 일부 유럽 연합 국가에서는 휴대폰 락을 하는 것이 불법으로 간주된다.

IMSI는 SIM 카드에 내장돼 있으며, 네트워크에서 사용자를 유일하게 식별하는 국제적인 고유 번호다. 모바일 국가 코드MCC, Mobile Country Code는 IMSI의 처음 세 자리 숫자를 의미한다. 뒤에 오는 두세 자리 숫자는 이동 망 코드MNC, Mobile Network Code다.

예를 들어 MNC가 026이고 MCC가 310이라면 USA(310)의 티모바일(026)을 의미하는 것이다. IMSI의 마지막 부분은 MSIN이며, 최대 10자리 숫자로 구성돼 있다. 모바일 가입자 고유 식별번호^{MSIN, Mobile Subscriber Identity Number}는 휴대폰 통신사에 의해 생성되며 통신망 가입자를 식별하는 역할을 하고 있다. 모바일 국제 디지털 종합 정보통신망 번호^{MSISDN}는 기본적으로 가입자 전화번호와 연관돼 있다. MSISDN은 최대 15자리 숫자의 형태를 띠며, 국가 코드^{CC, Country Code}, 번호 지정 플랜^{NPA, Numbering Plan Area}, 가입자 번호^{SN, Subscriber Number}로 구성돼 있다. 국가 코드는 비교적 쉽게 확인할 수 있다. 예를 들어 미국은 영역 1에 속하므로 국가 코드는 1이다. 트리니다드 토바고^{Trinidad and Tobago}의 경우 1-868이 된다. 유럽 국가들은 영역 3 또는 4에 속한다. 예를 들어 영역 3에 포함돼 있는 아일랜드는 353이고, 영역 4에 속하는 영국은 44다. 뉴욕의 나소 카운티^{Nassau County}에 대한 번호 지정 플랜은 516이며 마찬가지로 지역 코드를 참조하고 있다.

SIM 카드는 집적회로 카드 ID^{ICCID, Integrated Circuit Card ID}도 가지고 있다. ICCID는 19~20자리 또는 더 적은 자리 수의 일련번호로 SIM 카드에 새겨져 있다(그림 9.8 참조).

그림 9.8 SIM 카드

ICCID의 처음 두 자리 숫자는 주요산업식별번호^{MII, Major Industry Identifier}로 불린다. ICCID는 SIM 카드의 EF_ICCID 파일에서 확인할 수 있다.

국제 번호 지정 플랜

www.numberingplans.com 웹사이트는 GSM 휴대폰 모바일 포렌식 조사자에게 풍부한 자료를 제공하고 있다. 웹사이트에서 제공하는 '번호 분석 툴'은 사용자가 다음에 나열된 항목의 분석을 수행할 수 있도록 해준다.

- 전화번호
- IMSI 번호
- IMEI 번호
- SIM 번호
- ISPC 번호

국제 신호점 부호ISPC, An International Signaling Point Code는 국제 이동통신망상의 노드를 식별할 수 있는 표준화된 번호 부여 시스템이다.

네크워크상의 가입자 인증하기

모바일 전화 교환국MSC은 홈 위치 등록기, 방문자 위치 등록기, 인증 센터로 사용자 정보가 전달되는 곳이다. 홈 위치 등록기HLR, Home Locator Register는 통신사 가입자 정보 데이터베이스로, 사용자의 집 주소, IMSI, 전화번호, SIM 카드의 ICCID, 이용하고 있는 서비스 등에 대한 정보를 저장하고 있다. 방문자 위치 등록기VLR, Visitor Locator Register는 로밍 가입자에 대한 정보를 저장하고 있는 데이터베이스다. 하나의 가입자는 한 HLR에 등록돼 있지만 여러 VLR에도 등록될 수 있다. 모바일 단말기의 현재 위치는 하나의 VLR에서 확인할 수도 있다. VLR은 임시 이동 가입자 식별번호TMSI, Temporary Mobile Subscriber Identity 정보도 가지고 있다. 임시 이동 가입자 식별번호는 단말기가 켜지면 VLR이 지리적인 위치 정보를 기반으로 이동국으로 할당하기 위해 모바일 단말에 생성하는 임의 번호다.

기기 식별번호 레지스터EIR, Equipment Identity Register는 IMEI 번호를 추적하거나 혐의자 또는 분실된 휴대폰의 IMEI 유효성 여부를 체크하기 위해 사용된다. 인증 센터AuC, Authentication Center는 가입자의 IMSI, 인증, 암호 알고리즘 정보를 보관하고 있는 데이터베이스다. 인증 센터는 가입자의 모바일 장치와 네트워크망 간의 암호화된 무선통신을 제공하기 위해 암호화 키를 발급하고 있다.

무선통신망의 종류

휴대폰 서비스 통신사는 두 가지 종류가 있다. 모바일 통신 사업자^{MNO, Mobile Network Operator}는 무선통신망을 소유하고 운영한다. 다음은 MNO 회사들을 나열한 것이다.

- 버라이즌^{Verizon}
- 티모바일^{T-Mobile}
- 스프린트 넥스텔^{Sprint Nextel}
- AT&T/싱귤러^{Cingular}

가상 모바일 통신 사업자^{MVNO, Mobile Virtual Network Operator}는 독자적인 무선통신망을 소유하고 있지는 않지만, 모바일 통신 사업자의 망을 이용해 사업을 하고 있다. 예를 들어 버라이즌 모바일 USA는 모바일 서비스를 제공하고는 있지만 스프린트 네트워크를 이용해 운용하고 있다. 이를 통해 조사관은 두 개의 구속 영장이 필요하다는 것을 알 수 있다. 즉 혐의자 기록을 조사하기 위해 스프린트(모바일 통신 사업자)용, 그리고 버라이즌 모바일 USA(가상 이동통신 사업자)용이 모두 필요하다. 다음 회사들은 가상 이동통신 사업자다.

- 버라이즌 모바일 USA
- 넷텐^{Net10}
- 메트로피씨에스^{MetroPCS}
- 트랙폰^{TracFone}
- 크리켓^{Cricket}
- 심플 모바일^{SIMPLE Mobile}
- 부스트 모바일^{Boost Mobile}

무선통신 기술의 발전

이동통신 기술은 2G(2세대), 3G(3세대), 4G(4세대) 통신 모두를 포함한다. 3G와 4G 무선통신망은 모바일 광대역 인터넷 서비스도 제공하고 있으므로, 휴대폰 통신망이라는 용어를 사용하지 않는다는 것도 알고 있어야 한다. 이런 무선통신 서비스를 이용하는 고객은 무선통신망을 통해 마이파이Mi-Fi 공유기나 플러그 앤 플레이 USB 장치를 모두 이용할 수 있다. 나만의 와이파이(마이파이)는 휴대용 무선 공유기(그림 9.9 참조)로 인터넷 사용이 가능한 장치를 최대 다섯 개까지 연결해 무선통신망을 통해 인터넷에 접속할 수 있다.

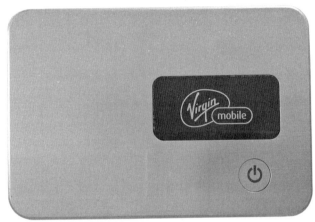

그림 9.9 버진 모바일 USA 마이파이 모바일 핫스팟

4G는 가장 최근 개발된 무선통신 표준으로 고속의 대용량 데이터 전송이 가능하다. 4세대 롱 텀 에볼루션 어드밴스드4G Long Term Evolution(LTE) Advanced는 기차나 기타 교통 수단을 이용할 때 적합한 고기동성(높은 이동성) 광대역 통신이다. 구글이 2011년 인수한 모토로라 모빌리티Motorola Mobility는 이 기술에 대한 특허를 보유하고 있다. 4세대 LTE는 오슬로(노르웨이)와 스톡홀름(스웨덴)에서 처음 구현됐다.

국제 전기통신 연합ITU, The International Telecommunication Union은 국제 연합 기구로 정보통신 기술 표준을 마련한다. ITU는 193명의 회원과 700개 이상의 민간 부분 및 연구 단체로 구성돼 있다.

시분할 다중 접속

시분할 다중 접속^{TDMA}은 디지털 신호를 시간 단위나 버스트^{Bursts} 단위로 분할해 동일한 주파수 위에서 기기의 통신이 가능하도록 고안된 무선통신 방법론이다. 버스트^{Bursts}는 동일 주파수에서 전송되는 데이터 패킷이다. 2G GSM 네트워크는 TDMA 통신 방법론을 사용한다.

이동통신 세계화 시스템

이동통신 세계화 시스템^{GSM, Global System for Mobile Communications}은 TDMA와 주파수 분할 이중 통신^{FDD, Frequency Division Duplux} 방법론을 사용하는 신호 통신 국제 표준이다. 따라서 GSM 휴대폰은 버스트를 사용한다. GSM은 노키아^{Nokia}와 에릭슨^{Ericsson}에 의해 가장 처음 고안됐으며, 유럽 전기통신 표준기구^{ETSI, European Telecommunications Standards Institute}에서 만들어졌다. 가장 최근 만들어진 가장 빠른 GSM 표준은 4세대 LTE 어드밴스드다. 3세대 GSM 네트워크는 전 세계적인 이동통신 시스템^{UMTS, Universal Mobile Telecommunications System}과 광대역 부호 분할 다중 접속^{WCDMA} 통신을 사용한다. WCDMA는 CDMA와 FDD 방법론을 기반으로 한 고속 신호 전송 방식을 택하고 있다. TDMA와 GSM 망은 상호 간 양립할 수 없는 관계지만, TDMA는 흔히 GSM 프로토콜의 시초로 언급되곤 한다. 티모바일과 AT&T는 미국 내에서 GSM 망을 사용하고 있다.

언락이 된 GSM 단말기는 해당 지역의 SIM 카드를 구입하고 지역 통신사 SIM 카드를 활성화시키는 것만으로도 세계 그 어느 곳에서도 망에 연결해 폰을 사용할 수 있다. 혐의자가 GSM 폰을 해외에서도 사용했을 가능성이 있으므로 SIM 카드가 교체된 경우 증거를 복구할 수 없다는 점도 염두에 둘 필요가 있다.

카스턴 놀^{Karsten Nohl} 박사가 GSM과 관련된 보안 취약점에 대해 광범위한 주장을 펼치며 꾸준히 글을 게재해왔다는 점을 유심히 생각해봐야 한다. 놀 박사는 GSM 휴대폰이 티모바일과 AT&T 망에서 사용하는 A5-1 암호를 해독하는 공식을 제시해왔다.

3GP는 음성/영상 파일 포맷으로 3G GSM 무선통신망에서 작동하는 휴대폰에서 찾아볼 수 있다. 이 표준은 3세대 파트너십 프로젝트^{3GPP, 3rd Generation Partnership Project}에 의해 개발됐다. 3세대 파트너십 프로젝트는 여섯 개의 통신 표준체와 통신 표준을 제공하는 다수의 세계적인 통신 회사의 합작으로 만들어졌다. 이 프로젝트에서는 이동통신 세계화 시스템^{GSM}, 일반 패킷 라디오 서비스^{GPRS, General Packet Radio Service}, 진보된 GSM 데이터 전송 기술^{EDGE, Enhanced Data rates for GSM Evolution} 등과 관련된 업무를 하고 있다. 3GPP에 대한 더 많은 자료는 www.3gpp.org에서 확인할 수 있다. GPRS는 2G와 3G GSM 망에서 사용되고 있는 패킷 스위칭 무선통신이다. EDGE는 GSM 망에서 사용하는 고속 데이터 전송 기술이다. EDGE는 GPRS 대비 최대 세 배의 데이터 전송률을 자랑한다.

전 세계적인 이동통신 시스템

전 세계적인 이동통신 시스템^{UMTS, Universal Mobile Telecommunications System}은 3세대 무선통신망 표준으로 GSM에 기반하고 있으며 3GPP에 의해 개발됐다. 앞서 언급한 대로, UMTS 휴대폰은 네크워크상의 가입자를 식별하기 위해 USIM 스마트카드를 사용하고 있다. 포렌식의 측면에서 USIM은 SIM 카드보다 더 많은 양의 파일을 저장할 수 있다. 네트워크 간 통신은 광대역 WCDMA 프로토콜을 통해 발생한다.

부호 분할 다중 접속

부호 분할 다중 접속^{CDMA, Code Division Multiple Access}은 데이터 전송 시 넓은 대역폭을 사용하는 확산 스펙트럼 통신 방법론이다. 퀄컴^{Qulacomm} 사가 개발한 이 기술은 채널을 공유하지 않으며, 멀티플렉싱^{multiplexing} 기법을 사용한다. 멀티플렉싱은 다중 신호가 공유 미디어 안에서 동시다발적으로 전송 가능한 기법이다. 광섬유는 공유 미디어의 한 예로 멀티플렉싱을 사용할 수 있는 매체다. CDMA2000은 CDMA 통신 프로토콜을 사용하는 3세대 기술이다. CDMA 기술은 미국 전역 무선통신망인 버라이즌과 스프린트에 의해 사용된다.

3GP2는 3G CDMA 무선통신망 휴대폰에서 사용되는 음성/영상 파일 포맷이다. 이 표준은 3세대 파트너십 프로젝트 2^{3GPP2, 3rd Generation Partnership Project 2}에 의해 개발됐다. 3GPP2는 CDMA를 비롯한 3세대 모바일 네트워크 표준을 개발하는 북미, 아시아의 3세대 통신사 파트너십이다. 3GPP 및 3GPP2의 파트너와 멤버 구성원의 각 역할에 대한 더 많은 정보는 www.3gpp2.org에서 확인할 수 있다.

통합 디지털 확장 네트워크

통합 디지털 확장 네트워크^{iDEN, integrated Digital Enhanced Network}는 모토로라에 의해 개발됐으며 디지털 휴대폰의 양방향 무선 전송 기술을 접목시킨 무선 기술이다. iDEN은 TDMA를 기반으로 하고 있다. 1993년 넥스텔^{Nextel}은 통신 가입자가 워키토키^{walkie-talkie}(또는 쌍방향 무선통신)와 같은 휴대폰을 사용할 수 있도록 iDEN 기술을 사용하는 푸시투토크^{Push-to-talk}를 소개했다. 푸시투토크 기능을 가진 휴대폰을 사용할 때에는 셀 타워가 사용되지 않는다. iDEN은 대부분의 주요 무선통신망과는 달리 개방형 표준 프로토콜을 사용하는 고유 프로토콜이다.

SIM 카드 포렌식

SIM 카드의 두 가지 주요 기능은 무선통신망 가입자를 식별하고 데이터를 저장하는 것이다. 앞서 이미 SIM에 기재된 IMSI의 정보가 GSM이나 iDEN 네트워크상의 사용자를 식별하는 메커니즘에 대해 논의한 바 있다. 조사관이 눈여겨볼 만한 부분은 SIM 카드의 스토리지가 중요한 증거 자료라는 점이다. SIM은 본질적으로 프로세서와 메모리로 구성된 스마트카드다.

SIM 하드웨어

SIM 카드는 다양한 폼 팩터를 갖고 있다. 미니 SIM^{Mini-SIM}은 25mm×15mm 크기며, 마이크로 SIM^{Micro-SIM}은 15mm×12mm 크기를 가진다. 또한 임베디드 SIM 카드 형태도 존재한다. SIM 카드 외부에 새겨진 고유 일련번호는 ICCID라고 부른다.

시리얼 인터페이스는 그림 9.10에서 보는 것과 같이 SIM 카드가 단말기와 통신하는 부분이다.

시리얼 인터페이스

그림 9.10 시리얼 인터페이스

SIM 파일시스템

전기적으로 프로그래밍 가능한 읽기 전용 메모리EEPROM, Electronically Erasable Programmable Read Only Memory는 계층적 파일시스템이 존재한다. 운영체제와 사용자 인증, 암호화 알고리즘 등이 SIM 카드의 읽기 전용 메모리ROM, read-only memory에 내장돼 있다.

파일시스템은 세 개의 주요 구성 요소를 가진다.

1. 마스터 파일MF, Master File: 파일시스템의 root(최상위 디렉터리)다.
2. 전용 파일DFs, Dedicated Files: 디렉터리가 기본적으로 존재하는 곳
3. 기본 파일EFs, Elementary Files: 데이터를 저장하고 있는 곳

EFs는 조사관이 방대한 양의 가입자 정보를 획득할 수 있는 구성 요소다. 단축 다이얼 번호ADN, Abbreviated Dialing Numbers는 가입자가 입력한 연락처 이름과 번호를 가지고 있다. 이 연락처는 SIM 안의 EF_ADN 폴더에 저장돼 있다. 접근이 금지된 이동통신 사업자 고유 식별번호FPLMN, Forbidden Public Land Mobile Network는 가입자 단말기가 특정 무선통신망에 연결을 시도해도 접근할 수 없는 사업자 고유 식별번호 리스

트 목록이다. 이 정보는 EF_FPLMN에서 확인할 수 있다. 비록 혐의자가 망 접속에 실패했다 할지라도, 이러한 데이터는 조사관이 혐의자가 있었던 위치 정보를 파악하는 데 큰 도움을 줄 수 있다. 최종 발신 전화번호^{LND, Last Numbers Dialed}는 가입자가 요청한 모든 발신번호가 저장돼 있다. EF_LND 폴더가 이 정보를 담고 있다. EF_LOCI에는 방문자 위치 등록기^{VLR, Visitor Locator Register}에 의해 할당되는 임시 이동 가입자 식별번호^{TMSI, Temporary Mobile Subscriber Identity} 정보를 갖고 있다. TMSI는 모바일 장치가 마지막으로 꺼졌던 위치를 의미한다. TMSI는 네 자리의 8진수로 구성돼 있으며 조사관에게는 그리 큰 정보가 되지 못할 것이다. 그러나 조사관은 TMSI의 정보를 토대로 정확한 위치를 확인하기 위해 통신사에 지원 요청을 할 수 있을 것이다. 표 9.1은 SIM 파일시스템에서 사용되는 약어의 정의를 보여준다.

표 9.1 SIM 파일시스템 약어

약어	정의
EF_ADN	단축 다이얼 번호(ADN, Abbreviated Dialing Numbers)
EF_FPLMN	접근이 금지된 이동통신 사업자 고유 식별번호(FPLMN, Forbidden Public Land Mobile Network)
EF_LND	최종 발신 전화번호(LND, Last Numbers Dialed)
EF_LOCI	사용자가 마지막으로 휴대폰 전원을 종료한 위치
EF_SMS	단문 메시지 서비스(SMS, Short Message Service)

그림 9.11은 SIM 디렉터리 구조를 보여주고 있다.

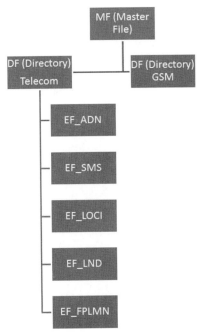

그림 9.11 SIM 디렉터리 구조

SIM에 접근하기

SIM 카드가 PIN 넘버로 보호된 상태라면, SIM에 저장된 데이터에 접근해 자료를 수집하는 것은 매우 어려운 일이다. SIM에 있는 PIN은 대개 네 자리 숫자지만 여덟 자리 숫자까지 가능하다. 조사관은 SIM이 잠길 때까지 세 번의 패스워드 입력을 시도해볼 수 있다. 그 이후에는 장치에서 PIN 차단 해제 키 코드^{PUK}나 PUC(개인 언블록킹 코드$^{Personal\ Unblocking\ Code}$)를 입력하는 프롬프트가 나타난다. 조사관은 통신사에게 PUC를 요청할 수 있다. PUC는 사용자가 SIM 카드의 PIN 넘버 보호 기능을 해제할 수 있도록 통신사에서 제공하는 코드다.

> **참고**
>
> 사용자는 온라인으로 접속해 PUK 정보를 변경할 수 있다. 이렇게 되면 조사관은 소유자의 협조 없이는 SIM 콘텐츠에 접근할 수 없다.

SIM 카드 복제

하드디스크 드라이브 복제와 마찬가지로, 조사관은 보통 원본 SIM 카드보다는 복제 SIM 카드를 조사한다. 원본을 대체한 SIM 카드 복제본은 조사의 용도로만 사용해야 한다. 대부분의 휴대폰 포렌식 툴은 조사관에게 SIM 카드 복제 기능을 제공해주고 있다.

증거의 종류

휴대폰에서 획득할 수 있는 증거의 범위는 노트북이나 데스크톱에서 얻을 수 있는 정보와는 많은 차이가 있다. 주요 차이점 중 하나는 SMS와 MMS 메시지의 존재 여부다(다음 절에서 좀 더 심도 있게 다룰 예정이다).

단문 메시지 서비스

단문 메시지 서비스^{SMS, Short Message Service}는 모바일 장치에서 사용되는 텍스트 메시지 통신 서비스다. 이 텍스트 메시지는 모바일 단말기나 단말기 안의 SIM 카드 메모리에서 추출할 수 있다. SMS 메시지는 대부분 단말기 내에 저장되지만, SIM 카드에 저장되는 경우 DF_TELECOM 파일 안에서 확인해볼 수 있다.

조사관은 상태 플래그를 기반으로 SMS 메시지의 확인, 삭제 또는 전송 여부를 알아낼 수 있다. 바이트 값은 메시지의 상태에 따라 변화한다. 표 9.2는 각 상태 플래그와 그 의미를 보여준다.

표 9.2 상태 플래그 값과 의미

상태 플래그 값(이진수)	의미
00000000	삭제된 메시지
00000001	확인된 메시지
00000011	읽지 않은 메시지
00000101	전송된 메시지
00000111	전송되지 않은 메시지

16진수^{hex} 편집기에서 텍스트 메시지를 확인할 때 확인되지 않은 SMS 메시지는 11, 삭제된 메시지는 00으로 시작한다(이하 동일).

멀티미디어 메시징 서비스

멀티미디어 메시징 서비스^{MMS, Multimedia Messaging Service}는 대부분의 휴대폰에서 사용할 수 있는 서비스로, 음성, 영상, 사진 등의 멀티미디어 콘텐츠를 전송하기 위한 메시징 서비스다. 조사관은 휴대폰 포렌식 툴을 이용해 사용자 메시지 내에서 멀티미디어 콘텐츠를 추출할 수 있다. MMS는 SIM이나 모바일 장치에서 확인할 수 있다.

❖ 단말기의 사양

단말기 하드웨어에 대한 지식은 조사관이 단말기 압수 이후 안전하게 보관하는 방법을 알도록 해준다. 앞서 언급한 대로, 조사관의 입장에서 모바일 장치의 특성을 알아내기 위해 단말기에 있는 FCC-ID를 온라인으로 검색할 수 있다.

메모리와 프로세싱

휴대폰 안에는 마이크로프로세서, 롬 칩, 램^{RAM, Random Access Memory} 등이 내장돼 있다. 운영체제는 롬에 저장돼 있다. SD 카드, 특히 마이크로 SD 카드는 스마트폰에서도 흔히 발견된다. SD 카드에는 다음의 데이터를 저장할 수도 있다.

- 사진
- 영상
- 응용프로그램(앱)
- 지도

오늘날의 많은 스마트폰은 삭제 가능한 SD 카드를 사용하는 대신 내장 임베디드 멀티미디어 카드^{eMMC, Embedded Multimedia Card}를 적용하고 있다. 이 메모리 카드는 FAT32 파일시스템을 사용한다.

배터리

주로 사용하는 네 가지 타입의 휴대폰 배터리는 리튬 이온$^{Li-Ion}$, 리튬 폴리머$^{Li-Poly}$, 니켈 카드뮴^{NiCd}, 니켈 수소화 금속 전지^{NiMH}다. 아이폰과 블랙베리 커브$^{BlackBerry Curve}$는 비교적 가벼운 리튬 이온 배터리를 사용한다.

기타 하드웨어

휴대폰은 모델에 따라 사양이 달라지긴 하지만, 일반적으로 무선 모듈, 디지털 신호 처리기, 액정 표시 장치^{LCD}, 마이크, 스피커 등이 기본적으로 탑재돼 있다. 키보드가 내장된 모델도 일부 존재한다.

가속도 센서

요즘 휴대폰에 주로 탑재된 또 다른 기능은 가속도 센서^{accelerometer}다. 가속도 센서는 움직임이나 중력, 그리고 이들의 변화에 반응하는 하드웨어 장치다. 예를 들어 단말기를 옆으로 또는 거꾸로 돌리면 가속도 센서가 화면을 회전시킨다. 그뿐만 아니라 가속도 센서는 단말기 각도 변경에 따라 사용자도 돌거나 움직이는 것처럼 느끼게 함으로써 게임 유저의 현실감을 더욱 증대시켜준다. 가속도 센서는 아이패드와 아이폰에 탑재된 이후부터 더욱 활발하게 쓰이고 있다.

카메라

오늘날 대부분의 휴대폰은 스틸 사진과 비디오 촬영이 가능한 디지털카메라가 탑재돼 있다. 대부분의 스마트폰은 사용자가 사진을 찍고 나서 페이스북과 같은 소셜 네트워크 서비스에 바로 업로드하는 기능을 지원한다. 비디오의 경우, 많은 스마트폰이 사용자가 유튜브와 같은 사이트에 콘텐츠를 즉시 업로드할 수 있도록 설계돼 있다. 또한 대부분의 스마트폰은 사진이 촬영된 위치 정보를 나타내는 위도 및 경도 표시 기능도 내장하고 있다. 대부분의 안드로이드 휴대폰은 이러한 기능이 기본으로 탑재돼 있다.

❖ 모바일 운영체제

앞 장에서 언급한 대로 운영체제의 목적은 전자 기기(컴퓨터가 대부분임)의 자원을 관리하는 데 있다. 휴대폰의 운영체제는 폰의 롬 칩에 저장돼 있다. 컴퓨터 포렌식의 관점에서 본다면, 조사관이 운영체제에 대한 풍부한 지식을 갖췄다면 추출 가능한 증거의 종류와 증거 추출 시 사용되는 툴, 그리고 증거의 잠재적인 위치 정보를 더 쉽게 이해할 수 있다. 조사관이 맞닥뜨리는 문제는 모바일 기기가 전통적인 컴퓨터에 비해 매우 다양한 운영체제를 사용하고 있다는 점이다. 최신 모바일 운영체제의 베타 버전에 접근하기 위해 조사실 랩 구성원 중 적어도 한 명을 공인 앱 개발자로 성장시키면 큰 도움이 될 것이다. 이는 시스템 파일에 적용시킬 새로운 보안 개선 사항과 변화에 대해 계획하고 수립하는 과정에서 더 많은 시간을 절약하게 해준다.

안드로이드 운영체제

안드로이드는 리눅스 2.6 커널 기반의 오픈소스 운영체제다. 2005년 구글은 안드로이드를 인수했다. 안드로이드는 통신 회사, 휴대폰 제조사, 반도체 회사, 소프트웨어 회사의 공동 그룹인 개방형 휴대폰 동맹^{OHA, Open Handset Alliance}에 의해 유지 관리되고 있다.

안드로이드 운영체제는 스마트폰, 태블릿 등의 다양한 소비 가전 제품에서 찾아볼 수 있다. 안드로이드 플랫폼에서 작동하는 스마트폰은 GSM, CDMA, iDEN 무선 통신망을 사용한다. 안드로이드 폰은 안드로이드 마켓을 통해 이용 가능한 다양한 앱 덕분에 엄청난 잠재력을 가지고 있다. 그러나 이런 풍부한 기능들은 배터리 수명 측면에서 높은 비용이 발생하며 조사관은 이런 부분도 염두에 둬야 한다. 또한 태블릿도 모바일 기능이 있다는 것을 참고해야 한다. 삼성의 유명한 갤럭시탭과 아마존의 킨들^{Kindle} 같은 서비스인 삼성의 이리더스^{eReaders}의 예와 같이 다양한 태블릿이 안드로이드 운영체제에서 작동한다.

안드로이드는 자동차 산업에서도 널리 사용되고 있다. 현재 상하이자동차^{SAIC, The}

Shanghai Automotive Industry Corporation는 미디어 엔터테인먼트를 안드로이드 플랫폼에서 실행되도록 구현해놓은 상태다. 아우디 8은 구글 맵 내비게이션과 구글 어스를 탑재했다. 네바다주 자동차 관리국The Nevada Department of Vehicles은 무인 운전 차량에 안드로이드 사용을 승인했다. 포드 자동차와 제너럴 모터스도 자사 제품에 안드로이드를 채택했으며, 르노 클리오와 르노 조는 안드로이드 기반의 7인치 터치스크린 대시보드 기기를 장착했다.

안드로이드는 가전 제품에서도 찾아볼 수 있다. 예를 들어 다코 주방 가전은 안드로이드가 장착된 오븐으로, 태블릿에서 제공해주는 레시피를 기반으로 동작한다. 안드로이드는 점차 냉장고에 탑재돼 식품 라벨에 새겨진 바코드를 스캔하고 냉장고에 보관된 음식물의 신선도를 체크하는 역할을 할 수 있다. 이런 냉장고는 소비자에게 식습관 프로그램을 제공하고 식료품점의 목록을 작성해주기도 한다. 일부 에어컨은 안드로이드 OS 기반으로 생산돼 원격으로 제어하고 조작할 수도 있으며, 몇몇 LG 세탁기와 건조기도 안드로이드 위에서 작동하고 있다. 머지않은 미래에 우리는 안드로이드 에코시스템을 맞이하게 될 것이다.

안드로이드 파일시스템

안드로이드 기기는 램RAM과 낸드NAND, 이렇게 두 가지 타입의 메모리를 사용하고 있다. 일반적인 컴퓨터에 사용되는 램은 휘발성 메모리며 사용자 패스워드를 비롯한 증거를 저장하고 있다. 낸드는 비휘발성 플래시 메모리다. 낸드에서의 한 페이지나 청크chunk는 512K~2048K 용량 범위에 존재할 수 있다. 안드로이드는 Ext4, FAT32, YAFFS2Yet Another Flash File System 2를 비롯한 여러 종류의 파일시스템을 지원한다. Ext4 파일시스템은 구글 넥서스S에 채택됐으며 YAFFS2 파일시스템을 대체하려는 움직임으로 보인다. YAFFS2는 낸드 플래시 메모리 사용을 목적으로 개발된 오픈소스 파일시스템이다. 현재 포렌식 분석가는 YAFFS2 소스 코드를 다운로드하고 헥스 에디터를 이용해 해당 파일을 검토해야 한다.

마이크로소프트의 FAT32 파일시스템은 안드로이드 기기에서 사용되고 있다.

FAT32 파일시스템은 여러 안드로이드 단말기에서 공통적으로 사용되는 마이크로 SD 카드에서 찾아볼 수 있다. FAT32를 사용하기 위한 리눅스 파일시스템 드라이버는 VFAT라 불린다. 또한 안드로이드 앱은 종종 마이크로 SD 카드에서 실행되기도 한다.

안드로이드에서 가장 가치 있는 증거는 라이브러리에 저장돼 있으며, 그중 특히 SQLite 데이터베이스를 꼽을 수 있다. SQLite 데이터베이스는 모바일 기기에서 흔히 찾아볼 수 있는 오픈소스 관계형 데이터베이스 표준이다.

SQLite의 개발과 관리는 오라클, 노키아, 모질라, 어도비, 블룸버그 등의 멤버들로 구성된 SQLite 컨소시엄의 후원으로 유지된다.

삼성 갤럭시

애플이 태블릿 시장에서 가장 높은 점유율을 차지해온 반면, 삼성 갤럭시는 스마트폰 시장에서 최고 판매율을 유지해오고 있다. 삼성은 판매량이 1억 대 이상이 될 만큼 휴대폰 판매에서 큰 성공을 거둬왔다. 갤럭시 S4는 출시된 지 한 달이 조금 안 돼서 1,000만 대 이상을 판매해 1초에 4대씩 판매한 셈이었다. S4는 듀얼샷^{Dual Shot}이라고 부르는 새로운 기능을 탑재해 사용자가 앞면과 뒷면에 있는 카메라를 동시에 촬영할 수 있게 했다. 또한 사용자는 사진 촬영 시 주변 음성을 함께 녹음할 수도 있다. 그룹 플레이^{Group Play}라고 불리는 기능을 통해 S4 사용자끼리 음악, 사진, 문서 등을 공유하고 함께 게임을 즐길 수 있다. 또한 사용자는 스토리 앨범^{Story Album}이라고 하는 앱을 사용해 사진에 자막을 추가한 특별한 앨범을 만들 수도 있다. S 보이스^{S Voice}는 삼성 갤럭시 S3, S4와 갤럭시 노트 태블릿 일부에 탑재된 음성 인식 인공지능 기능이다. 이 기능은 애플의 시리^{Siri}와 흡사하다.

2013년 9월 출시된 삼성 갤럭시 기어^{Gear}는 갤럭시 스마트폰에 연결해서 사용하는 손목시계다. 기어는 1,900만 화소 카메라를 탑재했고 720p 해상도의 비디오 녹화를 지원할 뿐 아니라 4GB 메모리가 장착돼 있으며 블루투스 기능도 제공한다. 사용자는 이 스마트 워치를 통해 직접 전화를 걸거나 받을 수 있다. 그러므로 조사관은 삼성 갤럭시 스마트폰이나 태블릿을 압수할 때 페어링된 스마트 워치도 함께 압수할 필요가 있음을 명심해야 한다.

2014년 봄에는 갤럭시 S5가 출시됐다. 이 단말기에서 인상적인 부분은 1,600만 화소 카메라와 30fps 속도의 UHD 4K 비디오 촬영을 지원하는 것이다. 또한 S5에는 지문 스캐너도 탑재돼 조사관의 기기 접근 가능 여부와 관련해 이슈가 될 수 있다. 그리고 S5는 심박 센서도 내장돼 있어 개인정보보호와 스마트폰 소유자 증명을 가능케 한다. S5는 안드로이드 4.4.2 킷캣KitKat에서 작동한다. 이 단말기는 S4와 동일하게 기어2 네오 스마트 워치와 호환 가능하다.

안드로이드 증거

조사관은 안드로이드 스마트폰에서 다음 네 가지 방법으로 증거를 추출할 수 있다.

1. 논리적인 방법(하드웨어/소프트웨어)
2. 물리적인 방법(하드웨어/소프트웨어)
3. 공동 테스트 작업 그룹
4. 칩 오프Chip-off

일부 모바일 포렌식 소프트웨어는 스마트폰의 논리 수집을 지원하며, 이것은 시스템 파일이 아닌 사용자 데이터만을 복구 가능함을 의미한다. 조사관은 가능한 한 물리 이미지를 획득해야 한다. 물리 이미지는 일반적으로 백업이나 단말기 익스플로잇을 통해 획득할 수 있다. 안드로이드에서 사용자 파일을 추출하려면 기기 루팅을 이용해 데이터 파티션에 접근해야 한다.

공동 테스트 작업 그룹

공동 테스트 작업 그룹JTAG, Joint Test Action Group은 테스팅, 유지, 완성된 회로 보드 지원을 위한 IEEE 표준(IEEE 1149.1)이다. JTAG는 폰 데이터에 대한 물리 덤프 절취를 목적으로 스마트폰의 보안과 암호를 우회하는 방법에 맞서기 위해 그 중요성이 점차 커지고 있다.

그림 9.12에 보이는 리프 박스^{RIFF box}는 휴대폰 회로판에 저장된 데이터를 획득하기 위해 사용된다. 이를 통해 낸드 메모리의 풀 덤프를 추출해낼 수 있다. 리프 박스의 커넥터는 회로판의 JTAG 연결부 위로 세심하게 납땜이 돼 있다. 회로판으로의 전압 제공은 휴대폰 배터리로도 가능하며, 전압계를 통해 모니터링할 수 있다.

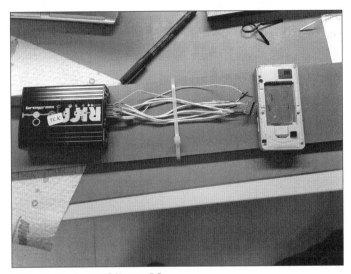

그림 9.12 리프 박스를 이용한 JTAG 추출

칩 오프

모바일 포렌식 소프트웨어나 UFED 터치^{UFED Touch}를 사용할 수 없는 상황이라면, JTAG를 차선책으로 활용할 수 있다. 모든 수단을 동원했음에도 포렌식에 실패했을 경우, 조사관의 마지막 수단은 칩 오프를 사용하는 것이다. 비용과 요구되는 기술 습득이라는 높은 진입 장벽이 있기 때문에 지극히 일부인 몇몇 포렌식 랩에서만 칩 오프를 사용한다. 그리고 이 방법의 결과가 항상 성공한다는 보장도 없다. 칩 오프는 많은 종류의 회로판 암호를 해독할 때나 회로판이 손상을 입었을 때 칩에 저장된 데이터에 접근하기 위해 사용된다. 칩은 뜨거운 열을 가하거나 납땜이 된 핀에 적외선을 침투시킴으로써 보드에서 분리해낼 수 있다. 분리된 칩은 어댑터에 연결한 뒤 데이터를 읽어낼 수 있다(그림 9.13 참조).

그림 9.13 칩 어댑터

안드로이드 보안

안드로이드 스마트폰 사용자는 다음과 같은 방법으로 폰을 보호할 수 있다.

- 핀 보호(핀 숫자 번호)
- 비밀번호(글자/숫자 혼합)
- 미리 저장된 손가락 움직임 패턴으로 단말기를 보호하는 패턴 잠금(드래그 동작)
- 생체 인식(홍채, 망막 스캔, 안면 인식 등)

패턴 잠금은 제스처라고도 불린다. 사용자는 스마트폰 화면에 보이는 3×3 그리드(아홉 개 점)를 드래그하며 이때 하나의 점은 한 번만 지나야 한다. 이것은 폰에 저장된 사용자 제스처를 알아내기가 그리 어렵지 않다는 것을 의미한다. gesture.key 파일에 저장된 20바이트 16진수 값을 비아포렌식스viaForensics 사에 의해 개발된 무료 툴인 viaExtract에 입력해 패턴 잠금을 알아낼 수 있다. 이 제스처 파일의 경로는 data/system/gesture.key다. 그 파일은 SHA-1 해시 알고리즘으로 암호화돼 있다. 제스처를 획득하기 위해 단말기에 대한 물리적 이미징이 수행된다.

비밀번호 보호는 해독하기 가장 어려운 부분이다. 비밀번호는 data/system/pc.key 파일에 저장돼 있다. 조사관은 무차별 대입이나 사전 공격을 시도해 패스워드를 해독할 수 있다.

안드로이드의 핀 넘버는 최대 여덟 자리 숫자로 구성된다. 사용자가 핀 넘버를 수차례 잘못 입력했을 경우, 지메일^{Gmail} 계정과 비밀번호의 입력을 요구한다.

생체 인식 기술을 이용하는 일부 외주 업체 솔루션은 안면 인식에 의존하기도 한다. 흥미롭게도 이런 종류의 보안은 혐의자 얼굴이 포함된 사진을 이용한 단말기 잠금 해제로 우회할 수 있다.

조사관은 안드로이드와 기타 모바일 기기 플랫폼에 관련된 최신 보안 취약점도 참조해야 한다. 응용프로그램 취약점뿐만 아니라 보안 결함도 주기적으로 노출돼 온라인상으로 대중에게 알려지고 가치 있는 증거에 접근할 수 있는 기회를 제공한다. 물론 조사관은 특정 연구가 포렌식적으로 의미 있는 활동인지 고심해봐야 한다.

안드로이드 포렌식 툴

사용 가능한 안드로이드 포렌식 툴은 매우 다양하다. 비아포렌식스 사는 조사관이 안드로이드 기기를 이미징할 수 있는 산토쿠^{Santoku}와 같은 무료 툴을 개발한다. 이 회사는 안드로이드 1.5를 포함한 그 이상 버전의 기기에서 논리 수집을 수행할 수 있는 AFLogical도 생산하고 있다. 획득한 데이터는 초기화된 SD 카드에 저장된다.

안드로이드 애플리케이션

안드로이드 애플리케이션(앱)은 자바로 개발되며 .apk 확장자를 가진다. 구글 플레이에 특정 안드로이드 앱을 채택하려면 해당 앱과 관련돼 서명된 인증서가 있어야 한다. 앱은 달빅 가상 머신^{DVM, Dalvik Virtual Machine}에서 작동하며 고유한 사용자 ID와 프로세스를 가진다. 이를 통해 앱 보안을 보증하고 기타 앱과의 데이터 공유를 예방하게 된다. 조사관에게 특히 도움이 되는 부분은 앱이 실행된 날짜와 시간이 단말기에 저장된다는 것이다. 어떤 데이터를 공유할지 결정하는 것은 개발자의 몫이므로 조사관이 추출 가능한 데이터 또한 오직 개발자 의사에 따라 결정된다.

개발자가 데이터를 저장하는 방법은 다음과 같이 네 가지가 있다.

1. 환경 설정^{Preference}

2. 파일

3. SQLite 데이터베이스

4. 클라우드

SQLite 데이터베이스는 조사관에게 매우 유용한 증거 소스가 될 수 있다. 다음 툴은 SQLite 관계형 데이터베이스로부터 데이터를 추출한다.

- SQLite 데이터베이스 브라우저(http://sqlitebrowser.sourceforge.net/)
- SQLite 뷰어(www.oxygen-forensic.com/en/features/sqliteviewer/)
- SQLite 애널라이저(www.kraslabs.com/sqlite_analyzer.php)

안드로이드 사용자가 와이파이 핫스팟을 지나칠 때는 기기 연결 시도 여부와 상관없이 사용자 단말기에서 핫스팟의 정보를 기록한다. 이 정보는 Cache.WiFi에서 추출할 수 있다. 이 파일에서 추출된 데이터는 사용자가 이동한 곳을 향후 다시 이동할 때 사용될 수 있다. 서드파티 앱은 사용자 이동 지역을 기록하거나 교통 알림 서비스와 같은 여러 앱에서 필요한 기반 정보를 위해 이 위치 정보를 사용한다. 그러므로 조사관은 서드파티 앱에서 기록하고 있는 위치 데이터도 염두에 둬야 한다.

페이스북은 스마트폰에서 사용하는 가장 유명한 앱 중 하나다. 사용자 온라인 프로필에 기록돼 있는 모든 정보는 스마트폰이나 태블릿에도 똑같이 저장되고 있다는 점을 알 필요가 있다. Fb.db는 사용자의 페이스북 연락처, 대화 로그, 메시지, 사진, 검색 기록을 저장하고 있는 SQLite 데이터베이스다.

익스체인지^{Exchange}를 위한 사용자 계정과 비밀번호는 /data/data/com.android.email/databases/EmailProvider.db에 평문으로 저장된 것을 볼 수 있다. 사용자

지메일 계정과 패스워드 또한 com.google.android.gm에 평문으로 저장돼 있다.

안드로이드 스마트폰에는 내비게이션이라고 불리는 턴바이턴^{turn-by-turn} 경로 안내 GPS 앱이 기본으로 설치돼 있다. 내비게이션과 관련된 SQLite 데이터베이스는 Da_destination.db다. 이 파일들은 혐의자가 이동할 방향을 안내하기 위해 재생됐을 음악 파일^{WAV}을 포함하고 있다.

물론 휴대폰 증거도 존재한다. SMS와 MMS 기록은 /data/data/com.android.providers.telephony에서 확인할 수 있다. 이 파일은 발신자, 수신자, 메시지 확인 상태, 사진 파일, 음성/영상 파일을 저장하고 있다. MMS는 /data/data/com.android.mms에서 볼 수 있다.

심비안 OS

현재 액센추어로 아웃소싱을 통해 관리되고 있는 노키아의 심비안^{Symbian}은 모바일 기기용 운영체제다. 비록 안드로이드가 가장 빠르게 성장한 운영체제였지만, 심비안은 2012년 기준으로 가장 인기 있는 모바일 운영체제였다. 심비안 OS를 사용하는 단말기 제조사로는 노키아, 소니 에릭슨, 삼성, 히타치 등이 있다. 그러나 노키아는 심비안 OS를 포기하고 윈도우 운영체제로 전향해왔다. 노키아는 심비안 OS에 대한 지원을 액센추어에게 이관했다.

리서치 인 모션

RIM OS는 블랙베리 스마트폰과 태블릿에서 사용하기 위해 리서치 인 모션^{RIM,} ^{Research in Motion}에서 개발한 운영체제다. 제한적이긴 하지만, 서드파티 개발을 허용하기 위해 블랙베리 API를 사용할 수 있다. 그러나 현재 블랙베리 OS는 오픈소스 시스템이다.

많은 기관에서 직원들에게 블랙베리 단말기를 보급했으므로 이 스마트폰을 통해 풍부한 증거 기록을 추출할 수 있다. 블랙베리는 기업의 생산성을 염두에 두고 개발돼 사용하는 통신사 요금제에 따라 인터넷 접근이 허용되지만, 와이파이 핫스팟에서도 작동한다. 실질적으로 블랙베리 7.1 OS에서는 단말기가 핫스팟에 연결될 수 있으며, 최대 다섯 개의 기기가 붙을 수 있는 모바일 핫스팟으로 사용되기도 한다. 블랙베리 태블릿 OS는 블랙베리 플레이북 태블릿 컴퓨터를 위해 개발된 운영체제다. 다양한 제조사에 의해 생산된 단말기에서 작동하는 구글의 안드로이드와는 달리, RIM OS는 오직 블랙베리 기기에서만 작동한다.

조사관은 굳이 블랙베리 단말기에 접근하지 않고서도 혐의자나 피해자의 단말기를 동기화시킨 컴퓨터에서 많은 양의 증거 자료를 확보할 수 있다는 점도 알고 있어야 한다. IPD 백업 파일IPD Backup File은 블랙베리에서 백업한 파일로, 단말기와 동기화된 컴퓨터나 저장 매체에서 찾아볼 수 있다. 그 파일은 .ipd 파일 확장자로 인식될 수 있다. 무엇보다, IPD 파일은 복호화된 상태로 저장되기 때문에 PIN 넘버로 보호가 가능한 단말기보다 더욱 쉽게 접근할 수 있는 것이 장점이다.

조사관이 이러한 파일을 이용해 파싱하거나 데이터를 확인하고 검색할 수 있도록 지원하는 다양한 툴이 존재한다. 엘콤소프트 블랙베리 백업 익스플로러Elcomsoft Blackberry Backup Explorer 툴을 예로 들 수 있다. 이 소프트웨어는 맥이나 윈도우 컴퓨터로 추출된 IPD 파일을 이용해 이메일, SMS, MMS, 통화 기록, 인터넷 활동 이력, 스케줄, 사진, 그리고 사용자에 의해 생성된 기타 파일을 추출해낼 수 있다. 엘콤소프트는 상용 비밀번호 복구 유틸리티도 개발하고 있다. 그림 9.14는 블랙베리 커브라는 여전히 인기 있는 스마트폰을 보여준다.

그림 9.14 블랙베리 커브

윈도우 폰

윈도우 폰Windows Phone은 PC, 휴대폰, 태블릿에서 볼 수 있는 마이크로소프트 운영체제다. 이 운영체제는 HTC, 삼성, 노키아 등 여러 제조사가 생산한 휴대폰에서 사용된다. 윈도우 스마트폰 분석 조사는 문제를 일으킬 수 있으며 단말기에 있는 데이터를 다운로드하기 위해 JTAG를 필요로 할 때도 있다. 장점은 JTAG를 이용해 다운로드한 파일은 NTFS이기 때문에 변환이 필요 없다는 것이다. 인터넷 익스플로러 9을 기반으로 한 인터넷 익스플로러 모바일Internet Explorer Mobile은 윈도우 폰 단말기에 설치돼 있다. 윈도우 폰 단말기에 설치된 피플 허브People Hub는 페이스북, 트위터, 링크드인과 같은 소셜 네트워크 서비스의 연락처와 동기화 가능한 주소록 툴이다. 윈도우 폰은 핫메일, 지메일, 야후 메일을 비롯한 POP와 IMAP 이메일 프로토콜을 지원하며 메일 서비스에서 제공하는 연락처 및 캘린더와 동기화 가능하다. 준Zune은 윈도우 폰 단말기의 멀티미디어 파일을 관리할 때 사용하는 애플리케이션이다. 모두가 예상한 대로 .WMV 파일뿐만 아니라 AVI, MP4, MOV, 3GP/3G2 파일 포맷도 지원된다.

윈도우 폰 애플리케이션

빙 모바일Bing Mobile은 윈도우 폰에 탑재된 검색 엔진이다. 텔미Tellme는 윈도우 폰에 설치된 마이크로소프트 툴로, 음성 인식 명령을 통한 빙 검색으로 연락처에 대한 통화나 앱을 실행시키는 데 사용된다. 빙 맵스Bing Maps는 윈도우 폰에 기본으로 설치된 차량 내비게이션 시스템이다.

오피스 허브Office Hub는 마이크로소프트 오피스 응용프로그램 및 문서와 연동된다. 마이크로소프트 모바일은 엑셀 모바일, 워드 모바일, 파워포인트 모바일, 쉐어포인트 워크스페이스 모바일, 그리고 마이크로소프트 오피스의 데스크톱 버전과 호환되는 모든 프로그램이 포함된다.

기타 모바일 운영체제

앞서 언급한 운영체제 외에 조사관이 경험하게 되는 운영체제를 살펴본다. 바다Bada는 삼성전자에서 개발한 운영체제다. 바다를 구동하는 단말기는 대부분 웨이브Wave라는 제품이다. 리눅스가 설치된 휴대폰도 일부 존재한다. 예를 들어 노키아 N900 스마트폰의 운영체제는 리눅스 기반 마에모Maemo 5지만 리눅스 풀 버전을 가동시킬 수 있다. 일부 사람들은 이 단말기를 해커폰이라 칭하기도 한다.

◆ 단말기 증거 처리 표준 운영 절차

연구소 및 그 조사원들은 휴대폰 조사에서 모범 사례를 활용해야 한다. 다행히 지침서는 연구소의 표준 운영 절차SOP, standard operating procedures를 기반으로 사용 가능하다. 기관에서의 SOP는 주로 조직의 예산 차이에 따라 조직 간 차이가 존재하므로 연구소가 활용 가능한 자원(장비, 인력, 교육 등)의 규모에 영향을 미친다.

휴대폰 조사에 대한 보고서를 작성할 때는 단말기와 접촉한 모든 사람에 대한 기록이 필요하다. 예를 들어 현장 경찰이 단말기를 압수했을 때 비행기 모드로 변경하는 행위는 기록에 남길 필요가 있다. 단말기가 컴퓨터 포렌식 랩으로 도착하기 전에 지문 채취를 위해 기기에 가루를 뿌린 이력도 조사 보고서 기록이 필요한 부분이다.

국립 표준 기술원

국립 표준 기술원NIST, The National Institute of Standards and Technology은 휴대폰 포렌식을 포함해 다양한 과학적 방법론에 대한 표준 운영 절차를 제공한다. 2014년 'NIST 사이버 보안 실행 가이드 800-101 개정 1판'(최종본)에서는 휴대폰 포렌식에 관한 지침을 제시했다. NIST는 권위 있는 기관으로, 컴퓨터 포렌식 조사관은 NIST의 가이드라인에 익숙해질 필요가 있다.

포렌식 조사는 네 가지 단계를 거친다.

1. 보존
2. 수집
3. 조사와 분석
4. 리포팅(문서 작성)

NIST에서 제공하는 툴 검증 리소스

가장 먼저 짚고 넘어가야 할 것은 컴퓨터 포렌식 랩에서 사용되는 모든 포렌식 툴은 조사용으로 사용되기에 앞서 인증 절차를 밟아야 한다는 점이다. 추출 가능한 데이터를 결정하기 위해 테스트 데이터를 사용하고 조사 프로세스를 따르는 것이 매우 중요하다. 다른 휴대폰 툴과의 비교 작업도 수반돼야 한다. 이러한 검증 프로세스에 대한 의문은 법정에서 더욱 크게 제기될 것이다. 또한 검증은 특정 툴을 사용하는 것이 동일한 결과를 낳을 수 있음을 보증하기 위해 MD5나 SHA1, SHA2 해시와 같은 암호 해시를 사용하는 것도 포함시킨다. 검증 과정에서 오탐률은 명확히 기록돼야 한다.

NIST는 조사관에게 테스팅 툴에서 사용 가능한 풍부한 리소스를 제공하고 있다. 컴퓨터 포렌식 툴 검증CFTT, Computer Forensic Tool Testing 프로젝트는 테스트 기준, 테스트 집합, 테스트 하드웨어를 아우르는 컴퓨터 포렌식 툴 검증 지침을 제공하고 있다.

국가 표준 참조 데이터NSRL, National Software Reference Library는 디지털 증거 분석을 요구하는 조사에시 기술을 효과적으로 사용할 수 있는 가이드를 제공한다. www.nsrl.nist.gov/에서 더 많은 정보를 찾아볼 수 있다.

NIST는 디지털 증거와 관련한 테스트 데이터 집합을 제공해왔다. 컴퓨터 포렌식 참조 데이터셋CFReDS, Computer Forensic Reference Data Sets은 디지털 증거 수집용 테스트 데이터로서, 포렌식 툴을 검증하거나 장비를 테스트하고 조사관에 대한 교육용으로 사용될 수 있다. www.cfreds.nist.gov/에서 더 많은 정보를 찾아볼 수 있다.

컴퓨터 포렌식 조사관은 미 법무부 국가수사연구소가 발표한 '전자 범죄 현장 조사 – 초기 대응 안내서'에도 익숙해질 필요가 있다. 이 지침은 컴퓨터 포렌식 조사관에게 교과서 같은 역할을 한다.

영국 경찰청장협의회ACPO, The Association of Chief Police Officers와 기타 표준 기관은 조사 대상으로 지목된 이후 증거 보존 확보의 중요성을 언급해왔다. ACPO에 따르면, 다음과 같다.

향후 법정에서 의미 있게 사용될 디지털 기기 및 스토리지 미디어에 저장된 데이터가 조사관에 의해 변경되는 것은 금지하고 있다.

휴대폰과 관련해 기본적인 문제는 포렌식을 시작하면서 발생한다. 휴대폰은 일반적으로 소형 온보드 메모리 용량을 가지고 있으므로 메모리 사용률과 압축률이 매우 중요하다. 더불어 휴대폰이 무선통신망에 계속 연결돼 있다는 것은 휴대폰의 데이터가 끊임없이 변하고 있다는 것을 의미하기도 한다. 또한 컴퓨터 포렌식 조사관이 휴대폰에서 증거를 추출하려고 할 때 휴대폰 데이터에 변화가 생길 가능성이 있다. 염두에 둬야 할 부분은 기존에 성공했던 방법을 이용할 경우 사용자에 의해 생성된 데이터는 변화 없는 상태로 남을 수 있다는 것이다. 그러므로 포렌식 과정이 명확히 기록됐을 경우 증거로 채택될 가능성이 있다. 아직까지도 일부 조사관은 '휴대폰 포렌식'은 존재하지 않으며 '휴대폰 조사'만이 있을 뿐이라고 주장한다.

사전 준비와 봉쇄

휴대폰의 통신 단절 과정은 세심하면서도 신속한 과정이 요구된다. 미 법무부 가이드라인 '전자 범죄 현장 조사 – 초기 대응 안내서'에 따르면, 조사관은 다음에 나열된 절차를 따라야 한다.

- 현장 보존과 확인 단계: 개인의 안전을 보장하고 잠재적 증거의 무결성을 식별한 후 보호해야 한다.
- 현장 기록: 조사관은 디지털과 관련된 증거뿐만 아니라 일반적인 증거에 관련된 사항도 정확히 기록해 현장에 대한 영구 기록을 생성해야 한다.
- 증거 수집: 전통적인 아날로그 증거와 디지털 증거는 그 증거로서의 가치 보존을 염두에 두고 수집돼야 한다.
- 포장, 운송, 보관 단계: 조사관은 관리 연속성을 보장하기 위해 포장하거나 운송할 때, 그리고 증거를 보관할 때 충분한 예방책을 세우고 임해야 한다.

그러므로 조사관은 범죄 현장에 처음 도착했을 때, 현장에 대한 메모와 사진 촬영 등을 통해 전반적인 사항을 기록해야 한다. 이후 조사관은 휴대폰을 적절한 방법으로 봉쇄시켜야 한다. 여기서 적절한 방법이란 단말기를 네트워크와 단절시키는 것을 뜻한다. 다음은 무선통신망에서 단말기를 차단할 때 사용할 수 있는 컨테이너를 나열한 것이다.

- 패러데이 상자
- RF 실드 상자
- MFI 실드망(그림 9.15 참조)
- 파라벤 스트롱홀드 백(그림 9.16 참조)
- 알슨 캔

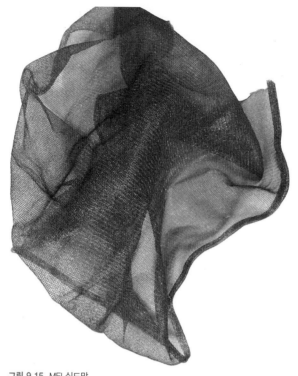

그림 9.15 MFI 실드망

알슨 캔이 저렴한 옵션으로 판매되며 지금까지도 효과적인 기능을 하는 반면, 패러데이 상자는 가격이 높은 편이다. 동일한 기능을 더 싼 가격으로 대체할 수 있는 수단은 알루미늄 호일이다. 일부 조사관은 휴대폰을 패러데이 상자에 넣을 때 폰 충전을 위해 케이블이 연결된 상태로 둔다. 여기서 문제는 충전 케이블이 안테나처럼 작동할 수 있다는 것이다. 휴대폰과 무선망 간의 통신이 단절되는 과정에서 휴대폰 스스로가 무선통신망과의 연결을 시도하기 위해 신호를 증폭시키며 배터리를 빠르게 소모시키는 이슈가 있다. 게다가 아이폰과 안드로이드 폰 등은 배터리를 빠른 속도로 소모시키는 앱이 다량 설치돼 있으므로 잦은 충전을 요구한다. 휴대폰이 일단 한 번 꺼지게 되면 사용자 단말기의 PIN이나 SIM 카드 PIN을 입력해야 하는 일이 발생하게 된다.

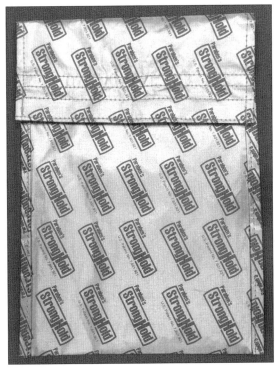

그림 9.16 파라벤 스트롱홀드 백

포렌식 실드 상자

콘센트릭 테크놀로지 솔루션즈^{Concentric Technology Solutions}는 휴대폰을 보존하고 외부 신호로부터 보호하기 위한 RF 실드 상자를 생산하고 있다(ramseyforensicbox.com). 이러한 휴대폰 테스트 차폐 상자는 단말기에서 수신되는 무선 신호를 차단할 뿐만 아니라 상자 안에 단말기 충전을 위한 전원도 설치돼 있다. 또한 이 상자는 물리 보안을 위해 자물쇠 잠금 장치를 사용할 수 있고, 단말기를 상자에서 분리하지 않은 상태에서 이미징 작업을 할 수 있도록 단말기 연결 포트를 추가 장착할 수도 있다. 게다가 조사관은 박스 안의 단말기 조사 과정을 비디오로 녹화하고 소리를 녹음하는 기능도 사용할 수 있다.

무선 기능

오늘날의 휴대폰은 다양한 무선 기능이 탑재돼 있다. 무선통신 기능을 기본으로 시판되는 다양한 휴대폰은 적외선 무선통신 기술^{IrDA}, 와이파이, 블루투스 무선 기능이 내장돼 있다. 따라서 휴대폰 단말기를 무선통신망과 단절시킬 때 다음 사항들을 기억해둬야 한다.

휴대폰은 다음에 나열된 사항을 수행함으로써 무선통신으로부터 완전히 차단시킬 수 있다.

- SIM 카드 제거(하나인 경우)
- 비행기 모드로 변경
- 무선 연결 기능 해제
- 블루투스 연결 기능 해제

FCC-ID를 이용해 휴대폰 매뉴얼을 찾아보는 것은 해당 단말기의 무선 기능을 확인하고 모든 잠재적인 무선 연결로부터 단말기를 차단하는 데 큰 도움이 된다.

실전 연습

휴대폰의 기능 식별하기

FCC에 의해 제어되는 주파수에서 작동하는 모든 기기에 대한 상세 정보를 온라인에서 확인할 수 있다. 이번 연습을 수행하려면 어도비 리더를 설치해야 할 수도 있다.

1. 웹 브라우저를 실행시키고 http://transition.fcc.gov/oet/ea/fccid/에 접속한다. 웹 브라우저에 팝업 차단 기능이 해제돼 있는지 확인한다.

2. 본인의 휴대폰 뒷면 커버를 제거한 뒤 배터리를 분리해 단말기의 FCC-ID가 보이는지 확인한다.

3. FCC-ID를 업체 등록 코드(Grantee Code) 박스와 제품 코드(Product Code) 박스에 입력한다(그림 9.17 참조).

4. 검색 버튼을 클릭한다.

5. 결과로 나열된 문서를 확인해보고 무선 기능 및 네트워크 종류(예를 들어 CDMA 또는 GSM) 등 단말기의 기능을 기록해본다.

6. 지시받은 대로 보고서를 제출한다.

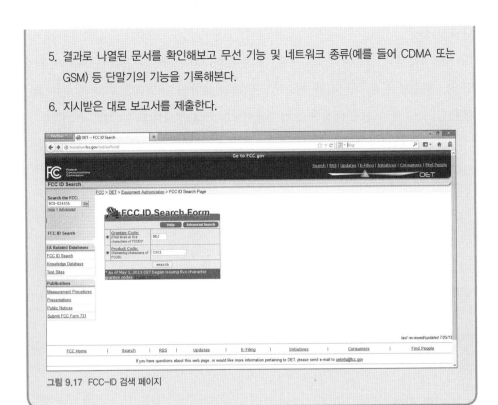

그림 9.17 FCC-ID 검색 페이지

일부 기관은 컴퓨터 포렌식 랩에서 모든 무선 전송과 휴대폰의 간섭을 차단하기 위해 신호 방해기를 사용한다. 그러나 FCC는 이 기기를 사용하는 것이 비록 법 집행을 위한 일이라 할지라도 불법으로 간주한다고 수차례 언급했는데, 그 이유는 개인이 위급한 상황에 처했을 때 비상 서비스 연결을 사용할 수 없게 되기 때문이다. FCC로부터 신호 방해기 사용에 대한 공식적인 라이선스를 발급받을 경우 사용할 수 있다. 예를 들어 폭탄 처리반은 폭탄에 대한 원격 폭발을 차단하는 신호 방해기 사용에 대해 허가를 받을 수 있다. 테러리스트는 대개 휴대폰을 이용해 폭탄을 터뜨린다.

휴대폰이 더 이상 통신사망에 연결될 수 없도록 하기 위해 휴대폰 통신사를 활용할 수도 있다. 범죄자는 주로 휴대폰에 저장된 콘텐츠를 지우기 위해 휴대폰 분실 사실을 신고하기 때문에, 최대한 빨리 단말기의 네트워크를 차단하는 것이 중요하다.

단말기 충전

휴대폰 배터리를 충전한 상태로 두는 것은 위험하다. 특히 안드로이드나 아이폰과 같은 스마트폰은 폰 배터리를 빠르게 소모하는 다양한 앱으로 인해 배터리 수명이 짧은 것으로 유명하다. 다양한 스마트폰이 PIN으로 보호되고 있으며 패러데이 상자에서 폰을 네트워크로부터 단절시킴으로써 신호가 증폭돼 배터리 사용률이 높아 신다는 섬을 고려하면, 납속 충전기를 사용하는 것은 필수적이다.

> **참고**
>
> 패러데이 상자와 같은 컨테이너 내부에서는 휴대폰에 연결된 충전 케이블이 외부로 튀어나온 상태로 있게 두면 절대 안 된다. 충전 케이블은 안테나와 같은 역할을 할 수 있다. 압수한 휴대폰을 컴퓨터를 통해 충전하는 것도 금지되며, 그렇지 않을 경우 휴대폰에 있는 증거의 무결성이 훼손될 수 있다.

조사 기록 작성

파라벤의 디바이스 세이저$^{Device\ Seizure}$와 액세스데이터의 MPE+ 같은 대부분의 포렌식 툴은 리포팅 기능이 내장돼 있다. 조사관의 보고서는 최종적으로 다음 사항들이 포함돼야 한다.

SIM 카드의 세부 사항이 포함된 장치 조사 요구 사항

- 단말기를 압수한 장소
- 단말기를 압수한 경위(동의서 또는 영장 문서)
- 단말기를 네트워크로부터 차단하는 방법 등 조사 준비에 필요한 기술
- 증거를 수집하기 위해 사용되는 포렌식 툴
- 증거 수집(SMS, MMS, 이미지, 영상, 연락처, 통화 이력 등)
- 통신사 증거(가입자 세부 사항과 통화 내역 기록)
- 응용 서비스 증거(예: 구글 이메일 서버에 저장된 지메일 기록)

기기가 압수된 장소와 기기를 처음 발견했을 당시의 사진, 그리고 관련된 모든 식별번호(ICCID, IMEI 등)를 촬영해야 함은 말할 것도 없다.

❖ 단말기 포렌식

SIM 카드에서 방대한 양의 증거를 추출할 수 있으며 SD 카드 또한 마찬가지다. 그러나 단말기의 온보드 메모리 자체를 조사하는 것도 똑같이 중요하다. 이를 위해 소프트웨어 및 하드웨어 포렌식 솔루션 모두 이용 가능하다.

휴대폰 포렌식 소프트웨어

다음에 나열된 사항을 비롯한 일부 획기적인 소프트웨어 프로그램은 휴대폰 포렌식을 효과적으로 수행할 수 있다.

- 비트핌
- 휴대폰 분석기
- 모바일에딧! 포렌식
- 디바이스 세이저
- 심콘
- XAMN

세부적인 각각의 내용은 다음에 더 상세히 설명한다.

비트핌

비트핌BitPim은 다양한 CDMA 폰에 있는 파일을 확인하거나 조작할 수 있는 오픈소스 툴이다. 비트핌에서 지원되는 휴대폰으로는 삼성, LG, 산요 등 퀄컴 CDMA 칩셋을 사용하는 여러 휴대폰들이 있다. www.bitpim.org에서 소프트웨어를 무료로 다운로드할 수 있다.

휴대폰 분석기(MPE+)

조사관은 MPE+를 이용해 광범위한 종류의 이동 단말기와 SIM(또는 USIM) 카드를 분석할 수 있다. 이 툴은 조사관에게 데이터 카빙 기능을 지원한다. 다시 말해 MPE+는 MMS 파일에 녹아든 이미지와 비디오 및 오디오 파일을 분리해낸다. MPE+는 사용자에게 PIN으로 보호된 단말기 및 SIM 카드의 PIN을 입력할 수 있는 메커니즘도 제공해주고 있다. 게다가 사용자는 툴을 이용해 SIM 카드의 PIN을 우회하기 위해 PUK 코드를 입력할 수도 있다.

MPE+에 의해 획득한 파일은 PDF나 마이크로소프트 엑셀(CSV 파일) 형태로 추출될 수 있다. 단말기 및 SIM 카드에 저장된 이미지 파일은 AD1 포맷 파일에 저장돼 있으며, MPE+나 액세스데이터의 FTK를 통해 열어볼 수 있다.

MPE+의 교육용 버전은 강사 및 학생용 매뉴얼, 소프트웨어, 강의실 랩의 실습용 휴대폰 파일이 포함된다.

모바일에딧! 포렌식

모바일에딧MOBILedit은 사용자 컴퓨터에 저장된 스마트폰의 연락처, 메시지, 미디어 등 기타 파일을 관리할 수 있는 구조적인 툴이다. 포렌식 버전은 휴대폰 파일을 추출하거나 조사 보고서를 생성할 수도 있다.

디바이스 세이저

파라벤 사에서 개발돼 배포된 디바이스 세이저Device Seizure는 다른 많은 소프트웨어 툴에 비해 더 많은 장치를 지원해주기 때문에 모바일 포렌식 조사관에 의해 잘 알려져 있다. 이 툴은 휴대폰, 태블릿, 아이폰, PDA, GPS 장치까지도 지원하고 있다. 그림 9.18은 디바이스 세이저의 사용자 인터페이스를 보여주고 있다.

파라벤은 자사의 스트롱홀드 백, 스트롱홀드 상자(패러데이 상자), 프로젝트 어 폰Project-A-Phone과 같은 기기 차폐 장치도 제공하고 있다.

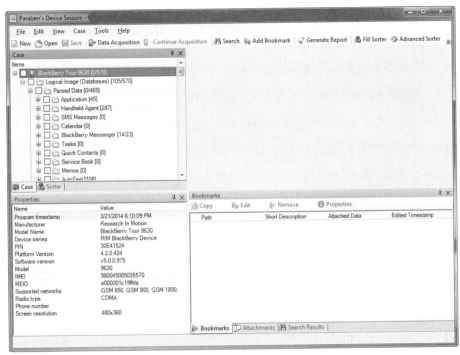

그림 9.18 디바이스 세이저 사용자 인터페이스

심콘

심콘SIMcon은 SIM 카드에서 삭제된 메시지, 연락처, 통화 기록, 기타 사용자 파일 복구를 위해 SIM 카드 리더를 이용하는 프로그램이다. 기타 휴대폰 포렌식 툴과 마찬가지로, 이 툴은 증거에 대한 MD5와 SHA-1 해시 값을 생성한다. 심콘은 오직 SIM 카드용으로 사용되지만, 다양한 분야의 법 집행에서 사용되는 저렴한 포렌식 툴이다.

XAMN

마이크로 시스터메이션은 포렌식 조사관이 사용할 소프트웨어 및 하드웨어 분야 도구를 생산하고 있다. 이 업체는 여타 벤더에서 제공하는 유용한 링크 분석 툴 또한 공급하고 있다. XAMN은 그런 링크 분석 툴 중 하나다. 조사관은 링크 분석 툴을 이용해 여러 스마트폰에 있는 이미지를 동시에 추출할 수 있으며, 여러 폰 사이에 연락처를 비롯한 공통점을 단시간 내에 식별해낼 수 있다. 링크 분석은 혐의자와 함께 있었을 것으로 추정되는 공범이나 피해자를 나열해낼 수 있다. 또한 해당 툴을 이용해 셀타워, 와이파이 핫스팟, 사진 지리 정보 데이터를 기반으로 혐의자나 희생자가 어떤 곳을 이동했는지 식별해낼 수도 있다. 또한 XAMN은 타임라인과 달력 기능이 내장돼 있다. 당신이 상상할 수 있듯이 혐의자의 휴대폰에서 추출된 데이터를 통해 혐의자의 이동 경로를 파악해 지도에 표시해주며, 조사 시간을 절약해줄 뿐만 아니라 범죄가 발생했을 때 어떤 일이 일어났는지 조사하는 과정에서 매우 유용하다.

> **참고**
>
> 이외에 고유의 강점과 기능을 보유한 기타 여러 가지 휴대폰 포렌식 툴을 사용할 수 있다.
>
> - BKForensics: 휴대폰 분석기
> - 카나나 포렌식(Katana Forensics): 랜턴(Lantern)
> - Oxygen: Oxygen 포렌식 스위트
> - CDMA 소프트웨어: CDMAWorkshop
> - 모토로라-툴스닷컴(Motorola-Tools.com): 플래시&백업(Flash&Backup)
> - 미디어파이어(MediaFire): 노키아 플래시 툴(Nokia Flash Tool)
> - 서스틴(Susteen): 시큐어뷰(Secure-View)

휴대폰 포렌식 하드웨어

조사관은 휴대폰과 태블릿의 이미징을 위해 다양한 소프트웨어 솔루션을 보유하고 있지만, 이미징 작업에서 하드웨어 기기를 사용할 수도 있다. 하드웨어 기기 중 일부는 자체 충전 기능과 쓰기 방지 기능이 내장돼 있으므로 현장에서 휴대폰 조사를 수행할 때 유용하다.

셀덱

셀덱CellDek은 로지큐브Logicube에서 제작한 모바일 포렌식 하드웨어 기기다. 셀덱은 사건 현장에서 휴대폰과 가민Garmin 및 톰톰TomTom 같은 내비게이션 시스템 이미징 이 가능한 장치다. 해당 장치는 아이터치iTouch와 아이폰iPhone 같은 iOS 기기를 비롯 해 다양한 스마트폰을 지원한다.

셀러브라이트

셀러브라이트Cellebrite의 유니버설 포렌식 추출 기기UFED, Universal Forensics Extraction Device 는 휴대폰과 GPS 기기에서 논리적이고 물리적인 증거 추출을 지원하는 하드웨어 장비다. UFED는 포렌식 분야에서 매우 높이 평가되고 있으며, 법 집행을 수행하는 수많은 컴퓨터 포렌식 연구소에서 해당 장비를 보유하고 있다. UFED의 성공 요인 은 셀러브라이트에서 iOS, 안드로이드, RIM 기기를 비롯해 광범위한 휴대폰을 지 원한다는 것이다. UFED 터치는 수사 연구소와 법 증거 효력을 위해 현장에서 사용 할 수 있다. 그림 9.19는 UFED 터치를 보여주고 있다.

그림 9.19 셀러브라이트의 UFED 터치 화면

논리적 조사 vs. 물리적 조사

모바일 포렌식 툴을 이용해 휴대폰에서 논리적이거나 물리적인 증거를 (때때로 모두) 추출할 수 있다. PC를 조사하는 것과 비슷하게 휴대폰의 논리적 조사에서는 디렉터리, 파일, 폴더를 전통적인 뷰로 볼 수 있는 화면을 제공한다. 이는 PC의 윈도우 파일탐색기나 맥의 파인더Finder에서 볼 수 있는 인터페이스를 떠올리면 된다. 물리적인 뷰는 메모리에 저장된 파일의 실제 위치와 크기를 참조해 화면에 보여준다. 삭제된 메시지와 삭제된 기타 파일을 추출하는 것은 물리적인 조사를 통해서만 가능하다.

컴퓨터 포렌식과 모바일 포렌식의 주요한 차이점은 컴퓨터를 통해 파일에 대한 물리적인 위치를 확인함으로써 조각난 파일에 대한 확인이 가능한지 여부에 있다. SMS 텍스트 메시지가 삭제돼 보이지 않는다면 일반적인 생각으로는 메시지가 제거돼 메시지 조각이 폰에서 더 이상 존재하지 않을 것이라 확신하겠지만, 물리적인 추출을 통해 삭제된 파일 일부도 복구할 수 있다.

❖ 수작업을 통한 휴대폰 조사

모바일 포렌식 이미징 툴이 없을 경우, 조사관은 부득이하게 수작업으로 휴대폰을 조사해야 한다. 특히 트랙폰TracFone과 같이 회사에서 제공하는 저급 선불폰의 경우 이런 상황이 자주 발생한다. 이런 종류의 폰 조사용 툴은 일반적으로 존재하지 않으며, 단말기에 데이터 포트가 존재하지 않을 때 특히 문제가 된다. 종종 블루투스를 이용해 기기에 저장된 데이터를 다운로드할 수는 있다. 전통적인 이미징 방식을 고수하지 않아도 된다면, 조사관은 마치 경마장의 기수와도 같은 움직임으로 휴대폰의 콘텐츠를 휙휙 넘겨보면서 사진을 확인해야 한다. 일반적인 디지털카메라로도 충분하겠지만, 프로젝트 어 폰Project-a-Phone과 Fernico ZRT는 휴대폰 화면을 캡처하기 위해 고안된 두 가지 툴이다. 그러나 조사 과정을 세부적으로 기록하는 것은 매우 중요한 작업이다. 즉 프로젝트 어 폰(그림 9.20 참조)과 같은 솔루션을 사용하는 것은 조사 과정을 더욱 쉽게 해주는 리포팅 툴도 사용할 수 있기 때문이다.

그림 9.20 프로젝트 어 폰

플래셔 박스

휴대폰 포렌식 이미징 솔루션이 없는 상황에서 조사관은 프로젝트 어 폰이나 이와 비슷한 기기를 이용한 수작업 조사를 떠올릴 것이다. 조사관이 휴대폰의 PIN 넘버를 우회할 수 없거나 폰이 훼손된 경우를 가정해보자. 최후의 수단으로 일부 조사관은 플래셔 박스flasher box를 사용할 것이다. 플래셔 박스는 휴대폰의 물리적인 덤프를 생성해주는 장치다.

플래셔 박스를 사용하는 것에 대한 단점이 있긴 하다. 이 장치를 사용하게 되면 휴대폰에 저장된 데이터를 변경시킬 위험이 있다. 게다가 이런 장치를 사용하는 조사관은 적절한 교육을 이수할 필요가 있다. 그 기기는 유용하게 사용될 MD5 해시를 생성해주지도 않는다. 그럼에도 불구하고 NIJ(미법무성사법연구소)와 ACPO(영국경찰청장협의회)는 표준 운영 절차에서 플래셔 박스의 사용을 언급하고 있다. 또한 플래셔 박스는 더욱 진보된 휴대폰 포렌식 툴이 생기기 이전인 초창기에 포렌식 솔루션으로 활용되기도 했다.

❖ 글로벌 위성 서비스 공급자

무선 전화기는 무선통신망에서 항상 작동하지는 않는다. 실제로 세계 대부분의 지역은 무선 서비스 인프라가 구축돼 있지 않다. 그러므로 남극 탐험을 위해 대양 한가운데에 떠 있는 배나 원정대의 경우를 예로 든다면, 통신 연결을 위해 지역 셀 사이트에만 의존할 수는 없는 일이다. 대신, 이곳에서의 전화 통화는 위성을 통해 상대방과 교신하게 된다. 구급 요원은 지진과 같은 비상 사태에서 이런 전화기를 사용할 수도 있다.

위성 통신 서비스

이리디움 통신은 이리디움 위성 별자리라고 불리는 66개의 위성 그룹으로 형성돼 있다. 이 위성은 거의 485마일 떨어진 지구 대기권의 낮은 궤도를 회전하고 있다. 또한 해당 통신사는 지상에서 일반적으로 사용하는 전통적인 휴대폰의 한계를 넘어 글로벌 위성 폰을 제공하고 있다. 이 휴대폰은 대서양이나 북극 한 가운데와 같은 곳에서 셀 사이트 범위의 제한 없이 지역 내 위성 상호 결합을 통한 직통 연결을 제공할 수 있다. 글로브스타Globestar는 이와 비슷한 위성 휴대폰 서비스 사업자다. 스카이웨이브 모바일 커뮤니케이션즈SkyWave Mobile Communications는 수송업, 석유가스 시추업, 중공업, 공공 부문을 위해 위성 및 일반 패킷 라디오 서비스General Packet Radio Service를 제공하고 있다.

앞서 언급한 것과 유사한 형태로 영국 위성통신 회사인 인말새트 주식회사Inmarsat PLC는 11개의 정지궤도 통신 위성을 이용한 폰 서비스를 제공하고 있다. 이 회사는 세계 해상 조난 및 안전 제도GMDSS, Global Maritime Distress & Safety Services를 위해 위성을 지원하고 있다.

❖ 법적 고려 사항

7장, '디지털 증거의 허용성'에서 다뤘던 수정 헌법 제4조에서 언급한 대로, 정부 요원은 수색을 실시하기에 앞서 영장을 필히 발부받아야 한다. 이는 휴대폰인 경우에도 동일하게 적용된다. 그러나 승인, 체포, 위급 상황 등을 비롯해 이 규칙에도 예외 사항은 존재한다. 납치와 같은 위급한 상황에서는 생명을 구하기 위해 무영장 수색이 적용되기도 한다.

수색 영장을 발부받기 위해 조사관은 휴대폰을 기술하고 다음 사항에 대한 세부 내용을 포함시켜야 한다.

- 제품
- 모델명
- 일련번호(가능할 경우에만)
- 제조사
- 휴대폰 번호
- 단말기가 있었던 곳(주소 및 구체적인 위치)

가능한 경우 조사관은 폰의 IMEI나 MEID 정보 또한 포함시켜야 한다. 또한 조사관은 본인이 수집하려는 증거의 종류(SMS, MMS, 연락처 등)에 대해 상세히 설명해야 한다.

통신사 기록

조사관은 무선통신망으로부터 가입자 정보와 통화 세부 기록의 형태 같은 보강 증거도 획득할 수 있다. 통신사는 비용 청구를 위해 가입자 정보를 사용하며, 통화 내역 기록으로 휴대폰의 통화 사용 위치와 시간 정보를 알 수 있다. 통화 내역은 여러 셀 사이트에서 기록될 수 있으며, 해당 기록을 통해 혐의자의 이동 위치를 식별할 수 있다는 것을 염두에 둬야 한다. 통화 내역 기록은 특정 장소에서의 단말기 위치를 식별하며, 조사 대상 단말기와 관련된 혐의자를 연계시키는 것은 조사관의 능력에 달려 있다. 통화 내역 기록을 획득할 때 조사관은 CSV와 같은 특정한 포맷으로 데이터를 요청해야 하며, 제공된 셀 사이트 코드의 해석 방법에 대한 정보를 추가로 요구해야 한다. 필요시 조사관은 통신사에게 음성 녹음 복원 코드 파일의 제출을 요구할 수도 있다.

✦ 기타 모바일 기기

수많은 기타 모바일 기기들도 조사에서 증거 요건을 갖춘 요소가 될 수 있다. 태블릿, GPS 장치, 그리고 개인 미디어 기기가 여기에 해당된다.

태블릿

휴대폰과 더불어 수많은 종류의 태블릿을 시장에서 찾아볼 수 있다. 이런 기기 위에서 작동하는 소프트웨어와 운영 시스템은 매우 비슷한 성격을 띤다. iOS와 안드로이드는 태블릿에서 가장 널리 사용되는 운영 시스템이다. 또한 무선통신망에서 사용되는 일부 태블릿은 약정 요금제와 함께 판매되고 있다. 디바이스 세이저, 셀러브라이트, 블랙라이트와 같은 컴퓨터 포렌식 툴은 다양한 태블릿을 지원하고 있다. 그림 9.21은 안드로이드에서 구동되는 아마존의 킨들을 보여주고 있다.

그림 9.21 아마존 킨들

GPS 장치

GPS 장치는 항해, 운전, 항공 운행에서 사용될 수 있다. 단말기는 사이클링이나 하이킹과 같은 여가 활동 목적으로 이용되거나 재난 발생 시 응급 서비스용으로 사용될 수 있다. 톰톰과 같은 이러한 기기 대부분은 셀러브라이트와 파라벤의 디바이스 세이저 같은 포렌식 툴을 이용해 이미징 작업을 할 수 있다. 이런 기기의 대부분은 조사관에게 유익한 증거를 제공하는 SD 카드가 장착돼 있다. 또한 조사관은 또한 장치와 데이터가 동기화된 사용자의 PC에서도 증거를 탐색할 수도 있다.

증거의 네 가지 주요 소스(트랙포인트trackpoint, 트랙 로그track log, 웨이포인트waypoint, 루트route)는 GPS 기기로부터 획득할 수 있다. 최신 GPS 기기는 블루투스로 연결된 휴대폰의 데이터나 인터넷 검색 결과까지도 저장한다. 모토내브Motonav는 현재 사용 가능한 확장된 서비스의 한 예다. 모토내브와 같은 장치는 사용자 연락처와 같이 휴대폰과 동기화된 데이터를 보유할 수도 있다. 제너럴 모터스 온스타General Motors(GM) Onstar 서비스는 조사관이 증거를 추출하기에 좋은 또 다른 잠재적 소스다. GM은 자동차에 기본 탑재된 온스타 서비스로부터 수집한 GPS 데이터를 저장하고 있다. 이와 같은 GM의 모니터링은 가입자 서비스 종료 이후에라도 해당 정보를 제3자에게 제공할 수 있는 가능성으로 인해 논란을 불러일으켰다. 톰톰 샛내브satnav 내비게이션 시스템도 제조사가 네덜란드 경찰에게 운전자의 GPS 경로 이력 로그를 전송했다는 사실이 밝혀졌을 때 논란을 빚었다. 톰톰으로부터 획득한 사용자 GPS 데이터는 경찰 당국이 운전자 습관에 기반한 속도위반 단속 장치를 구축하는 것을 지원하게 됐다.

트랙포인트는 GPS 단말기에 의해 자동으로 캡처되고 저장되는 지리적인 기록을 뜻한다. 트랙포인트는 사용자에 의해 생성되지 않는다. 예를 들어 GPS 장치가 켜졌을 때 하나의 트랙포인트로 현재 위치를 기록하고, 그 이후에 미리 설정된 시간 주기마다 트랙포인트가 순차적으로 생성된다. 트랙 로그는 경로를 재설정할 때 사용되는 트랙포인트 전체에 대한 일련의 기록이다.

웨이포인트는 사용자가 자주 가는 곳으로 등록해둔 지리적인 위치 지점이다. 웨이포인트는 레스토랑이나 호텔과 같이 거리가 먼 지역의 일부로서 자주 가는 곳을 등록해두기 위해 생성된다. 마지막으로 루트는 여행 중 운전자에 의해 생성된 일련의 웨이포인트 목록이다.

GPS 추적

2009년부터 연방에서는 모든 휴대폰 내부에 GPS 칩을 탑재하도록 하는 명령을 시행했다. 2003년에는 미국 연방 통신위원회U.S. Federal Communications Commission의 E-911 명령이 도입됐다. 인핸스드 911Enhanced 911은 모든 단말기 제조사에서 911 긴급 전화 요청 시 발신자 ID와 위치 정보를 휴대폰 가입자로부터 수집할 수 있도록 생산해야 한다는 것을 규정하는 연방 명령이다. 그러므로 경찰은 GPS 지원 측위Assisted GPS를 통해 조난 지원이 필요한 개인의 위치를 파악할 수 있으며, 단순히 셀 사이트 정보에 의존하기보다 휴대폰의 GPS 칩과 삼각측량법을 이용하게 된다. 흥미롭게도 악명 높기로 소문난 해커 케빈 미트닉Kevin Mitnick은 수년간 법 집행으로부터 교묘히 빠져나갔으며, FBI가 마침내 그의 행방을 발견하게 된 것은 삼각측량법을 이용해 휴대폰을 찾은 덕분이다. 공공 안전 접근 지점PSAP, Public Safety Access Point은 경찰, 의료 기관, 소방관의 도움이 필요한 대중으로부터 응급 요청을 받는 콜센터다.

사례 연구

살인범 검거: 사례 연구

공공 안전 접근 지점은 가입자 휴대폰을 실시간으로 추적함으로써 경찰에게 도움을 줄 수 있다. 2004년 10월 프레드 자블린(Fred Jablin)은 버지니아주 리치먼드의 허스글로 레인(Hearthglow Lane) 지역에 있는 그의 집에서 숨진 채로 발견됐다. 수사관 코비 켈리는 재빨리 자블린의 전처였던 파이퍼 라운트리(Piper Rountree)의 휴대폰 기록을 근거로 해서 영장을 발부받을 수 있었다. 리치먼드 대학의 유명 교수였던 프레드 자블린은 고통스럽게 진행된 이혼과 라운트리와의 양육권을 둘러싼 재판에서 고통받고 있었으며, 결과적으로 친권을 행사하게 된 바 있다. 2004년 9월 라운트리는 이혼 수당으로 1만 달러를 지불해야 할 의무로 인해 곤경에 빠지게 됐다.

수사관 켈리는 살인 현장에 놓여진 파이퍼 라운트리의 휴대폰으로부터 휴대폰 기록을 수집했다. 켈리는 휴대폰이 I-64 고속도로 동쪽 방향의 노르포크 공항으로 이동했었다는 점을 포착했다. 메릴랜드주의 볼티모어에서 폰을 다시 추적할 수 있었던 시점 이전에 신호 위치 송신에 장애가 발생했다. 물론 라운트리는 살인이 일어난 시간에 자신이 버지니아주에 있지 않았으며 텍사스주의 휴스턴에 있었다고 진술했다. 또한 그녀는 언니인 티나 라운트리(Tina Rountree)가 본인의 휴대폰을 종종 사용한다고도 진술했다.

파이퍼 라운트리는 그녀의 휴대폰이 버지니아주의 셀타워에서 잡힌 흔적이 있었는데도 범행 14시간 전에 그의 아들에게 전화를 걸어 텍사스에 있다고 언급했다. 범행을 저지르기 며칠 전인 10월 21일, 라운트리는 인터넷을 통해 본인의 계좌로 가발을 구매했으나 가발은 휴스턴에 있는 그녀의 옛 남자 친구 집 우체통으로 배달됐다. 파이퍼 라운트리가 자신의 언니처럼 보이기 위해 가발 사용을 시도했었던 것이다. 이후 사우스웨스트 항공(Southwest Airlines)의 한 직원은 파이퍼 라운트리가 버지니아주로 가는 비행기에 탑승한 것을 목격했다고 증언했다. 2005년 5월 6일 파이퍼 라운트리는 종신형뿐만 아니라 범죄에서 총기를 사용했다는 이유로 3년형을 추가로 선고받았다. 이 사건은 재판에서 사용되는 보강 증거로서 휴대폰 증거가 얼마나 중요한지 명백히 보여준다.

❖요약

모바일 포렌식은 제공 가능한 증거가 풍부하기 때문에 조사관에게는 매우 중요한 영역으로 점차 자리매김해왔다. 이런 종류의 정보는 휴대폰의 경우 전원이 항상 켜져 있다는 점과 어느 곳으로도 쉽게 옮길 수 있다는 이점으로 인해 과거의 전통적인 컴퓨터에서 수집된 증거보다 더욱 중요할 수 있다. 포렌식 툴은 지난 5년간 발전을 거듭해왔으나 툴에서 지원하지 않는 장치가 아직까지도 많이 남아있다. 휴대폰 포렌식 영역이 점차 중요해짐에 따라, 조사관은 휴대폰 자체를 넘어 휴대폰 통신사와 클라우드 컴퓨팅 서비스 제공자에게까지 접촉 범위를 넓히고 있다.

휴대폰의 경우 이용 가능한 매우 다양한 운영 시스템과 기기 모델이 있고, 상시 네트워크 연결로 인해 장치에 저장된 데이터가 계속해서 변화하며, 작은 온보드 메모리의 제약으로 분석 작업 시 어려움이 따른다. 스마트폰의 콘텐츠는 메모리가 휘발성이라는 점과 SIM 카드(GSM 폰)의 특성 때문에 하나의 대용량 미디어 장치로서 분석하는 것은 불가능하다.

혁신적인 네트워크 프로토콜로 인정받고 있는 GSM과 CDMA를 비롯해 다양한 종류의 무선통신망이 있다. 이런 네트워크에 대한 이해는 조사관이 증거 위치를 파악할 수 있도록 도움을 준다. 스프린트, 버라이즌과 같은 모바일 통신 사업자^{Mobile Network Operator}는 자사의 통신 시설을 바탕으로 서비스를 제공하고 있다. 가상 모바일 통신 사업자^{MVNO}는 서비스를 제공하지만 무선통신망 기반 시설을 별도로 갖추고 있지는 않다.

조사관은 태블릿, GPS 전자장치 등의 모바일 기기도 눈여겨봐야 한다. 태블릿은 무선통신망을 통해 인터넷 접속을 할 수 있다. USB 인터넷 모뎀과 마이파이^{Mi-Fi} 카드 또한 무선통신망에 접속 가능하다.

포렌식 툴 사용에 앞서 조사관은 항상 사용 툴에 대한 사전 테스트를 거쳐야 한다. 포렌식 툴이 많은 휴대폰을 지원하지 않아 수작업을 요하는 조사는 불가피한 실정이다. 또한 조사관은 디지털 기기 조사를 위한 미국립표준기술연구소^{NIST}, 미법무성사법연구소^{NIJ}, 영국 경찰청장협의회^{ACPO}의 표준 운영 지침을 염두에 둬야 한다. 기기를 보관할 때나 충전할 때, 그리고 다양한 무선통신 연결과의 단절을 보장하기 위해 적절한 주의가 필요하다.

◆ 주요 용어

가상 모바일 통신 사업자^{MVNO}: 독자적인 무선통신망을 소유하고 있지는 않지만, 모바일 통신 사업자의 망을 이용해 사업하고 있다.

가속도 센서^{accelerometer}: 움직임이나 중력, 그리고 이들의 변화에 반응하는 하드웨어 장치

가입자 정보^{subscriber records}: 통신사가 관리하는 고객의 개인 세부 정보며 이름, 주소, 제2의 전화번호, 주민등록번호, 신용카드 등의 정보를 말한다.

공공 안전 접근 지점PSAP, Public Safety Access Point: 경찰, 의료 기관, 소방관의 도움이 필요한 대중으로부터 응급 요청을 받는 콜센터다.

공동 테스트 작업 그룹JTAG, Joint Test Action Group: 테스팅, 유지, 완성된 회로 보드 지원을 위한 IEEE 표준(IEEE 1149.1)

공중 교환 전화망PSTN, Public Switched Telephone Network: 모든 회선 교환 전화 통신망circuit-switched telephone networks의 집합체

광대역 부호 분할 다중 접속WCDM: CDMA와 FDD 방법론을 기반으로 한 고속 신호 전송 방식

국제 신호점 부호ISPC, International Signaling Point Code: 국제 이동통신망상의 노드를 식별할 수 있는 표준화된 번호 부여 시스템

국제 이동 단말기 식별번호IMEI, International Mobile Equipment Identity: 모바일 장치나 단말기를 유일하게 식별하는 데 쓰이는 번호

국제 이동국 식별번호IMSI, International Mobile Station Identity: SIM 카드에 내장돼 있으며, 네트워크에서 사용자를 유일하게 식별하는 국제적인 고유 번호

국제 전기통신 연합ITU, The International Telecommunication Union: 국제 연합 기구로 정보통신 기술 표준을 마련하는 기관

기기 식별번호 레지스터EIR, Equipment Identity Register: IMEI 번호를 추적하거나 혐의자 또는 분실된 휴대폰의 IMEI 유효성 여부를 체크하기 위해 사용된다.

기지국 제어기BSC, base station controller: 셀 사이트 간 주파수 할당 및 핸드오프 기능과 관련해 기지국에 대한 무선 신호를 제어한다.

기지국BTS, base transceiver station: 하나의 셀 사이트에서 볼 수 있는 장치로, 무선통신망상에서 휴대폰 사용자 간의 통신이 가능하도록 한다.

나만의 와이파이 Mi-Fi: 인터넷 사용이 가능한 장치를 최대 다섯 개까지 연결해 무선통신망을 통해 인터넷 접속을 할 수 있는 휴대용 무선 공유기

단문 메시지 서비스SMS, Short Message Service: 모바일 장치에서 사용되는 텍스트 메시지 통신 서비스

단축 다이얼 번호AND, abbreviated dialing numbers: 가입자가 입력한 연락처 이름과 번호를 가지고 있다.

루트Route: 여행 중 운전자에 의해 생성된 일련의 웨이포인트 목록

멀티미디어 메시징 서비스MMS, Multimedia Messaging Service: 대부분의 휴대폰에서 사용할 수 있는 서비스로, 음성, 영상, 사진과 같은 멀티미디어 콘텐츠를 전송하기 위한 메시징 서비스다.

멀티플렉싱multiplexing: 공유 미디어 사이에서 동시다발적으로 전송되는 다중 신호

모바일 가입자 고유 식별번호MSIN, Mobile Subscriber Identity Number: 휴대폰 통신사에 의해 생성되며 통신망 가입자를 식별한다.

모바일 국가 코드MCC, Mobile Country Code: IMSI의 처음 세 자리 숫자

모바일 국제 디지털 종합 정보통신망 번호MSISDN: 기본적으로 가입자 전화번호와 연관돼 있다.

모바일 단말 Mobile Station: 모바일 장치(단말기) 및 가입자 식별 모듈SIM, Subscriber Identity Module로 구성돼 있다.

모바일 장비 식별자MEID, Mobile Equipment Identifier: CDMA 단말기(모바일 장치)를 식별하는 국제 고유 번호

모바일 전화 교환국MSC: 무선통신망상의 한 네트워크 경로에 있는 데이터 패킷을 다른 네트워크 경로로 스위칭하는 역할을 담당한다.

모바일 통신 사업자MNO, Mobile Network Operator: 자사 무선통신망을 소유하고 운영한다.

무선 장치 일련번호ESN, Electronic Serial Number: CDMA 무선통신망 가입자를 식별할 때 사용되는 11자리 숫자

무선통신망cellular network: 셀의 그룹

미국연방통신위원회 인증번호FCC-ID, Federal Communication Committee ID: 미국연방통신위원회FCC에서 발행하는 번호로, 단말기가 FCC에 의해 통제되는 무선 주파수에서 작동 가능하도록 인증해주는 식별번호다.

방문자 위치 등록기^{VLR, Visitor Locator Register}: 로밍 가입자에 대한 정보를 저장하고 있는 데이터베이스

범용 통합 회로 카드^{UICC, Universal Integrated Circuit Card}: GSM이나 UMTS 망의 가입자를 식별할 때 사용되는 스마트카드

부호 분할 다중 접속^{CDMA, Code Division Multiple Access}: 데이터 전송 시 넓은 대역폭을 사용하는 확산 스펙트럼 통신 방법론

빙 맵스^{Bing Maps}: 윈도우 폰에 기본으로 설치된 차량 내비게이션 시스템

빙 모바일^{Bing Mobile}: 윈도우 폰에 탑재된 검색 엔진

셀 사이트^{cell site}: 셀에 위치한 셀 타워

셀^{cell}: 무선통신망 내의 지리적인 특정 위치

소프트 핸드오프^{soft handoff}: 무선통신이 하나의 기지국에서 다른 기지국으로 조건적으로 핸드오프되며, 모바일 장치가 동시에 여러 기지국과 통신하는 방식

시분할 다중 접속^{TDMA}: 디지털 신호를 시간 단위나 버스트^{Bursts} 단위로 분할해 동일한 주파수 위에서 기기의 통신이 가능하도록 고안된 무선통신 방법론

심비안^{Symbian}: 노키아에 의해 개발됐으며, 액센추어로 아웃소싱해 관리되고 있는 모바일 기기용 운영체제

안드로이드^{Android}: 리눅스 2.6 커널 기반 오픈소스 운영체제

약정 계약^{subsidy lock}: 가입자에게 무료 휴대폰을 지급하거나 보조금 지원을 통해 싼 가격에 판매함으로써 휴대폰 사용을 특정 통신사로 제한한다.

오피스 허브^{Office Hub}: 마이크로소프트 오피스 응용프로그램 및 문서와 연동된다.

웨이포인트^{waypoint}: 사용자가 자주 가는 곳으로 등록해둔 지리적인 위치 지점

윈도우 폰^{Windows Phone}: PC, 휴대폰, 태블릿에서 볼 수 있는 마이크로소프트 운영체제

유형 할당 코드^{TAC, Type Allocation Code}: 무선 장치의 유형을 식별한다.

이동통신 세계화 시스템^{GSM, Global System for Mobile Communications}: TDMA와 주파수 분할 이중 통신^{FDD, Frequency Division Duplux} 방법론을 사용하는 신호 통신 국제 표준

인증 센터^AuC, Authentication Center: 가입자의 IMSI, 인증, 암호 알고리즘 정보를 보관하고 있는 데이터베이스

인터넷 익스플로러 모바일^Internet Explorer Mobile: 인터넷 익스플로러 9을 기반으로 한 웹 브라우저로 윈도우 폰 단말기에 설치돼 있다.

인핸스드 911^Enhanced 911: 모든 단말기 제조사에서 911 긴급 전화 요청 시 발신자 ID 와 위치 정보를 휴대폰 가입자로부터 수집할 수 있도록 생산해야 한다는 것을 규정 하는 연방 명령

일반 패킷 라디오 서비스^GPRS, General Packet Radio Service: 2G와 3G GSM 망에서 사용되고 있는 패킷 스위칭 무선통신

임시 이동 가입자 식별번호^TMSI, Temporary Mobile Subscriber Identity: 단말기가 켜지면 VLR이 지 리적인 위치 정보를 기반으로 이동국으로 할당하기 위해 모바일 단말에 생성하는 임의 번호

전 세계적인 이동통신 시스템^UMTS, Universal Mobile Telecommunications System: 3세대 무선통신망 표준으로 GSM에 기반하고 있으며 3GPP에 의해 개발됐다.

접근이 금지된 이동통신 사업자 고유 식별번호^FPLMN, Forbidden Public Land Mobile Network: 가입자 단말기가 특정 망에 연결을 시도해도 접근할 수 없는 무선통신망

진보된 GSM 데이터 전송 기술^EDGE, Enhanced Data rates for GSM Evolution: GSM 망에서 사용하는 고속 데이터 전송 기술. EDGE는 GPRS 대비 최대 세 배의 데이터 전송률을 갖고 있다.

집적회로 카드 ID^ICCID, Integrated Circuit Card ID: 보통 19자리 수 일련번호 구성돼 SIM 카드 위에 해당 번호가 새겨져 있다.

최종 발신 전화번호^LND, Last Numbers Dialed: 가입자가 요청한 모든 발신번호가 저장돼 있다.

텔미^Tellme: 윈도우 폰에 설치된 마이크로소프트 툴로, 음성 인식 명령을 통한 빙 검 색으로 연락처로 전화를 걸거나 앱을 실행시키는 데 사용된다.

통합 디지털 확장 네트워크^{iDEN, integrated Digital Enhanced Network}: 모토로라에 의해 개발됐으며 디지털 휴대폰의 양방향 무선 전송 기술을 접목시킨 무선 기술

통화 내역 기록^{CDR, call detail records}: 비용 청구의 목적으로 사용되는 세부 정보로, 수신 전화번호, 통화 기간, 통화 날짜 및 시간, 사용한 셀 사이트에 대한 정보를 담고 있다.

트랙 로그^{track log}: 경로를 재설정할 때 사용되는 트랙포인트 전체에 대한 일련의 기록

트랙포인트^{trackpoint}: GPS 단말기에 의해 자동으로 캡처되고 저장되는 지리적인 기록

플래셔 박스^{flasher box}: 휴대폰의 물리적인 덤프를 생성할 때 사용되는 장치

피플 허브^{People Hub}: 윈도우 폰 기기에서 페이스북, 트위터, 링크드인과 같은 소셜 네트워크 서비스의 연락처와 동기화할 수 있는 주소록 툴

하드 핸드오프^{hard handoff}: 동시에 여러 기지국에서 통신이 이뤄지지 않으며, 하나의 기지국에 의해서만 통신이 제어된다.

홈 위치 등록기^{HLR, Home Locator Register}: 통신사 가입자 정보 데이터베이스로, 사용자의 집 주소, IMSI, 전화번호, SIM 카드의 ICCID, 이용하고 있는 서비스 등에 대한 정보를 저장하고 있다.

3GP: 3G GSM 무선통신망 휴대폰에서 사용되는 음성/영상 파일 포맷

3GP2: 3G CDMA 무선통신망 휴대폰에서 사용되는 음성/영상 파일 포맷

3세대 파트너십 프로젝트 2^{3GPP2, 3rd Generation Partnership Project 2}: CDMA를 비롯한 3세대 모바일 네트워크 표준을 개발하는 북미, 아시아의 3세대 통신사 파트너십

3세대 파트너십 프로젝트^{3GPP, 3rd Generation Partnership Project}: 여섯 개의 통신 표준체와 통신 표준을 제공하는 다수의 세계적인 통신 회사가 참여한 합작 프로젝트

4세대 롱 텀 에볼루션 어드밴스드^{4G Long Term Evolution(LTE) Advanced}: 기차나 기타 교통 수단을 이용할 때 적합한 고기동성 광대역 통신

CDMA2000: CDMA 통신 프로토콜을 사용하는 3세대 기술

GPS 지원 측위^{Assisted GPS}: 단순히 셀 사이트 정보에 의존하기보다는 휴대폰의 GPS 칩과 삼각측량법을 이용하는 방식

IPD 백업 파일^{IPD Backup File}: 블랙베리에서 백업한 파일로, 단말기와 동기화된 컴퓨터나 저장 매체에서 찾아볼 수 있다.

PIN 차단 해제 키 코드^{PUK}: SIM 카드의 PIN 넘버 보호를 해제하기 위해 사용되는 리셋 코드

RIM OS: 블랙베리 스마트폰과 태블릿에서 사용하기 위해 리서치 인 모션에서 개발한 운영체제

SIM 카드: 무선통신망의 사용자를 식별할 목적으로 사용하며 국제 이동국 식별번호 IMSI, International Mobile Station Identity가 내장돼 있다.

SQLite 데이터베이스: 모바일 기기에서 흔히 찾아볼 수 있는 오픈소스 관계형 데이터베이스 표준

평가

❖ 강의 토론

1. 당신은 BEJVM670이라는 FCC-ID를 가진 모바일 기기를 전달받았다. 그리고 이 휴대폰에는 MEID가 있다고 한다. 이러한 정보를 이용해 다음의 질문에 답하라.

   A. 이 휴대폰은 미국의 어떤 통신사로부터 서비스를 제공받을 수 있는가?

   B. 이 휴대폰은 블루투스 기능이 내장돼 있는가?

   C. 이 휴대폰은 사진을 촬영하는 데 사용됐는가? 만약 그렇다면, 사진에는 사진을 촬영한 장소의 GPS 정보를 저장할 수 있는가?

   D. 이 기기의 어떤 부분에서 잠재적인 증거를 수집할 수 있는가? 예를 들어 단말기 외에 SIM이나 SD 카드도 존재하는가?

2. 휴대폰을 외부 요소로부터 격리시켜 분석하는 선진 사례에 대해 기술하라.

3. 휴대폰 통신사에서는 당신의 조사를 어떤 방법으로 지원할 수 있는가?

4. 휴대폰 포렌식이 전통적인 컴퓨터 포렌식과 어떤 면에서 다른지 기술하라.

❖ 객관식 문제

1. 셀 사이트에서 볼 수 있는 장비로, 무선통신망을 통해 휴대폰 사용자 간의 원활한 통신을 제공해주는 것은?

   A. 무선통신망

   B. 기지국

   C. 공중 교환 전화망

   D. 홈 위치 등록기

2. 다음 중 기지국 제어기의 역할을 가장 잘 설명한 것은?

   A. 기지국을 위한 무선 신호를 관리한다.

   B. 셀 사이트 사이에서 주파수를 할당하고 핸드오프를 발생시킨다.

   C. A와 B 모두 맞는 말이다.

   D. A와 B 모두 틀린 말이다.

3. 다음 중 통신사에서 비용 청구의 목적으로 사용되는 세부 정보로, 통화 기록, 통화 기간, 통화 날짜 및 시간, 사용한 셀 사이트에 대한 정보를 담고 있는 것은 무엇인가?

   A. 기기 식별번호 레지스터^{Equipment Identity Register}

   B. 모바일 통신 사업자^{Mobile Network Operator}

   C. 임시 이동 가입자 식별번호^{Temporary Mobile Subscriber Identity}

   D. 통화 내역 기록^{Call detail records}

4. 다음 중 일반적으로 GSM 휴대폰에서는 확인할 수 없는 것은?

    A. SIM

    B. IMEI

    C. FCC-ID

    D. MEID

5. 다음 중 IMSI의 첫 세 자리 숫자는 무엇을 의미하는가?

    A. 모바일 국가 코드^{Mobile Country Code}

    B. 모바일 가입자 고유 식별번호^{Mobile Subscriber Identity Number}

    C. 모바일 통신 사업자^{Mobile Network Operator}

    D. 집적회로 카드 ID^{Integrated Circuit Card ID}

6. 다음 중 인터넷 사용이 가능한 장치를 최대 다섯 개까지 연결해 무선통신망을 통해 인터넷 접속을 할 수 있는 무선 공유기는 무엇인가?

    A. 오피스 허브^{Office Hub}

    B. 공공 안전 접근 지점^{Public Safety Access Point}

    C. 모바일 단말^{Mobile Station}

    D. 나만의 와이파이^{Mi-Fi}

7. 다음 중 기차나 기타 교통 수단을 이용할 때 적합한 고기동성 광대역 통신 서비스는 무엇인가?

    A. 2G

    B. 3G

    C. 3GPP

    D. 4G LTE

8. 다음 중 TDMA와 주파수 분할 이중 통신^{FDD, Frequency Division Duplux} 방법론을 사용하는 신호 통신 국제 표준은 무엇인가?

    A. GSM

    B. CDMA

    C. UMTS

    D. WCDMA

9. 다음 중 가입자가 SIM 카드에 저장한 것으로, 연락처(이름과 전화번호) 리스트가 기록된 폴더는 무엇인가?

    A. EF_SMS

    B. EF_LOCI

    C. EF_LND

    D. EF_ADN

10. 다음 중 구글의 리눅스 2.6 커널 기반 오픈소스 운영체제는 무엇인가?

    A. 심비안

    B. 안드로이드

    C. RIM

    D. 윈도우

❖ 빈칸 채우기

1. _____은 무선통신망 내의 지리적인 특정 위치다.

2. 모바일 _____ 교환국은 무선통신망상의 한 네트워크 경로에 있는 데이터 패킷을 다른 네트워크 경로로 스위칭하는 역할을 담당한다.

3. _____ 핸드오프는 무선통신이 하나의 기지국에서 다른 기지국으로 조건적으로 핸드오프되며, 모바일 장치가 동시에 여러 기지국과 통신하는 방식이다.

4. _____ 이동 단말기 식별번호는 모바일 장치나 단말기를 유일하게 식별하는 데 쓰이는 번호다.

5. 로밍 가입자에 대한 정보를 저장하고 있는 데이터베이스를 _____ 위치 등록기라 한다.

6. _____ 는 IMEI 번호를 추적하거나 혐의자 또는 분실된 휴대폰의 IMEI 유효성 여부를 체크하기 위해 사용된다.

7. _____ 는 모토로라에 의해 개발됐으며 디지털 휴대폰의 양방향 무선 전송 기술을 접목시킨 무선 기술이다.

8. _____ 는 가입자 단말기가 특정 무선통신망에 연결을 시도해도 접근할 수 없는 사업자 고유 식별번호 리스트 목록이다.

9. _____ 는 SIM 카드의 PIN 넘버 보호를 해제하기 위해 통신사에서 제공하는 코드다.

10. 공공 안전 _____ 지점은 경찰, 의료 기관, 소방관의 도움이 필요한 대중으로부터 응급 요청을 받는 콜센터다.

❖ 프로젝트

휴대폰 포렌식 관련 에세이 작성

범죄 수사에서 사용되는 휴대폰 포렌식의 사례를 찾아 혐의자에 대한 유죄 선고를 성공적으로 내릴 수 있도록 입증해주는 포렌식의 중요성에 대해 에세이를 작성하라.

휴대폰 조사를 위한 표준 운영 절차 작성

스마트폰을 찾아 그 폰을 조사하기 위한 표준 운영 절차를 작성하라. 에세이 내용에는 특정 휴대폰 모델을 지원하는 포렌식 툴에 관련한 사항도 포함돼 있어야 한다.

모바일 운영체제 조작을 위한 포렌식 조사관 가이드 기술

모바일 운영체제를 하나 선택해 해당 운영체제를 조작하는 포렌식 조사관용 가이드를 작성해보라.

서로 다른 타입의 두 휴대폰을 조사할 때의 차이점에 대한 에세이 기술

CDMA 휴대폰과 GSM 휴대폰을 조사할 때의 차이점을 에세이를 통해 기술해보라.

10장 | 사진 포렌식

❖ 개요

사진은 갈수록 흔해져서 법정에서도 더욱 자주 사용된다. 사진은 수배된 용의자를 검거하고 용의자에게 유죄를 선고하기 위해 사용된다.

　FBI의 10대 지명수배 리스트(www.fbi.gov/wanted/topten/)는 가장 유명한 범죄자 지명수배 리스트다. 용의자를 찾기 위해 사진을 사용하는 것은 매우 효과적이며, 많은 범죄자들은 그 사진들이 마치 '죽음의 키스'와도 같았다고 말한다. 그들은 명단에 자신의 사진이 올랐을 때, 체포가 시간 문제일 것처럼 느꼈다고 한다. 토마스 제임스 홀덴^{Thomas James Holden}은 FBI의 10대 지명수배 리스트에 최초로 오른 범죄 용의자였다(그림 10.1 참조). 홀덴은 1920년 우편열차 절도 혐의로 유죄 판결을 받앐으며, 그 후 리븐워스^{Leavenworth} 교도소에서 대담하게 탈출했다. 그는 1932년에 붙
잡혔다.

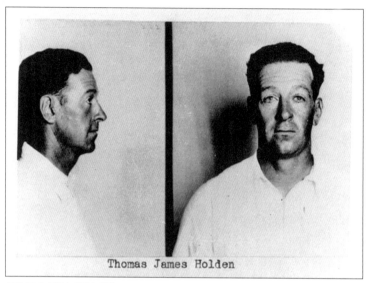

그림 10.1 토마스 제임스 홀덴

수사관은 실종된 사람을 추적하거나 피해자의 신원을 확인하기 위해 수년 동안
사진을 사용해왔다. 컴퓨터와 소셜 네트워크의 발달 역시 미궁 사건을 재조명하는
데 이용됐다. 2011년 헌팅튼^{Huntington} 해변 경찰서는 1968년 살인 사건 피해자(사건
번호 68-008079)의 신원을 파악하기 위해 페이스북을 통해 대중의 도움을 청했다.
페이스북에 젊은 여성의 사진(그림 10.2)이 게시되자 경찰은 방대한 정보를 전달받
았다. 시체의 근처에서 발견된 지갑 안에 담겨 있던 사진들은 그동안 피해자의 소
유물로 믿어져왔으나, 이 사진들이 페이스북에 게시되자 경찰은 수많은 전화와 이
메일을 통해 그것이 잘못된 단서라는 지적을 받았다.

헌팅튼 해변 경찰서와 수많은 다른 경찰서는 페이스북(www.facebook.com/HuntingtonBeachPolice)과 같은 소셜 미디어 사이트를 통해, 정기적으로 대중들에게 경찰서 프로파일 페이지에 게시된 사진 속의 용의자를 알아내기 위한 도움을 요청한다. 비슷하게 Doe Network(www.doenetwork.org)는 실종되거나 신원 미상인 사람과 관련된 정보와 사진을 게시하는 단체다.

캐나다의 가장 작은 주인 프린스 에드워드 아일랜드Prince Edward Island의 RCMPRoyal Canadian Mounted Police 또한 왕성하게 페이스북(www.facebook.com/peicremestoppers)을 통해 용의자에 대한 사진(그림 10.3 참조)들을 게시한다.

그림 10.3 프린스 에드워드 아일랜드 RCMP 페이스북 프로필

사진 증거는 명백하게 아동 학대 사건에서 가장 중요하다. 앞서 언급했던 국립 실종/학대 아동센터[NCMEC]와 다른 기관들은 학대 아동에 대한 방대한 해시 이미지 데이터베이스를 가동하고 있으며, 그 이미지들을 통해 실종 아동을 구출하거나, 소아성애자를 기소하는 데 도움을 줄 수 있다고 기대한다. 실제 사진보다는 해시 이미지가 주로 사용되는 이유는 수사관이 충격적인 이미지를 보지 않고도 사진을 검색하고 정보를 공유할 수 있도록 하기 위함이다. MD5 알고리즘을 통해 각 이미지들은 유일한 구분 값이 만들어진다. 해시 값은 NCMEC의 법 수사관 서비스 포털[LESP]을 통해 실행될 수 있다. 수사관은 NCMEC에 이미지의 사본을 보낸다.

NCMEC와 공조하는 것은 수사 기관만이 아니다. 자원봉사 기관 또한 NCMEC가 아동 포르노를 공유하는 웹사이트나 사용자를 찾아낼 수 있도록 도와준다. NCMEC는 URL 생성 시에 아동 포르노를 명백히 포함시키곤 하는 URL에 대한 목록을 갖고 있다. 마이크로소프트는 다트머스[Dartmouth] 대학과 협력해 PhotoDNA를 개발했는데, 이것은 NCMEC와 기업들이 그들의 서버에 있는 아동 포르노를 확인할 수 있도록 한다. 비록 불법 사진들을 찾아내는 것이 자발적인 일이지만, 많은 잘 알려진 기업들이 NCMEC를 돕기 위한 소프트웨어를 사용한다. 해시 밸류 셰어링

이니셔티브^{Hash Value Sharing Initiative}는 전자 서비스 제공자^{Electronic Service Provider}들에게 학대받은 아동에 대한 MD5 해시 값의 리스트를 전달할 수 있게 한다.

불행히도, 성적으로 노골적인 이미지들은 피해자를 협박하거나 돈을 갈취하는 데 사용된다. 콜로라도 스프링^{Colorado Spring}의 크레이그 브리튼^{Craig Britton}은 IsAnybodyDown이라는 웹사이트를 개설했다. 해당 사이트에서는 여성의 노출 사진을 이름 및 전화번호와 함께 게시하는데, 이를 삭제하려면 250달러를 지불해야 한다. 이 사이트와 유사 사이트들로 인해 캘리포니아에서는 '복수 포르노'를 금지하는 법안을 도입했다. 이제는 '괴롭히거나 귀찮게 할 목적'으로 노출 사진을 게시하는 사람은 6개월간 수감되며 1,000달러의 벌금을 내야 한다.

2013년에는 쟈렛 아브라함^{Jared Abrahams}이 미스 틴 USA^{Miss Teen USA} 캐시디 울프^{Cassidy Wolf}의 집에 있는 웹캠을 해킹한 혐의로 체포돼 고발당했다. 아브라함은 그가 캡처한 누드 사진과 비디오를 통해 돈을 갈취하려 한 혐의로 기소당했다. 후에 그는 18개월의 징역형을 선고받았다.

❖ 디지털 사진에 대한 이해

디지털 사진이란 정확히 무엇일까? 디지털 사진은 카메라로 찍혀 컴퓨터 파일로 저장된 이미지를 뜻한다. 예전의 카메라가 사진 필름을 빛에 노출시켰던 것과는 달리, 디지털카메라는 광센서 렌즈를 통해 이미지를 생성한다. 이런 카메라들은 휴대폰 카메라, 웹캠, 디지털카메라처럼 다양한 형태와 종류가 있다.

파일시스템

디지털 이미지는 다음과 같은 다양한 미디어에 저장된다.

- 내장 메모리
- SD 카드
- 콤팩트플래시^{CompactFlash} 카드
- MMC

플래시 메모리에서 사용되는 파일시스템은 FAT이다. 디지털 사진의 해상도가 높아져왔으므로 더 강한 버전의 FAT가 필요해졌고, 따라서 고성능 카메라는 이제 exFAT를 사실상 파일시스템 표준으로 사용한다.

카메라 파일시스템에 대한 설계 규정

카메라 파일시스템에 대한 설계 규정^{DCF}은 디지털 사진을 보기 위해 디지털 스틸 카메라와 다른 장비 간의 원활한 이미지 교환을 지원하는 데 목적이 있으며, 일본 전자산업개발협회^{JEIDA}에 의해 만들어졌다.

DCIM

DCIM(디지털카메라 이미지)은 디지털카메라 파일시스템의 루트 디렉터리로, 이 루트 디렉터리는 디지털 이미지들로 구성된 하위 디렉터리들을 보유하고 있다. 이 디렉터리는 DCF의 일부다. 1998년 발표된 DCIM은 디지털카메라의 표준 규약이 됐다.

DCSN

DCSN(디지털 스틸 캡처 니콘)은 니콘^{Nikon} 카메라에서 찾을 수 있는 디지털 이미지에 대한 접두사다. 이것은 니콘 카메라에 이미지를 연결시키는 한 방법이다.

디지털 사진 응용프로그램 및 서비스

이 절은 디지털 사진이 얼마나 중요해졌는지 말해준다. 특히 소셜 미디어 웹사이트와 소셜 미디어 응용프로그램을 구동시키는 스마트 장비들은 거대한 사진 이미지 저장소의 역할을 할 수 있다. 이러한 곳에 있는 사진들은 때때로 혐의를 입증시키거나 범죄 및 실종 사건을 해결할 수 있도록 돕기도 한다. 페이스북과 같은 응용프로그램들은 수백만 개의 사용자 사진을 보유하고 있으며, '한 장의 사진이 1,000개의 단어를 대신한다.'라는 말은 종종 사실이 되곤 한다.

페이스북

페이스북Facebook은 아마도 전 세계에서 가장 유명한 소셜 네트워킹 서비스일 것이다. 사용자는 프로필을 생성하고, 온라인 친구 및 가족, 단체들과 온라인 및 모바일 앱을 통해 소통한다. 이 소통의 중요한 측면은 디지털 사진을 공유하는 것이다. 페이스북에서 이 기능의 중요성은 인스타그램을 10억 달러에 사들임으로써 증명됐다. 2012년에 페이스북은 또한 안면 인식 분야에 특화된 이스라엘 회사인 페이스닷컴Face.com을 인수했다. 페이스닷컴은 2011년 자사의 API와 페이스북 앱을 통해 180억 명의 얼굴을 찾아낸 후 식별했다.

- 페이스북은 10억 명이 넘는 실제 사용자가 있다.
- 2,500억 개의 사진이 페이스북에 업로드돼 있다.
- 일평균 35억 개의 사진이 업로드된다.
- 사용자당 217개의 사진이 업로드된다.

플리커

플리커Flickr는 사진 및 영상 호스팅 회사로, 사용자가 미디어를 구성하고 공유할 수 있게 한다. 플리커는 웹과 스마트 기기의 모바일 앱을 통해 접근할 수 있다.

- 플리커는 8,700만 명의 사용자가 있다.
- 사용자들은 대략 월 6,000만 개의 사진을 업로드한다.
- 일평균 350만 개의 사진이 업로드된다.

인스타그램

케빈 시스트롬Kevin Systrom과 마이크 크리거Mike Krieger는 2010년 인스타그램Instagram을 창립했고, 2012년 4월 페이스북은 이 회사를 10억 달러의 현금과 주식으로 인수했다. 이 애플리케이션은 사용자가 사진과 영상 콘텐츠를 소셜 네트워크에 공유하도록 한다. 인스타그램은 기존의 컴퓨터를 비롯해 스마트폰, 태블릿에서 사용 가능하다. 이 응용프로그램은 윈도우, 안드로이드, 블랙베리에서 작동한다.

- 인스타그램은 1.5억 명의 사용자를 보유하고 있다.
- 160억 개의 사진이 인스타그램을 통해 업로드됐다.
- 평균적으로 5,500만 개의 사진이 매일 업로드된다.

스냅챗

스냅챗^{SnapChat}은 2011년 9월 시작된 서비스로, 사용자가 사진을 찍고 영상을 녹화할 수 있게 해준다. 발신자는 사진이나 영상이 사라지도록 시간 제한(1~10초)을 걸수 있다. 포렌식 관점에서, 이 사진이나 영상들은 비록 사용자들이 삭제됐다고 생각하더라도 종종 사용자의 기기에 그 파일들이 남아있곤 한다. 사실, 연방무역위원회^{FTC}에서는 이 회사가 부정확한 개인정보 및 보안 지침을 만들었다고 공지했다.

- 스냅챗은 6,000만 명이 넘는 사용자가 있다.
- 사용자의 70%는 여성이다.
- 사용자들은 매일 7억 개의 사진과 영상을 스냅챗을 통해 공유한다.

❖ 사진 파일의 검증

사진 메타데이터에는 확장성 메타데이터 플랫폼, 정보 교환 모델, 교환 이미지 파일 형식, 이렇게 세 가지가 있다.

교환 이미지 파일 형식

교환 이미지 파일 형식^{EXIF}은 디지털 사진에 메타데이터가 결합한 것이다. 일본 전자산업개발협회^{JEIDA}는 이 사진 메타데이터 형식을 1995년 발표했다. 오늘날 대부분의 스마트 기기들은 그들이 생성하는 사진에 EXIF 데이터 형식을 사용한다. EXIF 데이터는 다음과 같은 것들을 포함한다.

- 일자와 시간
- 카메라 제조일 및 모델명

- 섬네일

- 조리개, 셔터스피드, 그리고 기타 카메라 세팅

- 위도와 경도(옵션)

당연히 사진의 촬영 시간 및 일자를 검증하는 것은 중요하다.

BR Software에서 만든 무료 도구인 BR's EXIFextracter는 사진 폴더로부터 EXIF 정보를 추출해, 그 메타데이터를 CSV^{comma-separated values} 형태로 저장할 수 있다. 일부 샘플 결과는 그림 10.4와 같다.

Filename	Date	Time	Camera Manufacturer & Model	Width x Height	Size of image file	Exposure (1/sec)	Aperture	ISO	Was flash used?	Focal length
DSCN0029.JPG	2012:09:09	13:10:00	NIKON COOLPIX L810	3456x4608	3507668	1/320	f4.2	80	No	13
DSCN0030.JPG	2012:09:09	13:10:08	NIKON COOLPIX L810	3456x4608	3731008	1/250	f4.2	80	No	13
DSCN0031.JPG	2012:09:09	13:10:25	NIKON COOLPIX L810	3456x4608	3397764	1/320	f4.2	80	No	13
DSCN0033.JPG	2012:09:09	13:10:57	NIKON COOLPIX L810	3456x4608	3659534	1/640	f3.4	80	No	6
DSCN0035.JPG	2012:09:09	14:20:17	NIKON COOLPIX L810	3456x4608	3468599	1/400	f4.0	80	No	11
DSCN0037.JPG	2012:09:09	14:20:42	NIKON COOLPIX L810	3456x4608	3714318	1/800	f3.3	80	No	5
DSCN0039.JPG	2012:09:09	14:21:07	NIKON COOLPIX L810	3456x4608	4021210	1/160	f10.6	80	No	5

그림 10.4 EXIFextracter부터의 샘플 출력

EXIF 정보는 조작이 가능하다는 것을 유의해야 한다. ExifTool은 사용자가 사진이나 오디오, 혹은 비디오 파일의 메타데이터를 변경할 수 있도록 하는 무료 소프트웨어다.

파일 형식

서로 다른 형식의 사진들 간의 차이점을 이해하는 것은 포렌식 수사관에게 중요한데, 이는 파일 형식 포맷이나 속성 혹은 수정 가능성에 대해 질의받을 수 있기 때문이다. 벡터 이미지는 사진이 확대됐을 경우에도 품질을 보장하는 방면, 래스터 이미지는 더 많은 색상 조정을 허용한다. 래스터 그래픽은 픽셀화된 사진 이미지로, 컴퓨터나 디지털카메라에서 발견된다. 래스터 그래픽은 픽셀들의 격자로 구성된다. 픽셀은 래스터 이미지의 가장 작은 단위로, 도트 혹은 정사각형이다. 메가픽셀^{megapixel}은 100만 픽셀이다. 오늘날 디지털 사진에는 수많은 픽셀들이 들어가며, 파일 크기가 굉장히 커졌다. 메가픽셀의 크기에 따른 사진 이미지 형식별 파일 크기는 http://web.forret.com/tools/megapixel.asp에서 알아볼 수 있다.

커다란 디지털 이미지의 크기를 줄이기 위해 압축 알고리즘이 사용됐다. JPEG와 GIF는 압축을 사용하는 이미지 형식이다. 다음 파일들은 래스터 그래픽의 예시다.

- 공동 영상 전문가 그룹(.jpg 또는 .jpeg)
- RAW 파일
- 비트맵 이미지 파일(.bmp)
- 휴대망 그래픽스(.png)
- 그래픽스 상호 교환 형식(.gif)
- 태그된 이미지 파일 형식(.tif)

래스터 그래픽과 달리, 벡터 그래픽은 픽셀이 아니라 수학적인 공식에 근거한 곡선, 선, 또는 도형으로 구성돼 있다. 수사관은 벡터 그래픽보다는 래스터 그래픽을 더 자주 보게 되지만, 벡터 그래픽 파일 형식에 대해 다루는 것도 의미가 있다. 다음 파일들은 벡터 그래픽의 예시다.

- Adobe Illustrator 파일(.ai)
- Encapsulated PostScript 파일(.eps)
- Scalable Vector Graphic 파일(.svg)
- Drawing 파일(.drw)

공동 영상 전문가 그룹

공동 영상 전문가 그룹[JPEG]은 위원회이자 이미지 파일 형식이다. JPEG 이미지 파일 형식은 다양한 색상에 대한 지원 및 압축으로 인해 유명하다. JPEG는 로시[lossy] 형식이다. 로시란 압축으로 인해 이미지의 품질이 조금 하향되는 것을 뜻한다. JPEG 파일은 종종 한 개 이상의 섬네일을 내장하고 있다. 파일 카빙은 이 내장된 파일을 노력해서 찾아낸다. 테크TV[TechTV]의 캣 슈발츠[Cat Schwatz] 사건에서 유명 인사는 포토샵[Photoshop]을 통해 그녀의 사진을 잘라내고 온라인에 사진을 올렸다. 슈발츠는 포토샵이 원본 사진의 섬네일을 생성한다는 것을 거의 몰랐지만, 소수의 조회자는 이를 알고 섬네일을 복원해 유명 인사의 가슴을 복원해낼 수 있었다. 많은 스마트폰, 태블릿, 그리고 디지털카메라는 사진을 JPEG로 저장한다.

RAW 파일

고사양의 디지털카메라로 사진을 찍는다면, 카메라는 JPEG로 이미지를 생성하거나 혹은 RAW 파일로 데이터를 저장할 수 있다. RAW 파일은 미가공 혹은 최소한으로 가공된 이미지를 만들기 위해 디지털카메라의 이미지 센서로부터 데이터를 가져온다. 사용자는 이 사진들을 가공하기 위해 추후에 더 많은 시간을 소비하지만, 이 형식을 통해 더 좋은 품질의 사진을 만들거나 이미지 가공에 더 많이 관여할 수 있다. 예를 들어 사진작가는 카메라가 색상 및 조명을 결정하는 기능을 수행하도록 하는 것 대신에 직접 RAW 이미지 파일의 톤을 제어할 수 있다. 궁극적으로는 사진작가가 제어할 수 있는 데이터가 더 많은데, 카메라가 JPEG를 생성할 때에는 그 데이터들을 버리기 때문이다.

최고급 디지털카메라의 제조사는 그들의 RAW 파일 형식에 대한 고유 상표 등록이 있으며, 이 형식들은 동일 제조사의 기기들마다 다르다. 디지털 네거티브^{DNG}는 어도비에서 디지털 사진을 위해 개발한 공개된 표준 RAW 이미지 형식이다.

비트맵 이미지 파일

비트맵 이미지 파일^{BMP}은 윈도우 PC에서 주로 사용되는 래스터 이미지 파일 형식이다.

휴대망 그래픽스

휴대망 그래픽스^{PNG}는 무손실 압축을 지원하는 래스터 이미지 파일 형식이며, 인터넷에서 종종 사용된다.

그래픽 상호 교환 형식

그래픽 상호 교환 형식^{GIF}은 컴퓨서브^{CompuServe Inc.,} 사가 1987년 개발한 이미지 파일 형식이다. GIF 이미지는 LZW^{Lempel-Ziv-Welch} 무손실 데이터 압축 알고리즘을 통해 압축될 수 있다.

태그된 이미지 파일 형식

태그된 이미지 파일 형식[TIFF]은 무손실 데이터 압축을 사용하는 래스터 이미지 파일 형식이다. GIF와 유사하게 TIFF는 LZW 무손실 데이터 압축 알고리즘을 사용한다. 앨더스[Aldus]가 개발했으나, 이제 어도비시스템즈에서 관리한다. TIFF는 원래 스캐너를 위한 최적의 형식이었다.

❖ 증거 인정

유죄를 추정하는 디지털 사진을 찾는 것도 일이지만, 증거로 채택되도록 하는 것은 또 다른 일이다. 디지털 사진을 전통적 사진과 동일하게 증거로 받아들이도록 법이 바뀌었다.

증거에 대한 연방 법률

증거에 대한 연방 법률[FRE]의 조항 X는 '문서, 녹화 및 사진의 내용물'에 관한 것이다. 조항 X에서는 '사진'의 정의에 '정적 사진, 엑스선 필름, 비디오 테이프, 영화'가 포함돼 있다. '원본'은 사진 원판 혹은 사진 원판으로부터 현상된 것을 포함할 수 있다. '사본'은 '원본과 동일한 인상 및 매트릭스, 그리고 사진으로 생성된 것을 뜻하며, 확대 혹은 축소되거나 기계적 혹은 전기적으로 재녹화된 것을 포함하는 것'이다.

궁극적으로, 원본이 반드시 사용돼야 한다. 원본이 부재한다면, 진짜 사본으로 여겨지는 사본이 사용될 수 있다. 디지털 사진의 사본을 사용하는 것은 문제 발생의 여지가 있는데, 다양한 응용프로그램으로 디지털 사진을 바꿀 수 있기 때문이며 포토샵이 한 가지 예다. 따라서 전문가 증인은 원본의 진품성을 증빙할 수 있어야 한다. 그럼에도 불구하고, 만약 디지털 사진이 컴퓨터에 저장돼 있다면 법률 1001조항 X에 따라 출력물 혹은 '시각적으로 읽을 수 있는 다른 결과물'이 FRE에 의해 원본으로 인정된다. 물론 각각의 주들도 증거에 대한 고유의 법률들이 있으나, 디지털 사진에 대해서는 FRE 조항 X와 매우 유사하다.

524

중요한 질문은 디지털 사진의 복사본이 원본과 같다고 어떻게 말할 것인가 하는 점이다. 이것을 증명할 수 있는 한 가지 방법은 원본과 사본의 MD5 해시 값을 서로 비교해 일치하는지 보는 것이다.

사진 이미지를 비교하는 것은 소유자의 허락 없이 디지털 사진을 사용하는지 파악하기 위해서나, 혹은 용의자가 불법 사진 혹은 소아성애자 사진을 배포하는 것을 증빙하길 원할 때 매우 중요해질 수 있다.

아날로그 vs. 디지털 사진

흥미롭게도, 디지털 사진을 증거로 사용하는 것은 전통적인 사진과 비교해봤을 때 좀 더 많은 이점이 있다. 오래된 사진 기술로는 사진이 조작됐을 경우 이를 탐지하는 것이 종종 어려웠다. 비록 많은 응용프로그램이 디지털 사진을 수정하는 것이 가능하지만, 그 변화를 감지하는 것은 가능하다. 예를 들면, 수사관은 사진의 메타데이터를 살펴보고 수정이 발생했는지 여부와 그 시기를 파악할 수 있다. 추가적으로, 특정한 도구를 통해 해상도 부정합 및 노이즈 시그니처의 차이를 발견할 수 있다.

디지털 이미지를 사용하는 또 다른 장점은 고화질로 인해 수사관이 배경이나 원거리의 사물을 선명하게 볼 수 있도록 하는 강화 기법을 사용할 수 있다는 것이다. 사물로부터 노이즈를 제거하는 것은 지금까지의 그 어떤 때보다 더 훌륭하다.

이미지 강화

수사관은 이미지의 선명도를 높이기 위한 특정 기술들을 사용할 수 있다. 밝기 조절은 이미지를 밝아지거나 어두워지게 해서 이미지를 보기 편하도록 한다. 색상 조정은 이미지 안의 색상을 조정하는 것으로, 그를 통해 더 명확하게 사진 촬영 당시의 상황을 보여줄 수 있다. 대비 조절은 사물과 배경의 대조를 강화하면서 더 명확하게 보기 위한 것이다. 잘라내기는 이미지에서 불필요한 부분을 제거하는 것을 뜻한다. 수사관이 배심원단에게 원본을 보여주고 사진을 잘라내기해야 하는 이유를 설명할 수 있는 것이 아니라면, 잘라내기를 항상 권고하지는 않는다. 선형 필터링 기술은 이미지 안의 모서리를 강화하고 더 선명하게 해서 좀 더 명확하게 만든다.

몇몇의 경우에는 이미지가 강화되는 것이 아니라 복원돼야 한다. 디지털 사진이 해상도와 파일 크기를 늘림에 따라 사진 파일은 연속적인 섹터에 저장되기보다는 한 볼륨에 걸쳐 쪼개져서 저장된다. 이미지 복구를 위해서는 수정되거나 변경된 사진을 원복해야 할 수도 있다. 예를 들어 와핑^{warping} 기술이 이미지에 사용됐다면 해당 강화 기술은 복원돼야 한다.

디지털 이미지 증거 및 조작에 대한 더 많은 정보는 이미지 기술 과학연구단체 ^{SWGIT}의 공개 연구에서 볼 수 있다. 해당 단체는 FBI에서 설립했으며, 법정에서의 디지털 및 멀티미디어 증거의 사용에 대한 표준을 게시한다.

가짜 혹은 조작 이미지

캘리포니아 버클리 대학의 제임스 오 브리엔^{James O'Brien}은 다트머스 대학의 해니 파리드^{Hany Farid}, 에릭 키^{Eric Kee}와 협업해 하나의 광원으로부터 발생한 이미지 속의 그림자가 일관성이 있는지 해석하는 알고리즘을 개발했다. 불행히도, 육안은 빛과 그림자가 불일치한 것을 잘 구별하지 못한다. 때때로 수사관이 사진이 조작됐는지 여부를 보여주는 것은 중요하다.

❖ 사례 연구

사진은 모든 종류의 수사에서 증거로 사용됐다. 하지만 사진 증거는 무엇보다 많은 아동 포르노 수사의 기초다. 사진은 지식 재산권 사건이나 보험 사기 수사에도 종종 사용된다.

국제 범인 수색

2007년에 인터폴은 소아성애자에 대한 국제적인 범인 수색 활동을 마지못해 발표했다. 그 망설임은 용의자가 대중들에게 비난받는 것을 법 수사관이 원치 않았고,

또한 인터폴이 용의자의 조작 사진을 해독 가능하다는 사실이 알려지는 것을 원치 않았기 때문이었다. 하지만 수많은 아동을 잠재적인 학대로부터 보호하는 것이 우선이었다. 그림 10.5는 용의자의 가려진 사진이다.

그림 10.5 소용돌이 모양의 디지털 사진(인터폴 웹사이트)

그림 10.6 크리스토퍼 네일 폴의 해독된 사진(인터폴 웹사이트)

사진은 경찰과 전 세계의 매스컴으로 전송됐다. 인터폴의 국제 범인 수색으로부터 11일 만에 태국 경찰은 캐나다 국적의 크리스토퍼 네일 폴Christoper Neil Paul을 체포했다. 그는 추후에 3년 3개월의 징역형을 선고받고 감옥에 수감됐다.

NYPD 안면 인식 부서

뉴욕 경찰서NYPD 안면 인식 부서에서는 수사관으로부터 용의자에 대한 샘플 사진을 입수한다. 이 샘플 사진은 소셜 미디어, 감시 비디오 등에서 입수한 것이다. 이 사진들은 기존에 체포됐던 사람들의 얼굴 사진과 비교된다. 궁극적으로 이런 절차들은 용의자를 찾는 것을 도와준다. 이 부서는 수많은 용의자를 잡았으며, 뉴욕 브롱스Bronx에서 발생한 폭행 사건과 관련돼 온라인 사진을 통해 체포된 용의자인 데이빗 바에즈David Baez도 그중 하나다. 이 부서는 택시 운전사를 대상으로 강도 행각을 벌여온 용의자 알란 마레로아Alan Marrero-a도 택시에서 찍힌 사진을 통해 체포했다.

❖ 요약

법 수사관은 용의자를 찾기 위해 거의 한 세기 동안 사진을 사용해왔다. 또한 사진은 실종된 사람을 찾기 위해서도 사용돼왔다. 디지털 사진은 그 안에 담긴 메타데이터 덕분에 수사관에게 새로운 정보를 제공하게 됐는데, 카메라 모델명 및 제조사, 플래시의 사용 여부, 조리개, 경도 및 위도(사용자가 위치 추적 기능을 사용했을 경우)가 포함된다. BR Software의 EXIFextractor는 디지털 사진 메타데이터를 빠르게 추출하는 도구 중 하나다. 대부분의 전문 포렌식 도구는 이메일이나 다른 문서들에 내장된 사진을 독립 사진과 동일한 수준으로 추출해낸다. 마이크로소프트 윈도우와 마이크로소프트 오피스 같은 컴퓨터 운영체제 및 애플리케이션은 로고를 포함해 많은 사진을 사용한다. 다행히도 컴퓨터 포렌식 도구는 다양한 운영체제 및 응용프로그램과 관련된 해시 값을 알고 있기 때문에, 용의자의 컴퓨터를 조사할 경우에는 그 이미지들을 걸러내서 수사관이 사용자의 사진들에 집중할 수 있도록 한다.

소셜 미디어 웹사이트들은 가장 방대한 안면 데이터베이스를 제공하며, 이를 통해 법 수사관은 용의자를 찾아낼 수 있는 기회를 얻는다. NYPD 안면 인식 부서는 인터넷을 샅샅이 뒤져 용의자를 찾아내고 법정에 세운다. 영국 런던에는 50만 개에 달하는 CCTV가 있는데, 이는 사진 및 영상 증거의 중요성이 증가하는 것을 상징적으로 나타낸다.

❖ 주요 용어

공동 영상 전문가 그룹^JPEG: 위원회이자 이미지 파일 형식이다.

교환 이미지 파일 형식^EXIF: 디지털 사진에 메타데이터가 결합한 것이다. 일본 전자산업개발협회^JEIDA는 이 사진 메타데이터 형식을 1995년에 발표했다.

그래픽 상호 교환 형식^GIF: 컴퓨서브^CompuServe Inc., 사가 1987년에 개발한 이미지 파일 형식이다.

대비 조절: 사물과 배경의 대조를 개선해서 더 명확하게 보이도록 한다.

디지털 네거티브^DNG: 어도비에서 디지털 사진을 위해 개발한 공개된 표준 RAW 이미지 형식이다.

디지털 사진: 카메라로 찍히고 컴퓨터 파일로 저장된 이미지다.

래스터 그래픽: 픽셀화된 사진 이미지로, 컴퓨터나 디지털카메라에서 발견된다.

로시: 압축으로 인해 이미지의 품질이 조금 하향되는 것을 뜻한다.

메가픽셀: 100만 픽셀이다.

밝기 조절: 이미지를 밝아지거나 어두워지게 해서 보기 편하도록 한다.

벡터 그래픽: 픽셀이 아니라 수학적인 공식에 근거한 곡선, 선, 또는 도형으로 구성돼 있다.

비트맵 이미지 파일^BMP: 윈도우 PC에서 주로 사용되는 래스터 이미지 파일 형식이다.

색상 조정: 이미지 안의 색상을 조정하는 것으로, 이를 통해 더 명확하게 사진 촬영 당시의 상황을 보여줄 수 있다.

선형 필터링: 이미지 안의 모서리를 강화하고 더 선명하게 해서 더 명확하게 만드는 기술이다.

이미지 기술 과학연구단체^SWGIT: FBI에서 설립했으며, 법정에서의 디지털 및 멀티미디어 증거 사용에 대한 표준을 게시한다.

잘라내기: 이미지에서 불필요한 부분을 제거하는 것을 뜻한다.

카메라 파일시스템에 대한 설계 규정^DCF: 디지털 스틸 카메라와 디지털 사진 조회 장비 간의 이미지 교환을 목적으로 일본 전자산업개발협회^JEIDA에서 만들었다.

태그된 이미지 파일 형식^TIFF: 무손실 데이터 압축을 사용하는 래스터 이미지 파일 형식이다.

픽셀: 래스터 이미지의 가장 작은 단위로, 도트 혹은 정사각형이다.

휴대망 그래픽스^PNG: 무손실 압축을 지원하는 래스터 이미지 파일 형식이다.

DCIM: 디지털카메라 파일시스템의 루트 디렉터리로, 디지털 이미지들로 구성된 하위 디렉터리들을 보유하고 있다.

DCSN: 니콘 카메라의 디지털 이미지에서 사용되는 규약이다.

RAW 파일: 미가공 혹은 최소한으로 가공된 이미지를 만들기 위해 디지털카메라의 이미지 센서로부터 데이터를 가져온다.

평가

❖ 강의 토론

1. 법 수사관은 디지털 사진을 어떤 용도로 사용해왔는가?
2. 디지털 사진의 법정 허용성에 대해 어떤 것들이 도전 과제인가?
3. 어떤 종류의 사건들에서 디지털 사진이 굉장히 중요한가?

❖ 객관식 문제

1. 다음 중 미가공 혹은 최소한으로 가공된 이미지를 만들기 위해 디지털카메라의 이미지 센서로부터 데이터를 가져오는 것은?

   A. PNG

   B. BMP

   C. JPEG

   D. RAW

2. 다음 중 이미지에서 불필요한 부분을 제거하는 절차를 뜻하는 것은?

   A. 잘라내기

   B. 선형 필터링

   C. 색상 조정

   D. 대비 조절

3. 다음 중 카메라의 디지털 이미지에서 사용되는 규약은?

   A. DCIM

   B. DSCN

   C. DCF

   D. DNG

4. 메가픽셀은 몇 개의 픽셀인가?

   A. 1,000

   B. 10,000

   C. 100,000

   D. 1,000,000

5. 다음 중 래스터 그래픽의 사례가 아닌 것은?

    A. .jpg

    B. .bmp

    C. .eps

    D. .tif

6. 다음 중 어도비에서 디지털 사진을 위해 개발한 공개된 표준 RAW 이미지 형식은?

    A. DNG

    B. PNG

    C. GIF

    D. TIFF

7. 다음 중 래스터 이미지의 가장 작은 단위로, 도트 혹은 정사각형으로 구성된 것은?

    A. 래스터

    B. 벡터

    C. 픽셀

    D. 메가픽셀

8. 다음 중 무손실 데이터 압축을 사용하는 래스터 이미지 파일 형식은?

    A. 태그된 이미지 파일 형식[TIFF]

    B. RAW

    C. 디지털 네거티브[DNG]

    D. SVG[Scalable Vector Graphics]

9. 다음 중 FBI에서 설립했으며, 법정에서의 디지털 및 멀티미디어 증거의 사용에 대한 표준을 게시하는 기관은?

    A. InfraGard

    B. ASCLD/LAB

    C. SWDGE

    D. SWGIT

10. 다음 중 디지털카메라 파일시스템의 루트 디렉터리로, 디지털 이미지들로 구성된 하위 디렉터리들을 보유하고 있는 것은?

    A. DNG

    B. DCF

    C. DCIM

    D. PNG

❖ 빈칸 채우기

1. _____ 파일 형식은 디지털카메라, 스마트폰, 태블릿에서 가장 많이 사용되는 사진 파일이다.

2. 압축을 통해 사진 품질이 하향되는 것을 _____라고 한다.

3. _____ 그래픽은 픽셀화된 사진 이미지로, 컴퓨터나 디지털카메라에서 발견된다.

4. _____ 그래픽은 픽셀이 아니라 수학적인 공식에 근거한 곡선, 선, 또는 도형으로 구성돼 있다.

5. _____ 파일시스템에 대한 설계 규정은 디지털 스틸 카메라와 디지털 사진 조회 장비 간의 이미지 교환을 목적으로 일본 전자산업개발협회^{JEIDA}에서 만들었다.

6. 색상 _____은 이미지 안의 색상을 조정하는 것으로, 이를 통해 더 명확하게 사진 촬영 당시의 상황을 보여줄 수 있다.

7. _____ 이미지 파일은 윈도우 PC에서 주로 사용되는 래스터 이미지 파일 형식이다.

8. _____ 조절은 이미지를 밝아지거나 어두워지게 해서 이미지를 보기 편하도록 한다.

9. _____ 사진은 카메라로 찍히고 컴퓨터 파일로 저장된 이미지다.

10. 교환 _____ 파일 형식은 디지털 사진에 메타데이터가 결합한 것이다.

❖ 프로젝트

포렌식 분야에서의 디지털 사진 활용 연구

용의자의 범죄 사실을 성공적으로 증명하기 위해 디지털 사진이 중요했던 사건에 대해 상세히 기술한다.

EXIFextractor를 통한 EXIF 데이터 추출

BR Software EXIFextractor를 다운로드하고, 개인 PC의 '내 그림' 폴더로부터 EXIF 데이터를 추출해 엑셀 파일로 생성한다.

Adroit Photo 포렌식 도구 사용

디지털 어셈블리Digital Assembly에서 Adroit Photo 포렌식 도구의 시험판을 다운로드한 후 개인 PC에 저장된 디지털 사진에 대한 분석을 수행한다.

11장 | 맥 포렌식

❖ 개요

맥 포렌식의 발전은 아직 걸음마 단계에 있다. 첫 번째 이유는 마이크로소프트 윈도우 기반 컴퓨터가 (특히 기업 시장에서) 독보적인 시장 점유율을 유지해왔기 때문이고, 두 번째는 맥 포렌식 이미징 툴이 최근 들어서야 속속 출시되고 있기 때문이다. 맥 포렌식 이미징 및 분석 툴에 대한 투자는 맥 컴퓨터, 특히 애플 모바일 기기 판매량의 급증으로 얼마 전부터 조금씩 나타나기 시작했다. 맥 포렌식 분야가 새롭게 떠오르고 애플 기기가 과거에 비해 사람들에게 좀 더 널리 보급되고 있으므로,

이 분야에 대한 연구는 앞으로 점점 가속화될 전망이다.

맥 포렌식 전문가들 또한 최근 들어 두각을 나타내기 시작했으며, 주목할 만한 전문가로는 라이언 쿠바시악Ryan Kubasiak과 조나선 지라스키Jonathan Zdziarski를 예로 들 수 있다. 그러나 이런 상황에서도 애플 사가 포렌식 조사관에게 큰 도움이 될 만한 다양한 기술 자원을 보유하고 있다는 점은 매우 눈여겨볼 만한 사실이다.

애플 기기의 역사와 진화에 대해 간단히 소개함으로써 이번 장을 시작해보려 한다. 그다음으로 각 기기에 초점을 맞춰 해당 기기에서 지원하는 파일시스템, 운영체제, 애플 기기에 의해 추출될 수 있는 증거 예시를 다룰 예정이다. 애플 기기에 대한 보안 강도는 틀림없이 타사 컴퓨팅 기기에 대한 보안 강도보다 훨씬 높기 때문에 애플 기기에 대한 점검 중 조사관이 마주하게 될 보안 메커니즘도 나열해볼 예정이다.

아이폰과 기타 애플 모바일 기기를 왜 9장, '모바일 포렌식'이 아닌 이곳 맥 포렌식 영역에서 다루는지 의문이 들 수도 있을 것이다. 그 이유는 다음과 같이 두 가지로 요약할 수 있다. 첫 번째, 매킨토시 컴퓨터와 모바일 기기인 아이폰, 아이패드, 아이팟은 운영체제와 파일시스템 측면에서 흡사한 점이 많다. 두 번째, 애플 사용자에게 나타나는 고유한 특성 중 하나로서 기기 상호 간에 연결해 데이터를 전송하고 동기화할 수 있는 두 개 이상의 애플 기기를 보유할 가능성이 높다는 점 또한 포렌식 과정에서 염두에 둬야 할 항목이기 때문이다.

❖ 짧은 역사

캘리포니아주 쿠퍼티노Cupertino 시에 본부를 두고 있는 애플 사는 1976년 스티브 잡스Steve Jobs, 스티브 워즈니악Steve Wozniak, 로널드 웨인Ronald Wayne에 의해 설립됐다. 애플은 거대한 재정 위기와 주가 하락에 허덕이기 시작했던 1990년대 중반 이전까지만 하더라도 성장과 발전을 거듭하고 있었다. 아이러니하게도 마이크로소프는 애플이 장기간 소용돌이에서 빠져나오지 못하던 1997년, 150만 달러의 구호 지원을 감행했다. 2001년이 끝나갈 무렵, 애플은 스토어 1호점을 개장해 맥 OS X를 성공리에 출시했고 이후 아이팟^{iPod}에 대한 베일을 벗기면서 탄탄대로를 걷기 시작했다.

매킨토시

1976년 애플 I이 출시됐지만 매킨토시 컴퓨터가 처음 출시된 1984년 이후에야 애플 시리즈가 부각되기 시작했다. 애플은 1991년 파워북^{PowerBook} 랩톱을 출시했고, 1999년부터 2006년까지 아이북^{iBook}으로 불리는 랩톱 판매에 성공했으며, 그 후 2006년에 맥북^{MacBook}을 출시했다.

1998년 다양한 색상의 아이맥^{iMac}이 출시돼 흰색과 검정색, 단 두 가지 색상의 데스크톱만을 선택할 수 있던 기존의 제품들과 달리 선택의 폭이 넓어졌다. 2005년에는 매킨토시 컴퓨터의 데스크톱 소형 버전, 맥 미니^{Mac mini}가 출시됐다. 맥 미니는 무게가 3파운드(약 1.36kg)도 되지 않았고, 2009년에는 맥 미니의 서버 버전이 출시됐다. 일반 버전의 경우 서버 버전과는 달리, 광학 드라이브나 1TB가량의 고용량 하드디스크 드라이브가 장착되지 않았다.

OS X 서버가 설치된 맥 미니

맥 미니 서버는 맥 미니와 기본적으로 같은 형태다. 서버 뒷부분의 포트 모양과 배열도 맥 미니와 동일하다(그림 11.1 참조). 외형적인 변화로만 본다면, 맥 미니 서버는 맥 미니보다 대략 0.2파운드(약 0.09kg)가량 무겁다. 내부적으로 맥 미니는 500GB 또는 1TB의 하드디스크 드라이브를 장착했지만, 서버 모델은 두 개의 1TB 하드디스크 드라이브가 장착됐다. 그러므로 압수한 컴퓨터가 맥 미니가 아닌 맥 서버인 경우 혐의자의 집에서 서버 용도로 사용했을 가능성도 있기 때문에 조사관은 그 컴퓨터를 무턱대고 클라이언트용(맥 미니)이라고 단정하면 안 된다. 이런 사실만 보더라도, 수사 초기의 대응 방식에 따라 수사의 양상과 조사 방법이 전혀 다르게 흘러갈 수 있다는 것을 염두에 둬야 한다. 맥 미니 서버는 OS X 서버에서 작동하며 다음 구성 요소를 포함한다.

- 서버
- Xsan
- 파일 서버
- 일정 관리 서버
- 연락처 관리 서버
- 메일 서버
- 웹 서버
- 넷인스톨
- DNS
- DHCP
- 오픈 디렉터리
- 프로파일 매니저
- VPN 서버
- Wiki 서버

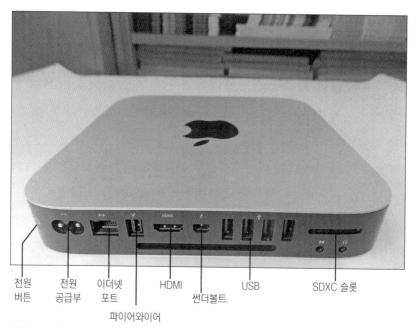

전원 버튼   전원 공급부   이더넷 포트   HDMI   썬더볼트   USB   SDXC 슬롯
파이어와이어

그림 11.1 맥 미니

아이팟

아이팟은 2001년 10월 5GB와 10GB 모델로 출시됐으며, 이 1세대 아이팟은 오로지 매킨토시 컴퓨터와 호환이 가능했다. 2세대 아이팟 클래식은 2002년 7월 출시됐으며 윈도우(윈도우2000)와도 호환이 가능했다. 2004년의 아이팟 미니 4GB 모델 출시를 시작으로 이듬해에는 아이팟 나노가 처음 그 모습을 드러냈다. 2005년 애플은 아이팟 셔플을 출시했다. 아이팟 터치(그림 11.2)는 2007년 9월부터 판매에 들어갔으며 8GB, 16GB, 32GB 세 가지 모델로 제공됐다. 아이팟 터치는 기본적으로 아이팟에는 없었던 와이파이가 적용됐으며, 그로 인해 사용자는 사파리^{Safari}를 통해 인터넷 서핑을 하고, 유튜브에서 동영상을 시청할 뿐만 아니라 아이튠즈에서 무선으로 콘텐츠를 다운로드할 수도 있게 됐다.

그림 11.2 아이팟 터치

아이폰

2007년 애플은 아이폰이라는 대작을 출시해 전 세계를 놀라게 했다. 1세대 아이폰
은 iOS 1.0 버전에서 구동됐으며 4GB, 8GB 모델이 각각 499달러, 599달러에 판
매됐다. 아이폰의 판매 실적이 보여주듯, 아이폰 개발을 위한 애플과 싱귤러^{Cingular}
양사 간의 긴밀한 협력은 매우 성공적이었으며 싱귤러는 아이폰 판매가 시작된 후
4년 동안 아이폰을 독점 판매했다. 1세대 아이폰의 본체는 플라스틱과 알루미늄이
혼합된 형태였으나, 3G와 3GS는 통화 감도를 높이기 위해 몸체 뒷면 전체를 플라
스틱으로 구성했다(그림 11.3 참조).

그림 11.3 아이폰 4S

아이패드

1세대 아이패드는 2010년 출시됐으며 아이폰과 아이팟처럼 iOS를 사용한다. 1년 뒤에는 아이패드 2가 출시됐고, 소비자들은 와이파이뿐만 아니라 CDMA나 GSM을 기반으로 통신사 요금 정책에 따라 무선 데이터를 사용할 수 있는 아이패드와 와이파이만 사용 가능한 전통적인 아이패드를 선택적으로 구매할 수 있었다(그림 11.4 참조).

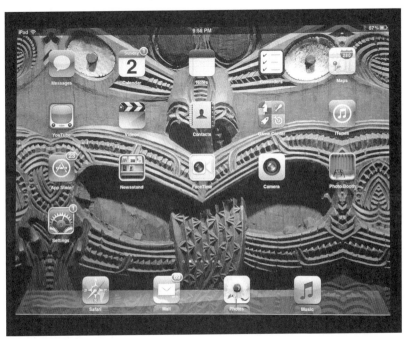

그림 11.4 1세대 아이패드 바탕화면

아이폰 5의 경우만 보더라도 동일 버전 내에 하이엔드급 모델인 5S와 로우엔드급 모델인 5C 중 어떤 모델을 선택할지 고민해야 할 만큼 애플 iOS 기기에 대한 선택의 폭이 넓어졌다. 아이패드 에어는 2013년 11월 출시됐으며, A7 칩을 기반으로 128GB 온보드 메모리와 라이트닝^{Lightning} 핀 커넥터를 채택했다.

애플 와이파이 기기

애플은 사용자의 모바일 기기 상호 간에 미디어 공유가 가능한 통합 무선 '애플 환경'을 구성할 수 있는 여러 모바일 기기를 선보이고 있다. 가정이나 사무실에서의 증거는 이러한 멀티 모바일 환경에서도 획득 가능하므로 애플의 환경적인 특성을 이해하는 것이 중요하다.

애플 TV

애플 TV는 인터넷 콘텐츠를 TV로 스트리밍할 수 있는 셋톱박스로 2007년 처음 소개됐다. 초기에는 40GB의 하드디스크 드라이브를 탑재했으나, 향후 160GB로 용량을 업그레이드해서 판매했다. 2010년 9월에는 2세대 모델을 출시했고, 사용자는 컴퓨터나 iOS 기기의 에어플레이^{AirPlay}를 통해 아이튠즈에서 콘텐츠를 다운로드할 수 있게 됐다. 에어플레이는 인터넷 콘텐츠나 호환 가능한 기기 상호 간의 무선 스트리밍을 위해 개발된 애플 전용 프로토콜이다. 2012년 3월에는 3세대 애플 TV가 출시돼, 이때부터 1080p HD(고선명 비디오$^{High-Definition\ video}$)급 화질을 즐길 수 있었다.

에어포트 익스프레스

에어포트 익스프레스$^{Airport\ Express}$는 와이파이 베이스 스테이션으로 사용자의 애플 기기를 하나로 묶어주며, 동시에 듀얼 밴드 802.11n 와이파이 프로토콜을 이용해 콘텐츠 무선 전송이 가능한 시스템이다. 예를 들어 이 장치를 통해 매킨토시나 아이폰, 아이패드와 같은 모바일 기기의 음악 콘텐츠를 에어플레이를 통해 스피커 등의 음향 시스템으로 전송한 후 음악을 들을 수도 있다. 사용자는 에어포트 익스프레스에 무선으로 연결된 애플 기기를 통해 동일 네트워크에 연결된 프린터로 출력도 할 수 있다. 또한 이더넷 포트^{WAN}에 인터넷 회선을 연결해 무선 AP$^{Access\ Point}$로 구성할 수 있으며 최대 50명(기기 개수)까지 접속 가능할 뿐만 아니라 와이파이 연결 신호를 개선시켜 속도를 향상시킬 수도 있다.

에어포트 익스트림

에어포트 익스트림^{Airport Extreme}은 에어포트 익스프레스와 많은 부분에서 비슷한 특성을 가지고 있지만, 익스프레스를 사용하는 가정집보다는 더 큰 규모의 집이나 소규모 사무실, 학교의 교실 등에서 사용하기 적당한 와이파이 베이스 스테이션이다. 에어포트 익스트림은 802.11 ac 와이파이 프로토콜을 사용하며, 외장 하드디스크 드라이브를 꽂아 네트워크에 연결된 기기 간의 데이터 공유도 가능하다.

에어포트 타임 캡슐

에어포트 타임 캡슐^{Airport Time Capsule}은 맥 유저용 자동 무선 백업 드라이브다. 에어포트 타임 캡슐은 에어포트 익스트림 와이파이 베이스 스테이션과 여러모로 비슷한 특징이 있지만, 2TB 또는 3TB 하드디스크 드라이브가 장착된 점이 다르면서도 동일하게 802.11 ac 와이파이 표준을 지원한다. 에어포트 타임 캡슐이 백업 드라이브라는 점에서 조사 과정 중 증거 획득이라는 큰 역할을 한다는 것은 두말할 나위가 없다(그림 11.5. 참조).

그림 11.5 타임 캡슐

❖ 매킨토시 파일시스템

매킨토시 파일시스템^{MFS}은 1984년 애플 매킨토시 컴퓨터와 함께 소개된 플랫 파일시스템이다. MFS는 플로피디스크에 파일을 저장하기 위해 개발됐다. 저장 장치의 용량이 커지면서, 계층적 파일시스템HFS, Hierarchical File System으로 불리는 새로운 파일시스템도 고안됐다. HFS는 1985년 애플이 자사 제품의 하드디스크 드라이브를 지원하기 위해 개발한 파일시스템이다. 1998년 소개된 확장 맥 OS(HFS+)는 HFS에 비해 훨씬 큰 크기의 파일을 지원하며 유니코드를 사용하는 애플 전용 파일시스템이다.

일반적으로 애플의 운영체제는 유닉스에 기반하고 있으며, HFS+ 파일시스템은 OS X에 최적화돼 지속적으로 보완됐다. 그렇지만 인텔 기반 매킨토시는 각기 다른 파일시스템을 사용하는 다양한 운영체제를 지원하기 때문에 NTFS, FAT32, Ext3과 같은 파일시스템도 호환된다. 예를 들어 부트 캠프Boot Camp는 인텔 기반 매킨토시에서 윈도우 운영체제를 작동할 수 있게 해주는 툴이다. 그러나 맥 OS X는 선천적으로 NTFS를 통해 파일을 읽을 수는 있지만 쓸 수는 없다.

HFS

초기 맥 운영체제는 두 개의 파트로 이뤄진 파일로 구성돼 있었다. 하나는 데이터를 저장하는 데이터 포크 영역이고, 다른 하나는 파일 메타데이터 및 파일 관련 응용프로그램 정보들을 저장하는 리소스 포크 영역이다. 리소스 포크는 기본적으로 NTFS의 대체 데이터 스트림Alternate Data Stream과 비슷하다고 보면 된다. 애플은 파일 리소스 포크 영역의 존재성에 대해 회의적이지만, 아직까지도 일부 시스템에서 사용되고 있는 것을 종종 볼 수 있다. 리소스 포크 영역이 존재하는 파일시스템에서 윈도우 NTFS와 같은 파일시스템으로 파일 복사를 할 때, 리소스 포크 영역이 사라질 수 있다는 사실도 알고 있어야 한다. 종종 여타 파일시스템에서 리소스 포크의 호환성 문제 때문에 파일이 숨겨진 상태로 유지되거나 지워지기도 한다.

HFS에서는 NTFS처럼 한 볼륨당 최대 6만 5,536개의 블록을 가질 수 있다(각 블록 용량은 512K).

HFS+

앞서 확장 맥 OS라는 용어로 언급된 HFS+는 1998년 맥 OS 8.1로 처음 소개됐다. HFS+는 디스크 공간 할당에 대한 성능 개선을 보여줬다. HFS+에서의 최대 허용 블록 크기는 2^{32}(4,294,967,296)이다. 블록 크기가 크다는 것은 볼륨에 대한 공간 활용도가 높아진다는 것을 의미한다. 파일명은 유니코드 문자를 255개까지 사용 가능하며 최대 파일 크기는 2^{63}바이트다.

HFS+는 대소문자를 구분하는 파일시스템이므로 논리적으로 동일한 위치에 같은 이름을 가진 파일이 함께 존재할 수 있다(예: File1, file1). NTFS는 파일명에서 대소문자를 구분하지 않는 파일시스템으로, 맥을 이용해 맥이나 iOS 기기를 조사할 수 있는 좋은 조건을 갖추고 있다.

할당 블록allocation block은 디스크 영역의 읽고 쓰는 단위로 하드디스크 드라이브에서 전형적으로 512바이트 크기를 사용한다. 할당 블록 번호allocation block number는 하나의 할당 블록을 고유하게 인식하는 32비트 숫자다. 볼륨 헤더volume header는 볼륨이 생성된 시간과 날짜 정보, 해당 볼륨에 저장된 파일 개수를 비롯해 볼륨에 대한 정보를 저장하고 있다. 볼륨 헤더는 1024바이트며 볼륨의 시작 지점에 저장돼 있다. 대체 볼륨 헤더alternative volume header는 볼륨 헤더의 복사본으로 볼륨 가장 끝부분에 1024바이트 크기로 저장돼 있다.

카탈로그 파일catalog file은 파일명과 폴더명 등 파일의 세부 정보를 포함하고 있으며, B-트리 형식으로 구조화돼 있다.

이 파일시스템은 타임스탬프를 위해 유닉스 에포크Unix epoch를 사용한다.

◆ 맥 포렌식 수사

HFS+가 대소문자를 구분하는 파일시스템이라는 점을 고려해볼 때, 매킨토시를 이용해 매킨토시를 조사하는 것은 이미 언급한 바와 같이 충분히 이해될 것이다. 퀵룩Quick Look은 사용자가 파일을 열지 않거나 프로그램을 실행하지 않고도 그 내용을 미리 볼 수 있게 해주는 OS X의 기능이다. 예를 들어 PDF나 Keynote 프레젠테이션, JPEG 등의 파일은 애플 파인더 애플리케이션에 있는 퀵룩 기능을 통해 미리보기가 가능하다. Spotlight는 맥 OS X에 내장된 기능으로, 사용자가 Spotlight의 검색 필드에 찾을 파일, 폴더, 프로그램 등의 이름을 입력하는 순간, 해당 문구로 시작하는 텍스트가 빠르게 검색된다. 맥에서 검색된 파일은 맥으로 열어야 내용을 정확히 확인할 수 있다.

IOReg Info

IOReg Info는 블랙백 테크놀로지스BlackBag Technologies에서 다운로드 가능한 툴로, 포렌식 조사관에게 맥에 연결된 SATA 드라이브나 파이어와이어 장치, USB 장치 등의 정보를 제공한다. 이 툴은 https://www.blackbagtech.com/resources/freetools/ioreg-info.html 링크를 통해 다운로드할 수 있다(그림 11.6 참조).

그림 11.6 IOReg Info 화면

PMAP Info

PMAP Info는 블랙백 테크놀로지스에서 다운로드 가능한 툴로, 맥의 하드디스크 드라이브나 외장 USB 장치 등의 장치 파티션 맵을 제공한다. 이 툴은 https://www.blackbagtech.com/resources/freetools/pmap-info.html 링크를 통해 다운로드할 수 있다(그림 11.7 참조).

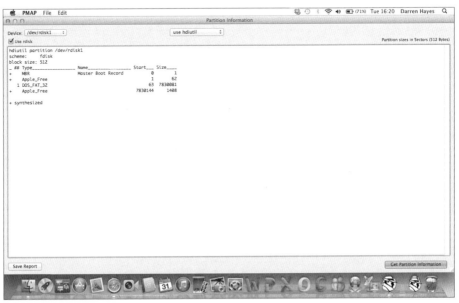

그림 11.7 PMAP Info 화면

에포크 시간

유닉스에서의 파일시스템 날짜 스탬프와 시간은 1970년 1월 1일 00:00:00 UTC(유닉스 에포크 시간^{Epoch Time}) 이후의 누적 시간(초 단위)으로 기록된다. 날짜와 시간 값은 32비트 정수 값으로 저장된다. 유닉스와 달리, 파일이 다른 위치로 이동됐을 때 파일 생성 시간이 바뀌지 않는다. HFS+가 지원하는 최대 날짜는 2040년 2월 6일 06:28:15 GMT다. 맥 OS 에포크 시간은 1904년 1월 1일 00:00:00 UTC다. 에포크 시간은 웹 브라우저와 기타 시스템에 따라 다르다. 그러므로 맥이나 iOS 기기에서 타임스탬프를 바꾸는 것은 위험할 수 있다. 아이폰 배터리가 방전되면 기기의 기본 시간이 에포크 시간으로 변경된다(1970년 1월 1일). 에포크 변환기(www.epochconverter.com)는 조사관에게 이런 불안정한 변환에 대한 도움을 줄 수 있다.

에포크 변환기

에포크 변환기는 블랙백 테크놀로지스에서 다운로드 가능하며 맥 OS 10.5.8이나 그이싱 버전에서 에포크 시간을 로컬 시간이나 UTC 시간으로 변환해주는 툴이다.

실전 연습

맥에서 에포크 시간 변환

1. 다음 URL에서 에포크 변환 프로그램을 다운로드한다.
   https://www.blackbagtech.com/resources/freetools/epochconverter.html
   계정이 없는 경우 다운로드 이전에 사용자 등록이 필요하다.

2. 에포크 변환 프로그램을 실행한다.

3. 에포크 박스에서 3471422400을 입력하고 Convert 버튼을 클릭한다. 그리고 실행 결과와 그림 11.8을 비교해본다.

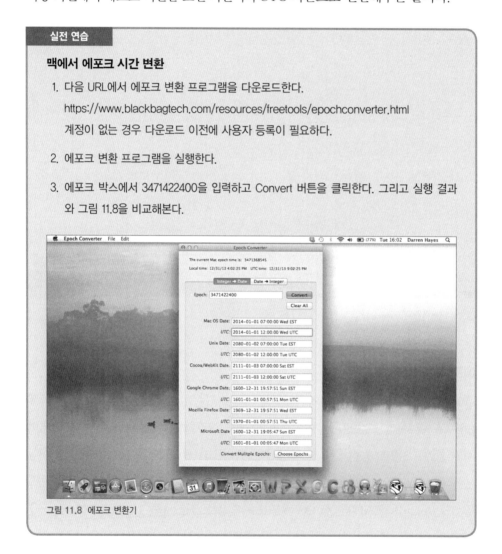

그림 11.8 에포크 변환기

삭제된 파일 복구

파일이 휴지통에 옮겨졌을 때 운영체제는 하드디스크 드라이브 파일의 물리적인 경로를 참조하는 링크를 더 이상 유지하지 않기 때문에 휴지통이 비워지면 파일은 복구될 수 없다(다시 말해 카탈로그 ID가 더 이상 존재하지 않는 것). 그렇지만 .ds_store 파일은 여전히 휴지통 내에서 지워진 파일에 대한 정보를 담고 있다는 점을 염두에 둬야 한다.

저널링

이 책의 앞부분에서 언급한 바와 같이 저널링은 사용자 파일의 백업본을 유지하는 파일시스템 체계다. 따라서 시스템 오류가 발생하는 과정에서 파일에 정상적으로 반영되지 못했던 마지막 트랜잭션까지도 복구해 사용 가능하다. HFS+는 대소문자를 구분하는 저널링 파일시스템이다. 윈도우 NTFS도 저널링을 갖고 있지만 대소문자를 구분하지는 않는다. 그러므로 조사관은 조사 대상 파일이 저장된 맥 드라이브가 NTFS가 아닌 HFS+로 포맷됐음을 인지해야 한다. 조사관이 출처가 맥 컴퓨터인 파일을 조사할 때는 맥 컴퓨터에 대한 분석도 수반해야 한다.

맥에서 파일이 생성될 때는 리눅스의 inode와 비슷한 개념인 카탈로그 ID가 할당된다. 카탈로그 ID는 일련번호로 생성되기 때문에 사용자에 의해 생성된 파일의 순서를 판단할 수 있다.

DMG 파일시스템

DMG는 맥 OS X와 관련된 파일시스템이며 암호화 가능한 많은 파일을 저장할 수 있다. 맥북에서 응용프로그램을 설치할 때 대개 DMG를 설치한다. 포렌식 관점에서는 DMG가 dd 이미지와 동등한 레벨로 분류되며 마운트 가능한 가상 디스크로 여겨진다. DMG의 논리적인 용량은 DMG가 담고 있는 모든 파일의 물리적인 용량 합보다 클 수 있다. 반대로 DMG 이미지에 단 하나의 파일을 담고 있지 않아도 1GB 용량의 DMG가 있을 수 있다. DMG 외의 기타 가상 파일시스템 또한 맥에서 사용 가능하며, 스파스 이미지(.sparseimage)와 스파스 번들(.sparsebundle) 등이 있다. 스파스 이미지는 DMG와 달리 파일이 추가될 때마다 용량이 커지는 맥 OS용 가상 파일이다. 스파스 번들은 맥 OS 10.5에서 파일볼트[FileVault] 기능을 위해 소개됐으며, 파일이 추가될 때마다 용량이 커지는 가상 파일이다. 사용자는 이미지 파일에서 마우스 오른쪽 버튼을 누른 뒤 Show Package Contents를 클릭하는 것만으로도 스파스 번들의 테크니컬 콘텐츠를 볼 수 있다. 그러나 대부분의 경우 여타 가상 디스크와 같이 파인더에서 스파스 번들을 더블 클릭해 마운트한 뒤 사용하는 것이 보편적인 방법이다.

PList 파일

프로퍼티 리스트[PList] 형식 파일은 맥 운영체제가 구동되는 컴퓨터에서 사용되는 설정 파일로, 맥 OS X와 iOS 모바일 기기 안에서도 찾아볼 수 있으며 Cocoa와 Core Foundation[CF]에서 사용된다.

Cocoa는 맥 OS X 개발자용 프레임워크로서 애플리케이션 프로그래밍 인터페이스[API], 라이브러리, 런타임 등을 포함하고 있으며, 전반적으로 오브젝티브C[Objective-C]를 근간으로 하고 있다. 오브젝티브C는 C 언어에 기반을 둔 객체지향 프로그래밍 언어로서 1980년대 초 넥스트[NeXT] 사에서 개발됐다.

Core Foundation은 맥 OS X와 iOS 응용프로그램 개발자에게 유용한 기초 소프트웨어 서비스를 제공하는 프레임워크다.

이 파일은 윈도우 컴퓨터의 레지스트리 파일과 비슷한 개념으로 이해할 수 있다. PList는 사용자 환경 설정 정보를 저장하고 있으며 조사관에게 다양한 정보를 제공한다. 또한 PList는 사용자와 응용프로그램의 환경 설정 값을 보관하며, 개발자에게는 주로 숫자와 문자열로 구성된 데이터의 작은 블록을 저장하는 효율적인 방법을 제공하기도 한다. PList 파일은 바이너리 또는 XML 포맷으로 돼 있으며, 알맞은 형식으로 데이터를 확인하기 위해서는 전용 PList 뷰어가 필요하다. 바이너리 PList는 XML PList보다 크기가 더 작으며, 맥 OS X가 더 빠르게 접근할 수 있다는 장점 때문에 XML 포맷 파일에 비해 좀 더 널리 쓰이고 있다.

조사관이 바이너리 PList 파일을 확인하기 위해서는 우선 PList 파일을 다른 포맷으로 변환하는 과정이 필요하다. 맥 OS X는 터미널 윈도우에서 사용 가능한 plutil 툴이 기본으로 설치돼 있다. 프로퍼티 리스트 유틸리티property list utility는 맥 OS X에 기본으로 내장된 툴로서, PList 파일의 문법을 검사하거나 PList 파일을 다른 형식의 파일로 변환할 때 쓰인다. 예를 들어 가독성이 좋고 더욱 빠른 탐색을 원하는 경우라면, 바이너리 PList 파일을 XML 형식으로 변환할 필요도 있을 것이다. plutil은 맥 OS X 10.2 이후 버전부터 사용 가능하다. 또한 PList 파일의 내용을 확인하기 위해 OS X의 퀵룩Quick Look 기능을 이용할 수 있다(그림 11.9. 참조).

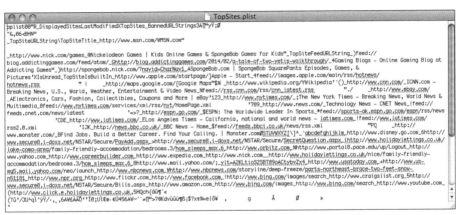

그림 11.9 PList 파일 예제

맥 터미널 윈도우에서 작업하기

1. 파인더 프로그램을 실행한다.

2. 메뉴 바에서 Go ❯ Utilities 버튼을 차례로 클릭한다.

3. Utilities 폴더를 열어서 스크롤 다운한 뒤 Terminal 아이콘을 더블 클릭한다.

4. 명령창에서 'say I want to be a forensics examiner'를 입력하고 엔터 키를 누른다. 사운드 기능이 켜져 있다면 방금 입력한 문장을 소리로 들을 수 있을 것이다.

5. 명령창에서 'date'를 입력하고 엔터 키를 누른다. 시스템 날짜와 시간이 표시된다.

6. 명령창에서 'date −u'를 입력하고 엔터 키를 누른다. UTC 기준 날짜와 시간이 표시된다.

7. 명령창에서 'hdiutil partition /dev/disk0'를 입력하고 엔터 키를 누른다.

부트 드라이브 파티션 맵이 표시된나. 부트 캠프를 통해 윈도우 NTFS 파티션을 설치했다면 관련 정보도 여기에 표시될 것이다.

8. 명령창에서 'system_profiler SPHardwareDataType'을 입력하고 엔터 키를 누른다. 프로세서 개수, 램 크기, 시리얼 넘버, UUID를 비롯한 컴퓨터 시스템 프로파일이 표시된다.

9. 명령창에서 'system_profiler SPSoftwareDataType'을 입력하고 엔터 키를 누른다. 맥 OS X의 버전 정보 및 컴퓨터 이름, 사용자 이름이 표시된다.

10. 명령창에서 'man plist'를 입력하고 엔터 키를 누른다. PList에 대한 설명이 화면에 표시된다.

11. 화면에 표시된 설명이 없어질 때까지 엔터 키를 반복해서 누른다.

12. 메뉴 바 상단의 Terminal 버튼과 Quit Terminal 버튼을 차례로 누른다.

13. 대화 상자에 보이는 Close 버튼을 누른다.

PList 파일에는 PList 파일 자체의 타입을 나타내는 헤더가 포함돼 있다. PList는 많은 종류의 추상 데이터형을 가진다(표 11.1).

표 11.1 추상 데이터형

추상 데이터형	XML
Array	〈array〉
Dictionary	〈dict〉
String	〈string〉
Data	〈data〉
Date	〈date〉

(이어짐)

추상 데이터형	XML
Number–integer	〈integer〉
Number–floating point	〈real〉
Boolean	〈true/〉 or 〈false/〉

SQLite 데이터베이스

SQLite 데이터베이스는 일반적으로 모바일 기기와 연관성이 높지만, 많은 사용자들이 모바일 기기와 컴퓨터 간의 상호 동기화 작업을 하므로 사용자들의 매킨토시 컴퓨터에 설치된 SQLite를 자주 접해볼 수 있다. 이 책의 앞부분에서 언급한 바와 같이 SQLite는 관계형 테이블에 애플리케이션과 사용자 정보를 함께 보관하는 관계형 데이터베이스다. 데이터베이스 파일이 지워졌다 할지라도 데스크톱의 휴지통이 지워지지 않은 상태라면, 조사관은 대부분의 경우 해당 파일을 복구할 수 있다. 그렇다 할지라도 일부 SQLite 데이터베이스는 vacuuming 기능을 가지고 있다. vacuuming은 SQLite 데이터베이스의 불필요한 파일을 정리하는 기능으로 삭제된 레코드나 테이블을 영구 삭제하는 역할을 담당한다. 현재 vacuuming 기능은 애플 기기에서 비활성화된 상태로 보여진다.

이메일 파일

맥 컴퓨터의 이메일 파일은 EMLX 형식 확장자를 사용한다(.emlx, .emlxpart, .partial.emlx). EMLX 파일은 OS X의 기본 이메일 프로그램인 애플의 메일 애플리케이션용 파일이다. Simple Carver Suite 포렌식 소프트웨어는 .eml과 .emlx 메시지를 읽을 수 있는 형태로 변환할 수 있는 툴인 Eml2HTML이 내장돼 있다. 이 툴은 조사관이 엔케이스나 블랙라이트와 같은 기능이 풍부하고 전문적인 툴을 사용하기 어려울 경우 저렴하게 이용할 수 있는 대안으로 꼽힌다. 두말할 것도 없이 모든 포렌식 툴은 정확성을 높이고 에러율을 낮추기 위해 벤치마킹 테스트를 통과해야 한다. 과거 재판의 포렌식 수사에 사용된 툴도 권장할 만하다.

하이버네이션 파일

맥 OS X 분석 과정에서 조사관이 슬립이미지^{sleepimage} 파일을 발견했다면 운이 좋다고 볼 수 있다. 슬립이미지는 램과 동일한 내용을 담고 있는 파일이다. 맥이 잠자기 (하이버네이션) 모드로 전환되면 램의 복사본이 컴퓨터의 하드디스크 드라이브에 저장된다. 슬립이미지는 배터리 전력이 소진돼 기기가 꺼졌을 경우, 사용자가 다시 작업하던 시점의 환경으로 돌아갈 수 있게 해주는 필수적인 백업 파일이다. 슬립이미지의 파일 크기는 일반적으로 로컬 컴퓨터의 램 크기와 동일하다. 만약 맥 노트북 전원이 완전히 방전된 이후 전원을 연결해서 노트북을 구동시키면, 슬립이미지 파일의 내용이 읽혀지고 실제 메모리 공간에 올라가게 된다. 다음 명령어를 터미널로 입력해보면 컴퓨터에서 사용 중인 슬립이미지 파일 크기를 확인할 수 있다.

```
ls -lh /private/var/vm/sleepimage
```

❖ 매킨토시 운영체제

전통적인 맥 OS는 초창기의 매킨토시 컴퓨터용으로 개발돼 1984년 처음으로 대중에게 소개됐다. 맥 OS는 그 당시 PC가 커맨드라인 인터페이스 기반의 MS-DOS를 주로 사용하던 기존 흐름에서 벗어나 극적인 출발을 시도했다. 이 운영체제는 사용자에게 더욱 친근하도록 마우스로 아이콘을 클릭할 수 있는 환경인 그래픽 유저 인터페이스^{GUI}를 화면으로 구현됐다. 처음에는 맥 OS가 매킨토시 파일시스템^{MFS}이라는 플랫 파일시스템을 지원했지만, 이 파일시스템은 하드디스크 드라이브를 지원하기 위해 1985년 계층적 파일시스템^{HFS}으로 대체됐다.

맥 OS X

이 운영체제는 대중에게 2002년 공개됐고 그간 상당히 많은 변화를 겪어왔지만 오늘날까지도 여전히 사용되고 있다. 다음은 운영체제가 출시된 순서대로 나열된 것이다.

- 버전 10.0(치타): 2001년 3월

- 버전 10.1(푸마): 2001년 9월

- 버전 10.2(재규어): 2002년 8월

- 버전 10.3(팬더): 2003년 10월

- 버전 10.4(타이거): 2005년 4월

- 버전 10.5(레오파드): 2007년 10월

- 버전 10.6(스노우 레오파드): 2009년 8월

- 버전 10.7(라이언): 2011년 7월

- 버전 10.8(마운틴 라이언): 2012년 7월

- 버전 10.9(매버릭스): 2013년 10월

- 버전 10.10(요세미티): 2014년 10월

OS X 매버릭스 응용프로그램

OS X 매버릭스는 2013년 말 출시됐고, 이 운영체제는 매킨토시 컴퓨터에서 사용 가능한 새로운 앱을 선보이기 시작했다. 아이북스^{iBooks}는 OS X 매버릭스에서 다운로드할 수 있으며, 아이패드나 아이폰에서 구입한 전자 서적은 사용자의 아이클라우드^{iCloud} 계정을 통해 매킨토시 컴퓨터와 동기화시킬 수 있다. 또한 맵스^{Maps}라는 내비게이션 앱도 매킨토시 컴퓨터에서 이용 가능하다. 캘린더 앱도 OS X 매버릭스에서 새로운 모습으로 변모했다. 어떤 용무로 특정 장소에 방문하면 해당 일에 방문한 위치 정보가 매핑돼 저장되고, 여행 시간 알림 확인이나 특정 기간의 날씨 예보 링크 기능도 내장돼 있다.

파일볼트

파일볼트^{FileVault}는 애플에서 개발한 매킨토시 컴퓨터용 볼륨 암호화 툴이다. 맥 OS X 라이언 또는 이후 버전에서 사용 가능한 가장 최신 버전은 파일볼트2다. 파일볼트2는 XTS-AES 128 암호화 방식을 이용해 디스크를 통째로 암호화한다. 사용자가 파일볼트를 사용 가능으로 설정하면, 기 암호화된 디스크 드라이브의 복호화가 가능한 사용자 계정 선택 화면이 나타난다.

포렌식 조사 측면에서 봤을 때, 파일볼트 사용이 가능한 경우 사실상 유용한 증거 자료 추출은 불가능하다. 최후의 수단으로 무작위 대입 공격이나 무작위 사전 공격을 생각해볼 수 있지만, 많은 시간이 소요된다는 단점이 있다. 파일볼트가 설정된 시스템의 경우, 사용자 패스워드가 분실돼 하드디스크 드라이브 복호화가 불가능한 상황에 대비해 사용자에게 복구 키나 안전한 애플 서버로 복구 정보를 미리 전송해두는 메커니즘이 있다는 사실도 기억해둘 필요가 있다. 복구 키는 사용자가 기억하기에 길고 어렵지만 하드디스크 드라이브를 복호화할 수 있다. 이 복구 키는 프린트하거나 이메일로 발송하고, 또는 메모해두도록 사용자에게 안내된다. 또한 사용자가 복구 키를 애플 서버에 저장할 수 있는 옵션도 제공된다. 따라서 애플 서버로의 접속 시도는 확실히 도전해볼 만하다.

디스크 유틸리티

디스크 유틸리티^{Disk Utility}는 애플 맥 툴로서 디스크 검증과 복구, 포맷, 마운팅, 이미지 생성 등 다양한 디스크 관련 기능을 수행한다. 이 기능은 터미널창에 `diskutil` 또는 `hdiutil` 명령어를 입력해 이용 가능하다.

아이클라우드 키체인

아이클라우드 키체인^{iCloud Keychain}은 사용자에게 등록된 승인된 맥이나 iOS 기기의 모든 온라인 패스워드를 256비트 AES 암호화를 이용해 저장한다. 이 유틸리티는 사용자 신용카드 정보까지 보관하고 있다.

멀티 디스플레이

현재 OS X 매버릭스는 맥을 이용한 멀티 디스플레이 기능을 지원한다. 맥 사용자는 에어플레이^{AirPlay}와 애플 TV를 이용해 고화질 TV^{HDTV}를 즐겨볼 수 있다.

알림 서비스

알림 서비스^{Notifications}는 애플 맥 사용자가 애플리케이션이 없어도 수신되는 메시지나 페이스타임 요청, 웹사이트 알림을 받아볼 수 있는 편리한 기능이다.

태그

태그^{Tags}는 OS X 매버릭스에서 선보인 기능으로 키워드를 이용해 파일을 정리할 수 있게 도와준다. 따라서 혐의자에 의해 개인화되고 조직화된 파일을 입증할 수 있으므로 태그는 조사관에게 매우 유용하다. 다양한 주제와 연결시키기 위해 여러 키워드가 단일 파일에 태깅될 수 있다. 파일과 관련된 카테고리는 파인더^{Finder} 애플리케이션을 통해 쉽게 접근할 수 있다.

사파리

사파리^{Safari} 브라우저는 맥 운영체제와 함께 번들로 제공된다. 만약 사용자가 개인 브라우징 모드를 활성화했다면 제한된 과거 접속 이력만 확인 가능하다. 포렌식 관점에서 중요한 대부분의 증거는 ~/Library/Safari/ 사용자 디렉터리에서 찾아볼 수 있다.

소셜 네트워킹 기능이 추가된 OS X 매버릭스 버전 사파리는 조사관에게 더욱 중요한 증거 가치를 지닌다. 매버릭스 버전 사파리는 링크드인과 트위터에서 팔로우한 사용자가 포스팅한 공유 링크 사이드바도 내장돼 있다. 이 사이드바는 조사관이 혐의자의 지인과 관심사에 대한 전반적인 사진 모음을 구축하는 데 일조하기도 한다.

History.plist 파일

사파리 브라우저 기록은 사용자 디렉터리 안에 History.plist라 불리는 PList 바이너리 파일에 저장된다. 모든 URL은 마지막 방문 날짜와 시간, 웹사이트 방문 횟수와 함께 기록돼 조사관에게 큰 도움이 될 수 있다. 날짜와 시간 정보는 2001년 1월 1

일 00:00:00 UTC 이후 초 단위의 부동 소수점 방식을 가지기 때문에 별도의 해석이 필요하다. D코드[Dcode]라는 툴은 이 값을 날짜와 시간 방식으로 읽기 쉽도록 변환해준다. 사용자가 웹사이트에 방문하면 사파리는 해당 사이트의 섬네일을 생성한다(그림 11.10 참조).

그림 11.10 웹 페이지 미리보기

섬네일 관련 JPEG와 PNG 파일은 ~/Library/Caches/com.apple.Safari/ Webpage 미리보기를 통해 추출 가능하다.

Downloads.plist 파일

인터넷에서 다운로드한 모든 파일은 Downloads.plist PList 파일에 저장된다.

Cache.db 파일

사파리 캐시는 SQLite 데이터베이스의 Cache.db에서 추출할 수 있다. 이 데이터베이스는 웹사이트 방문 기록과 이미지, 날짜, 접근 시간 정보를 담고 있다. 이 파일은 ~/Library/Caches/com.apple.Safari 경로에 저장돼 있다.

Cookies.plist 파일

이 파일은 웹사이트 방문 기록이 저장된 또 다른 파일이다. /Library/Cookies/ subfolder에 위치한다.

TopSites.plist 파일

사용자가 자주 이용하는 웹사이트의 접속 이력은 TopSites.plist에 저장된다. 사용자는 Top 사이트 갤러리 화면에서 원하는 웹사이트가 항상 보이게 고정시킬 수 있고, 반대로 웹사이트를 리스트에서 삭제할 수도 있다. 웹 히스토리를 삭제할 때 Top 사이트 재설정 옵션을 선택할 수 있다(그림 11.11 참조).

그림 11.11 Top 사이트 화면

윈도우용 사파리

사파리는 윈도우에서도 사용할 수 있다. 윈도우7 PC에서의 사파리 브라우저 히스토리는 일반적으로 \AppData\Roaming\Apple Computer\Safari\에 저장된다.

타깃 디스크 모드

컴퓨터 하드디스크 드라이브를 포렌식적으로 복제하는 가장 빠른 방법은 디스크 자키 프로Disk Jockey Pro(포렌식 에디션Forensic Edition)나 Image MASSter Solo Forensic Hand-Held Duplicator와 같은 복제 기기를 사용하는 것이다. 그러나 맥 기기는 하드디스크 드라이브를 기기에서 분리시킬 때 문제가 생길 가능성이 크다. 타깃 디스크 모드TDM, Target Disk Mode는 조사관이 파이어와이어FireWire를 이용해 하드디스크 드라이브 이미지를 획득하도록 도와준다. 파이어와이어 또한 IEEE 1394 표준으로 제작돼 고속 데이터 전송이 가능하다. 새로운 맥 컴퓨터에서는 타깃 디스크 모드를 사용한 증거 수집 시 썬더볼트Thunderbolt를 이용할 수 있다.

컴퓨터를 부팅할 때 T 키를 입력하면 맥 운영체제가 로딩되는 것을 멈출 수 있으며, 펌웨어가 컴퓨터 드라이브를 파이어와이어 대용량 스토리지 기기로 인식되게 한다. 그러나 혐의자 컴퓨터에 펌웨어 패스워드가 설정된 경우 타깃 디스크 모드로 변환이 불가능하며 화면에서 블랙 스크린을 보게 될 것이다. 그러므로 조사관으로서 당신이 가장 먼저 해야 할 단계는 펌웨어 패스워드 설정 여부를 점검하는 것이다(그림 11.12 참조).

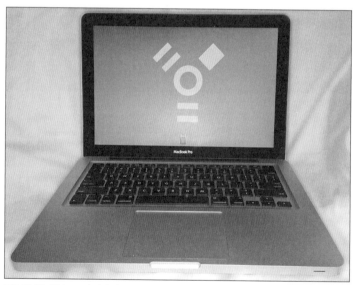

그림 11.12 맥북 프로의 타깃 디스크 모드

옵션 키를 누른 채 부팅하면 패스워드 설정 여부를 확인 가능하다. 사용자가 펌웨어 패스워드를 설정한 경우, 대화 상자가 표시된다. 바라건대, 혐의자가 패스워드를 당신에게 제공해주길 빌어야 한다. TDM은 쓰기 방지 장치를 함께 사용해야 하는 것도 염두에 둬야 한다.

예를 들어 아이패드를 크랙한 뒤 메모리를 분리해 복제하는 일은 쉽지 않을 것이다. 맥북 에어 또한 하드디스크 드라이브를 복제하거나 이미징하는 작업이 상당히 어려울 것이다. 맥북 에어는 SSD를 비롯해 차별화된 하드웨어가 내장돼 있으므로 조사관 입장에서 이미 예견된 달갑지 않은 결과를 가져온다.

❖ 애플 모바일 기기

아이폰을 중심으로 한 애플 모바일 기기는 맥북이나 아이맥보다 개인적으로 사용되는 특성이 강하고 전통적인 컴퓨터에 비해 변동 기록이 많은 점을 토대로 풍부한 증거로 활용될 가능성이 있으므로 더욱 가치 있게 여겨진다. 조사관의 입장에서 갖는 이점은 이 기기가 애플 환경과 자주 연동돼 다른 애플 기기에서도 동일한 증거가 추출 가능하다는 점이다. 조사관에게 유익한 또 다른 이점은 모바일 기기(iOS) 운영체제가 OS X와 매우 흡사해 조사 결과를 미리 예측할 수 있다는 것이다. 더욱이 다양한 제조사가 안드로이드 플랫폼을 이용하는 안드로이드의 특성과는 달리, 애플은 기기 제조, 운영체제, 클라우드 사용자 백업, 여러 응용프로그램 일체를 관리 범위에 두고 있다. 이런 기기 표준화 덕분에 각 기기를 다루는 방법을 쉽게 예측할 수 있고, 기기 분석 작업에 임할 때 조사관에게 표준화된 프로토콜을 제공하게 된다. 즉 조사관이 사용자 데이터를 요청해서 캘리포니아주 쿠퍼티노에 위치한 애플 본사로부터 지원받을 수도 있음을 의미한다.

앞서 나열한 것들이 법 집행 조사에서 매우 간단해 보이지만 종종 주요 어려움에 부딪히곤 한다. 많은 안드로이드 모바일 기기는 현실적으로 최신 버전 OS로 업그레이드가 불가능한 경우가 많다. 반대로 애플의 경우 사용자에게 가장 최신 버전의 iOS 설치를 독려한다. 신규 iOS 버전은 모두 중요 보안 패치를 포함하고 있으므로 아이폰 및 기타 iOS 기기로부터 법 집행에 이용할 증거를 추출하는 데 어려움이 따른다.

iOS

iOS는 애플에서 개발한 모바일 운영체제로 2007년 처음 소개됐다. 현재 4억 개 이상의 모바일 기기가 아이폰, 아이패드, 아이팟, 애플 TV에서 사용되는 전매 운영체제인 iOS를 채택하고 있다. iOS는 대소문자 구분 및 저널링을 이용하는 파일시스템인 HFS+를 이용한다. 루트 파티션은 iOS 기기의 최상위 파티션으로 운영체제를 담고 있으며 시스템 파티션을 참조한다. 루트 파티션 이후의 남은 볼륨은 미디어 파티션^{media partition}이다. 미디어 파티션은 iOS 기기의 데이터 파티션이며 사용자 파일과 시스템 파일 일부를 담고 있다. 미디어 파티션에 저장된 일반적인 사용자 데이터는 비디오 파일이나 연락처, SMS를 포함할 수 있다.

애플은 최신 보안 픽스를 반영하기 위해 가급적 빠른 시간 내에 호환되는 각 버전에 대해 iOS 기기의 최신 버전으로 업그레이드할 것을 권장하고 있다. 시스템 소프트웨어 개인화^{System Software Personalization}는 애플이 개발한 프로세스로, 사용자가 이전 버전의 iOS 펌웨어로 다운그레이드하는 것을 예방하는 역할을 한다(일부 온라인 유틸리티를 이용해 iOS 강제 다운그레이드가 가능하다는 주장도 있다).

iOS 7

iOS 7 버전에서 제어 센터^{Control Center}라는 기능이 새로 추가됐다. 제어 센터를 이용하려면 화면을 아래쪽에서 위쪽으로 쓸어 넘기면 되고 손전등, 카메라, 타이머, 계산기를 신속히 실행할 수도 있다. 제어 센터는 조사관이 에어플레인 모드를 활성화하고 셀룰러 모드나 와이파이 연결을 끊을 수 있는 빠른 방법이 될 수도 있다.

iOS 7의 또 다른 새로운 기능인 에어드롭^{AirDrop}은 사진과 영상, 연락처 등의 데이터를 블루투스를 이용해 근처에 있는 다른 사용자에게 공유할 수 있다. 조사관이 에어드롭을 통한 데이터 전송 이력 여부를 점검했는지에 대해 피고 측 변호인이 의 구심을 품을 가능성 때문에 에어드롭은 중요 고려 사항이 될 수 있다.

iOS 8

아이폰 6는 iOS 8에서 구동된다. 새로운 iOS 8 운영체제는 조사관이 예측할 수 있는 중요한 결과를 가져다준다. 예를 들면, 사용자는 이제 텍스트 메시지에 음성 클립까지 추가할 수 있다. 게다가 사용자의 현재 위치나 현재 메시지 앱을 통해 보고 있는 영상도 쉽게 전송 가능하다. 헬스 및 피트니스 앱을 이용해 개인 트레이너나 의사와도 상호 통신을 할 수 있다. 그러므로 여러 장소에 존재하는 사용자와 관련해 더욱 많은 정보를 이용 가능하게 됐다. 새로운 가족 공유^{Family Sharing} 기능을 이용해 가족 구성원 간에 이미 구매한 아이튠즈^{iTunes} 콘텐츠나, 캘린더, 위치 정보, 사진 등을 공유할 수 있다. 즉 조사 대상자가 아이폰 6를 사용할 경우, 조사관은 가족 공유에 연동된 구성원들을 통해 혐의자나 실종자에 대한 정보를 잠재적으로 수집할 수 있다.

iOS 8에서 아이클라우드^{iCloud}는 더 이상 애플 앱과 관련된 사용자 콘텐츠 백업용으로만 사용되지 않는다. 사용자가 가진 어떤 컴퓨팅 기기를 이용하더라도 아이클라우드에 저장된 모든 타입의 문서를 쉽게 저장 또는 편집할 수 있다. 애플 기기 간 통합 기능은 더욱 향상됐고, 아이폰 사용자는 맥이나 아이패드로 전화를 받거나 하나의 기기에서 띄워놓은 이메일 작업을 다른 애플 기기에서 받아 작업을 계속 이어나갈 수 있다.

보안과 암호화

암호화의 관점으로 보면 애플은 고급 암호화 표준 알고리즘^{AES, Advanced Encryption Standard algorithm}, 더욱 구체적으로는 블록 암호 방식인 AES-256을 사용하고 있다. 고유 장치 식별자^{UDID, Unique Device Identifier}는 애플 iOS 기기를 고유하게 식별하는 40자리 영숫자로 구성돼 있다. 장치의 고유 식별자^{UID, unique identifier}와 장치 그룹 식별자^{GID, group identifier}는 제조 과정에서 응용 프로세서에 하드 코딩된 AES 256비트 키다. 애플과 관련 제조 업체 그 어느 곳에서도 UID에 대한 기록을 유지하고 있지 않지만 암호화된 이 식별자를 통해 특정 기기를 참조할 수 있다. 디바이스 암호화 사용이 선택적인 안드로이드 스마트폰과는 달리 아이폰이나 기타 iOS 기기에 대한 칩 오프chip-off 시도는 무의미하다고 볼 수 있다. 칩 오프는 데이터 복구나 포렌식 조사를 위해 인쇄 회로 기판PCB, printed circuit board에서 칩을 제거하는 과정으로 단말기 보안 설정을 우회하기 위해 수행된다. 간혹 손상된 PCB에서 메모리 칩이 제거돼 작동 중인 PCB에 부착되기도 한다.

우리는 대개 네 자리 PIN 패스코드에 익숙하지만, 무작위 대입 공격으로 해독하기 어려운 더욱 복잡한 여덟 자리 패스코드를 사용자가 설정할 수도 있다. 애플 기기는 잘못된 패스코드가 입력될 때마다 재시도까지의 시간 지연을 증가시킴으로써 패스코드에 대한 무작위 대입 공격을 단념시킨다. 조사관의 입장에서 더욱 간과하지 말아야 할 부분은 사용자가 패스코드를 수차례 잘못 입력한 뒤 폰을 포맷해버리는 경우도 발생하기 때문에 혐의자의 협조는 필수 불가결한 부분일 수 있다는 것이다.

조사관이 혐의자 아이폰의 PIN 보호를 해제했고 법 집행 과정에서 혐의자가 PIN 정보를 제공하지 않은 경우라면 모두 끝난 것일까? 조사관은 두 가지 중 하나를 선택할 수 있다. 하나는 아이폰을 (1) 수색 영장, (2) 법원 명령, (3) 아이폰, (4) 미디어 장치(USB 또는 하드디스크 드라이브) 등의 항목들과 함께 애플에 보내는 방법이다. 미디어 장치는 애플 직원에 의해 증거 보관용으로 사용되기 때문에 최소한 아이폰에서 사용하고 있는 만큼의 스토리지 공간이 필요하다. 증거 결과는 SQLite 형태로 스토리지 장치에서 도출된다. 애플 기기의 증거 추출에 대한 요구서 작성 과정은 매우 까다롭기 때문에 아이폰 증거 추출 경험이 전무하다면 이런 과정을 통해 증거 획득에 이미 성공한 조사관의 도움을 받을 필요가 있다. 이런 접근법에 대한 주요 문제점은 기다리는 기간이 통상적으로 6개월 이상 소요된다는 것이다.

효과는 적지만 속도가 빠른 또 한 가지 방법으로, 아이폰의 스크린을 확인하며 폰에 들어오는 메시지와 알림을 모니터링하는 것이 있다. 추가적으로, 조사관은 아이폰이 잠긴 상태에서도 시리^{Siri}를 사용해 중요한 정보를 획득할 수 있다. 메시지나 시리에 대한 정보 일부를 수신하기 위해 인터넷 접속이 필요하지만, 기기의 무선 사용을 활성화하게 되면 원격 삭제 명령에 취약해질 수 있다. 시리에 이런 단점이 존재하지만, 실종자나 납치 상황이 발생된 경우 특정 연락처에 대한 상세 정보 확인이 가능한 옵션을 설정할 수 있다.

애플은 장치가 잠겨져 있는 상태에서 사용자가 전화나 텍스트 메시지, 그리고 이메일을 수신하는 도중에도 플래시 메모리의 모든 파일을 암호화한 상태로 유지하기 위한 데이터 보호 기능을 개발했다. 그러므로 애플의 단말기는 민감한 데이터를 군이 복호화하지 않고도 수신되는 전화에 응답할 수 있다. 파일이 생성될 때마다 데이터 보호 기능이 활성화돼 해당 파일에 대한 새로운 256비트 키를 생성하고 AES 엔진으로 전달된다. 단말기에 패스코드를 설정하면 데이터 보호 기능이 자동으로 활성화된다.

애플 ID

애플 ID는 사용자가 이용하는 이메일 주소와 패스워드로 구성된다. 사용자가 애플 ID를 입력하면 해당 사용자 계정으로 등록된 기타 기기에서도 애플 앱스토어나 아이튠즈, 아이클라우드를 통해 이미 구매한 콘텐츠를 다운로드할 수 있다. 애플 ID는 숫자, 영소문자, 영대문자를 포함하는 최소 여덟 자리 패스워드로 설정해야 하며, 동일한 문자를 세 자리 이상 연속해 사용할 수는 없고 특수 문자 사용도 가능하다.

iOS 8 버전에 기본적으로 설치된 모든 앱은 AES-256으로 암호화되며, 아이튠즈를 통해 판매되는 모든 서드파티 앱은 기본적으로 암호화된다. 이러한 앱에서 사용하는 데이터 또한 패스코드와 얽혀 있다. 그러므로 혐의자가 패스코드를 제공하지 않는 경우 iOS 8은 법 집행 과정의 정보 수집 측면에서 최악일 수 있으며, 판사는 패스코드나 패스워드를 제공함으로써 발생하는 불이익을 받지 않기 위해 피고가 묵비권을 행사하는 것으로 여기게 된다. 애플은 이러한 패스코드를 별도로 저장하지 않고 단말기 내에만 저장하고 있다. 안타깝게도 대부분의 사용자가 이런 모바일 기기가 컴퓨터와 동기화되는 것을 신경 쓰지 않아 페어링 파일을 사용함으로써 기기를 해제할 수 있는 가능성이 낮아지게 된다.

논리적인 증거 획득을 시도하기 전에 조사관은 PIN 숫자를 입력해야 한다. 물론 수차례의 PIN 해제 실패 시도 이후 혐의자가 단말기를 포맷하는 리스크가 항상 존재한다. 그 대신, 단말기와 사용자의 컴퓨터가 동기화된 경우 컴퓨터에 있는 락다운 파일을 이용해 단말기를 해제할 수 있다.

조사관은 사용자가 본인의 단말기를 사용하는 타인에 대한 정보를 기록하는 앱을 설치했을 가능성도 염두에 둬야 한다. 예를 들어 파파라치 캠^{PAPARAZZI CAM} 또는 '누가 내 폰을 사용했어?^{Who's Been Using My Stuff!!}'라는 앱은 아이폰이나 아이패드에서 사용되는 앱이다. 해당 앱은 단말기에 충격이 가해지면 HD 비디오와 음성 기능을 실행시킨다. 그러므로 어쩌면 조사관 본인도 알지 못한 채 동영상이나 음성이 기록될 수 있다.

아이팟

아이팟 셔플을 제외하고 모든 아이팟은 하드디스크 드라이브를 내장하고 있다. 그러므로 아이팟은 뮤직 플레이어 기능 이상으로 가치 있는 증거의 원천이 될 수 있다. 표 11.2는 아이팟 PList의 위치를 보여주고 있다.

표 11.2 아이팟 Plist 위치

항목	위치
사진	iPodName/Photos/Thumbs/···
연락처	iPodName/Contacts/iSync.vcf
일정	iPodName/Calendars/iSync-CalendarName.ics
음성 메모	iPodName/iPod_Control/Music/···m4a
노트	iPodName/Notes/···rtf
음악	iPodName/iPod_Control/Music/···m4a
휴지통	.Trashes/502/FileName.extension

(이어짐)

항목	위치
날짜/시간/이름	VolumeName/Users/UserName/Library/Logs/iPod Updater Logs/ iPodUpdater.log
일련번호 #	VolumeName/Users/UserName/Library/Preferences/com.apple.iPod.plist
사진	VolumeName/Users/UserName/Pictures/iPod Photo Cache/F00/ iPad

제1세대 아이패드는 2010년 4월 출시됐다. 아이터치와는 달리 컴퓨터에 연결한 채로 충전이 불가능하며 콘센트에 코드를 연결해서만 충전이 가능하다. 데이터 요금제가 선택 사항이라 할지라도 아이패드는 기능적인 면에서 아이폰과 동일하다. 현재 메모리, 셀룰러, 3G의 관점에서 각기 다른 옵션을 포함하는 네 개의 기본적인 모델이 있다.

- 아이패드 에어(셀룰러 버전)
- 아이패드 2(3G 버전)
- 아이패드 미니(레티나 디스플레이 + 셀룰러 버전)
- 아이패드 미니(셀룰러 버전)

구 모델인 30핀 커넥터를 사용하는 아이패드 2와는 달리, 모든 아이패드 모델은 충전과 데이터 전송을 위해 라이트닝 커넥터를 사용한다.

압수된 아이패드가 무선통신 서비스를 사용할 경우 나노 SIM(또는 아이패드 2일 경우 마이크로 SIM)은 액세스데이터의 MPE+와 같은 포렌식 프로그램을 사용해 별도로 조사해야 한다는 점도 중요한 부분이다.

궁극적으로 모든 아이패드는 iOS 8을 지원하며 iOS의 버전은 증거를 추출하는 조사관의 능력을 좌우한다.

아이폰

iOS로 알려진 아이폰 운영체제는 맥 OS X로부터 시작됐다. 2007년 6월 아이폰이 처음 출시된 이후, 애플은 3억 개 이상의 폰을 판매해왔다. 2014년의 첫 회계 분기에는 5,100만 개의 아이폰이 판매됐다. 한 금융 전문가는 2015년이 되면 전 세계 64개 국가에 걸쳐 약 2억 3,500만 개의 아이폰 6가 판매될 것이라고 예견했다.

아이폰은 다음 목록을 포함해 다양한 증거를 추출해낼 수 있다.

- 자동 수정autocorrect을 위한 키보드 캐시
- 앱의 마지막 상태를 보여주는 스크린샷
- 현재와 과거의 삭제된 사진, 검색 기록, 통화 기록, 이메일, 음성 메일, 연락처, 앱 데이터
- 지도 조각과 경로 검색 이력, GPS 수신 정보

아이폰 모델 버전

조사관은 업무를 하면서 모든 종류의 아이폰을 접하게 될 것이므로 각 버전에 대해 자세히 파악하는 것이 중요하다. 이런 과정을 통해 메모리 용량 측정, 무선 연결, 접속이 필요한 사용 가능 신호, 충전 케이블 요구 사항, 그리고 기타 중요한 세부 사항들을 식별하는 데 도움을 받을 수 있다. 이번 장에서는 모든 아이폰 모델에 대해 간략히 윤곽을 잡고 최신 모델에 대해 추가적인 세부 사항을 설명한다.

아이폰(오리지널)

오리지널 아이폰은 2007년 6월 아이폰 OS 1.0 버전으로 출시됐지만 아이폰 OS 3.1.3까지 지원한다.

아이폰 3G

2008년 7월 출시된 아이폰은 OS 2.0 버전으로 출시됐지만 iOS 4.2까지 지원한다.

아이폰 3GS

2009년 6월 출시된 이 아이폰은 아이폰 OS 3.0 버전으로 출시됐지만 iOS 4.2까지 지원한다.

아이폰 4

이 아이폰은 2010년 6월 아이폰 OS 3.0 버전으로 출시됐지만 iOS 4.2까지 지원한다. 외형적인 특성을 보면, 기기 앞뒷면이 편평한 알루미늄 유리 판넬로 싸여 있어 앞선 모델과는 차이가 있다. 이 모델은 iOS 4.2.5 버전이 탑재된 CDMA 모델(모델 번호: A1349)로 소개됐다. GSM 모델(모델 번호: A1332) 또한 판매됐으며 iOS 4.0 버전이 탑재됐다. GSM 모델은 마이크로 SIM을 장착할 수 있도록 측면에 SIM 트레이를 갖고 있으나 CDMA 모델은 SIM 트레이가 별도로 존재하지 않는다.

아이폰 4S

2011년 10월 출시된 이 단말기는 인기가 높았다. 그 결과, 출시된 지 4일 만에 400만 개의 판매량을 기록했다. 애플은 이 단말기에 A5 프로세서를 탑재해 칩셋을 업그레이드했고, 고성능의 800만 화소 카메라를 탑재해 풀 HD 해상도(1080p)의 영상까지 촬영을 지원한다. 아이폰 4S는 iOS 5 버전이 탑재돼 출시됐으며, 아이클라우드^{iCloud}, 아이메시지^{iMessage}, 리마인더^{Reminder}, 알림 센터의 기능을 사용할 수 있다. 또한 4S에서는 지능적인 스마트폰 관리 서비스인 시리^{Siri}가 처음 소개되기도 했다.

아이폰 5

2012년 9월 애플은 iOS 6가 탑재된 아이폰 5를 출시했다. 이어서 2013년에는 두 가지 버전의 아이폰(아이폰 5C, 아이폰 5S)을 동시에 출시했다. 두 가지 버전 모두 iOS 7이 탑재됐다.

아이폰 5C, 아이폰 5S

아이폰 5C(모델 번호: A1532)는 아이폰 5와 외형적으로 차이가 있으며 녹색, 파란색, 노란색, 분홍색, 그리고 흰색 중 선택이 가능하다. 아이폰 5C와 5S는 CDMA와 GSM 네트워크에서 모두 작동하며 AT&T(GSM), 버라이즌(CDMA), 스프린트(CDMA), 티모바일(GSM)의 서비스를 이용 가능하다.

아이폰 5S(모델번호 A5132)는 은색, 금색, 회색이 있으며, IMEI가 기기의 뒷면에 새겨져 있다. 아이폰 5C는 A6 칩만 장착돼 있었고 16GB와 32GB 모델이 있다. 그리고 5S는 A7 칩이 장착된 64GB 모델이다. 아이폰 5C와 5S의 충전기에는 유선 데이터 및 전력 전송을 위한 19핀 커넥터가 적용됐다. 이것은 30핀 커넥터를 대체했으며, 최신 아이패드에도 이런 변화가 반영됐다. 무게나 크기 관점에서 이 모델들은 큰 차이가 없다(그림 11.13 참조).

그림 11.13 아이폰 5C

아이폰 6와 아이폰 6 플러스

아이폰 6와 아이폰 6 플러스는 크기를 빼고는 사양이 거의 비슷하다. 아이폰 6의 레티나 HD 화면은 4.7인치인 반면에 아이폰 6 플러스는 5.5인치로 더 길다. 둥근 모서리와 얇아진 옆모습은 기존 모델과 비교해 확연히 달라진 차이점인데, 아이폰 6의 두께는 6.9mm이고 아이폰 6 플러스는 7.1mm다. 아이폰 6와 6 플러스는 기존 모델보다 화면이 더 넓어졌고 두께는 더 얇아졌다. 아이폰 6는 64비트 아키텍처 위에 A8 칩으로 구성돼 더 빠르고 더 에너지 효율적이라고 광고한다. 배터리 수명은 확연히 길어졌으며, 따라서 기기의 전원을 유지할 필요가 있는 수사관에게 도움을 준다. 이 스마트폰에는 또한 M8 보조 프로세서가 있어 나침반, 가속도계, 자이로스코프, 그리고 새로운 장치인 기압계로부터 오는 자료를 측정한다. 이는 수사관에게 좀 더 개인적인 증거를 제공해줄 수 있다.

터치 ID

수사관의 관점에서 두 모델의 주요 차이는 생체 인식 센서에 있다. 터치 ID$^{Touch ID}$는 아이폰을 잠금 해제하기 위해 사용되는 지문 센서다. 터치 ID는 아이튠즈 스토어에서 결제를 진행할 때 애플 ID를 입력하는 것 대신에 사용할 수 있다. 만약 사용자가 터치 ID를 사용했다면 애플에서 아이폰에 대한 접근을 지원 가능한지 여부가 수사관에게 중요해지는데, 지문 정보가 기기의 A7 프로세서의 보안 구역에 암호화된 형태로 저장돼 수사관이 이를 추출할 수 없기 때문이다. 하지만 지문 센서가 지문을 통해 사용자 인증을 할 수 없다면, 사용자는 PIN을 입력할 수 있다.

그림 11.14와 같이 지문 센서 주변에 금속 링이 둘러진 것을 볼 수 있다. 아이폰이나 아이터치의 홈 버튼에서 발견되던 별도의 둥근 사각형이 이 아이폰에는 없다.

그림 11.14 터치 ID

이미지 생성 소프트웨어

현재 다양한 아이폰 포렌식 도구가 있으며, 수사관이 선택할 수 있는 도구들의 목록은 다음과 같다.

- 블랙백 테크놀로지스
- Mobilyze 1.2
- Oxygen Forensics for iPhone
- MicroSystemation - XRY
- 파라벤 - 디바이스 세이저
- Vaughn S. Cordero - MobileSyncBrowser
- 로지큐브 - 셀덱
- 가이던스 소프트웨어 - 엔케이스 뉴트리노^{EnCase Neutrino}
- 셀러브라이트 - UFED
- 아이폰 애널라이저^{iPhone Analyzer}
- Compelson Laboratories - 모바일에딧! 포렌식^{MOBILedit! Forensic}
- 카타나 포렌식스 - 랜턴
- SubRosaSoft - MacLockPick
- 조나선 지라스키^{Jonathan Zdziarski} - Physical DD

구동 모드

아이폰은 검증 전에 다양한 구동 모드로 시작할 수 있다. 수사관은 각각의 모드에 대해 이해해야 한다.

DFU 모드

기기 펌웨어 업그레이드^{DFU} 모드는 사용자가 기기에 설치할 펌웨어 버전을 선택할 수 있다. iOS 기기를 USB를 통해 컴퓨터에 연결하고, 홈 버튼과 전원 버튼을 8초 동안 동시에 눌러 DFU 모드에 진입할 수 있다. 최초 8초 이후에는 홈 버튼은 유지한 채 전원 버튼에서 손을 뗀다. 만약 애플 아이콘이 화면에 나타나면, 전원 버튼을

8초 이상 누르고 다시 반복한다. DFU 모드는 iOS 기기를 안전한 상태로 복원할 수 있도록 한다.

복구 모드

복구 모드Recovery Mode는 사용자가 아이폰 설정을 공장 초기화할 수 있도록 한다.

아이부트

아이폰의 전원이 들어오면, 읽기 전용 메모리ROM의 부트 코드가 실행된다. 부트 코드에는 애플 루트 CA 공개 키가 있으므로 부트로더의 구동 이전에 저수준 부트로더LLB가 애플로부터 서명을 받았는지 검증한다. LLB가 완료되면, 부트로더의 다음 단계인 아이부트가 실행된다. 아이부트iBoot는 iOS 커널을 검증하고 마운트한다. 부트 프로세스 중에 iOS 기기가 로딩에 실패하거나 검증에 실패하면 사용자가 아이튠즈를 통해 연결해야 한다는 메시지가 나타나며, 이는 기기가 복구 모드에 있음을 뜻한다. 초기 부팅이 실패하거나 LLB가 로드되지 않으면, 기기는 DFU 모드가 되며 사용자는 USB를 통해 기기를 컴퓨터에 연결하고 아이튠즈에 접속해야 한다.

SIM 잠금 해제

대부분의 아이폰은 SIM 카드가 잠겨진 채로 판매돼 휴대폰 소유자의 통신사를 제한한다. AT&T는 줄곧 아이폰에 대한 미국 내 독점 공급자였지만, 버라이즌이나 스프린트와 같은 다른 회사도 재판매를 하고 있다. AT&T나 스프린트 사용자의 경우 기기는 GSM 네트워크에서 구동된다. 아이폰 SIM은 잠겨 있고 AT&T는 일반적으로 기기를 잠금 해제하기 위한 코드를 알려주지 않는다. 애플은 아이폰이 활성화될 때의 이 코드에 대한 정보를 유지한다. 하지만 해커들이 개발한 많은 도구들에서는 아이폰의 잠금 해제가 가능하며, 이를 통해 사용자가 다른 SIM 카드로 교체함으로써 국제 여행 시에도 저렴한 통화 요금을 사용할 수 있게 해준다.

아이폰 증거

맥북으로부터 전송받은 대량의 데이터가 iOS 기기로부터 받은 데이터의 양보다 훨씬 많을 수 있지만, 아이폰으로부터 전송받은 증거의 본질이 상대적으로 더 중요할 수 있다. 위치 정보, 기기 자체의 사적인 성격, 종종 항상 켜져 있다는 사실, 그리고 기록된 자료들은 범죄를 입증할 증거 측면에서 단연코 정말 풍부하다. 불행히도 iOS의 새로운 버전마다, 이 증거들에 대한 접근이 기하급수적으로 복잡해지고 있다.

아이폰 백업

흥미롭게도, 아이폰과 동기화된 컴퓨터에서 풍부한 증거를 찾을 수 있다. 원래 애플은 모든 iOS 기기가 윈도우 PC 혹은 맥 컴퓨터에 동기화되도록 했었다. 오늘날에는 그렇지 않기 때문에 사용자가 아이폰이나 아이팟을 컴퓨터에 한 번도 동기화하지 않았을 수도 있다. 아이폰의 파일을 컴퓨터 또는 아이클라우드에 백업할 수 있는 사용자 옵션이 있다. 컴퓨터에는 사용자가 옵션 설정을 통해 암호화 백업을 할 수 있지만, 아이클라우드는 안 된다. 그럼에도 불구하고, 아이튠즈 백업은 비밀번호를 설정할 수 있다. 만약 사용자가 아이폰을 맥 컴퓨터에 동기화했다면, 백업 위치는 ~/Library/ApplicationSupport/MobileSync/Backup/와 같다.

아이폰이 윈도우 비스타 이후 버전의 기기에 동기화되면, 백업 폴더의 위치는 \Users\〈username〉\AppData\Roaming\Apple Computer\MobileSync\Backup과 같다.

아이클라우드

아이클라우드iCloud는 애플 기기의 소유자에게 제공되는 애플의 클라우드 서비스다. 아이폰에서 이 서비스를 사용하려면, 아이폰 3GS의 iOS 5 이후 버전이 있어야 한다. 고객들은 5GB를 무료로 받지만, 추가 아이클라우드 저장소를 위해서는 돈을 지불해야 한다. 맥북을 포함해 사용자가 소유한 모든 기기들은 사용자의 애플 ID를 통해 아이클라우드에 백업될 수 있다. 하나의 아이클라우드 계정에는 최대 열 개의 기기가 등록될 수 있다. 수사관에게 유리한 것은 아이클라우드 증거에 대해 애플을 소환할 수 있다는 것이다. 사용자의 iOS 기기에 설치된 앱으로부터의 사용자 정보들은 수시로 아이클라우드에 백업된다. 사용자가 나중에 백업할 앱을 선택할 수는 있지만, 기본적으로 모든 사용자 앱 정보는 아이클라우드에 백업된다. 더 나아가, 사용자의 앱과 연관된 콘텐츠들은 다른 기기들과도 동기화되므로 하나의 기기를 가진 것만으로도 다른 사용자 기기에 있는 것에 대한 증거를 제공해줄 수 있다. 수사관은 아이클라우드의 무료 5GB 저장 공간이 많지 않은 편이며, 사용자가 추가 공간을 위해 지불하지 않는 경우 이는 애플이 제공하는 매우 제한적인 백업 공간임을 이해해야 한다. Elcomsoft Phone Password Breaker는 비밀번호가 설정된 백업에 대한 접근을 가능하게 하는 도구다. 이 도구는 사용자 컴퓨터의 이진 인증 토큰을 통해 애플 ID나 비밀번호 없이도 아이클라우드 백업을 전송받을 수 있다고 주장한다.

아이폰 모델과 iOS 버전에 따라 수사관은 아이폰과 컴퓨터가 동기화됐을 시 생성된 페어링 파일을 통해 아이폰을 잠금 해제할 수 있을지도 모른다. 수사관이 이해해야 하는 가장 중요한 점은 아이폰 4 이후에는 아이폰에 대한 접근이 복잡해졌으며, 이는 애플 아이폰이 소프트웨어 암호화로부터 하드웨어 암호화로 초점을 옮겼기 때문이라는 것이다. 수사관이 기기에 대해 탈옥할 수 있도록 하는 락다운 파일의 위치는 다음과 같다.

맥 컴퓨터: /private/var/db/lockdown
윈도우7 PC: ⟨volume⟩\ProgramData\Apple\Lockdown

만약 수사관이 셀러브라이트 UFED를 사용한다면 위의 위치 중 하나의 PList가 USB로 복사되고, 그 USB를 UFED에 꽂아 아이폰을 잠금 해제한다.

사파리
동기화된 컴퓨터의 다음 백업 위치에서 인터넷 증거를 찾을 수 있다.

/private/var/mobile/Library/Safari/Bookmarks.plist

```
/private/var/mobile/Library/Safari/History.plist
/private/var/mobile/Library/Safari/SuspendState.plist
/private/var/mobile/Library/Safari/SMS/sms.db
/private/var/mobile/Library/Cookies/Cookies.plist
```

메일

동기화된 컴퓨터의 다음 백업 위치에서 아이폰의 이메일 증거를 찾을 수 있다.

```
/private/var/mobile/Library/Mail/Accounts.plist
/private/var/mobile/Library/Mail/(mail account name)/Deleted Messages
/private/var/mobile/Library/Mail/(mail account name)/Sent Messages
/private/var/mobile/Library/Mail/〈account name〉/Inbox
```

SQLite 데이터베이스

이 책의 앞부분에 기술한 것처럼, SQLite 데이터베이스는 모바일 앱과 관련된 데이터를 저장하기 위해 권고되는 관계지향 데이터베이스다. 블랙라이트와 같은 포렌식 도구는 사용자가 응용프로그램의 SQLite 데이터베이스를 쉽게 살펴볼 수 있게 하며, 또한 다른 단독형 도구를 사용할 수도 있다. 그중 하나는 SQLite 데이터베이스 브라우저^{SQLite Database Browser}로, 소스포지^{SourceForge}에서 구할 수 있는 프리웨어다.

다음 응용프로그램 증거들은 용의자의 맥 컴퓨터나 iOS 기기에서 찾을 수 있는 증거들이다.

스카이프

스마트폰 통신에서 이동통신의 비중이 작다는 것을 수사관은 이해해야 한다. 사실 범죄자들은 종종 전통적인 이동통신 전화보다는 이동통신 앱을 사용하는 것을 선호한다. 따라서 스카이프^{Skype}, 바이버^{Viber}, 엔리전^{enLegion}, 왓츠앱^{WhatsApp}과 같은 응용프로그램에 대해 잘 이해하는 것이 중요하다.

스카이프는 와이파이나 이동통신을 통해 무료로 영상, 음성, 문자 메시지를 보낼 수 있는 P2P 통신 응용프로그램이다. 스카이프에서는 다른 스카이프 연락처에 파일을 전송하거나, 유선전화 및 휴대폰에 대해 VoIP를 통한 유료 음성 전화를 걸 수도 있다. 스카이프는 맥 컴퓨터, PC, 태블릿, 스마트폰, 스마트 TV, 스마트 블루레이 재생기, 그리고 엑스박스 원Xbox One이나 소니의 PS 비타PS Vita와 같은 게임 시스템에서도 사용할 수 있다.

스카이프는 전 세계적으로 4억 명에 가까운 사용자를 보유하고 있다. 이 회사는 마이크로소프트 사에 85억 달러에 인수됐다.

스카이프의 위치

수사를 진행할 때 위치는 사법권 관할 구역의 관점에서 중요하다. 만약 수사가 미국에서 진행된다면, 미국 내에 법인을 보유하고 있는 것이 유리하다. 하지만 미국 내에 서버가 존재한다는 것만으로도, 법 집행관이 해당 서버에 대한 소환장을 획득할 수 있다.

스카이프는 룩셈부르크에 본사가 있지만, 런던(영국), 팔로알토(미국), 탈린(에스토니아), 프라하(체코공화국), 스톡홀름(스웨덴), 모스크바(러시아), 싱가포르에도 사무실이 있다.

스카이프 암호화

스카이프에서 오가는 문자 메시지IM와 클라우드상의 채팅 서비스는 TLS(전송 계층 보안)를 통해 암호화된다. 스카이프 사용자 간의 IM들은 고급 암호화 표준AES을 통해 암호화된다. 음성 메시지 수신자에게 발송될 때 암호화되지만, 음성 메시지가 다운로드돼 재생되면 사용자의 컴퓨터에 암호화되지 않고 저장된다. 스카이프 전화 또한 암호화된다. 사용자가 로그인할 때, 스카이프는 사용자의 공개 키를 1536비트 혹은 2048비트 RSA 인증서를 통해 검증한다.

스카이프 증거

스카이프의 SQLite 데이터베이스 파일은 main.db다. 다음은 이 SQLite 데이터베이스에서 발견되는 파일들이다.

- DbMeta
- Contacts
- Videos
- SMS
- CallMembers
- ChatMembers
- Alerts
- Convsersations
- Participants
- VideoMessages
- LegacyMessages
- Calls
- Accounts
- Transfers
- Voicemails
- Chats
- Messages
- ContactGroups

스카이프의 레지스트리 키 위치는 HKEY_CURRENT_USER\Software\Skype다.

윈도우 PC에서 파일은 C:\Documents and Settings\[User Name]\AppData\ Roaming\Skype\[Skype Username]에 있다.

맥에서는 ~/Library/Application Support/Skype와 ~/Library/Preferences/ com.skype.skype.plist에 있다.

스카이프 포렌식 도구들

Skype Analyzer Pro는 벨카소프트에서 스카이프 증거를 조사하기 위해 만들어진 도구다. 조사관은 전화 정보, 파일 전송, 메시지, 사용자 프로필, 음성 메시지를 복구할 수 있다. 스카이프 응용프로그램은 모든 사용자 대화에 대한 기록을 갖고 있는데, 여기에는 연락했던 스카이프 사용자 이름과 IP 주소가 포함돼 있었다. 이 대화들에 대한 삭제된 기록들은 종종 검색될 수 있다. 삭제된 정보는 프리리스트freelist라 불리는 공간에 이동되며, 수사관이 추후에 이를 분석할 수 있다. 사용자와 관련된 결제 정보를 검색하는 것도 가능하며, 사용자의 연락처들을 복구할 수 있다.

레드울프 컴퓨터 포렌식스Redwolf Computer Forensics에서는 스카이프 로그들을 파싱하기 위한 Skype-Parser라는 무료 도구를 제공한다. 이 도구는 용의자의 컴퓨터에서 스카이프의 사용 흔적을 찾아내거나, 혹은 동기화됐던 아이폰의 백업으로부터 스카이프 로그를 파싱한다.

또한 니르소프트Nirsoft에서도 스카이프 로그를 파싱할 수 있는 Skype Log View를 제공한다. Skype Xtractor는 윈도우와 리눅스를 위한 데이터 복구 도구다. 스카이프의 main.db와 chatsync 데이터베이스를 통해 복구를 수행한다. 스카이프를 분석하기 위한 다른 도구들에는 JC Group의 Skype History Viewer와 SkyypReader가 있다.

바이버

바이버Viber는 와이파이 혹은 이동식 데이터 통신을 통해 무료 음성 전화를 걸 수 있도록 하는 통신 앱이다. 사용자는 다른 바이버 사용자에 연결해 음성 전화를 하거나 사진, 그림, 낙서, 음성 메시지, 위치 정보를 보낼 수 있다. 또한 그림 11.15와 같이 스티커 메시지를 보낼 수 있다.

그림 11.15 바이버 스티커 메시지

　사용자가 바이버 앱을 설치한 이후에는 휴대폰 번호를 입력해야 한다. 그러면 활성화 코드가 SMS를 통해 사용자에게 전달되고 응용프로그램이 사용자 기기에서 활성화된다.

바이버의 위치
바이버는 이스라엘에 본사가 있고, 벨라루스와 중국에 지사가 있다. 또한 일본, 브라질, 아일랜드, 싱가포르, 호주에 서버를 두고 있다.

바이버 증거
바이버 SQLite 데이터베이스에 있는 증거는 다음과 같다.

- 휴대폰 주소록
- 바이버 주소록
- 메시지
- 수신 및 부재중 전화 기록
- 그림 등 첨부 파일 목록
- 사용자 계정

수사관에게 좋은 소식은 바이버 데이터베이스 파일에서 추출한 증거는 암호화돼 있지 않다는 것이다.

왓츠앱

왓츠앱WhatsApp은 와이파이 혹은 이동식 데이터 통신을 통해 무료 음성 전화를 걸 수 있도록 하는 통신 앱이다. 사용자는 다른 왓츠앱 사용자에 연결해 음성 전화를 하거나 사진, 그림, 음성 메시지, 위치 정보를 보낼 수 있다. 2013년 말 기준으로 대략 월 1.9억 명의 사용자를 보유하고 있다.

왓츠앱 증거

왓츠앱의 네트워크 통신은 암호화된다. 하지만 아이폰에는 왓츠앱 기록들이 암호화되지 않고 저장된다. 맥에서 PList 파일은 ar/mobile/applications/Whatsapp/Library/preferences의 net.whatsapp.WhatsApp.plist에 있다.

응용프로그램이 사용자 연락처와 상호작용하므로 수사관은 Contacts.sqlite 데이터베이스도 조사해야 한다.

왓츠앱 포렌식 도구

WhatsApp Xtract는 왓츠앱 응용프로그램에서 자료를 추출하는 도구다.

페이스북

페이스북의 SQLite 데이터베이스 파일은 friends.db다. 컴퓨터나 스마트폰에서 검색할 수 있는 페이스북 증거들은 다음과 같다.

- 사용자 계정
- 마지막 사용 시간
- 생일
- 이름
- 고향
- 관계 정보

- 친구 수
- 이메일
- 사용자 사진에 대한 링크
- 담벼락 포스팅
- 사진들

백에서 PList 파일은 /Library/Preferences/ 폴더의 com.facebook.Facebook.plist에 있다.

표 11.3에는 수사관이 흥미를 가질 만한 응용프로그램 SQLite 파일들과 PList들의 목록이 있다.

표 11.3 응용프로그램 SQLite 파일 및 PList

응용프로그램	SQLite 파일	PList
페이스북(Facebook)	Friends.db	com.facebook.Facebook.plist
링크드인(Linkedin)	Linkedin.sqlite	com.linkedin.LinkedIn.plist
드롭박스(Dropbox)	Dropbox.sqlite	com.getdropbox.Dropbox.plist
스카이프(Skype)	Main.db	com.skype.skype.plist
아마존(Amazon)		com.amazon.Amazon.plist
이베이(ebay)		com.ebay.iphone.plist
구글 맵스(Google Maps)	MapTiles.sqlitedb	com.google.Maps.plist
왓츠앱(WhatsApp)	ChatStorage.sqlite	net.whatsapp.WhatsApp.plist

표 11.4에는 애플 응용프로그램에 대한 SQLite 파일들의 목록이 있다.

표 11.4 애플 응용프로그램에 대한 SQLite 파일

애플 응용프로그램	SQLite 파일
전화	AddressBook.sqlitedb
달력	Calendar.sqlitedb
전화	Voicemail.db
전화	Call_history.db

(이어짐)

애플 응용프로그램	SQLite 파일
메시지	Sms.db
사파리(Safari)	Safari/History.plist
지도(Maps)	Maps/History.plist
시리(Siri)	ManagedObjects.SQLite

사진

아이폰의 사진은 아이폰 사용자와 사건들에 대한 매우 귀중한 정보를 제공해줄 수 있다. 다른 스마트폰처럼 아이폰은 사용자가 위치 서비스를 허용했을 경우 EXIF 데이터(메타데이터)에 사진이 촬영된 위도 및 경도를 기록한다. 블랙라이트를 사용해 조사관은 용의자나 피해자가 있었던 곳을 찾아내는 데 이 지리 정보를 이용할 수 있다.

위치 서비스

위치 서비스Location Services는 iOS 기기에서 제공하는 사용자 설정으로, 기기의 다양한 애플리케이션에서 이동통신 구역, GPS, 와이파이 핫스팟에 근거해 사용자 위치를 파악한다. 애플에 따르면, iOS 7의 사용자 위치 서비스는 위치 및 아이비콘iBeacon을 위해 앞서 언급한 소스를 사용한다. 아이비콘은 저전력 블루투스BLE를 사용해 사용자의 위치를 파악한다. 아이폰과 다른 블루투스 기기는 아이비콘을 통해 사용자의 정확한 위치에 대한 위치 서비스를 제공하며, 이는 GPS 혹은 이동통신 구역에 대한 의존도를 낮춘다. 아이비콘은 작은 구역에 위치한 쇼핑객을 대상으로 하거나, 패스북Passbook 응용프로그램을 사용 가능한 위치에 있는 사용자를 확인해줄 수도 있다. 기기의 위치를 좀 더 정확히 파악할 수 있으므로 아이비콘의 상업적 이익은 무궁무진하다.

   iOS 버전별로 이 정보에 대한 파일 경로는 다르지만, iOS 5 이후의 최신 버전에서는 다음과 같다.

/root/Library/Caches/locationd/h-cells.plist
/root/Library/Caches/locationd/h-Wi-Fis.plist

iOS 4.3.3 버전까지는 consolidated.db SQLite 데이터베이스에서 위치 정보를 찾을 수 있다. 애플은 사용자 사생활과 관련된 논란 기사가 게재된 후, 다음 경로로부터 위치를 변경했다.

root/Library/Caches/locationd/consolidated.db

이런 종류의 자료를 취득하는 것은 명확히 큰 도움이 되는데, 이는 수사관이 사용자가 이동한 경로를 파악할 수 있으며, 또한 심지어는 이동 속도까지 확인할 수 있기 때문이다. 만약 사용자가 위치 서비스를 비허용했다가 재허용하게 되면, 이전 기록들은 삭제된다. 위치 서비스 허용 여부와 상관없이, 법 집행관은 비상시에는 이동통신 구역 정보에 기반해 아이폰의 위치를 파악할 수 있다.

애플은 익명으로 사용자 위치 정보를 암호화해 수집한다고 한다. 수집 정보는 크라우드소싱 와이파이 핫스팟이나 이동통신 기지국 위치를 결정하는 데 사용된다. 애플은 또한 교통정보를 포함한 위치 정보를 수집하는데, 크라우드소싱 도로 교통 데이터베이스를 위해 도로에서의 속도를 모니터링한다. 또한 자주 다운로드하는 앱과 그 위치를 파악해, 지리적으로 관련 있는 광고iAds를 보여준다.

기업에서의 아이폰 및 iOS 기기 관리

애플 컨피그레이터Apple Configurator는 아이폰, 아이패드, 아이팟을 기업적으로 배포하기 위한 프레임워크다. iOS 버전 5 이상부터 지원되며, 앱스토어에서 무료로 다운로드할 수 있다. 컨피그레이터는 기업 내 디바이스들에 대해 방대한 제어가 가능하다. 예를 들면, 기업 관리자가 사용자 잠금 화면을 설정하거나 사용자가 컴퓨터에 기기를 동기화하는 것을 제한할 수 있다. 또한 기기에 응용프로그램 설치를 제한하거나, 음성 통화 및 시리Siri의 사용을 제한하거나, 혹은 사용자 기기의 다양한 다른 기능들을 제어하거나 제한할 수 있다.

가정 사용자는 애플 컨피그레이터를 통해 집에서의 애플 기기 사용을 제어할 수 있다. 예를 들면, 부모는 아이가 사용하는 기기에 제한을 가할 수 있다. 따라서 기기가 기업의 제어에 놓여 있는지 확인해, 용의자가 어떤 행위를 수행 가능한지 파악하는 것이 중요하다. 더 나아가, 수사 중에는 애플 컨피그레이터 관리자의 도움이 필요할 수 있다. 컨피그레이션 프로필은 /root/mobile/Library/ConfigurationProfiles에 있다.

애플 컨피그레이터는 세 개 영역을 갖고 있다.

1. 기기 준비
2. 기기 감독
3. 기기 할당

1. 기기 준비
컨피그레이터의 이 기능은 관리자가 조직의 표준에 맞춘 프로필로 각각의 기기를 설정하도록 해준다. 관리자는 기기를 최신 iOS 버전으로 업데이트하거나, 앱을 설치하는 등의 작업을 할 수 있다.

2. 기기 감독
컨피그레이터의 이 기능은 공통적인 설정이나 프로필, 앱을 가진 기기들의 그룹을 감독할 수 있도록 해준다. 이 기능은 관리자가 시행하는 표준 설정을 강제한다. 감독받는 기기는 컨피그레이터를 구동하는 다른 컴퓨터를 통해 설정이 변경되거나 감독받을 수 없다.

3. 기기 할당
이 기능은 관리자가 사용자 및 그룹을 설정할 수 있도록 한다. 관리자는 이 기능을 사용해 사용자에게 기기를 할당할 수 있다.

❖ 사례 연구

최초 출시 시점인 2007년부터 2012년까지 애플은 2억 5,000만 개의 아이폰을 판매했다. 또한 2010년 출시부터 2013년 말까지 약 1억 7,000만 개의 아이패드를 판매했다. 따라서 iOS 기기는 범죄를 밝혀내기 위한 증거의 근원지로서 사용량이 점차 늘어나고 있다. 다음은 iOS 기기의 증거를 통해 범죄자가 재판에 회부됐던 몇몇 사례다.

내 아이폰 찾기

오리건주 아스토리아Astoria 경찰은 아이폰 절도 피해자의 연락을 받았다. 피해자는 내 아이폰 찾기Find My iPhone 앱을 사용해 아이폰의 위치를 찾은 후 그 정보를 경찰에게 알렸다. 경찰은 현장에 출동해 편의점에서 그 아이폰의 번호로 전화를 걸었다. 워싱턴주 오이스터빌Oysterville의 23살 청년 스콧 시몬스Scott Simons가 아이폰을 소지한 채로 발견됐다. 시몬스는 또한 헤로인과 마약 관련 장비를 소지하고 있었다. 아울러 이미 경절도로 인한 집행유예 상태였다.

현상 수배 핵티비스트

현상 수배된 핵티비스트 CabinCr3w이자 컴퓨터 프로그래머인 오코아 3세Higinio O. Ochoa III는 적어도 네 개의 미국 법 집행 웹사이트에 대한 해킹과 관련해 미국에서 지명수배됐다. 오코아는 그의 아이폰으로 법 집행관을 도발하는 표식의 옷을 입고 있는 여자 친구와 사진을 찍었다. 오코아에게는 불행히도, 그리고 FBI에게는 다행히도, 이미지의 EXIF 데이터에 위치 정보가 포함된 상태로 사진이 온라인에 게시됐다. 사진 메타데이터에 담긴 위도 및 경도를 통해 경찰관은 오코아가 숨어있던, 호주 멜버른에 있는 남부 완티나의 집을 정확히 찾아냈다.

마이클 잭슨

2011년의 가장 유명한 살인 사건 재판 중 하나는 마이클 잭슨의 주치의였던 콘라드 머레이Conrad Murray 박사의 재판이었다. 머레이 박사는 아이폰을 통해 마이클 잭슨이 죽어갈 때의 마지막 말들을 녹음했다. 검사는 머레이의 아이폰으로부터 획득한 음성 파일을 성공적으로 법원에 제출한 후 배심원단의 앞에서 재생할 수 있었다. 머레이의 유죄를 확정하는 데 이 증거는 단연코 중요했다.

도난당한 아이폰

케이티 맥카프리Katy McCaffrey는 디즈니 환상 여행Disney Wonder Cruise에서 아이폰을 도난당했다. 도둑은 몰랐지만, 맥카프리의 모든 사진들은 아이클라우드 계정에 저장됐었다. 용의자가 동료와 함께 사진을 찍자, 맥카프리는 그녀의 아이클라우드 계정에서 이 사진들을 전송받아, 그녀의 페이스북 페이지의 '도난당한 아이폰의 모험'이라는 앨범에 게시했다. 많은 사진들이 'Nelson'이라는 이름 태그를 가진 직원을 지목했다. 맥카프리는 이 사진들을 디즈니에도 보냈다. 디즈니가 이 증거를 가지고 실제로 어떻게 했는지는 알려지지 않았다.

마약 소탕

팔로 알토Palo Alto 경찰은 GPS를 통해 복합 아파트까지 도난된 아이패드를 추적했다. 경찰관은 수색 영장이 없었지만, 주인은 경찰관이 아파트로 진입하도록 허용했다. 경찰은 그 현장에서 780파운드의 수정 메탐페타민과 현금 3,500만 달러를 발견했으며, 이는 역사상 가장 큰 규모의 마약 검거 중 하나였다.

❖ 요약

맥 포렌식은 상대적으로 새로운 연구 분야지만, 최근 2년 동안 그 중요성이 급속도로 성장하고 있다. OS X와 HFS+ 파일시스템은 유닉스 운영체제에 기반하고 있으므로 마이크로소프트 윈도우, NTFS 파일시스템과 비교해 상당한 차이가 있다. 수사관이 맥이나 iOS 기기를 조사할 때는 매킨토시 컴퓨터를 쓰는 것이 좋은데, 그 이유는 HFS+가 대소문자를 구분하는 파일시스템이며 특정한 파일을 조회하거나 열어보기 위해서는 맥이 필요하기 때문이다.

iOS는 OS X의 경량화된 버전으로, 수사관에게 유리한 부분이 많다. 하지만 iOS의 새로운 버전이 출시됨에 따라 구매자들이 그들의 기기를 업그레이드하고 있으며, 그로 인해 보안과 암호화도 현저히 발전하면서 증거를 획득하는 것이 점점 어려워지고 있다. 또한 iOS 기기를 맥이나 PC에 동기화하는 것이 필수적인 기기 활성화 요건이 아니게 되면서 기기를 맥이나 PC에 동기화하는 사람들이 줄어들고, 대신에 아이클라우드 사용자 계정에 동기화되고 있다.

애플 생태계를 이해하는 것은 중요한데, 증거들이 집이나 사무실의 상호 동기화된 기기들 사이에서 발견될 수 있기 때문이다. 증거들은 아이폰, 맥, 에어포트 타임 캡슐, 아이클라우드에서 중첩돼 발견될 수 있다.

모바일 응용프로그램의 SQLite 데이터베이스는 보통 암호화돼 있지 않으며, 그 중요성이 커지고 있다. 그 이유 중 하나는 범죄자를 포함한 많은 사용자들이 기존의 이동통신 음성 통화 대신에 다양한 모바일 응용프로그램을 통해 친구 혹은 공모자와 의사소통하기 때문이다.

❖ 주요 용어

계층적 파일시스템[HFS]: 1985년 애플이 자사 제품의 하드디스크 드라이브를 지원하기 위해 개발한 파일시스템이다.

고유 장치 식별자[UDID, Unique Device Identifier]: 애플 iOS 기기를 고유하게 식별하는 40자리 영숫자로 구성돼 있다.

기기 펌웨어 업그레이드DFU **모드**: 사용자가 기기에 설치할 펌웨어 버전을 선택할 수 있도록 한다.

대체 볼륨 헤더alternative volume header: 볼륨 가장 끝부분에 1024바이트 크기로 저장된 볼륨 헤더의 복사본

데이터 보호 기능: 장치가 잠겨져 있는 상태에서 사용자가 전화나 텍스트 메시지, 그리고 이메일을 수신하는 도중에도 플래시 메모리의 모든 파일을 암호화한 상태로 유지하기 위해 애플에서 개발한 기능이다.

데이터 포크: 데이터를 저장하는 영역으로, 구 버전의 맥 운영체제에서 발견된다.

루트 파티션: iOS 기기의 최상위 파티션으로 운영체제를 담고 있으며 시스템 파티션을 참조한다.

리소스 포크: 파일 메타데이터 및 파일 관련 응용프로그램 정보들을 저장하는 영역으로, 구 버전의 맥 운영체제의 파일에서 발견된다.

매킨토시 파일시스템MFS: 1984년 출시된 애플 매킨토시 컴퓨터와 함께 소개된 플랫 파일시스템이다.

미디어 파티션: iOS 기기의 데이터 파티션이며 사용자 파일과 시스템 파일 일부를 담고 있다.

복구 모드: 사용자가 아이폰 설정을 공장 초기화할 수 있도록 한다.

볼륨 헤더volume header: 볼륨이 생성된 시간과 날짜 정보, 해당 볼륨에 저장된 파일 개수를 비롯해 볼륨에 대한 정보를 저장하고 있다.

부트 캠프: 인텔 기반 매킨토시가 윈도우 운영체제를 작동할 수 있게 해주는 툴이다.

스파스 번들: 맥 OS 10.5에서 파일볼트 기능을 위해 소개됐으며, 파일이 추가될 때마다 용량이 커지는 가상 파일이다.

스파스 이미지: DMG와는 달리 파일이 추가될 때마다 용량이 커지는 맥 OS용 가상 파일이다.

슬립이미지: 램과 동일한 내용을 담고 있는 파일이다. 맥이 잠자기(하이버네이션) 모드로 전환되면 램의 복사본이 컴퓨터의 하드디스크 드라이브에 저장된다.

시스템 소프트웨어 개인화^{System Software Personalization}: 애플이 개발한 프로세스로, 사용자가 이전 버전의 iOS 펌웨어로 다운그레이드하는 것을 예방하는 역할을 한다.

아이부트^{iBoot}: 부트로더의 두 번째 단계로, iOS 커널을 검증하고 마운트한다.

아이비콘^{iBeacon}: 저전력 블루투스^{BLE}를 사용해 사용자의 위치를 파악한다.

아이클라우드 키체인^{iCloud Keychain}: 사용자가 서버에 등록한 후 승인된 맥이나 iOS 기기의 모든 온라인 패스워드를 256비트 AES 암호화를 이용해 저장한다.

아이클라우드^{iCloud}: 애플 기기의 소유자에게 제공되는 애플의 클라우드 서비스다.

알림 서비스: 애플 맥 사용자가 애플리케이션의 도움 없이도 수신되는 메시지나 페이스타임 요청, 웹사이트 알림을 받아볼 수 있는 편리한 기능이다.

애플 컨피그레이터^{Apple Configurator}: 아이폰, 아이패드, 아이팟을 기업적으로 관리하기 위한 프레임워크

에어드롭: 사진과 영상, 연락처 등의 데이터를 블루투스를 이용해 근처에 있는 다른 사용자에게 공유할 수 있다.

에어포트 익스트림: 에어포트 익스프레스와 많은 부분에서 비슷한 특성을 가지고 있지만, 익스프레스를 사용하는 가정집보다는 더 큰 규모의 집이나 소규모 사무실, 학교의 교실 등에서 사용하기 적당한 와이파이 베이스 스테이션이다.

에어포트 익스프레스: 와이파이 베이스 스테이션으로 사용자의 애플 기기를 하나로 묶어주며, 동시 듀얼 밴드 802.11n 와이파이 프로토콜을 이용해 콘텐츠 무선 전송이 가능한 시스템이다.

에어포트 타임 캡슐: 맥 유저용 자동 무선 백업 드라이브다.

에어플레이: 인터넷 콘텐츠나 호환 가능한 기기 상호 간의 무선 스트리밍을 위해 개발된 애플 전용 프로토콜이다.

오브젝티브C: C 언어에 기반을 둔 객체지향 프로그래밍 언어로 1980년대 초 넥스트^{NeXT} 사에서 개발됐다.

위치 서비스: iOS 기기에서 제공하는 사용자 설정으로, 기기에서 구동되는 다양한 애플리케이션에서 이동통신 구역, GPS, 와이파이 핫스팟에 근거해 사용자 위치를

파악한다.

카탈로그 파일: 파일명과 폴더명 등 파일의 세부 정보를 포함하고 있으며, B-트리 형식으로 구조화돼 있다.

퀵룩Quick Look: 사용자가 파일을 열지 않거나 프로그램을 실행하지 않고도 그 내용을 미리 볼 수 있게 해주는 OS X의 기능이다.

태그: OS X 매버릭스에서 선보인 기능으로 키워드를 이용해 파일을 정리할 수 있게 도와준다.

터치 ID: 아이폰을 잠금 해제하기 위해 사용되는 지문 센서다.

파이어와이어: IEEE 1394 표준으로 제작돼 고속 데이터 전송이 가능하다.

파일볼트: 애플에서 개발한 매킨토시 컴퓨터용 볼륨 암호화 툴이다.

프로퍼티 리스트 유틸리티property list utility: 맥 OS X에 기본으로 내장된 툴로서, PList 파일의 문법을 검사하거나 PList 파일을 다른 형식의 파일로 변환할 때 쓰인다.

프로퍼티 리스트 Plist **형식 파일**: 맥 운영체제가 설치된 컴퓨터에서 사용되는 설정 파일로, 맥 OS X와 iOS 모바일 기기 안에서도 찾아볼 수 있으며 Cocoa와 Core Foundation에서 사용된다.

할당 블록 번호allocation block number: 하나의 할당 블록을 고유하게 인식하는 32비트 숫자

할당 블록allocation block: 하드디스크 드라이브에서 512바이트 크기를 사용하는 디스크 공간 단위

확장 맥 OS(HFS+): 좀 더 큰 크기의 파일을 지원하며 유니코드를 사용하는 애플 전용 파일시스템이다.

Cocoa: 맥 OS X 개발자용 프레임워크로 애플리케이션 프로그래밍 인터페이스API, 라이브러리, 런타임 등으로 구성돼 있으며, 전반적으로 오브젝티브C를 근간으로 하고 있다.

Core FoundationCF: 맥 OS X와 iOS 응용프로그램 개발자에게 유용한 기초 소프트웨어 서비스를 제공하는 프레임워크다.

DMG: OS X와 관련된 파일시스템이며 암호화 가능한 많은 파일을 포함할 수 있다.

Spotlight: 맥 OS X에 기반하는 기능으로, 사용자가 검색 필드에 찾을 파일, 폴더, 프로그램 등의 이름을 입력하는 순간부터 해당 문구로 시작하는 텍스트가 빠르게 검색된다.

Vacuuming: SQLite 데이터베이스의 불필요한 파일을 정리하는 기능으로 삭제된 레코드나 테이블을 영구 삭제하는 역할을 담당한다.

평가

❖ 강의 토론

1. 맥 포렌식과 윈도우 PC에 대한 포렌식의 차이점은?

2. 용의자의 가정에 있는 애플 환경에서 작업할 때, 수사관에게 잠재적 가치를 갖는 애플 기기는 무엇인가?

3. 애플 기기가 관련된 수사에서, 애플은 어떤 종류의 도움을 법 집행관에게 제공해줄 수 있는가?

❖ 객관식 문제

1. 다음 중 데이터를 백업하기 위한 하드디스크 드라이브를 포함하고 있는 기기는?

    A. 에어포트 익스프레스

    B. 에어포트 타임 캡슐

    C. 에어포트 익스프레스

    D. 에어포트 익스텐디드

2. 다음 중 IEEE1394 표준으로, 고속 데이터 전송이 가능한 것은?

    A. 파이어와이어

B. 썬더볼트

   C. USB 3

   D. 이더넷

3. 다음 중 OS X 매버릭스에서 선보인 기능으로 키워드를 이용해 파일을 정리할 수 있게 도와주는 것은?

   A. Cocoa

   B. 아이클라우드

   C. 아이비콘

   D. 태그

4. 다음 중 저전력 블루투스를 사용해 사용자의 위치를 파악하는 것은?

   A. Cocoa

   B. 아이클라우드

   C. 아이비콘

   D. 태그

5. 다음 중 사용자가 아이폰 설정을 공장 초기화할 수 있도록 하는 것은?

   A. 복구 모드

   B. 기기 펌웨어 업그레이드 모드

   C. 아이부트

   D. 복원 모드

6. 다음 중 승인된 맥이나 iOS 기기의 모든 온라인 패스워드를 사용자가 256비트 AES 암호화를 이용해 저장하는 것은?

   A. 파일볼트

   B. DMG

   C. 루트 파티션

   D. 아이클라우드 키체인

7. 다음 중 파일이 추가될 때마다 용량이 커지는 맥 OS용 가상 파일은?

    A. 미디어 파티션

    B. 슬립이미지

    C. PList

    D. 스파스 이미지

8. 다음 중 애플 맥 사용자가 애플리케이션의 도움 없이도 수신되는 메시지나 페이스타임 요청, 웹사이트 알림을 받아볼 수 있는 기능은?

    A. 퀵룩Quick Look

    B. 알림 서비스

    C. 애플 컨피그레이터

    D. Spotlight

9. 다음 중 C 언어에 기반을 둔 객체지향 프로그래밍 언어로, 1980년대 초 넥스트NeXT 사에서 개발된 것은?

    A. 파이썬

    B. 자바

    C. C++

    D. 오브젝티브C

10. 다음 중 사용자가 검색 필드에 파일명이나 폴더명을 입력함과 동시에 파일이나 폴더를 빠르게 찾아주는 OS X의 기능은?

    A. Spotlight

    B. 에어드롭

    C. plutil

    D. 퀵룩Quick Look

❖ 빈칸 채우기

1. 애플 _____는 아이폰, 아이패드, 아이팟을 기업적으로 관리하기 위한 프레임워크다.

2. _____는 애플에서 개발한 매킨토시 컴퓨터용 볼륨 암호화 툴이다.

3. _____ 파일시스템은 1985년 애플이 자사 제품의 하드디스크 드라이브를 지원하기 위해 개발한 파일시스템이다.

4. _____ 서비스는 iOS 기기에서 제공하는 사용자 설정으로, 기기에서 구동되는 다양한 애플리케이션에서 이동통신 구역, GPS, 와이파이 핫스팟에 근거해 사용자 위치를 파악한다.

5. _____ 모드는 사용자가 아이폰 설정을 공장 초기화할 수 있도록 한다.

6. _____는 램과 동일한 내용을 담고 있는 파일로, 맥이 잠자기(하이버네이션) 모드로 전환되면 램의 복사본이 컴퓨터의 하드디스크 드라이브에 저장되는 것이다.

7. _____는 SQLite 데이터베이스의 불필요한 파일을 정리하는 기능으로, 삭제된 레코드나 테이블을 영구 삭제하는 역할을 담당한다.

8. 부트 _____는 인텔 기반 매킨토시가 윈도우 운영체제를 작동할 수 있게 해주는 툴이다.

9. _____은 저전력 블루투스^BLE를 사용해 사용자의 위치를 파악한다.

10. _____ 리스트는 맥 운영체제가 설치된 컴퓨터에서 사용되는 설정 파일이다.

❖ 프로젝트

아이폰 앱 튜토리얼 작성

블랙라이트^BlackLight를 사용해 모바일 앱에 대한 검증을 수행하고 해당 앱으로부터 증거를 검색하기 위한 수사관 안내서를 작성한다.

iOS 포렌식 도구의 사용

다양한 iOS 포렌식 도구에 대한 상세한 정보를 담은 매뉴얼을 생성한다.

블랙라이트 포렌식 소프트웨어의 사용

블랙라이트 포렌식 소프트웨어의 시험 버전을 다운로드한다. 'iOS 수사'라고 이름 붙인 프로젝트 파일을 새로운 프로젝트에 추가한다.

이미지 파일은 그것이 비록 윈도우 PC의 폴더처럼 보일지라도, 실제로는 하나의 파일이다.

PC를 사용하고 있다면, **New Case**를 생성하고 **File**을 클릭하고 **Add Disk Image**를 수행한다.

만약 맥을 사용하고 있다면, Desktop에 이미지를 추가한다. 블랙라이트가 설치 돼 있었다면, 단순히 이미지를 더블 클릭하거나 **New Case**를 생성하고, 블랙라이트 의 해당 케이스에 이미지를 추가한다.

파일을 검사하고, 다음 정보를 제공해본다.

기기 종류 _____

iOS 버전 _____

시리얼 번호 _____

다음 질문들에 답한다.

1. 이 기기에 등록된 이메일 주소가 있는가? 만약 그렇다면 무엇인가?
2. 사진이 촬영된 장소에 대한 정보를 제공하는 이미지가 있는가? 만약 그렇다 면, 장소가 어디인가?
3. 용의자가 이 기기에서 소셜 미디어를 사용했다고 생각하는가? 만약 그렇다면, 어떤 것인가?
4. 용의자가 타인과 연락하기 위해 사용했을 수 있는 통신 수단은 무엇인가?

5. 수사관은 용의자에게 닉 타투로^{Nick Tarturo}와의 관계에 대해 질문했으나, 용의자는 그 이름에 대해 모른다고 주장한다. 용의자가 진실을 이야기하는 것으로 보이는가? 답을 기술해본다.

6. 기기에 저장된 음성 파일이 있는가? 무엇을 찾아냈는지와 찾아낸 방법을 설명한다.

7. 기기에 서드파티 응용프로그램이 얼마나 많이 설치돼 있었는가? 그것들의 이름은 무엇인가?

8. 검증에 따르면, 용의자가 2013년 3월에 어떠한 계획이라도 있었는가?

9. 사용자에 의해 생성된 영상을 발견했는가? 설명해보라.

10. 찾아낸 것들에 기초해, 이 기기의 소유자인 용의자가 범법성을 보이는 것이 있는가? 용의자가 저질렀거나 저지르고자 했던 그 어떤 범죄에 대해서라도 기술해본다.

11. 위 10번 질문의 대답에 근거해 뉴욕 법률 중 어떠한 것에 따라 기소할 수 있는가?

12장 　사례 연구

❖ 개요

재판이나 수사에 사용되는 컴퓨터 포렌식을 효과적으로 보여주는 사례 연구를 찾기는 매우 힘들다. 재판에서 나온 증거는 보통 대중이 쉽게 찾아볼 수 없다. 이는 보통 아동 학대 재판이나 항소 재판에서 발생한다. 다른 경우에 재판 증거는 법원 시스템에서 찾아볼 수 있지만 이들을 보려면 요금을 지불해야 한다.

이 장은 살인 미수, 연쇄 살인, 괴롭힘, 스포츠계에서의 약물 남용 등 디지털 포렌식과 관련된 사건 사례를 보여준다.

❖ 자카리아스 무사위

2001년 9월 11일의 참극에 대해 단 한 명의 테러리스트만이 법정에 섰다. 그는 자카리아스 무사위$^{Zacharias\ Moussaoui}$였다. 그의 재판은 사례 연구로서 수사관들이 검토하는 디지털 증거의 다양한 형태에 대한 소중한 통찰력을 제공한다. 또한 이 사건은 이러한 형태의 증거가 법정에서 어떻게 인정되고 이런 증거의 사용을 피고 측 변호인이 어떻게 변호하는지 보여준다.

마지막으로 이 사건은 피고 측 변호사와 검찰 측 변호사가 전문가 증인의 증언을 어떻게 사용하는지도 보여준다.

배경

1968년 5월 30일 프랑스에서 태어난 자카리아스 무사위는 모로코 혈통이다. 무사위는 런던 사우스 뱅크$^{South\ Bank}$ 대학에서 학사 학위를 받았다. 영국에 있는 동안 그는 신약 폭발 테러범 리차드 레이드$^{Richard\ Reid}$가 다녔던 브릭스톤 모스크$^{Brixton\ Mosque}$에 자주 다녔다. 무사위는 또 더 급진파인 런던 핀즈베리 파크 모스크$^{Finsbury\ Park\ Mosque}$에 참여했다. 그는 영국에서 이슬람 극단주의자들과 관련돼 있었고 1998년 아프카니스탄의 할레드^{Khalden}, 데룬타^{Derunta}, 코스트^{Khost}, 세디그^{Siddiq}, 지하드 알$^{Jihad\ Wal}$ 훈련 캠프에서 알카에다와 같이 훈련받았다. 또 1998년과 1999년 사이에는 함부르크에 거주하면서 세계무역센터 북쪽 타워에 아메리칸 항공 11을 충돌시켰던 9.11 사건 공모자인 모하매드 아타$^{Mohammed\ Atta}$와 같은 아파트에 살았다.

2001년 8월 무사위는 미네아폴리스^{Minneapolis} 비행학교에 다녔고 747 모의 비행장치에서 훈련받았다. 미국연방수사국^{FBI}은 무사위를 감시했고 2001년 초 그의 도시바 노트북에 대한 수색을 원했다. 하지만 불행히도 미네소타 사무실에 있는 FBI 요원의 수색 요청은 FBI 본부로부터 거절당했다.

표 12.1은 버지니아 대배심 기소장에 기재된 9.11 사건을 주도한 무사위의 행동에 대한 타임라인을 보여주고 있다(/www.vaed.uscourts.gov/notablecases/moussaoui/exhibits/).

표 12.1 무사위 사건 타임라인

날짜	사건
2000년 9월 29일	무사위가 오클라호마 노르만에 있는 에어맨 비행학교에 메일을 보냄
2001년 2월 23일	무사위가 런던에서 시카고, 그리고 오클라호마시티로 이동
2001년 5월 23일	무사위가 마이애미 팬아메리카 항공 아카데미에 메일을 보냄
2001년 6월 20일	무사위가 스포티의 파일럿 숍(Sporty's Pilot Shop)에서 보잉 747 조종실 비디오 구매
2001년 7월 10, 11일	무사위가 비행 시뮬레이션 훈련을 위해 팬아메리카 아카데미에 신용카드 결제를 함
2001년 8월 13–15일	무사위가 미네폴리스 팬아메리카 항공 비행 아카데미에서 보잉 747 모델 400 시뮬레이터 훈련에 참가함
2001년 8월 17일	미네폴리스에서 연방 요원이 무사위를 인터뷰함
2001년 9월 11일	4대의 납치된 여객기가 세계무역센터, 국방부, 펜실베니아 서머싯 카운티에 충돌
2001년 12월 11일	무사위가 기소됨
2005년 4월 22일	무사위가 여섯 개 기소 모두에 대해 유죄를 인정함

무사위는 여섯 개의 중범죄 혐의로 재판받기 위해 버지니아 동부지구 연방 대배심에 의해 고발됐다.

- 국가의 경계를 초월한 테러 행위 자행 모의
- 항공기 불법 복제 모의
- 항공기 파괴 모의
- 대량 살상 무기 사용 모의
- 미국 직원 살해 모의
- 미국 자산 파괴 모의

디지털 증거

정부 수사관들은 9.11 이후 수많은 컴퓨터를 조사했다. 무사위가 살았던 오클라호마 노르만 아파트에서 무카람 알리^{Mukkarum Ali}가 소유했던 컴퓨터는 압수됐다. 아파트는 오클라호마 대학 소유였고 오클라호마 대학 컴퓨터실에 있는 컴퓨터 역시 압수됐다.

FBI는 또 용의자가 인터넷 접속을 위해 사용했던 컴퓨터를 조사하기 위해 미네소타 이건에 있는 킨코스를 찾아갔다. FBI 요원은 킨코스의 방화벽 로그를 검토하고 나서 킨코스에서의 컴퓨터 사용을 알아냈다. 그들은 무사위가 핫메일에 접속하기 위해 컴퓨터를 사용했다는 것을 밝혀냈다. 용의자가 사용했던 이메일 주소 중 하나는 xdesertmen@hotmail.com이었고, 용의자는 2002년 7월 그의 자가 변호 답변 중 하나에 이 메일 주소를 계정 중 하나로 기재했다(자가 변호는 법정 대리 없이 스스로를 변호하는 것을 말한다. 무사위는 재판에 스스로 나가게 해줄 것을 요청했다). 킨코스 컴퓨터는 압수되지 않았는데, 이는 컴퓨터의 자료가 기본 운영 절차에 따라 매 24시간마다 삭제된다는 것을 요원이 알고 있었고 그 당시는 이미 44일이 지난 시점이었기 때문이다.

너무 많은 시간이 지난 후였기 때문에 무사위 핫메일 계정으로 킨코스 인터넷 프로토콜IP 주소에 접속하지는 못했다. 30일이 지나면 회사는 IP 연결 자료와 이메일 내용을 삭제한다. 이메일 계정 등록 정보는 60일까지 유지되지만 이후 이 정보는 삭제되고 계정 사용자 이름은 공개된다. 한 수사관은 용의자가 핫메일에 접속할 때 xdesertmen@hotmail.com을 사용했다는 용의자의 주장을 밝혀냈고 핫메일은 이 계정에 대한 정보를 저장하지 않았다.

FBI는 2001년 8월 12일 미네소타 이건에서 무사위가 인터넷 사용 요금을 지불했던 킨코스 영수증을 찾아냈다. 수사관은 용의자가 8분 동안 MSN/핫메일을 사용했다고 결론 내렸다. 또 다른 19명의 9.11 납치범들이 다른 지역의 킨코스 컴퓨터에서 인터넷에 접속했다는 사실을 발견했다.

9.11 이전에 한 정부 요원이 무사위를 주시했다. 2001년 8월 16일 미네소타에서 INS 요원이 그를 체포했고 실제로 노트북과 플로피디스크를 압수했다. 무사위는 팬아메리카 항공 아카데미에 다닐 때 미네소타 이건의 레지던스 인Residence Inn에 머물고 있었다. FBI는 이 물건들을 다시 압수하기 위해 2001년 9월 11일 영장을 확보하고 수사를 집행했다. 이들은 플로피디스크에서 무사위의 비행학교 이메일을

발견했고 pilotz123@hotmail.com으로 비행학교에 접속했다.

　FBI가 무사위의 pilotz123@hotmail.com 기록을 수사했을 때는 운이 좋았던 것 같다. 수사관들은 그가 말레이시아에서 메일 계정에 접속했다는 것을 알아내기 위해 오클라호마 대학 컴퓨터실, 무카람 알리의 아파트(오클라호마, 노르만) 및 킨코스(미네소타, 이건)에서 핫메일 IP 주소 연결 로그를 일치시킬 수 있었다. 알카에다 요원은 2000년 1월 쿠알라룸프르에서 그를 만났다. 킨코스에서 발견된 IP 주소는 수사관들로 하여금 그 지역 컴퓨터를 수색하는 계기를 만들어줬다.

예비 변호인 이의

예비 변호인은 정부가 xdesertmen@hotmail.com 계정이나 오클라호마 대학, 킨코스와 무카람 알리의 아파트에 있는 컴퓨터에서 회수한 증거를 피고에게 제공하지 못했다고 주장했다(예비 변호인은 자기진술의 권리가 적용되는 고객을 돕는 변호인이다).

　도날드 유진 앨리슨Donald Eugene Allison은 2002년 9월 4일 피고를 위해 진술서에 컴퓨터 포렌식 전문가 증인 선서를 했다.

　이 동일 법정 문서에서 예비 변호인은 검찰이 디지털 증거를 증명한 방법에 대해 물었다. 그들은 다음과 같이 언급했다.

　인증 정보(MD5 메시지 다이제스트나 기타 인정된 컴퓨터 포렌식 방법 등)는 중요하며, 이것이 없으면 복제된 하드디스크 드라이브가 원 시스템에 있었던 것의 정확한 사본임을 증명할 수 없다. 마찬가지로 그러한 정보가 없으면 하드디스크 드라이브에서 회수된 자료가 정확한지 판단할 수 없다.

　동일 서류에서 예비 변호인은 발견 당시 200개 이상의 하드디스크 드라이브가 생산됐고 피고 측이 검찰과 동일한 규모의 드라이브를 검토하는 데 충분한 시간이 없었다고 주장했다.

　예비 변호사는 오클라호마 대학에서 나온 하드디스크 드라이브는 훼손됐다고 주장했다. 피고 측은 핫메일 계정에서 나온 증거 또한 임시 파일에서도 사용할 수 있어야 한다고 했다. 이 또한 xdesertmen@hotmail.com 계정과 관련된 증거의 부족으로 볼 수 있다. 또 그들은 검찰이 제기한 증거에서 사용된 IP 주소의 불일치가 있었다고 주장했다. 피고 측은 킨코스가 자료를 매 24시간마다 지운다고 하더라도 수사관들은 이론적으로 아직 존재하는 파일을 보기 위해 컴퓨터를 검토할 수 있었지만 그들은 어떠한 파일도 회수하지 못했다고 주장했다. 또 검찰이 무카람 알리 컴퓨터에서 파일 슬랙[file slack]을 검토하지 않았다고 주장했다.

검찰 진술서

다라 스웰[Dara K. Sewell]은 FBI 특수요원 감독관이자 이 사건을 맡은 컴퓨터 포렌식 수사관이다. 스웰은 피고 측 변호사 도날드 유진 앨리슨의 주장에 반박하는 선서 진술서를 제출했다. 스웰은 FBI가 하드디스크 드라이브를 복사하거나 이미지를 처리하기 위해 세 가지 방법을 사용했다는 점에 주목했다. 그것은 (1) 리눅스 dd, (2) 세이프백[SafeBack], (3) 로지큐브 휴대용 디스크 복사기다. 이 모든 도구는 검증 테스트를 받았다.

스웰은 "NIST는 컴퓨터 포렌식 도구를 '승인하지' 않는다."라고 말하면서 "이는 테스트의 결과를 거의 보고하지 않는다. 또 앨리슨 씨는 NIST가 승인한 단 하나의 방법으로서의 리눅스 dd를 잘못 확인했다."라고 말하면서 복사하는 한 가지 방법만 NIST가 승인했다는 앨리슨의 주장에 대응했다.

흥미롭게도 앨리슨은 검찰이 진행한 md5sum[Message Digest Sum Version 5] 및 SHA-1[Secure Hash Algorithm Version 1] 해시 입증 부족에 대해 질문했다. 스웰은 CRC[Cyclical Redundancy Checksum]를 포함한 입증된 해시의 다수가 사용될 수 있다고 말했다. 또 그는 세이프백이나 로지큐브 디스크 복사기가 사용됐고 내부 CRC를 사용했으며, FBI 컴퓨터 분석/대응 팀[CART]이 테스트했고, 따라서 "일반적으로 세이프백이나 로지큐브 디스크 복사기로 이미지 처리된 컴퓨터 드라이브를 보호하기 위해 공개된 MD5나 SHA-1 해시 값은 있지 않다."라고 말했다. 하지만 세이프백의 CRC 증명 과정에 대한 확신에도 불구하고 스웰은 원 증거에 대한 md5sum을 생성했고 이들은 일치했다.

증거

수백 개의 증거가 재판에 제출됐다. 디지털 증거에 관해 검사는 수많은 이메일, 전신 송금, 영수증, 그리고 기타 증거를 제출했다.

이메일 증거

다음의 이메일은 무사위가 비행 방법을 배우는 데 흥미가 있었다는 것을 설명해준다.

From: zuluman tangotango ⟨pilotz123@hotmail.com⟩
To: flights@flightsafety.com
Sent: Monday, May 21, 2001 2:42 AM
Subject: 시뮬레이터 훈련

안녕하세요. 저는 제가 상업용 비행기 조종사가 아니어도 보잉 사나 에어버스 사의 전일제 시뮬레이션 훈련을 받을 수 있는지에 대한 정보를 얻고 싶습니다. 저는 자가용 비행기 조종사 자격증PPL 훈련을 받고 있지만 제 꿈은 큰 비행기를 조종하는 것입니다(물론 시뮬레이터 훈련에서 말입니다). 비록 제가 모든 시험을 통과하지 못했고 조금 특이하다는 것을 알고 있지만, 저는 조종사 직업을 갖기에는 조금 늦은 나이인 33세며 PPL을 받고 있는 학교에서는 ATP 조종사가 되기 2년 전에 저와 같이 비행할 것이라고 말했습니다. 하지만 저는 이 순간 그저 비행을 경험하고 싶습니다.

궁극적으로 비행 시뮬레이터 훈련을 무사위에게 제공한 것은 팬아메리카 항공 아카데미였다.

From: xxx@panamacademy.com
To: zuluman tangotango ⟨pilotz123@hotmail.com⟩
Sent: Wednesday, July 11, 2001 5:57 PM
Subject: 747 매뉴얼에 대한 집 주소

Zac;
귀하의 매뉴얼에 대한 배송 주소가 필요합니다. 항공기 운항 매뉴얼은 7월 12일 목요일에 배송될 것입니다. 목요일에 메일을 주시거나 전화 연락 주시길 바랍니다.
감사합니다.

웹사이트(www.panamacademy.com)에 따르면 팬아메리카 항공 아카데미는 아직도 비행 시뮬레이터 훈련을 제공하고 있다.

오하이오 바타비아에 있는 스포터라고 불리는 가게의 영수증 사본이 증거로 채택됐다. 영수증은 보잉 747-200과 보잉 747-400에 대한 두 개의 VHS 사용 지침 프로그램 테이프가 2001년 6월 오클라호마 노르만의 무사위에게 보내졌다는 것을 설명한다. 팬아메리키 항공 아카데미에게 지불한 상세 영수증도 재판에 제출됐다.

2001년 8월 무사위는 팬아메리카 항공 아카데미에 참석하기 위해 미네소타 이건으로 갔다. 미네소타 이건에서 2001년 8월 11일부터 8월 17일까지 무사위가 묵었던 레지던스 인의 호텔 영수증도 증거로 채택됐다.

컴퓨터 포렌식 관점에서 볼 때 이 사건은 매우 중요한데 검사의 많은 진술이 디지털 증거에 의존하기 때문이다. 또 이 사건은 피고 측 변호인이 제기할 수 있는 이의의 형태를 강조하기 때문에 흥미롭다. 궁극적으로 판사는 검사가 제시한 디지털 증거와 관련돼 무사위 변호사가 제기한 이의를 일축했다.

◆ BTK 살인자

디지털 증거를 포함하는 사건을 검토할 때는 이들이 전통적인 수사 기술에 의존함을 이해하는 것이 중요하다. BTK(묶고 고문하고 살해하는) 사건은 이러한 가증스러운 범죄의 범인을 밝혀내고 유죄를 선고하는 데 오래된 수사 기술이 어떻게 디지털 증거에 의해 뒷받침되는지를 명확하게 설명해준다.

살인자 프로필

데니스 린 레이더Dennis Lynn Rader는 1945년 3월 9일 캔자스 피츠버그에서 태어났다. 레이더는 캔자스 위치토에서 자랐고 위치토 헤이츠Wichita Heights 고등학교를 졸업했다. 그는 잠시 위치토 주립대학을 다니다 미 공군에 들어갔다. 다른 두 대학에서 공부하기 위해 미 공군을 나왔지만 결국 위치토 주립대학으로 돌아갔다. 아이러니하게도 그는 1979년 법학 전공으로 대학을 졸업했다. 레이더의 근무 경력은 IGA 슈퍼마켓 육류 코너에서 단시간 근무, 콜맨Coleman 사 조립공으로서의 직무, 1974년부터 1988년까지 많은 가정을 방문할 수 있었던 ADT 시큐리티ADT Security에서의 설치관리자 경력을 포함한다. 1990년부터 2005년까지 그는 파파 시티Park City 감사국에서 관리자로 일했다.

레이더는 두 명의 자식을 둔 아버지이자 30년 동안 크리스트 루터 교회 멤버였으며 후에 신도의회 대표로 선출됐다. 레이더는 또 컵 스카우트Cub Scout 지도자였다. 그는 아이들에게 매듭 묶는 법을 가르쳤지만 실제로 이 기술은 희생자를 묶고 고문하며 죽일 때 사용됐다.

레이더는 캔자스 위치토에서 오테로 가족 네 명을 죽이면서 1974년 1월 15일부터 연쇄 살인을 시작했다. 그는 여섯 명을 더 살해했다. 그는 마지막 희생자인 62세 돌로레스 데이비스Dolores Davis를 1991년 1월 19일 팬티 스타킹으로 교살했다.

증거

2004년 3월 레이더는 희생자에 대해 설명하는 편지와 소포를 지역 언론에 보내기 시작했다. 소포 중 일부에는 그가 익명의 살인자임을 증빙하기 위한 실제 희생자의 소지품들이 담겨 있었다. 레이더는 홈디포의 소형 트럭 침대에 이러한 소포인 시리얼 박스를 남겼다. 하지만 차주는 이를 단지 쓰레기로 여기고 버렸다. 레이더가 언론사 직원들에게 그 증거에 대해 물었을 때 아무도 그 사실에 대해 몰랐다. 결국 레이더는 다시 홈디포로 돌아가 쓰레기장에서 박스를 회수했다. 수사관들은 이후 홈디포에서 감시 카메라를 볼 수 있었고 검은색 체로키가 증거를 회수하기 위해 현장에 돌아온 것을 발견했다. 이는 사건의 실마리가 됐다. 2005년 레이더는 위치토 북쪽 비포장 도로에 포스트 토스트Post Toasties 시리얼 박스를 버렸다.

레이더는 이후 경찰에게 플로피디스크에서 정보를 추적하는 것이 가능한지 물었다. 경찰은 플로피디스크를 통한 추적이 가능하다고 말하면서 이 대답을 「위치토 이글」 신문에 게재했다. 2005년 2월 16일 편지 봉투 하나가 위치토 KSAS-TV에

도착했다. 봉투에는 보라색 Memorex 1.44MB 플로피디스크가 들어있었다. 위치토 경찰서 포렌식 컴퓨터 범죄 부서의 랜디 스톤^{Randy Stone}은 엔케이스 포렌식 소프트웨어를 사용해 디스크 안의 내용을 검토했다. 디스크에는 Test A.rtf라고 적힌 하나의 파일이 들어있었다. 파일의 메타데이터는 '데니스'와 위치토의 '크리스트 루터 교회'를 보여줬다. 인터넷으로 검색해본 결과, 그들이 수사해야 할 용의자로 데니스 레이더가 나왔다.

수사 기관은 레이더와 그의 집을 감시하기 시작했다. 그들은 검은색 지프 체로키가 레이더의 집 밖에 주차돼 있는 것을 발견했다. 또한 수사관들은 캔자스 대학 병원에서 레이더 딸의 표본으로부터 스미어 테스트를 시행해 DNA를 회수할 수 있었다. 스미어 테스트에서 나온 DNA는 희생자로부터 검출된 용의자의 DNA와 일치했고 따라서 살인자는 레이더 가족 중 한 명이라는 것이 증명됐다.

2005년 2월 25일 데니스 레이더는 FBI, KBI, 그리고 위치토 경찰 기동부대 요원에 의해 체포됐다. 2005년 6월 레이더는 유죄가 선고됐고 종신형을 받았다. 그는 현재 엘 도라도^{El Dorado} 교도소에 수감 중이다.

◈ 사이버 괴롭힘

'사이버 괴롭힘' 문제는 미국을 비롯한 여러 나라에서 급속히 확산되고 있다. 사이버 괴롭힘과 일반 희롱의 차이는 다음과 같다. 몇 년 전만 해도 아이가 학교에서 괴롭힘을 당해도 일과를 마치고 집에 오면 친구들의 괴롭힘으로부터 벗어날 수 있었지만, 지금은 인터넷이나 휴대폰의 사용으로 인해 지속된다. 불행히도 많은 주들은 사이버 희롱 방지 법 제정에 더디고, 이러한 많은 제정법은 자살로부터 비롯됐다. 이 문제에 대한 통계는 소년들보다는 소녀들에게 더 큰 문제가 된다는 것을 보여준다.

연방 괴롭힘 방지 제정법

47 USC § 223은 '다른 사람을 괴롭히고, 학대하며, 위협하고, 공격할 목적으로 음란물 및 아동 포르노에 대한 코멘트, 요청, 제안, 제의, 이미지, 혹은 기타 의사소통'을 하기 위한 통신 사용을 예방하는 희롱 방지 법이다.

주 괴롭힘 방지 제정법

HB 479, 스토킹 위반은 사이버스토킹을 금지하기 위해 플로리다주가 통과시킨 법이다. 이는 정신적 스트레스를 유발하고 법적 의미를 가지지 않는 전자메일이나 전자통신에 의한 의사소통을 의미하는 용어인 사이버스토킹을 정의한다. 여기에는 스토킹 범죄와 다른 사람에 대한 고의적이고 악의적이며 반복되는 사이버스토킹인 가중 스토킹이 포함되고 처벌을 제공하며 개인으로 하여금 죽음의 두려움에 떨게 하거나, 개인 또는 그들의 아이, 형제, 배우자 또는 의존자에게 상해를 가하는 행위를 포함하기 위해 가중 스토킹 범죄 요소를 개정한다.

수많은 주(앨라배마, 애리조나, 코네티컷, 하와이, 일리노이스, 뉴햄프셔, 뉴욕 포함)는 전자, 컴퓨터 혹은 이메일 통신을 통한 괴롭힘을 금하고 있다.

사이버 괴롭힘의 위험 신호

위험 신호는 일반적으로 아이들이 괴롭힘을 당할 때 발생한다. 신호는 다음을 포함할 수 있다.

- 불안, 슬픔, 또는 절망의 감정
- 학교 성적 하락
- 사회 및 여가 활동에 대한 관심 감소
- 컴퓨터나 휴대폰을 사용하지 않을 때 화가 나는 행동
- 디지털 기기의 과도한 사용
- 불규칙한 수면 패턴
- 체중 변화 혹은 식욕 감소

사이버 괴롭힘은 무엇인가

사이버 괴롭힘은 단순히 괴롭히는 메일이나 고약한 문자 메시지를 보내는 것이 아니다. 협박의 많은 형태는 다음 카테고리 범주에 속한다.

- 사진
- 비디오
- 아웃팅
- 플레이밍
- 대시보드
- 트리킹
- 해피 슬래핑
- 온라인 여론조사
- 흉내 내기

페이스북이나 마이스페이스 같은 소셜 미디어 사이트의 확산으로 사진과 비디오는 다른 아이들을 놀리는 데 종종 사용돼왔다. 섹스팅에서 개개인은 휴대폰 MMS를 통해 불법적으로 성적 노출 이미지를 공유한다. 성인이 관여돼 있고 미성년자의 이미지가 공유되는 경우 소유 또는 배포의 문제가 뒤따를 수 있다. 아웃팅은 개개인이 개인의 비밀 정보를 다른 사람을 놀리기 위한 목적으로 온라인에 공개하거나 이메일로 공유하는 경우 발생한다. 플레이밍은 보통 다른 사람을 비하하기 위해 저속하고 공격적인 언어를 사용하는 온라인 논쟁이다. 대시보드는 사람들이 싫어하는 또래나 선생님에 대한 혐오스러운 코멘트를 게재하는 데 사용되는 온라인 게시판이다. 이전에는 폼스프링이었던 Spring.me는 대시보드로 사용됐던 페이스북과 관계 있는 웹사이트다. 트리킹은 다른 사람에게 굴욕감을 주기 위해 비밀을 공개하려는 목적으로 개인을 속여 개인적 의견을 알리도록 하는 과정이다. 해피 슬래핑은 개인이 다른 사람을 해치거나 학대하는 현장을 녹화해 온라인에 게재하거나 다른 이들에게 보낼 때 발생한다. 스마트폰의 확산은 이런 형태의 공격을 성장시키는 데 일조했다. 온라인 여론조사는 '반에서 가장 못생긴 학생'과 같은 특정 주제에 대한 투표를 시행하는 데 사용된다. 흉내 내기는 개인이 다른 사람의 계정에 불법으로 들어가 그 사람인 척하거나 다른 사람으로 보이기 위해 가짜 페이지를 만드는 것을 말한다.

피비 프린스

2010년 1월 14일, 아일랜드 서부에서 매사추세츠 남부 해들리로 이주한 15세 피비 프린스[Phoebe Prince]는 다른 십 대들에게 지속적으로 괴롭힘을 당한 뒤 스스로 목숨을 끊었다. 놀랍게도 그녀의 죽음 이후 경멸스러운 코멘트가 그녀의 페이스북 추모 페이지에 게재됐다. 여섯 명의 십 대가 성인으로서 다양한 중범죄 혐의로 기소됐고 이들의 혐의에는 법정 강간, 스토킹, 흉기를 이용한 폭행이 포함됐다. 기타 다른 사이버 괴롭힘 사건과 마찬가지로 가해자는 집행유예나 사회봉사와 같은 가벼운 처벌을 받았다. 그럼에도 주 의회는 상원 No. 2404인 집단 괴롭힘 방지 법을 제정했다.

리안 홀리건

버몬트에 거주하는 중학생 리안 홀리건[Ryan Halligan]은 자살한 또 다른 사이버 괴롭힘의 피해자다. 그에게 보내진 끔찍한 메시지들은 DeadAIM이라 알려진 애플리케이션을 통해 그의 컴퓨터에 우연히 보관됐다. 그의 죽음의 여파로 버몬트는 2004년 괴롭힘 방지 정책법을 제정했고 2005년 자살 방지법(Act 114)을 제정했다.

메건 마이어

매건 마이어[Megan Meier]는 미주리주 오스트만[Ostmann] 초등학교에 다니는 13살 학생으로 스스로 목을 매달아 자살했다. 47세인 로리 드루[Lori Drew]는 조쉬 에반[Josh Evans]이라는 소년 이름으로 게시물을 게재했다. 그녀는 가짜 마이스페이스 페이지를 개설하고 메건의 친구가 됐다. 미국 vs. 로리 드루 사건(United States v. Lori Drew)에서 드루는 다음의 혐의로 기소됐다.

- 음모 혐의로 기소(18 U.S.C. § 371 위반)
- 정신적 고통을 가함(18 U.S.C. §1030(a)(2)(c) 위반)
- 컴퓨터 사기와 오용에 관한 법률(CFAA)
- 마이스페이스 서비스 약관 계약 위반

온라인상에서 좋은 친구가 된 뒤 '조쉬 에반'(로리 드루)은 메간을 죽음으로 이끌었다고 생각되는 상처를 주는 코멘트를 그녀에게 보내기 시작했다. 조쉬 에반은 "모든 사람들이 널 싫어해.", "네가 없는 세상은 훨씬 더 좋을 거야."와 같은 코멘트를 보내기 시작했다. 저음에 에반은 마이스페이스를 이용했지만 이후에는 AOL IM을 이용했다. 재판은 로리 드루에게 징역형을 내리지 않고 무죄로 끝났다.

마이어의 죽음에 따른 결과로 미주리 플로리선트시는 사이버 희롱 방지 법의 분류를 경범죄에서 중범죄로 변경했다. 이는 자살로 이끄는 사이버 괴롭힘은 항상 문제가 되고 있음을 보여준다.

타일러 클레멘티

2010년 9월 22일 괴롭힘에 시달리던 럿거스^{Rutgers}의 18세 학생이 조지 워싱턴^{George Washington} 다리에서 자신의 몸을 내던짐으로써 생을 마감했다. 타일러 클레멘티^{Tyler Clementi}의 이 불행한 사건은 괴롭힘사건에서 디지털 증거의 중요성을 강조한다. 클레멘티는 뉴저지 리지우드 출신이다. 자살하기 직전 클레멘티는 대런 라비^{Dharun Ravi}의 트위터 계정을 59번 확인했다. 슬프게도 그는 라비의 페이스북 프로필에 "GW 다리에서 뛰어내릴 것이다. 미안하다."라는 마지막 메시지를 남겼다.

클레멘티의 룸메이트였던 라비는 9월 19일 인터넷에 비디오를 유포할 목적으로 클레멘티가 다른 남자와 함께 있는 은밀한 현장을 찍기 위해 기숙사 방에 웹캠을 몰래 놓았다. 그런 후 그는 친구의 기숙사 방에서 비디오를 봤다. 라비는 명백하게 다른 이들로 하여금 클레멘티의 사생활을 침해하도록 했고 비디오를 시청했다. 검찰은 라비가 동성애자 룸메이트에게 굴욕감을 줄 목적으로 비디오를 사용했다고 주장했다. 라비 트위터의 트윗들은 트위터 메시지가 클레멘티의 '호모와 애정 행각을 벌이는' 비디오를 보면서 룸메이트 방에 있다는 것을 친구들에게 알렸다고 하면서 그 의도를 명확히 설명했다. 라비는 "아이챗iChat으로 누구라도 9시 30분에서 12시 사이에 나와 영상 대화를 할 수 있으면 해봐. 그래. 다시 생길 거야."라고 트윗할 때 클레멘티 남자 친구의 또 다른 비디오를 게재할 목적이었다.

재판에서 사용된 디지털 증거

미들식스 카운티Middlesex County 검찰청의 컴퓨터 포렌식 수사관 게리 채리드작Gary Charydczak이 재판에서 증언했다. 채리드작은 기숙사 방에서 압수한 클레멘티의 파란색 노트북 하드디스크 드라이브를 조사했다. 그는 노트북에서 untitled.jpg와 secondtime.jpg 이름의 트윗을 발견했다.

문자 메시지 교환 역시 재판에서 논의됐다. 미셸 후앙Michelle Huang은 라비에게 "조심해. 네가 자고 있을 때 너한테 올 수도 있어."라는 메시지를 보냈다. 라비는 누군가가 자신의 침대를 사용하면 컴퓨터가 "동성애자는 금지"라고 하면서 경고한다고 대답했다.

채리드작은 또 8월 21일과 23일 사이에 라비가 룸메이트의 동성애자 여부를 확인하기 위해 인터넷을 검색한 사실을 언급했다. 라비는 그의 성적 취향을 알아보기 위해 유튜브와 페이스북을 검색했고 그 주제에 대한 20개의 AOL 인스턴트 메시지도 있었다. 이 증거는 편견 범죄 기소를 뒷받침하는 데 중요하다.

검찰은 또 인터넷을 통해 유통된 비디오와 관련해 발견한 증거를 공개했다. 몰리 웨이Molly wei의 컴퓨터를 조사한 결과, 밀회와 관련된 비디오 대화 파일과 AOL IM을 찾아냈다. 웨이는 선서를 통해 웹캠으로 발생한 사건을 확인해줬다. 럿거스의 IT 관리자인 티모시 헤이즈Timothy Hayes는 라비의 컴퓨터가 9월 21일 두 개의 비디오 대화에 사용됐다는 주장을 지지했다. 채리드작은 웨이가 타일러 클레멘티와 다른 남자가 키스하는 것을 목격한 시간에 몰리 웨이와 대런 라비의 컴퓨터에 비디오 대화 증거가 포함돼 있음을 증명했다.

평결

2012년 3월 대런 라비는 사생활 침해와 편견 협박의 네 가지 항목에서 유죄를 선고받았다. 또 그는 증거 무단 변조, 목격자 매수, 체포를 방해한 혐의로 추가로 유죄 판결을 받았다. 유죄 답변 협상 후 라비는 국외 추방의 추가 가능성과 함께 투옥됐다. 몰리 웨이는 수사에 협조한 대가로 선처를 받았지만 300시간의 사회봉사를 이행하고 사이버 괴롭힘과 대안 생활에 대한 교육을 받아야 했다.

> **참조**
>
> '신상털기'는 개인에 대한 개인정보를 모은 뒤 이를 공개하는 과정이다. 신상털기라는 말은 서류(doc.)에서 파생됐다. 예를 들어 'Occupy L.A.'에서 일부 시위자들은 로스앤젤레스 경찰관들이 자신들을 거칠게 밀었다고 느꼈다. 이에 대응해 핵티비스트 집단 CabinCr3w는 정치헌금, 재산, 자녀 이름, 기타 아주 개인적인 정보를 포함한 12명 이상의 경찰 개인정보를 게재했다.

❖ 스포츠

한 가지 궁금증은 컴퓨터 포렌식이 어떻게 스포츠, 특히 메이저리그 야구[MLB]와 연관되는 것인가다. 2006년 정부는 주목받는 여러 선수의 스테로이드 사용과 관련된 공개 수사를 시작했다. 데이비드 웰스[David Wells] 선수는 많은 선수들이 스테로이드를 사용하며 호세 칸세코[Jose Canseco], 알렉스 로드리게스[Alex Rodriguez], 마크 맥과이어[Mark McGwire], 베리 본즈[Barry Bonds], 제이슨 지암비[Jason Giambi] 외에 다른 이들도 경기력 향상 약물[PEDs]을 사용해 주목을 받았다고 진술했다.

전 상원의원 조지 미첼[George Mitchell]은 프로야구에서의 스테로이드 사용에 대한 수사를 이끌도록 임명됐다. 보고에 따르면 PED 사용은 MLB 선수들 사이에서 만연했다. 물론 누가 스테로이드를 사용했는지에 대해 알고 싶다면 소식통을 만나면 된다. 따라서 연방 수사관들은 MLB 선수들에게 스테로이드를 공급한 회사인 베이 에어리어 연구소^{BALCO, Bay Area Lab Cooperative}에 초점을 맞췄다. MLB 선수 연합은 선수 이름을 익명으로 하면서 이들을 대상으로 '의심 없는 약물 검사'를 행하는 것에 동의했다. 포괄적 약물 테스트^{CDT}는 선수들의 소변 검사로 시행한다. 프로그램에 따라 연방 수사관들은 양성 반응이 나온 열 명의 선수를 알아냈다. 그런 후 정부는 모든 약물 검사 기록과 표본을 찾기 위해 대배심 소환장을 확보했다. 선수 노조는 소환장을 파기하기 위해 노력했다. 결과적으로 정부는 CDT 지역을 수색할 수 있는 영장을 발부받았다. 수색은 상당한 근거가 있는 열 명의 선수 기록에만 제한됐다. 하지만 정부 요원이 영장을 발부받았을 때 압수와 수색은 100명의 MLB 선수들 기록에 해당됐다. 압수된 기록은 제9연방 순회항소 법원의 전원 재판부 재심리에서 핵심이었다(전원 재판부라는 말은 항소 재판에서 정족수가 아니라 전원이 주장을 듣는 것을 뜻한다).

정부 요원은 컴퓨터, 하드디스크 드라이브, 기타 저장 매체를 압수했다. 이들은 문제가 되는 열 명의 선수와 관련된 증거를 포함한 컴퓨터나 저장 매체의 위치를 특정하지 못했다고 주장했다. 또 이들은 문제가 되는 선수에 대한 정보가 비스크립트 파일 혹은 폴더로 돼 있었을 수 있으므로 모든 파일을 검토할 필요가 있다고 주장했다.

세 명의 판사 패널은 다음과 같이 의견을 밝혔다.

우리는 문서의 다량 압수에 반대하며 정부는 그들이 분리된 이후 수색의 대상이 아닌 자료를 회수하지 못했다(Id. at 596-97). 하지만 정부가 이들을 영장에 따라 허가했기 때문에 적법하게 압수된 자료를 숨길 이유는 없어 보인다.

또 정부 요원은 열 명의 용의자와 직접적으로 관련된 정보를 알리기 위한 CDT 제공을 거부했다. 정부 수사관들 역시 수사 대상이 아닌 선수들에게서 압수된 증거를 편집하지 않았다. 하지만 판사는 전자 증거와 수사 대상이 아닌 자료와 섞인 용의자 자료에 관련된 이의를 인정했다.

◆ 요약

컴퓨터 포렌식은 컴퓨터 범죄나 사이버 폭력에만 국한되는 것이 아니라 범죄 수사 기관도 수반한다. 자카리아스 무사위 재판에서 디지털 증거의 사용은 그의 의도와 9.11로 이끈 사건 모두에서 보강 증거로 필요한 것이었다. 재판에서 사용된 서류는 컴퓨터 포렌식 전문가에 의한 전문가 진술 선서 사용에 대한 굉장한 통찰력을 제공해준다. 또 피고 측 변호인의 이의와 정부 수사관의 반박은 재판 증거로서의 성공적인 인정을 위해 디지털 증거가 확보되고 처리되며 분석되는 과정이 얼마나 중요한지 설명해준다.

살인 사건 수사는 보통 용의자를 잡고 유죄를 입증하는 과정에서 디지털 증거에 의존한다. BTK 살인 사건은 디지털 증거와 구식 수사 방법이 범죄자를 체포하고 유죄를 성공적으로 입증하는 데 얼마나 중요한지 보여주는 훌륭한 예다.

슬프게도 사이버 괴롭힘은 이미 존재하고 컴퓨터와 휴대폰의 사용 증가는 많은 수사관들에게 우선순위를 줄 것이다. 타일러 클레멘티 사건은 다른 이들을 모욕하고 폄하하는 욕망을 위해 기술을 사용하는 가해자들의 유죄를 밝히는 데 많은 자원의 디지털 증거가 얼마나 중추적인 역할을 하는지 보여준다. 클레멘티와 다른 학생들 소유의 컴퓨터를 조사했고, 온라인 서비스 제공자로부터 받은 기록이 수집됐으며, 대학 IT 관리자는 재판에서 보강 증거를 제공하도록 요청받았다. 사이버 괴롭힘이 지속적으로 많은 사람들을 위협하지만, 기쁜 소식은 디지털 증거의 영역이 광범위하고 각 주들은 가해자들을 재판에 세우기 위한 더 많은 법을 제정하고 있다는 것이다.

마지막으로, 경기력 향상 약물을 사용한 MLB 선수에 대한 연방 요원의 수사는 컴퓨터와 디지털 증거가 모든 형태의 수사에서 현재 사용되고 있음을 명확하게 보여준다. 사례 연구 역시 컴퓨터나 장치에 대한 수사에서는 용의자를 실제로 체포하는 과정에서 수백 개의 파일 중 일부만을 볼 수 있는 아주 좁은 범위의 영장을 주기 때문에 문제가 될 수 있는 디지털 증거를 포함한 사건이 얼마나 어려운지를 강조하고 있다.

❖ 주요 용어

대시보드: 사람들이 싫어하는 또래나 선생님에 대한 혐오스러운 코멘트를 게재하는 데 사용되는 온라인 게시판

섹스팅: 개개인이 휴대폰 MMS를 통해 불법적으로 성적 노출 이미지를 공유

신상털기: 개인에 대한 개인정보를 모은 뒤 이를 공개하는 과정

아우팅: 개개인이 다른 사람을 놀리기 위한 목적으로 개인의 비밀 정보를 온라인에 공개하거나 이메일로 공유하는 경우 발생

온라인 여론조사: '반에서 가장 못생긴 학생'과 같은 특정 주제에 대한 투표를 시행하는 데 사용

자가 변호: 법정 대리 없이 스스로를 변호하는 것을 일컬음

전원 재판부: 정족수를 요하기보다는 주장을 듣는 항소 법원의 모든 멤버를 말함

트리킹: 다른 사람에게 굴욕감을 주기 위해 비밀을 공개하려는 목적으로 개인을 속여 개인적 의견을 알리도록 하는 과정

플레이밍: 다른 사람을 비하하기 위해 저속하고 공격적인 언어를 사용하는 온라인 논쟁

해피 슬래핑: 다른 사람을 해치거나 학대하는 현장을 녹화해 온라인에 게재하거나 다른 이들에게 전송하는 사람들

흉내 내기: 개인이 다른 사람의 계정에 불법으로 들어가 그 사람인 척하거나 다른 사람으로 보이기 위해 가짜 페이지를 만드는 것

평가

❖ 강의 토론

1. 사이버 괴롭힘의 희생자를 어떻게 알아볼 수 있는가? 그리고 어떻게 그를 도울 수 있는가?

2. 사이버 괴롭힘 수사에서 어떤 형태의 디지털 증거를 사용할 수 있는가?

❖ 객관식 문제

1. 휴대폰 MMS를 통해 성적 이미지를 전송하는 것을 무엇이라 하는가?

   A. 플레이밍

   B. 해피 슬래핑

   C. 트리킹

   D. 섹스팅

2. 법정 대리를 사용하지 않는 것을 일컫는 말은 무엇인가?

   A. 자가 변호

   B. 전원 재판부

   C. 흉내 내기

   D. 이송 명령

3. 다른 사람에게 굴욕감을 주기 위해 비밀을 공개하려는 목적으로 개인을 속여 개인적 의견을 알리도록 하는 것을 무엇이라 하는가?

   A. 트리킹

   B. 해피 슬래핑

   C. 온라인 여론조사

   D. 플레이밍

4. 블로그와 비슷하지만 싫어하는 또래나 선생님에 대한 혐오스러운 코멘트를 게재하는 데 사용되는 온라인 서비스는 무엇인가?

   A. 온라인 여론조사

   B. 대시보드

   C. 사용자 그룹

   D. 소셜 미디어

5. 정족수를 요하기보다는 주장을 듣는 항소 법원의 모든 멤버를 칭하는 단어는
   무엇인가?

   A. 전원 재판부

   B. 이송 명령

   C. 익명 판결

   D. 자가 변호

빈칸 채우기

1. 개인이 다른 사람을 괴롭히기 위해 이메일이나 기타 온라인에서 비밀 개인정
   보를 공개하는 것은 _____으로 알려져 있다.

2. 다른 사람을 해치고 그 사건을 다른 이들과 공유하려고 녹화하는 집단은
   _____ 슬래핑을 포함한다.

3. _____는 개인이 다른 사람의 계정에 들어가 그 사람인 척할 때 발생한다.

4. 외설을 사용해 다른 사람과 온라인에서 논쟁하는 것을 _____이라 한다.

5. 또래가 온라인으로 '반에서 가장 못생긴 사람'이 누구냐고 물을 경우, 또래는
   온라인 _____를 이용한다.

❖ 프로젝트

사이버 폭력 사건 분석

다음의 내용은 함께 읽고 분석하며 논의할 가상의 사이버 폭력 사례 연구다. 실제
사건은 아니지만 이런 사건이 일어날 듯한 상황을 잘 이해할 수 있을 것이다.

시나리오

제니 포스터^{Jenny Foster}라는 이름의 16세 소녀는 뉴욕 북부 애디론댁^{Adirondack} 산맥 고
속도로에서 히치 하이킹을 하고 있다. 고속도로를 지나던 운전자 데이비드 사이크

스^{David Sykes}는 소녀를 태우기 위해 멈췄다. 그는 이 어린 소녀가 집에서 막 가출해 두려움에 떨고 있다는 것을 깨닫고 처남이 경찰관으로 있는 지역 경찰서에 제니를 데려다줬다. 토드 갤러거^{Todd Gallagher} 중위는 제니에게 담요와 코코아 한잔을 줬다. 평정을 되찾는 동안 제니는 경찰관에게 막 집에서 나왔고 오래된 학교 친구들이 살고 있는 뉴욕으로 가는 길이었다고 말했다. 그녀는 웨이트리스로서의 직업을 찾을 때까지 친구와 함께 머물려고 했었다. 경찰관은 부모에게 전화하기 위해 제니에게 집 전화번호를 물었다. 몇 번의 시도 끝에 경찰관은 제니의 친구 집에 전화하면서 그녀를 찾느라 정신이 없었던 그녀의 부모와 통화할 수 있었다.

경찰관은 제니가 부모와의 심각한 의견 차이를 겪었을 것으로 짐작했지만 실제로는 정반대의 경우였다. 제니는 자신의 부모를 사랑했지만, 아무도 그녀를 사랑하지 않는다고 느꼈다. 집을 나온 이유를 물었을 때 제니는 울면서 "내가 죽었으면 했어요. 친구들이 나는 죽는 것이 더 낫다고 말했기 때문에 자살을 생각했었어요."라고 말했다. 또 그녀는 친구였던 레이첼이 제니의 '불쌍한 삶'을 끝내는 것을 돕기 위해 다가오는 자동차를 향해 제니를 밀면 행복하겠다고 페이스북에 메시지를 올린 사실을 털어놓았다. 경찰관은 이 말을 듣고 깜짝 놀랐으며 제니에게 이를 기록하는 것에 대해 물었다. 그녀는 괜찮다고 대답했다. 경찰관은 다른 경찰관인 마가렛 슐츠^{Margaret Schultz}를 불러도 되는지 물었다. 제니는 반대하지 않았고 슐츠 형사가 합류했다. 제니는 자신에 대한 이야기를 계속했다. 그녀는 스스로가 학급에서 다른 사람들과는 다르다고 느꼈다. 오빠나 언니도 없었고, 그녀의 가족은 최근 아버지가 전기 기술자에서 해고된 뒤 이 지역으로 이사 왔다. 제니는 어머니가 타깃^{Target}에서 파트타임으로 일하고 있으며, 아버지는 여기저기서 잡부로 일한다고 설명하면서 겨우 먹고살 만큼 벌고 있다고 했다.

경찰관은 제니에게 화가 나고 세상에서 혼자라고 느끼는 이유를 물었다. 그녀는 학교에서 지속적으로 친구들에게 놀림을 당했지만 항상 그렇지는 않았다고 말했다.

제니의 어머니는 비서였지만 오래된 회사의 지역 대리점이 문을 닫았을 때 어머니의 당시 사장님이 회사 컴퓨터를 집으로 가져가도록 했다고 말했다. 제니에게는 다행이었고(결국은 불행으로 이어졌지만), 가족은 집에서 와이파이 인터넷 접속을 할 수 있었다. 따라서 많은 십 대들과 마찬가지로 제니는 숙제 후나 저녁 식사 후, 혹은 샤워 후에 페이스북을 사용했다. 그녀는 숙제에 대한 불평을 늘어놓고 반 남자 친구들, 특히 학교 축구 팀에 속한 남자 친구들에 대해 이야기하면서 컴퓨터에 앉아있는 시간이 많았다고 했다. 그녀는 팀의 치어리더였던 소녀 무리들과도 친해졌다. 하지만 제니는 응원단 소속이 아니었다. 제니는 그들과의 큰 차이는 경제적 상황이라고 설명했다. 그 소녀들은 부유한 집안 출신이었고, 제니 가족은 겨우 먹고 살고 있었다.

제니는 학교 생활을 처음 시작했을 때는 모든 것이 좋았다고 말했다. 하지만 그녀의 친구들은 아무런 이유 없이 그녀를 괴롭히기 시작했다. 모든 것은 제니가 친구 한 명을 저녁 식사에 초대한 이후부터 잘못됐다. 그녀의 친구는 제니가 작은 아파트에 살고 있다는 것에 매우 놀랐고 식사 메뉴가 미트로프와 물이었다는 것에 대해 기분이 좋아 보이지 않았다. 그날부터 제니는 이른바 그녀와 친구들 사이의 관계가 변했다는 것을 알아차렸다. 점차 다른 소녀들은 제니에게 상처가 되는 말들을 했다. 이제 그 소녀들은 제니 가족에게 돈이 많지 않다는 것을 알았다. 그래서 그들은 의도적으로 비싼 옷 가게에 함께 가려고 했으며 제니에게 금전적 여유가 없다는 것을 알면서도 스키장을 같이 가자고 했다. 하지만 제니가 18살의 축구 팀 주장인 선배 브레드 스몰스[Brad Smalls]와 데이트를 하기 시작하면서 상황은 더 나빠졌다. 제니는 경찰관에게 그와 잠시 데이트를 했지만 이후 헤어졌는데, 그 이유는 브레드가 블랙베리로 부적절한 사진을 찍었고 제니가 지워달라고 했는데도 지우지 않았기 때문이라고 했다. 치어리더 중 한 명인 샤렌 데이비스[Charlene Davis]가 사진을 발견하고는 브레드에게 자신의 휴대폰과 이메일로 보내달라고 했으며 브레드는 그렇게 했다. 곧 그 사진은 학교에 널리 퍼졌다. 사실 제니는 샤렌과 질리안[Jillian]이 학교 도서관에서 사진 사본을 만드는 것을 목격했지만 그들에게 대항하거나 따질 용기가 없었다(학생들은 매 학기당 학생 카드를 통해 150개의 사본을 할당받았다). 하루 만에 사진은 여학생 샤워실과 남학생 축구 팀 탈의실에 게재됐다. 제니는 여학생 샤워실에서는 사진을 없앴지만 남학생 탈의실에서는 사진이 몇 주 동안 그대로 있었다는 것을 알게 됐다. 제니는 축구 팀 코치에게 찾아가 사진을 없애달라고 하고 싶었지만 그럴 수가 없었다. 결국 사진은 페이스북에도 올려졌다. 제니는 너무 당황스럽고 모욕적이어서 사람들이 그녀를 알아보지 못하도록 모자와 안경을 쓰고 학교에 갔다고 말했다. 그녀는 학교에 가는 것이 너무 두려워서 아침에는 몸이 아팠다. 그녀는 항상 좋은 학생이었지만, 이 모든 끔찍한 일이 생기고 난 이후로는 학교 공부에 집중할 수 없었고 수업을 듣는 것조차 피했다. 제니는 비정한 치어리더들과 만나지 않기 위해 방과 후에도 교실에 남는 벌을 일부러 받았다.

어느 날 치어리더들은 그들과 다시 친구가 되고 싶은지 제니에게 물었고 밀크쉐이크를 마시러 식당에 가자고 말했다. 제니는 내키지 않았지만 어쩔 수 없이 그들의 제안을 승낙했다. 하지만 그들과 같이 어울리지 않으려는 본능적인 직감이 결국 옳았다. 저녁 식사를 하러 가는 것은 시작에 불과했다. 그녀는 그날 오후의 사건을 회상했다. "그들 모두 담배를 피고 있었고 제가 들은 것은 '지금'이었어요. 그들은 내 머리를 잡았고 내 팔을 담배로 지졌어요. 저는 울었고 집으로 뛰어갔지만 다행히 부모님이 집에 없었기 때문에 아무런 말도 할 필요가 없었죠. 그날 밤 저는 잠을 잘 수 없었고 밤새 울었어요. 다음 날 간호사를 찾아갔어요. 간호사는 제 몸의 자국에 대해 물었고 저는 그 사건에 대해 이야기했어요. 그리고 아무것도 말하지 말아달라고 했죠. 간호사는 알겠다고 했고 제가 아는 한 아무에게도 말하지 않았어요."

제니는 경찰관에게 그날 저녁 당일 사건에 대해 비웃는 문자 메시지와 이메일을 받았다고 말했다. 집에 도착했을 때 페이스북에는 그녀가 어떻게 죽어야 하고 그들이 그녀의 죽음을 어떻게 도울 수 있는지에 대한 메시지가 있었다. "그날이 바로 다가오는 자동차를 향해 저를 밀어버린다는 내용이 담긴 레이첼의 포스팅을 본 날이에요."라고 제니는 말했다. 어느 날 제니 어머니가 집에 와서 울고 있는 제니를 발견했다. 제니는 어머니에게 이메일, 휴대폰 문자 메시지, 페이스북 게시글에 대해 이야기했다. 그리고 어머니에게 페이스북 페이지와 야후 계정으로 받은 이메일을 보여줬다. 제니 어머니는 페이스북 메시지의 스크린샷을 캡처하고 이메일을 인쇄했다. 어머니가 이메일을 인쇄한 뒤 제니는 이들을 다시 보고 싶지 않아 모든 이메일을 삭제했다. 제니는 문자 메시지를 받는 즉시 삭제해버려 그런 조롱적인 메시지는 어머니에게 보여줄 수 없었다. "엄마는 이것들을 모두 이해할 수 없어요. 왜냐하면 아이들은 문자 메시지를 적을 때 성인들이 이해할 수 없는 약간 다른 언어를 사용하거든요."라고 경찰관에게 설명했다. 그러고 나서 브레드가 이미 알려진 사진으로 그녀에 대한 페이스북 페이지를 개설했고 제니가 여러 남자를 만나는 것을 좋아한다고 적었다고 했다. 제니는 울면서 "브레드는 제가 사람을 집에 불러들이는 데 거리낌 없고 제 주소를 뿌리고 다닌다고 했어요. 저는 이제 너무 지겹고 겁이 나요."라고 말했다.

제니는 이야기를 계속했고 어머니에게 스크린샷과 인쇄한 이메일을 교감에게 보내자고 했다. 교감과의 미팅에서 제니는 담배 사건뿐 아니라 복도에서 이 친구들이 제니에게 어떻게 했는지, 그리고 그녀 음식에 고추를 넣고 머리를 잡아당기는 등 그녀를 괴롭힌 일들에 대해서도 이야기했다. "제가 이런 이야기를 한 적이 없기 때문에 엄마는 이 이야기를 듣고 매우 놀랐고 당황스러워 했어요"라고 제니는 말했다. 또한 그녀는 그 미팅이 아주 실망스러웠다고 말했는데, 이는 교감이 그녀에게 일어난 일에 특별한 관심을 가지지 않았기 때문이었다. 제니의 말에 대해 교감은 "나도 이 아이들의 행동이 나쁘다는 것을 안다. 하지만 지금은 2010년이고 세상은 변했어. 아이들은 페이스북에 어떤 말도 할 수 있지. 봐, 그들은 학교에서 페이스북에 접속하지 않아. 그래서 우리는 책임을 물을 수 없어. 학생들이 그들 시간에 하는 일에 대해 나는 관심이 없고 그것은 실제로 너의 책임이야."라고 말하면서 무시하는 반응을 보였다. 제니는 그 미팅에서 어머니가 제니를 협박했던 몇 장의 이메일을 교감에게 보여줬다고 했다. 제니는 교감의 반응을 분명히 기억하고 있었다. "이메일은 진짜 메일이 아니기 때문에 실제로 증거가 될 수 없어. 누군가가 이를 편집했는지 내가 어떻게 알겠어? 진실을 말해봐. 네가 아이였을 때 '아무개가 죽었으면 좋겠다.'라고 말한 적 없니? 포스터^Foster 부인, 솔직히 저는 따님이 더 걱정됩니다.

제니는 항상 방과 후 남아있는 걸로 하루를 끝내요."라고 말했다. 제니는 또 어머니는 저녁에 일을 하기 시작한 이후로 제니가 방과 후 교실에 자주 있었다는 사실을 몰랐기 때문에 그녀에게 화를 냈다고 기억했다.

이 시점에 제니의 부모가 경찰서에 도착했다. 그들은 제니를 보고 반가워했고 경찰들에게 고맙다고 했다. 하지만 제니 아버지는 경찰관들이 제니를 인터뷰하면서 그 내용을 기록했다는 사실을 듣고 당황하며 경찰관들에게 "당신들은 내 딸에 대한 진술서를 쓸 권리가 없어요. 나는 내 권리를 알고 있고 당신들은 내 딸에게 질문하기 전에 먼저 부모의 동의를 얻어야 해요."라고 말했다. 형사는 제니 아버지에게 그들이 듣고 제니가 말한 대화는 아주 비공식적이라고 설명했다. 그들은 단지 돕고 싶을 뿐이었다고 재차 확인했다. 형사는 또 제니는 자신의 부모가 그 학생들이나 학교를 상대로 소송을 할 수 있는지 여부를 지역 검찰청에 물어볼 것이라 믿는다고 제니 부모에게 말했다.

시나리오 고려 사항 및 논의

1. 경찰관들이 제니 부모가 도착하기를 기다리며 기록을 남기는 과정에서 적절하게 행동했는가?

2. 경찰관들은 제니와 이야기하기 전에 부모 동의가 필요했는가?

3. 어디서 제니의 미란다 권리가 위반됐는가?

4. 같은 방에 형사를 데려온 것은 좋은 생각이었는가?

5. 제니 어머니가 인쇄한 이메일은 이 사건에서 증거로 채택될 수 있는가?

6. 어떻게 이메일이 진짜임을 증명할 수 있는가?

7. 어떤 경우에 이메일 채택에 대한 이의가 제기될 수 있는가?

8. 페이스북 페이지의 스냅샷은 이 사건에서 증거로 채택될 수 있는가?

9. 학교 측은 적절하게 대응했는가? 과실을 발견할 수 있는가?

10. 브레드와 치어리더들의 행동이 수정 헌법 제1조에 따라 보호받을 수 있는가?

검찰의 법적 조치

팜빌 카운티^{Farmville County} 지방 검사는 다음의 사람들을 기소하기로 결정했다.

- 브레드 스폴스, 3학년(전 남자 친구)
- 샤렌 데이비스, 2학년(축구 팀 치어리더)
- 레이첼 바스케스, 2학년(축구 팀 치어리더)
- 질리안 코플리, 2학년(축구 팀 치어리더)

또 지방 검사는 이례적으로 학교와 행정부를 기소하기로 했다.

❖ 매체에서의 피고인 진술

학교 대변인 진술

"학교는 학교와 행정부에 대한 전례 없는 기소에 대해 충격을 받았다. 학교는 방과 후 시간의 학생 행동에 대해 책임을 지지 않는다. 학생에게 가해진 사고는 학교 밖에서 일어난 일이다. 이 사건에서 언급된 위협적인 이메일, 문자 메시지, 그리고 페이스북 게시물은 우리의 통제 밖이고 피해자가 한 번도 보고하지 않았다. 이러한 사건이 밝혀진 것은 피해자의 어머니가 이야기했을 때뿐이다. 우리는 그러한 행동을 저지른 학생들에게 경고했다. 축구 팀 탈의실에 게재된 사진에 대해 축구 팀 코치는 어떠한 사진도 직접 게재하지 않았고 그러한 사진을 게재한 것에 대해 책임이 없다. 피해자는 대화 중 이런 부분에 대해 전혀 언급하지 않았고, 만약 말했다면 우리는 사진을 없애고 책임 있는 학생들을 정학 처분했을 것이다.

학교 행정부는 이제 괴롭힘을 당하고 있는 것이 그들이라고 느낀다. 학교는 괴롭힘문제가 발생했을 때를 대비한 엄격한 정책을 가지고 있고 이러한 행동에 대해 엄중 처벌 원칙을 지닌다. 요약하자면, 우리는 이러한 괴롭힘에 관련되지 않았고 우리한테 책임을 돌려서는 안 된다. 동시에 존경, 정직, 그리고 진실성이 우리가 사는 곳의 세 가지 원칙임이 분명해졌다. 우리는 결백함을 증명할 것이고 우리의 명성은 더럽혀지지 않을 것이다."

피고 측 변호사(브레드 스몰스)

"내 고객의 이름과 명성은 더럽혀졌다. 제니 포스터가 잘못 자란 아이라는 것은 명백해질 것이다. 포스터는 이 지역에 새로 이사 왔다. 그녀의 가난한 부모는 거의 매일 저녁 일하러 나가고 딸의 인터넷 사용을 감시할 수 없었다. 제니는 단순히 관심을 받고 싶어 하는 소녀. 이 사건은 제니 포스터가 방과 후 교실에서 더 많은 시간을 보내고 공부보다는 페이스북에 집중하며 삶에서 일부 보호와 지도가 필요한 학생이라는 사실을 설명해줄 것이다. 또 본인은 제니가 자신에게 필요한 더 전문적인 도움을 받았으면 한다. 이 사건은 재판으로 이어지지 않을 것이며 본인은 성실한 학생인 본인 고객이 가능한 한 빨리 학업으로 돌아가길 원한다."

사건과 증거 고려 사항

1. 제니 포스터는 이메일을 삭제했고 이메일 인쇄본은 교감 사무실의 일부 파일 속에 있다. 무엇을 할 수 있을까?
2. 학교 측에 과실이 있는가? 어떤 기준인가?
3. 학교를 상대로 지방 검사가 어떤 고발을 할 수 있는가?
4. 브레드 스몰스를 상대로 지방 검사가 어떤 고발을 할 수 있는가?
5. 샤렌 데이비스, 레이첼 바스케스, 질리안 코플리를 상대로 지방 검사가 어떤 고발을 할 수 있는가?

평가

두 팀인 (a) 검사 측과 (b) 피고 측으로 나눈다. 판사는 사건에 대해 관장한다. 일어날 일에 대해 예상되는 대로 법정 사건을 재연하라.

판사에 의한 사건 평가

각 팀은 기술적, 법적 지식을 가진 판사단에 의해 심의받는다. 판사단은 다음의 범주에 따라 각 팀을 판단한다.

I. 기술 능력

  1. 사건에 사용된 증거 열거

  2. 증거 능력 열거

  3. 증거가 획득되고 처리된 방법 열거

  4. 영장 발부

  5. 소환장 발부

II. 법적 기술 및 진술 기술

  1. 검찰이 제기한 고소 내용 열거

  2. 검찰 주장 열거

  3. 피고 측 주장 열거

  4. 검찰 측 이의 및 반대 심문 열거

  5. 피고 측 이의 및 반대 심문 열거

  6. 법정 절차에 대한 판사의 촉진

찾아보기

에이콘출판의 기틀을 마련하신 故 정완재 선생님 (1935-2004)

컴퓨터 포렌식 수사 기법

디지털 포렌식 전문가의 강력한 수사 기법 및 사례 연구

인   쇄 | 2016년 12월 23일
발   행 | 2017년 1월 2일

지은이 | 대런 헤이즈
옮긴이 | 한현희 · 차정도 · 고대영 · 양해용

펴낸이 | 권 성 준
편집장 | 황 영 주
편   집 | 나 수 지
디자인 | 이 승 미

에이콘출판주식회사
서울특별시 양천구 국회대로 287 (목동 802-7) 2층 (07967)
전화 02-2653-7600, 팩스 02-2653-0433
www.acornpub.co.kr / editor@acornpub.co.kr

한국어판 ⓒ 에이콘출판주식회사, 2017, Printed in Korea.
ISBN 978-89-6077-945-7
ISBN 978-89-6077-350-9(세트)
http://www.acornpub.co.kr/book/computer-forensics

이 도서의 국립중앙도서관 출판시도서목록(CIP)은 서지정보유통지원시스템 홈페이지(http://seoji.nl.go.kr)와
국가자료공동목록시스템(http://www.nl.go.kr/kolisnet)에서 이용하실 수 있습니다.(CIP제어번호: CIP2016031287)

책값은 뒤표지에 있습니다.